平井一雄著

民法拾遺　第一巻

信山社

目次

I 総則編

〈論説〉

11　時効完成後の債務の承認……134

〈判例研究〉

1　国税滞納処分としての差押えと民法九四条二項の類推適用
——東京高判昭和五八年一〇月三一日判時一〇九六号六六頁——……145

2　消滅時効完成後における債務承認とその効果
——最大判昭和四一年四月二〇日民集二〇巻七〇二頁——……153

3　割賦金債務と消滅時効
——最判昭和四二年六月二三日民集二一巻六号一四九二頁——……159

4　いわゆる弱い譲渡担保設定者の消滅時効援用の可否
——最二小判昭和四二年一〇月二七日民集二一巻二一一一頁——……172

5　土地所有権の取得時効の要件として無過失が認められた事例
——最一小判昭和五二年三月三一日判時八五五号五一頁——……179

6　他人の農地の売買と売主に対する許可協力請求権の消滅時効の起算点
——最二小判昭和五五年二月二九日民集三四巻二号一九七頁——……188

7　農地法三条の所有権移転許可申請協力請求権の消滅時効
——最二小判昭和五五年二月二九日民集三四巻二号一九七頁——……195

8　破産債権者による債権の届出の時効中断事由としての性質
——福岡高判昭和五五年三月二五日判時九七二号四六頁——……200
9　物上保証人による債務の承認と時効中断の効力
——最一小判昭和六二年九月三日判時一三一六号九一頁——……209
10　時効の起算点——安全配慮義務違反によるじん肺
——最三小判平成六年二月二二日民集四八巻二号四四一頁——……218
11　無断転貸を理由とする土地賃貸借契約の解除権の消滅時効の起算点
——最一小判昭和六二年一〇月八日民集四一巻七号一四四五頁——……224

II　担保編

〈論　説〉

1　留置権の効力……238
2　建築請負人の建物敷地に対する商事留置権……249
3　銀行取引における根抵当権と保証債権……268
4　親子夫婦間で所有名義が別の土地・建物と法定地上権……277
5　建物共有者の一人が土地を単独所有する場合と法定地上権……282

3　仮登記担保不動産の第三取得者と債務者の留置権の抗弁
——最一小判昭和五八年三月三一日民集三七巻二号一五二頁——……539

4　損害賠償請求権と留置権
——東京高決昭和六二年一一月六日判タ四四四号一三五頁——……549

5　留置権の被担保債権の範囲
——最三小判平成三年七月一六日民集四五巻六号一一〇一頁——……556

6　留置権の再取得及び敷地を留置することの可否
——仙台高判平成六年二月二八日判時一五五二号六二頁——……566

7　根抵当権の設定につき契約の一部無効の理論を適用すべきものとされた事例
——最三小判昭和四七年一二月一九日民集二六巻一〇号一九六九頁——……579

8　建物抵当権の効力は右抵当権の設定後に建物の敷地に成立した賃借権に及ぶか
——東京高判昭和六〇年一月二五日金商七一三号一五頁以下——……587

9　詐害的短期賃借人に対する明渡請求
——東京高判昭和六〇年八月二七日判時一一六三号六二頁——……596

10　賃料債権に対する抵当権に基づく物上代位と相殺
——東京地判平成一〇年六月二五日金商一〇五五号二四頁——……603

11 共同抵当における異時配当の場合の物上保証人と後順位抵当権者との優劣その他
――最三小判昭和五三年七月四日金商五五七号三頁―― …… 615
12 敷地と共同で抵当に供された建物の再築と法定地上権の成否
――東京地判平成六年七月二五日金商九五四号三二頁―― …… 623
13 債務者複数の根抵当権における配当金の充当
――最二小判平成九年一月二〇日民集五一巻一号一頁―― …… 632
14 譲渡担保設定者の受戻権の時効消滅
――名古屋高判昭和五四年一一月二二日金商五九九号二〇頁以下―― …… 641
15 譲渡担保における受戻権の時効
――最二小判昭和五七年一月二二日民集五六巻一号九二頁―― …… 650
16 譲渡担保における受戻権と民法一六七条二項
――最二小判昭和五七年一月二二日民集三六巻一号九二頁―― …… 656
17 帰属清算型の譲渡担保の清算金確定時期
――最一小判昭和六二年二月一二日民集四一巻一号六七頁―― …… 664
18 弁済後に不動産が譲渡された場合における受戻の可否
――最三小判平成六年二月二二日民集四八巻二号四一四頁―― …… 672

I

総則編

〈論　説〉

1　無能力者との契約

一　はじめに

法律上の行為に関して、未成年者や精神ないし肉体に欠陥のある者につき通常の成年者と同等の能力を認めず、特別の制度を設けてこれを保護することは古くから行なわれており、たとえばローマ法においても、未成熟者(impubes)は後見(tutela)に付し、成熟期以上二五歳未満の未成年者は保佐(cura)に付すこと、精神錯乱者・聾者・唖者などを同じく保佐に付すことが行なわれていたことなどが知られている(1)。さらに、はるかに下って、個人の意思に、その者を拘束する根拠を求める私的自治の原則(principe de l'antonomie de la volonté)の発展、および、法律行為(Rechtsgeschäft)なる概念の確立をとおして、かかる制度は近代法の中に位置づけられるに至った(2)。すなわち、ある者の意思の表明に基づいて権利義務関係の変動が生ずる行為を法律行為と呼び、したがって、有効な法律行為をなすためには、行為者に正常な判断力を伴った意思を必要とするという考え方が承認されるに至ったことがそれである。かくして、自己の行為の結果を判断することのできる精神能力をもたない者、すなわち意思能力なき者の行為は無効という結論が導き出される。

さて、意思無能力者の行為が無効であることは、右のような意思理論（Willensdogma）から演繹的に承認される結論であるが、このことは、他面、意思無能力者本人の保護という作用を形成することともなる。ところで、意思無能力者が自己の行為につき法律効果が生じないことを主張するためには、その行為当時意思能力がなかったことをみずから証明しなければならないが、これは必ずしも容易ではない。また、意思能力は、私的自治の原則の要請を満たす理論上の最低限度の精神能力を意味するから、この能力を有するだけで社会的・経済的活動の次元において通常人と同一に取り扱うことはできない。そこで、一定の者に対し、その者のなした法律行為の効果に一定の制限を加えることがその者を保護し、あわせてこれと取引をする相手方をも警戒させることとなるとして認められたのがいわゆる行為無能力者制度である、と一般に説かれている。

わが民法では、未成年者・禁治産者・準禁治産者を（行為）無能力者とし、それらの者のなした行為は取り消し得るものとしている。かつては妻も無能力者とされていたが、現行憲法の施行に伴いこれが廃止されたことは周知のところである。無能力者との取引を論ずるに当たって、相手側の立場として、無能力者のなしたいかなる行為が取り消されるか、その取消権者ないし方法など、無能力者それぞれについて各別にその行為能力の制限の詳細につき知ることも必要であろうが、これらについては一般の論述に譲り[3]、以下は主として不動産取引にかかわる面における無能力者との取引に関する問題点を、総論的見地から採りあげて述べてゆくこととする。この意味で論述が多少散漫であることのお許しをあらかじめ乞う次第である。

（1）　原田慶吉・日本民法の史的素描六頁以下、於保不二雄・財産管理権論序説一〇七頁以下。
（2）　星野英一「現代における契約」現代法第八巻二一二頁以下。
（3）　たとえば、我妻栄・新訂民法総則六八頁以下、幾代通・民法総則六〇頁以下など。

二　無能力者の相手側から無効の主張が認められるか（意思無能力と行為無能力との競合）

ドイツ民法・スイス民法のごとき明文の規定はないが、わが民法上意思能力のない者のなした行為は無効であることは通説・判例により一般に承認されており、そのことを前提として、これを昇華・転化した形で行為無能力制度が存在していることは前述した。そして、行為無能力者の行為は取り消し得るから（民四条二項・九条・一二条三項）、無能力者が行為時において意思能力がなかった場合には無効の主張と取消しの主張が競合することとなる。いわゆる二重効（Doppelwirkung）の場合の一例である。この点に関しては次の二つの問題が生ずる。第一は、無効な行為に関しあえて取消しの主張を認めることの是非、というよりも、この場合は逆に、意思能力のない者のなした行為が無効なることを前提とし、それを客観化し画一的に制度として確立したものが無能力者制度なのであるから、行為無能力による取消しのみが認められるべきであると考え得ることである。かような観点から、「意思能力の制度は行為能力の制度に昇華し転化してしまったのだから、この趣旨を貫くかぎり財産的法律行為に関しては、わが実定法上意思能力の制度は存在しない」とする論者もある。(4) ただ、この説によるときは、禁治産宣告を受けていない精神病者その他一時的に心神喪失に陥った者の行為をどう評価するか、という問題が残ることになる。第二は次の点である。無効と取消しの根本的な差異として、無効はなんぴとの主張を待たず当然効力を生じないのに対し、取消しは一定の者の主張を待ってはじめて効力を生ずるということが説かれている。しかしながら、現に社会的に存在する一個の法律行為がアプリオリに当然無効であるならば、その無効であるか否かが争われるということはあり得ないはずであり、特定の行為につきなんぴとかがその無効なることを裁判上主張し、裁判所がその行為に関して「表示された効果意思の内容たる権利関係、ならびにそれについて法律が規定する権利関係、を承認してはならない」(5) と結論して、はじめて当該行為の無効なることが実在化するに至るのである。この意味では、無効と取消しの差異は、取消しが一定の取消権者が主張し得るにとどまる（民一二〇条）

のに対し、無効はなんぴとからも主張し得るということになる。

そこで、行為無能力者にも意思能力の理論の適用を認め行為の無効を承認する余地を残すと、行為者側は取消しを欲しないのに相手側から無効が主張され得るということが生ずる。これを許すことは、わが民法が無能力者の行為を取り消し得べきもの、すなわち不確定的有効とした趣旨を実質的に没却することとなる。先述の無能力者制度が存在する以上、意思能力の制度は財産的法律行為については存在しない、とする説が唱えられる実効性の一半は実はこの点に存するのである。そして、この説が先述のような難点を有しているとすれば、これを回避するために、未成年者・禁治産者・準禁治産者については取消しの主張のみが許され、無能力者宣告を受けていない者ないしは泥酔者などの一時的に心神喪失に陥った者についてだけ意思能力の理論を残すことも考えられる。しかし、かように解しても、無効と取消しとでは、たとえばその主張の許される期間が異なること(民一二六条参照)など、行為者の保護の及ぶ距離に長短がある以上行為無能力者制度内に取り込まれた無能力者に不利な結果を導くことがあって、やはり欠点が存することになる。したがって、これを是正するためには、単に意思能力を欠くという形で問題とされる場合にも、心神喪失の常況にある者に関する禁治産者の規定を類推適用することで、意思無能力者の行為＝無効という意思無能力の理論を払拭し去るか、あるいは、意思無能力による無効を全面的に認めつつも、表意者本人の保護を目的とする錯誤による無効の場合と同じく表意者の側からする無効の主張のみしか認めない、という解釈をとるかのいずれかに立たざるを得ないのである。

かくして、無能力者と契約をなした相手側は、無能力者が当該行為当時意思能力のなかったことを立証して行為の無効を主張することは許されないという結論になる。(6)

(4) 舟橋諄一・民法総則四五頁。
(5) 川島武宜・民法総則四一三頁。
(6) この問題については、幾代通・民法総則六〇頁、篠原弘志・注釈民法(1)二一一頁。無効と取消しの競合につき、

幾代通・前掲書四四八頁、川島武宜・前掲書三〇二頁・四一九頁、於保不二雄・財産管理権論序説三八二頁以下。

三　不法行為の形式による契約責任の追及

無能力者の行為であることを理由とする取消しの効果として、債務の既履行部分は無能力者と相手方との間で不当利得として相互に返還されることとなるが、その際無能力者は現存利益の返還で足るとされている(民一二一条但書)。したがって、相手方にとっては、場合により既履行部分の全部もしくは一部の返還が拒まれることが生ずる。さらには、無能力者との契約が取り消されたことにより積極・消極に損失を被ることもあるであろう。他方、不法行為責任においては、「其行為ノ責任ヲ弁識スルニ足ルヘキ知能ヲ具ヘサリシ」未成年者(民七一二条)および「心神喪失」者(民七一三条)の場合に責任能力なしとされるのであるから、一定年齢以上の未成年者[7]および準禁治産者は、行為能力の面から無能力者として保護を受けることができても、契約責任と不法行為責任との競合を認める立場からは不法行為責任が追及される余地がでてくることとなる。そして、相手方の損失においても無能力者であるがゆえにこれを保護しなければならない、とするのが無能力者制度であるとするならば、「不法行為と構成することによって結局は法律行為上の責任を追及するのと実質的には同じになるような法的処理は、原則として不可能であると解すべきであろう[8]」とするのが妥当であると思われる。ただし、このように解してもなお釈然としないものは残る。たとえば、無能力者が、給付受領物を浪費すれば後に取り消したとき費消部分を返還しなくともよいことを見越して取引し受領した場合、あえてこの者に現存利益返還の保護を認むべきかというような疑問も生じないわけではない[9]。民法一二一条但書の起草者は、無能力者の多くは本来浪費癖のあるものであって、このような者に全額返還を認めるときは、無能力者保護の実質は貫徹できないとして本条但書を置いたようであるが[10]、かかる考え方に立てば、右の場合でも不法行為責任の追及を許さずとして保護することが正論ということになるであろうか[11]。

(7)　かような観点から不法行為責任能力を認定した判例はない。責任能力に関し、満一一歳一一月の少年に責任能力ありと認めたもの（大判大四・五・一二民録二一輯六九二頁）、一二歳二月の少年（大判大六・四・三〇民録二三輯七一五頁）および一二歳七月の少年（大判大一〇・二・三民録二七輯一九三頁）につきそれぞれ責任能力なしとしたものがあるが、前者は使用者責任（民七一五条）、後二者は保護者責任（民七一四条）が問題となった事例に関するものであり、責任能力認定の一般的基準とはなり得ない。

(8)　幾代通・前掲書五五頁。

(9)　同・前掲書五六頁。

(10)　「無能力者ノ多数（妻ヲ除ク）ハ手ニ金銭アレバ忽チ之ヲ浪費スルノ虞アリ。而シテ通常ハ手ニ金銭ナキコト多キモ取消シ得ベキ行為ニ由リテ金銭ヲ獲ルトキハ忽チ之ヲ浪費スルコト稀ナリトセズ。甚シキニ至リテハ浪費ノ目的ヲ以テ其行為ヲ為スコトアリ。故ニ其受取リタル金銭ヲ浪費シタルトキハ之ヲ返還スルコトヲ要セザルヲ常トス。是レ第七〇三条ノ通則アルニ拘ラズ特ニ無能力者ニ関シ本条但書ノ規定ヲ設ケタル所以ナリ」梅謙次郎・民法要義（巻之一）三一三頁〜三一四頁。浪費者についてこれほどの保護を加えることははなはだ疑問多しとしなければならない。ただし、その是正は、不法行為責任の面からではなく取消権剝奪の面から行なわれるべきだと考える。

(11)　ちなみに、幾代通教授も指摘されるが、英法では、未成年者は成年者と同じく不法行為について責任を負うが、当該不法行為が契約から独立して生じたものでないときは不法行為責任を追及し得ないとされている。ただし、不法行為が契約から独立して生じたものか否かの判定は微妙であり、たとえば、未成年者が馬を借り過度に不適当な方法で乗ったため馬を傷つけた場合は、negligenceによる不法行為責任はなしとされたのに対し、所有者の明瞭な指示に反して借馬を跳躍させ結果的に傷つけた場合には不法行為責任ありとされている。そして、未成年者のなした不法な行為が当該契約により企図された(contemplate)ところのものと同一種類に属するか否かにこの両者の差異を認めるべきであり、引用の事例に則して具体的にいえば、馬の貸借は単なる騎乗のためであり跳躍という行為は企図されていなかったことから、当該貸借契約とは独立の不法行為になると説明されている。Cheshire and Fifoot, The Law of Contract 6th ed. pp. 360〜361.

なお、後述五「無能力者の詐術」（次頁以下）参照。

四　取り消し得べき行為と登記

無能力者のなした取り消し得べき行為を原因として登記が申請された場合、適法な申請として受理されるであろうか。この点を肯定するときは、無能力者の相手方は、無能力者が登記に協力しないときは登記請求権を行使して不動産の移転登記を受けることが可能となる。判例は、無能力者が同意権者の同意なくしてなした登記申請は不動産登記法三五条一項四号に該当し、同四九条八号によって却下すべしとする。[12] もっとも、かかる登記申請がいったん受理されたときは、抹消登記の登記権利者は、その登記義務者と共同するかまたはこれが意思表示に代わるべき裁判を提出し、また、登記上利害関係ある第三者あるときは、その承諾書またはこれに対抗することを得べき裁判を提出するにあらざれば登記の抹消を申請できず、登記に対する抗告の方法によって登記の抹消を求め得ないとしている。[13] 学説は、判例と同じく却下すべきであるとするものもあるが、[14] 近時は、取り消し得べき行為も取消しあるまでは有効であることを理由として、適法な申請として受理すべきであるとするものが多い。[15]

なお、その他取消しと登記の関係については、本巻別稿14「解除・取消しと登記」（一六二頁以下）を参照されたい。

(12)　大決大六・二・二二民録二三輯二七七頁、大決大八・三・二〇民録二五輯四三七頁。

(13)　大決大五・一二・一六民録二二輯二五二一頁、前掲大決大八・三・二〇。

(14)　舟橋諄一・不動産登記法一三九頁、穂積重遠・判民昭和一〇年度一七事件評釈。

(15)　杉之原舜一・不動産登記法一六六頁・一九〇頁、幾代通・不動産登記法四九頁、我妻栄・物権法八三頁、白羽祐三「準禁治産者の行為と取消」新民法演習Ⅰ二〇頁。杉之原舜一・前掲書一六七頁は、かように解さないときは「追認その他取消権の消滅するまでは登記の申請をなしえず、無能力者の相手方保護に欠くところが大である」とされる。

五　無能力者の詐術

民法二〇条は、「無能力者カ能力者タルコトヲ信セシムル為メ詐術ヲ用ヰタルトキハ其行為ヲ取消スコトヲ得ス」と定めているから、無能力者と契約を締結した相手方にとって無能力者が当該行為において詐術を用いたか否かは重大な係わりをもつ。判例に現われた主たる事例は次のようである。まず、準禁治産者が、その父が従来営んできた質屋営業をみずから継続するに要する資金を借用するに当たっての事例について、民法二〇条にいわゆる詐術とは、「例ヘハ戸籍謄本ヲ偽造シテ無能力者タルノ事実ヲ隠蔽シ又ハ他人ヲシテ自己カ能力者タルコトヲ偽証セシムルカ如ク無能力者相手方ヲシテ其能力者タルコトヲ信セシムル為メ積極的ニ詐欺ノ手段ヲ用フルヲ謂フモノニシテ本件ノ如キ金銭貸借ノ場合ニ単ニ自己カ無能力者ニ非サルコトヲ債権者ニ通知シ又ハ無能力者タル事実ヲ告ケサルカ如キハ」これに当たらないとしたものがある。(16) 次に、消費貸借契約を公正証書でなすに際して、公証人の訊問に対し、「準禁治産者カ自己ノ能力者タルコトヲ述べ若クハ他人ノ誤信ヲ知リナカラ無能力者ナルコトヲ黙秘シタ場合」やはり詐術に当たらないものとしている。(17) これらは、いずれも詐術に当たるとした原審（いずれも大坂控訴院判決）を破棄したものである。

この二つの判決からは、詐術を用いたとされるには、無能力者において相手方をして無能力者でないことを信ぜしめるに足る積極的な手段を用いたことが必要、とされていることを看取することができる。その後判例はこの態度を緩和し、無能力者でないとまで言い切らず単に自己は相当の資産を有するから安心して取り引きされたいと述べたものをも詐術に当たるとする判例が現われるのであるが、その間に、かかる判例の態度に移行するまでのいわば中間的判例がある。準禁治産者が金銭消費貸借を締結するにおいて、相手方より準禁治産者ではないかと問われこれを否定し、市役所・裁判所に問い合わせよと答えた事案である。「他ヲシテ誤信ニ陥ラシムル意思ノ下ニ為サレタ行為ニ依リテ其ノ人ノ誤信ヲ惹起シタルトキハ是即詐術ヲ用ヒタルモノニ外ナラス故ニ例ヘハ他人ハ其ノ能力ノ有無ニ付疑ヲ挟メル場合ニ其ノ能力者タルコトヲ信セシムル為之ニ対シ自己ノ能力者タルコトヲ確言し（若クハ其ノ無能力者タルコトヲ否定シ）其ノ辞令ト其ノ態度ト能ク他ヲシテ爾ク信セシムル至リタルトキハ是亦之ニ該当スルモノナルト共ニ例ヘハ其ノ他人ハ始メヨリ能力者ナルコトヲ信シテ怪マス若クハ能力ノ点ニ付キテハ全然無関心ナル場合ニ之ニ対シ自己ノ能力者ナルコトヲ告ケタリト這ハ固ヨリ以テ詐術ヲ用ヒタルモノト云フヲ得ス」として、単に無能力者たることを否定しただけでは、詐術を用いたものというに足りないとした原審を審理不尽として差し戻したものである。(18)

さて、この判例を経て、昭和五年に無能力者保護よりも取引の相手方保護に重点を置いたとみられる新しい判決が登場する。これはさきにも少しく触れたのであるが、事案の概略は次のごときものである。準禁治産者が東京米穀取引所における定期米の売買委託をなし、その証拠金代用として債券を交付した。その際同人は相手方の店員に対し、自分は相当の資産を有するをもって安心して取引をせられたい旨を述べた。原審がこの程度では詐術に当たらないとしたのに対し、大審院は一般論として、「民法第二〇条ニ所謂詐術ヲ用ヒタルトキトハ無能力者カ他人ヲシテ能力者タルコトヲ誤信セシムル為自己ノ能力者タルコトヲ陳述シ因テ其ノ目的ヲ達シタル場合ヲモ指称シ積極的詐欺ノ手段トシテ相手方ニ或ルモノヲ示シ錯誤ニ陥ラシムルニ足ル術策ヲ講シタル場合ノミヲ指称スルモノニ非ス」という議論を展開し、本件の場合詐術に当たるとしたのである。(19) ほかにも、準禁治産者が消費貸借をなすに当たり、相手方に対し、自分は元準禁治産者であったが、父死亡後宣告は取り消され一級の選挙権をも有しているものであるから必ず迷惑はかけない、と明言した事案についても詐術の存在を認めている。(20)

以上、いわば二期に分けられる判例の推移を経て、近年さらに新しい時期に入ったことを示すかにみえる判例が現われた。準禁治産者がその所有する土地を借金返済資金を得るため売却した事例において、無能力者が同意をえずして法律行為をなす場合、相手方に自己が無能力であることを黙秘するのはむしろ当然のことで、もし単なる黙秘が詐術になるとすれば無能力者であることを善意の第三者には対抗しえないのと殆ど同じ結果になる、とした原審を支持し、無能力者であることを黙秘することは、無能力者の他の言動などと相俟って、相手方を誤信させまたは誤信を強めたときには、民法二〇条にいう詐術にあたるが、黙秘することのみでは右詐術にあたらない、と判示した。黙秘も場合によっては詐術にあたることを認めたものとして、これまでの態度から相手方保護へさらに一歩を進めたものとみられよう。(21)

本条が沿革的には、フランス民法一三〇七号、旧民法財産編五四九条によっていることは疑いない。そこでは、成年者であることの単なる陳述（la simple déclaration de majorité）ないし無能力者が、単に能力者なりと陳述したのみで能力者たることを信ぜしむるためみずから詐術を用いざるときは、なお取り消し得るものという形で規定がなされている。したがって、この沿革からは詐術の成立には積極性が必要ということとなり、学説も、詐術を用いるとは単に詐欺する、欺罔するということより重く、詐欺のため特に術策を用いるという意味に解すべきであるとするものもあった。(22)しかしながら、民法の規定は無能力者の保護に過ぎるものであって、「詐術という文字に拘泥して何等か積極的術策を弄することを必要とすると狭く解釈せず、苟くも故意に相手方の誤信を誘起し又は誤信を強めて法律行為を為さしめたる場合には、その手段の如何を問うことなく詐術に該当すると解すべきである」と主張され、(23)さらには、無能力者たることを告げず単に沈黙していたにすぎなくとも、場合によっては詐術に当たるとの論評(24)がでるに及んで、学説は決定的に無能力者保護から相手方保護・取引の保護に重点を移したといってよい。

思うに、本条は「一種の一般条項(25)」であるから、取引の内容・相手方の職業、相互の面識の有無など、すべての具体的事情を考慮したうえで決しなければならないのはもちろんであるが、無能力者の種類を区別することなく包括的該当基準を探究することは無理であろう。未成年者については、外形からそれと判別できる場合には、詐術が問題となるよりも、むしろ取引そのものを相手方は警戒し成立させないであろう。成年に近い未成年者の場合は、未成年者の財産保護の見地から単なる沈黙ないし無能力者たることを否定した程度では詐術に当たるとはいえず、かなりの積極性を要すると解せられる。(26) この場合の取消権剝奪は、相手方保護ばかりではなく一種の私的制裁的作用をもつものであることを看過してはならない（なお、わが民法の成年年齢が高すぎるかどうかは別の問題である）。禁治産については、心神喪失の常況にあってはたして詐術を行ない得る能力ありや疑問であり、具体的にも禁治産に関しての判例は見当たらない。準禁治産者については、聾者・唖者・盲者で普通人と異ならない判断能力をもつ者の行為能力を制限する必要はなく、これらが原因で著しく判断能力の劣る者は、禁治産に一本化すべきであるとする提言(27)は傾聴すべきだと思うが、実際にも、能力を備えたこれらの者は当初から準禁治産を理由としての取消しは選ばないであろうし、能力に欠けているときはそれぞれ保護されているであろうから、現実にこれらの者についてその詐術が問題となることはまれであろう。浪費者については、家産の維持が目的を失った今日、これを準禁治産者として保護することの必要性は疑わしい。しかしながら、民法一一条が存在する以上、消極的手段についてまで詐術の範囲を拡げることで相手方の保護を図るべきだと考える。

また、心神耗弱者については、詐術を用いることができる程の精神能力を有する者について、本人保護のために取引保護を犠牲にすることは疑問であるから詐術の成立を広く認めてよいと思う。

以上の場合を通じて、詐術による取消権の剝奪が認められている場合に、さらに不法行為責任の追及を許すべきではないであろう（もっとも、浪費者の場合には疑問は残る）。なぜなら、無能力者制度は、本来的には相手側の損失においても無能力者側を保護すべしとする制度であるから、その保護が一定の場合に剝奪されることで十分だと思われるからである。

(16)　大判大五・一二・六民録二二巻二三五八頁。

(17)　大判大六・九・二六民録二三輯一四九五頁。

(18)　大判昭二・一一・二六民集六巻六二二頁。本判例は通常大審院が詐術に当たるものと判決した例として引用されているが——たとえば加藤一郎・「無能力者の取消と詐術」民法演習Ⅰ二四頁、白羽祐三・前掲書一九頁——正しくは本文で紹介した内容をもつ判決である。

(19) 大判昭八・一・三一民集一二巻二四頁。

(20) 大判昭五・四・一八民集九巻六二二頁。

(21) 最判昭四四・二・一三民集二三巻二号二九一頁。

(22) 鳩山秀夫・「無能力者の詐術について」民法研究Ⅰ四三五頁。

(23) 我妻栄・現代法律学全集一巻一八三頁。

(24) 宮崎孝治郎・判民昭和二年度九四事件評釈。なお、於保・前掲最判昭四四年評釈民商六一巻六号一〇五二頁。

(25) 山主政幸・注釈民法(1)二三九頁。

(26) ただし、もちろんこの場合に成年者であるか否かの調査義務までも相手方に負わせようというものではない。判例としては、未成年者が公正証書作成委任状に自己の年齢を二二歳と記入したことは詐術に当たらないが（名古屋控判明四二・一〇・二最近判例集五巻二一七頁）、成年者である旨の区長発行の証明書を交付することはこれに当たるとしたものがある（東京控判明三六・三・二八新聞一三三号九頁）。

(27) 我妻栄・民法案内Ⅱ九九頁。

六　無能力者と手形行為

終わりに、無能力者による契約を原因関係として、無能力者自身により手形行為がなされることはままあることであるから、若干触れておきたい。意思無能力者の手形行為が無効であり、なんぴとに対しても手形上の義務を生ぜしめるものでないことについては異論がない。未成年者の手形行為は、営業の許可を得たもの、婚姻により成年者と同一の能力を得るに至ったもの、以外の者の法定代理人の同意を得ないでなされた手形行為は取り消し得る。禁治産者の手形行為は常に取り消すことができる。準禁治産者については多少学説の分かれはあるも、保佐人の同意を要しないでなされたときは取り消し得るとするのが一般である。以上が判例・通説の認める立場であるが、ここに小橋一郎教授の注目すべき見解がある。(28) 教授によれば、そもそも無能力者制度の本質は無能力者の判断能力に欠けるところありとしてこれを保護せんとするためのものではなく、むしろ不十分な判断力をもってなされる行為が取引の奇態を生ぜしめ取引の錯雑を招来しがちであるがゆえに、これが抹殺の可能性を与えたとみるべきではないかとされ、このことによって、無能力者も手形行為によって手形上の責任を負わざるを得ないという結論を導き出すことが可能とされる。いまここに教授の見解を十分紹介する余裕はないが、結論としては、教授は無能力者の手形行為について、「手形行為は、現実には、具体的取引の一部として、とくにきわめて抽象的な金銭支払の約束としてなされるにすぎないものであるから、取引の錯雑を防ぐことは、具体的取引すなわち手形行為の原因関係について顧慮せられれば足るのであり」「原因関係の取消は手形上の請求に対する人的抗弁たるにとどまることになる」とされるのである。(29)

さらに、手形行為と並んで、無能力者制度の適用について慎重に考慮しなければならない同様な場面は、民法の予定する市民社会における私的自治の原則の貫徹される形態における商品交換以外のすぐれて現代的な各種の取引、たとえば生活必需資料の定型的供給関係などにおいても生ずることであって、(30) これらの場面においては、無能力者制度の個別・解釈論的適用制限のほかに、無能力者制度そのものをも根底から再検討しなければならないと思われる。

(28)　小橋一郎・手形行為論二九一頁以下。

(29)　確かに、教授も認められるように、無能力者制度の本質自体を、判断力の不十分な者の行為の介入により取引の錯雑を防ぐためにこれが抹殺を認めることにある、と断じ去るには論証が不十分と考えられる。しかし、無能力者制度をもっぱら無能力者保護の面からのみ観察し、法定代理人・後見人・保佐人の同意を私的自治補充の側からのみとらえて怪しまない従来の態度を、特に手形行為能力ということに関係させて眺めるとき、教授の主張は新しい視角を提供するものであり評価さるべきものと考えるのである。

(30)　生活必需資料の定型的供給関係については、神田博司「公益事業における法律関係の一考察」上智法学創刊号、浜上則雄「現代法律行為論について」民商法雑誌四二巻四号三〇頁、須永醇「いわゆる事実的契約関係と行為能力」熊本法学創刊号参照。

〈不動産大系第一巻・売買（改訂版・青林書院　一九七五）〉

2　住　所

「住所」の認定は、問題となる法律関係に応じて異なりうるか。

一　はしがき

民法二一条は、「各人ノ生活ノ本拠ヲ以テ其住所トス」と規定する。「その位置についてはドイツ民法に倣ってこれを民法総則の中に、そしてその内容についてはフランス民法に倣ってこれを規定した」ものといわれており（川島武宜「民法体系における『住所』規定の地位」民法解釈学の諸問題二二七頁）、旧民法が、「民法上ノ住所ハ本籍地ニ在ルモノトス」（旧民法人事編二六二条）としていたのに対比して、形式主義を捨て、生活の実際に即して住所が決定される意味で実質主義をとったものとされている。

それでは、「生活ノ本拠」とは何によって決定されるのか。一定の場所での生活の事実のみによるものか、この他に当該の場所を生活の本拠とする意思があることが必要なのか。これが、事実説と意思説ないしは客観説と主観説というかたちで争われており、この他に、住所は単一に限るか複数存在することを認めるかについて、単一説と複数説との対立のあることも周知のところであろう。以下、従来より住所をめぐっての問題点とされているこれらの点を中心として論じてゆくこととする。

古くは、「民法ニ於テ生活ノ本拠ト定メタルハ必スシモ定住ノ意思ヲ必要トスル主観的標準ヲ取リタルモノニ非スシテ客観的事実ノ認定ニ依ルヘキモノ」（富井政章・民法原論一巻一五九頁。同旨、梅謙次郎・民法要義巻之一 五九頁、もっとも、当時においても明瞭に意思の必要を説くものとして、岡松参太郎・民法理由（上）五二頁）とする客観説が多いようであるが、その後しだいに主観説が台頭し（松本蒸治・人・法人及物二一九頁、中島玉吉・民法釈義一七三頁、三諸信三・民法提要一一四頁）、さらに現在では再び客観説が支配的となっている（鳩山秀夫・民法総論一〇七頁、末弘厳太郎「住所に関する意見説と単一説」法協四九巻三号三八五頁をはじめとし、我妻・新訂総則九四頁、柚木馨・判例民法総論二五一頁、高梨公之「住所」民法演習（総則）三九頁など）といってよいであろう。

この点に関して、判例は主観説に立つといわれている。民法固有の領域に関して住所が問題となった事例に限定すれば、大審院大正九年決定は、「或地カ或人ノ住所ナリヤ否ヤハ其地ヲ以テ生活ノ本拠ト為ス意思ト其意思ノ実現即チ其地ニ常任スル事実ノ存在スルヤ否ヤヨリ決スヘキモノ」と説き、さらに同昭和二年決定も同様の趣旨を展開している（大決大九・七・二三民録二六輯一一五七頁、大決昭二・五・四民集六巻二二一頁）。

さて、主観説をとる学説の主たる論拠は、定住の意思の有無によってはじめて住所と居所の区別を明らかにすることができる、というところにあると思われる。他方、客観説の立場からは、(イ)わが民法は、ドイツ法・フランス法とは異なって、住所につき単に「生活ノ本拠」という文字を用いるのみであって他になんら意思的要素を示唆すべき文字がないこと、(ロ)取引安全保護の見地から近代法上は表示主義が強調されているのであって、住所のように客観的事実の認定によってこれを決しうる可能性のあることがらについて、特に意見を問題とすることはむしろ好ましくない、(ハ)主観説に立つならば、意思の十分でない者のために法定住所の制度があるべきなのに、わが民法はこのような制度をおいていない、などが主張されている。

このように、両説の主張を簡単に比較したところからもわかるように、わが民法においては、住所の認定に、一定の客観的事実の他にその要件として定住の意思を必要とするとしなければならないことは根拠に乏しい。住所と居所の区別は、客観的にみて「生活ノ本拠」と認めうる否かの点から判断すれば足りると思われる。ある人が居住する所がはたしてその者の生活の本拠と認めうるかどうかを判定することは実際には多くの困難を伴うことがあろう。しかし、主観説といえども、住所が純粋に定住の意思のみで決定されると説いているのではない以上、右の困難に加えてさらにその者の意思を外部から認定しなければならない困難さが加わるのであって、ことがらを複雑にするばかりである。ドイツ民法・フランス民法ともに住所の認定には意思的要素（animus）をも必要としているけれども、ドイツ民法に規定される住所は、フランス民法における「principal établissement が存在する場所」（フランス民法一〇二条）というほどの強度の客観性をもたない意味の「定住している場所（einem Orte ständing niederlässt）（ドイツ民法七条一項）をさしており、しかも、同法はこのような住所が複数存在しうることを認めているから（同七条二項）、居所との区別のために定住の意思を必要とされているのである。また、わが民法の住所と実質的に同様の意味をもつフランス民法の住所においては、確かに住所の変更（changement de domicile）において意思を問題としているが、意思が明らかでない場合には事実に基づく住所の変更（changement de domicile résultant des faits）を認めており（フランス民法一〇五条）、この場合、変更意思は居住の継続とか家族や財産の移転等の客観的事情から推測すべきものとしている（Planiol, Ripert; Traité Pratique de Droit Civil Français, t. I 1952 p. 204. 両民法に関するこれらの点はすでに末弘博士の指摘されるところである。末弘・前掲三九〇・三九二頁。なお、フランス法については、山口「概説フランス法」上三七六頁以下に簡潔な説明がある）。また、この住所変更における住所選定の意思は、新旧両住所地の役場（municipalité）に申告することを通じて表明されるわけであるが（同法一〇四条）、実際には、このような届出が自発的に行なわれるのは、新住所において選挙権を行使しようとする者が選挙人名簿に記載してもらうためになされるのが通例であり（Planiol, Ripert; ibid.）、民法上の住所の認定の要素としてほとんど機能していないようである。さらに、すでに述べたように、法定住所（意思主義を採るとされるフランス法ではこの制度がある。山口・前掲三七七頁参照）の制度がわが民法上存在しないことも、また、外部から認めえない意思に住所認定の基準を置くことが第三者にとって好ましくないことも、意思的要素を排斥する理由となる。かようにして、客観説を正当と解するが、それは住所認定にあたって本人の定住の意思を全く顧みる必要がないというのではない。客観的事実と並んで住所認定の要件として定住の意思を要するとするのではなく、一定の場所に居住することがどれほど継続しているかとか、家族や財産の移転その他本人の対社会との係り合いの態様などと同じく生活の本拠を決定する資料の一つとしてこれを取り上げれば足りると思うのである。

ここで、さきほど掲げた大審院の判例について簡単に紹介しておこう。いずれも親族会の招集に関するものであり、現在では削除されている非訟事件手続法九六条一項に、「無能力者ノ為メニ設クヘキ親族会ニ関スル事件ハ其者ノ住所地ノ区裁判所ノ管轄トス」とあったために住所の認定が問題となったものである。

第一の大正九年の決定の事実関係は次のようなものである。未成年者Aは、鹿児島県大島郡に家屋・店舗・田地等を有し自己の名義で物品販売業を営み租税等もその地において負担していたが、自身は鹿児島市に居住して大島郡の財産からの収益を取り寄せて学資として市内の小学校に通学していた。親族会招集の申請が大島区裁判所に対してなされ招集の決定があったが、Aの住所は鹿児島市にあるとの理由で抗告がなされ鹿児島地裁はこれを入れて親族会取消しの決定をした。これに対して上告がなされたものである。大審院は、さきに記したように主観説と同旨の一般論を展開し、続いて、大島郡において右のような事実があるとしても「其事実ハ当然ニ其地ヲ以テ生活ノ本拠ト為スモノト推断セシムベキモノ」ではないから、鹿児島地裁の取消し決定は不当ではないと述べている。この決定は、一見したところでは、大島郡には一定の客観的事実はある、しかし住所の認定は生活の本拠となすべき意思が必要、したがって大島郡に住所を認めなかったことは正当、という論理としては筋がとおっているようではあるが、生活の本拠とする意思を問題とするならば、未成年者Aに係る本件としては、法定住所のないわが民法の下では法定代理人の当該の意思について論及すべきであったにもかかわらず、それがないのであって、一般論と具体的事実についての判断の展開との間に論理的接合が欠けているのである。第二の昭和二年の決定にはこの問題が明瞭に現れている。長崎において運送業を営んでいた父の死後、認知されていた妾腹の子Aがこれを相続し家業はA名義で継続営業されている。Aは生母とともに引き続いて熊本に居住しており、長崎にある親権者たる嫡母からAために親族会の招集が長崎区裁判所になされたが、生母から管轄違いとして争われたものである。大審院は前記大正九年の一般論と同一の趣旨を述べた後、「住所ヲ定立スルノ行為ハ固ヨリ法律行為ニ非スト雖其ノ或事ヲ欲スルノ意思ヲ必要トスルノ点ニ於テ彼比相通スルモノアルニ於テ完全ナル意思能力ヲ有スル者ニ非サル限リ自ヲ完全ニ住所ヲ定立スルヲ得サルコト及斯ル者ニ付テハ其ノ法定代理人ノ意思ノ介在ヲ必要トスルコト其ノ法律行為ノ場合ト何等撰フトコロナシ」として、未成年の子の住所は特別の事情ないかぎり当然に親権者の住所にあるとした。この決定は、まさに主観説の立場から一定の結論を導いたものといえるが、客観説の立場からは、親族会招集の目的から、親権者たる嫡母が居住しおそらく他の親族も多く居住するのであろう長崎を、客観的見地からAの住所と認定することも可能であって、同一の結論を導くのに法定代理人の意思の介在を論拠とすべき必然性はないと批判されている（末弘・前掲三九四頁。これらの他に、大決昭九・八・三〇民集一三巻一六三一頁があるが、定住の意思の要否を正面から論じたものではない。もっともこの判例を大決昭和二年を変更するものと解するものとして、柚木・前掲二五二頁）。

三　住所は複数存在しうるか

学説の流れとしては、かつては単一説が支配的であり、現在では複数説に異を唱える者はみあたらないといってよい（単一説　富井・前掲一六一頁、梅・前掲六〇頁、松本・前掲二二五頁、鳩山・前掲一〇九頁。複数説末弘・前掲箇所のほか、たとえば、我妻・新訂総則九五頁、幾代・総則〔第二版〕八二頁など多数）。

単一説の論拠としては、(イ)ドイツ民法のように（ドイツ民法七条二項）複数の住所の存在を認める明文の規定のないこと、(ロ)生活の本拠をもって住所とする以上論理的には生活の本拠は一個しかありえないこと、あるいは、(ハ)生活の本拠は必ずしも一個しかないものとはとりえないが、人の一般的生活関係に関してその基礎たるべき場所を定めた立法の目的からすれば、一個に限定することが法律関係の集中統一を期するうえで正当であること、などがあげられている。しかし、全法領域を通じて住所は必ず一個でなければならないものであろうか。住所に関する規定の起草者とみられる富井博士は、民法の住所の規定をもって他の法領域においても住所の基準とすべきことを意図されたようである（富井・前掲一六二頁。法典調査会民法総会議事速記録一巻六二丁参照。なお同六五―六六丁において富井委員は次のように述べている。「吾々共ノ考ヘハマダ起草ニハ著手シテ居リマセヌケレトモ民法ノ住所ト云フモノハ平常ノ仕事ノ中央トナル処ヲ住所トスル積リテアリマス何故然ウイウ事ヲ民法ニ定メルノ必要カアルカナラハ如何ニモ必要ハ少イ、併シ義務ヲ履行スルニ就テ何レノ地ニ於テ履行セネハナラスト云フヨウナ問題カ起ル夫レテモ必要ハ少ナイケレトモ矢張リ民法上ヨリ住所ト云フモノヲ極メテ置クノ必要カアル之ハ一切ノ権利ニ関係スルモノテアリマスカラシテ苟モ少クモ其必要ノアル以上ハ総則ノ内ヨリ外ニ極メル場所ハ無イト思ヒマス」）。けれども、このような見解に対して、川島教授が、それは過去において民法典が各種法領域に関する総則的な役割を担っていたという沿革的理由にのみ基づくものであり、各種の法の分化発達が進んだ現在では、各法領域には自己に固有な住所概念が存在すると喝破され（川島・前掲一二九頁）、また、これより以前に、末弘博士が、「人の法律的存在は人と社会との関係に於てのみ認識し得る。果して然らば人の社会的関係が段階的に複数的存在をなしてゐる以上人の法律的存在をも亦之を段階的複数的に認識するを至当とする。此見地より言へば住所複数説は寧ろ社会の実状に適合してゐる」（末弘・前掲三九五頁）と論じられるに及んで、住所を決定しようとする法律関係に応じて各生活関係に即して複数の住所が認められる、とする複数説が以後支配的となった（住所を論じた最近における好個の文献として、米倉・民法講義総則(1)一四六頁以下がある）。

わが民法と同様の規定、すなわち、ドイツ民法のように複数の存在を認めるのでもなく、スイス民法のように一個に限る（同法二三条二項）とも明定していないフランス民法においても、principal établissementは論理的には一個しかありえないものとされ、また、同法の起草者も一〇二条を規定するにあたって住所は単一であると考えていたことが明らかにされているにもかかわらず、近時の学説は、住所単一説を実際上の観点から不便としこれに対し疑問を呈している（Planoil, Ripert; op. cit. p.182. Carbonnier; Droit Civil I（Thèmis）1967 p.204）。確かに、全法領域を通じて単一の住所しか存在しえないとすることは、個人の社会生活が複雑化した現代においては概念的な実益のない議論であろう。いかに生活関係が複雑化しようとも生活の本拠とみるべきもの複数存在するとは理論的にありえないと説かれるが（Colin, Capitant; Cours élémentair de droit civil français t. I 1923 p.426 参照）、わが民法が形式主義を捨て生活の実際に即して住所を定めることとした点にこそ、生活関係に応じて異なった法領域において別個に生活の中心点である住所を定めることが論理的に可能となるといわなければならない。民法固有の領域において住所が問題となるのは、(a)不在者および失踪（二五条一項・三〇条一項）、(b)法人（五〇条、なお民訴四条参照）、(c)債務の履行地（四八四条）、(d)相続開始地（八八三条）などであるが、(c)については当事者の意思表示や当該債権の性質により決せられるし、(b)(d)は管轄裁判所を定めることを目的としているとみられ、問題とされている法律関係に則して合目的的に住所が決定されて何の妨げもない（米倉・前掲一五一―一五三頁）。

住所は単一であるか複数であるかが民法固有の領域で問題となった判例はない。公職選挙法上の住所が問題となった事例としては、最高裁のものとして昭和二九年および同三五年の判決がある。これらの判決は一応単一説に立つかのごとくであるが、そのことから演繹して一定の結論を導いたものではなく、また、はたして単一説をとったものかについてもその理解のしかたに議論がある。民法の領域外に関するものでもあり、かつすでに十分に論じられているところであるから詳細は他の文献に譲ることとする（最判昭二九・一〇・二〇民集八巻一九〇七頁、同昭三五・三・二二民集一四巻五五四頁。遠藤浩「住所」判例演習〔民法総則〕三一頁。乾昭三・民商三二巻三四一

頁、高梨・前掲四二頁、川井健「住所」新民法演習〔総則〕三二頁特に三四頁、石田喜久夫・注釈民法(1)二四八頁、幾代・前掲八三頁、水本・大法廷判決巡歴民法1など)。

四 結 び

以上、一応民法固有の領域に限定して、住所に関し伝統的に問題とされるところを中心に述べてみた。しかし、実は、民法固有の領域で住所が問題となることは現実には少なく、また、かかる規定が総則に置かれていること自体の意味が否定されてみれば、民法上の問題として住所を論じることはあまり実益がないことといえる。「期間の問題などと同じく、全法体系中どこかに原則を定めておく必要のある事項がたまたま私法の基本法たる民法の中に規定された」(川井・前掲三三頁)と解釈してみても、その実体がはなはだばく然たる「生活ノ本拠」というのであってみれば、他の法領域において住所を認定するさいの解釈の基準を提供するものとしては頼りなく、結局問題となった法領域において合目的的にこれを定めるのほかはないであろう。近時、具体的事例の設問を解説する形式の演習において、民法演習でありながら、設例は選挙法・農地法・税法あるいは裁判管轄に関するものが多いことが、「民法上の住所」の限界を端的に示している。

〈新演習法律学講座4・演習民法(総則物権)(青林書院、一九八九)〉

3 代理権消滅後の表見代理

一 はじめに

表見代理の法的構成については、これを無権代理の一種とする通説に対して、有権代理と構成すべきことを主張する説があることは周知のとおりであろう。本稿では、その代表として、高橋説を採り上げる。この説によれば、代理の構造に関しては本人行為説に立脚し、代理関係を内部関係から独立した法律関係と捉えたうえ、「第三者との関係においてはそこに現わされた本人の意思と代理人の行為の内容とが一致すれば、有効な代理行為になるのであり、その行為が対内関係においても正当化されるか否かは、原則として問題にならない。本人との関係では権限外であっても、なお代理権の範囲内の行為として本人に効果が帰属するのが表見代理である。(1)」とする。もっとも、一一二条に限ってであるが、これを有権代理としてみる見解が比較的初期の頃になかったわけではない。しかし、右の有権代理説は、一〇九条・一一〇条を含めて表権代理を全体として有権代理として構成している。

一一二条の要件においての右説の特色は、主として次の二点に現われる。

第一に、対内関係が終了しているにもかかわらず、代理権の消滅を相手方に対抗しえないという代理の関係が生ずるためには、その相手方が当該の代理人と以前に取引をした事情がなければならない、とする点であり、(2)第二には、表見代理の成立には本人の帰責性が不可欠であるとする点である。(3)

これに対し、無権代理の一種とする立場は、「代理人が以前に代理権をもっていたことによって、相手方が、現になお、代理権が存続するものと信じ、かつ、信ずるにつき過失がなかったこと」[4]とする説と、「問題の行為につきともかく『代理権が存在すると誤信したこと』、そしてその誤信に過失がなかったこと」[5]とする説、すなわち、相手方の誤信が代理権の「存続」にあるか「存在」にあるかに分かれるが、現在では後説にほぼ統一をみたといってよい。

ところで、代理権が「存在」すると誤信し、かつ、そのように信じたことにつき「正当事由」があれば足りるとする通説は、表見代理の成否を挙げて「正当事由」の有無にかからしめることになる、これにつき、第一には、「正当事由」なる包括的な漠然とした概念は、外延の不明確性のゆえにそのままでは表見代理の成否それ自体を決定する基準として機能しえず、むしろ、現実には、表見代理が成立するあるいは成立しないという結論を正当化するための理由付け（rationalizeするもの）として機能しうるに過ぎないのではないかと思われるが、それはともかく、これに多少とも具体的内容を付与するためには判例の分析が不可欠の作業となる。しかし、一一二条に関するだけでも判断の数は相当のものであり、本稿ですべてこれらを採り上げることは不可能であるので、やや恣意的にそのいくつかを引用するに過ぎないものであることを予めお断りしておきたい[6]。

第二には、通説は、表見代理の成否につき本人側の帰責性を明確には要求しない。しかし、商取引の場合とは異なって、民法においては、権利なき者を権利者として保護し、あるいは、義務なき者に義務を負わせるには、外観を信じたことにつき正当事由あるのみでは不足であり、外観作出について本人に帰責性があることをも必要とするのではないか、そらには、両者の間には、帰責性が強ければ相手方は比較的緩やかな要件の下で保護され、帰責性が弱ければ相手方保護の際の要件は厳しくなるという相関性が認められるとみるべきではないか、と思われる。もっとも、ここに本人の帰責性とは具体的には何を意味するのかはまた別に問題としなければならない。有見代理構成説では、本人の意思と当該行為の結びつきが表見代理責任を負うまさに本人側の帰責ということになる。(7) この点、立ち入る余裕がないが、無権代理人の責任を追求するのにすら相手方の無過失を必要とするのであるから(民法一一七条二項)、本人に責任を負わせるためには、本人側に帰責事由があることがさらに付け加わらなければならないとする指摘は、充分に再考しなければならないところであろう。

以下、右のように、代理人と相手方との間に従前に取引行為があったことを要するかという、いわゆる特別構成要件の有無と、相手方の過失認定の基準、すなわち正当事由の成否の二点を中心に稿を進めることとしたい。

なお、本稿のうち、**一**と**二**の部分は平井、**三**と**四**は岸上が分担執筆している。

二 従前の取引行為の存在

民法一一二条が旧民法財産取得篇二五八条を承継し、系譜的にはフランス民法につながるものであることはすでに指摘がある。本条立法当時、極く大まかに言えば、第三者に代理権消滅を通知するまでは消滅の効なきものとするドイツ法の在り方と、消滅はあっても第三者にはその効果が及びえないとするフランス法の在り方とがあり、立法者は、「通知ノ方法如何ニ依リ或ハ第三者ノ為メニ不充分ナルヘク或ハ之ニ反シテ巨多ノ費用ト手数トヲ要シ煩ニ過クル弊アルヘシ」(8) として、かなり技術的な見地から後者に倣うことを選んだようである。ただし、一一二条の表見代理が、有権代理か無権代理かということは、このように同条がフランス民法の系譜をひくということと、一一一条に代理権消滅原因を掲げ同条はこれを承けての規定であるということから、直ちに導けるものではない。それは、いうまでもなく基本的には代理理論の理解にかかわる問題である。しかし、少なくとも、代理権は本来は消滅しているものであることを前提とすれば、代理権の残存によって救済さるべき第三者は特定の関係ある者に狭く限られてくる、と考えるのが自然であるといいえよう。それかあらぬか、初期の学説では、一一二条の第三者は従前に当該代理人と取引行為あった者であることが自明のこととしてとらえていたようである。(9)

これに対し、代理権の相対的消滅や部分的存続を明確に否定し、存続するものは代理権そのものではなく代理権ありと信ぜしむべき客観的事実に過ぎず、一一二条は、かかる事実を信じた者を保護するための取引安全維持の制度であって、一〇九条・一一〇条と並んで表見代理の一場面である、と位置づけたのは中島説である。[10] かように、取引安全保護が一一二条のレゾン・デートルとして持ち出されることによって、代理人と第三者との間の一定の事情の存在は影を薄くし、外観を信頼した第三者側の事情のみが重きをもつにいたり、同条の適用範囲も拡大される敷石が打たれたわけである。今日、各表見代理類型の複合型が承認され、同条につき、従前の取引行為の存在は相手方の重過失認定の資料の有力な手がかりにはなっても、「それを積極消極の決め手的な要件とすることは、合理性を欠き、妥当ではない」[11] とする態度が通説の位置を占めることからも、このことは肯かれよう。

判例も学説の変遷に応じた展開を示している。特別構成要件の有無に関して、かつての代表的判例として引用される大審院昭和八年判決は、[12]「右法条（一一二条）ハ当該第三者ニ於テ代理人ノ代理権カ消滅スルノ前其ノ者ト取引ヲ為シタルコトアル等之ト代理権ヲ有セシ者ニ依然代理権アリトシ之ト取引ヲ為スヘキ事情存スル場合ニ限リ其ノ適用アルモノト解スルヲ相当トス」としていた。以後かかる態度は一貫して踏襲されてきたのであるが、[13] 昭和四三年ごろから、かような要件を不要とする下級審判決が目立つようになった。そして、最高裁は、四四年にいたり次のように判示して軌道修正をなしたのである。すなわち、「民法一一二条の表見代理が成立するためには、相手方が、代理権の消滅する前に代理人と取引をしたことがあることを要するものではなく、かような事実は、同条所定の相手方の善意無過失に関する認定のための一資料となるにとどまるものと解すべきである」と。この判決に対しては、一一二条を適用すべき事案ではなかったとする評価もあるが、ともかく、特別構成要件を必要とするものと不要とするものとに分裂をきたしていた下級審判決に、通説支持の指標を示した意義は少なくない。

右のような通説・判例の態度に対しては、これらは、特別構成要件を不要とするための法的根拠を明らかにしていないとの批判がある。適用範囲を拡大すべきか否か、動的安全をそこまで保護する必要があるか、が論じられなければならないときに、先に結論を出してしまっては議論にならないというのである。[14]また、本要件を不要とした場合、「いったん代理権を授与したなら、代理権消滅後も本人はいつまでも、しかも全く予期せぬ第三者から表見代理を主張される危険にさらされることになる」ともいわれる。[15]

代理権が存続すると誤信したことを要さず、単に代理権が存在したことで足り、その他の事情は一切過失認定の資料とする通説の立場からは、一一二条の適用さるべき場面は、代理権存続についての誤信と、自称代理人がかつて代理権を有したこととは切断され、牽連性は失われることになる。すなわち、当該の行為について代理権なきにもかかわらずこれがあるものと誤信することは、一〇九条・一一〇条の場合をも含めて表見代理成立の一般的要件であり、客観的事実として自称代理人が過去に代理権を有したことは、この場合には、表見代理として保護するにつき、適用条文をいずれにするかを選択決定する基準としての機能しか営みえないことになりかねない。

これに対し、代理人がかつて代理権を有しており、そのことを知っているが故に現在でも代理権を有するものと誤信したのが滅権代理であり、代理権存続についての誤信と過去の代理権の存在との間に牽連性を必要とする立場では、相手方が代理権がなお存続すると誤信したことに正当理由があるか否かの判断に入る以前に、何らかの事由で過去に代理権があったことを知っていたか否か――それが従前に当該代理人と取引行為をなしたことによると限定すべきかは別として――が、将に滅権代理と他の表見代理とを区別すべき要件として働いてくることになる。

他方――これまた有権代理構成の是非は別として――少なくとも内部関係においては代理権は消滅しているにもかかわらず、効果帰属を拒否しえない本人の帰責性は、当該代理権の消滅を相手方に知らしめなかったという点に求められる。したがって、本人がかかる帰責性を除去しさえすれば、免責的効果が認められる余地がありうることになる。通説的見解に従えば、過去の代理権の存在を知って取引をする必要はないのであるから、相手方の範囲は限定されえず、代理権の消滅を確知させようもないのであるから、前掲の批判説のごとく、一度代理権を授与した場合には以後表見代理の主張をもって脅かされる危険性は高くなるといえそうである。ここで、「いえそうだ」としたのは、実は、後述のように、滅権代理において、相手方が代理人と過去に取引行為をなしたなどの事情から代理権が「存続」すると誤信したことは必ずしも必要ではないとする通説的見解と同調する基本姿勢の下においても、判例は、第三者の過失の認定において、右のような事情あるときは無過失とすることに緩やかにし、右のような事情なきときは過失なしとすることに厳しくするという態度を示しており、結果において顕著な差が生じていないとみてよいようだからである。つまりは、今日の判例は特別構成要件不要としながらも、過失認定の次元において軌道修正を行っているわけである。しかしながら、要件面からの絞りを緩やかにし、事実認定の場において裁判官の平衡感覚に頼ることの当否は、今一度再考せらるべきものと思われる。

以上のようにして、個人的見解としては、一一二条は、単に相手方が代理権が「存在」するものと信じたというのでは足りず、過去において当該代理人と取引行為をなしたなど何らかの事由によって代理権の「存続」(survivance)を信じたことを要し[16]、かかる代理権の残存を払拭しなかった本人の帰責性に、本人への責任発生のモメントがあるとみたいのであり、このことは結果的には有権代理構成説に左袒することとなる。しかし、この説の主張する代理理論については、なお統一要件論の評価や、代理関係を内部関係から独立した法律関係と捉えることの当否など、慎重に応接すべき点が多く含まれており、態度を留保したい[17]。なお、表見代理を有権代理とした場合には、本人の追認権、相手方の催告権・取消権、表見代理として本人へ追求してゆくか無権代理として代理人に追求してゆくかの選択の可能性などすべて否定されるわけであるが、そのような結果を認めたとしても、さほど本人あるいは相手方に不利益はあるまいと思われる[18]。

三　過失の認定

民法一一二条の表見代理の成否に関しては、事実認定――特に過失の有無――がその鍵をにぎっているということができよう[19]。それは、通説的見解のごとく要件を広く解した場合には特にその重要性を増すことになる。いずれにしても、代理制度の信用維持という表見代理に課せられた任務からすれば、本人と相手方との利益衡量、すなわち、本人側における自己責任原則の貫徹と相手方側における取引安全の保護とのバランスをはかる支点としての役割を、この過失認定が負っているともいえる。

そこで、以下においては、判例上にあらわれた過失認定の具体例を検討する。ただし、本稿では前述のように主に戦後の判例を中心としていることを予めお断りしておく[20]。また、過失認定を検討する上において、一応の目安として次の三項目に類別することにした。すなわち、㈠継続的な代理権か個々的な代理権か、㈡本来型か非本来型か（特別構成要件該当型か否か）、㈢相手方の調査確認義務の有無、の三つである。もっとも、これらは必ずしも妥当な類別基準とはいいえない。けだし右記三項目はそれぞれ別個の要因というわけではなく、むしろ、相互に関連しているものだからである。しかしながら、一一二条の過失を中心とした事実認定を類型的に把握する上では、一応かかる基準に従うことが有用であろうと思われるので整理の便宜として掲げるものである。

1　継続的な代理権か個々的な代理権か

一一二条の予定する代理権が継続的代理権であることは、条文趣旨などからも容易に推察しうるところであるが、個々的な代理権であっても、その適用があることについては通説・判例に異論がない[21]。

継続的代理権の例として、判例上よく登場するのは、会社の取締役・経理部長などである。しかし、これらは同一に取り扱われるのではなく、前者は登記により公示できるため、後者とは異なった取り扱いをうける。たとえば、取締役が退任させられて、退任の登記もすでになされていたにもかかわらず、当該取締役自身はその事実を知らず、なおも職務を継続し手形を振出したという事例において、最高裁は、商法一二条のみが適用され、民法一一二条の適用ないし類推適用はないとしている。(22)

一方、経理部長等の役職には登記制度がないので、銀行等に経理部長を代理人とする届出とその者の印鑑届を提出した会社が、その後経理部長の職を解いたにもかかわらず改印届をしていなかったことにより、同人による手形振出が表見代理の成立を招いた事例(23)や、経理部長が退社後に振出した手形につき、同人の言行等に不信な点があったにもかかわらず代理権の存在につき調査しなかった相手方に過失ありとして表見代理の成立が否定された事例(24)などがあり、当該役職による一定の基準はない。

その他、会社組織以外での継続的代理権については、比較的容易に真正の代理権の存在もしくは表見代理の成立が認められるためか、裁判上の争いとしてはあらわれていない。ただ、代理権の性質からすれば一回的代理権でありながら、実質的には継続的代理権と同視しうるような状態で行なわれたものがある。

Yは自己の事業資金の一部を、自己商品納入の前渡金とする方法をもって、その調達方をA（代理人）に依頼した。Aは、まずその話をX方にもっていったが、XはYの事業所を実際にみてみなければ決定しえないとの返事をした。そこでAは、資金調達を急いでいたので、今度はその話をB方にもちかけたところBの承諾を得、資金を調達しえた（この時点で代理権は消滅した）。にもかかわらず、その後XがYの事業所を調査に訪れた際に、Aは自ら案内をし、それにより納得したXとも、Yの商品についての売買契約を代理権の範囲を超えて結んでしまった。かような事例において、最高裁はAに表見代理の成立を認めている。(25) ここで、XはYの事業所を訪れたこと（代理権の調査ではなく設備等営業規模の調査であろうが）、及びY事業所内でのAの態度についての信頼のみで有過失の認定を免れている。(26) すなわち、かような事例においては、過失認定における相手方の注意義務が緩和されているということができよう。(27) それはまた、次のような事例についてもいえる。すなわち、自称代理人が過去において、本人を代理して、信用組合との取引、金銭消費貸借契約、連帯保証契約、抵当権設定契約等を繰り返し行なってきており、また同時に本人の経営する会社の代表取締役としての包括代理権を有しているような場合、換言すれば、一回的代理権授与が継続的に行なわれており、かつ他に特殊な関係――会社組織における継続的代理権――を有しているような場合には、相手方は本人に当該行為の代理権存否につき新たに確認がなされなくとも、代理権存在を誤信したことに過失なしと認定されている。(28)

それに較べて、単なる一回的な代理権である場合は、過失認定が厳格に行なわれているといえる。

通説は、相手方の認識として自称代理人が過去に代理権を有していたことを必要としないとしており、客観的事実として過去に代理権を有していれば、一一二条適用の射程距離内であるとしている。判例も昭和四三年頃以降そのような見解をとるものも多いが、しかしそのような事例においては、表見代理の成立が、有過失の認定というチェックにひっかかり、その大半について否定されている事実に注目しなければならない。(29)

また、従前の代理権の存在を知っていた相手方につき、その従前の代理権が融資をうけるための根抵当権設定契約等の締結について与えられている場合、そのことはすなわち当該契約が締結されることにより消滅する一回限りのものである以上、登記が完了したことにより当然消滅するのであって、その後になされた代理人と相手方との当該不動産売買契約についての表見代理行為に対し、相手方の悪意が認定された事例もある。(30)

以上のような判例上の事実認定を要約すると、およそ次のようなことがいえる。

本人から代理人に与えられていた代理権の性質が継続的なものであれば、個々的すなわち一回的なものに比して、無過失が認定されやすい。そして個々的なものであっても、それが断絶的に頻繁に行なわれていれば、継続的代理権に準ずる扱いをうけるし、代理権消滅後、間をおかずになされた無権代理行為は、単なる一回的代理権よりも相手方の注意義務が軽減される。そしてまた、相手方において、自称代理人が過去に代理権を有していたことを認識していない場合などは、そのことのみで一一二条の適用を否定された事例もあるが、(31)その他の場合、注意義務のなかで最も重く、かつ代理権の存否を確認するのに最も有効な手段である本人への照会が要求されることになる。

本項目は、二において検討した相手方の誤信が代理権の存続か存在かについての実務上の検討・整理資料でもあるし、次項目のアプローチともなる。

2　本来型か非本来型か

ここで本来型とは、従前に相手方と代理人との間で取引行為等があり、それに基づいて問題の行為時において も自称代理人に代理権が存続すると相手方が誤信した場合をいい、非本来型とは、相手方の認識とは関係なく客観的には過去に代理権が存在し、かつ外形的事情から自称代理人に代理権が存在すると相手方が誤信した場合をいう。自称代理人の過去に存在した代理権につき、直接の取引行為などのように確実な方法で認識したのではなく、第三者からの情報に基づき代理権の存在を認識した場合は、どちらの型になるかについては、仮に、その情報を得た時期によってわけておく。すなわち、問題の行為時以前に当該行為とは関わりなく情報を得ている場合は本来型、問題の行為をなすにつき調査して得た情報やそれ以後裁判時までに得た情報については非本来型としておく。けだし、過去の代理権の存在を起因とし問題の行為時における代理権の存続についての相手方の信頼を基準としているからである。

そのような二つの類別が許されるとして、それに従った場合、当然のことではあるが、裁判上争われた事例は、本来型に較べて非本来型の方が圧倒的に多いことがわかる。

まず、本来型に分類される事例をあげると、歌手であるYの母親AはYのマネジャーとしての身辺雑務の一切を任されており、AがXから資金の融資をうける交渉に際し、Aの連帯保証をする代理権も有していたが、YのAの結婚問題からYA間に感情的対立が生じ断絶状態となり代理関係も消滅した。その後XとA間で貸付及びYのAに対する保証契約が締結されたという事例で、XがYの結婚を知っていたからといって、Xが代理権消滅を知らなかったことについて過失があるということはできないと判示したものがある(32)（本判決を以下、㋑判決という）。

本件において、AがYの実印を所持していたことが表見代理成立の一つの手がかりになっているようにもとれなくはないが、むしろ、従前の交渉によって培われた代理人としての信頼は、本人からの代理権消滅の通知がない以上、たとえYが有名な歌手であったため週刊誌等でYの結婚に伴なうYA間の不知の風評を知りえたとしても、それだけで過失があるとはいえないとしたものと解される。ここでは、Aの代理権の存続を中断させる事情が、Xの方からは見出せないのであって、つまりは相手方の過失認定そのものよりも、むしろ代理権消滅を通知しないという本人側の帰責性を認めたものといえ、その点において通説・判例のとる立場からすれば、本人の帰責性は要件としないのであるから両者のバランス上相手方の過失認定を緩和したのではないかとも——相手方が注意義務を通常人よりも過重されるべき金融機関であるだけに——とれなくはない。

また、本来型の第二の例として、Aと金融機関Xとの準消費貸借契約につきBがYの代理人と称して当該契約の連帯保証契約を締結した。これより一年二ヵ月余り前にも、ほぼ同様の連帯保証契約をXとの間でBがYの代理人として行なっていたが、その際にXはYに直接、代理権存在の確認をとっていたので、今回は改めてその確認はとっていなかった。その他、契約書に押捺された印鑑が前回と同じ印影であったこと、金額が前回の額とそれ程変りがなかったこと、などの事実も認められた。そこで最高裁は、このような事情の下では「直接Yにその意思を確かめなくとも、特段の事情のないかぎり、BにYのための連帯保証契約を締結する権限ありと信ずべき正当の理由を有し、かつ、過失はないものとなる」として、Yに直接その意思を確かめなければならないとした原判決を破棄している(33)（本判決を以下、㋺判決という）。

しかしながら、判例の過失認定は微妙であり、㋺判決に類似した事例であっても相手方に過失が認定された次のようなものもある。

Xは、その妻であるAを通して、金融機関であるYから、過去数回にわたり、自己所有不動産を担保に融資をうけていた。しかしその後、AがYから直接融資をうけることになり、その際XのYに対する残債務もAが肩代りし、債務をAに一本化することにした。そこでXの実印を保管していたAはXに無断で右契約の連帯保証を代理して締結し、かつX所有該不動産にも根抵当権等を設定したという事例で、「およそ金融機関たる者は、夫婦の一方が主債務者となり、他方をして人的保証をさせるかもしくは物的保証をさせる場合に、一方が他方の実印と印鑑証明書を所持し、しかもその者がかつてその金融機関において同様の方法により取引をしたことがあり、他方が右取引について異議を述べなかったことがあるからといって、従前の取引と質的にも量的にも異る新契約締結について、直ちに他方の授権があると判断するのは相当でなく、右新契約の締結について本人に代理権の有無を調査する必要があるものといわなければならない」として、有過失の認定をなした[34]（本判決を以下、㋩判決という）。

なお、判旨にいう「従前の取引と質的にも量的にも異る」というのは、「本件保証債務の額がXの従前の取引額に比して相当多額であること」「本件融資は従前の融資とは（主たる債務者が違い）異質であること」をいうものと思われる。

㋺判決と㋩判決とを比較検討した場合、㋺判決の事例においては、代理権の性質としては一回的なものであるが、同一様式同一内容の反覆的な代理行為である点、相手方が代理権の存在を誤信しやすいものであり、代理権の存続とはいえないまでも、それに極めて近いものである——存続性がある——といえる。これに対し、㋩判決の事例については、従前と同じようにXに対する融資であれば、調査義務も課せられなかったのではないかと考えられるが、融資方など契約内容が違い、また額が多額であることに存続性が認められなかったものといえよう。

以上のように本来型の類別基準は必ずしも確定的ではないにしても、前述の如く「代理権の存続もしくは存続性」がその役割を演じうるものともいえる。ただ、この「存続もしくは存続性」という基準は、相手方の認定という側面から捉えられるべきものではなく、むしろ本質的には本人の帰責事由の存在という側面から捉えられるべきものであると考える。たしかに通説・判例は、表見代理制度における取引の安全保護の趣旨を反映させて、本人側の原因行為を要件から排除し、結果としての「外観」のみを問題とし相手方が過失なく代理権の存在を認識すれば足りるとしているのであるが、その根底では、本人の帰責事由と相手方の過失とのバランスをはかっていることは疑いのないところである。ただそのバランスのとり方の表現方法として、二元的把握をせず、相手方の過失認定という側面からの一元的把握をしているにすぎない。そうだとすると、この「存続もしくは存続性」は相手方に代理権存在を誤信せしめた原因であるので、もっぱら本人側にその責任があるというべきであり、その点で相手方の注意業務が軽減されていると捉えなければ、これまでみてきた判例理論には一貫性がなくなってしまう。すなわち、そうでないのであれば、相手方に対して一律に代理権存在についての本人への調査確認義務を課すべきことになろう。

それでは、前掲の各判決において代理権の存続を誤信させた原因、すなわち本人の帰責事由はどこに見出されるか。㋑判決においては、契約締結に向けての交渉途中で本人・代理人間の内部事情により代理権が消滅したのであり、本人も代理人が相手方と交渉中であったことを知っていたのである。故に本人は代理権の消滅を直接相手方に通知しなければその責を免れないことは自明であろう。また、㋺判決においては、代理権の存続性をみなされるような同一形態の代理行為を滅権代理人が再び行なわないように、実印等の回収をなすべきであった点に帰責性が見出される。(35)

ところで、この存続性に関して次のような興味ある判例がある。事案は、Y_1はY_2に自己所有土地の一部の売却につき代理権を授与したところ、Y_2が当該一部の土地をAに売却した後五年経て再び他の部分の土地をY_1に無断でXに売却したというものであるが、ただY_1は、Xへの売却当時国外におり、Xが代理権の存在を調査確認し難い事情もあった。判旨は、「Xが右契約にあたり、Y_2に本件土地を売却する権限があるものと信じたとしても、本件行為はY_2の（本件）土地売渡しの代理権消滅後すでに五年を経過しており、本件契約は従前の代理権の範囲に属しない行為であることは明らかである……」として、従前の代理行為の存続性を否定している。(36) たしかに、前回の代理行為から五年を経過しているということは、以後の代理行為との代理権の存続性を有しないと推認するに難くないのではあるが、果してこの五年間という期間にどれ程の合理性があるかは疑問である。また逆に、㋺判決も、存続性を肯定する要因の一つに、以前の代理行為との間が一年二ヵ月余りであることを加えているものとみられなくもない。しかしながら、いずれにしても期間の長短をもって存続性の有無の要素とするべき画一的判断には合理性がないというべきであろう。

次に、非本来型についてみてみるに、本来型に比して、相手方の注意義務の過重がみられる。[37] すなわち、ほとんどの場合相手方に代理権存否についての調査確認を要求している。判例上、この調査確認義務の存在が認められているということは——判文上の常套句として「一挙手の労を惜しみ」という表現が使用されている——、とりもなおさず表見代理の成立が否定されていることになる。そうしてみると、有権代理構成をとる立場から通説を非難している点、すなわち、「いったん代理権を授与したなら、代理権消滅後も本人はいつまでも、しかも全く予期せぬ第三者から表見代理を主張される危険にさらされることになる」[38] とする点は、理論的には言いえても、実務においては杞憂にすぎないことがわかる。

これまで概観してきた判例の理論を要約すれば、従前の代理権の存続もしくは存続性を相手方に誤信させた場合、そのことに本人の帰責事由があるわけであって、表見代理の成立が肯ぜられるし、また逆にその帰責事由の除去も本人の責任においてなしうることになる。これに対し、存続ないし存続性を誤信させないような状況にある場合については、本人側から何もなすべきことはなく、その結果相手方は調査確認の義務を負うのである。そして、その義務を遂行すれば、当然当該代理人が真正の代理人なのか無権の代理人なのかが判明するし、逆に遂行しなければ有過失の認定をうけ表見代理は成立しないというシェーマが成り立つことになる。

3　相手方の調査確認義務の有無

相手方が、自称代理人に真正の代理権が授与されているか否かを本人に照会する調査確認は、代理権存否につき最も基本的でかつ有効な方法である。これが常に行なわれておれば、およそ表見代理の成否についての争いは生じないことは勿論、表見代理制度そのものが不要となる。極論すれば、調査確認義務が課せられることは、即表見代理成立の否定を意味することになる。以下、この調査確認義務が相手方に課せられるか否かについて判例をみていくことにする。

判例上、一一二条の適用事例で相手方に代理権存否の調査地確認義務が課せられる基準としては、大きく分けて二通りのものがある。一つは、代理人の行為が取引慣行上異例であり[39]、一般通常人をして当然代理権の存在に疑いをもってしかるべきとき、いま一つは、相手方が金融機関であるときに[40]、調査確認義務が要求される。

まず、取引慣行上異例とされたものの実例をあげると、不動産売買についての代理権をわずか二二歳であるものに託すこと[41]、金銭消費貸借の担保としての抵当権設定契約につき現場調査をせず書類のみを信じたこと[42]、一定の範囲において対外的に独自の営業活動をなすべき組織を有する営業所たる実質を備えていないことが明白な出張所へ出向いておりながら、その出張所長に手形を振出す権限があるかどうか疑念を抱かなかったこと[43]、手形割引による融資を受ける主体が本人(会社)ではなく代理人であったりその手形の金額欄等主要な部分が白地であったこと[44]、などである。このような事例から帰納させて一定の基準を見出すことは難しい。もしあるとするならば、一般取引通念ということになろうが、それでは余りに抽象的で不明確であるといわざるをえない。

また、金融機関が、一般人よりも重い注意義務を負わせられるべきであることについては、異論がないところであり、一一〇条における正当理由の判断についても判例上認められているところである[45]。しかしながら、金融機関ということだけで重い注意義務を負わしているのであれば、この調査確認義務を一律に課すべきであろうと考えられるが、必ずしも調査確認をしなくても過失がないとされた事例も存在するのである[46]。

以上のことを総合して考えると、相手方に一律に課せられる注意義務は、一一二条において存在しないことがわかる。たしかに一般論としては一般人よりも重い注意義務をもつと解される金融機関であっても、一一二条の適用においては、そのことのみをもって較差を設けているとは考えられない。また取引慣行上異例であるとか、一般通常人の注意義務としてということも明確な基準になりえないことはいうまでもない。すなわち、判例集積上での調査確認義務から帰納するものは、職業的等の基準には存在しないことが窺えよう。

そうだとすると、先に述べた本来型・非本来型の分類が調査確認義務の有無の決定基準とはなりえないであろうか。

前述の如く、本来型とは、代理権の存続もしくは存続性を相手方に誤信せしめた場合をいい、そこには本人の帰責性が内在する。表見代理の成否は、多く本人と相手方との利益のバランスによっているのであり、本人の帰責性が重い場合は相手方の過失認定が軽減され、相手方に重過失ある場合には本人の帰責性が弱められるのである。よって、本来型の表見代理については、本人の帰責性が強いため相手方に調査確認義務は課せられないが、非本来型の表見代理については、本人の帰責性が弱いため、相手方に調査義務が課せられる。このように解した場合にのみ、判例理論が一貫性を保つことができよう。ただ、そうだとすると、判例の立場からいっても、結果的には表見代理の成立は本来型にのみ絞られることになろう。けだし、非本来型については、理論的には表見代理の成立の可能性を認めながらも、実際は調査確認義務を要求することにより、真正代理か無権代理かのいずれかに確定してしまうからである。(47)

四　まとめにかえて

以上、一一二条の表見代理に関する理論上の検討と判例の整理を、「従前の取引行為の存在」と「過失の認定」に限って概略試みてきたわけであるが、ここでいま一度整理をしてみたい。

通説及び近時の判例は、要件として「従前の取引行為の存在」を不要とし、かつ自称代理人に代理権が存続しているという誤信は必要なく、代理権が存在しているという誤信で足るとしている。そしてその他の事情については一切過失認定の資料とするとしており、要件論としての理論的枠組は極めて大雑把であり、その点裁判官の裁量に依存するところが大きい。その理論構成は、もっぱら表見代理の制度趣旨たる取引の安全保護を基礎としていることが窺われる。

一方、有権代理構成をとる立場及びかつての判例は、従前の取引行為の存在を前提要件とし、それに起因して問題の代理行為についても代理権が存続すると誤信したことを要件に加えることにより、一定の要件下で一一二条の適用範囲を限定しようとするものである。それは立法趣旨もさることながら、理論においても自己責任の原則と取引の安全保護とのバランスをとろうとしたものであるといえる。

しかし、先にみてきたように、いずれの説をとっても、実務上は結果に差はないことが認められる。すなわち、要件面で緩和がなされている通説の見解をとったがために、表見代理成立が本来否定されるべきところが肯定されたという事例は存在していないと思われる。裁判官の裁量としても、意識的か無意識的かはわからないが、有権代理構成の見解及びかつての判例の見解に、結果として同調しているともみられよう。

反面、通説及び近時の判例の見解に従えば、たしかに法的安定性に欠ける点があるとしても、表見代理を統一的制度として理解しえ、したがって表見代理の各類型の競合形態を容易に認めうる立場にあり、その柔軟さが近時ますます多様化していく取引社会の実情に即したものであるともいえるのである。

これについての筆者らの一応の見解は二で述べたところであるので、以下二三付記して擱筆する。

まず、一一二条の表見代理は、通説的無権代理構成ではいうまでもなく代理権が消滅していることを前提とするが、この点に関し、まだ消滅していなかったと認定することによって、いわゆる「有権代理への繰り込み」現象があることが指摘されている。(48) 本稿はこのような視点から判例を検討していないので残された問題である。

次に、表見代理の各類型競合形態とくに一一〇条と一一二条の複合形態については、とりたてて検討しなかった。これについては、各条の要件の持ち寄りでよいのか、それとも新たな要件を加えるべきかについても再考の余地があろう（下級審判例の中には、この場合本稿のいわゆる本来型であることを厳格に要求するものもある）[49]。

最後に、代理人の資質——たとえば、その狡猾さなど——は問題にならないか、ということ一考の余地があるように思われる。すなわち、このことは表見代理の直接の要因とはなりえないが、相手方の誤信を招く要素として、代理人がうまく立ち廻ったか否かで相手方の過失認定に多少なりとも差がでてくることは、判例のなかにもあらわれてくる[50]。これをどのように取り扱えばよいのか見当もつかないが、本人と相手方とのバランス上で考えていくべき表見代理制度において、たとえそれが重大な要素とはならないとしても、全く異質な要素によってバランスの取り方に変化が生ずるとするのも奇異な感をうけるからである。

(1) 高橋（三）「表見代理の有権代理的構成」代理理論の研究三一三頁。
(2) 高橋・前掲三一四頁。
(3) 高橋・前掲二六七頁。
(4) 舟橋・総則一四一—一四二頁。
(5) たとえば、幾代・総則三九四頁。
(6) 判例の詳細は、やや古いが、後藤「表見代理」総合判例研究叢書民法⑳一九六頁以下など。
(7) 高橋・前掲二六七頁。
(8) 民法修正案理由書・第二節代理七—八頁。
(9) たとえば、岡松・民法理由(上)二五〇頁。
(10) 中島・釈義巻之一・六二五頁。
(11) 幾代・前掲三九四頁。
(12) 大判昭和八・一一・二二民集一二巻二四号二七五六頁。
(13) 最判昭和四四・七・二五判時五七四号二四頁。
(14) 高橋・前掲三一二頁。

(15) 高橋・前掲三一五頁。
(16) Planiol, Ripert ; Traité Pratique de D.C.F t. XI 1954, n°1501. なお同書ではsurvivance, â l'égard des tiers, du mandat terminé は mandat apparent に入れていない。
(17) 伊藤進「ドイツにおける『代理権の濫用』理論」法律論叢四九巻五号、同「代理の法的構成」民法の争点などを参照されたい。
(18) 表見代理が無権代理であれば、相手方は表見代理としての本人への追求と一一七条による無権代理人への責任とを選択追求しうるはずである。ところが一一七条の責任追求をなしうる要件として、表見代理が成立しないことを掲げるものが有力であり（我妻・総則三八一頁）、しかも、その説では、表見代理は無権代理であるからとして、取消権・追認権を認めるが（我妻・三六七頁）、このような態度は一貫しないものといわなくてはなるまい。むしろ、全て肯定するか（幾代・前掲四〇四頁）、全て否定すべきであろう。
(19) 一一二条における過失認定は一一〇条の正当理由とも軌を一にするところであり、一一〇条の正当理由の認定も合わせて参照されたい。後藤・前掲一三〇頁以下、ほか。
(20) 戦後というよりも、むしろ、後藤・前掲書登載判例以後を対象としている。
(21) たとえば、我妻・前掲三四四頁など。
(22) 最判昭和四九・三・二二民集二八巻二号三六八頁。なお、原審（大阪高判昭和四七・一〇・三一金法六七〇号三〇頁）は、手形取引の迅速性および外観上の変化がないことから一一二条の適用を認めている。
(23) 最判昭和三五・一二・二七民集一四巻一四号三二三五頁。
(24) 東京地判昭和五四・六・二七判時九三七号一〇七頁。
(25) 最判昭和三二・一一・二九民集一一巻一二号一九九四頁。
(26) 福岡高判昭和二九・一二・二三民集一一巻一二号二〇〇二頁（注(25)の判例の参照欄）。
(27) 本件は一回的代理権であっても、相手方の誤信は「代理権の存続」であることがわかる。同様な事例として、東京地判昭和三七・五・七下民集一三巻五号九八五頁。

(28)　東京地判昭和五四・六・二五判タ四〇一号九七頁。
(29)　東京高判昭和二九・二・二六下民集五巻二号二二四頁、東京地判昭和三八・二・二二判タ一四六号七五頁（本判決は、本人・代理人間が夫婦という親族関係であり、過去にも代理権授与が数回行なわれていたことなど、前掲注(24)の判例に類似しているが、その結論が異なっているところは、代理権授与の断続の頻度の差からくるものと思われる）。大阪高判昭和四四・五・一五金法五五三号二三頁、大阪高判昭和四四・五・二九金法五五四号二五頁など。
(30)　東京地判昭和四七・七・二四判時六九〇号六〇頁。
(31)　大阪高判昭和四三・八・二六下民集一九巻七・八号四八七頁、大阪高判昭和四四・五・二九金法五五四号二五頁ほか。
(32)　東京地判昭和四五・八・二四金法五九七号三五頁。
(33)　最判昭和四六・四・二〇判タ二六三号二〇八頁。
(34)　東京地判昭和五一・一一・二五判時八六〇号一二九頁。
(35)　この点についても、本人と代理人とが夫婦であり実印を容易に持ち出せる状況の㈧判決の事例とは異なる。ただ、これは一〇九条の問題も絡んでくるものと思われる。
(36)　東京地判昭和五四・七・三〇判タ三九八号一二九頁。
(37)　東京地判昭和三八・二・二二判タ一四六号七五頁、大阪地判昭和四七・一・一七判タ二七七号三三六頁、東京高判昭和四九・一・一七判時七三六号四八頁、東京高判昭和五一・六・二九金法八一四号四五頁、東京地判昭和五四・六・二七判時九三七号一〇七頁、大阪高判昭和五五・一一・二八判タ四四四号一二五頁など多数。なお、これらの判例の中で金融機関であるが故に注意義務の過重が認められるとするものもあるが、必ずしも金融機関という理由からだけでは注意義務の過重が認められるわけではない。詳しくは、**三**1相手方の調査確認義務の有無の項を参照。
(38)　前橋・前掲三一五頁。

(39) 東京高判昭和二九・二・二六下民集五巻二号二二四頁、東京地判昭和三八・二・二二判タ一四六号七五頁、東京地判昭和三九・一〇・二七金法三九二号一三頁、大阪地判昭和四七・一・一七判タ二七七号三三六頁、東京地判昭和五四・六・二七判時九三七号一〇七頁など。

(40) 東京高判昭和四九・一・一七判時七三六号四八頁、東京地判昭和五一・六・二四判タ三四六号二六〇頁、東京高判昭和五一・六・二九金法八一四号四五頁、東京地判昭和五一・一一・二五判時八六〇号一二九頁など。

(41) 前掲(前注(39))東京高判昭和二九・二・二六。

(42) 前掲(前注(39))東京地判昭和三八・二・二二。

(43) 前掲(前注(39))大阪地判昭和四七・一・一七。

(44) 前掲(前注(39))東京地判昭和五四・六・二七。

(45) たとえば、最判昭和四五・一二・一五民集二四巻一三号二〇八一頁など。

(46) ㋑判決(前注(32))参照、㋺判決(前注(33)参照)。

(47) 非本来型においても、本人への照会が不可能であるような場合には、他の要因から表見代理の成立の可能性がないわけではないと解されよう。

(48) 椿・注釈民法(4)一〇一、一四二、とくに一八七・一八八頁。

(49) たとえば、大阪高判昭和三四・一〇・三〇金法二六一号二七頁。

(50) 前掲(前注(25))最判昭和三二・一一・二九など。

〈判例タイムズ四五五号(一九八二)〉

4　期間の制限

一　権利行使（訴えの提起を含めて）の期間制限という場合、従来から説かれているところでは、出訴期限、消滅時効、除斥期間の三者がある。

出訴期限とは、権利そのものを消滅させるものではないが、当該の権利に基づいて訴えを提起するについての期間制限であり、これを過ぎると訴権が消滅するとされるものであって、現在は制度としてはわが国には存在しないといわれているが、解釈上は認められていないわけではない。(1)　除斥期間は、中断がない、当事者が援用をしなくてもそれに基づいて裁判をしなければならない、起算点が権利発生の時である、などの点で消滅時効と区別される。(2)

もっとも、現在有力な考え方に従えば、法文に消滅時効とある場合でもこれを除斥期間と解する場合があることが是認されており、両者の区別は、そこで問題とされる権利の性質論（たとえば形成権か請求権か）や、法文の用語のみからなされているのではなく、中断や停止による実質的な期間の伸長を認めることの是非に力点が置かれているといってよい。製造物責任法（以下、本法という）では、損害賠償請求権の期間制限が定められているのであるが、二重期間規定となっており、民法七二四条と同じく、消滅時効か除斥期間かが問題となるであろう。後述する。

さて、以下に期間制限に関する第五条の全文を掲げてみよう。

（期間の制限）

第五条　第三条に規定する損害賠償の請求権は、被害者又はその法定代理人が損害及び賠償義務者を知った時から三年間行わないときは、時効によって消滅する。その製造業者等が当該製造物を引き渡した時から十年を経過したときも、同様とする。

2　前項後段の期間は、身体に蓄積した場合に人の健康を害することとなる物質による損害又は一定の潜伏期間が経過した後に症状が現れる損害については、その損害が生じた時から起算する。

本法制定の意義と経過については、本誌本号に伊藤教授の別稿があるので参照されたいが、期間の制限についての衆参両院商工委員会の会議録にみられる政府委員の発言から、次のような趣旨で一〇年が定められたといえよう。

すなわち、民法七二四条では長期は二〇年であるのに、本法ではなぜ一〇年と期間を半分に短縮したのかとの質問に対し、清川政府委員は、最近の技術革新の急速な進展とそれによる安全性に対する社会通念の変化、製造物の通常の使用期間あるいは耐用期間が、比較的長期に使用されるものであっても平均的には一〇年から七年程度であること、検査記録等を保持しておくことの負担、EC指令においても一〇年であること、を理由に挙げている(3)。他に、参議院における委員会の議論をみても、要するに全体として政府委員は、EC指令よりも消費者に不利になることは避けたいが、それ以上であることは必要ないと考えていたところから、この一〇年の期間が持ち出されたものと読めるのであり、基本的にはEC指令に依拠したものではないかと思われる。

本法が固まるまでには、政党、団体、研究機関などから様々な試案が示されていたが、短期三年・長期二〇年とする民法七二四条型と、短期三年・長期一〇年とするEC指令型（同指令の長期一〇年は消滅時効ではなく責任期間であるが、一応このように呼ぶこととする）とに大分されていたといえよう。ここでは、法制審議会民法部会財産

法小委員会報告と私法学会シンポジウムにおける製造物責任法への提案の二つを紹介することにとどめる。(6)

前者では、期間の制限については、原則として民法の不法行為の原則によるものとする、とされており、一〇年の特則を設ける場合には、期間の制限に関する民法の原則、欠陥責任の性質、蓄積損害の場合の取扱い等の諸事情を考慮する必要がある、との注記が付されている。一方、後者では、損害賠償義務についても、責任主体間の求償についても、三年の消滅時効期間を設けるとともに、責任主体がそれぞれその製造物を流通に置いた日から二〇年の責任期間が設けられていた。ただし、この期間は、使用による損害が長期の蓄積または潜伏の後にはじめて顕在化する性質の製造物については、この限りではないとされている。

これらと比較すれば、本法では、責任期間という概念は採用せず消滅時効としたこと（もっとも、商工委員会での議論において、この両者が区別されたうえで論じられたかは判然としない。期間制限についての質疑自体があまりなされてはおらず、なされた場合でも、もっぱら期間の長短が論じられている）、にもかかわらず民法七二四条の特則を設け、消滅時効の期間を一〇年としたこと、ただし、蓄積損害については除外を認め、損害発生時から起算するとしたこと、責任主体間の求償債権については特別の期間制限を設けなかったこと、などが特徴といえようか。

二　(1)　本法では、まず、損害賠償請求権は三年の消滅時効にかかるとされる。「不法行為ニ因ル」が「第三条に規定する」になり、「加害者」が「賠償義務者」に変わったほかは、基本的には民法七二四条前段と同じである。「時効によって消滅する」とあるのが、字義どおり消滅時効であることは、七二四条における解釈と比して、恐らくは異論のないところであろう。とすれば、民法一四〇条以下が適用になることとなる。

七二四条が、短期につき三年の期間を定めた経緯は、法典調査会議事速記録によれば、当時の他の法制を参照してのことである。(7) なぜ三年が妥当であるのかについては、特段の説明はない。現在の著書によれば、①三年の経過によって記録の収集保全が困難になること、②被害者の憤怒の感情が鎮静すること、③義務者のほうで宥恕その他でもはや請求されないものとの信頼を抱く可能性があること、の三つの根拠が紹介され、①が多数説であって根拠として合理的であるとされている。(8)

しかし、本法五条後段に一〇年の特則が設けられた理由の一つとして、前述のように、責任主体の側で検査記録等を保持しておくことの負担が挙げられていることをみれば、同じ理由をもって三年の短期の根拠を説明することは難しいのではなかろうか。他の文献では、ⓐ責任の有無の明確化、損害額の確定の必要性などから、法律関係をできるだけ速やかに確定する必要があること、ⓑ加害者を知って三年も権利行使をしない者は保護に値しないこと、などの理由が挙げられており、この理由は製造物責任にも妥当すると考える、との叙述がみられるが、(9)契約上の債権の消滅時効期間が一〇年であることと対比して、右のような理由づけでは説得性に欠けるように思われる。

もっとも、七二四条の三年に限らず、短期消滅時効の期間の長さを合理的に説明することは困難であり、極論すれば、そもそも時効制度そのものの合理的な存在理由でさえ必ずしも明確ではないといえよう。七二四条の三年を超えて、かつ他国の立法例以上の長期を定めることには抵抗があったと思われる。また、三年の期間について問題とされた裁判例も、それほど多くはないといわれる現状のもとでは、短期三年に落ち着いたのは無難なところともいえようが、製品の保証期間を理由に、あるいは一方的に定めた賠償限度額を盾に迫られた場合に、賠償請求をあきらめ、あるいは定められた額しか請求し得ないと思い込む消費者が存在しないとは言いえず、仮にこれらは論外としても、ドイツ連邦共和国一九八九年一二月一五日欠陥製造物責任法一二条二項のような規定を置くことは考えられなかったのであろうか。ちなみに、同法では、同条一項で三年の消滅時効を定めながら、二項では「賠償義務者と賠償請求権者の間において支払うべき損害賠償についての交渉が行われている場合においては、その交渉の継続が拒絶されるまで、消滅時効は停止する。」と定められている。

わが国では、広い意味で相手方との話合いが時効の進行を止める（正確には中断であるが）のは、民法一五一条の定める和解の場合のみであり（それとても、相手方不出頭のときは一ヵ月内に訴えを提起しなければならない）、裁判外の交渉は時効の進行に何ら影響を及ぼさないのである。[10]

(2)　三年の時効の起算点は、「被害者又はその法定代理人が損害及び賠償義務者を知った時」である。七二四条の「加害者」が「賠償義務者」となったほかは同一であり、七二四条でも、加害者とは賠償義務者を指し、複数存在するときは賠償義務者ごとに時効起算点は相対的に決まると解されており[11]、直接的加害者のみを指すかのようにとりうる表現を改めたものであろう（鉱業法一一五条一項前段も「賠償義務者」となっている）。本法における賠償義務者とは、三条により責任を負う製造業者等であって、製造業者等の定義は二条三項に示されている。

さて、右のように、本法五条一項前段は民法七二四条前段と同様であるから、七二四条で議論されているところがそのまま問題となると思われるので、以下、簡略に触れてみよう。

「被害者」とは、直接被害者に限らず、間接被害者・損害賠償請求権の承継人など、損害賠償を請求しうるすべての者を指す、とされる。「法定代理人」に関しては、被害者が法人である場合については、代表機関が知ったことを要するかが問題になるが、代表機関が知らなくても、実際の職務担当者が知れば足りるとされている。[12]「損害」は、不法行為によって生じた損害のことであるとされ、「不法行為によって」に含まれる法定評価について、どのような認識が要求されるかは問題であるといわれ、不法提訴、不法仮処分などが採り上げられるが、製造物責任という観点からは右のような視点はかかわりないであろう。

ところで、ＥＣ指令では、この制限期間は、原告が、損害、欠陥および製造者を知り、または知ることができた日から進行する、として、「欠陥」を要件に加えている。本法ではこれはないが、ＥＣ指令と同様の試案を呈した論者から、欠陥を製造物責任の要件とした以上、認識の対象として欠陥を付加する必要があり、そうすることで、消費者保護にも資することになろうとする見解が示されている。[13] これに対し、欠陥または製造者のどちらか一方しか知られない場合を想像するのは困難であり、製造者を知ることは欠陥を知ることに等しいのではないかと思われ、欠陥の要件付加が主として論理的理由に基づくのであれば、その限りでは七二四条と大差はなくなると考えられる、とする論評も加えられている。(14)

確かに、賠償義務の時刻消滅の援用は賠償義務者がなすべきものであり、起算点の確定、すなわち被害者が損害および賠償義務者を知ったという事実の認識の立証責任も賠償者側にあるから、欠陥を要件に付加することによって運用が厳格になり、場合によっては起算日が後にずれることがありうるであろう。(15)しかし、本法三条が「製造物であって、その引き渡したものの欠陥により」と規定していることから、本条にいう「損害」を知ったとは、製造物の欠陥により生じた損害であることを知った、と解する余地はあり得ないとはいえず、そうだとすれば、ここに欠陥を要件として掲げなくても大差ない結果となろう。

次に、欠陥概念は多岐にわたり多くの論議のあるところであるが、仮に、製品の設計や製造過程の誤りに起因する、専門家による調査によらなければ判明しないほどの欠陥である場合には、それを被害者が認識するまで時効は進行しないとすることも行過ぎであろう。したがって、とりあえずはここに欠陥を要件とせず、七二四条におけるように、具体的事例に応じて、被害者と賠償義務者との間の衡平を図りながら起算点を特定してゆくのも、一つのあり方といえるのではなかろうか。抽象的ではあるが、最高裁昭和四八年判決は、七二四条に関し、「加害者に対する賠償請求が事実上可能な状況のもとに、その可能な程度にこれを知った時を意味するものと解するのが相当」としている。(16)認識可能の基準は、被害者の個別的能力ではなく、一般人に置かれるべきであろう。

損害が現実に発生したことを知ればよく、その損害の程度や数額を正確・具体的に知ることまで必要はない、とされている。予測不可能な後遺症については、症状固定時にこれを知ったものとし、その時から時効が進行するというのが裁判例では多いが、判例には、その治療を受けるまでは治療に要した費用について時効は進行しない、(17)とするものがある。また、弁護士費用については、不法行為訴訟を提起した時が起算点となる。(18)

また、製造物責任においても、蓄積損害とは別に継続的侵害による損害があり得よう。その場合には、継続的不法行為と同じく、[19] 侵害の止んだ時から時効が進行するとみるべきであろう（鉱業法一一五条二項参照）。

(3)　長期一〇年が他の法制を参酌したことによるものであろうことは、すでに述べた。本法五条一項後段は「引き渡した時から一〇年を経過したときも、同様とする」とするが、引き渡した時と流通に置いた時とは同義と解されているようである。[20]

「同様とする」とは、前段の「時効によって消滅する」を受けているのであろうから、長期一〇年も消滅時効ということとなる。とすれば、七二四条において、短期三年と長期二〇年に関しての性質論について見解に相異があることが、ここにも持ち越されることとなろう。すなわち、短期三年を消滅時効とし、長期二〇年を除斥期間とするのが判例[21]および多数説であるが、両者とも消滅時効とする説もなお有力だからである。[22]

民法七二四条の二〇年が、沿革のうえでは消滅時効であるにもかかわらず、近時の判例・通説が除斥期間とするのは、被害者側の主観的事情によって左右されない一定の時の経過によって、法律関係を確定させるための請求権の存在期間を画一的に定めたものと解するのが妥当、とされるからである。起算点は、七二四条が「不法行為の時」であるのに比し、本条一項後段では「引き渡しの時」である。同項前段とは異なるわけである。

ここで期間の性質論に立ち入るのは避けるが、長期一〇年を除斥期間と解すべきものとすれば、そのように明記して、七二四条におけるように理解の分かれが生ずるのを立法的に解決すべきであったと思われる。あるいは、「同様とする」としても、七二四条についての判例もあり、当然に除斥期間と解されるべきであろうことが予定されていたのであろうか。もし、後段の法意が、引き渡した時から一〇年の経過によって、賠償義務者は絶対的に責任を負うことがなくなるとの趣旨であるとすれば、むしろ責任期間としたほうが明確ではなかったかと思われる。というのは、短期を消滅時効、長期を除斥期間とみた場合にも、たとえば、引き渡してから一〇年以内に被害者が損害および賠償義務者を知って、その時から三年以内に提訴したところ、提訴時には引き渡した時から一〇年を超えていたという場合に、三年の時効期間か一〇年の除斥期間を適用すべきかは、なお必ずしも明らかではないようだからである。[23]

(4)　蓄積損害の場合について、一〇年の長期につき適用除外を設けたことについては、異論はないであろう。ただ、蓄積損害といいうるかどうかについて論議の生ずる事例が発生しうるであろうことは考えられるのではなかろうか。[24] 責任主体間の求償についての期間の制限が設けられなかった結果、民法の一般原則が適用される。

なお、本法六条で、本法の規定によるほか民法の規定による、とされているから、金銭賠償の原則、過失相殺、共同不法行為、四一六条の類推適用などが認められるばかりでなく、七〇九条の帰責事由を要件とする不法行為責任の追及も可能であり、その場合は、七二四条の期間制限に照らし二〇年の期間が適用となる。

（1）　たとえば、売主の担保責任に関する民法五六四条について、我妻説は、出訴期限の用語は用いないが、当該の期間内に裁判上の解決を図るために訴えを提起することを要すると解すべきであるとされる。我妻栄・債権各論中巻(一)二七九頁。

（2）　椿寿夫「消滅時効と除斥期間の異同」手形研究四七五号一三頁以下。

（3）　第一二九回国会衆議院商工委員会消費者問題等に関する特別委員会連合会審査会議録一号二二頁。

（4）　平成五年一二月九日。

（5）　私法五三号。

（6）　各試案の比較検討については、平井宜雄「損害賠償請求権等の期間制限」製造物責任法の論点（経済企画庁国民生活局消費者行政第一課編）九三頁以下参照。

（7）　法典調査会民法議事速記録五（商事法務版）四五九頁。オーストリー、プロシア、独革案などが三年であると紹介されている。

（8）　四宮和夫・不法行為六四六頁。

（9）　平成五年一一月一〇日産業構造審議会総合製品安全部会「事故防止および被害者救済のための総合的な製品安全対策の在り方について」。

(10) やや場面は異なるが、最高裁が安全配慮義務を認めた昭和五〇年二月一五日判決（民集二九巻二号一四三頁）は、被害者の遺族が、国家公務員災害補償法による補償以上のものは請求し得ないと思って、七二四条の時効期間が経過してしまった、という事例であったことを想起されたい。
(11) 幾代通・不法行為三二八頁。
(12) 四宮・前掲書六四八頁。
(13) 飯塚和之「責任の減免・制限」NBL四五八号四九頁。
(14) 平井（宜）・前掲論文九九頁。
(15) 好美清光「製造物責任立法への提案」NBL四五八号六四頁。
(16) 最判昭和四八・一一・一六民集二七巻一〇号一三七四頁。
(17) 最判昭和四二・七・一八民集二一巻六号一五五九頁。
(18) 最判昭和四五・六・一九民集二四巻六号五六〇頁。
(19) 前田達明・民法Ⅵ₂（不法行為法）三九〇頁。
(20) 私法五三号九九頁「要するに、流通過程に置くとは、製造者なら製造者、輸入者なら輸入者、販売者なら販売者が自分の支配圏からいわば経済の流通の中に放してやる、つまり、こちらから向こうに引き渡すということでございます。」〔好美発言〕。
(21) 最判平成元・一二・二一民集四三巻一二号二二〇九頁。
(22) 二〇年消滅時効説を有力に主張されるのは、内池教授である。内池慶四郎・不法行為責任の消滅時効―民法七二四条論―所収の諸論稿。
(23) 内池教授によれば、七二四条についてではあるが、被害者が損害および加害者を知ったならば、その時から三年時効が問題となるだけで、二〇年期間は適用されなくなるはずであろう、との理解が示されている。内池「民法七二四条後段の法意」前掲書二六八頁。
(24) 筋短縮症の事例において、数次の注射が発症の原因であった場合のある一方で、一回の注射によっても発症したという場合もあったのである。

〈製造物責任法の研究　金融・商事判例増刊号（一九九五）〉

5　時効中断事由としての「請求」「承認」

一　時効中断の根拠

時効制度の存在理由として一般に挙げられるのは、永続した事実状態を保護することにより、この事実状態を信頼して築きあげられてきた社会秩序の維持安定をはかること、永続した事実状態は真実の権利関係に合致している蓋然性が高いところから、証拠保全の困難を救済するため、その事実関係をそのまま正当なものとみなすこと、権利の上に眠る者は保護する必要はないということ、の三つである。これらのなかで、どれに重心を置いて考えるか、その場合、取得時効と消滅時効とを共通に考えるかどうか、によって学説は多様に分かれる(学説の分類については、幾代・民法総則四八五頁)。また、大別して実体法説と訴訟法説とに区分されるいわゆる時効学説も、そのいずれの立場をとるかは、上記の存在理由の把握の仕方と当然にかかわりをもつ(遠藤「時効の援用・利益の放棄」総合判例民法(8)一〇一頁)。ここで問題とされる「請求」および「承認」が時効中断の効果を生ずる根拠についても、時効についての基本的な理解の相違によってまた異なるのである。従来この点に関しては、権利行使説と権利確定説の対立があった。以下両説を紹介するが、請求については、その主たるものである「裁判上ノ請求」を中心に論ずるものであることをお断りしておく。

1　権利行使説

権利行使説を闡明に主張されたのは我妻博士であった。それによれば、「時効中断の本質は飽くまでも、広き意味における権利者の権利の主張という実体法上の観念である」。それゆえ、権利者側よりする時効中断事由――請求――の本質は権利者が権利の存在を意識してもっとも広い意味でこれを主張することにある。ただし、権利者のこの主張は、裁判所による一定の行為に直接または間接に接着することによって一定の結末に達することを要する。というのは、時効は権利の永続する不明確の状態を確定せしむる作用を有する制度であるから、この状態を破る中断事由としては或る程度明確であることを要するからである。この意味において一定の形式を要求しなければならない（我妻「確認訴訟と時効中断」民法研究Ⅱ二六三頁以下）。承認が中断事由となるのは、承認に対する債権者側の信頼が、時効進行の基礎たる権利の上に眠れる者としての取扱いを受けることを阻止するところにある（我妻・前掲二四四頁）。以上のように、この立場においては、時効中断の実質的根拠は、権利者が権利に目覚めて「権利行使」をしたが故に保護されねばならない、というところに主として求められる（ちなみに、鳩山・法律行為乃至時効六二〇頁は、中断事由の立法理由は「自ラ権利ヲ実行シテ其権利ノ上ニ眠ルコト無カリシ当事者ヲシテ時効ニ因リテ不利益ヲ被ルコト無カラシメントスルノ点ニ存ス」と説く）。したがって、「裁判上ノ請求」は、もっとも「断乎たる権利主張」であり、中断の効力発生時期は、訴提起の時であることは当然の帰結である。また、消極的確認訴訟におけるその時期は、被告がその訴訟で権利存在を主張したときである（我妻・民法総則四六〇頁、同・連合部判決巡歴第九話、なお大連判昭一四・三・二二民集一八巻二三八頁。――但し、我妻・民法総則四五八頁では法定中断につき、「権利者によって真実の権利が主張され、または、義務者によって真実の権利が承認され、そのために真実の権利関係と異なる事実状態、すなわち、時効の基礎たる事実状態の継続が破れるからである」と説かれているから、前掲論文において、中時効断の根拠として、もっぱら権利の上に眠るものではない点を強調されていた態度を、永続せる事実状態の打破へと移されたのではないかと推測される）。

2　権利確定説

厳格な意味での権利確定説を「裁判上ノ請求」に関して主張されたのは山田（正三）博士であったが（山田・判

例批評民事訴訟法第一巻三三八頁以下)、近くは、兼子博士もそうである。「裁判上ノ請求」により時効中断の効果が認められる根拠は、「その訴訟の判決によって、訴訟物である権利関係の存否が確定されることによって、継続した事実状態が法的に否定される点」にある。起訴時にこの効果が認められる理由は、「個々の場合の訴訟の進行の遅速によって、訴訟中に時効が完成してしまうことを防ぐために、時効の完成しているか否かは、一律に起訴の時を標準として判断すべきこととした」ことによる。「訴訟物を成す権利関係についての時効は、債権者の提起する給付の訴だけでなく、債権関係の積極的確認の訴でも、その相手方の提起する債務不存在の消極的確認の訴でも、起訴時に中断されることになる。これに反し、直接に訴訟物でない権利関係については、これと関連派生の関係があっても、時効中断は生じないと解すべきである」(兼子・民事訴訟法大系一七八―九頁)。この立場によれば、当該権利が訴訟物となることが必要であり、訴訟物→既判力→時効中断という図式が導びかれる。また「承認」は「認諾」としてこれに中断効が与えられることになる。

民法学者の中で、しかも訴訟法説に依拠して時効中断の根拠を明かにされたのは吾妻教授である。いわく、「法律は債権成立の時より一定期間権利の不行使の状態が存続するときは之のみを以て権利の消滅を基礎づくべき――而して他の人的物的の証拠を破り去る――有力なる証拠なりと認めたのである。而も法律は尚を真実を求めんとする理想を捨てる事を得ない。苟くもその間何等かの理由によって債権債務の存続するを認むべき証拠あるときは之をも参酌するのである。之時効中断制度の存在理由なりと考ふる。訴及び之に類する事由が時効中断理由たるは、之によって権利の存否が客観的に定まる故である。……更に亦承認については、債務者自身が債務の存在を知れる旨を示す事によって、債務の客観的存在に対する証拠なりと見るのである。承認を中断事由とし単なる催告を前提的中断に止めたる理由はここに明らかである」(吾妻「私法に於ける時効制度の意義」法協四八巻二号二〇七―八頁)。

近時では、ほぼ同様の理由から川島教授は次のように説かれる。「強い証拠力をもつ事実によって、一定の時における権利の存在が確認し得られるならば、挙証上の困難はその時以後の権利の存続についてのみ存在するのであり、だから時効期間は改めてその時から起算されてよいことになる。これが、時効の中断が法律上規定される理由であり……だから、権利行使は、権利の存在が公に確認される段階（判決）にまで到達しないかぎり中断事由とはならない」（川島・民法総則四七三頁・四七六頁）。承認が中断事由となるのは、「時効によって利益を受ける者自身が、時効期間の経過しつつある権利の存在を承認（表示）する場合には、その権利のもっとも疑のない価値——或いは、時効という法定証拠を破る価値——を有すると見られる」からである（川島・前掲五〇〇頁）。

二　中断の客観的範囲

これら両説によって、時効中断の客観的範囲がどの程度異なるものか、判例に現われた若干の場合につき簡単に検討する。

1　消極的確認訴訟法に応訴することと時効の中断

かつての判例は、裁判上の請求とは、原告として訴を提起することであるとし、消極的確認訴訟に応訴し被告が訴訟上権利の主張をしても裁判上の請求とはいえず、時効を中断しないとしていたが、後に連合部判決でこれを改めた（前掲大連判昭一四・三・二二民集一八巻二三八頁）。権利行使説、権利確認説ともその結論に賛成するが、理由付けは異なる。権利行使説によれば、消極的確認訴訟において被告として権利の存在を主張することも権利の行使に当るところに求められるのに対し、権利確定説では、被告たる債権者が勝訴すれば、債権存在の確定力を生ずる点で、債権者が原告となって積極的確認訴訟を提起した場合と全く同一である（訴訟物をなす権利関係についての判断がなされた）ところに存することになる。

2　基本的法律関係の確認判決と派生的請求権の中断

保険契約関係の存在確認の訴は、保険事故発生に基づく保険金請求権の時効を中断するかにつき、判例は積極に解する（大判昭五・六・二七民集九巻六一九頁）が、権利確定説は、直接に訴訟物でない権利関係に関するものとして反対であり（兼子・民事訴訟法大系一七九頁）、権利行使説では、裁判上の催告としての効力を認める余地あるものとする（我妻・民法総則四六七頁）。もっとも、この判例については、特殊な事情の下におけるものと理解すべきであるとする見解がある（岡本「裁判上の請求により時効中断の客観的範囲」民法学の現代的課題二七二頁）。一方では、従来の判例のとる訴訟物→既判力→時効中断の図式にしたがって処理したものと位置づけるものもある（石田「裁判上の請求と時効中断」法協九〇巻一〇号一二九九頁）。

3　一部請求と残部請求権の時効中断

明示的一部請求の場合は、「裁判上ノ請求」があったといえるためには、単にその権利が訴訟において主張されたというだけでは足りず、いわゆる訴訟物となったことを要するものであることを明言する判例がある（最判昭三四・二・二〇民集一三巻二号二〇九頁）。この判例については、むしろ問題は一部請求の実体にあるのであって、原告が請求する一部が不可分的全体の分数的一部であれば訴訟物は債権の全額であり、いずれの説からも全部について時効中断認められるべきものとなり、特定の一部であればそれだけが訴訟物をなすとともに、権利行使説においても、このような独立した一部についての時効中断を他の部分に及ぼすことはできないとみられる、との評価が正鵠を射ているものと思うが（奥田・本件評釈・法叢六七巻四号九八頁以下、兼子「確定判決の残額請求」民事法研究一巻三九三頁以下――なお、最判昭四五・七・二四民集二四巻七号一一七七頁参照）。時効中断の一般論としてみれば、判決が権利確定説に立つのは明らかである。

4　留置権の抗弁と被担保債権の時効中断

留置権の主張は被担保債権の主張を含み、裁判上の催告に該当するとして、当該訴訟の終結後六ヵ月以内に他の強力な中断事由に訴えれば、時効中断の効力は維持されるとする判例（最大判昭三八・一〇・三〇民集一七巻九号一二五二頁）。権利行使説をとる有力学説に従ったものと解されるが（我妻・民法総則四六六頁――それ故この立場からは極めて高く評価される。同書四六七頁）、（権利確定説の立場からも、訴訟物概念を狭く解し過ぎるものであって、被担保債権につき本来の中断を認めてよいと評されている（岡本・前掲論文二七〇頁）。

5　登記請求訴訟における被告の所有権の主張と時効中断

所有権移転登記請求訴訟で、原告に所有権に基づく移転登記請求権のないことを確定するにつき、被告に所有権のあることを肯定した場合には、所有権そのものに基づく裁判上の請求に準じて中断効を生ずるとする判例（最大判昭四三・一一・一三民集二二巻一二号二五一〇頁）。これ以前に、最高裁は、土地所有権取得登記の抹消請求訴訟の訴訟物がその基礎たる所有権関係を含むかについて否定的に解しているから（最判昭三〇・一二・一民集九巻一二号一九〇三頁）、この判例からすれば、本件は訴訟物→既判力→時効中断の図式には収まりえないものといえよう。権利確定説の立場からも、登記変更の請求における訴訟物の厳格に登記請求権それ自身のみに局限して、その背後の実質的権利関係の存否を含まないとするのは狭きに失するという見解が示されていたが、それも、原告の物権の主張であれば当該物権の存否が判断された限りこれについて既判力を生ずる（兼子・判例民事訴訟法二九二頁）とするものであり、被告として応訴して、判決理由中において被告に所有権があることが肯定されたに過ぎない本件のような場合までも含みえないであろう。権利行使説によれば、被告の所有権主張が権利行使として中断効を生ずることに疑問はない。したがって、本判決は、権利行使説に立ったか（そのように理解するものとして、安達・本件評釈・判評一二二号一三二頁）、少なくともその影響を大きく受けたものであることは否定できない。

以上、もっぱら「裁判上の請求」についてではあるが、時効中断の客観的範囲の差異に関して権利行使説と権利確定説との視角から瞥見してきた。このような判例の動向について、岡本教授は、消滅時効の中断に関しては、原則としてなお訴訟物→既判力→時効中断という基準に則っているが、取得時効については、この基準に固執していないもの、と分析され（岡本・前掲論文二八一頁以下）、遠藤教授は、権利を確定するという訴訟法的な面と、権利を行使するという実体法的な面とが、従来不可分一体的に把握されていたのが、権利の確定という面が後退し、訴訟物となっていなくても当該訴訟で肯定されればよいというところまできたという意味で、権利の行使ということが全面に出てきたと評される（遠藤「裁判上の請求と時効の中断」民法学の基礎的課題（上）七七頁以下、同「訴訟物と時効中断」法学教室七〔第二期〕一一六頁）。

それでは、今日全面的に権利行使説を採るべきであろうか。我妻教授の説かれる権利行使説には次のような難点があると思われる。第一に、権利行使説の立場では、債務承認が中断効を生ずることを十分には説明できない。このことは、義務者あるいは無権利者が相手方の権利の存在を認める承認と、権利者側よりする権利行使である請求との二つの異なった性格をもつ中断事由を、「権利の上に眠るものではない」という点に求めて、強いて一元的に説明されようとしたところに無理があったと考えられる。第二に、同説によれば、権利者が訴を提起し権利を行使すればこれが却下されても時効中断が生ずるはずでなければならないが、民法一四九条は明瞭にこれを否定している（我妻・前掲論文二三九頁は立法の不備とされる）。第三に、同説では、「裁判上ノ請求」の中断効は裁判上の権利主張に由来するのであり、その範囲は、訴訟物や既判力にとらわれることなく、実質的にどの範囲の権利が主張されているかにより定めらるべきものとされるから、「一定の形式」が要求されるとはいえ、範囲確定の基準が曖昧たらざるをえなくなる。しかしながら、他方、権利確定説においても、権利の存在が、裁判上の請求について、訴訟物―既判力という基準で公権的に確定され明確化されなければならないとするのでは、判例の動きに徴しても具体的事案の解決として狭きに失する結果となることも否定できない。

権利確定説では窮屈であり、権利行使説では限界が明らかでないという事情を踏まえて、それぞれの時効観に立脚してではあるが、「権利の存否について既判力を生じることと、時効の中断事由となることとは直ちに一致するものではなく、判決によって、権利存在の強い推定力が生ずる場合には、たとえ既判力が生じなくても中断事由としての「裁判上ノ請求」と認めてよいのである」（安達・前掲評釈一三三頁）、「権利の存在が判決という形で司法機関によって確定されることをもって、「裁判上の請求」といわれるために必要にして十分な要件であると解すべきで、右の「確定」の強さは必ずしも既判力という極度に強いものである必要はない」（幾代・民法総則五六二頁）、「裁判所が、一応権利の存在を肯定すれば時効は中断する」（遠藤・前掲法学教室一一七頁）、などと説かれるなかで、近時、石田助教授の注目すべき見解が示された。

石田助教授は、まず、時効制度の目的について、時効とは真実の権利者を保護する制度であるというべきだ、とされる。次いで、時効中断の範囲確定の基準として、訴訟物→既判力→時効中断という図式に代るものとして、攻撃防禦方法→争点効→時効中断という図式を提唱される。そして、たとえば、具体例として、前記五番目に引用した判例（最大判昭四三）について、被告が権利を主張し、これが既判力や争点効をもって確定された場合、原告の無権利者たることが確定されるから原告のために時効の進行を認める必要はなく、被告主張の権利の時効は中断するのである、と説明されるのである（石田・前掲論文、および同「応訴と時効の中断」民法判例百選Ⅰ一〇〇頁）。

時効制度の目的の一つには、真実の権利者の保護という面があることは疑いない（星野「時効に関する覚書」法協八六巻六号八号。これ以前にも、中島「時効制度の存在理由と構造」法学新報六四巻四号五号とくに四号二五七頁）。「争点効」なる概念は新堂教授の創唱にかかるものである。ここに争点効とは、「前訴で当事者が主要な争点として争い、かつ、裁判所がこれを審理して下したその争点についての判断に生じる通用力で、同一の争点を主要な先決問題とした異別の訴訟請求の審理において、その判断に反する主張を許さず、これと矛盾する判断を禁止する効力をいう」（新堂・民事訴訟法四二五頁）。かかる概念が民訴理論の中でどのように醸成されてゆくかはなお今後を俟たなければならないであろうし（最判昭四八・一〇・四判時七二四号三三頁は、これを否定する。なお、中野「いわゆる争点効を認めることの可否」法学教室四〔第二期〕六一頁以下が手近な文献であろう）、また、争点効理論に加えられる非難の一つに、要件の不明確さが挙げられていることも認識した上で、旧来の図式に代る新たな基準の設定を試みられようとするところには敬意を表したいと考えるものである。

関連問題　時効完成後の債務承認・一部弁済

時効完成後の債務承認ないし一部弁済は、「承認」として時効を中断するものとみるべきか、時効利益の放棄とみるべきか、それとも援用権の喪失か。その場合、「処分の能力または権限」を必要とするか。

まず、時効中断の効力を生ずる承認は、時効完成前のそれであって、時効完成後の承認は、時効利益の放棄または援用権の喪失の問題であることを明らかにしておかねばならない、次に、債務の一部弁済は、債務全部についての（現実には残額についての）承認とみられる、すなわち、承認の方法ないし態様の一つと把えられているから、以下独立に論じないことをお断りしておく。

さて、時効完成後の債務承認は、時効利益の放棄であるか援用権の喪失であろうか。この問題については、債務者が、時効完成の事実を知ってなしたか知らないでなしたかで分けて考える必要がある。

(イ)　時効完成の事実を知って債務承認をした場合　消滅時効制度を法定証拠と把える訴訟法説の立場からは、時効完成後の債務の承認は、時効完成前の債務承認が時効という法定証拠を破る価値を有するが故に中断効をもつと同様に、承認者の効果意思にかかわりなく援用権喪失の効果を齎らす（川島・民法総則四六八頁）。実体法説の立場からは、時効完成の事実を知ってなした承認は、時効利益を放棄すること（一四五条）という構成と結びつきやすい。しかし、承認は、他人の権利の存在についての承認を表示することであり、観念の通知であるから、法律行為たる時効利益の放棄とは観念上は別のものであるとしなければならない。

(ロ)　時効完成の事実を知らずして承認をなした場合　訴訟法説の立場からは、時効完成の事実の知・不知にかかわりなく援用権喪失と構成されることは前述した。判例は、時効利益の放棄とした結果、利益の生じたことすなわち時効完成の事実を知ってなされることを要することとなり、そのように推定して爾後の援用を認めないという無理な構成を採ってきたが（近くは、最判昭三五・六・二三民集一四巻八号一四九八頁、なお判例のなかには、時効完成の事実を知らなかったとの反証が認められるとして爾後の援用を許したものもある）、経験則に反するとの批判に応えて、主として信義則に基づき、承認後は爾後の援用をなしえないと改めたこと（最大判昭四一・四・二〇民集二〇巻四号七〇二頁）は周知の通りである。この大法廷判決は、積極的に援用も放棄もない場合に、実体法説の立場から、意思表示の問題として時効利益の放棄として把えてきた従来の態度を改めて、援用権喪失を認めたものと評価されているが――学説の多くはそう解しているが問題がなくはない。私自身は援用権の喪失ではなく、信義則により援用権の行使が阻止されることが認められたものと解しているが、援用権の喪失という類型を認めたものとはいい難いとする評者（桝田・本判決解説・最高裁判所判例解説民事編昭和四一年度一五〇頁）もある――そのことによって新しい問題が持ち込まれることになった。というのは、本来の時効利益の放棄の場合と同じく、相手方の権利につき、処分の能力や権限を必要とすべきか、あるいは、時効完成前の中断事由たる承認において、かかる能力や権限を要しないとされている（一五六条）取り扱いに準ずるべきか、という点である。ここで詳論する余裕をもたないが、私としては、援用権喪失の問題とすれば、承認は観念の通知であるから、準法律行為を法律行為と区別し、かつ、同じ準法律行為たる時効完成前の承認について明文の規定ある以上、これと同様に処分の能力や権限は必要としないが、管理の能力と権限を必要とするものと解したい。付言すれば、本来の時効利益の放棄においても、処分の能力や権限を要するとする従来の解釈自体、再検討されるべきところであろう（我妻・民法総則四五七頁、幾代・民法総則五五二頁）。

〈民法学1・総論の重要問題（有斐閣、一九七六）〉

6　裁判上の請求と時効の中断

民法の一四九条の「裁判上ノ請求」とは、字義どおり解すれば、時効の対象となるべき権利について民事訴訟を提起することである。給付の訴、確認の訴、反訴、を提起すること、また、稀ではあろうが、形成の訴や再訴の提起も時効中断の効力を生ずる。問題は、必ずしも訴の提起という形式によらない裁判上の権利の主張について、時効中断効を認めてよいか否か、認められるとすればどのような場合についてであるか、にある。

判例は、当初は厳格に解しており「民法一四九条ニ所謂裁判上ノ請求トハ訴ノ提起ヲ謂フモノ」としていたが（大判大正九・九・二九民録二六輯一四三一頁、同昭和六・一二・一九民集一〇巻一二三七頁など）、これらの判例の中でも、債務者から提起された債権不存在確認訴訟において、債権者が被告として債権の存在を主張して認められ勝訴した場合であっても、自ら原告として積極的に訴を提起したのではない以上、裁判上の請求として時効中断効を生ずるものではないとした判例（前掲大判昭和六・一二・一九）は二方面からの学説の批判を浴びることとなった。その一は、消極的確認訴訟において応訴して被告勝訴の判決を得たことは、積極的確認訴訟における原告勝訴判決とその確定するところは同一であるから、中断効を認めるべきだとするものであり（山田（正）・判例批評民事訴訟法一巻三三八頁以下）、その二は、応訴により被告債権者は権利主張をしているのであるから、権利の上に眠るものではなく、中断効を認めるべきだとするものである（我妻「確認訴訟と時効中断」民法研究Ⅱ二一七頁以下）。この両説は、ともに前記判例に反対の態度を示すとはいえ、時効の中断に関して全く異なる理解に立脚するものであることに注意しなければならない。前者は、その訴訟の判決により、訴訟物である権利関係の存否が確定することによって、継続した事実状態が法的に否定される点に時効中断の基礎があるとするもので（兼子・民事訴訟法体系一七八頁）、したがって、裁判上の請求により中断効が認められるのは、当該の権利関係が訴訟物となった場合に限られることとなる——権利確定説。後者では、時効中断の本質は、あくまでも権利者が権利の存在を意識してもっとも広い意味でこれを主張することにある、とするから（我妻・前掲二六三頁）、当該権利関係が訴訟物となったかどうかにとらわれる必要はないことになる——権利主張説（権利行使説）。もっとも、この立場においても、時効は永続する不明確の状態を確定せしめる作用を有する制度であるから、この状態を破る中断事由としても或る程度明確なることを要し、その意味において一定の形式が要求される。すなわち、権利者のかかる主張は、裁判所による一定の行為に直接または間接に接着することによって一定の結末に達することを要する、とされている。

以下に判例の爾後の変遷をみることにするが、その詳細についてはすでに多くの論稿もあることであるから、ここでは代表的なもののみを若干とりあげるにとどめる。結論的には、判例の動向は、権利確定説の主張する訴訟物→既判力→時効中断、という枠組みから離れて、権利主張説の立場を採り入れつつあると評することができよう。

先ず、聯合部において、先に学説の批判を受けた、消極的確認訴訟に応訴して被告勝訴の判決があった場合につき、中断効が認められた（大聯判昭和一四・三・二二民集一八巻二三八頁）。ついで、請求異議訴訟において、被告債権者が債権の存在を主張して争い被告勝訴の判決がなされた場合にも、中断効を肯定した（大判昭和一七・一・二八民集二一巻三七頁）。裁判上の請求＝訴の提起という限定を修正したとはいえ、訴訟物をなす権利関係につき裁判所による確定がありそれゆえ中断効が認められる、という意味で、権利確定説の側からも容認しうる判断であって、これらをもって判例が権利確定説の立場を脱したものとはいいえない。

判例が際立った転回を示すのは、最高裁になってからである。すなわち、昭和三八年に大法廷は、所有権に基づく株券引渡訴訟において、被告が原告を債務者として留置権の抗弁を提出した場合につき、留置権の主張は被担保債権についての権利主張を含み、当該訴訟終結後六カ月内に他の強力な中断事由に訴えれば、時効中断の効力は維持される、と判示した（最大判昭和三八・一〇・三〇民集一七巻九号一二五二頁）。次に、やはり大法廷において、所有権移転登記請求訴訟で、原告に所有権に基づく移転登記請求権のないことを確定するにつき、被告に所有権のあることを肯定した場合には、時効中断の関係においては所有権そのものに基づく裁判上の請求に準じ、これと同じ効力を伴うものとするのが相当である、とするものが現われる（最大判昭和四三・一一・一三民集二二巻一二号二五一〇頁。なお、最判昭和三〇・一二・一民集九巻一三号一九〇三頁を参照されたい）。そして、この後に、被担保債権の不存在を理由とする抵当権設定登記抹消登記請求訴訟において、抵当権者が被担保債権の存在を主張して請求棄却の判決を求めたときは、裁判上の請求に準じ中断効を生ずるとするもの（最判昭和四四・一一・二七民集二三巻一一号二二五一頁）、破産申立が取り下げられた場合にも、右申立は一種の裁判上の請求として、取下後六カ月内に他の強力な中断事由に訴えることにより、消滅時効を確定的に中断することができる、とするもの（最判昭和四五・九・一〇民集二四巻一〇号一三八九頁）、などが続く。

これらの判例から、おおよそ次のようにいいうるであろう。すなわち、第一に、裁判上の請求を、原則的には当該の権利につき原告として訴提起することとしつつ、当該の権利が訴訟物となっていない場合にもその存在が公権的に確定された場合には、「裁判上の請求に準ずる」として確定的中断効が認められていること、第二には、民法一五三条の催告と同じく暫定的中断効が認められるものには二種あり、一つは、先の「準ずる」とされる場合と同様に裁判上の請求の外延を拡張することに用いられる場合（昭和三八年判決）、他の一つは、時効法の規定の上では中断効が否定されているにもかかわらず（民法一四九条・一五二条参照）、後に正規の中断手続がとられた場合の救済策として暫定的中断効が承認される場合（昭和四五年判決、なお最判昭和五七・一・二九民集三六巻一号一〇五頁およびその原審参照）、とがあることである。これら暫定的中断効が認められるものを通常「裁判上の催告」と呼んでいるが、「裁判上の請求に準ずるもの」という観念が定着した今日では、裁判上の請求の外延拡張のために、裁判上の催告を用いる必要はなくなったといってよいと思われる。昭和三八年判決は、事案の具体的内容をみるとき、留置権の被担保債権の存在は判決で明らかにされており、裁判上の請求に準ずるものとして確定的中断効が認められた判例と格別の差異はない（四宮・民法総則（第三版）三二七頁参照）。中断の範囲拡張の過渡期に位置する判例として、直截に確定的中断効を認めることを躊躇したためのものとうけとめてよいであろう。

さて、先に我妻説を紹介したが、時効中断の範囲に関する近時の学説の二、三を掲げると次のようである。訴訟物→既判力→時効中断という図式に代えて、攻撃防禦方法→争点効→時効中断という図式を提示する説（石田（穣）「裁判上の請求と時効の中断」民法と民事訴訟法の交錯所収）、「権利の存否について既判力を生じることと、時効の中断事由となることとは直ちに一致するものではなく、判決によって、権利存在の強い推定力が生ずる場合には、たとえ既判力が生じなくても中断事由としての『裁判上ノ請求』を認めてよい」（安達・判例評論一二二号〔判例時報五四四号〕一三三頁）と説くもの、「権利の存在が判決という形で司法機関によって確定されることをもって、『裁判上ノ請求』（またはそれに準ずるもの）といわれるために必要にして十分な要件であると解すべきで、右の『確定』の強さはかならずしも既判力という極度に強いものである必要はない」（幾代・総則（第二版）五六二頁）とするものなどである。

右は、時効中断の範囲に関する叙述だけを抜き出したが、このような結論を示されるについては、各論者の「時効観」がその背景にあることはいうまでもない。ただ、判例と同じく、学説においても、厳格な権利確定説は採られていないことは明らかであろう。しかし、このように、時効中断の範囲を拡張（裁判上の請求の外延を拡張）してゆく場合に、どこまで既判力から離れられるかは一つの問題である。時効が、実体法上の制度か訴訟法上の制度か、あるいは、真実の権利者や弁済者を保護する制度が社会秩序維持のために、ある程度真実の権利者が害されても止むをえないとする制度か、というような問題が、中断の範囲拡張を限界づけるにあたっての基本的思考にかかわってくるからである。また、これらにつきどのように考えるかが、時効の成立を広く認めるかどうか、逆に中断を広く認めるかどうか、ということにも影響を及ぼしてくるからでもある。あるいは、取得時効と消滅時効とを同一の制度の中で理解してよいかも、かかわってくるであろう。このような根元的問題に関して、ここで私見を述べるだけの余裕もないし準備もない。ただ、若干の感想めいたことを述べれば、従来は、時効中断の範囲に関して、権利者が権利主張をしたについて、どのような形式で公権的に当該の権利の存在が確認されたか、という観点からもっぱら中断の是非が論じられたように思われるが、これに加えて、相手方が権利の存在そのものを争ったか、権利者の権利行使の方法を争ったに過ぎないのかを分けて、前者については中断が認められるとすればかなり厳格になるのに対し、後者においては比較的緩やかな範囲で中断を認めてもよいのではないか、ということを漠然と考えている（拙稿・法律時報五六巻四号一三二頁）。

〔参考文献〕

本文中に掲げたもののほか
徳本「裁判上の請求と時効の中断」金沢大学法文学部論集法学篇18所収
遠藤「裁判上の請求と時効の中断」於保還暦記念・民法学の基礎的課題(上)所収
岡本「裁判上の請求による時効中断の客観的範囲」川島還暦記念・民法学の現代的課題所収
松永「時効制度」民法講座１（とくに五八三頁以下）

〈ジュリスト増刊・民法の争点Ⅰ（有斐閣、一九八五）〉

7　時効中断事由となる請求の種類

一　はじめに

民法は、請求、差押・仮差押・仮処分、承認の三つを中断事由として法定した（一四七条）。

右のうち、請求には、裁判外の請求と、裁判上の請求、および裁判上の請求の一種ないしこれに準じるもの、とがある。裁判外の請求は催告（民法一五三条）であり、その他、裁判上の請求の一種とみられるものは、支払命令（同一五〇条）、和解のためにする呼出し（同一五一条）、任意出頭（同一五一条）。破産手続参加（同一五二条）である。裁判上の請求に準じるものとは、後述するように、主として裁判上の請求の外延拡張のために判例において認められるようになった概念であり、裁判上の請求と同じく確定的中断効を生じる。他方、同じく判例は、暫定的中断効を認めるべきものとして、裁判上の催告なる概念も創出するにいたった。

これらについては、個々的に別稿が用意されているものもあるので、詳しくはそちらを参照されたい。

二　裁判上の請求

民法一四九条の「裁判上ノ請求」とは、字義どおり解すれば、時効の対象となるべき権利について民事訴訟を提起することである。当初の判例もそのように解し「民法一四九条ニ所謂裁判上ノ請求トハ訴ノ提起ヲ謂フモノ」としていたが、債務者から提起された債権不存在確認訴訟において、債権者が被告として債権の存在を主張し、これが認められて勝訴した場合についても、自ら原告として積極的に訴えを提起したのではない以上、裁判上の請求として時効中断は生じないとした判決（大判昭和六・一二・一九民集一〇巻一二三七頁）を契機として、学説の批判を受けるようになった。その一つは、消極的確認訴訟に応訴して被告勝訴の判決を得たことは、積極的確認訴訟における原告勝訴判決とその確定するところは同一であるから、時効中断の効力を認めるべきだとするものであり（山田（正）・判例批評民事訴訟法〈一巻〉三三八頁以下）、その二は、応訴により被告債権者は権利主張をしているのであるから、権利の上に眠る者ではなく、中断効を認めるべきだとするものである（我妻「確認訴訟と時効中断」民法研究II二一七頁以下）。

この両説は、ともに右の判例に反対するものであるとはいえ、時効の中断に関してはまったく異なる理解に立脚するものである。前者は、その訴訟の判決により、訴訟物である権利関係の存否が確定し、これによって継続した事実状態が法的に否定されるところに時効中断の基礎があるとする。したがって、裁判上の請求によって中断が認められるのは、当該の権利が訴訟物となった場合に限られることとなる。これを権利確定説と呼ぶ。後者は、時効中断の本質は、権利者が権利の存在を意識してこれを主張することにあるとするから、当該権利が訴訟物となったかどうかにとらわれる必要はない。これを権利主張説と呼ぶ。権利主張説では、本来、いかなる形式によるにせよ権利主張がなされれば中断の効力が生じることになるはずだが、この立場でも、時効は永続する不明確の状態を確定せしめる作用を有する制度であるから、この状態を破る中断事由もある程度明確なることが必要であり、その意味で一定の形式が要求される。すなわち、権利者のかかる主張は、裁判所による一定の行為に直接または間接に密着することによって、一定の結末に達することを要するとされている。

権利確定説によるときは、中断が生ずべき客観的範囲は非常に明確となるが、後に略述する近時の判例の態度からも、このように狭く厳格に解することは当を得ない。他方、権利主張説では、一定の形式による権利主張でなければならないとするものの、中断が生じる範囲の限界は曖昧たらざるをえないところがある。

最高裁になってからの判例の概略は、次のようである。

(1)　所有権に基づく株券引渡訴訟において、被告が留置権の抗弁を提出した場合、被担保債権に関する裁判上の請求とはいえないが、裁判上の催告としての効力を認めた（最大判昭和三八・一〇・三〇民集一七巻九号一二五二頁）。

(2)　所有権移転登記請求訴訟で、原告に登記請求権のないことを確定するにつき、被告に所有権のあることを肯定した場合には、所有権に基づく裁判上の請求に準ずるとする（最大判昭和四三・一一・一三民集二二巻一二号二五一〇頁）。

(3)　債務の不存在を理由とする抵当権設定登記抹消の請求に対し、債権者が被担保債権の存在を主張し、これが功を奏した場合には、右主張は裁判上の請求に準ずるとする（最判昭和四四・一一・二七民集二三巻一一号二二五一頁）。

(4)　破産原因の存在を明らかにするために貸金債権の存在の主張・立証がなされた後に破産申立が取り下げられた場合に、右破産申立は裁判上の催告として暫定的に中断の効力をもつとする（最判昭和四五・九・一〇民集二四巻一〇号一三八九頁）。

(5)　二重訴訟を解消するため前訴が取り下げられた場合に関して、前訴の請求がそのまま後訴においても維持されている場合は、前訴の提起により生じた時効中断の効力は消滅しないとする（最判昭和五〇・一一・二八民集二九巻一〇号一七九七頁）。

(6)　債務支払のために手形が授受された当事者間において、債権者のする手形金請求の訴えの提起は、時効中断の関係においては、原因債権自体に基づく裁判上の請求に準ずるものとして、中断の効力を有するとする（最判昭和六二・一〇・一六民集四一巻七号一四九七頁）。

すなわち、これらの判例は、訴訟物となっていない裁判上の権利主張についても、その存在が実質的に確定される結果となるときは、「裁判上の請求に準じ」て扱うべきものとして(2)、(3)、(6)、その外延の拡張を図っているが、その枠内に入りかねるものになお中断の効力を認める必要がある場合に、補充的に「裁判上の催告」なる概念を認めていこうとするもの（(1)とみることができる（横山調査官解説・最判解民昭和四五年度〈上〉五〇四頁。ただし、(1)については、裁判上の請求に準じて本来的中断の効力を認めるべきであったとする批判が強い）。他方、(4)、(5)は、裁判上の請求の外延拡張としてではなく、まさに裁判上の請求が失効した場合につき暫定的中断を認める趣旨で、裁判上の催告が用いられているわけである。民法一四九条が、立法時に参照したはずのドイツ民法草案の態度とは異なって、訴えの却下または取下げの場合について暫定的な中断の効力を認めなかった理由は、法律上の効力があるべからざる訴えが時効の中断については効力があるということはおかしいと考えられたからであり、そのように取り扱っても、逆に他に例のない裁判外の催告によって暫定的中断の効力が認められることから、実際上の不都合は生じないとみていたようである。現在では、学説は裁判上の催告としての効力をかかる場合にも認めるべきだとするものが多い（たとえば幾代・民法総則〔第二版〕五七二頁、四宮・民法総則〔第四版〕三一五頁〜三一六頁）。しかし、実際には、取下げや棄却（民法一四九条の却下には棄却が含まれると解されている）に中断効を認める必要は少ない（星野・民法概論Ⅰ二六二頁）。判例(4)、(5)は、やや特殊な事例といえよう。ただ、不適法却下の場合には、暫定的中断の効力を認める必要はあろうと思われる。

以上をまとめてみると、裁判上の請求は、原告として訴えを提起することの本来的場合以外に、前記(2)、(3)、(6)に、消極的確認訴訟に被告として自己の権利の存在を主張して勝訴した場合（大連判昭和一四・三・二二民集一八巻二三三頁＝前掲大判昭和六・一二・一九を変更）、請求異議訴訟に被告としての債権の存在を主張して勝訴した場合（大判昭和一七・一・二八民集二一巻三七頁）なども含めて、「裁判上の請求に準ずるもの」として処理されており、若干広く解されているといいうるのである。問題は、いかなる場合にまで裁判上の請求の外延を拡張し、裁判上の請求に準ずるものとして確定的時効中断の効力を認めうるか——このことは同時に、同じく外延拡張として裁判上の催告を認めるとすれば、両者の限界線をも明らかにすることになるわけである——である。今のところ、裁判上の請求ないしこれに準ずるものとして時効中断を肯定するためには、権利の存在が判決という形式で確定される必要があるが、確定の強さは、当該の権利が訴訟物となり、これにつき既判力が生じたというほどの強度のものである必要はない（幾代・民法総則五六二頁）、というのが学説の最大公約数的態度であろうと思われ、必ずしも明確な基準が打ち出されているとはいいえない。困難な問題であり、ここに詳論する余裕をもたないが、とりあえず私としては、権利者が権利の存在につき公権的判断の獲得に向けて公権的手続により権利主張をし、当該の権利について公権的な確定ないしこれに準ずる判断がなされたこと、としておくことにする（限界確定の基準として、当該の権利関係が争点効をもって確定されたか否かを提唱される石田（穣）「裁判上の請求と時効の中断」法学協会雑誌九〇巻一〇号がある。また、新堂・民事訴訟法一六〇頁参照）。

中断の効力が生じるのは、訴え提起の時である。このことは、時効中断の生じる基礎を、権利主張におけば当然の帰結となるが、権利の公権力による確定におく立場ではやや説明に苦しくなる。訴訟中に時効が完成することを防ぐために、技術的に遡及効を認めたものということになろうか。なお、相手方の提起した訴えにおいて争う場合については、訴訟中で自己の権利を主張したときに中断の効力が生じる（前掲大連判昭和一四・三・二二）。

なお、中断効の生じる時期に関し、動産執行による中断の発生時期についての比較的近時の判例があり、一般論をも述べているので左に引用する。

「民事執行法一二二条にいう動産執行による金銭債権についての消滅時効の中断の効力は、債権者が執行官に対し当該金銭債権について動産執行の申立をした時に生ずるものと解するのが相当である。けだし、民法一四七条一号、二号が請求、差押え等を時効中断事由として定めているのは、いずれもそれにより権利者が権利の行使をしたといえることにあり、したがって、時効中断が生ずる時期は、権利者が法定の手続に基づく権利の行使にあたる行為に出たと認められる時期、すなわち、裁判上の請求については権利者が裁判所に訴状を提出した時、支払命令を申し立てた時等であると解すべきであり（訴えの提起の場合につき最高裁昭和三六年(オ)第八五五号同三八年二月一日第二小法廷判決・裁判集民事六四号三六一頁参照）、差押えについては債権者が執行機関である裁判所又は裁判官に対し金銭債権についての執行の申立てをした時であると解すべきであるからである（不動産執行の場合につき大審院昭和一三年(ワ)第二一九号同年六月二七日決定・民集一七巻一四号一三二四頁）」（最判昭和五九・四・二四民集三八巻六号六八七頁）。

その他、中断効の生じる範囲について、近時の裁判例から少しく拾ってみると、次のようである。

まず、仮登記担保権の実行としての代物弁済予約の完結に基づく本登記手続請求訴訟は、被担保債権につき中断効を生じるか、の点に関し、抵当権に基づく競売申立が被担保債権の消滅時効の中断事由となるのと同じく、「被担保債権自体についての裁判上の請求に準ずるものとして（仮にしからずとしても裁判上の請求を通じてなされた催告として）」、中断効を肯定したものがある（東京高判昭和五八・一・二七判例時報一〇七九号四五頁）。

次に、安全配慮義務違反による損害賠償請求の訴えを提起をもっては、基礎的事実関係を同じくする不法行為による損害賠償請求権について、裁判上の請求があったとはいえないとするもの（東京高判昭和五七・七・一五判例タイムズ四八二号九一頁）がある一方、裁判上の催告としての中断効を認めるものがある（宮崎地延岡支判昭和五八・三・二三判例時報一〇七二号一八頁＝いわゆる松尾砒素鉱毒事件）。

第三に、同様の事案で東京地裁に複数提訴され、肯定・否定に結果が分かれたものがある。すなわち、連帯保証人を兼ねる物上保証人に対し抵当権が実行され、競売開始決定が物上保証人に送達されたことが、主債務についての時効を中断するかが争われたものである。肯定するものには、民法一五五条により確定的中断を認めるもの（東京地判平成二・八・二〇判例時報一三八五号六六頁）と、裁判上の催告として暫定的中断を認めるものないし認めうるとするもの（東京地判平成二・一〇・二二金融法務事情一二九四号二六頁、東京地判平成二・一〇・二五同二六頁、東京地判平成二・八・二三判例時報一三八六号一一六頁）とがあるが、後者についても、競売手続中は中断効が維持されているかどうかにつき見解が分かれている。否定するものとしては、請求と差押とが規定上峻別されていること、権利主張は主債務者にすべきであることなどが理由とされている（東京地判平成二・三・二八判例時報一三七四号五八頁、東京地判平成二・八・二七金融・商事判例八六七号三三頁、東京地判平成二・一二・四判例時報一三八六号一一六頁）。最高裁による態度決定が待たれるところである（伊藤・私法判例リマークス四号一〇頁以下参照）。

三 請求の一種ないし請求に属するとされるもの

以下は、請求の一種ないし請求に属するものとされるものである。略説する。

1 支払命令

金銭その他の代替物または有価証券の一定の数量の給付を目的とする請求について、債権者の申立により裁判所が発する命令であり、債務者がその債務を争わない場合に、通常の判決手続よりも簡易・迅速に債権者債務名義を得させ、さらにその請求権の存在について既判力を生じさせる給付訴訟の代用手続である（民事訴訟法四三〇条以下）。債権者が支払命令送達後、仮執行宣言を求める申立ができるようになってから（同四三八条一項）、三〇日以内にこの申立をしないで放置すると支払命令は失効し（同四三九条）、したがって時効中断の効力も生じない（民法一五〇条）。

2 和解のためにする呼出し・任意出頭

訴訟上の和解においては、すでに裁判上の請求がなされているのであるから、ここでの和解とは、起訴前の和解（即決和解ともいわれる。民事訴訟法三五六条）である。和解調書の記載は確定判決と同一の効力をもつ（同二〇三条）。民法一四七条一号の請求の中心的なものは裁判上の請求であるが、和解も支払命令と同じく同条同号の請求の一種として中断効を認めたものである。ただし、呼出しに相手方が出頭せず、または和解が調わないときは、中断の効力は生じないが、この場合も一か月内に訴えを提起すれば、和解申立の時点を基準として時効中断の効力が生じる（民法一五一条）。判例（大判昭和四・六・二二民集八巻五九七頁）は、右の訴え提起を厳格に解さず、承認でもよいとしているが（なお傍論で差押、仮差押または仮処分でもこれにあたるとする）、事案は時効完成後の債務承認に関するものであり、今日では昭和四一年の大法廷判決（最大判昭和四一・四・二〇民集二〇巻四号七〇二頁）の立場から、信義則を用いて同一の結論に達しうるものと説かれている（川井・注釈民法(5)九八頁）。任意出頭（民事訴訟法三五四条）についても、和解のためにする呼出しと同様である。

3　破産手続参加

破産手続開始後、破産債権者は裁判所の定めた期間内に債権の届出をしなければ権利行使をなしえないが（破産法二二八条、一六条）、これに実質上裁判上の請求と同様の意味があることを認めて中断事由とされたものである。したがって、債権者が届出を撤回し、または其請求カ却下セラレタルトキ」は時効中断の効力は生じない（民法一五二条）。やや問題となるのは、右の「請求却下」の意味である。破産手続参加を裁判上の請求になぞらえれば、請求却下には、裁判上の請求における訴訟要件の欠缺による不適法却下にあたることになろう。そうだとすれば、参加取消（届出の撤回）が訴えの取下げにあたり、請求却下が訴えの却下にあたることにな る。破産債権届出に、訴え提起の場合の不適法却下に該当するものがあるのかどうか詳らかではないが（あるとすれば、従来の判例・学説から暫定的中断の効力は認められそうである）、請求棄却については、破産手続では、届出債権に異議がなされて債権確定訴訟において債権が認められなかったことを意味すると解すべきであろう（同旨＝星野・民法概論Ⅰ二六五頁）。

自ら破産宣告の申立をすることも、破産手続参加に含まれるとの結論には異論はない。ただ、中断効が生じる理由について、破産宣告申立を「請求」的に把握する説と、「差押」的に把握する説とに分かれている。和議手続参加、会社更生手続参加については明文の規定がある（和議法附則、会社更生法五条）。配当要求についても民法一五二条を類推適用すべきことが肯定されており（川井・前掲書一〇一頁）、民事執行法五一条のもとでも変わらないと思われる。

なお、最近の判例に、民事執行法五〇条の規定に従い、不動産に対する強制競売手続において催告を受けた抵当権者がする債権の届出は、その届出に係る債権に関する「裁判上の請求」または「破産手続参加」に該当せず、これらに準ずる時効中断事由にも該当しないとするものがある（最判平成元・一〇・一三民集四三巻九号九八五頁）。

4　差押、仮差押、仮処分

差押は、確定判決のその他の債務名義に基づく金銭の支払を目的とする債権についての強制執行の手続として行われる。この場合、すでに時効の中断がなされているわけだが、後にまた再度時効が進行することから（民法一五七条）、請求とは別の中断事由として掲げられたものとみられる。仮差押、仮処分が中断事由とされるのは、公権的手続による権利行使であるためであり、差押と並んで請求とは別個の中断事由とされるのは、保全執行も強制執行の一態様と考えられたこと、ならびに、訴え提起以前にこれらがなされる場合があることからであろう。

5　催　告

裁判外の催告と裁判上の催告とがあることは、すでに述べた。暫定的にせよ中断効が生じることが権利主張説の有力な根拠となっている。詳細については別稿を参照されたい。

〈新版金融取引と時効―その実務と理論　手形研究増刊号（一九九二）〉

8　裁判上の催告について(1)

一　いまなぜ裁判上の催告が問題とされるのか

民法は、催告（一五三条）に暫定的な時効中断効を認め、催告後六カ月以内に裁判上の請求等をし、それが功を奏した場合には、右の六カ月の期間内に時効期間が満了していたとしても、裁判上の請求等をなした時点で、確定的な中断効が生ずるものとした。

これに似た制度としては、和解の申立がなされたが、期日に相手方が出頭しないか、出頭しても和解が成立しない場合に、和解期日後一カ月以内に訴えを提起すれば、確定的中断効が生ずるというものがある（民法一五一条）。

これらは民法の規定する所であるが、判例・学説により裁判上の催告という概念が認められるに至っている。たとえば、訴提起や破産宣告の申立後、その訴えが却下もしくは取り下げられ、または破産宣告の申立の取下げがなされたような場合に、訴提起は裁判上の請求として一四九条が、破産宣告の申立は破産手続参加に準ずるものとして考えられるから一五二条が、いずれも時効中断の効力を生ぜずとしているにもかかわらず、却下や取下げがあるまでの期間中は催告としての効力を認め、却下・取下後六カ月以内に、一五三条所定の手続をとれば時効は中断する、というものである（破産申立を取り下げた場合につき、最判昭和四九・九・一〇民集二四巻一〇号一三八九頁、金融・商事判例二三一号六頁。ただし判決文中では、最判上の催告という語は用いられておらず、催告としての効力が継続し、と述べられている）。前述のようにこれを裁判上の催告と呼ぶが、他方、一五三条は、たんに催告あるいは裁判外の請求といわれるのである。

ところで、最近になり、最高裁（平成八・九・二七民集五〇巻八号二三九五頁、金融・商事判例一〇〇七号三頁）は、甲の債務者乙の連帯保証人である丙の債務を担保するため、丁が物上保証人となった場合において、甲が丁に対し抵当権にもとづく競売を申し立ててその手続が進行することは、乙の主債務の時効中断事由にあたらないとし、さらに、執行裁判所による競売開始決定の丙への送達は、丁の負担する抵当権の被担保権である丙の連帯保証債務について、催告としての中断効も生じないと判示した。かりに、競売申立が裁判上の催告にあたるとすれば、開始決定の送達が丙になされていることにより、丙にも裁判上の催告が生じ、その効力は主債務である乙にも及び、その効力の継続中になされた甲の乙に対する貸金請求については時効の中断があったと解される余地があるところから（原審はこのような態度である）、実務界の注目するところとなり、再び裁判上の催告が脚光を浴びるようになったのである。

二　いつ頃からなぜ裁判上の催告が唱えられるようになったのか

このことについては、すでに多くの論稿の説くところだが（たとえば、秦光昭「いわゆる裁判上の催告の意義および効果」手形研究四七五号一三八頁以下など）、簡略に再述すれば次のようである。

昭和八年の法学協会雑誌五一巻一二号に、我妻栄博士の「確認訴訟と時効中断」という論文が寄せられた。このなかで、博士は権利者側よりする時効中断事由の本質はあくまでも権利者が権利の存在を意識して最も広い意味でこれを主張することにあるが、権利者の右の主張は裁判所による一定の行為に直接または間接に接着することによって一定の結果に達することを要する、とされ、結局右の結果に達せず終った場合、たとえば、訴えの不適法としての却下、訴訟上の相殺、訴訟告知等の場合、わが民法はこれらについて特別の取扱いをしていないが

(ドイツ民法二一五条二項参照)、裁判上の主張は、裁判外との主張(催告)よりはるかに明確な権利の主張である。そこで、右のごとき裁判上の主張は強き催告として、催告後に他の完全な中断手続に移るべき期間たる六カ月の計算にあたってはその手続中その計算を停止するとなすことをえないであろうか、という提案を試みられた(右の論文は民法研究IIに収められており、引用は、同書二六三から二六五頁による)。

右の「強い催告」は、彼の民法総則(昭和二六年初版。なお博士には、それ以前に昭和五年初版の民法総則がある)では「裁判上の催告」という用語で登場し(三五七頁)、以後学界に定着していくのである。

我妻博士が右の論文を書かれたのは、それまでの大審院判決を批判されてのことであった。すなわち、確定的に時効の中断を生ずる事由の代表的なものとしての「裁判上の請求」(民法一四九条)について、当初大審院は、これを厳格に、権利者自身による訴えの提起と解した。この立場からは、債務者が提起する消極的確認訴訟(債務不存在の確認)に、債権者が応訴して勝訴したとしても、債権者は自ら訴えを提起したわけではないから時効中断効は生じないこととなる。もっとも、大審院は、右我妻論文の後に、連合部判決でこの点につき態度を改め(大判昭和一四・三・二二民集八巻二三八頁)、ついで、請求異議訴訟において、被告債権者が債権の存在を主張して争い、被告勝訴の判決を得た場合にも、中断効を認めるに至った(大判昭和一七・一・二八民集二一巻三七一頁)。いわゆる応訴と時効の中断という問題であるが、注意すべきは、我妻説は、このような場合にとどまらず、時効において中断がなぜ認められるのかというより根元的な問題に対し、一方では、その訴訟の判決により訴訟物である権利関係の存否が確定することによって、継続した事実状態が法的に否定される点に中断の基礎があるとする、権利確定説があるのに対し、時効中断の基礎は、権利者が権利の上に眠ることなく、権利主張をなしたことにあるとの、権利主張説を説かれる点である。確かに、このように解しなければ、裁判外の催告に暫定的せよ中断効が認められていることの説明はつかないであろう。もっとも、権利主張さえあれば、たとえば最も強い権利主張の手段である訴えの提起があれば、直ちに中断効が生ずるとするのは速断である。というのは、訴えの提起がなされたとしても、それは、権利行使の外形は存在するけれども、はたしてその者が主張するような権利者であるかどうかは、訴訟による公権的判断の結果明らかになることだからである。このことは、他の中断事由についてもいえることであって、我妻論文が、前述のように、権利の主張は裁判所による一定の行為に直接または間接に接着することによって一定の結末に達することを要する、と述べられているゆえんである。

かようにして、時効中断の基礎が権利主張にあるとすることによって、中断効の認められる範囲は拡大されることとなった。最高裁となってからの判例の動向を概観すれば以下のようである。

昭和三八年に大法廷は、所有権にもとづく株券引渡訴訟において、被告が留置権の抗弁を主張した場合につき、留置権の主張は被担保債権についての権利主張を含み、当該訴訟終結後六カ月内に他の強力な中断事由に訴えれば、時効中断の効力は維持されると判示した（最大判昭和三八・一〇・三〇民集一七巻九号一二五二頁）。次に、同じく大法廷において、所有権移転登記請求訴訟で、原告に所有権にもとづく移転登記請求権のないことを確定するにつき、被告に所有権のあることを肯定した場合には、時効中断の関係においては所有権そのものにもとづく裁判上の請求に準じ、これと同等の効力をもつ、とするものがある（最大判昭和四三・一一・一三民集二二巻一二号二五一〇頁、金融・商事判例一五一号一二頁）。この後に、被担保債権の不存在を理由とする抵当権設定登記抹消登記請求訴訟において、抵当権者が被担保債権の存在を主張して請求棄却の判決を求めたときは、裁判上の請求に準じ中断効が生ずるとするもの（最判昭和四四・一一・二七民集二三巻一一号二二五一頁、金融・商事判例一九七号一四頁）、および、はじめに掲げた破産申立が取り下げられた昭和四五年判決などが続くのである。

これらの判例から、かつて私は次のような整理を試みた。すなわち、第一に、一四九条の裁判上の請求は原則として原告として訴えを提起することであるが、これにとどまることなく、当該の権利が訴訟物となっていない場合にも、その存在が公権的に確定された場合には、「裁判上の請求に準ずる」として確定的中断効が認められていること（図Iの②にあたる部分）。第二に、民法一五三条の催告と同じく暫定的中断効が認められるものには二種あり、一つは、先の「準ずる」とされる場合と同様に裁判上の請求の外延を拡張することに用いられる場合（昭和三八年判決がこの場合である）、他の一つは、時効法の規定のうえでは中断効が否定されているにもかかわらず、後に正規の中断手続がとられる場合の救済策として、暫定的中断効が承認される場合である（拙稿「裁判上の請求と時効の中断」ジュリスト増刊・民法の争点I九三頁）。そして、昭和三八年判決の場合には、判旨と異なって確定的中断効を認めてもよいと考えるので（図Iでいえば③ではなく②に入れてよい）、「裁判上の請求に準ずる」という概念が定着した今日では、「裁判上の請求」の外延拡張のために、裁判上の催告を用いる必要はなくなったといってよい、と述べたのである。前段の「他の一つは」以下の叙述の部分についてまで、裁判上の催告という概念の有用性を否定したものではないし、右の整理は、そこに引用した判例の限りでなしたものであり、裁判例にまで拡げれば、一部請求訴訟の提起は残額請求についての裁判上の催告の効力が肯定されてよいなどの事例もあり、今後は裁判上の催告という概念はもはや不用となったと述べているわけではないのであって、右の拙稿を引用して下さった方のなかに、誤解されている向きもあるようであるから、一言申し添えさせて頂く次第である。

　さて、裁判上の請求に準ずるものや裁判上の請求などの中断効について、椿教授が著書「民法総則講義(下)」において図解されておられるが、その着想を拝借して私なりに図

（図I）

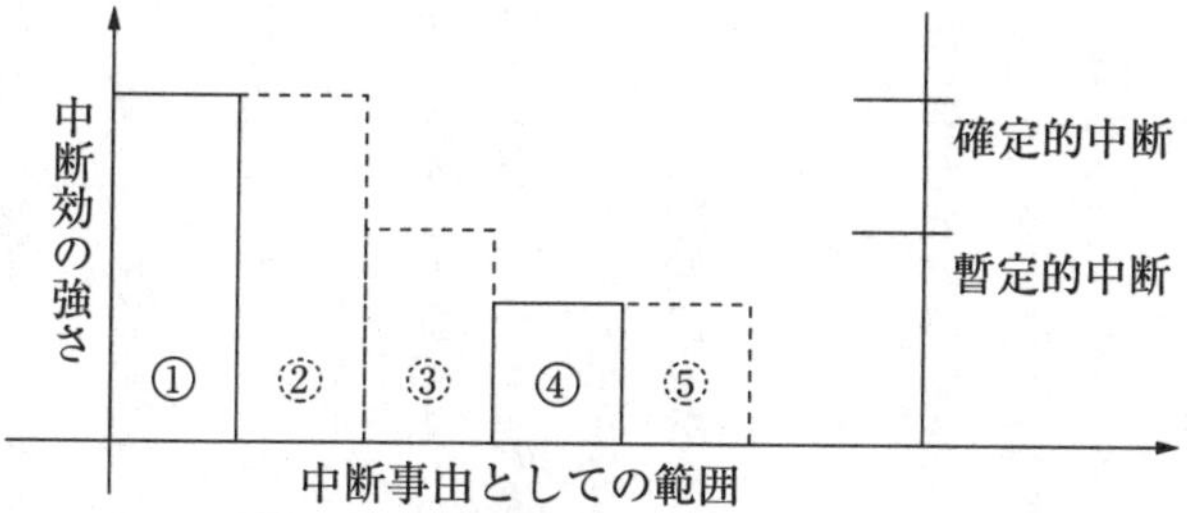

①本来の裁判上の請求
②裁判上の請求に準ずるもの
③裁判上に催告。暫定的だが6か月の起算点が行為終了時でない点で④より強い
④催告（裁判外の請求）。行為終了時から6か月
⑤本来の催告ではないがその緩和ないし拡張

示したものを図Iとして掲げておくので、参考に供されたい。

三　最高裁平成八年九月二七日判決

冒頭に述べたように、右の最高裁判決は、裁判上の催告について注目すべき見解を示した。ただし、本稿では簡単な紹介にとどめる。

事実関係をごく要約すれば、XはY$_1$に対し不動産ローンとして契約上の貸付金債権を有していたところ(Y$_2$という連帯保証人がいる)、Y$_1$の債務を担保するためAは連帯保証契約をXと締結し、かつZはXのAに対する右連帯保証契約上の債権を被担保債権とする根抵当権をXのために設定した。Xは右根抵当権の実行としての競売を申し立て、その開始決定がAに送達された。その後、XがY$_1$らに本件貸付金の支払いを求めて本件訴えを提起したところ、Y$_1$らは右債権について商事消滅時効を援用した、というものである(図II参照)。

さて、Xの抵当権実行としての競売申立による競売開始決定には、差押えの効力があるが(民事執行法一八八条による同四五・四六条の準用)、これを民法一四七条二号所定の中断事由である差押えと同視してよいかについては異論がない。次に、民法一四八条は、中断の効力の人的範囲の相対性を原則としているが、同一五五条で、「差押ハ……時効ノ利益ヲ受クル者ニ対シテ之ヲ為ササルトキハ之ヲ其者ニ通知シタル後ニ非サレハ時効中断ノ効力ヲ生セス」としており、物上保証人の不動産に競売申立がなされた旨の開始決定の送達が債務者になされたときは、同条により当該被担保債権の時効も中断する理を明らかにした昭和五〇年判決(最判昭和五〇・一一・二一民集二九巻一〇号一五三七頁、金融・商事判例四八八号一三頁)がある。

本件では、かかる送達がY$_1$になされていないことは事実の示すとおりである。他方、本件では、AはY$_1$の連帯保証人であり、連帯債務においては履行の請求は絶対的効力を有するとされ(民法四三四条)、民法四五八条で同四三四条が準用されているので、差押えがこの履行の請求にあたれば、Y$_1$の債務は時効中断されることになる。ま

（図II）

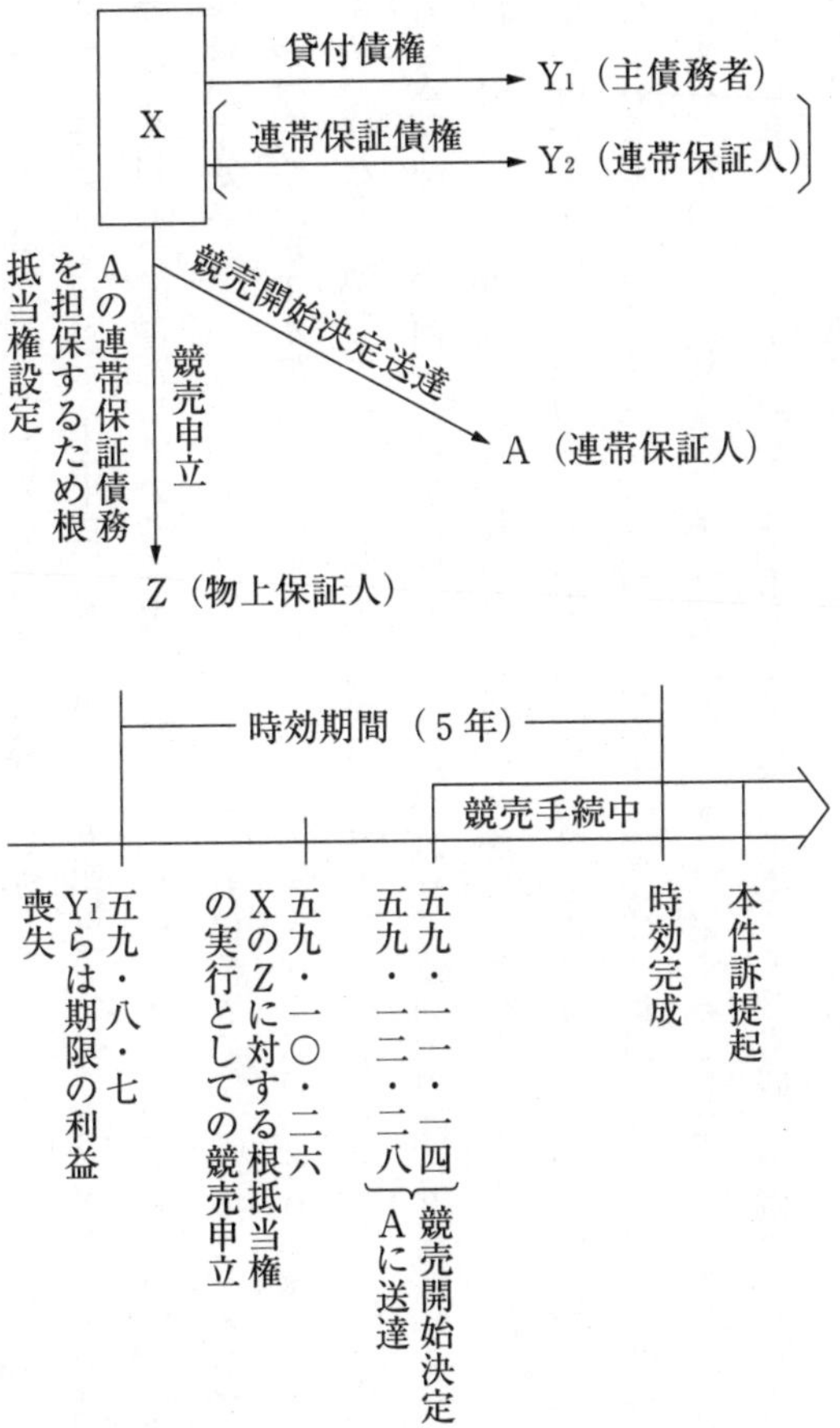

た、差押えを履行の請求とはみられなくても、不動産競売の申立が、裁判上の請求に準ずるもの（実際にはこのような見解があるわけではない）、ないし裁判上の催告にあたり、かつそれは履行の請求の意味を有するものとみられれば、その時点での時効の中断、または、競売手続中（この間は催告が継続しているものとして）に主債務者に訴えを提起すれば時効中断が生じたとみることができる。これに対し、競売の申立は履行を請求する意味を含むが、たんなる催告にしかあたらないとみれば、競売開始決定の送達から六カ月以上経過しての主債務者への訴えは時効にかかっていることになる。

この問題は、本件最高裁判決が示されるまでの裁判例では態度が分かれており、(イ)否定するもの、(ロ)催告にはあたるとするもの、(ハ)裁判上の催告にあたるとするもの、がある。以下で列挙すると、(イ)東京地判平成二・三・二八（判例時報一三七四号五八頁、金融・商事判例八五七号一七頁）、東京地判平成二・八・二七（金融・商事判例八六七号三三頁）、東京地判平成二・一二・四（判例時報一三八六号一一六頁）、東京地判平成三・一二・二〇（判例タイムズ七八三号一三八頁）、東京高判平成四・一・二九（判例タイムズ七九二号一六六頁、金融・商事判例八九一号三頁）、(ロ)東京地判平成二・一〇・二五（金融法務事情一二九四号二六頁）、東京高判平成四・二・一七（金融・商事判例八九二号一三頁）、(ハ)東京地判平成二・八・二三（判例時報一三八六号一一六頁）、東京高判平成七・五・三一（判例タイムズ八九五号一三四頁）などである。本件第一審および原審も(ハ)に属する（金融・商事判例一〇〇七号一四頁以下）。学説も、これらの判例研究などで多くの論評がなされており、賛否の分かれていたところである（学説の紹介は金融・商事判例一〇〇七号本件判決コメントに詳細である）。

本稿は、本判決の研究を目的とするものではないから立ち入らないが（本件の研究としては、たとえば、伊藤進（銀行法務21五三二号二〇頁）、半田吉信（判例時報一五九四号一九六頁）などがある）。本判決が競売申立による競売手続の進行に裁判上の催告としての性格を認めなかったのは、(a)抵当権の被担保権の存否およびその額の確定のための手続が予定されていない、(b)手続は職権で進められ債権者の関与の度合が希薄である、という理由による。また、競売開始決定正本の送達に催告としての効力を否定するのは、それが本来債権者の債務者に対する意思表示の方法ではなく、執行手続上の不服申立の機会を与えるためになされるものである、という理由にもとづく。もっとも、本判決では、河合裁判官の意見が付されており、裁判上の催告とは解しえないが、催告にあたるとする。これに対し、本件原審判決は、裁判上の催告にあたることを肯定する。その論理は、不動産競売の申立は被担保債権の弁済を求める意思を表示するもので、その意思が送達により抵当債務者に通知されることが手続的に保障されていることを考慮すれば（すなわち、競売申立＋送達）、抵当債務者に対する関係で民法一四七条一号の請求に該当する。しかし、裁判上の請求は請求権の存在を確定するものに限られるからこれにはあたらず、催告としての効力を有するにすぎないが、債権者の弁済要求に応えるため競売手続が行われるのであるから、その催告の効力は手続の進行中は維持される。よって、裁判上の催告に該当する、というものである。そして、民法四三四条にいう履行の請求は、時効中断事由としての請求と異なるものではないから、本件においてその時効は中断される、という。

以上のことから、競売申立による競売手続の進行と競売開始決定の送達とに関する法的性格の把握の差を基として、競売手続は当該の権利（本件では根抵当権の被担保債権）の存否およびその額の確定が予定されていないという点で、裁判上の催告ないし催告にもあたらないとする権利確定説的な最高裁の見解と、競売申立および以後の競売手続の進行は、権利の確定を予定するものではないから裁判上の請求にはあたらないが、債権の弁済を求める意思の表明である権利主張はなされているから、裁判上の催告にあたるとする原審の権利主張説的な考え方との差異をみてとることができよう（もっとも本判決も、権利者による権利主張ということに配慮してか、競売手続では債権者の関与の度合が希薄であるという点も挙げている）。

この問題は、そもそも時効の中断は何ゆえに認められるか――それは何ゆえ時効制度が存在するのかに関わる――という根元的な問題につながり、かつ、債権者と債務者の利益の対立をどの点で調整すべきかという現実的妥当性の問題も絡んで、難問である。私の感想めいたものを簡単に付しておくと、私見は、時効中断は、本来権利者と義務者の間でなされるのが筋ではないかと考えている（拙稿最判昭和六二年九月三日判例批評、私法判例リマークス一号二六号）。そして、かりに本件において、XはもともとY_1らに対する債権をあてにしておらず、Aの連帯保証ならびにZの物上保証に重きをおいていたうえで抵当権を実行したところ、これが予期通りに功を奏さず、このうえはY_1らから若干でも支払いを受けられるならばということで本件訴訟を提起したものであるならば、Zの不動産についての競売申立とAへの送達および競売手続の継続という事態をもって、Y_1の債務の時効完成が妨げられるのが当然とすることは、Xにとり都合のよい解釈にすぎるといえるのではあるまいか。

ともあれ、本判決以降の実務としては、前掲伊藤論文が説くように、連帯保証人の物上保証人に対し競売手続が進行中であっても、主債務者からの弁済が期待できる状態ではなくても、主債務者その人に対し時効中断の手続をとっておくことに留意しなければならない。

〈銀行法務21五三六号（一九九七）〉

9　裁判上の催告について(2)

一　ボアソナード草案

フランス民法典が、時効を権利得喪の一方法である旨規定し[1]、学説でも、時効をもって所有権を取得し義務を免れるの直接の方法であるとする説が、当時は有力であったとされているにもかかわらず[2]、ボアソナードは、日本民法の草案において、時効を法律上の推定（présomption légal）とした。

その理由は、第一に、所有権取得のあるいは義務消滅の直接の方法とみれば、財産取得篇と財産篇とに分けて規定しなければならない結果となるが、両者は共通の法理に従う面があるにもかかわらずかくては通則を設け同一の法典上の位置に規定することができなくなる、という点。第二は、時効の本質論にかかわるが、ある期間の物の占有あるいは債権者が放置したままの時の経過により、所有権が取得され債務者が免責されるということは、公義と道理（l'égalité et la raison）に反する。往時の法学者が、時効を人類の守護者（patronne du genre humain）と称したのは、このような不誠実の者を保護する意味ではなく、旧所有者または旧債権者より督促されることなく日を送った占有者および債務者が、取得または免責の証書（titre）を失った場合に、これを保護する制度と解されなければならない。悪しき者（méchants）がこの制度の恩恵を受けることあるのは、恰も太陽は善者も悪者も等しくこれを照らし暖めるごとくである、とみる点にある[3]。すなわち、ボアソナードは、時効は、所有者がその所有者たる証拠を、あるいは債務者がすでに弁済した証拠を失った場合に、所有者であること、あるいはすでに免責されていることを法律上推定させる証拠としてみるべきであるとするのである。さらに、第三の理由として次のように説く。仮りに、時効によって所有権が取得されあるいは債務が消滅するものとすれば、その期間経過中の果実や利息の去就を問題にしなければならない筈である。時効の効力は起算日に遡るとされるのは、それがすでに存在する事実を証するものであるからである、と。[(4)]

ボアソナードの時効観は、おおよそこのようであった。そして、旧民法もこれを承けて、時効を同じく法律上の推定と規定したのである。[(5)]

さて、時効の中断についてでは、ボアソナード草案、旧民法ともに自然中断と法定中断とを区別し、法定中断の一原因として、ボアソナード草案では、D'un commandement ou d'une sommation（一四四六条一項三号）が掲げられており、これは、ボアソナード氏起稿再閲修正民法草案注釈では、「督促又ハ催告」（同書第五編一九四六条一項三号）と訳され、旧民法では「執行文提示又ハ催告」（証拠篇一〇九条一項三号）となっている。このように、いずれも「催告」が時効中断事由として認められているのであるが、それ以前の状況はどうであったであろうか。以下では、もっぱら内池教授が著されたところをお借りして概観を試みたい。

まず、明治五年一〇月七日太政官布告第三〇〇号では、その第三条において、「若シ期ニ及テ不返時内証屢々催促ヲナスト雖トモ期日後満五年ニ至ル迄一度モ訴出サル者ハ裁判ニ不及候事」とされており、「催促」は中断事由として認められていない。本布告は、明治期になってはじめて五年という出訴期限を定めたものであるが、催促に限らず、そもそも時効中断という考え方は全く示されていないのである。[(6)] 翌年、すなわち明治六年一一月二日、太政官は布告第三六二号をもって出訴期限規則を制定公布した。これは、債務の種類に応じて出訴期限の期間を定めたものであって、その期間は、六ヵ月、一ヵ年、五ヵ年の三種があった。明治五年の布告三〇〇号との関係は、「但明治五年壬申第三〇〇号布告第三条ニ定メタル規則ハ格別ナリトス」[(7)]とされており、「催促」が出訴期限の経過に何の影響もない点は残されている。この点を明らかに示すものは、次の明治一〇年九月一八日の神戸裁判所伺に対する同年九月二八日指令であろう、同指令では、布告三〇〇号第三条に準じて、手簡等の往復書は出訴期限の経過を除棄するものではないことが確認されている。内池教授は右の伺、指令を検討されて、延期払の約定ある場合についてのみ中断、放棄を認めるも、単なる催告を以ては足らないとする意味であろう、と述べられている。(8) また同教授によれば、明治一三年に、元老院訴訟法草案において起訴期限なる制度が設けられていたが、「停止、起算点を規定しながら中断に関する規定を欠き、また、援用放棄等の時効固有の問題が未解決のまま残されているように、それ自体少なからぬ難点を帯びた曖昧な立法成果に終っている」とされている。(9)

ボアソナード草案ならびに旧民法において、「催告」が時効中断事由として認められていたことは前述した通りである。それ以前の出訴期限規則には、そもそも中断事由についての規定すらなかった。とすれば、仏民法に催告を中断事由とする規定があったかといえば無かったのであり、このことは、わが民法の歴史のうえでは、ボアソナードの創出にかかるということができる。

Projetでは、まず、催告（sommation）は一四四六条において法定中断事由の一つとして掲げられ、次に、一四五二条において、「義務履行ノ催告ハ義務ノ目的、原因及ヒ債務者ノ本人ヲ明カニ指示シ且六ケ月内ニ裁判上又ハ勧解上ノ請求（demmande en justice ou en conciliation）ヲ為シタルトキニ非サレハ時効ヲ中断セス」(10) と規定する。そのコメントでは、フランスでは催告には付遅滞の効果は認められても中断効は認められていないが、裁判上の請求という厳格な方法にでるものではないけれども、債権の満足を得たい旨の意思を明確に表明した当事者に対し、草案はよりその利益を与えるものである。催告に根拠がない場合には、結果（la suite）がこれを証明し、時効中断の効果は生じない、これに反し争点（l'issue du litige）がその者にとって有利であるならば、中断の日時を催告の日とすることについて考慮に価する異論は全くないからである、と説かれている。(11) 彼のコメントでは、これ以上には「催告」を中断事由の一つとしたことがどの法制に由来するのかについて触れられていないが、そもそもは教会法に由来し、その再生であって、わが民法の特色であるが近代法では異色の立法である、という指摘

が原田教授によってなされている。(12)

二　民法起草者による説明

明治民法が「催告」を時効中断事由としたのは、右のボアソナード草案、旧民法を承けたものと考えてよいであろう。その辺りを、やや煩鎖にわたるが、法典調査会民法議事速記録によって追ってみよう。

一四八条（明治民法では一四七条）で、時効中断事由は、第一請求、第二差押又は仮差押、第三承認という案が示される。そして、既成法典の「第一裁判上ノ請求、第二勧解上ノ召喚又ハ任意出席、第三執行文提示又ハ催告トアル此三号ヲバ一ツニ纏メテ請求トシマシタ」との報告が梅からなされ、さらに、「其外ノ国ニハ裁判所《(ママ)》ノ請求ニ限ツテ居ルヨウナモノモ随分多クアリマス……ケレドモ、日本ノ有様ヲ以テ考ヘテ見ルト可成時効中断ノ方法杯ハ窮窟ニシテ置カヌ方ガ宜カラウ、苟モ権利者ガ自分ノ権利ヲ忘レズシテ其権利ヲ行使シタナラバ宜カラウ、只乍併其権利行使ノ仕方ガ一寸シタ丈ケデ何時マデモ打捨ツテ置クヤウナ場合デアレバ之ハ権利ノ行使ト云フモノガ未ダ充分ニ重ミヲ持ツテ居ラナイト云フ所カラ矢張リ既成法典ニ倣ツテ催告シ放シデハ往カヌ必ズ或期間内ニハ裁判所ニ請求ナリ何ニナリシテ今一層強イ方法ヲ取ラナケレバナラヌト云フヤウニシマシタ」と説明される。(13)

これに対して他の委員から議論が出るが、催告に関しては次のような点である。まず、請求とは別に差押が中断事由とされているが、請求があるから差押がされるのであろう、にもかかわらず両者を別にする意味があるのか、という点である。これに対する梅の解答は明確ではない。請求抜きでいきなり差押をすることもあろうということと、請求があっても裁判上でなされなければ六ヵ月の暫定的中断効しかないのだから、これとは別に差押を確定的中断を生ずる事由として認める必要がある、という程度である。次に、単なる書簡による催告にまでも中断効を認める必要があるのかということについては、うっかりして裁判所に出る時もない弁護士を頼む暇もないというときに、催告で中断できるとした方が良いのではないかと説くのであるが、承認は私的行為であるがそれが

「最モ酷イ効力」を生ずるのであるから、「債務者ノ方ノ私ノ行為ハ時効中断ノ効力ヲ生ジテ宜シイガ債権者ノ方ノ私ノ催告ハ時効中断ノ効力ヲ生ジテハ往カヌト云フコトハ何ウモ分カリ悪イヤウニ考ヘマス」[14]として、承認との対比から催告の効力を説明していることには注意を要しよう。第三に、和解のためにする呼出が一ヵ月内に訴提起をしなければ確定的中断効を生じないのに対して、私の行為である催告が六ヵ月内に訴提起をなせばよいというのは権衡を失する、という指摘がなされる。これに対しては、民事訴訟法の規定によると直ちに訴を提起できるようになっているのであるから、和解が不調の場合には直ちに訴提起をすればよいのであって、一ヵ月は不都合ではないと答えがなされている。[15]この後に、一五三条（明治民法でも一五三条）が審議されるのであるが、この際には、再度六ヵ月を一ヵ月に改めたらどうかという提案がされる程度であって、梅の説明も、旧民法にあった執行文提示を催告とは別に独立してかかげる必要はとくにないというところに力点が置かれている。

後に出された著書の叙述も簡略であって、梅は、「是レ単ニ時効ヲ中断スルカ為メ突然訴ヲ提起スルカ如キ弊ヲ避クル利アルヲ以テナリ」[16]とする。この文は、法典調査会での答弁とは異って、時効完成の迫った債権者の救済のためばかりではなく、権利行使を訴の提起という強権発動に直ちに求めるのではなく、催告がなされこれに応じて履行がなされるという、穏かな解決が望ましいとのニュアンスが汲みとれるのである。同じく富井においても、「我民法ハ時効中断ノ為メ濫ニ訴訟ヲ提起スルノ弊ヲ防止セント欲シ之ヲ設クルコトヲ便宜トシタルモノナリ」[17]として、似通った説明がなされている。

付け加えれば、岡松は、「催告根拠ナキモノナレハ後ノ手続ニ於テ棄却セラル可キヲ以テ敢テ義務者ニ害ナシ又根拠アルモノナラハ直ニ催告ノ日ニ中断ナリトスルコト権利者ニ利アルヲ以テナリ」[18]と、既述のボアソナードの説明に近い説き方をしている。

最も厳格な形式を要し、したがって強い中断効の認められるものの代表が、一四九条の「裁判上ノ請求」であり、最も緩やかな形式で弱い中断効が認められるのが、一五三条の「催告」であろう。ところで、判例は、これら以外にも、「裁判上の請求に準ずるもの」と、「裁判上の催告」という概念を創出した。これらについては曽って述べたことがあるが、(19)簡略に再述する。

三　裁判上の催告

ことの起りは、裁判上の請求によって時効が中断される根拠をどのように考えるべきかにはじまる。基本的には二つに分かれる。

時効の対象とされている権利の存否が判決によって確定されることによって時効が中断するとみる権利確定説がある。(20)この立場は、概していえば、時効を法定証拠とみるので、これを打ち破るためにはその権利の存否につき判決という公権的判断がなされなければならないという考え方が基盤にある。これに対し、時効中断の根拠は、権利者が権利に目覚めて権利行使をしたゆえに保護されなければならないところにあるとみる権利主張説がある。(21)ただし、単に権利主張しさえすればよいのではなく、裁判所による一定の行為に直接または間接に接着することによって一定の結末に達することを要する。(22)この立場は、権利主張によって、時効の基礎たるべき事実状態の継続が打破されるとともに権利の上に眠るものではないことが示されると解されるところに考え方の基盤が置かれている。

次に判例をざっと見よう。

当初の判例は、「裁判上ノ請求」とは権利者が自ら訴を提起することと狭く解していたので、債権不存在確認訴訟に対し債権者が被告として応訴して勝訴した場合にも、債権者の行為は防禦であって権利行使に当らないとして、時効の中断を認めなかった。(23)この態度は、権利確定説の側からも権利行使説の側からも非難されることになるが、その経緯はともかく、後に大審院は連合部判決によって中断効を肯定することになる。判決理由はかなり権利行使説に片寄ったものであるが、このような場合を肯定する論法として、「裁判上ノ請求ニ準スベキモノト解スルモ毫モ前示時効制度ノ本旨ニ背反スルトコロナ」しとしているのである。(24) この他にも、債務名義に基く債権は弁済により消滅したことを原因として請求異議の訴が提起されたのに対し、被告が債権の存在を主張して勝訴判決を得た場合についても、右の消極的確認訴訟の場合と同じく裁判上の請求に準すべきものと判示している。(25)

最高裁になると次のようである。まず、債権者のなした破産宣告の申立について、一種の裁判上の請求であるとするものがある(26) 特定債権が破産債権として届出られた時に請求があったとして時効が中断する、とした原審を斥けたものであるが、実はすでに同種の大審院判例(27)があったのを承継したものである。

右の判決の以前には、裁判上の請求があったというためには、単にその権利が訴訟において主張されたというだけでは足りず、いわゆる訴訟物となったことを要する、とするものがあったが、(28) この態度は次の大法廷判決で崩される。すなわち、所有権に基く登記手続請求訴訟において、被告が自己に所有権があることを主張して請求棄却の判決を求め、その主張が判決によって認められた場合に、右主張は裁判上の請求に準ずるものとして原告のための取得時効を中断するとされたのである。(29) 同様に、抵当権設定者が債務不存在を理由として提起した登記抹消手続請求訴訟において、債権者が請求棄却の判決を求めて被担保債権の存在を主張したときは、右主張は裁判上の請求に準ずるものとして、被担保債権につき消滅時効中断の効力を有するとする。(30)

以上が公式判例集上で裁判上の請求に準ずるものとして中断効が肯定された事案であるが、この他に、いわゆる裁判上の催告を認めたものがある。すなわち、昭和三八年に大法廷は、所有権に基く株券引渡訴訟において、被告が留置権の抗弁を主張した場合につき、被担保債権について、右抗弁が撤回されないかぎり、当該訴訟終結後六ヵ月内に他の強力な中断事由に訴えれば、時効中断の効力は維持されると判示した。(31) 次いで、昭和四五年には、破産申立債権者の破産宣告手続における権利行使意思の表示は、破産の申立が取り下げられた場合においても、取下の時から六ヵ月以内に訴を提起することにより、当該権利の時効を確定的に中断する、とするものが現われる。[32]

一四九条の裁判上の請求とは、本来は、時効の対象となるべき権利につき訴を提起することを指すが[33]、当該の権利が訴訟物となっている場合には、自ら訴提起をしなくても応訴して勝訴する場合も含まれる。しかし、判例は、すでにみたように、訴提起に限らずこれを広く解するようになり、この場合には裁判上の請求に「準ずるもの」という。これはいわば裁判上の請求の内包拡張といえようか。他方、これとは別に、暫定的中断効を認めるものが存在する。公式判例としては、既述の昭和三八年判決と同四五年判決がそうである。両者はいずれも、一定の公権的手続の継続中は時効中断の効力を維持するが、当該手続終了後六ヵ月内にさらに強力な中断事由に訴えないときは、中断効を失うというものであるが、次のような違いのあることに留意しなければならない。すなわち、三八年判決は、裁判上の請求にも、これに準ずるものにも直ちには該当しないが、中断効を全く認めない弊を避けるために暫定的中断効を肯定したものであるのに対し、四五年判決は、本来中断効は生じない筈であるにもかかわらず、債権者が権利行使の挙に出たことを汲んで暫定的中断効を認めたものであって、言い換えれば、前者三八年判決は、一四九条の裁判上の請求の外延を拡張したものであり、後者四五年判決は、一五三条の催告の外延を拡張したものといいうるのである。我妻博士が、本稿注（21）で掲げた論文において、「強き催告」として暫定的中断効を認めよと強く主張されたのは、この後者の場合についてではなかったかと思料される。[34]

そして、ここで付言しておきたいのは、右に紹介した諸判例では、裁判上の請求に準ずる場合でも、いわゆる裁判上の催告とされる場合でも、それは中断効の認められる事由の客観的範囲に関してであって、中断の効力が及ぶ人的範囲に関するものは無かった、という点である。

四　中断効の相対性

一四八条は、「前条ノ時効中断ハ当事者及ヒ其承継人ノ間ニ於テノミ其効力ヲ生ス」と規定する。

ボアソナード草案では、一四四六条第二において、法定中断は、その注意又はその者の名において(par les soins ou au nom) 中断行為のなされた者の利益及びその承継人の利益に関してのみ生ずる、と規定していた。コメントでは、この規定は、自然中断の効力とは違いのあることを示すためであり、自然中断の効力が絶対的であるのに対し、法定中断の効力は純粋に関係的であると説く。そして、法定中断に関する一四四四条のコメントでは、自然中断の効力はin remに機能するのに対し、法定中断の効力はex personaに機能すると述べている[35]。

これが、旧民法になると「法定ノ中断ハ中断ノ所為ヲ行ヒタル者及ヒ其承継人ノ為メニ非サレハ其効ヲ生セス」という規定となる（証拠篇一一〇条）。

法典調査会では、一四九条として明治民法一四八条と全く変らない文言で提案される。報告者梅は、本条は既成法典証拠篇一一〇条と全く意味を同じくしているつもりであると言い、箕作委員の、わかり切っていることであるからこのような条文を置く必要があるのかという疑問に対して、同じ中断でも、自然中断とは異るものであって、たとえその方法が物上訴訟に関係している場合であっても、ただ当事者及びその承継人の間にのみ効力があるので、そのような点を疑いなからしむるため本条が必要だろうと考えた、という答弁がなされ、以上のみで本条の審議は終っているのである[36]。

さらに梅は、民法要義では本条について、「Res inter alios acta, aliis neque nocere neque prodesse potest 或人ノ間ニ為シタル行為ハ他人ヲ害シ又ハ利スルコトヲ得ス」という法格言を援用して説明するのであるが[37]、川島教授によれば、これはむしろ、判決による時効中断の効力はその既判力の人的範囲に限られる、という意味に解すべきだとされている[38]。

ともあれ、本条にいう当事者とは、中断行為をなした当事者及び中断行為を受けた当事者及び両者の承継人を指すのであって、本条は、中断の相対的効力を定めたものとされる。[39] もっとも、かかる相対的効力については、民法自体に例外が定められている。岡本教授によれば、一つは、中断事由が生じた者についても中断の効力が生じないと規定する場合であり、地役権についての二四八条二項、他の一つは、中断事由が生じなかった者についても中断の効力が及ぶと規定している場合であって、請求の絶対効を定める四三四条、主たる債務者に対する中断効が保証人にも生ずるとする四五七条を挙げられているが、[40] これに加えて四五八条も該当しよう。

ところで、一五五条は、「差押、仮差押及ヒ仮処分ハ時効ノ利益ヲ受クル者ニ対シテ之ヲ為ササルトキハ之ヲ其者ニ通知シタル後ニ非サレハ時効中断ノ効力ヲ生セス」とする。一般に、本条は、一四八条の相対効を維持しつつこれを修正するものといわれている。

本条は、ボアソナード草案の一四五三条に由来する。そこでは、本条については例をあげて説明する必要があろうとして、甲が乙の債権者であり乙も丙の債権者である場合に、甲が丙に対し差押をしたとしてもこれは時効の利益を有する者、すなわち乙に対してなされるのではない。そこで、この差押が乙の時効を中断するためには、乙が通知を受ける必要がある。このことは、全く当然のこと(naturel)であると述べる。[41] 旧民法では、証拠篇一一七条三項に該り、同条は次のように定める。「時効ノ利益ヲ受クル者ニ対シテ差押ヲ為ササルトキハ其差押ハ此者ニ告知シタル後ニ非サレハ之ニ対シテ中断ノ効力ヲ有セス」。法典調査会では、一五三条として審議され、明治民法と文言は同じである。同条の審議において、報告者梅は次のようにいう、「本人ガ知ラナイデ居ル間ニ時効ガ中断セラレテ居ルト云フコトハ何ウモ私共ニハ酷ノヤウニ思ハレマス……債権者ト云フモノハ自分ノ権利ヲ債務者ニ対シテ行ウコトガ必要デアルノデ固ヨリ第三者ニ対スル差押ト云フモノモ自分ノ権利ヲ取ルノ一ノ方法ヲ行フニ過ギマセヌガ兎ニ角相手ニ向ッテ其向フノ怠ケテ居ルノヲ責メルト云フ所為ガ時効中断トナルト云フ方ガ穏カデアラウト云フ考ヘデ此点ハ既成法典ヲ改メナイデ置キマシタ」。本条はイタリー民法に例があって、既成法典もあるいはこれに倣ったものと思うが、もっともと思うから本案もその趣意でおいたものであるという。[42]

要するに、時効の中断は、中断によって利益を受ける者から中断によって時効完成を妨げられ不利益を受ける者に対してなされなければならない。本条が置かれたのは、差押は第三者（ボアソナードの想定では第三債務者）に対してなされる場合があり、直接の義務者たる債務者に対してなされないことがあるので、義務者にその通知がなされ中断があった事実を知った場合にはじめてその者にとって中断効が生ずるものとして、権利者から義務者に対して為さるべきでありかつその者の間においてのみ中断効が生ずるという、一四八条の原則を一五五条によって維持しようとしたものと解されるのである。

一四八条と一五五条との関係につき、最高裁が判断を示したのは、比較的近時になってである。ただし民事執行法施行前のものであるが、一応左にその趣旨を掲げる。判決は、まず、抵当権実行のためにする競売は、被担保債権に基づく強力な権利実行手段であるから、時効中断事由として差押と同等の効力を有する。としたうえで、「他人の債務のために自己所有の不動産につき抵当権を設定した物上保証人に対する競売の申立は、被担保債権の満足のための強力な権利実行行為であり、時効中断の効果を生ずべき事由としては、債務者本人に対する差押と対比して、被比差等を設けるべき実質上の理由はない。民法一五五条は、右のような場合について、同法一四八条の前記の原則を修正し、時効中断行為の当事者及びその承継人以外で時効の利益を受けるべき者にも及ぶべきことを定めるとともに、これにより右のような時効の利益を受ける者が中断行為により不測の不利益を蒙ることのないよう、その者に対する通知を要することとし、もって債権者と債務者との間の利益の調和を図った趣旨の規定であると解することができる。」と説く。[43] ここでは、本判決についての論評は避けるが、判決の説くように、一五五条は一四八条の相対効の原則を修正したり、債権者と債務者との間の利益の調整を図った趣旨のものであったりという大袈裟なものではなく、債権者のなす差押は権利行使として時効を中断し、その効力は債権者と債務者との間にのみ生ずるが、権利行使の方法が第三者（第三債務者、物上保証人）に対するものであるため、債務者の知らない間に中断の効力が生ずるとするのは妥当ではないという配慮に出たものであって、むしろ、一四八条の原則を維持するために一五五条が存在するだけのことなのである。問題は、本件は、第三者が物上保証人であり、第三者に対する権利行使は差押ではなく抵当権の実行としての競売の申立という形式によってなされており、これが差押と同等の時効中断事由としての効力を有するものとすれば、競売開始決定が競売裁判所から債務者に対して送達されたことが一五五条にいう「通知」に該るかであって、本判決の評価は、このことを肯定したところにあるといえるのではあるまいか。

五　裁判上の催告はどこまで認められるか

1　最高裁平成八年判決にいたるまでの裁判例

すでにみたように、判例は、時効中断効を認める範囲を本来の「裁判上の請求」ならびに「催告」から拡張してきた。以下では、裁判上の催告として、本来の催告から拡張された概念について、それがどのような場合にまで認められるものかを探ってみたい。

この問題を考えるに当って、恰好の素材となる判例が平成八年に(44)存在する。

事案を極端に簡略化すれば次のようである。債権者甲は、債務者乙に対して貸金債権を有しており、乙には連帯保証人丙がいるところ、この連帯保証債務を担保するために丁が甲に対し根抵当権を設定していたという事例で、甲が丁に対して抵当権を実行し、その競売開始決定が丙に送達されたことが、乙の主債務の時効を中断するかが争われた。甲は都市銀行系列の住宅金融会社で、これを一方の当事者（一例を除き原告）とする同様の訴訟が東京地裁に複数件係属していたが、東京地裁の判断は一致せず、控訴をうけた東京高裁の判断も分れるところであった。

まず、東京地裁の判断から紹介するが、私の恣意によるエクストレであることをお断りしておく。

① 東京地判平成二年三月二八日[45]　本件のみが、丁から甲に対し根抵当権登記抹消手続が請求されたものである。丁は、乙の甲に対する債務は時効消滅したので、これを主債務とする丙の連帯保証債務も消滅し、右連帯債務を担保するための丁の根抵当権も被担保債権の消滅により消滅したと主張する。これに対し甲は、丁に対する競売開始決定が丙に送達されたことにより、民法四五八条を介して甲の乙に対する債権の時効は中断されたと反論する。判示は、「差押は……最も強力な権利の実行行為であって、請求とは別個に独立の中断事由とされているのであるから、差押若しくは競売手続が維持されていることをもって債務者に対し履行を求める請求（催告を含む）と同一視することはできない」という。

一言付け加えれば、いわゆる担保競売が時効中断事由としての差押と同等の効力を有することは前出昭和五〇年判例[46]の説くところであり、現在は、民事執行法により担保競売でも差押がなされる（民執一八八条による同四五条の準用）。

② 東京地判平成二年八月二三日[47]　まず、担保権の実行としての競売申立には、抵当権者の抵当債務者に対する履行の請求が含まれていることを認め、次に、この競売の申立は、「裁判所に対して担保権及びその被担保債権が存在している旨主張する権利主張の性質を有するが、その権利主張は、単に裁判所に向けられるばかりでなく、相手方である抵当債務者に向けられている」。そこで、「抵当債務者に対して開始決定が送達されたときは、被担保債権の履行を求める抵当権者の意思が裁判所の手で抵当債務者に伝達されたものと見るべきであり、したがって、競売の申し立ては抵当債務者に対する催告としての効力を有するものと解するが相当である。」と説く。さらに、この催告の効力は、競売手続が継続している間は維持され、競売手続が取消された時から六ヵ月以内に抵当債務者に対して裁判上の請求をすることにより、被担保債権について時効を中断することのできる裁判上の催告と解されるという。

③ 東京地判平成二年八月二七日[48]　「民法一五三条所定の時効中断事由としての催告は、債務者に対しての

意思の通知というべきところ、不動産競売は、催告をさらに進めた請求の現実的な実行であって、時効中断事由として法が明確に定めている差押えの効力を有するものであり、また、同手続中においてなされる債務者への通知その他の呼出し等も、右請求の実行を目的としてそれに資する措置であり、しかも債務者へのそれら諸々の告知は、断片的で不連続である。そのような目的と状況の同手続き係属の場において、概括的、準備的な履行請求の意思が終始存することを観念していくことは、疑問である。」。裁判上の催告と認められるには、その手続中に他の明確な中断事由の行使をすることを期待するのが不合理である等の特段の事情があることが必要であるところ、競売手続中に右の事情は見出し難い。

④　東京地判平成二年八月三〇日(49)　民法は、時効中断事由としての請求と差押を峻別している。不動産競売手続が時効中断事由としての差押と同一の効力を有するとしても、それが同時に請求の一種としての催告としての効力を有するというようなことはありえない。

⑤　東京地判平成二年一〇月二二日(50)　担保権の実行としての競売申立は、執行裁判所を通じてなす抵当債務者に対する被担保債権の支払の催告であり、競売開始決定正本が抵当債務者に送達されることで、支払を求める意思が実際に抵当債務者に到達すると解するのが相当である。そして、右催告は、競売申立という裁判上の手続をもってするものであるから、いわゆる裁判上の催告として、競売手続が係属中は催告の効力を継続していると解することができる。

⑥　東京地判平成二年一〇月二五日(51)　担保権の実行としての競売申立が民法一五四条所定の差押に解釈上該当することは明らかであり、差押の通知は、債務名義に係る債務又は被担保債務を任意弁済しないときは、差押の実行をする旨の意思が表されているから、連帯保証人に対する履行の催告としての面があることは否定できない。しかし、時効中断としての催告は、所定の期間内に裁判上の請求、差押、仮差押等の中断事由となる措置を採らない限り中断の効力を生じないものと定められており、本件ではこのような措置は採られておらず、競売事

件が継続している限り催告が継続しているとみることも、請求、催告、差押を別の法概念として使用している民法の態度からは、差押を催告ないし請求と同視することはできない。

⑦　東京地判平成二年一二月四日[52]　一般的には、不動産競売の申立は、債権者が自己の権利を主張し、競売によってその実現を求めるものではある。しかし、相手方に対して直接履行を求める請求、催告と異り、その主張はあくまで裁判所に向けられている。債務者に競売開始決定が送達されたり、その他各種の通知がなされるとしても、それは裁判所が関係人に手続きに関与する機会を与え、不意打ちを防止するためであり、被担保債権の履行を求める意思が裁判所を通じて債務者に伝達されたと考えるべきではない。民法一四七条が、請求と差押等を分けて規定したのも、実体上の請求と執行手続とを時効中断事由として分けて考えたからである。担保権実行の競売手続きの追行を裁判上の催告と見ることはできない。

⑧　東京地判平成三年一二月二〇日[53]　請求は一般的に債務者などの義務者に対する直接的な権利実現を求める行為であるのに対し、差押は債務者などの義務者に対する請求とは異り、権利者の権利を差押の対策となる物又は権利から実現しようとする行為である。とくに金銭債務によって物上保証人や抵当不動産の第三取得者などの不動産を差押える場合、これらの者は債務を負担しておらず、もっぱら差押の対象となる不動産の限度において責任を負担しているに過ぎないのであるから、これらの者を相手方とする差押手続においては、通常、相手方の行為によって権利の実現を図ろうとする意思は権利者にはなく、当該差押対象の交換価値を換価手続により実現する意思を有するにとどまるのである。したがって、差押行為は当然に義務者に義務の履行を請求する意思を包含すると言うことはできない。それは請求や催告とは基本的に異る制度である。

次に東京高裁の判断を掲げよう。

⑨　東京高判平成四年一月二九日[54]　差押は、債権者が債権の弁済を得るために行う権利実行行為であり、債務者に対する意思表示の方法ではないから、請求とも催告とも同視することはできない。しかも、物上保証人は

何らの債務を負担するものではなく、単に担保権の実行を受忍すべき義務を負うに過ぎないから、物上保証人に対してなした競売の申立が債務者に対して債務の履行を求める意思表示である請求、あるいは請求の意思表示を含むものと解する余地はない。

⑩　東京高判平成四年二月一七日[55]　担保権実行による競売申立は、履行の請求の意思を含むと考えられるから、催告には該るとみられるが、裁判上の請求とみることはできない。民法一四七条が一号と二号とを独立区別していることが文理構成上背理となるからである。裁判上の催告と認めることについては、その実質的な根拠は、権利主張がなされた裁判上の手続の性格とこれに基づく権利主張の態様からみて、裁判上の手続の係属が債務者に対する権利行使（催告）の継続と同価値であると評価できることにあると解されるところ、担保権実行に基づく競売申立とそれに基づく手続を債務者に対する債権者の権利主張とみることはできず、権利主張の態様からみても債務者に対する権利行使の意味が希薄で継続性に欠けるというべきであり、いったん競売開始決定の正本が債務者に送達された以上はその後競売手続が係属する限り債権者が債務者に対して催告を継続するのと同様の価値を有すると評価できない。

⑪　東京高判平成七年五月三一日[56]　担保権実行としての競売手続は、被担保債権の弁済を求める意思を表示するものであることは明らかであり、一四七条一号の請求に当るものと解されるが、裁判上の請求には当らず、催告としての効力を有するにすぎないものである。この催告は、その手続の係属中は継続的に維持され、そのことを前提に債権者の弁済要求に応えるため競売手続が行われるものというべきであるから、いわゆる裁判上の催告に当るものと解するのが相当である。

以上の諸例の結論のみを改めて整理すると、裁判上の催告に該ると肯定するものは、②⑤⑪であり、他は否定する。その多くが催告ともみることができないとする中で、⑩が、催告には該るが裁判上の催告とはいいえないと説いているのが注目されるところである。

2　最高裁平成八年判決

本件原審は、裁判上の催告に該るとする⑪判決である。事実関係の概略はすでに述べたところであり詳細は省略する。

以下に、やや長文にわたるが、多数意見と河合裁判官の意見とを紹介しよう。

「抵当権の実行としての競売手続においては、抵当権の被担保債権の係属及びその額の確定のための手続が予定されておらず、競売開始決定後は、執行裁判所が適正な換価を行うための手続を職権で進め、債権者の関与の度合いが希薄であることにかんがみれば、債権者が抵当権の実行としての競売を申し立て、その手続が進行することは、抵当権の被担保債権に関する裁判上の請求（民法一四九条）又はこれに準ずる消滅時効の中断事由には該当しないと解すべきであり、また、執行裁判所による債務者への競売開始決定正本の送達は、本来債権者の債務者に対する意思表示の方法ではなく、競売の申立ての対象となった財産を差し押える旨の裁判がされたことを競売手続に利害関係を有する債務者に告知し、執行手続上の不服申立ての機会を与えるためにされるものであり、右の送達がされたことが、直ちに抵当権の被担保債権についての催告（同法一五三条）としての時効中断の効力を及ぼすものと解することもできない」。

河合裁判官の意見は、競売申立プラス送達は、催告に該るが裁判上の催告とはみられないとする。要旨は次のようである。

民法一五三条のいう催告とは、債務者に対して債務の履行を求める債権者の意思の通知であって、その形式、方法は問わないと解されている。競売の申立は、債権者が被担保債権の弁済を得るためにする強力な手続であるから、直接的には抵当権の行使であっても、その背後に債務者に対して債務の履行を求める意思が含まれていることは明らかである。その債権者の意思は、競売開始決定正本の送達により、債務者もこれを認識することになる。したがって、冒頭の一般的理解に従い、競売申立と開始決定正本の送達は、民法一四七条二号の差押となることとは別に、同法一五三条の催告にも当ると解すべきである。

しかしながら、裁判上の催告としての効力を認められるためには、単に裁判所における手続で権利を主張したというだけでは足りず、(a)その手続において、当該権利の存否につき審理、判断されることが予定されているため、権利者がその審理中当該権利の存在を継続的に主張していると認めうる場合、又は、(b)その手続が係属している間、権利者が別途当該権利の時効中断の手続をとることが著しく困難又は不合理であるなど特段の事情があり、右の間の時効の進行を暫定的に中断しなければ権利者に酷であると認めうる場合である。抵当権の実行としての競売手続は(a)に該当するとはいえず、競売手続継続中に主債務者に対して訴を提起することなどが困難又は不合理とはいえないから(b)にも該当しない。

以上の判例・裁判例を通じて、担保権の実行のための競売手続とからめて、裁判上の催告がどのように受けとめられているかにつき、煩雑であることをかえりみず、再度列挙してみよう。

肯定の根拠は次のようである。

競売申立は権利主張の意思の表明であり、競売開始決定の送達は裁判所によってこの意思が債務者に伝達されたものであって催告とみうるし、その効力は競売手続の継続中は維持されている。

何故に競売手続中催告の効力が維持されているとみうるかの説明が弱く、反対の見解ではそのところを突かれている。

否定の根拠は次のようである。

差押と請求とは、民法は時効中断事由として別個に掲げている。催告も請求の一種であるから、差押があったことをもって催告があったとはいえない。

競売は催告をさらに進めた請求の現実的実行であるが、差押の効力を有するものであって請求とは異る。裁判上の催告と認められるには、その手続中に明確な中断事由の行使の期待が不合理であるとの事情が存在することが必要である。

競売申立は、債権者が権利を主張しその実現を求めるものであるが、その主張は裁判所に向けられており、債務者に向けられた請求、催告とは異る。

競売手続による権利実現は、差押の対象となる物または権利からなされるもので債務者からではない。このことは何ら債務を負わない物上保証人に対し競売がなせる場合を見れば、債務者に対し債務の履行を求めるという関係にないことは明らかである。

そもそも、裁判上の催告といいうるためには、その手続において、当該権利の存否について審理判断が予定されており、権利者がその審理中当該権利を継続的に主張しているとみられなければならない。競売手続では、権利者たる債権者の関与の度合いが稀薄であって継続性に欠けているので、催告がその手続中効力を維持しているとは認められない。

さて、右に述べた一連の事案に対する学説の評価もまた分かれる。

肯定説(57)の論拠は、理論的には、競売申立には債権者の権利行使の意思が明かに含まれており、競売手続が継続中はその意思も継続して主張されているとみられる、という点に尽きるようである。従来の判例が、民法一五三条の催告以外にも裁判上の催告なる概念を認め、これを発展させてきたことも考慮されるべきであるとする。また、別に裁判上の請求などの手段を採りうるではないかという点については、競売手続の進行と平行して債務者に対して訴訟を提起せよと債権者に強いるのは、合理性に欠けるという見方も示されている(58)。

他方否定説は、民法の構造としては、請求と差押は別個独立の中断事由として挙げられていること、法定中断事由は本来対人的であり、中断事由としての請求は、債権者から債務者に対してなさるべき権利の行使、主張であるべきこと、競売開始決定の送達はこれを利害関係人としての債務者に告知するものに過ぎず、それ自体は履行の請求としての意義をもたないこと、破産手続には債権の確定手続が存在するけれども、競売手続にはそれがないから同視するのは疑問である、などを理由とする。

3　裁判上の催告の外延

総じていえば、時効中断に関して、判例は、訴の提起や破産手続では緩かであるが、民事執行手続では厳しいと評されている。[59] 本稿は、裁判上の催告に関する判例等を総合的に検討して、はたしてこのような動向にあるのか、また、それが維持されて然るべきものかを検討するものではなく、裁判上の催告という、判例・学説によって創造された民法典にはない時効中断事由に関して、その外延ないし限界を私なりに求めてみようとするものである。

すでに述べたように、そもそも一五三条において、催告が暫定的にもせよ時効中断事由として掲げられたのは、ボアソナードの創案に基づくものである。明治民法の起草者がこれを継承したのは、時効完成に迫られた債権者のとりあえずの救済措置、債務者の債務承認という公的機関にかかわりなくなされた私的行為が中断効を有するのであるから、催告に中断効を認めても背理ではないという考慮、突然に訴を提起するの弊を避けるため、などの理由によるものであった。そこでは、今日のように、催告が拡張され裁判上の催告なる概念が是認されるとはおそらく予測されていなかったと言ってよい。他方、法定中断事由が相対的効力しかもたないということも、当然のこととして受け留められていた。

裁判上の催告なる概念をはじめに提唱されたのは我妻博士であったと思われる。[60] 民法一四九条は、裁判上の請求は訴の却下又は取下の場合には中断効を生じないとして、とくに救済措置を講じていない。もっとも、梅によれば、[61] 管轄違いその他の形式の欠点のため訴を却下した場合になお時効中断を認める例が少なくないが、わが民法では予め催告をすれば時効が中断されるのであるから、裁判上の請求が形式の欠点のため時効中断の効力を生じないとしても、原告に対して過酷ということはないと説明している。管轄違いの訴提起も催告として暫定的中断効を有するから、却下されても前の訴提起から六ヵ月内に適式の訴提起をすればよいという趣旨か、突然の訴提起という弊を避けるため予め催告をし、その後不適式な訴提起をしてそれが却下されても、前の催告は六ヵ月の暫定的中断効を維持しているから酷ではないという意味か、釈然としないところがある。

ともあれ、我妻博士は、右の梅の説明では実際上その目的を達しえざるは明かであるとして、[62] 以下のような提案を試みられる。すなわち、裁判上の主張は裁判外の主張（催告）より遙かに明確な権利主張であるが、「これによって惹起せしめられた訴訟手続において、当該権利をして裁判所の判断を受けて確定的なものたらしめるか（既判力、債務名義）又はその権利の強制的実現行為をなさしむる（破産、強制執行）」などの場合には、催告との中間を採って、このような裁判上の主張を強き催告として、催告後に他の完全な中断手続に移るべき期間たる六ヵ月の計算に当ってはその手続中その計算を停止する。そしてこの裁判上の主張は、裁判手続中は催告そのものも不断に継続すると見ることをえないであろうか、というのである。

博士が、この理論が許されるものとしてその適用を示せばとして挙げられる例は、次の通りである。

（a）　一部の訴がその訴訟手続中拡張せらずに済むときはその残額につきこの時から六ヵ月。

（b）　訴が不適法として却下せられるときは却下の時から六ヵ月。

（c）　破産申立をなして債権の届出をなさざるときは破産終結の時から六ヵ月。

（d）　破産債権届出をなすもその債権の確定せざる間に破産宣告の取消又は強制和議があるときはその債権につき破産終結後六ヵ月。

（e）　訴訟の告知においては訴訟終結後六ヵ月。

（f）　訴訟上の相殺においては相殺効力を生ぜず且つ相殺債権について成立の判断のなされざる場合において訴訟終結後六ヵ月。一部の相殺の場合に残部について同様に取扱う。

（g）　権利者が消極的確認訴訟において被告として権利の存在を主張するも訴が不適法として却下せられる場合および基本的法律関係の存在確認の訴訟においても、訴訟終結後六ヵ月以内。[63]

ところで、時効は、権利者から権利を奪い無権利者に権利を付与するものであるとすれば、その完成を妨げる中断事由を広く認めてもよいであろうし、逆に、時効は、権利者を保護する制度であるとみれば、中断事由については厳格に解すべきこととなる。われわれは、時効制度にかかわる諸問題を検討するに際して、時効制度の本質如何ということも念頭にしつつ議論を展開してゆく必要があるのではないか。私が本稿において、すでに先人の業績があるにもかかわらず、あえてボアソナードの時効観を再述したのも、このようなことを思うからに他ならない。

また、とりわけて裁判上の請求に関してであるが、中断の根拠についても、相反する二つの立場からの説明があることも既述した。今日では、山田（正三）博士、兼子（一）博士らが唱えられたような、厳格な権利確定説[64]は採るをえないであろう。しかし、いかに時効が権利の上に眠る者を保護しない趣旨に基づくものであるにしても、ただ単に権利主張しさえすれば中断の効力が生ずるとすることはできない。時効に関し、訴訟法説の立場を採らずとも、権利取得、あるいは権利消滅の法定証拠である側面を有することは否みえないであろうからである。それゆえ、それを打ち破るだけの客観的事由があると認められてはじめて中断効が認められると考えられるのである。ちなみに、吾妻博士は、訴訟法説の立場からではあるが、「承認は、債務者自身が債務の存在を知れる旨を示めす事によって、債務の客観的存在に対する証拠なりとみるのである。承認を中断事由とし、単なる催告を前提的中断に止める理由はここに明かである」[65]とする。権利主張説論者である我妻博士も、権利主張は、裁判所による一定の行為に直接又は間接に接着することによって一定の結末に達することを要すとされ[66]、催告についても、六ヵ月内に他の中断手続を要求する一五三条の法意は、結局、訴訟係属、既判力、債務名義又は権利の強制的満足を目的とする行為に到達することを要求しているものとみなければならないと説かれたうえ[67]、かかる考量のもとに、強き催告、すなわち裁判上の催告について先に掲げた（a）から（g）の七類型を立てられたのであった。

これらの場合をみてゆくと、そこでは、公権的手続において単に権利主張がなされたというのみではなく、権利の存在が公権的判断によって確定される結末をもたらすべき手続において、その結末に到達すべきことを目して権利者が権利の存在の主張を継続的に維持している状態にあったが、その結末に到らなかった場合に、裁判上の催告（強き催告）として暫定的中断が認められるという構成になっているといってよい。

裁判上の催告は、裁判外でなされる形式を問わない催告とは異って、一旦は権利主張が公権的手続に則してなされた場合である。そのまま維持されれば、権利の存在が認められて中断効が権利主張の時から生ずるか、あるいは認められずに中断は奏功しない筈のところ、一定の障害によってそのような結末に到らなかった場合に許されるものと解される。かように、時効の根拠を、承認は別として、公権的判断による権利存在の確定（権利の存在が裁判所の判断において明かにされていればよい）ということに結びつけると、実体法上の権利の存否や内容を確定することを目的とするものではなく、権利の存在または権利の成立要件の存在を前提とする権利実現手続きである強制執行手続や担保権の実行としての競売手続における差押が、何故に確定的中断の効力を有するかが問われてくる。私は、今のところ、強制執行手続における差押が実体法上時効中断効を有するのは、債務名義により権利の存在が公権的判断によって確定されたうえでの、権利実現手続の着手だからではないかと考えたい。では、仮差押や仮処分はどうか、民事執行法により不動産競売でも差押がなされることとなったが、競売開始決定の申立には債務名義は不要ではないか、という点も問われるであろう。

Projetでは、一四四六条四号でsaisie（差押）を中断事由として掲げ、これには、一四五三条二項で、saisie exécution（差押＝執行、動産執行）とsaisie arrêt（差押＝差止め、債権執行）とがあるように書かれている。すなわち、Projet及び旧民法では、時効中断事由として、仮差押、仮処分は挙げられていなかった。その後の法典調査会での原案（二四八条二号）では、「差押又ハ仮差押」となる。梅の説明によれば、単に「せーぢー」といえば、「せーぢーこんせるうわーとわーる」これが仮差押に一番近いが、それをも含むものである。ゆえに仮差押を入れたのであって、入っていなかったのは、「立法者の間違、錯誤」なのだというのである。[68]

ところが、Projetでは、一四五三条二項で、saisie conservatoireは、六ヵ月内にcommandement, saisie-exécution, demande en justice, consiliationをなさなければ、時効中断効を生ぜずとされていた。ちなみに、この部分の再閲の記述[69]は以下のようである。「保存ノ為メノ差押ハ六ヵ月内ニ或ハ督促又ハ差押執行又或ハ裁判上又ハ勧解上ノ請求ヲ為シタルニ非サレハ時効ヲ中断セス」。そして、saisie conservatoireについて、ボアソナードは、日本の将来の民事訴訟法においてこれが置かれることは疑いなく、その場合の効力について規定したものであるとする。[70]

なお、仮処分については、法典調査会において田部委員から、仮差押と同じものとみなければならないから入れるべしとの提案がなされ、その結果、「差押、仮差押又ハ仮処分」との成案を得ることとなった。

以上のようにみてくると、ボアソナードがsaisie conservatoireには明確に暫定的中断効しか認めなかったのに対し、これを差押ということで確定的中断効を与えた梅の説明には、疑義が生じてくるのである。仮処分に何故確定的中断効があるのかについても、何の説明もないことは言うまでもない。

Projetが示された時には未だ執行法は手つかずであった。後にテヒヨーによるドイツ式執行制度が採用されることとなるが、フランス法からドイツ法へという流れの中にあって、ボアソナード自身が財産差押法草案を残していたことが、三ヶ月博士によって明らかにされている。[71]それによれば、担保権の実行も一般債権の執行も、ともにこの差押法草案に則ってなさるべきことが当然視されていたとのことである。[72]そして、債権執行を例外として、「裁判言渡書」または「公正証書」のみが執行の基本として認められるとされていた[73]というのであるから、現在の民事執行法が、不動産競売は担保権の存在を証する書面の提出で開始するとされているのとは異って、いわば債務名義により債権の存在が公権的判断によって肯定されており、それに基づいた差押ゆえに時効が確定的に中断すると考えられなくもない構造になっていたとも言いうる。

右に述べたボアソナードの財産差押法草案の理解の仕方には、いささか牽強附会の趣きがあることは承知している。しかし、少くとも、ボアソナードが、確定的中断効が生ずる中断事由についてはかなり厳格な態度を採っていたことを伺わせることにはならないであろうか。

さて、競売の申立が権利者の権利行使の意思を包含し、競売開始決定に伴う差押が権利実現のための行為であることは否定できない。もっとも、それは、執行裁判所に向けられた意思の表明であり、執行裁判所によってなされた行為である。しかし、かかる権利者の意思は、競売開始決定正本の送達によって債務者が知ることができる。本来、時効の中断は、債権者から義務者に対してなさるべきであり、中断の相対効もこのことを前提として定められたものといえる。例外は、時効法の規定の上では、一五五条のみである。以上は、承認を除く確定的中断効を有する中断事由についていいうるが、裁判外で、特別の方式を必要としないとされる催告については、権利者が権利行使の意思を確表したことを債務者が知れば足りると解するので、競売開始決定に伴う差押の送達がなされたことによって、催告があったとみることは許されると思う。しかし、不動産競売の手続が継続しているかぎり、権利主張も継続維持されているとして、裁判上の催告としての効力を認めることは、これまでに述べてきたところからも、否定説の裁判例が説くところからも困難ではないかと思料する。さらに、確たる理由とはなりえまいが、催告をもって暫定的にせよ中断効を認めるのはわが国独自のものであって、民法起草者がこれを認めた趣旨を離れて、一五三条の存在を手掛りとして中断事由の客観的範囲を拡大するのには、慎重である必要があるのではあるまいか。

以上の結果は、前記最高裁平成八年判決の河合意見と同様となったが、時効制度はその存在理由すら十分に説得的なものを持たず、難問であり、機会をえて再考したいと思っている。

なお、平成八年判決では、連帯保証人丙の物上保証人丁に対する債権者甲の不動産競売の申立が丙に送達され、これが民法四五八条による四三四条の準用によって、債務者乙への時効中断が争われたわけだが、この問題には本稿では立ち入らない。(74)

(1)　フランス民法二二一九条。

（2）　フランスにおける時効観の変遷については、金山直樹・時効理論展開の軌跡（信山社一九九四年）に詳しい。
（3）　Boissonade; Projet de Code Civil pour L'Empire du Japon t.v (1889) pp. 265—6. ボアソナードのこのような時効観については、つとに紹介がなされている。たとえば、星野英一「時効に関する覚書—その存在理由を中心として—」民法論集第四巻（有斐閣一九七八年）所収、同書一八六—七頁。内池慶四郎・出訴期限規則略史—明治時効法の一系譜（慶応義塾大学法学研究会一九六八年）一八二頁以下。
（4）　Boissonade; op. cit. p. 267.
（5）　旧民法證拠篇八九条以下。
（6）　内池・前掲書四五頁。勿論フランス民法には「中断」(interraption) が規定されており、明治八年の箕作訳佛蘭西法律書では、「除棄」の訳語が用いられている（同書上巻九七六頁）。
（7）　内池・前掲書七二頁。
（8）　内池・前掲書一六七頁。
（9）　内池・前掲書三一二頁。明治六年の出訴期限規則は、形式的には明治民法が施行されるまで時効法に関し唯一の成文法であったが、大審院の判例は、ボアソナードの時効観の影響を受けたものであった、ということについても、同書一八一頁以下を参照されたい。また、明治十年に起草された民法草案第三篇第一八巻期満得免の第四章には、「既ニ経過セシ時間ヲ除棄スル原因」が掲げられているが、ここにも「催促」は除棄原因として認められていない。
（10）　訳文は、ボアソナード氏起稿再閲修正民法草案註釈に拠る。
（11）　Boissonade; op. cit. p. 315.
（12）　前掲星野論文でも示されているが、原田慶吉・日本民法典の史的素構（創文社一九六四年）八〇頁。
（13）　法典調査会民法議事速記録一（商事法務研究会一九八三年）四二〇頁。
（14）　前掲速記録四二四頁。
（15）　前掲速記録四二五頁。

(16)　梅謙次郎・民法要義巻之一（復刻版）三八八頁。
(17)　富井政章・民法原論第一巻（復刻版）三五〇―三五一頁。
(18)　岡松参太郎・註釈民法理由上巻（有斐閣一八九九年）三八四頁。
(19)　拙稿「時効中断事由としての『請求』『承認』について述べよ」民法学1（有斐閣一九七六年）二八六頁以下、同「裁判上の請求と時効の中断」民法の争点（ジュリスト増刊）九二頁以下、同「裁判上の催告について」銀行法務21五三六号四頁以下。
(20)　川島武宜・民法総則（有斐閣一九六五年）四七三頁、四七六頁。吾妻光俊「私法に於ける時効制度の意義」法協四八巻二号一頁以下とくに三一頁。兼子一・新修民事訴訟法大系＝増補版＝一七八頁（酒井書店一九六五年）。
(21)　鳩山秀夫・法律行為乃至時効（巖松堂一九一八年）六二〇頁、我妻栄「確認訴訟と時効の中断」（法協五〇巻六号・七号）民法研究II（有斐閣一九六六年）所収、その二一九頁以下。
(22)　我妻、前掲書二六四頁。
(23)　たとえば、大判大一一・四・一四民集一巻五号一八七頁。
　なお、本稿は学説史を叙述するものではないので、その他の文献を省略する。
(24)　大連判昭和一四・三・二二民集一八巻二三八頁。
(25)　大判昭和一七・一・二八民集二一巻三七頁。
(26)　最判昭和三五・一二・二七民集一四巻一四号三二五三頁。
(27)　大判明治三七・一二・九民録一〇巻一五七八頁。
(28)　最判昭和三四・二・二〇民集一三巻二号二〇九頁。
(29)　最大判昭和四三・一一・一三民集二二巻一二号二五一〇頁。
(30)　最判昭和四四・一一・二七民集二三巻一一号二二五一頁。
(31)　最大判昭和三八・一〇・三〇民集一七巻九号一二五二頁。
(32)　最判昭和四五・九・一〇民集二四巻一〇号一三八七頁。

最判平成元・一〇・一三（民集四三巻九号九八五頁は、不動産強制競売手続において、催告を受けた抵当権者がする債権の届出は、その届出に係る債権に関する裁判上の請求、破産手続参加又はこれらに準ずる時効中断事由に該当しないと判示する。その結論の当否に論及することを避けるが、そうだとしてもこれが裁判上の催告ないし催告に該らないかについては、判示事項とはならなかった。

(33)　鳩山・前掲書六二四頁。
(34)　我妻・前掲書二六五頁。同二六六頁の(a)から(g)まで列挙された適用場面もみられたい。
(35)　Boissonade, op. cit. p. 306.
(36)　前掲速記録四二八頁。
(37)　梅・前掲書三八〇頁。
(38)　川島武宜・民法総則（有斐閣一九六五年）四七四頁。なお、このことについては、すでに指摘がある。（岡本担、註釈民法(5)（有斐閣一九六七年）六九頁）。
(39)　鳩山・前掲書六二二頁。
(40)　岡本担・註釈民法(5)（有斐閣一九六七年）七〇頁、なお七一頁も参照。
(41)　Projet; op. cit. pp. 316—317.
(42)　前掲速記録四五三頁。ボアソナードのコメントでは、本条の出自がイタリー民法（旧法）であることには触れられていないが、速記録には参考条文として、伊民二一二五条一項が挙げられている。
(43)　最判昭和五〇・一一・二一民集二九巻一〇号一五三七頁。本判決の理由付けは、かなり権利主張説（権利行使説）の立場から敷衍されたもののように思えるが、調査官解説では、権利確定説を排斥する趣旨の判示をしたとまで解する要はないと思われるとされている（最高裁判所判例解説民事篇昭和五〇年度（法曹会）五二一頁、友納調査官解説）。
(44)　最判平成八・九・二七民集五〇巻八号二三九五頁。
(45)　判タ七四三号一六〇頁、判時一三七四号五八頁、金商八五七号一七頁、金法一二一八号二九頁。

(46)　最判昭和五〇・一一・二一民集二九巻一〇号一五三七頁。
(47)　判タ七三三号一一五頁、金商八六七号三〇頁。
(48)　判タ七五六号二二三頁、金商八六七号三四頁。
(49)　判タ七五六号二二五頁。
(50)　判タ七五六号二三三頁。
(51)　判時一二九四号二六頁。
(52)　判時一三八六号一一六頁。
(53)　判タ七八三号一三八頁。
(54)　判タ七九二号一六六頁。金判八九一号三頁、金法一三六三号三八頁。
(55)　判タ七八六号一八六頁、金判八九二号一三頁、金法一三四〇号三一頁。
(56)　判タ八九五号一三四頁、金法一四二五号四一頁。
(57)　①から⑪として挙げた裁判例および平成八年判決についての研究・判例批評は数多い。一々列挙しないが、たとえば、肯定説としては、伊藤進・銀行法務21五三二号二〇頁、同、新法判例リマークス四号一〇頁、山野目章夫・判タ八九三号三六頁、半田吉信・判例評論四五九号三九頁、清水暁・判例評論三九六号三八頁など。
　否定説としては、近江幸治・金法一四九二号二五頁、塩崎勤・債権管理五〇号三二頁、花本広志・金法一三八七号一〇二頁など。
(58)　山野目・前掲判タ八九三号三九頁。
(59)　伊藤進「抵当不動産に対する競売申立と確定的時効中断効」玉田弘毅先生古稀記念『現代民法学の諸問題』一六頁。
(60)　我妻栄「確認訴訟と時効中断」民法研究II総則二一七頁以下、初出、法協五〇巻六号・七号（昭和七年）。
(61)　梅・要義（巻之一）三八四頁。
(62)　我妻・前掲民法研究II二六四頁。

(63)　我妻・同書二六五―二六六頁。博士は、これら諸例を提唱されるに当って、(a)(b)(d)(f)についてはドイツ法を参照されている。
(64)　拙稿・前掲民法学I二八八頁参照。
(65)　吾妻光俊「私法に於ける時効制度の意義」法協四八巻二号二〇八頁。
(66)　我妻・前掲民法研究II二六四頁。
(67)　我妻・同書二五三頁。
(68)　法典調査会民法議事速記録一(商事法務研究会版)四五二頁。
(69)　ボアソナード氏起稿再閲修正民法草案注釈第五編六一一頁。
(70)　Projet. t5 p. 316. なお、仮差押の時効中断効に関しては、最判平成一〇・一一・二四(民集五二巻八号一七三七頁がある。民法一四七条二号が、仮差押を確定的中断事由に挙げていることには、本文中で述べたように立法論としては疑問がある。また、最判平成八年判決とは整合しない判決のように思われるが、本判決については、とりあえず、吉田光碩・銀行法務21五六四号を掲げておく。
(71)　三ケ月章「ボアソナードの財産差押草案における執行制度の基本構想」民事訴訟法研究第六巻一五九頁以下。
(72)　三ケ月・同書二一一頁。
(73)　三ケ月・同書一七八頁。
(74)　拙稿「抵当権の実行と被担保債権の時効中断の効力」現代裁判法大系24一九三頁において、乙への時効中断の効力を是認することは、裁判上の催告として時効中断の客観的範囲を拡大するばかりではなく、人的範囲の拡大ともなるのではないかと指摘した。
なお、一九九八年度の金融法学会シンポジウムにおいて、「民事執行手続と消滅時効中断効」というテーマで本稿に述べた問題が採りあげられた。報告者のお三方(佐久間弘道教授、伊藤眞教授、伊藤進教授)とも、裁判上の催告として認められる立場であり、不動産競売手続を被担保債権の満足を受けるための連続した一体的行為とみる、あるいは、包括的権利行使システムと個別的権利行使システムとを別に考えるべきではないか、などの見解が示された（脱稿後、金融法研究一五号が入手できたが、そのため、報告者の御見解には本稿では応接できないことをお断りしておく）。

〈追記〉　椿寿夫先生は此度古稀を迎えられ記念論文集が献呈された。私も寄稿する機を与えられたが、私の勝手な事情で果しえなかった。失礼をお詫びするとともに、拙い論稿ではあるが、本稿を遅ればせながら、椿先生に捧げさせて頂ければ幸である。

〈獨協法学四七号（一九九九）〉

10　抵当権の実行と被担保債権の時効中断の効力

(1)　抵当権の実行により被担保債権について時効中断が生ずる場合は、どのようなときか。
(2)　競売の申立は裁判上の催告に該該るか。

一　問題の所在

債権者甲、債務者乙として、甲が乙に対し金銭債権を有し、その支払を求めて訴えを提起すれば、右債権の消滅時効は「裁判上の請求」により確定的に中断する。

乙が右債権を担保するために甲に対し抵当権を設定しており、甲が抵当権の実行をして競売の申立てをした場合には、「差押」があったものとして、同じく時効は中断する。

乙の物上保証人丙がおり、甲が丙に対し抵当権の実行をし、丙の抵当不動産につき競売の申立てをした場合、乙の時効は中断するであろうか。民法一五五条により、丙についての競売開始決定の正本が乙に送達されれば、乙の時効は中断すると解されるが、丙に対する担保権の実行による「差押」が何故乙についても効力を生ずるのであろうか。物上保証人に対する担保権の実行が、甲の乙に対する被担保債権の権利の主張・行使である性格を有するからであるとみれば、差押えは「訴の提起」ではないが、「請求」の一種である「催告」の意味をも併有することとなる。しかるに、民法一四七条では、「請求」と「差押」とは別個独立の中断事由とされている。

さらに、甲、乙の他に、丙が乙の連帯保証人であり、丁が丙の連帯保証債務を担保するために丁の物上保証人となったという事例で、甲が丁に対し抵当権実行の申立てをしたことが催告の意味を有すれば、その開始決定が丙に到達した場合には、甲は丙に対して「履行の請求」をしたことになるから、民法四五八条による同四五四条の準用によって、乙の時効も中断することとなるが、果たしてそのようにみてよいのであろうか。この点については、甲の抵当権の実行による競売開始の効力としての差押えが、催告としての意味を有するとしたときには、それは、単なる「催告」にとどまるのか、「裁判上の催告」とみうるか、という問題もある。

本稿は右のような、近時の判例に現われた抵当権の実行と時効の中断というテーマを扱う。なお、付随して、若干の周辺の問題にも言及する。

二　抵当権の実行により被担保債権につき時効中断が生ずる場合の基本形

民法は、時効中断事由として、請求、差押・仮差押・仮処分、承認の三類型を掲げており（民一四七）、債務者に対する抵当権者による抵当権の実行としての競売申立は、ここにいう差押えに準ずるものとして、時効中断の効力が認められることには異論がない（最判昭五〇・一一・二一民集二九・一〇・一五三七）。

ところで、物上保証人が存在し、この者に対して抵当権の実行がなされた場合には、その被担保債権の時効が中断されるであろうか。というのは、民法一四八条は、法定中断につきその効力は当事者及びその承継人の間においてのみ生ずるとしているが（いわゆる中断の相対的効力）、他方、民法一五五条は、時効の利益を受ける者に対して差押え等をなさない場合でも、その者に通達した後には中断効が生ずるとしており、この両条の関係は一見背反しているようであるから、その関係をどう解するか、物上保証人に対して抵当権が実行された旨の債務者に対する競売開始決定の送達は、同条にいう「通知」といえるのか、が問題となるからである。

この点に関しては、最高裁は前掲最判昭五〇・一一・二一ではじめてその見解を明らかにした。すなわち、同判決は、まず、抵当権実行のためにする競売は、被担保債権に基づく強力な権利実行手段であるから、時効中断事由として差押えと同等の効力を有する、としたうえ、前述の両条の関係については、「他人の債務のために自己所有の不動産につき抵当権を設定した物上保証人に対する競売の申立ては、被担保債権の満足のための強力な権利実行行為であり、時効中断の効果を生ずべき事由としては、債務者本人に対する差押えと対比して、彼此差等を設けるべき実質上の理由はない。民法一五五条は、右のような場合について、同法一四八条の前記の原則を修正し、時効中断行為の当事者およびその承継人以外で時効の利益を受ける者にも及ぶべきことを定めるとともに、これにより右のような時効の利益を受ける者が中断行為により不測の不利益を蒙ることのないよう、その者に対する通知を要することとし、もって債権者と債務者との間の利益の調和を図った趣旨の規定であると解することができる」と説く。そして、物上保証人に対して抵当権の実行としての競売の申立てがされ、競売裁判所が競売開始決定をしたうえ債務者に対する告知方法として同決定正本を当該債務に送達した場合には、債務者は民法一五五条により被担保債権の消滅時効の中断の効果を受ける。「競売裁判所による前記の競売開始決定の送達は債務者に対する同条所定の通知として十分であ」る、と判示した。

この判決の事案では、債務者は競売開始決定に対し異議の申立てをしていたのであるが（星野評釈では、どの説を採っても本件についての結論は同じとなろうとされるが、消滅時効を弁済の証拠の保全の困難から救うための制度とみられる同教授の立場からは、競売に対する異議が却下されることが重視されてこよう。星野英一「本判決評釈」法協九四巻三号四一八頁。民事判例研究第三巻1所収。同書一一六頁。）、そのことを抜きにしても、時効中断効の生ずる理由を、本判決のように権利者が権利主張をしたことに片寄せて考えれば（もっとも、本判決の判文は一見権利行使説（権利主張説）を思わせるが、権利確定説を排斥する趣旨の判示をしたとまで解する必要はない、と述べられている（友納治夫『最高裁判所判例解説民事篇（昭和五〇年度）』五二一頁）。）、競売申立プラス通知で時効が中断するという図式が承認されたこととなる。そして、抵当権の実行としての競売申立が差押えに準ずるものであり、差押えが中断事由とされるのは、「権利実行ノ意思ヲ確表スル行為」（後掲文献①六五一頁）だからであるとすれば、それは請求が中断効を有するのと同一の基礎を有することとなり、競売の申立ては、催告としてあるいは裁判上の催告としての効力が認められないかが問われるようになる。この問題が端的に表面化したのが次に紹介する平成八年最高裁判決といえよう。

もっとも、その前に、右の昭和五〇年最高裁判決によって、物上保証人に対する抵当権の実行通知が債務者になされれば、被担保債権についての時効が中断することは認められたが、中断効が生ずる時期については争いがあった。申立時に生ずるとするもの、通知の到達を条件として申立時に遡って中断効が生ずるとするもの、到達時とするもの、などである。この点についても、最高裁は、平成八年七月一二日判決によって、競売開始決定正本が債務者に送達された時に時効中断の効力が生ずるとした（最判平八・七・一二民集五〇・七・一九〇一。この問題に関する文献、並びに東京地裁執行部の不動産競売事件については約四割の送達が奏功しないことなどにつき、金商一〇〇四号三頁の本判決紹介のコメント参照。なお、半田吉信「本件判例評釈」判評四五九号三四頁が、本判決に疑問を呈するとともに詳細な論評を加えている。）申立時に生ずるとすれば、当該競売手続の開始を了知しない債務者が不測の不利益を被る虞があり、民法一五五条が時効利益を受ける者に対する通知を要求した趣旨にも反することとなるというのが理由である。

三　競売の申立ては裁判上の催告に該るか

民法の認める中断事由に、裁判上の請求（民一四九）と催告（民一五三）がある。いずれも民法一四七条所定の請求の態様であるが、裁判上の請求は、訴えの却下又は取下げの場合を除いては確定的に中断の効力を有し、催告は、当該行為終了後六カ月内に裁判上の請求等をなすことによって中断効を生ずるという意味で、暫定的な中断の効力が認められる。しかし、判例は、これら以外にも、確定的中断効のある裁判上の請求に準ずるものと、暫定的ではあるが当該の手続が終了後六カ月以内に確定的中断効を有する手段に出ればよいとされる裁判上の催告とを認めてきた。これら以外にも、厳密な意味での催告（裁判外の請求）ではないが、催告に準ずるものとしてその緩和ないし拡張とみられるものもある（判例の推移等については、後掲文献②四頁をみられたい。）。

1　最高裁平成八年判決

さて、近時、債権者甲が乙の主債務についての丙の連帯保証債務を担保するために抵当権を設定した物上保証人丁に対して競売を申し立て、その手続が進行することは、乙の主債務の消滅時効を中断するかという問題が生じ、最高裁は消極の判断を示すにいたった（最判平八・九・二七民集五〇・八・二三九五）。

事案の概要は次の通りである。

住宅ローン融資等を業とするXは、訴外Aの販売又は仲介する不動産を購入した顧客との間で住宅ローン取引を行っていたが、Aは昭和五九年二月Xに対し、Aの顧客がXから住宅ローンの融資を受けたことにより負担する債務につき、合計一億一〇〇〇万円を限度として包括して連帯保証する旨を約した。他方、上告補助参加人Zらは、Xに対して、Zらの所有する不動産に、XのAに対する右連帯保証契約上の債権を被担保債権とする極度額一億一〇〇〇万円の根抵当権を設定した。Xは、昭和五九年六月二七日、Aの顧客であるY_1との間で一九〇〇万円を貸し付ける旨の契約を締結し、Y_2は同日Xに対し右契約に基づくY_1の債務を連帯保証する旨を約した。なお、Y_1は、事実マンションを購入する意思がないのに、Aの資金繰りのためAから謝礼を受け取る約束の下に、マンション購入者として本件ローン契約を締結してXから一九〇〇万円の交付を受けたものであり、Y_2も、Aの勧誘に応じて右連帯保証をしたものである。

Y_1は、昭和五九年八月七日、割賦金の返済を怠ったため期限の利益を喪失した。Xは、本件根抵当権の実行としての競売を申し立て、競売裁判所はZら所有の不動産について競売開始決定をし、各競売開始決定正本は、それぞれ昭和五九年一一月一四日と同年一二月二八日に、競売事件の債務者であるAに送達された。またXは、平成元年一〇月二五日、Y_1に対しては本件ローン契約上の債務の履行を求め、Y_2に対してはその連帯保証債務の履行を求めて本件訴訟を提起し、Y_1らは、本件訴訟において、本件ローン契約上の債権についての五年の商事消滅時効を援用した。

連帯保証については、民法四五八条は四三四条乃至四四〇条を準用する（適用とあるが準用とみるのが通説）。しかし、負担部分の存在を前提とする民法四三九条は準用の余地はない。もっとも、民法四三四条により連帯保証人に対する請求及びその効果は、主たる債務者にその効力を及ぼす。すなわち、時効を中断する確定的効力を有し、このことは裁判外の請求＝催告でも同様であるが、催告によって生じた暫定的中断ののち差押えがなされても、他の債務者に対しては中断の効力は及ばないとされている（後掲文献③四一五頁）。

そこで、抵当権の実行の申立てを、差押えに準ずるものというよりも、権利を主張・行使する意思の表明である請求の一種としての催告、しかもこれは裁判所の手続を通して継続的に権利主張・行使がなされており、競売手続の継続中はその効果の持続する裁判上の催告とみることができれば、本件においては、XのY_1らに対する訴提起すなわち裁判上の請求は、Y_1らが期限の利益を喪失した昭和五九年八月七日から五年以上経過しなされてはいるものの、Zらへの競売の申立てによる競売開始決定正本のAへの送達は昭和五九年中になされておりその手続が継続しているのであるから、これによりY_1らのXに対する債務の時効は中断されているとみることができよう。かくして、本件では、Aへの右送達が裁判上の催告に該るかが争われたのである。

この問題に関する従来の裁判例は、①否定するもの、②催告には該るとするもの、③裁判上の催告に該るとするもの、などに分かれていた(裁判例については、金商一〇〇七号三頁の本件紹介コメントに列挙されている。なお、後掲文献②八頁も参照。)。本稿では、これらの裁判例につき一々紹介する余裕がなく、前述のように最高裁の判断が出されて一応の決着をみたのであるが、例えば、Aに生じた中断事由は差押えであり、これは履行の請求には該らないとして簡略に否定するものもある（東京高判平四・一・二九高民四五・一・一、金判八九一・三）一方、詳細な理由を付して裁判上の催告には該らないが催告と解することはできると説くものもある（東京高判平四・二・一七金判八九二・一三）。

さて、本件原審（東京高判平七・五・三一）は、裁判上の催告に該るとするのであるが、その理由は以下のようである。

物上保証人に対し不動産競売手続がなされた場合には、債権者は、右手続において被担保債権の弁済を受けることを最終の目的とするものであるから、不動産競売の申立てが被担保債権の弁済を求める意思を表示するものであることは明らかであり、債権者の右の意思は、開始決定の送達によって抵当債務者に通知することが手続的に保証されていることを考慮すれば、不動産競売の申立ては、抵当債務者に対する関係で民法一四七条一号の請求に該るものと解される。しかし、裁判上の請求は、請求権の存在を確定する効力を有するものに限られると解されるから、不動産競売の申立ては、裁判上の請求には該らず催告としての効力を有するに過ぎないが、不動産競売の申立てによる催告は、その手続の継続中は継続的に維持され、そのことを前提に債権者の弁済要求に応えるために競売手続が行われるものというべきであるから、手続の進行中は催告の効力が維持されるいわゆる裁判上の催告に該るものと解するのが相当である。民法は中断事由として差押えを請求とを別個に掲げているが、一つの行為が効力を異にする二箇の中断事由に重畳的に該当すると解することを否定すべき理由はない。そして、民法四三四条の履行の請求は中断事由としての請求と異ならないから、本件において、Aに対する裁判上の催告の効力はY_1らにも及び、その効力の継続中に本訴が提起されたことにより、Y_1らのXに対する債務の時効は中断しているものといわねばならない。

これに対し、最高裁は次のように判示する。

「抵当権の実行としての競売手続においては、抵当権の被担保債権の存否及びその額の確定のための手続が予定されておらず、競売開始決定後は、執行裁判所が適正な換価を行うための手続を職権で進め、債権者の関与の度合いが希薄であることにかんがみれば、債権者が抵当権の実行としての競売を申し立て、その手続が進行することは、抵当権の被担保債権に関する裁判上の請求（民一四九）又はこれに準ずる消滅時効の中断事由には該当しないと解すべきであり、また執行裁判所による債務者への競売開始決定正本の送達は、本来債権者の債務者に対する意思表示の方法ではなく、競売の申立ての対象となった財産を差し押さえる旨の裁判がされたことを競売手続に利害関係を有する債務者に告知し、執行手続上の不服申立ての機会を与えるためにされるものであり、右の送達がされたことが、直ちに抵当権の被担保債権についての催告（民一五三）としての時効中断の効力を及ぼすものと解することもできないことなどに照らせば、債権者が抵当権の実行としての競売を申し立て、その手続が進行すること自体は、民法一四七条一号の「請求」には該当せず、したがって、右抵当権が連帯保証債務を担保するために設定されたものである場合にも、同法四五八条において準用される同法四三四条による主債務者に対する「履行ノ請求」としての効力を生ずる余地がない」。

この判決には、河合裁判官の意見が付されており、その要旨は次のようである。

競売の申立てには、債務者に対して債務の履行を求める意思が含まれており、その意思は競売開始決定正本の送達により債務者に到達することが予定されている。民法一五三条にいう催告とは、債務者に対して債務の履行を求める債権者の意思の通知であって、その形式、方法の如何を問わないというのが一般的な理解である。これによれば、債権者が競売を申し立て、これに基づく競売開始決定の正本が債務者に送達されることは、民法一四七条二号の差押えとなることとは別に、一五三条の催告にも該ると解される。しかしながら、裁判上の催告といえるためには、単に裁判所における手続で権利を主張したというだけでは足りず、(a)その手続において、当該権利の存否につき審理判断されることが予定されているため、権利者がその審理中当該権利の存在を継続して主張していると認めうる場合、又は、(b)その手続が継続している間、権利者が別途当該権利の時効中断の手続をとることが著るしく困難又は不合理であるなど、特段の事情があり、右の間の時効の進行を暫定的に中断しなければ権利者に酷であると認めうる場合であると考えられる。抵当権の実行としての競売手続については、右の(a)、(b)

の場合に当たるとは認めえないから、結局、Ｘが、開始決定正本がＡに送達された後六か月以内に民法一五三条所定の手続をしなかったことにより、催告による暫定的な中断の効力は失われたというべきである。

2　検　討

本件の事例は、債権者が主たる債務者に貸付けはしたものの、それは債務者の連帯保証人の資金繰りのためになされたものであり、債権者の債務回収の実質的期待は右連帯保証債務を担保するための物上保証人の存在に置かれていた、という特異なものである（この点を指摘するものとして、金山直樹「本件原審の評論」私法判例リマークス一三号一五頁）。しかし、このことは措くとして、①抵当権の実行としての競売申立てとその開始決定正本の送達は、裁判上の催告に該るか、②民法四三四条が履行の請求に絶対効を認めた趣旨、の二点について若干の検討をしたい。

①の点については、同一当事者によって提起された一連の事件として多くの下級審判決がなされ（本件のその一である）、これらの裁判例も含めて多数の評釈等がある。肯定説が有力のようであるが、否定説も少くない。肯定説（例えば、伊藤進「本判決解説」銀行法務21五三二号二〇頁、同私法判例リマークス四号一〇頁、後掲文献④四頁、山野目章夫「担保」判タ八九三号三六頁。半田吉信「本判決批評」判評四五九号三九頁。清水暁・東京地判平成二年八月二三日、同平成二年一二月四日（いずれも判時一三八六号一一六頁）判批、判評三九六号三八頁など。）の論拠は、理論的には、競売の申立てには債権者の権利行使の意思が明らかに含まれており、競売手続が継続中はその意思も継続して主張されているとみられる、という点に尽きよう。また、従来の判例が、民法一五三条の催告以外にも裁判上の催告なる概念を認め、これを発展させてきたこと（近時では、例えば破産手続の申立てに関する最判昭三五・一二・二七民集一四・一四・三二五三、最判昭四五・九・一〇民集二四・一〇・一三八九）も考慮されるべきであるとする。実質的には、競売手続の進行と平行して債務者に対し訴訟を提起せよと債権者に強いることは、合理性に欠けるということも挙げられている（後掲文献④七頁、山野目・前掲判タ八九三号三九頁）。他方、否定説（近江幸治「本件解

説」金法一四九二号二五頁、塩崎勤「物上保証と時効中断をめぐる最近の判例から(下)」債権管理五〇号三二頁、花本広志・前掲「判決解説」金法一三八七号一〇二頁など。）は、民法の構造としては、請求と差押えは別個独立の中断事由として挙げられていること、法定の中断事由は本来対人的であり、中断事由としての請求は、債権者から債務者に対してなされるべき権利の行使・主張であるべきこと、競売開始決定の送達はこれを利害関係人としての債務者に告知するものに過ぎず、それ自体は履行の請求としての意義をもたない、破産手続には債権の確定手続が存在するけれども、競売手続にはそれがないから同視するのは疑問である、などを理由とする。

従来、裁判上の催告を認めることによって時効中断の範囲が拡張されてきたのは、権利者と義務者との間での中断の客観的範囲についてであったといえよう（簡略ではあるが、平井一雄「裁判上の請求と時効の中断」ジュリ増刊・民法の争点I九二頁参照。）。前述の昭和五〇年判決により、物上保証人に対して抵当権の実行としての競売申立てがなされ、その開始決定が債務者に送達されたことをもって債務者の時効が中断するとされたのは、中断の範囲の人的拡張といえるが、これは絶対的中断効が認められている差押えにつき、民法一五五条によって、通知を条件として人的範囲の拡張が認められるということによるものであった（反対解釈をすれば、請求・承認にはこのような拡張はないことになる。）。確かに、競売申立てには、債権者の権利主張ないし行使の意思が含まれていることは否めないであろう。そうだとすれば、既に述べたところだが、競売開始決定による差押え（民執行一八八条による同四五条一項の準用）は、「請求」が権利の主張・行使として中断事由となることと同一の基礎を有することとなる。しかし、時効の中断という視点からは、本判決で問題となったことは、右の「差押」による人的拡張ではなく、この差押えが権利主張・行使としての裁判上の催告あるいは催告たる性格を有するものとして、中断の範囲の人的拡張に資することが認められるか、である。換言すれば、競売の申立てプラス送達が、裁判上の催告か、単なる催告か、このいずれにも該らないか、ということは、本件のような場合には、民法四三四条を通じて中断の人的範囲の拡張を認めるべきか否かという問題となり、その意味では、裁判上の催告とみても単なる催告とみても拡張を許容したことに他ならず、以後は中断効の程度の問題に過ぎない。その点では、法廷意見と河合意見とでは大きな差があるといえよう。

もっとも、先に②とした民法四三四条の趣旨については、同条が履行の請求のみについて絶対的効力を認めたことの合理的根拠に乏しいとの指摘がなされている（松久三四彦「連帯保証債務を担保する物上保証（抵当権）の実行と債務の時効中断」金法一四六九号二一頁（同稿では、本件は委託を受けた保証ではないという視点から、本判決の結論に賛成されている）。清水暁・前掲四一頁）。しかし、合理性の有無はともかく、明文上履行の請求は絶対効を有し、時効中断事由としての催告もこれに含まれるものである（後掲文献⑤八二頁）以上、結局前述の人的範囲の拡張の是非、並びに裁判上の催告又は単なる催告といえるためには、どの程度の権利主張・行使が必要か、という視点から決する他はないであろう。

私は、時効中断は、本来は権利者と義務者の間でなされるべきが本筋と考えている（平井一雄・最判昭六二・九・三判時一三一六・九一判批「物上保証人による承認と事項中断の効力」私法判例リマークス一号二三頁）。次に、時効中断事由として明確でないものは、確定的に中断を生ずるものと中断を否定すべきものとに分けてゆくべきであり、民法も催告を例外としてそのような構成となっている。判例が、裁判上の請求に準ずるものという概念の構築に努力したのもこのような配慮によるからであろう。催告に暫定的中断効が認められたのは、「外国ノ法典ハ一般ニ裁判外ノ催告ニ時効中断ノ効ヲ認メスト雖モ新民法ハ時効中断ノ為メ濫ニ訴訟ヲ提起スルノ弊ヲ防止セント欲シ」（後掲文献①六五〇頁。梅も同旨、『民法要義巻之一』総則三八八頁。そこでは、「単ニ時効ヲ中断シスル為メ突然訴ヲ提起スルカ如キ弊ヲ避ケルノ利アルヲ以テ」と述べられている。）たからであり、ただ単に権利の主張や行使の意思が含まれていることを理由として、中断の客観的範囲を拡張するのみならず、人的範囲をも拡張する結果を是認することには、慎重にならざるをえない。裁判上の請求といえるためには河合意見もいうように、その手続中において、当該権利の存否につき心理判断されることが予定されていることが必要とみるべきであって、競売の申立てプラス送達は、認めうるとすれば、権利主張説的論拠に依存し勝ちな従来の判例の趨勢を勘案しても、せいぜい催告の効力まででではなかろうか（催告としての効力を認められるものに、石田喜久夫「本判決解説」法教一九七号一二六頁がある。）。

なお、肯定説の実質的理由として掲げた部分については、河合意見(2)がそれへの応接になっているが、本件では、競売手続進行中ではあるものの、おそらく競売では債権の十分な回収を見込めないことが明らかとなったために、当初は相手としていなかったY_1らを急遽訴えたものと思われ、XがY_1らに対し本件訴訟を提起したそのこと自体が答えとなっているのではあるまいか。

四　その他二・三の判例について

1　抵当権者による債権の届出

不動産に対する強制競売手続において、催告を受けた抵当権者のする債権の届出（民執五〇）は、時効中断の効力を有するであろうか。最判平元・一〇・一三民集四三・九・九八五は、「債権の届出は、執行裁判所に対して不動産の権利関係又は売却の可否に関する資料を提供することを目的とするものであって、届出に係る債権の確定を求めるものではなく、登記を経た抵当権者は、債権の届出をしない場合にも、不動産に対する強制競売手続において配当等を受けるべき債権者として処遇され（民執行八七④）、当該不動産の売却代金から配当等を受けることができるものであり、また、債権の届出については、債権者に対してその旨を通知することも予定されていない」ことを理由として否定した。もっとも、この判決では、「裁判上の請求」又は「破産手続参加」に該当せず、これらに準ずる時効中断事由にも該当しない、と述べているに止まるので、裁判上の催告あるいは単なる催告としての効力までも否定するものかどうかは明らかではないところがあった。ただし、本判決の調査官解説では、「本判決の説示に徴すれば、抵当権者の債権届出は、被担保債権の債務者に向けられたものではないというのであるから、「催告」としての効力も否定するものと解される」（富越和厚『最高裁判所判例解説民事篇〔平成元年度〕』三三三頁。時効中断事由をどのように考えるかについての詳細な説明がなされており、本判決の批評などの文献も示されている。なお、秦光昭「本判決批評」金法一二二四六号四頁が、本判決に疑義を呈するが、これについても右解説において応接がなされている。）としている。

次に、債権の届出がなされ、届出に係る債権の一部に対して配当を受けたことは、配当を受けなかった右債権の残部についての時効を中断するであろうか。

この点に関しても最近の判例がある。最判平八・三・二八民集五〇・四・一一七二であり、原審（名古屋高金沢支判平四・九・二二）が、「配当は、其の対象となる債権者の債権の存在が公に認められたことに時効中断の効力が認められる」としたのに対し、前記平成元年の判例を引用しつつ、執行裁判所による配当表の作成及びこれに基づく配当の実施手続においても、届出に係る債権の存否及びその額の確定のための手続は予定されていないこと、配当期日に債務者が呼び出されるのは、配当異議の申出をする機会を与えるためのものに過ぎないから、これをもって抵当権者が債務者に向けて権利を主張して債務の履行を求めたものとはいえないこと、等を理由として、原審判決を破棄自判し、時効中断の効力を否定した。

紙幅の余裕がないので、以上の二判決についての検討はなしえないが、債権の届出が、権利者の権利主張ないし行使の意思を含むものとして、催告を含む広い意味の請求に該るとすれば（私見は必ずしもそのように考えるものではない）、一部請求の趣旨が明示されていない場合の訴提起による時効中断の効力はその残部に及ぶとした先例（最判昭四五・七・二四民集二四・七・一一七七）からすれば、本件でも配当を受けられなかった債権の残部にも暫定的ないし確定的中断効が及ぶと考えられること、本判決はもっぱら権利主張の面からの中断効の有無が問題とされているが、債権者が配当手続において債権の一部の配当を受けたことは、債務の「承認」としての中断の効力を件とする余地はなかったか（この点に関しては、前掲富越解説では明確に否定されている（同書三三三頁）。）、の二点を付記するにとどめたい。

2　競売開始決定の送達が付郵便送達でなされた場合

すでに紹介したように、平成八年の判例は、競売開始決定の正本が債務者に送達された時に、時効中断の効力が生ずるとしたが、それ以前に、正本の送達が書留郵便に付してされた場合につき、その送達によって初めて時効中断の効力が生ずるとの判例を示していた（最判平七・九・五民集四九・八・二七八四。本判決には疑義を呈される秦教授の批評がある。秦光昭「本件判批」銀行法務21五二一号四頁。）。

民事執行法二〇条において準用する民事訴訟法一七三条（現一〇七条三項）の規定により、正本の発送の時に送達があったものとみなされるが、これは手続上の効果を定めたものであって、実体法たる民法一五五条の適用のうえでは、到達により債務者が競売手続の開始を了知し得る状態に置かれることを要するというのがその理由であって、手続法との関係を含むものの、平成八年の例と同一の考慮に出るものである。

五　主要参考文献

① 富井政章『民法原論第一巻（復刻版）』有斐閣。
② 平井一雄「裁判上の催告」銀行法務21五三六号四頁。
③ 我妻栄『債権総論』岩波書店。
④ 山野目章夫「物上保証人に対する抵当権実行申立ておよびその取下げと被担保債権の時効の中断」銀行法務21五二九号四頁。
⑤ 西村信雄＝椿寿夫『注釈民法第一一巻』有斐閣。

〈現代裁判法大系㉔〔銀行取引・証券取引〕（新日本法規、一九九八）〉

11 時効完成後の債務の承認

一 問題の所在

消滅時効完成後に、債務者が、債権者と債権額について折衝したり、弁済の猶予を乞うたり、割賦払の特約をしたり、あるいは、利息を支払う、一部弁済をする、などの行為をなした場合に、後に改めて時効を援用して、支払を拒否し、またはすでに支払った部分の返還を請求することが許されるであろうか。

他の立法例を瞥見してみると、ドイツ民法（二二二条二項）、スイス債務法（六三条二項）、イタリア民法（二九四〇条）などでは、明文の規定が置かれ、この問題に対する一応の配慮がなされている。

わが旧民法は、時効を絶対的法律上の推定（présomption légale absolue）とし、法定証拠としてこれを構成していた（証拠篇八九条以下。なおBoissonade: Projet, t. IV, p. 86 et suiv.）。そして、他方では、時効完成後も自然義務（obligation naturelle）としての存続を認め、弁済がなされた場合の取戻しを否定しており（財産篇五六三条一項）、時効制度そのものの構成は別として、結果的には前記立法例と同じく、問題解決に資するためのそれなりの用意がなされていたと言いうる。

ところが、旧民法修正という形式によって始められた現行民法の立法に際して、起草委員は、時効に関して実体法上の権利の得喪という見解を採ったため、旧民法の諸規定は大幅に改廃されるに至った。その成果は現行一四四条以下にみられるとおりであるが、ことの当否はともあれ、時効完成後の弁済や債務の承認については何らの規定も置かれぬこととなり、この問題はもっぱら爾後の判例・学説の発展に委ねられることとなった。

結論はどうであろうか。時効完成後に、時効の完成を知りながら債務者が弁済をなし、あるいは債務の存在を承認した場合には、後になって時効を援用し、非債弁済として取戻しを認めたり弁済を拒むことを得るとするのは理に反すること論を俟たない。そして、時効完成後に、時効の完成を知らないで弁済をなし、あるいは債務を承認した場合にも、右と同様の結論を支持してよい。何となれば、時効完成後の債務者のかかる行為は、債権者をしてもはや債務者は時効の援用をなさないであろうとの信頼を抱かしめるのに十分であり、時効援用の時期を誤った債務者よりも債権者を保護すべきが、両者の利益の比較考量からも妥当であると思われるからである。すなわち、債務者が、時効完成後に弁済または債務の承認をなした以上は、時効の完成を知ってなしたか否かを問うことなく、爾後に時効を援用して既存の弁済又は債務の承認を覆えすことは許されないとするのが、われわれの一般的法感情に合致すると言えよう。

もっとも、これに対しては反対の見解がないわけではない。時効完成後に債務者が債務の承認をした場合に、債権者もまた時効完成の事実を知らなかったとすれば、債務者はもはや時効を援用しないであろうと考えることはないはずだし、債権者知っていたが債務者は知らなかったとすれば、それは債務者の無知に乗ずるものであり、かかる債権者を保護することはかえって信義に反すると主張する立場もある（西村・後掲九五三頁）。

しかし、前者の結論を支持するのが後述するように学説の大多数であり、判例も、若干の例外を除いては、時効完成後に債務を承認した債務者は、時効完成の事実の知不知にかかわらず、爾後に時効を援用しえないとしている。

それでは、かかる結論を導くために、判例・学説はどのような理論構成を用いているであろうか。

二 判例の展開

まず、大審院は、債務の承認につき、「時効完成シタル場合ニ在テハ此承認ニ依テ時効ノ利益ヲ放棄スル効果ヲ生スヘキハ極メテ明白ノ事由ナリトス」（判例①）として、時効完成後の債務の承認を事項利益の放棄と構成した。そして、時効利益の放棄は、完成した時効の効力を消滅させる債務者の意思表示であるとする判例がこれに続く（判例②）。このように、時効利益の放棄が債務者の意思に基づくものであるとする以上は、放棄の対象である時効利益の存在、すなわち時効完成の事実を債務者が知っていることを要することとなる。自己の利益の存在することを認識した上でなければその利益を自らの意思で放棄しえないからである。そこで判例は、「時効ノ放棄ハ完成シタル時効ノ効力ヲ消滅セシムル意思ノ表示ナレハ既ニ完成シタル事実ヲ知ルニ非サレハ其放棄ハ無効ナルハ勿論ナリト雖モ普通債権カ十年ノ時効ニ因リテ消滅スヘキコトハ一般周知ノモノト認ムヘキモノナルカ故ニ右期間ヲ経過シタル後ニ至リ債務者カ其債務ヲ承認シタルトキハ時効完成ノ事実ヲ知リテ其承認ヲ為シタルモノト一応推定スルヲ妥当ナリトス」（判例③）とか、時効完成の事実を知らないでなされた場合の効力には触れることなく、「一定ノ年月ヲ経過スレハ消滅時効完成スルコトハ一応債務者ニ於テ之ヲ知ルモノト推定スヘキモノ」（判例④）、あるいは、「商行為ニ因ル債権カ五年ノ時効ニ因リ消滅スヘキコトハ商人間ニ於テハ周知ノモノト認ムルヲ相当トス」（判例⑤）等として、時効完成後の債務の承認は時効利益の放棄であり、債務者が時効完成を知らなかったという立証をなさないかぎり、知っていてなされたものと推定するということでこの点の解決をはかってきた。しかも、実際にはその立証をほとんど認めなかったため、債務の承認がなされた場合には、債務者の時効完成の知不知にかかわらず、爾後の時効の援用は認められない、という結論が維持されたのである。そして、右のような大審院の用いた理論構成は、最高裁においても、ひとまずそのまま承け継がれた（判例⑥）。

しかし、時効完成後の債務の承認——債務者が時効完成を知ってなしたことを要する——知ってなしたと推定する、という論理の展開には、明らかに無理があると言わねばならない。われわれの経験則からすれば、時効完成後に債務の承認をなした者が、後になって時効を援用するのは、時効完成の事実を知らなかったからこそ債務を承認したのだと考えるのが通常であり、推定は、経験則上相当程度の確実性に基づかなければならないにもかかわらず、右の諸判例の態度は明白にこれに矛盾しているからである。

学説は早くからこの点を指摘していたし、裁判所側も自覚していたようである。しかし、代案として用意された諸学説の理論にも、必ずしも説得力を見出しえないまま、大審院の論理構成を踏襲したというのが、前記昭和三五年の最高裁判決（判例⑥）であったようである（同判例調査官解説）。したがって、裁判所側が、自ら納得しうる理由づけを見出しうれば、その態度を変更する可能性も考えられなくはなかった。はたして、最高裁は、昭和四一年に裁判官全員一致の大法廷判決をもって次のような見解を世に問うたのである（判例⑦）。

「案ずるに、債務者は、消滅時効が完成したのちに債務の承認をする場合には、その時効完成の事実を知っているのはむしろ異例で、知らないのが通常であるといえるから、債務者が商人の場合でも、消滅時効完成後に当該債務の承認をした事実から右承認は時効が完成したことを知ってなされたものであると推定することは許されないものと解するのが相当である。したがって、右と見解を異にする当裁判所判例⑥は、これを変更すべきものと認める。……しかしながら、債務者が、自己の負担する債務について時効が完成したのちに、債権者に対し債務の承認をした以上、時効完成の事実を知らなかったときでも、爾後その債務についてその完成した消滅時効の援用をすることは許されないものと解するのが相当である。けだし、時効の完成後、債務者が債務の承認をすることは、時効による債務消滅の主張と相容れない行為であり、相手方においても債務者はもはや時効の援用をしない趣旨であると考えるであろうから、その後においては債務者に時効の援用を認めないものと解するのが、信義に照らし、相当であるからである。また、かく解しても、永続した社会秩序の維持を目的とする時効制度の存在理由に反するものでもない」。本判決の評価については、後に簡単に触れる。

三　学説の動向

周知のように、時効の存在理由としては、通常次の三つのものが挙げられる。㊀永続した事実状態に基づく社会秩序の維持・安定をはかること、㊁証拠保全の困難を救済する採証上の目的、㊂権利の上に眠る者は保護する必要がない。これらのいずれに重点を置いて考えるか、その際に、取得時効・消滅時効を共通に考えるか否か、により学説は多岐に分れる。また、時効は、実体法上の権利の得喪を生ぜしめるものとみるか（実体法説）、訴訟法上の採証法則に関する制度とみるか（訴訟法説）、ということも、存在理由を前記のいずれに求めるかに関わってくる問題である。したがって、これらの分析を抜きにしては正確な把握は期し難いが、ここでは、時効完成後の債務の承認という当面の問題に限って、代表的学説を若干紹介するにとどめる。

(1)　時効の完成により実体法上の権利の得喪を生じ、援用は完成した時効の効果を訴訟上主張するに過ぎないとする確定効果説の立場では、完成後の放棄は、時効が完成したにもかかわらず完成しないものとする意思表示である、と構成される（中島・釈義八〇九頁）。この立場では、放棄は完成の事実を知ってなされねばならないこととなり、記述した大審院判例と同様の問題に逢着することになる。

(2)　不確定効果説の中での解除条件説によるときは、完成後の放棄は、債務消滅の要件は発生したがこれを享受しない旨の債務者の意思表示であるとされるから（鳩山・法律行為乃至時効六一三頁）、確定効果説とこの点に関して変りはない。

(3)　停止条件説に立つ我妻博士は次のように説く。「弁済をするか、または延期証の差入れなどによって弁済すべき意思を明らかに示したときは、とくに時効の利益を放棄するのではないという留保をしない限り――時効の完成した事実を知らなくとも――これによって放棄したことになり、改めて援用することはできなくなる、と解すべきであろうと思う」。そして、このように考える理由を三つ挙げられる中で、「援用されない間は、ともかくも債務は存在するのであるから、その弁済は効力を生じ、弁済すべき意思の表示は、債務の存在を確定的ならしめるとみるのを妥当としよう」とされる（我妻・新訂総則四五四頁）。この説に対しては、放棄は効果意思を要するから、時効完成の事実を知らないではなされえないにもかかわらず、時効完成後の弁済や債務の承認をしたときは、時効完成の事実を知らなくても放棄したことになる、とするのは、論理のすり替えではないかとの批判がある。

(4)　消滅時効の存在理由を採証上の理由に求める立場からは、「時効完成後、弁済をし、あるいは延期証を差入れなどして、債権の存続を承認する意思を表示するときは、時効の完成を知ってなされたと否とを問わず、債権消滅の蓋然性を破る有力な反対証拠が現れたわけであるから、かかる蓋然性を基礎とする証拠方法たる時効は、もはやその効力を失い、これを主張することができなくなる」と説かれる（舟橋・総則一七七頁——従来訴訟法説といわれるものは、取得時効・消滅時効に共通しその存在理由を前記㈡に置く立場を指して用いられたと思われるので、取得時効と消滅時効とを分けて存在理由を多元的に説明される教授の所説については、この用語を用いなかった）。この説については、消滅時効を採証上の制度として訴訟法に移行せしめた場合に、実体関係はそのままでありながら訴訟上は義務者は義務なきものとされる矛盾を生ずる、との実体法説からの反論が考えられよう。

(5)　時効の規定の中には、その法的処理ないし法的構成およびその目的ないし機能において差異を有する三種の制度が存在するが、これが一括して時効と呼ばれるには、法定証拠の成立という法的処理ないし法的構成上の共通点があるからであるとされる川島教授は、大審院が、前述したように時効利益の放棄と構成し意思表示の問題としたのは、意思理論の影響によると指摘された上で、債務の承認は、時効援用権者の意思に関係なく生ずる援用権の喪失である、とされる。もっとも、債務の承認が、なぜ援用権を喪失せしめるかについては詳しく述べられていない（川島・総則四六六頁）。

(6)　前記㈠の存在理由に基づく実体法上の権利得喪の効果と、当事者の良心または自由意思に委ねる時効の援用または時効利益の放棄とは、調和させうるとすれば、援用放棄は道義上の問題としてとらえるほかはない、とされる於保教授は、「すでに弁済または承認をしてしまってから後では、時効の完成を知らなかったとしても、今更時効の利益を主張することは道義的には承認しえない……。消極的に当事者間においてはもはや道義上時効利益の主張は許されないものと解し、その反面において、弁済または承認が有効性をもつと同一の結果に帰することを認めうるのみである」と説かれる（於保・後掲三二四頁）。法律論としての正確な構成を断念し道義感に依拠するところが物足りない、あるいは、疑問である、と評される点が残る。

以上にみたように、学説はいずれも一長一短であり、そのどれもがいわゆる通説を形成するに至っていないというのが現状である。

四　大法廷判決の評価

以下、昭和四一年大法廷判決⑦について若干言及してまとめとしたい。

(1)　時効完成後に債務の承認をした場合には、時効完成の事実を知らなくてなされた場合でも爾後時効の援用を許さない、とする結論は、学説も極く少数の反対を除いては大方の認めるところであることは、すでに述べた。ただ、従来の判例は、これを時効利益の放棄と構成したため、時効完成の事実を知ってなしたものと推定するという無理を冒した。そのためか、中には、時効完成の不知が立証されたとして、あるいは直接この点に触れることなく、時効利益の放棄はなかったものとして時効援用を肯定したいくつかの判例⑧がある。その意味で、これまでの判例の態度には混乱が全くなかったとは言い切れず、⑦判例によってこの点の統一がなされたとみることができる。ところで、爾後の援用を認めたこれら若干の判例については、それまでの判例が爾後の援用を否定するのに用いた時効完成の事実を知ってなしたものと推定するという、法的構成そのものにとらわれたもの、本来「手段」であるところの法的構成を「目的」と錯覚してこれにとらわれたものであって、概念法学的判断と言うほかはないとする評価がある（川島・総則四六八頁）一方で、時効完成を知ってなしたという推定技術は、大審院により、必ずしも一律性をもって適用されていたのではなく、個々の事例について時効の援用を許すことが妥当か否かが、かなり具体的に考慮されていた（内池・後掲二九八頁）という評価もなされている。後者のような見方をすれば、⑦判決は、右の具体的考慮をすることを廃したということになろうか（債務者のいかなる行為が債務承認に当るかということは、また別の問題である）。

(2)　⑦判決は、取得時効・消滅時効を通じて一元的に時効の制度目的を採証上の理由に求めることはしないまでも、消滅時効については採証上の理由を重視して考える立場がかなり有力となりつつある現在でも、永続した事実状態に基づく社会秩序の維持という公益的目的に、消滅時効においても制度の存在理由が主としてあるとする従来からの態度を変えてはいないとみられる。というのは、その理由づけにおいて、第一次的には信義則を用いているが、第二次的に右の公益的な時効制度の目的に反するものではないことを挙げているからである。したがって、公益的目的を重視する立場が実体法説となり、採証上の理由を重視する立場が訴訟法説として現れるとの単純な図式化をすれば（遠藤・叢書一〇一頁）、最高裁は実体法説に立つことを大法廷判決によって確認しているといと解されよう。

(3)　これまでにも述べたように、⑦判決は、従来の判例のとってきた事実の蓋然性に合わない推定をするという態度を改めて、結論に至る理由づけを第一次的に信義則によることを明らかにした。かかる法的構成の変更それ自体については、異論を述べる者はなく、学説は賛意を表している。しかし、新しい法的構成として信義則を用いたことは必ずしも賛同されていない。信義則は、それが明文化された以上は、単に道義上の理念にとどまらず実体法上の根拠づけとしての機能をもちうることは当然であるが、本来道義感を基礎とし密接な関係にあるものである。ところで、債務者は、債務を負った以上弁済をすべきであり、公益的理由によるにせよ採証上の理由によるにせよ、時効によって弁済をなさなくてもよいとされることは、道義にもとる一面を有していることは否めない。かかる消滅時効制度に信義則を持ち込むことは、かえって事態を混乱させることにはならないか（五十嵐・後掲判批一一一頁）というのである。

(4)　⑦判決は、時効完成後に、積極的に援用も放棄もなされなかった場合に関し、従来は時効利益の放棄という無理な構成をしてきたことをやめて、援用権の喪失を認めたものとして説かれることが多い。川島教授によれば、援用権の喪失には、二つの種類を区別することを要し、その一は時効援用権の放棄であり、その二は援用権者の効果意思に関係なく生ずる援用権の喪失であるとされる。これに従えば、本判決は後の意味での援用権喪失に関する場合である。時効によって実体法上の権利得喪の効果が生ずるとする従来の判例の態度（⑦判決がこれを変更したとはみられないことは前述した）からは、時効完成によって生じた援用権が失われるのではなく、時効完成後債務承認があったときは、援用権はあるものの、信義則によってこれを訴訟上行使することをえない、とするのが⑦判決の趣旨ではなかったかと愚考するが、それはともかく、援用権喪失という新しい法技術が判例に導入されたとした場合には、次のような点が問題として残される。すなわち、従来は、時効完成の事実を知ってなされた時効利益の放棄と構成されていたわけであるが、このように、意思表示を要素とする形成権の行使とみないとすれば、時効利益の放棄において必要とされていた処分の能力や権限は、援用権の喪失の場合にもやはり当てはまるのかという点である（幾代・総則五五二頁）。また、⑦判決は、分割弁済の申出を債務者がした事案であった。同判決はこれを債務の承認とした上で、債務の承認一般について援用権の喪失を認めたものと解されているわけであるが、債務の承認という言葉の具体的内容は必ずしも明瞭ではなく、多義的に用いられていると言われており、この点も今後の判例の態度に注目していかなければならない。

【判　例】

①大判明治四四・一〇・一〇民録一七輯五五二頁。

②大判大正三・四・二五民録二〇輯三四二頁。
③大判大正六・二・一九民録二三輯三一一頁。
④大判大正八・五・一九民録二五輯八七五頁他多数。
⑤大判昭和一〇・一二・二八新聞三九四一号八頁。
⑥最判昭和三五・六・二三民集一四巻八号一四九八頁
⑦最（大）判昭和四一・四・二〇民集二〇巻四号七〇二頁。
⑧大判大正四・三・二民録二一輯三〇七頁など。

【文　献】

吾妻光俊・私法に於ける時効制度の意義（法学協会雑誌四八巻二号）
山中康雄・時効制度の本質（ジュリスト八号）
於保不二雄・時効の援用及び時効利益の放棄（法曹時報五巻七号）
遠藤浩・時効の援用・利益の放棄（総合判例研究叢書・民法(8)）
同・時効利益の放棄と承認（民法演習Ⅰ）
星野英一・時効に関する覚書(1)(2)（法学協会雑誌八六巻六号・八号）
内池慶四郎・時効完成後の債務の承認（演習法律学大系4）〔四一年大法廷判決⑦につき〕
川島武宜（法学協会雑誌八四巻四号）
西村信雄（民商法雑誌五五巻六号）
五十嵐清（判例評論九五号）
枡田文郎（法律時報三八巻一〇号）
高木多喜男（民法の判例第二版）
四宮和夫（ジュリスト別冊41・42年度重要判例解説）
平井一雄（週刊金融判例二九号）

〈判例と学説2・民法I（総則・物権）（日本評論社、一九七七）〉

〈判例研究〉

1　国税滞納処分としての差押えと民法九四条二項の類推適用

――東京高判昭和五八年一〇月三一日判時一〇九六号六六頁――

一　事実

Xは、昭和四三年に本件建物を築造し保存登記を経由した。昭和四九年三月頃Xは倒産し、債権者の追及を免れるため、本件建物を所有権移転の意思がないのに訴外A名義に登記を移し（昭和四九年三月二五日付）、さらにAも昭和五一年七月頃業績が悪化してAの債権者が債権保全策に動き出したため、今度はA債権者の追及を免れるために、訴外B名義に同じく所有権移転の意思がないのに登記を移転した（昭和五一年七月一三日付）。後にBは、自己名義の登記の利用につき事後的に承諾をしている。ところが、Bは国税を滞納しており、国税局長は、昭和五三年二月二七日、本件建物につき国税徴収法に基づく差押をした。

これに対しXが、右差押処分の取消を求めたのが本件であるが、訴訟係属中Xは本件建物を訴外Cに売却してCがBの滞納国税につき第三者納付したため、国税局長は、昭和五七年一月八日、本件建物に対する差押を解除した。そこでXは、Cとの売買においてBの滞納分を控除した金額しか取得できなかったのは、右の取消さるべき違法な差押処分によるものであるとして、損害賠償請求に変更して国の責任を追及した。

処分の違法性の決め手として本件で争われたのは、本件差押処分をなした国税局長が民法九四条二項の第三者に該当するかであり、以下がその判断である。

二　判　旨

「不動産の所有者が他人にその所有権を移転する意思がないのに、自己の意思に基づき当該不動産につき他人の所有名義の登記を経由したときは、登記名義人の承諾の有無を問わず、所有者は、民法九四条二項の類推適用により、登記名義人に右不動産の所有権が移転していないことをもって善意の第三者に対抗することができないと解すべきである（最高裁判所昭和四〇年(オ)第二〇四号、同四五年七月二四日第二小法廷判決、民集二四巻七号一一一六頁）。のみならず本件においては、本件処分当時Bが本件建物の登記につき事後的に承諾していたことは既に認定したとおりである。そして、右にいう第三者とは、不実の登記をした当事者又はその一般承継人以外の者であって、右登記に係る目的につき法律上利害関係を有するに至った者をいい、必ずしも私人のみに限定されるものではなく、登記名義人に対して確立した租税債権を有する国又は地方公共団体の租税徴収権能を有する行政庁が右登記に係る目的について国税徴収法又は同法の例による差押えをした場合の当該行政庁も、ここにいう第三者に当たると解するのが相当である。」

次いで、本件国税局長が善意であったことを認定し、無過失の必要性については、民法九四条二項が類推適用される場合にはこれを要しない、「けだし、虚偽の外観が全面的に真実の権利者の意思に基づき作り出されるのであるから、たとえ過失があってもこの外観を信頼した第三者の利益を保護すべきであるからである。」と判示している。

判旨は疑問である。

三　評　釈

一　はじめに、民法九四条に関する小沿革のようなものを述べておきたい。

ドイツ民法は、仮装行為の無効を規定するが、その行為の第三者に対する効力についてはとくに定めていない(一一七条)。フランス民法は、反対証書の有効性を認めつつ、その効力は当事者間に限るとし、第三者には効力を有しないと規定する(一三二一条)。わが旧民法は、証拠編五〇条一項でほぼフランス民法と同様の趣旨を定めるが、二項では、「当事者ノ債権者及ヒ特定承継人カ当事者ト約定スルニ当リ反対証書アルヲ知リタルコトヲ証スルニ於テハ之ヲ以テ其債権者及ヒ承継人ニ対抗スルコトヲ得」とする。修正案理由書によれば、九四条(同書では九二条)は、右の証拠編五〇条を修正したものとし、意思表示は一切の方法をもってなされ証書によってなされるとは限らないことから、旧民法の態度は狭きに失することを修正理由として述べるにとどまるが、実は、この段階で、フランス民法、旧民法ともsimulationを隠された合意の効力の問題としてとらえているのに対し、用いられた外観(Schein)の効力の問題とするドイツ民法流に改められたといえるのである。そして、このことが、同条二項を、外観を信頼した第三者を取引安全の目的から保護しようとする性格をもつものと解そうとする、今日のわが国の支配的ともいえる見解が導き出される源流となったように思われる。

なお、二項については、前述のようにドイツ民法では直接に該当する規定はなく、フランス民法では第三者の善意悪意を区別していない(解釈論としても概説書をみた限りでは問題とされていないようである。たとえば、J. Flour; Les Obligation——L'acte juridique 1975 n°356)。したがって、同項が「善意ノ第三者ニ対抗スルコトヲ得ス」とするのは、旧民法の系譜をひき、ボアソナードの創出にかかるといえそうである(Boissonade; Projet t. v n°169 参照)。

二　本件については、第一に、国税徴収法により滞納者の不動産を差押える処分が、それがいわゆる権力関係であるゆえに、私法規定である民法九四条二項を適用することは妥当か、第二に、仮に適用が肯定されたとしても、同条の解釈上問題はないか、の二つの面から検討する。ただ、すでに新美助教授の研究があり（法律時報五六巻九号一一八頁）、以下の論述では同氏の指摘と重なる部分があることを予めお断りしておく。

ところで、参考すべき先例としては、自創法による農地買収処分につき、民法一七七条および同九四条二項の適用が争われたものと、国税滞納処分につき民法一七七条の適用が問題となったものとがある（判例集登載の最高裁判例のみを掲げる）。農地買収処分と一七七条につき、①最大判昭二八・二・一八民集七巻二号一五七頁、②最判昭二八・三・三民集七巻三号二〇五頁、③最判昭三九・一一・二三民集二〇巻一〇号二一八六頁。農地買収処分と九四条二項につき、④最判昭二八・六・一二民集七巻六号六四七頁、⑤最判昭二九・二・二民集八巻二号三五〇頁。国税滞納処分と一七七条につき、⑥最判昭三一・四・二四民集一〇巻四号四一七頁、⑦最判昭三五・三・三一民集一四巻四号六六三頁、である。本判決の扱う国税滞納処分と九四条二項に関しては、判例集登載の最高判例は、未見である。

以下簡略な解説を施すと、①は、農地買収において登記簿上の所有者を相手としたところ、実質上の所有者から処分取消を求められた場合に、国は一七七条により実質上の所有者の登記の欠缺を主張できるかが問題となり、自創法に基づく農地買収処分は、国家が権力的手段をもって農地の強制買上を行うもので民法上の売買と本質を異にし、一七七条の適用はないとするものである。②は①をそのまま引用する。③は、本来の所有者から国が買収して未登記の間に、その土地につき売買予約を原因として仮登記がなされたという事案であって、判決は一七七条の適用を肯定する。学説は、①②に関しては分かれるが、買収は権力関係だが同時に商品交換関係であるから、一七七条の適用を認めるべきだとするもの（加藤正男・民商二九巻二号九四頁、同「民法一七七条と農地買収」同志社法学二四号）は少数であり、多くは農地買収処分の権力性を認めて一七七条適用否定の判旨に賛成する（加藤一郎・法協七二巻六号一二八頁、石田喜久夫・民商二九巻二号四六頁、有倉遼吉・続判例百選（第二版）三〇頁）。③については、①②においてとられたような論理をもってすれば、形式的には同じく行政処分への私法規定の不適用でありながら、①②で意図された国家機関の行動を制約することとは逆に、国を一般私人よりも優位な地位におく結果となることが③の出る以前から指摘されており（幾代通「農地買収による所有権取得と民法一七七条」判例評論七〇号三〇頁）、一七七条の適用を肯定した態度には賛意が表されている（塩野宏・行政判例百選（新版）二四頁、なお③以後の同旨の判例として、最判昭四一・一二・二三民集二〇巻一〇号二一八六頁、最判昭四二・四・一三民集二一巻三号六二四頁がある）。

次に④⑤は、いずれも所有者が何らかの事情で登記を他人に移しておいたところ、国が名義人から買収を行ったという事例である。判決は、権力支配作用である農地買収処分には九四条二項の適用はないとする。学説の対応は、九四条二項適用肯定とみられるもの（加藤正男・民商三一巻一号四一頁）と、判旨に賛成のもの（石田喜久夫・民商二九巻五号三四頁）とがある。

国税滞納処分に関する⑦は⑥の再上告審であって、両者の事案は同一である。土地を買い受けた者が登記未了の間に、売主の租税滞納によって登記名義にしたがって右土地が差押を受け公売に付されたというものである。判決は、租税債権がたまたま公法上のものであっても、国が一般私法上の債権者より不利な取扱いを受ける理由はないとして一七七条の適用を肯定した。学説は、個別具体的事案の評価は別として、国税滞納処分に一七七条を適用したこと自体については、賛成する者が多いようである（末川博・民商三四巻六号八七頁、石田喜久夫・民商四三巻三号一一九頁、杉村章三郎・法協七四巻三号三五二頁、於保不二雄「公法関係と登記」法学論叢七六巻五号一五頁、なお、塩野宏、行政判例百選（新版）二六頁、室井力・租税判例百選（第二版）一八二頁参照）。

以上を通覧して、判例は、行政上の法律関係に私法規定の適用があるかという抽象論に還元した場合には、必ずしも一貫した結論を採っていないのであるが、今日では、むしろ、「当該法律関係が権力関係か非権力関係か、あるいはまた公法関係か私法関係かによって、その具体的解決が演繹的に導かれるものではなく、当該法律関係の具体的性格と利益状況を総合的に判断して決せられる」（室井・前掲一八三頁）とするのが妥当であり、ドグマティックに処理をすべきではあるまい。

本件の問題に立ち帰ると、農地買収処分に九四条二項の適用が否定された④⑤との対比が気がかりとなるが、一七七条に関する①②にも現われているように、農地買収は公簿上の名義人からではなく実質上の所有者からなさるべきであるという要請が④⑤では働いているのに対し、本件では租税債権の満足という問題であること、農地買収処分は、一定の施策に基づき、直接に国が目的不動産の強制徴収を目的とするものであるのに対し、滞納処分は公債権の強制実現のために責任財産に対して権力作用を行うものであり、強制執行は行政庁によって行われるが、責任財産に対する差押の効力は民事訴訟における差押との間に差別を設ける必要はとくにないと思われること（於保・前掲二五頁参照）から、基本的には九四条二項の適用を肯定する判旨に賛成したい。

三　しかしながら、なお問題は残るといわなければならない。すなわち、九四条二項は、取引安全保護の制度、就中登記に公信力の認められないわが国においてその不備を補うものとして拡張して用いられようとする傾向にあるが、そのことの当否、あるいは、取引安全保護の制度として把握されていることと関わって、適用ないし類推適用に際して第三者の善意のみならず無過失をも必要とすることの是非、さらには、新美研究も指摘するように、差押債権者の第三者該当性、とくに一九二条では差押債権者が排除されていることとの関係などである。

もっとも、このように大上段に構えたものの、九四条二項の外延拡張の限界についてどのように考えるべきかは、財産法諸規定の解釈において取引安全保護の要請はどこまで実現されなければならない価値判断であるのか、という大問題であり、粗忽に述べることはできない。ただ、四〇年代に大きく拡張された類推適用肯定の諸判例の分析に基づくモノグラフでも、「この種の事案は、九四条二項が本来予定した虚偽表示（通謀虚偽表示）という事態からは、かなりかけ離れたものである、というべきであろう」（幾代通「民法九四条二項の類推適用とその限界について」民法学1一七九頁）といわれている。

がんらい、本条は、冒頭に述べたように、当事者でなされた或る意思表示ないし法律行為につき、その効力の否定または変更を別個に合意してすることを妨げないとするものであり（フランスの概説書では、差押を免れるために所有権移転の意思なきことを合意して不動産を売買したような場合をcontrat fictif 贈与の意思で不動産を売買するような場合をdéguisement と呼んでいる。Carbonier; Droit Civil 4 1979　p.146）、ただし、その合意の効力はかかる合意の存在を知らない第三者に対抗しえないというものであるから、直接に取引の安全を目指して定められたものではなく、合意の効力を対抗されない第三者は、善意のみで足り、無過失を要しないのはむしろ当然であったのである。もっとも、このように解したからとて、秘匿された合意の相手方の一般債権者が第三者に該るかは別に考えなくてはならない。そして、たとえば不動産の仮装譲渡人が、仮装の移転登記を抹消や自己への再度の移転登記によって回復してしまうなど、現実に差押をする可能性がない事態となれば、もはや仮装譲受人の一般債権者としては当該不動産は仮装譲受人の責任財産として扱わるべきだとの主張はなしえない（幾代通・民法総則（第二版）二五五頁）であろうから、第三者に該当するといえるためには、差押によって目的不動産について現実的・具体的な支配を確立していることが必要と解される（幾代・前掲総則二五四頁、四宮和夫「虚偽表示」判例演習民法総則一〇四頁）。

以上は、本来の九四条二項が適用になる場合についてである。他方、類推適用に関しては、私としても、九四条二項が取引安全保護の錦旗を掲げて無限定に拡大されることには疑問を抱きつつも、同項がこのような機能を営む場合があることを全面的に否定するものではない――充分に検討していないが、実質的権利者の積極的な意思関与のもとに実質的な権利関係とは異なった外観が作出された場合を限度とするのであって、権利の所在と外観とが一致していないことを知りながら外観の除去が結果として生じていないという場合にまで、同項の類推適用を認めることには問題があると述べるにとどめたい（石田喜久夫「取消と登記」現代民法学の諸問題・内山他還暦記念二一五頁参照)。しかし、まさに、取引安全保護のために、類推適用といういささか無理な構成をとりながら(幾代・前掲一七九頁参照)、九四条二項の外延拡張をはかるこのような場合にこそ、一九二条で説かれるように、第三者は「取引行為」によって虚偽表示の当事者から独立した利益を有する関係に入り、ために虚偽表示の無効を主張する者と矛盾する法律上の利害関係を有するにいたった、ということが必要なのではあるまいか。そしてこの場合には、即時取得や表見代理などの、外観を信頼して取引をするにいたった者の安全を保護する目的から救済を与えるという制度の一環として九四条二項は機能するのであるから、同様に第三者は善意に加えて無過失であることが求められるというべきである。

右のように考えることが正しいとすれば、本件においては、取引安全保護から九四条二項が類推適用される場合でないにもかかわらず、本判決が取引行為によらないで利害を有するにいたった差押権者としての行政庁を第三者に該るとしたことには疑問があるし(新美研究も結果同旨と思われる)、九四条二項の類推適用においては無過失を要しないとした点にも賛成しえない。

さらにいえば、公権力の主体の行為には信義の原則の遵守が一般私人よりも強く要請される場合があることが説かれており(塩野・前掲二八頁)、このような観点からすれば、本判決が無過失を要しない理由として述べる、「虚偽の外観が全面的に真実の権利者の意思に基づき作り出されるのであるから、たとえ過失があってもこの外観を信頼した第三者の利益を保護すべきである」というくだりは、私人の取引行為には妥当しえても、公行政である滞納処分についても全く同断とはいい難いと思われ、仮りに第三者に該るとした場合にも、本件における行政庁の過失の有無についてはより慎重な検討が加えられるべきであったと思料する。

〈判例時報一一二三号（一九八四）〉

2　消滅時効完成後における債務承認とその効果

――最大判昭和四一年四月二〇日民集二〇巻七〇二頁、金商七号一二頁――

参照条文　民法一四六条

一　事実

X（原告・被控訴人・上告人）は、製材並びに木材製品の販売を業としている商人であるが、昭和二四年五月二九日、Y（被告・控訴人・被上告人）より、金七万八千円を、弁済期同年八月二九日、利息月五分の約束で、訴外Aに対する木材製品売買前受金の一部返還に充てる目的で借受けた。その際Xは、右債務に関し公正証書作成のため、Yに自己の署名捺印をした白紙委任状及び印鑑証明を交付した。Yは公正証書作成に当りXの承諾を得ることなく、擅に前記借用元金に貸付当日以降三ヵ月分（弁済期迄）の利息を組入れ、その他、公正証書作成手数料、作成を委任した弁護士費用等を加算し、恰も金十万九千八十円を貸付け、且つ、履行遅滞の場合の違約損害金を日歩七十銭とする約定が成立したように虚偽の記載をさせ、昭和三四年七月二五日、右公正証書に基き元利合計二百二十七万一千四百九十円の債権を有するとして、X所有の有体動産に対し強制執行を為した。Yの強制執行に対しXが請求異議を申立てたのが本件である。Xは、昭和三三年三月七日付の手紙を以て、Yに対し、前記借用金を元金だけにまけて貰いたい、そうすれば同年中に分割してこれを支払う旨を申送った事実がある。

二 判旨

上告理由は三点にわたるが、要は、原審が、Xの本件債務承認の事実を前提とし、Xは同債務につき時効利益を放棄したものと推定するのが相当と認定したのは経験則に違背すると言うに尽きる。判決理由は次のように説く。「案ずるに、債務者は、消滅時効が完成したのちに債務の承認をする場合には、その時効完成の事実を知っているのはむしろ異例で、知らないのが通常であるといえるから、債務者が商人の場合でも、消滅時効完成後に当該債務の承認をした事実から右承認は時効が完成したことを知ってされたものであると推定することは許されないものと解するのが相当である。したがって右と見解を異にする当裁判所の判例(昭和三五年六月二三日言渡第一小法廷判決、民集一四巻八号一四九八頁参照)は、これを変更すべきものと認める。しからば、原判決が上告人は商人であり、本件債務について時効が完成したのちその承認をした事実を確定したうえ、これを前提として、上告人は本件債務について時効の完成したことを知りながら右承認をし、右債務について時効の利益を放棄したものと推定したのは、経験則に反する推定をしたものというべきである。しかしながら、債務者が、自己の負担する債務について時効が完成したのちに、債権者に対し債務の承認をした以上、時効完成の事実を知らなかったときでも、爾後その債務についてその完成した消滅時効の援用をすることは許されないものと解するのが相当である。けだし、時効の完成後、債務者が債務の承認をすることは、時効による債務消滅の主張と相容れない行為であり、相手方においても債務者はもはや時効の援用をしない趣旨であると考えるであろうから、その後においては債務者に時効の援用を認めないものと解するのが、信義則に照らし、相当であるからである。また、かく解しても、永続した社会秩序の維持を目的とする時効制度の存在理由に反するものでもない。」

三　研　究

本件判例研究の問題点は、消滅時効完成後に債務の承認を為した債務者は、爾後に時効を援用し得るかという点にある。端的に言って、かかる者には援用を認めるべきではないとするのが一般の法感情であろう。従って、結論的には本件判決に賛成する。ただ、この結論を導くについて如何なる法的構成が採らるべきかは多少の吟味を必要とする。

まず、本件判決によって変更された最高裁昭和三五年判決も含めて、従来の大審院判例を概観する。最も古いものとみられる判例は、手形債務につき債務者が作成した承認証を自ら差入れた事案に関し、「此承認ハ右手形債務ニ付キ時効進行中ニ在テハ民法第百十七条第三号ノ承認ニ該当シテ其進行ヲ中断スヘク又時効完成シタル場合ニ在テハ此承認ニ依テ時効の利益ヲ抛棄スル効果ヲ生スヘキハ極メテ明白ノ事由ナリトス」（大判明治四四・一〇・一〇、録一七、五五二）として、時効完成後の債務の承認を時効利益の放棄として構成した。そして、時効利益の放棄は、完成した時効の効力を消滅させる債務者の意思表示であるとする判例がこれに続く（大判大正三・四・二五、録二〇・三四二、同大正四・三・一一、録三〇七）。ところで、時効利益の放棄が債務者の意思に基くものであるとする以上は、放棄の対象である時効利益の存在、即ち時効完成の事実を債務者が知っていることを要することとなる。自己に利益の存在することを認識した上でなければその利益を自らの意思で放棄し得ないからである。そこで判例は、「時効ノ抛棄ハ完成シタル時効の効力ヲ消滅セシムル意思ノ表示ナレハ既ニ時効ノ完成シタル事実ヲ知ルニ非サレハ其抛棄ハ無効ナルハ勿論ナリト雖モ普通債権カ十年ノ時効ニ因リテ消滅スヘキコトハ一般周知ノモノナト認ムヘキモノナルカ故ニ右期間ヲ経過シタル後ニ至リ債務者カ其債務ヲ承認シタルトキハ時効完成ノ事実ヲ知リテ其承認ヲ為シタルモノト一定推定スルヲ妥当ナリトス」（大判大正六・二・一九録二三、三一一）。「時効ニ関スル法律ノ規定ハ一般ニ之ヲ了知スルモノト推定スヘク」（大判大正六・四・二六、録二三、六七九）。「一定ノ年月ヲ経過スレハ消滅時効完成スルコトハ一応債務者ニ於テ之ヲ知ルモノト推定スヘキモノ」（大判昭和三・四・一六、新聞二八七一・一四、他同旨大判大正八・五・一九、録二五・八七五、同昭和八・六・二九、新聞三五八一・七、同昭和一〇・三・一五、新聞三八二二・一六、同昭和二・六・八、新聞二七三一・四、同昭和一二・三・六、新聞四一〇九・一八）。或は、「商行為ニ因ル債権カ五年の時効ニ因リ消滅スヘキコトハ商人間ニ於テハ周知ノモノト認ムルヲ相当トス」（大判昭和一〇・一二・二八、新聞三九四一・八、同旨同昭和一三・一一・二二〇二）等として、特段の事情のない限り、時効完成後に債務の承認をした者は時効完成の事実を知っていたものと推定するということでこの点の解決を図って来た。前記最高裁昭和三五年判決も、時効完成後に一部債務の内入弁済をした事案に関し、これら大審院諸判例と同様の趣旨を述べたものである。

以上本件問題点に関する従来の判例の態度を紹介したが、要言すれば、これら判例は、時効完成後債務の承認をした債務者は爾後の時効援用を認められないという結論を導く理由付けとして、時効完成後に債務の承認を為した者は、時効完成の事実を知っていて（推定）それにより生じた時効利益（時効援用権）を自らの意見で放棄したもの、という法的構成を用いたのである（川島教授によれば、判例が「権利放棄」という構成を利用したのはドイツのwillensdogmaの影響だとされる――川島、「総則」四六六頁）。然し、かような法的構成には致命的な弱点が存在する。それは、本件最高裁判決がいみじくも指摘する通り、一般には、時効完成の事実を知らなかったからこそ完成後にも拘らず債務の承認を為したのであり、知っていれば直ちにこれを援用するのが通常であろうと解されることである。この点で、前記諸判例は「明白に事実の蓋然性と矛盾する」（川島前掲四六五頁）のである（他にもこの点を指摘したものとして、末弘・判民大正一〇年一五事件評釈・我妻「総則」四五五頁）。本件判決は、従来の諸判例のかような法的構成を捨て、第一次的には信義則を、第二次的には永続した社会秩序の維持を目的とする時効制度の存在理由に反しない、という二つの理由から同一の結論を導き、従って爾後の時効援用が許されないについては、債務者が時効完成の事実を知っていたか否かには係らないということを明言した点で、その姿勢は好感を以て迎えられる。なお、判例の中には、右の推定に関し、反証があったものとして債務の承認後の時効援用を認めたものがあるが（大判大正八・五・一九、録二五・八七五、同大正一〇・二・七、録二七・二三三、同昭和六・一〇・二、新聞三三二一・八等）、推定を認めた前記諸判例と比較したとき、推定を覆えす程の反証の存在を何を基準として認めたのか曖昧であり、何よりも、右の結論を導くために前記諸判例の用いたフィクションとも言うべき法的構成そのものに惑わされた結果として、その不当なことは言うまでもない。

さて、時効制度の本質、とくにその援用と放棄について、今日行われている学説の主たるものは、不確定効果説と訴訟法説であるが、この二つの立場から本件判決の問題点を今少しく考えてみる。不確定効果説に立てば、時効の完成により時効利益を受け得る者は、消滅時効の場合、時効完成による実体法上の権利消滅という不確定な効果を自己の私法上の意思表示によって確定的ならしむることを得る法的地位を取得する。時効に関し、援用するか放棄かという積極的な二者択一の主義を採り、消極的に援用もなく放棄もない場合について定めのない我が民法の態度からは、時効利益を結果的に享受しないということは、不確定的に生じた権利変動を意思によって権利消滅に確定させること、意思による時効利益の放棄（時効援用権の放棄）という考えに結びつくのがむしろ当然である。然し、債務の承認は準法律行為であり、その中に不確定的に生じた権利の消滅という効果を確定させるという時効援用権者の意思（効果意思）を含ましめることは困難な解釈であろう。また、意思に基く時効援用権の放棄という構成を採れば、前記諸判例と同じく時効完成の事実を知っていたとせざるを得なくなる。これらの点を避けようとすれば、時効完成後に債務の承認をした場合に、結果的に時効利益を享受し得ないということを認めるには、自らの意思で援用権を放棄したのだから援用出来なくなるのだというのではなく、その逆に、援用権は認めながらも何等かの理由からその行使が阻止されるのだという構成を採らざるを得なくなる。そして、この理由としては、所謂一般条項—信義則・権利濫用或は道義上の見地等が考えられるであろう（かような方向から構成したときは、援用権者が時効完成を知っていたか否かの点は不問に付して良い）。この意味で、本件判決が信義則を援用したことも一応首肯し得るのである。訴訟法説に立つときは、時効の完成は法定証拠の成立という効果を生ずるに過ぎない。この立場からは、時効完成前の権利の承認が、時効という法定証拠を破る価値——時効中断という法的効果を法によって付与される準法律行為（観念の表示）であるのと同様に、それと同一延長線上にある時効完成後の債務の承認も、成立した法定証拠を破る価値（援用権の喪失）の認められる法定の効果を有する準法律行為であると考えられる。この点に関し時効利益を享受し得る者の意思（放棄意思）は問題とならない。従って、その者が時効完成の事実を知っていたか否かということも要しないこととなる（時効利益を享受し得る者が、自らの意思に基いて時効援用権を放棄することは別に認められる）。

惟うに、時効の援用・放棄を如何に解するかは難題であって、にわかに即断を下し難いが、時効完成後に債務の承認をした者は、爾後時効の援用を許さないという結論を導く法的構成としては訴訟法説が最もすっきりした説明を与え得るので、この点に関しては、私は訴訟法説に魅力を覚えるのである。

（付言すれば、「債務者が債権者に対し時効により一旦消滅した既存債務の減額請求をしたのは、消滅した債務の存在を承認し時効の利益を放棄したものということができない」とする本件判決に類似の事案に関する大審院判例が存するが（大判昭和一四・二・二一、集一八・一二二、同旨同昭和一〇・一・一九、裁判例（九）民五）、その内容は、かかる場合には、そのどこまでが債務者の意思による時効利益の放棄として良いか充分な審理を要するのであって、債務金額につき時効利益の放棄あったものと簡単に推認した原審を審理不尽であるとしたもので、本件の問題には直接の関係はない様である。）

〈金融・商事判例二九号（一九六六）〉

3　割賦金債務と消滅時効

——最判昭和四二年六月二三日民集二一巻六号一四九二頁——

一　事　実

Xを債権者、YおよびA・Bを連帯債務者とする商行為によって生じた債務の割賦払契約（半年賦一〇回払）において、「連帯債務者が半年賦払その他の約定に違反したときは、債権者の請求により、償還期限にかかわらず直ちに残債務の全部または一部を弁済する」旨の約定がなされていた。ところで、Yらは、昭和二八年九月三〇日になすべき第三回割賦金の支払を怠ったので、Xは、Yに対し、残債務全額について履行期が到来したとして、右残債務全額ならびにこれに対する翌一〇月一日からの遅延損害金の支払を昭和三四年七月八日に求めた。

これに対してYは、右割賦金の残債務全額について、X主張のごとく履行期が到来したことを認めるとともに、その到来の時期は昭和二八年九月三〇日であるから、その時から消滅時効が進行し、商事債務としての五年の時効の完成によりすでに債務は消滅したと主張した。

原審は、右過怠約款が付されていても、これによってYらが当然に期限の利益を失うものと解すべきではなく、Xが残債務全額の即時支払を請求してはじめてその全額につき履行期が到来するので、残額即時払の請求がなされない間は、Yらにおいて半年賦払の利益を失うものではないとし、前記第三回賦払金については、昭和三三年九月三〇日の経過による時効消滅を認めたが、第四回以降の賦払金についてはXの請求を認容した。

Yは、原審が、残債務全額についての即時支払を請求しない限り右金額については履行期は到来しないと解したのは、民法一六六条一項の解釈を誤ったものであるとして上告。

二　判決理由

「本件のように、割賦金弁済契約において、割賦払の約定に違反したときは債務者は債権者の請求により償還期限にかかわらず直ちに残債務全額を弁済すべき旨の約定が存する場合には、一回の不履行があっても、各割賦金額につき約定弁済期の到来毎に順次消滅時効が進行し、債権者が特に残債務全額の弁済を求める旨の意思表示をした場合にかぎり、その時から右全額について消滅時効が進行するものと解すべきである（昭和一四年(オ)第六二五号同一五年三月一三日大審院民事連合部判決・民集一九巻五四四頁参照）。そして、原審の確定したところによれば、右第四回割賦金一万八七四四円の弁済期は昭和二九年三月三一日であったところ、Xがはじめて残債務額の請求をしたのは昭和三四年七月八日であったというのであるから、その間五年以上を経過していることが明らかであり、しかも、本件割賦金債務は訴外Aの商行為によって生じた債務にあたるというのであるから、連帯債務者たるYについても商法が適用され、Y自身の第四回割賦債務も商事債務として右五年の経過とともに時効完成によって消滅したものというべきである。しかるに、原審は、右第四回の割賦金債務が依然として存在するものと判断して、これにつきXの請求を認容しているのであるから、この点において原判決は違法であって破棄を免れず、論旨は理由がある。しかし、第五回すなわち昭和二九年九月三〇日支払分以降の各割賦金については、原審の確定した事実関係によっても、Xの右全額請求の時までいまだ五年を経過していないことが明らかであることから、原審がこれにつき消滅時効の完成を認めなかったのは当然であって、論旨は理由がない。」

三　問題点

たとえば、住宅購入資金を銀行から割賦返済の約束で借りたとしよう。この場合、借主と銀行との間でかわされる金員借用証書のなかには、次のような条項があるのが通常である。

第×条　私が次の各号の一つにでも該当した場合は、貴行から通知、催告等がなくてもこの契約による一切の債務について当然期限の利益を失い、直ちに債務を弁済いたします。

(×)　貴行に対する債務の一つでも期限に弁済しなかったとき

本判例で問題となった期限の利益喪失約款が、当事者の間で具体的にどのような文言で定められていたかは必ずしも明らかではないが、少なくとも裁判所の認定したところでは、連帯債務者が半年賦払その他の約定に違反したときは、X銀行の請求により、償還期限にかかわらず直ちに残債務の全部または一部を弁済する趣旨のものであったことは、すでに「事実」において紹介した通りである。

両者を比較すると次のような差異に気がつく。すなわち、先に掲げた金員借用証書においては、賦払金の支払の遅滞という事実が生じたときには、当然に期限が到来するというものであるのに対して、本件においては、債権者の請求により期限の利益を失わせることができる。残額を請求するか割賦払関係を継続するかを債権者の意思に委ねる、という趣旨に解されるということである。前者を「当然喪失型」、後者を「請求喪失型」とよぶとすれば、本件は、「請求喪失型」の期限の利益喪失約款が付されている場合において、債権の消滅時効は何時から進行すると解すべきか、が問題とされた事例ということになる。

四　従来の判例

判例の動向を探る前に、時効進行の開始時点についても、次の二つの考え方があることを明らかにしておこう。

(a)　一回の不履行があっても、残額全部について時効は当然には進行せず、債権者が残額全部の請求をするなどの意思を表示した時に、はじめて時効が進行をはじめる――「債権者意思説」(「撤回時主義」)。

(b)　一回の不履行により、当然にその時点から残額全部につき時効は進行を開始する――「即時進行説」(「遅滞時主義」)。

ところで、本判例では、昭和一五年連合部判決が引かれているが、そこにいたるまでの大審院判例の態度は、一言にしていえば、「どう整理してみても、統一した理論を構成することはできない」(我妻栄・連合部判決巡歴Ⅰ〔第一〇話〕一〇四頁)体のものであった。これらについては、すでに詳細な文献があるのでそれに譲るが(我妻・前掲。同「月賦弁済債務の消滅時効の起算点」法協五六巻九号、民法研究Ⅱ二七七頁以下に所収。森綱郎「いわゆる過怠約款を付した割賦払債務の消滅時効の起算点」曹時一九巻九号一九三頁、最高裁判所判例解説民事篇昭和四二年度三〇三頁以下に所収。幾代通「消滅時効の起算点」総合判例研究叢書民法(8)三三頁、森島昭夫・註釈民法(5)二八三頁以下など)、極く簡略には、次の通りである。

①大判明治三九年一二月一日(民録一二輯一五九八頁)は、「一時ニ残金悉皆ノ弁済ヲ請求セラルルモ無異議旨ノ特約アル」場合において、「債権者ニ於テ月賦弁済ノ約定ヲ取消スノ意思ヲ表示セサル限リ」時効が進行しない旨判示する。ところが、②大判大正七年八月六日(民録二四輯一五七〇頁)は、「一回タリトモ支払ヲ延滞スルニ於テハ一時ニ未払債務額全部ヲ弁済スヘキ特約ノ存スル」場合において、遅滞の時から債権全額について時効が進行するとして、即時進行説に変じた。その後、③大判昭和四年三月二一日(裁判例(三)民法五二頁)は、期限の利益喪失約款には、当然喪失型と請求喪失型との二種ありうることを明らかにしつつ、「月賦ヲ一回タリトモ延滞シタル時ハ月賦弁済ノ利益ヲ失ヒ一時ニ弁済スルコト」と条項があった場合につき、債権者意思説に立った原審を審理不尽として破棄し、他方④大判昭和一二年二月一二日(民集一六巻八八頁)は、「一回ニテモ掛返ヲ怠リタル時ハ残額全部ヲ一時ニ支払フヘキ特約アリ」という場合について、即時進行説を採った原審をやはり審理不尽とし

て破棄しているのである。このような混乱した状態に一応の終止符を打ったのが、右の連合部判決であった。

「按スルニ割賦払ノ債務ニ付債務者カ一回タリトモ其ノ弁済ヲ懈怠シタルトキハ債務者ハ割賦払ニ依ル期限ノ利益ヲ失ヒ一時ニ全額ヲ支払フヘキ旨ヲ特約シタル場合ト雖其ノ特約ノ趣旨カ一回ノ懈怠ニ依リ当然期限ノ利益ヲ喪失スルコトナク之カ為ニハ債権者ニ於テ全額ニ付一時ノ支払ヲ求メ期限ノ利益ヲ喪失セシムル旨ノ意思表示ヲ為スコトヲ必要トスルモノナルトキハ債権全額ニ対スル消滅時効ハ右ノ意思表示ノ時ヨリ其ノ進行ヲ開始スヘキモノトス蓋シ斯ル場合ニ於テハ期限ノ利益ヲ喪失セシムルヤ否ヤハ債権者ノ自由ニ属シ債権者ハ債務者ノ懈怠ニ拘ラス尚従前ノ通リ割賦弁済ヲ求メ得ヘク債権者ノ債務者ノ懈怠ヲ尤ムルコトナク特ニ前示ノ意思表示ヲ為ササルニ於テハ債務者ハ依然トシテ割賦弁済ニ依ル期限ノ利益ヲ保有スルコト勿論ニシテ初メヨリ弁済期ノ定ナキ債権ト同視スルコトヲ得サレハナリ是レ当院ノ従来判例トスル所ニシテ（前記③、④を引用＝筆者）右ト抵触スル当院判例ハ之ヲ変更スヘキモノトス」（大連判昭和一五年三月一三日民集一九巻五四五頁）。

この判例によって、大審院としては、請求喪失型においては債権者意思説によるべきことが明らかにされたといってよいであろう。

五　学説の対応

この問題については、多くの見解が示されている。

すでに早く、「割賦払ヲ一賦ニテモ怠リタルトキハ一時ニ未払額全部ヲ請求シ得ヘキ特約」ある場合について、「第一回ノ月賦弁済ヲ怠リタル時（特約ニ基キ権利ヲ行使スルコトヲ得ル時）ヨリ起算スヘキニ非スシテ、債権者ガ全部ニ対スル請求ヲ為シタル時ニ弁済期到来スルモノト解スヘシ――若然ラストセバ債務ノ弁済ヲ確実ナラシムルコトヲ目的トスル特約カ却テ債権者ノ不利益トナル奇果ヲ生スヘキナリ」（富井政章・民法原論第一巻五九四頁、同旨中島玉吉・民法釈義（巻之一）八九〇頁）とするものがある一方、「余ハ此ノ如キ特約ノ為メニ時効起算点ヲ早クシ従テ其点ニ於テハ債権ノ効力ヲ弱クスルモ是レ債権ノ効力ヲ強クシタル（期限の利益を失わせうるという点で＝筆者）当然ノ結果ニシテ止ムコトヲ得ザルモノト信ズ」（鳩山秀夫・法律行為乃至時効六九五頁）と説くものもある。

そして、右連合部判決を契機として、議論は一層活発となった。連合部判決に賛意を表されるものとしては、末川、柚木両説が挙げられるが、末川教授は、債権者は期限の利益を失わせるかどうかを自由に決定しうるものであり、その権能を行使しないからといって、従来有していた債権者として有利な地位が不利に変る理由はない（末川博「判批」民商一二巻三号五五八頁）とされ、柚木教授は、即時進行説を採った場合には、「債務者に信頼しえない事情が生じた場合に債権者に与えられる武器は、逆に、債権者に対する桎梏と化するであろう。殊に、特約の利益を主張せずに、当初約定の弁済期に弁済をうけんとする人情味多き債権者の債権が、その知らざる間に当初約定の弁済期に達せざるに時効によって消滅するというが如き結果を認容することは著しく不当である。形成権を行使せずとも時効が進行するとなすことは、事実上この行使を債権者に強制することとなるのであって、その不当なることというまでもあるまい」（柚木馨・判例民法総論下巻四三四頁）と述べられている（なお、他に右連合部判決を採りあげて債権者意思説に組みされるものに、西原道雄「割賦払債務の時効の起算点」本書旧版二六四頁以下がある）。

これに対し、一貫して強く反対の立場を表明されていたのは、我妻教授であった。その理由とされるところは、第一に、判例の立場は、債務者の債務不履行の時期と消滅時効の進行点を区別しないものだという点にある。すなわち、請求喪失型では、債権者の意思表示のない限り債務者は付遅滞とはならないが、債権者は自由に全部の請求をすることを妨げないのであるから、「権利ヲ付スルコトヲ得ル」（民一六六条）ものとして、消滅時効は全額について進行するといわなければならず、このことは、期限の定めのない債務などと対比しても明らかである。第二は、右連合部判決が、債権者は、債務者の一回の過怠によって割賦払約款の効力を失わしめる形成権を取得するにとどまるのであって、この時から形成権の消滅時効が進行するのは格別、この形成権の行使の結果弁済期が到来する債権の消滅時効が進行するはずがない、という考え方に立つものだとしても、このような二段式の時効の進効を認めることは疑問であり、かつ、債権者の解約申入後にはじめて請求しうる債権の時効は、債権者がかかる解約をなしうる時から進行し、あえて解約をなしたことを要しないとされていることと矛盾する。第三には、かりに、取消権・解除権などの形成権の行使によって生ずる債権の時効は、その形成権が行使されない限り進行しないと解しえたとしても、取消権・解除権はこれによって本来の法律関係に根本的な変革を加えることであって、割賦払債権において、債権者は割賦払の特約を消滅せしめる形成権を取得するといっても、本来の債権の行使が容易になるというような単純なものであって、取消権・解除権の場合とは同一視することはできない（我妻・判例民事法〈昭和一五年度〉二八事件、民法判例評釈Ⅰ一八七頁以下に所収）。

近時の学説も、大勢は即時進行説に傾く。

川島教授は、右連合部判決については、問題にこたえるに問題を提起したことになるとされつつも、一般論としては、付遅滞につき当然喪失型と請求喪失型の二種あることを承認されたうえで、時効起算点については、常に即時進行説をとることを変更しうべき理由を見出しえないとされる（川島武宜・民法総則五一九頁。他に、即時進行説に賛成のものとして、幾代・民法総則五〇九頁、四宮和夫・民法総則〈新版〉三一二頁、森島・前掲二八六頁）。

特殊な時効観からではあるが、即時進行説と結果的に同一となるものに我妻教授の説がある。教授は、消滅時効制度を、債権の存在ないし存続の立証という面から眺めて、一定期間の経過に、債権の不成立・消滅等の証拠力を認めたものと解され、債権者の請求の有無というような事情を期間の初めに遡って調査すること自体が時の経過によって困難になると同時に、時の経過が支払・免除・相殺その他によって債権の消滅したことについての強力な推定力をもつという点から考えると、請求できる時期から時効の進行を認める方が合理的であるとされるのである（吾妻光俊「割賦払債務の懈怠と時効の起算点」続判例百選〈第二版〉七五頁）。

六　本判決の評価

右のような状況のなかで、最高裁となってからはじめて出されたのが本判決であったため、諸家の注目するところとなった。ただし、前述の通り、内容的には先の連合部判決をそのまま踏襲したにとどまっており、それ故に、学説が対立し、どちらかといえば連合部判決に反対の立場が有力である点を鑑みるならば、たんに先例を引用する安易な方法によらずに、これをなす支持すべきことの積極的理由を説示してほしかったという意見が寄せられている（金山正信「判批」法時三九巻一四号一三七頁）。

ところで、この問題に関していうならば、理論的には即時進行説によるべきであろうと思われる。請求喪失型約款においては、債権者は割賦払の効力を失わしめる一種の形成権を留保するものであると捉えた場合に、確かに判例は、形成権の時効とその行使の結果生ずる債権の消滅時効とを全く別個に段階的に発生するとしているけれども（最判昭和三五年一一月一日民集一四巻一三号二七八一頁及び後出演習判例①参照）、右の形成権の行使は債権成立のための論理的前提であるに過ぎないものであるから、判例のように二段式に考えるべきではなく、形成権の行使によって生ずる債権の消滅時効も、右の形成権を行使しうるときから進行すると解するのが妥当である（通説。たとえば、我妻・前掲一九二頁、幾代・前掲五二四頁、川島・前掲五一一頁、四宮・前掲三一一頁など。なお三藤邦彦「形成権と消滅時効」民法の争点六四頁）。したがって、割賦払の効力を消滅させる形成権未行使の間は残債務全額についての時効は進行しないと構成することは無理であろう。また、付遅滞の時点と消滅時効の進行時点とは常に一体であるべきものではないことも、論者の説く通りである。しかし、理論としていかに考えるべきかということと結果妥当とはまた異ならざるをえないところがある。本判決について、ある判例研究会報告では、即時進行説の明瞭かつ論理的なることを認めながら、「本研究会ではどうしても実務感覚として同調できないとするのが多数であった」との意見が率直に表明されてさえいる。その理由としては、すでにこれまでに説かれているところと変らないが、債務者の過怠にもかかわらず、債権者がなお債務者の利益のために既定の割賦払を待つことが、かえって債権者の不利になることは実情に適さず、他方、債務者にとっても、残額全額についての時効進行がなくても、各賦払毎の時効進行があるから、その保護に欠けるところはないことが挙げられている（畔上英治「判批」金融法務事情五〇三号一三頁）。柚木教授のいわれる「人情多き債権者」への配慮に通ずるものである。しかし、また反面、「人情多き債権者」と「権利の上に眠れる者」とを区別することが重要であり、「いかに人情味あふれる寛容な債権者といえども、なおその権利者たるの姿勢を何等かの形で表明せざる限りは、法はこれを配慮しえぬであろう」（内池慶四郎「判批」民商五八巻一号一三二頁）という評価もできないわけではない。

思うに、このように見方が分かれるのは、時効制度のもつ宿命といってよく、一概には決し難いところである。そもそも、消滅時効制度そのものが、権利の上に眠る者を保護しないのか、弁済の証拠を失った債務者の救済を目的とするものなのかすら定かではなく、制度目的を法的に確立しえたとしても、道義感と判然として乖離しきれるものでもなく、統一された時効観の樹立は将来ともに望みうべくもないとすれば、本判決の法的構成はともかく、結果妥当性について評価が分かれるのもやむをえないといわねばならない。

今日では、割賦売買による代金の支払や、いわゆるローンにおける借金の返済の場面において、割賦払という方法は広く行われており、過怠約款が付されるのが通常である。にもかかわらず、現実には、債権者としては、一回の割賦払の不払によって直ちに全額の請求という手段にでることは少なく、遅滞した各賦払金の回収に努める例が多いようであるし、あるいは、債務者の資力回復まで賦払金の請求を控えるということもあると思われる。このような状況のもとでは、即時進行説を単純に適用した場合には、債権者にとって苛酷な結果を生むことは否めない。したがって、即時進行説に立脚する場合でも、債権者は、過怠約款によって全額請求できる有利な地位を保持する限り、その債権全額について時効にかかるべき負担を免れえないが、その過怠約款上の利益を任意に放棄することによって、その利益に付随する負担から免れうる。逆に、全額請求できる立場にありながらその一部の請求もなさずに時効期間を経過した債権者は、その一部たる割賦債権についての請求をなお認める余地はない（内地・前掲一二三頁）とするバランス論が説得力をもつことになる。しかし、ここにいう過怠約款上の利益の放棄が具体的に何を指すかが問題である。「債権者の側で、とくに全額請求の権利を留保せずに従来通りの割賦弁済を請求し、あるいはこれを受領したときは、過怠約款上の利益を放棄したものと認むべき場合が多いであろう」といわれるが、数期にわたる賦払金の遅滞があった場合に、そのどの期の賦払金をどれだけ請求したり受領したりするかは、継続的な信用付与関係にある以上、債務者の資力とも関連してさまざまであろう。もしこのとき、全額請求の権利を留保せずに請求あるいは受領することが、過怠約款上の利益の放棄となるとすれば、「実務感覚」とは合わなくなるのではあるまいか。この点については、金山教授も、将来の各割賦払についての信頼関係が保障し難いこともあることを理由に、「その一部弁済額が、約定弁済期を徒過し不履行によって遅滞している部分内なるときは、債権者が残額債権を一時に請求することを放棄したとするに適しない場合もあろう」と指摘されているところである（金山・前掲一三九頁）。そうだとすれば、むしろ山中教授のように（教授自身、非常に大胆な考え方で今後の研究に留保したいとされているが）、「過怠約款において、債務者の懈怠により債権者は、残債権額一時に請求しうべき請求権を取得するが、従前の割賦払の請求権をもっており、債権者は債権を行使するために、右いづれの請求権を行使するかは自由であり、右両請求権の各消滅時効はそれぞれ独立に進行する（残額については遅滞が生じ債権者が請求しうるときから進行する＝筆者）」（山中康雄「判批」判時四九五号）と解することが、もっとも現実にふさわしい解決ではないかと思われる。

なお、当然喪失型においては、即時に時効が進行すると解されていることには今のところ疑義をもたれていない。

終りに、本稿の冒頭に例を掲げたが、具体的に用いられる約款上の文言が、いずれの型に属すべきものとすべきかについての基準は必ずしも明瞭ではない。例示したものは典型的な当然喪失型と思われるものであるが、本件で用いられたように「請求により……弁済する」（但しこれが裁判所による認定の段階で、本件約定の解釈という法的操作を経たものであるかも知れないが）と明示がなく、過怠のある場合、債権者は残額全部につき即時払の請求ができる、とするものはもとより、債権者から右請求をされても債務者は異議がないとするものも、請求喪失型とみるべきである。換言すれば、当事者の意図がいずれの型を志向するものであるか明瞭でない以上は原則として請求喪失型とみてよいと思う。いうまでもなく、かく解することが債務者に有利だからである。これと関連して、割賦販売法では、当然喪失型の約款の効力を否定し、二〇日以上の相当な期間を定めて賦払金の支払を書面で催告した上でなければ、期限の利益を喪失せしめえない旨規定されていること（同法五条）を付言しておく（本件判例批評は本文中引用のものの他、平井宜雄「判批」法協八五巻六号九七頁がある）。

〔演習判例〕

① 大判大正七年四月一三日民録二四輯六六九頁

〔事　実〕 事実関係はあまり明確ではないが、必要な限りで要約すればおよそ次のようである。Yは、自己の所有する本件土地に定着している樹木と石垣をXに売却したが、本件土地は前主からYがAの抵当権の負担のついたまま譲り受けたものであり、結局Aの異議によって、Xには売買目的物である樹木と石垣の引渡しをはなさなかった。履行期から一〇年近くなってXは右売買を解除し、さらに数年を経過した時点で解除による既払代金の返還を求めた。原審はXの請求を認容。そこでYは、解除による現状回復請求権は履行期から起算すべきことを理由に上告。

〔判決理由〕 「然レトモ契約ノ解除ニ因ル原状回復ノ請求権ハ契約ノ解除ニ因リテ新ニ発生スル請求権ナルヲ以テ其時効ハ契約解除ノ時ヨリ進行スヘキモノトス」

＊〈論点〉 ㋑形成権の権利行使期間について明文の規定のない場合にどう考えるべきか。その期間の起算点は何時か。㋺形成権の行使により生ずる請求権は、どのような期間制限に服するのか。その起算点は何時とすべきか。形成権自体の期間制限とはどのような関係にあるのか。㋩法定解除権およびその行使の結果たる原状回復請求権や損害賠償請求権は、法定解除権が現実に発生した時から起算すべきではなく、本来の契約上の履行債務の消滅時効完成時までを限度として

行使しえなくなるという考え方があるが何故か。〈参考文献〉　川島武宜・民法解釈学の諸問題、円谷峻「形成権と消滅時効」民法学Ⅰ二九七頁、平井宜雄・註釈民法(5)二九一頁以下、その他本文解説中に引用のもの。

② 最大判昭和四五年七月一五日民集二四巻七号七七一頁

〔事　実〕　Xは、A所有の宅地につき賃借権を有するとして賃料を提供したが、Aに受領を拒絶されたため、昭和二七年五月七日からAを被供託者として二ヶ月毎に供託した。後に、AはXを被告として建物収去土地明渡の訴を提起したが、昭和二八年一月八日裁判上の和解が成立し、Xは右土地に賃借権を有しないことを認め、同年六月三〇日までに建物を収去して土地を明渡し、Aは右土地に対する昭和二七年三月一四日から土地明渡しまでの賃料相当の損害金債権を放棄することとなった。そこでXは、昭和三八年五月九日、Y(供託官)に対して、昭和二七年五月七日から同二八年二月七日までに供託した合計二万四〇〇〇円の供託金の取戻しを請求したところ、Yは、供託の時から一〇年の経過によりその取戻請求権は時効により消滅したことを理由に右請求を却下した。

〔判決理由〕「……弁済供託は、弁済者の申請により供託官が債権者のために供託物を受け入れ管理するもので、民法上の寄託契約の性質を有する……。

債権の消滅時効が債権者において債権を『行使スルコトヲ得ル時ヨリ進行ス』るものであることは、民法一六六条一項に規定するところである。しかし、弁済供託における供託物の払渡請求、すなわち供託物の還付または払戻の請求について『権利ヲ行使スルコトヲ得ル』とは、単にその権利の行使につき法律上の障害がないというだけではなく、さらに権利の性質上、その権利行使が現実に期待のできるものであることをも必要と解するのが相当である。けだし、本来、弁済供託においては、供託の基礎となった事実をめぐって供託者と被供託者との間に争があることが多く、このような場合、その争の続いている間に右の当事者のいずれかが供託物の払渡を受けるのは、相手方の主張を認めて自己の主張を撤回したものと解せられるおそれがあるので、争の解決をみるまでは、供託物払渡請求権の行使を当事者に期待することは不可能にちかく、右請求権の消滅時効が供託の時から進行すると解することは、法が当事者の利益保護のために認めた弁済供託の制度の趣旨に反する結果となるからである。したがって、弁済供託における供託物の取戻請求権の消滅時効の起算点、供託の基礎となった債務について紛争の解決などによってその不存在が確定するなど、供託者が免責の効果を受ける必要が消滅した時と解するのが相当である。

……弁済供託が民法上の寄託契約の性質を有するものであることは前述のとおりであるから、供託金の払渡請求権の消滅時効は、民法の規定により、一〇年をもって完成するものと解するのが相当である。」

＊〈論点〉 ㋑弁済供託の法的性質をどうみるか。㋺供託物取戻請求権の時効期間は何年と解すべきか。㋩右請求権の消滅時効の起算点は何時からか。かかる請求権につき、当事者に時効中断を期待できるか。〈参考文献〉 石田穣「判批」法協八九巻三号、甲斐道太郎「判批」民商六四巻五号、水田耕一「判批」判評一四四号。遠藤浩・昭和四五年度重要判例解説、水本浩・大法廷判決巡歴民法3など。

〈新版・判例演習民法1・総則（有斐閣、一九八一）〉

4　いわゆる弱い譲渡担保設定者の消滅時効援用の可否

――最二小判昭和四二年一〇月二七日民事二一巻二一一〇頁、金商八九号五頁以下――

参照条文　民法一四五条

一　事実

訴外Aは、訴外T会社の代表取締役として、同会社の運営資金にするため、Aの兄である訴外Bより数回にわたって総計金三二〇万円の金員を借受け、右債務の担保として、A個人の所有である土地建物を、個人居住のままその所有権を売買名義によりBに譲渡する旨の契約を口頭で締結した。そして、AはBのために右土地建物の売買による所有権移転登記を訴外Cに委任したが、書類不備のため登記のなされないうちにAが死亡し、次いでBも死亡したため、Bの共同相続人X_1等五名（原告・被控訴人・被上告人）、およびAの共同相続人Y_1等五名（被告・控訴人・上告人）が、それぞれ権利義務を承継するに至った。

X_1等の当該土地建物の所有権移転登記請求ならびに建物明渡請求に関し、第一審東京地裁は、AがT会社の債務の担保のため当該不動産につきいわゆる弱い譲渡担保を設定したものと認定し、右設定後の本件不動産の使用関係については、契約時に資料を定めた形跡がない以上、明示の意思は認められないが、譲渡担保契約と同時にA・B間に使用貸借が締結されたものであり、右使用貸借は本件訴外送達によって解除されたとしてX_1等の請求を認容した。

第二審において、控訴人Y_1等は、BがT会社に対して有する債権（本件譲渡担保の被担保債権）は既に時効により消滅しており、Y_1等は物上保証人として右時効を援用する旨主張した。これに対し被控訴人X_1等は、物上保証人が主債務者の消滅時効を援用することができないこと、および、T会社の承継人訴外M会社が債務の承認をなし時効利益を放棄しているゆえY_1等の主張は理由がない旨抗弁した。第二審たる東京高裁は、物上保証人は被担保債権の時効消滅を援用し得るか、の点には触れることなく、譲渡担保設定者Aは物上保証人とはいえないこと、また、Aは自ら債務を負担した者ではないから被担保債権の時効消滅によって直接の利益を受ける者ということもできないこと、を理由に控訴を棄却した。

二　判　旨

一、「時効は当事者でなければこれを援用しえないことは、民法一四五条の規定により明らかであるが、右規定の趣旨は、消滅時効についていえば、時効を援用しうる者を権利の時効消滅により直接利益を受ける者に限定したものと解されるところ、他人の債務のために自己の所有物件につき質権または抵当権を設定したいわる物上保証人も被担保債権の消滅によって直接利益を受ける者というを妨げないから、同条にいう当事者にあたるものと解するのが相当であり、これと見解を異にする大審院判例（明治四三年一月二五日大審院判決民録一六輯二二頁）は変更すべきものである」。そして、原審の認定によれば、Y_1等の先代Aは、訴外T会社のBに対し負担する債務のため、自己所有の本件土地建物をいわゆる弱い譲渡担保として同人に供していたというのであって、かかる事実関係のもとでは、Aは「他人の債務のためその所有不動産を担保に供した者であって、被担保債権の消滅によって利益を受けるものである点において、物上保証人となんら異なるものではないから、同様に当事者として被担保債権の消滅時効を援用しうるものと解するのが相当である」。

二、X_1等は、原審において、訴外T会社の承継人たるM会社が本件債務の時効完成後に債務の承認をし、もって時効の利益を放棄したと抗争しているが、「時効の利益の放棄の効果は相対的であり、被担保債権の消滅時効の利益を債務者が放棄しても、その効果は物上保証人ないし本件のように右債権につき自己の所有物件を譲渡担保に供した者に影響を及ぼすものではない」。

三　研　究

判旨一について。民法一四五条の「当事者」につき判例は、「時効により直接に利益を受ける者」（大判明四三・一・二三民録一六・二二、大判大八・六・一九民録二五・一〇五八、大判昭九・五・二民集一三・六七〇等）と言い、学説は、時効の援用に関する攻撃防禦方法説、実体法説、法定証拠提出説の立場から、それぞれ、「時効によって当然法律上の利益を取得する者」（柚木判例民法総論下三五二頁）、「時効によって直接権利を取得し義務を免れる者の他この権利または義務に基づいて権利を取得しまたは義務を免れる者をも含む」（我妻改訂総則四四六頁）、「その者の時効援用があるときは裁判所がその援用された時効によって裁判することを要する者という法律関係を生ずる者（川島全集総則四五三頁）と表現している。それでは、具体的に、本件Aのごとき譲渡担保設定者はこれらの「者」に含まれるであろうか。直接の先例は見当らない。ただ、物上保証人および抵当不動産の第三取得者の援用権に関して判例が存在し、これをめぐって議論が行われていること、また、譲渡担保の本質が物的担保権に他ならずかかる場合の物上保証人と同様に考えてよいこと、の二点に鑑みて、この面から検討をすすめることとする。

まず物上保証人について、明治四三年一月二五日の大審院判決はこれを否定する（民録一六・二二、本件判決で変更された判例である。但し、この判決は抵当不動産の第三取得者に関するものであって、物上保証人の時効援用権が否定されたのはその傍論においてに過ぎない）。判決は次のように言う。

「（一四五条に所謂当事者とは時効により直接に利益を受ける者に限る。何故なら）直接ニ利益ヲ受クル者例ヘハ債務者ハ時効ノ利益ヲ受クルヲ欲セスシテ時効ヲ援用セス若クハ之ヲ抛棄シタル為メ債務ノ弁済ヲ命セラレタルニ拘ラス間接ニ利益ヲ受クル者例ヘハ抵当権ヲ設定シタル第三者ハ時効ヲ援用シテ抵当権ノ行使ヲ免ルルヲ得ヘク債権者ハ主タル債権ヲ有シナカラ従タル抵当権ヲ失フカ如キ不合理ナル結果ヲ見ルニ至ルヘシ是豈法律ノ望ム所ナラムヤ」。そして、判例は、抵当不動産の第三取得者も当事者に当らずとするのであるが（本大判及び大判昭一〇・五・二八、新聞三八五三・一二、同昭一三・一一・一四新聞四三四九・七）、その理由は詳かにせず、いづれも前記明治四三年大審院判決を引用して抵当不動産の第三取得者のごときは時効完成により直接に利益を受ける者ではないと言うに止まる。これに対し、学説は殆どがかかる判例の態度に反対する（各前掲書柚木同所、我妻四四七頁、川島四五四頁他に鳩山総論五九五頁、川井註釈民法(5)四七頁等、但し中島（弘）博士は、時効制度の存在理由を失いたる正当権利者の保護ということに絞られる結果援用権者を狭く解され、物上保証人は債務者が時効を援用しない以上、自らの保証債務自体が時効となれば格別、被担保債権の時効消滅は主張し得ないとされる。「時効制度の存在理由と構造」新報六四巻四号二五六頁、五号三二五頁）。

物上保証人および抵当不動産の第三取得者について被担保債権の時効消滅の援用を認めない判例の態度に首肯し得ない理由の第一は、判例が他方で保証人についてはこれを認める点にある。判例は次のように言う。「主タル債務カ時効ニ依リテ消滅スルトキハ保証債務モ亦消滅スヘキモノナレハ保証人ハ時効ヲ援用スルニ付テ直接ノ利害ヲ有シ」（大判大四・一二・一一民録二一・二〇五一）、或は「保証人ハ主タル債務ニ関スル消滅時効ヲ援用スルニ依リテ直接ニ其ノ債務ヲ免ルコトヲ得ヘキヲ以テ右ノ法条ニ所謂当事者ニ該当」する（大判昭八・一〇・一三民集一二・二五二〇――他にこれらと同旨のものとして東控判大二・五・二七新聞八八二・七、大判大四・七・一三民録二一・一三八七、大判昭一三・六・二四新聞四二九四・一八等）。しかし、主債務が消滅すれば保証債務も消滅するから保証人は時効援用の直接の利害ありというならば、同じく物上保証人の抵当権・質権等の附従性により被担保債権が消滅すれば担保権も消滅し、債権者が優先弁済を受けるという負担から免れ得る関係にあるのであって、このことから保証人と物上保証人とを区別する根拠は導けないのである。また、後者の判例は、援用し得るか否かの判断を援用した結果に着目して論じているのであって、その視点が正しくないとともに、かかる観点からは物上保証人もまた変らないといえる。我妻博士の言を借用すれば、この判例は、「時効の直接の利益ということと援用の直接の利益ということを混同するもの」である（我妻「抵当不動産の第三取得者の時効援用権」民法研究II二〇四頁）。思うに保証人が時効援用によって債務を免れるには、主たる債務が時効消滅した場合と、従たる保証債務が時効消滅した場合の二者があるのであって、前者において直接の利益を受ける者として保証人に援用を許すならば、物上保証人も同様に取扱わるべきであるし、間接の利益を受ける者として後者の場合にのみ援用を許すならば（前述のごとく中島（弘）博士はこの立場を採られる）、物上保証人も同様の取扱いを受けても、これと対応して、その当・不当は別として、理屈の上で筋が通るのであるが判例はこの点を峻別せず不当に保証人と物上保証人とに差別を設けているといえるのである。物上保証人を一四五条の当事者から除外するについて首肯し得ない理由の第二は、前述の明治四三年大審院判決に関してである。債務者が時効の利益を受けることを欲しない場合に、物上保証人に時効援用を許すことは、「主タル債権ヲ有シナカラ従タル抵当権ヲ失フカ如キ不合理ナル結果ヲ見ルニ至ルヘシ」と判決はいう。しかし、この点も、我妻博士が既に指摘されているように（我妻前掲論文二〇五頁）、規定の立法論的当否はともあれ、民法三九六条の反対解釈から、被担保債権が存続しているにも拘らず、抵当権のみが単独で消滅時効に罹ることがあることを民法自身が予想しているのである。更にいうならば、時効を援用すると否とは、援用権者の意に委ねらるべきものであって、後述するごとく、援用の効果が相対的であることと関連させて、時効利益の享受を潔しとしない債務者には債務を存続せしめ、これを欲する物上保証人にはその意見を尊重して物的担保権を消滅せしめることの方がむしろ合理的ではないだろうか。

時効制度の基本的構造を略々我民法と同じくするフランス民法においては二一〇八条で、抵当権は被担保債権の時効によって消滅する旨を規定し、（同条は抵当権の消滅原因として一号に l'extinction dc l'obligation principale と四号に prescription とを別個に掲げるが、これは沿革上の理由に基くものであって、今日の仏民法の解釈では抵当権は被担保債権が時効に罹るや直ちに消滅すると解されている Planiol-Ripert Traité Pratique de Droit Civil Françuis t. XIII 1953 n° 1313)、更に、二二二五条は「債権者又は時効が完成せられにつき利害関係を有する他の総ての者は、債務者又は所有者が時効を放棄するときと雖も之を以て対抗することを得る」として、この toute autre personne ayant intérêt à ce que la prescription soit acquise には抵当目的物の第三取得者は含まれると解されている（Planiol-Ripert op. cit. ibid. 同書は物上保証人については触れていない。然し他の教科書、例えば Colin-Capitant, Précis de Droit Civil 1959 等も二二二五条の援用権者に関する論述は極く簡潔であり、これらのことから、逆に、仏民法の解釈としてはかかる問題は当然のこととして特段の対象とさえならないとも考えられるのである。なお、物上保証人或は抵当不動産の第三取得者の時効援用権についての独・仏民法のあり方は我妻前掲論文に詳しく、保証人と物上保証人とに区別を設ける我国の従来の判例の態度が仮りに独法に範を得たものとすれば、それが誤謬なることもまた明確に指摘されている）。

我旧民法も、「時効ハ総テノ人ヨリ之ヲ援用スルコトヲ得」とされていたし（証拠篇九三条一項）、修正民法草案註釈でも、時効の利益はその完成によってこれを享受し得る人の一身にのみ附着するものではないと考えられていた（同章案第五編五五七頁）。これが現行法において「当事者」なる表現に改められたについては、「誰デモ……援用ガ出来ルト云フコトハ言ハヌデモ知レタコト」（法典調査会速記録四巻一五三頁梅発言）だからと言われるが、かような立法者の趣旨にも拘らず、何故に判例は時効により直接に利益を受ける者およびその承継人と狭く限定するに至ったのであろうか。ともあれ、その指導的判例ともいうべきものが前記明治四三年大審院判決であるが、既に見たごとく、かように狭く限定せねばならない理由、少くとも物上保証人および抵当不動産の第三取得者をこれから除外せねばならない必然的理由は見出せないのである。

以上、物上保証人を中心として述べてきたが、本件のごとく、他人の債務のために自己所有の不動産上に譲渡担保を設定した者も、この物上保証人と同様に一四五条の「当事者」に含ましめてよい。譲渡担保の経済的目的が担保権設定であって、法律的構成も可及的にこれに従うことが要請されることに疑を容れる処はないからである。なお、本件判決が訴外Aを弱い譲渡担保設定者としているところから、強い譲渡担保が設定された場合にはまた別の解釈の導かれる余地あるかに見えるが、判例が如何なる譲渡担保の内容を指して「弱い」「強い」を区別するのか明かでなく（この用語は我妻博士が初めて使われたと思うが（我妻担保物権法二三〇頁）、博士も後の聯合部判決巡歴第二八話では用いられていない。譲渡担保に強いて「弱い」「強い」の区別をつけることに実益のないことに関し鈴木「譲渡担保において目的物の所有権の所在をどう考うべきか」民法の基礎知識(1)九八頁以下参照）、この点から推論を述べることは差控えたい。

判旨二について。時効援用の効果の人的範囲については、援用した者のみにその効果が及ぶとする相対的効果説に関し学説に異論を見ない（各前掲書柚木三六〇頁、我妻四五二頁、川島四六〇頁、川井五四頁）。判例も同様であって（大判大八・六・二四民録二五・一〇九五、大判大五・一二・二五民録二二・二四九四、大判昭六・六・四民集一〇・四〇一）、本判例はこれを再確認したものに他ならない。

右の検討の結果として、私は本件判決に賛成する。

〈金融・商事判例一〇三号（一九六八）〉

5　土地所有権の取得時効の要件として無過失の認められた事例
――最一小判昭和五二年三月三一日判時八五五号五一頁――

参照条文

民法一六二条

参照判例・評釈

①　最高二小判昭四三・三・一民集二二巻三号四九一頁――安達・民商五九巻四号六一〇頁、野村・法協八六巻六号六八八頁、下出・判タ二二四号五七頁、鈴木・最判解説（民）昭和四三年度(上)一九八頁。

②　最高三小判昭和五〇・四・二二民集二九巻四号四三三頁――高木・民商七四巻二号二七九頁。

一　事案の概要

本件は、形式的には境界紛争事例であるが、問題の土地、一四番三および一四番四の土地を含む世田ケ谷区上野毛二丁目付近一帯の土地は、昭和一二年頃から、玉川全円耕地整理組合によって耕地整理事業が進められ、測量のうえ確定図が作成され、それに基づき各土地の境界点に御影石の境界石が埋められるなどして、昭和二八年頃右事業が完成し、右一四番三及び一四番四の両土地は相隣接するものとなった。

被上告参加人Bは、昭和二八年一〇月二一日、右一四番三を含む土地を所有者Aらから買い受け、同年一一月三日その引渡しを受けた。その際Bは、耕地整理事業の確定図、登記簿、公図等土地の境界、範囲、面積を示めすものを閲覧しなかったが、一四番四との境界については、現地でAから指示されて引渡しを受け、Bはその線に沿って（以下現在の境界という）昭和二八年一二月頃、四目垣を設置したり、近接して温室を設けたりしていたが、Y（被告・被控訴人・被上告人）にこれを売渡すまでの六年余、隣地の一四番四の土地所有たるX（原告・控訴人・上告人）の先代Cからは何の異議の申出もなく、Cも現在の境界を両地の境界であることを前提として右一四番四の土地を耕作して、BC両者間には別段の紛争はなかった。かかる状況のもとで、YはBより右一四番三の土地を昭和三五年三、四月頃買い受け、現在の境界までが一四番三の土地に含まれると信じて自主占有を開始し、昭和三七年三月にはその地上に建物を建築し、また右現在の境界に沿ってブロック塀を設置した。他方Xは、昭和三六年一月七日Cの死亡により一四番四の土地の所有権を相続し、前記現在の境界は自己の所有地たる一四番四の土地に喰い込んでおり、正規の境界より北側にずれているとして、その地上にある前記Y所有の建物の殆ど全部とブロック塀の収去明渡しを求めたのが本件である。

そして、本件では、仮りに正規の境界がX主張の通りであるとして、Yに時効取得が認められるかが中心として争われたが、第一審（東京地裁）はBの自主占有開始時における無過失を、第二審（東京高裁）もBとともにYについても無過失を認め、Xは敗訴した（紙数の関係で詳細は省略する）。

上告理由は、もっぱら、Bが登記簿等公簿を調査しないで占有を開始したにもかかわらず、原審が無過失を認定したことは、従来の判例に反する、というところにある。

二　判旨

「Yが昭和三五年三、四月ごろ、本件土地を含む一四番三の土地を買い受けその占有を始めに先だち、Yの前主であるBは、六年余にわたって同土地の所有者としてこれを占有し、その間、隣地一四番四の所有者との間に境界に関する紛争もないままに経過していたのであって、このような状況の下でYが同土地を買い受けその自主占有を取得したものである以上、たとえYにおいて右買受けに際し登記簿等につき調査することがなかったとしても、Yが自主占有を開始するにあたって過失はなかったとする原審の判断に所論の違法はなく……昭和三五年四月ごろから一〇年を経過したおそくとも昭和四五年四月末日にはYにつき本件土地の取得時効が完成したものというべ」きである。

なお、岸裁判官の反対意見がある。

三　解　説

1　はじめに、民法一六二条の過失の認定に関して、占有開始原因や、当該の不動産全体について争われたか境界紛争として争われたかを問うことなく、最高裁判決で私の調べた限りでの事例の概観を行なう。(1)

①　自己の耕作地を自作農創設特別措置法に基づき政府から農地として売渡処分を受けた者は、特別の事情のない限り、売渡処分に瑕疵のないことまで確めなくとも、所有者と信じたについて過失はない（最判昭四一・九・三〇民集二〇巻七号一五三二頁）。

②　右①と全く同旨（最判昭四二・三・三一民集二一巻二号五一六頁）。

③　相続した土地が津波により流出した後、住宅適地造成組合により造成されて先代の所有地と一枚になった土地で、造成の図面、造成組合の関係文書が先代から残されている名との事実関係のある場合には、登記簿等を調査しなくとも過失がない（最判昭四二・六・二〇裁判集八七号一〇五五頁、判時四九二号四九頁）。

④　耕地整理組合が耕地整理事業の施行中、換地処分の残存地としてできた未登記の土地につき、Aがその娘(B)のために所有権を取得し、右組合には所有名義人はBとの届出がされていた。しかし、Aがこの土地を管理しCに無償で使用させていた。後にAはこれを自己の土地としてCに売却しCはその際右組合の書類の調査はしていなかった。A死亡、BよりCの相続人Dに対し所有権を主張し、Dは時効を援用、Cに過失なしと認定され

た（最判昭四二・七・二一判時四九六号三〇頁）。

⑤　隣地との境界に隣地所有者からの賃借人の設けた塀があり、そこまでを自己の所有地と信じて相続した場合につき、登記簿に基づいて調査をすれば、相続により取得した土地の範囲が右塀までに到らないことを容易に知ることができたにもかかわらず、これを怠って、相続した土地に含まれ自己の所有に属すると信じて占有を始めたときは過失がある（最判昭四三・三・一民集二二巻三号四九一頁）。

⑥　①②を引用し、農業用施設を占有している場合にも異ならないとするもの（最判昭四三・九・六判時五三七号四一頁）。

⑦　同じく①を引用し、自創法一五条に基づく宅地の買収において、その買収計画に取得原因が存した場合にもその趣旨は及ぶとするもの（最判昭四五・五・一九判時五九六号二九頁）。

⑧　Aの所有地の約半分が自創法によりBに売渡されCに相続されている。他方、隣地残半分はAよりDに売却されている。CD間の境界紛争において⑤を引用し、Dが、農業委員会作成の図面または法務局備付の図面を閲覧し、それらに基づいて実地に調査をすれば境界を比較的容易に了知しえたものであるのに、これもなさず、かつ、自己の買い受けた土地の実測したことすらないのは過失がある（最判昭四六・三・一九判時六二九号五八頁）。

⑨　A所有地中、BCはそれぞれ五〇坪づつを買い受けたが、その際D所有の隣地との境界を誤認したため、BはCに分譲された土地の一部（四・一二坪）を占有した、という事案。BCがAから各五〇坪を分譲して買い受けるにあたっては、測量士が公図を閲覧し、Dからもその所有地との境界を聞いた上で測定した結果に基づき、Aの代理人とBCが立会ったうえでAから引渡しを受けて占有を開始し、また、公図は、地番の記載があるのみでBがこれを見たとしても真の境界を知りえたかがきわめて疑しい事情があるときは、Bにおいて過失はない（最判昭四六・一一・二五判時六五五号二六頁）。

⑩　賃借地の一部に属するものと信じて賃貸人以外の第三者所有の隣地の一部を占有していた者が、国に物納された賃借地の払下を受けた以後所有の意思をもって右隣地の一部をも占有するに到ったが、払下を受けるにあたって、払下土地の境界を隣地所有者や公図等について確認するなどの調査をしなかった場合には、これを自己の所有と信ずるにつき過失がなかったといえない（最判昭五〇・四・二二民集二九巻四号四三三頁）。

⑪　A所有地につきBが長期にわたり管理人として振舞っており、CはBに小作料を支払っていたが、後に、CはBをAの代理人と思ってその土地を買い受け、農地法三条所定の許可を得て所有権移転登記を経由した、という事情の下では、CがBを通じて適法に当該土地を譲受けることができると信じ、遅くとも登記の移された時点より一八五条の所有の意思をもって当該土地の占有を始めたもので、かつ、その占有の始めに所有権を取得したものと信じたことに過失がない（最判昭五一・一二・二民集三〇巻一一号一〇二一頁）。

2　以上の諸判例につき、個々の事案における細かいニュアンスの相異を捨象して、占有開始原因によって、(a)相続によるもの、(b)取引行為によるもの、(c)自創法等の処分によるものに分けると、(a)型としては⑤、(b)型④⑧⑨⑩⑪、(c)型①②⑥⑦およびその亜種として③、と分類できよう。次に、係争の対象が当該の土地全体に及んでいるものを(イ)全体紛争型、隣接地との境界の場合を(ロ)境界紛争型とすると、(イ)型①②④⑥⑦⑪、(ロ)型③⑤⑧⑨⑩に分けることができる。さらに、これらの中で、結果的に過失ありとされたものは⑤⑧⑩、無過失とされたものは①②③④⑥⑦⑨⑪となる。

本件判決は、この分類からすれば、一応(b)(ロ)型となるが、Yの居住する建物の収去が求められており、単なる境界紛争に止まらず実質的には(イ)型の要素をも包含しているといえよう。そこで、明らかに本件判決と様相を異にする(c)(イ)型を除き、他の諸判例と本件判決との相異ないし特徴を簡略に拾ってみることとする。

④は、他人の権利の売買であるが、売主と権利者とが父娘の関係にあり、権利者である娘が父親に当該土地をかなり長期にわたり事実上管理させていたという。売主たる父親を権利者ないし処分権者と誤信せしめる外観作

出への権利者の寄与、その外観が売買以前から、時効取得者たる買主と売主たる父親との間で無償で土地使用を許容させていたという事実の継続という形で存続していたことが、無過失認定の要因として働いていよう。

⑤は、時効主張者が境界と確信した塀がその土地の所有者ではない賃借人によって設置されたものであること、境界石などではなく、常識的にも境界確定の基準としてそれ程重きをなさない簡略に設置された塀に過ぎなかったこと（当初竹垣であり、これが後に板塀を経てトタン塀になったとされている）が有過失の認定をもたらしたと考えられる。

⑧は、公式判例集登載のものではないので事実関係の細部までは不明であるが、両当事者にとりわけて有利不利に働く要因が見出せない故に、抽象化された一般原則（後述する）を適用して、公募を閲覧しない者に有過失の認定をしたものであろう（強いていえば、時効主張者が実測さえしなかったということがデメリットとなっていようか）。

⑨は、時効取得者本人が公図を見たわけではないが、測量士がそれを閲覧していること、権利喪失者をも含めて関係者が立ち会った上で境界が定められたことが無過失を導いたと思われる。

⑩は、前述の分類からわかるように、有過失とされたのはいづれも境界紛争型であるが、本例は、⑤⑧が単に境界を本来の姿にもどせば足りるのに対し、時効主張者の敗訴によりコンクリートよう壁ならびに物置の一部を取毀さなければならない不利益を蒙る。しかしながら、時効主張者の占有部分が公簿面積をはるかに超過していること、同人の占有地内に境界石が存在しており、同人がこれに気付いていたと思われることが有過失の認定を導いたと考えられる。ちなみに、原審は無過失としている。

⑪は、無権代理人からの取得事例であり、処分権なき者の処分であることも、無権代理人が長期にわたり本人の管理者として振舞い、時効取得者が買い受ける以前から彼に小作料を支払って耕作していたという事実が先行していることも④に類似する。なお、本事案では、理由は不明であるが、時効取得者はすでに移転登記を了して

おり、このようなことまで許してしまった本人の無関心も本人側の不利な要因としてかなり働いたであろうことは否めないであろう。加えて、権利喪失者たる本人は、かかる事案においては、無権代理人に損害賠償を許されることによって失った土地の経済的損失をカヴァーしうることをも要因として挙げる考え方もある。(2) ちなみに、土地の賃貸権限がないにもかかわらず、管理人と自称し自己名義で賃貸し、賃借人が権限あるものと信じて建物を建て居住し、右自称管理者に賃料を支払ってきたという事例で、一〇年の賃借権の取得時効と認めた最近の最高裁の判決がある。(3)

3　さて、本件判決についていえば、これを形式に従って境界紛争型と把えた場合、公簿等の調査をなさなくても過失がないとされた最高裁におけるはじめてのケースといえるのであって(⑨は測量士が調査している)、取引取得型でかつ境界紛争型の場合には容易に無過失の認定はなされないと解されていたこれまでの判例の態度からみて、極めて注目すべきものである。紙数の関係が第一審、第二審の判示を紹介できなかったが、現在の境界線の両端には御影石の境界が存在しており(整地組合により設置されたままのようである)、BCともにこれを本来の境界としてその間に全く争いのなかったこと、整地組合の確定図からすればあるべき境界はXの主張の通り現在の境界より北側に位置するようであるが、右の境界石が埋め込まれて確定図とそごが生じた理由が不明であること、Xの主張を認めた場合、Yの蒙る不利益は、塀の撤去のみならず居住建物の殆ど全部を収去しなければならないこと、などがY側の利益として考量されていると思われる（これらの諸点につき⑤⑩と対比されたい）。ただし、Bを無過失とした場合、一般的抽象論として公図等を参照しなかった点において、大審院判例あるいは⑤⑩と抵触するため、前主たるBの占有中にC自らが隣地を耕作していながら境界紛争なく経過した土地を取得したものであることを(⑤の隣地占有者は賃借人である)Yの無過失の極め手としたところに、本件判決の多数意見の論理的技巧が読みとれると言ってよいであろう。

ところで、一六二条二項については、旧民法では、不動産、動産いずれの取得時効についても、短期取得時効には善意の他に正権原（juste titre）を要するものとしていたが、(4) ドイツ民法第一草案八八一条二項に倣って、善意無過失に改められたとされている。(5) そして、この無過失の判定基準としては、一般の概説書では、概ね大審院判例を挙げて、登記簿等公簿を調査しない場合、あるいは、法定代理人の代理権の瑕疵を調査しなかった場合などに過失があると説かれている。(6) しかし、すでにみた諸判例からもわかるように、過失の有無の判定はとかく形式的画一的に決せられておらず、占有開始の原因や、具体的状況に応じた時効主張者が果しえた注意の程度と権利喪失者の懈怠の程度、さらには、時効取得を認めた場合(あるいは認めなかった場合)の、取得者の利益と喪失者の利益の軽重、などの諸要素が錯綜したうえでの利益衡量によって決せられているといいうるのであって、その意味で流動的である。その中にあって、前記(c)(イ)型については、①を先例として処分の瑕疵を調査しなかったことに過失なしとされる態度はすでに固まっていると言ってよいであろう。

（1）本文中に掲げたものの他、最判昭二九・一二・二四民集八巻一二号二二七一頁、同昭和三五・九・二民集一四巻一一号二〇九四頁があるが、いずれも旧身分法に関するものであるので除外した。
（2）安達・注釈民法(5)二一八頁以下、同・⑤判批・民商五九巻四号六一五頁。
（3）最判昭五二・九・二九判時八六六号一二七頁。
（4）旧民法証拠篇一四〇条・一四四条。沿革ならびにボワソナードの時効観につき、星野「時効に関する覚書(二)」法協八六巻八号一頁以下、両条のコメントとして、Boissonade; Projet 1891 t. IV p.966 et s. 及び p.974 et s.
（5）原田・史的素描八五頁、修正の経緯につき、安達・注釈民法(5)一五三頁以下、藤原「『所有の意思』について(三)」判タ三一四号二八頁以下。
（6）我妻・総則四七九～四八〇頁、於保・総則三〇四～三〇五頁、川島・総則五六五～五六七頁、幾代・総則四九五～四九五頁、四宮・総則三〇八頁など。

〈本件評釈〉
○新田敏・判評二二七号一九頁。

〈判例タイムズ昭和五二年度民事主要判例解説（一九七八）〉

6　他人の農地の売買と売主に対する許可協力請求権の消滅時効の起算点

――最二小判昭和五五年二月二九日民集三四巻二号一九七頁、判時九五八号五八頁、判タ四〇九号六九頁、金法九二九号三七頁、金商五九二号一七頁――

一　事実の概要

X（原告・被控訴人・上告人）は、昭和三五年三月二五日、当時訴外Aの所有であった本件農地をY（被告・控訴人・被上告人）から買い受け、代金の一部を即日支払い、残部については所有権移転登記手続完了と引換えに支払う旨を約定した。昭和三六年三月一五日、AY間で本件農地を含む農地の売買がなされ、同年七月二八日、農地法三条による知事の許可をえた。ところが、Aは、Yに対し買取価額の増額を求めて所有権移転手続をなさず、昭和四二年六月一七日に死亡したので、昭和四三年五月一八日、YはAの相続人に対して移転登記手続を求める訴訟を提起し、昭和五〇年三月六日に調停が成立して、同年三月二四日、本件農地につきYへの移転登記がなされた。

そこで、Xは、Yに対して、農地法三条所定の許可申請手続および右許可を条件とする所有権移転登記手続を求めて本訴を提起した（昭和五一年）。

第一審（名古屋地裁半田支部）では、本件XY間の売買契約の成立が争われたが、X勝訴。

第二審（名古屋高裁）では、Yは同じく売買契約の成否を争ったが、他に仮定的に許可申請協力請求権につき時効消滅の抗弁を主張し、これが容れられてYが勝訴した。判旨は次の通りである。

「農地法三条所定の許可申請手続に協力を求める権利（以下許可申請協力請求権という）は、右売買契約に基づく債権的請求権であり、民法一六七条一項の債権に当たると解される。そうして、売主がたまたま他人の物を売買の目的物となしたときであつても、買主はその売買契約成立の日から売主に対し目的物の権利を買主に移転するようその権利を行使し得ることは明らかであるから、右許可申請協力請求権は売買契約成立の日から一〇年の経過により時効によつて消滅するといわなければならない。」

Xは次のような理由で上告した。(i)許可申請協力請求権は、許可があった場合取得しうべき物権的請求権としての登記請求権に随伴する権利であって、時効にかからない。(ii)そうでないとしても、許可により農地所有権を取得しうべき権利に随伴するものであって、その時効は二〇年と解すべきである。(iii)仮に民法一六七条一項の債権に当たるとしても、「権利を行使することを得るとき」とは、本件においてはYが登記名義人となった昭和五〇年三月六日である。

二　判　旨

上告棄却。

「農地の買主が売主に対して有する知事に対する農地所有権移転許可申請協力請求権（以下、単に許可申請協力請求権という。）は、民法一六七条一項所定の債権にあたり、右許可申請協力請求権は、その権利を行使することができる時から一〇年の経過により時効によつて消滅するものであることは、当裁判所の判例とするところ（最高裁昭和四九年（オ）第一一六四号同五〇年四月一一日第二小法廷判決・民集二九巻四号四一七頁）、他人の農地の売買の場合における買主の売主に対する右許可申請協力請求権の消滅時効は、売主が他人から当該農地の所有権を取得した時から進行するものと解するのが相当である。けだし、農地の売買に基づく農地法三条所定の知事に対する許可申請は、売主が農地の所有者であることを前提として売主と買主の連名ですべきものとされているから（農地法施行規則四条二項）、売主が他人から当該農地の所有権を取得しないかぎり、売主は右許可申請手続をとることができず、買主の有する右許可申請協力請求権は、売主が知事の許可を得て他人から当該農地の所有権を取得した時に始めてこれを行使することができるものとなるからである。

これを本件についてみるに……ＸのＹに対する右許可申請協力請求権は、ＹがＡから右農地の所有権を取得した昭和三六年七月二八日より一〇年の経過によつて時効により消滅したものといわなければならない。」

三　解　説

一　農地法三条所定の知事等の許可申請協力請求権の法的性質については、本件判決理由中に引用のようにすでに最高裁昭和五〇年四月一一日判決が、民法一六七条一項の債権に当たり一〇年の消滅時効にかかるものであることを判示しているが（なお最判昭和五一・五・二五民集三〇巻四号五五四頁参照）、本判決はこれを確認し、その上に立って、それが他人の農地の売買にかかわる場合の消滅時効の起算点について、最高裁としてははじめての判断を示したものである。

右の五〇年判決のでる以前においては、許可申請協力請求権の性質についての下級審の判断は区々であった。詳細は省くが、考え方としては、(ア)許可があった場合に取得しうべき所有権にもとづく登記請求権に随伴するものとして時効消滅しない、(イ)売買による債権関係一般と運命をともにし一〇年で時効消滅する、(ウ)許可申請協力請求権それ自体が一〇年の時効にかかる、(エ)許可により所有権を取得しうべき権利（民法一六七条二項により二〇年）に随伴して時効消滅する、という四つのものが示されていたといってよい。本件上告理由中の(i)(ii)の主張は、それぞれ右の(ア)(エ)に当たるわけである。

学説では、五〇年判決に賛成のもの（金山・後掲）、反対のもの（宮崎・民商七五巻四号および後掲）、あるいは、許可申請協力請求権がいかなる状況の下で主張されたかによりその消滅時効の扱いを区別して考えるべきだとし、売買契約締結のみの場合には、許可申請協力請求権は債権的状況の下で行使されるのであって、その性質は債権的性質をもち、一〇年の消滅時効が適用されるが、契約にもとづき農地の引渡しが行われた場合には、買主側に物権的秩序が築かれており、許可申請協力請求権は物権的請求権類似の性格をもち、それは独立して時効にかからないとする立場（川井・法協九五巻三号）などがある。

これらの考え方の相違は、基本的には許可以前の買主の地位をどうみるかにかかわるといえよう。その際、単に農地法三条の文理に従って判断するのみではなく、同法が農地所有権の移転を知事等の許可にかからしめていることを、立法当時はともかく、今日においていかなる意義を有するものと解すべきか、引渡しがなされて耕作を始めていることが買主の地位を左右する要因として評価さるべきか否か、といったことをも含めて判断されなければならないと思われるが、本稿では立ち入らない（許可前の買主の地位については、中尾「農地の売買と知事の許可」不動産法大系I、宮崎「農地の売買」契約法大系II、仁瓶・農地売買・転用の法律、など）。

二　ところで、本判決は、許可申請協力請求権が債権として一〇年の消滅時効にかかるとした上で、当該の売買が他人の農地である場合の時効の起算点につき答えるが、この点については、すでに述べたように最高裁としてははじめてのものである。下級審では、本判決の原審以前に、売主が他人から農地を取得したときとするものがあった（ただしその理由は明らかではない――判タ三二八号二六五頁、金判四九一号三四頁）。

民法一六六条一項は、時効の起算点を定めて、「権利行使ヲスルコトヲ得ル時」とするが、判例・学説は、権利行使をする上で障碍となる事態を事実上の障碍と法律上の障碍とに分けて、後者のみが時効の進行を妨げるとする。最高裁五〇年判決およびこれを踏まえた本判決のように、許可申請協力請求権を売買から生ずる給付請求権とは別個の権利であり、それ自体一〇年の時効消滅があることを前提として、本件において目的農地の所有権が売買当時売主Yに属していないことが右の法律上の障碍になるかを検討するについて、本件事案にそくして時点を分けると、時効起算点として一応次のものを挙げえよう。(a) XY間の売買契約時（昭和三五年三月二五日）、(b) A

Y間の売買につき許可のあったとき（昭和三六年七月二八日）、(c)AY間に調停が成立したとき（昭和五〇年三月六日）、(d)Yが所有権移転登記を具備したとき（昭和五〇年三月二四日）。本判決は(b)によるわけだが、その理由は、農地法施行規則四条二項から、売主が当該農地の所有権を有することが許可申請手続をとることのできる前提であり、許可申請手続が可能となれば買主は許可申請協力請求権を行使しうるのであるから、その時から右請求権の時効は進行を始めるというのである。(a)を採りえないことは、許可申請協力請求権のみを問題とするかぎりその通りであるが（この点後述）、(b)によるべきかには疑問を呈する見解がある。すなわち、通達（農地法関係事務処理要領（既墾地の部）その(一)について・第一1(4)によれば、「許可申請書には、申請にかかる農地等の登記簿の謄本……を添付させるものとする」とされており、これによって目的農地の登記簿謄本により売主が所有者であることを確認の上で申請を受理するのが実務であるとして、したがって売主は取得した登記をなすまで許可申請手続をとることができないのであるから、本判決のように解するときは実際に行われる手続との矛盾が生じないか、というのである（金山・後掲）。この立場では(d)の時点から時効を起算すべきことになる。ところが、右の通達の理解については全く反対の見解がある。通達は許可申請の添付書類として許可申請にかかる農地の登記簿謄本を要求しているが、売主名義の所有権の登記がなされているものとの明文はないし、「行政実務の取扱としても、添付登記簿に譲渡人（売主）名義の登記がない場合でも、すでにその譲渡人（売主）を譲受人とする所有権移転についての許可がなされていれば、許可申請を受理して、譲受人（買主）が農地取得資格を有するか否かを審査し、それがあるならば許可を与えているようであるから、売主Y名義の登記がなされた時をもって、買主Xが許可申請協力請求権を行使できるようになる時だと考えることに格別の意味もなさそうだ」（宮崎・後掲）という。

筆者の調べたところでも、許可を得る場合に売主が自己名義の農地の登記簿謄本を添付しなければならない法律上の根拠はなく、本件でいえば、AY間の売買につき許可証があれば、実質的審査を旨とする農地法三条の許可においてはXY間の売買による許可申請手続は可能とされるようである。したがって、実務の上からは、売主名義の登記がないことをもって、買主が許可申請協力請求権を行使することの法律上の障碍とみなければならない必要はないと思われる。

次に、本件では(c)も時効起算点として考えられるとする指摘がある（同じく宮崎・後掲）。というのは、AY間でのYへの所有権の帰属が安定していないという事情は、従来から説かれている法律上の障碍に当たらないとしても、「当該法律関係の性質に由来する客観的障碍」であるといえるからだとする。確かに、Xが許可申請協力を求めうるにはYが所有権を取得したことを要するのであるから、AY間でその所有権取得に争いがあることは、Xの権利行使の障碍となると解する余地はあろう。ただ、本件では、すでにAY間の売買につき許可があり、かつ、その争いも所有権の取得そのものに関してではなく代金増額についてであるらしいことを考慮すると、Xが右の争いの結着を待たなければならないとすることに躊躇を感じる。Xとしては、Yに許可があった以上、Yは申請手続に応じられるものとしてその協力を求めればよいと考えられよう。

以上のことからすると、本判決はそれなりに筋の通ったものといえようが、次の点にも留意が必要である。

三　許可申請協力請求権を、物権的請求権類似の権利として時効にかからないとみうる場合もあるとする見解、あるいは、二〇年の消滅時効にかかる権利であるとする見解などがあることは前述した。そして、これらは、許可前の買主の地位の理解の仕方にかかわることも前述したところであるが、許可申請協力請求権を債権として一〇年の消滅時効にかかるとした場合にも、本件のごとき他人の農地の売買では以下の問題も生ずる。すなわち、一般に、他人の物の売買では、売主は権利を取得して買主に移転すべき義務を負うとされているが、この権利取得義務と許可申請協力請求権との関係についてである。かかる権利取得義務を無視した場合には、買主は売主が目的農地の所有権を取得しないかぎり許可申請手続を求めうることとなって、自己の農地の売買がなされた場合と比較して均衡を失することが考えられるからである。換言すれば、XY間の売買契約成立の日からYの所有権取得までの期間を、Xの許可申請協力請求権の時効を考えるに当たって全く考慮しなくともよいかということである。

本判決も、XY間の売買成立後から数えてYの所有権取得が一〇年以上経過した後であったとすれば、単純にXの許可申請協力請求権の時効の起算点をYの所有権取得のときとしたとは思われないから、前記(b)を起算点としたことは、他人物売買によるXのYに対する所有権を取得して移転すべきことを請求しうる権利の時効期間内における、その権利の実現を踏まえた時点から許可申請協力請求権の時効を起算していることとなって、いわば二段式の時効の算定をなした結果となったと評してよいであろう。他方、同じく許可申請協力請求権を一〇年の時効にかかるとしながら、時効起算点をXY間の売買契約時とした本件原審は、Xの許可申請手続協力請求権を右の権利を取得して移転すべきことを求めうる権利と一体のものとして把握したことによるものと推測することができるのであって、両者の相違、すなわち、本件時効の起算点を前記(a)におくか(b)におくかは、ただ売主に所有権が帰属していないことが法律上の障碍とみうるかどうかの差に帰着するものではなく、他人物売買における権利取得義務と許可申請協力請求権との関係の把握の相違にもよるといってよいであろう。それ故に、本件原審に賛意を表する見解（北川・後掲、なお辻・後掲も同旨か）があることを終わりに付言しておく。

〈参考文献〉

本判決の評釈として
金山正信・判例評論二六二号（判例時報九七九号）
宮崎俊行・民商法雑誌八三巻二号
北村実・法律時報五三巻一号
辻伸行・金融・商事判例六一〇号
簡略な解説として
塩崎勤・ジュリスト七一七号

〈ジュリスト臨時増刊昭和五五年度重要判例解説（一九八一）〉

7　農地法三条の所有権移転許可申請協力請求権の消滅時効

――最二小判昭和五五年二月二九日民集三四巻二号一九七頁――

一　事実の概要

Ｘは、昭和三五年三月二五日、当時訴外Ａの所有であった本件農地をＹから買い受け、代金の一部を即日支払い、残部については所有権移転登記手続完了と引換えに支払う旨を約定した。昭和三六年三月一五日に、ＡＹ間で本件農地を含む農地の売買がなされ、同年七月二八日、農地法三条による知事の許可をえた。ところが、Ａは、Ｙに対し買取価格の増額を求めて交渉中に死亡したので、昭和四三年五月一八日、ＹはＡの相続人に対して所有権移転登記手続を求める訴訟を提起し、昭和五〇年三月六日に調停が成立して、同年四月二四日、本件農地につきＹへの移転登記がなされた。

そこで、ＸはＹに対して、農地法三条所定の許可申請手続および右許可を要件とする所有権移転登記手続を求めるとともに、前記昭和三五年三月二五日に本件農地をＸに売り渡したことの確認を求めて本訴を提起した（昭和五一年）。

原審（名古屋高裁）は、農地法三条所定の許可申請手続に協力を求める権利（以下許可申請協力請求権という）は、売買契約に基づく債権的請求権であり、売主が他人の物を売買の目的物となしたときであっても、買主はその売買契約成立の日から売主に対し目的物の権利を買主に移転するようその権利を行使しうることは明らかであるから、売買契約成立の日から一〇年の経過により時効によって消滅する、と判示した。

Xの上告理由は、許可申請協力請求権が債権的権利として一〇年の消滅時効にかかるとしても、その起算日は、本件売買が他人物売買であることにより、本件農地がY名義となった、Aの相続人との調停成立の日である昭和五〇年三月六日であること、そもそも、右権利は、許可があった場合取得しうべき物権的請求権としての登記請求権に随伴する権利として時効にかからないか、そうでないとしても民法一六七条二項により時効期間は二〇年と解すべきものであること、の二点である。

二　判　旨

上告棄却。

「農地の買主が売主に対して有する知事に対する農地所有権移転許可申請協力請求権……は、民法一六七条一項所定の債権にあたり、右許可申請協力請求権は、その権利を行使することができる時から一〇年の経過により時効によって消滅するものであることは、当裁判所の判例とするところ(最高裁昭和四九年(オ)第一一六四号同五〇年四月一一日第二小法廷判決・民集二九巻四号四一七頁)、他人の農地の売買の場合における買主の売主に対する右許可申請協力請求権の消滅時効は、売主が他人から当該農地の所有権を取得した時から進行するものと解するのが相当である。けだし、農地の売買に基づく農地法三条所定の知事に対する許可申請は、売主が農地の所有者であることを前提として売主と買主の連名ですべきものとされているから(農地法施行規則四条二項)、売主が他人から当該農地の所有権を取得しないかぎり、売主は右許可申請手続をとることができず、買主の有する右許可申請協力請求権は、売主が知事の許可を得て他人から当該農地の所有権を取得した時に始めてこれを行使することができるものとなるからである」。

三　解　説

農地の所有権の移転には、農地法三条の許可を要し、この許可は効力発生要件とされ、農地売買においては許可があってはじめて所有権がその時から買主に移転し（最判昭和三〇・九・九民集九巻一〇号一二二八頁参照）、所有権移転登記をなすべき売主の義務は許可のあった時に発生する（最判昭和四二・四・六民集二一巻三号五三三頁参照）。右の許可申請は、売主と買主との連名ですべきこととなっている（農地法施行規則二条二項）ので、買主の売主に対する右権利は、農地法三条の所有権移転許可申請協力請求権と呼ばれている。

右の許可申請協力請求権が消滅時効にかかるか否か、かかるとすれば何年の時効期間となるかについては、本判決も引用するように、最判昭和五〇年が債権として一六七条一項により一〇年の時効にかかる旨を明かにしており、本判決はいわばこれを再確認したものといってよい。右五〇年判決の出される以前には、許可申請協力請求権は、所有権に基づく登記請求権に随伴する権利として消滅時効にかからないとか、所有権でも債権でもない権利として二〇年の時効にかかるなどの見解（これらが本件上告理由で主張されているわけである）も下級審では採られていた。もっとも、五〇年判決、本判決ともに二小によるものであるが、昭和四三年にすでに一〇年の時効にかかることを前提とした判決が三小でなされていた（最判昭和四三・一二・二四裁判集民事九三号九〇七頁）由であり、五六年には一小も同一の見解を示したところから（最判昭和五六・一〇・一判時一〇二一号一〇三頁、金判六三五号三頁）、この問題に関しては各小法廷の態度は足並みを揃えるにいたったといえよう（時効起算点は契約成立の日から）。

ところで、本判決は、他人の農地の売買において、許可申請協力請求権の消滅時効の起算点についても判示し、売主が当該農地の所有権を取得した時から時効は進行するものとしている。民法一六六条一項は、「消滅時効ハ権利ヲ行使スルコトヲ得ル時ヨリ進行ス」と定めるが、民法起草者によれば、本条に関しては旧民法（証拠編一二五条・一二八条）の在り方を三点において改めたとされている。第一は、旧民法においては時効総則として位置づけられていたが、取得時効には適用がないとして消滅時効のみに規定したこと、第二は、「時効ノ停止」の章にあったが、行使しえない権利につき時効は進行しようがないのであるから、権利行使可能の時まで時効が停止するのではなく、その時から起算すなわち始めて進行を開始するものとすべきであること、である（第三点は省略する。以上法典調査会民法議事速記録第一三回一六七条に関する梅説明）。そして、現在では、権利を行使することができるというのは、権利行使について法律上の障碍がないことを意味し、事実上の障碍や、債権者の一身上の事情による障碍は時効の進行を妨げないと説かれている。それでは、本件のような他人の農地の売買に関する許可申請協力請求権についてはどのように解されるであろうか。考えられるものとしては四つある。第一は、目的農地が他人の所有であっても、売買に基づく債権的請求権としての許可申請協力請求権は、契約と同時に生じ、期限の定めのない以上その時から時効が進行する。売主が所有者でないことによる許可を得られない虞れは、許可申請協力請求権の発生ならびに法律的権利行使の可能性とは別の問題であるとするものである。本件原審がこの立場をとる。第二は、本判決のように、農地法所定の許可は、売主が当該農地の所有権を有することが申請手続をとることのできる前提であり、許可申請手続が可能となれば、買主は協力請求権を行使しうるのであるから、その時から時効は進行を開始する、というものである。第三は、許可があっても、前主と売主の間で所有権の帰属について争のある限り売主は許可申請に協力しえないのであるから、協力請求権の時効は売主に所有権が確定的に帰属したときとみるべきであるとするもので、本件上告理由はそのことを主張していると思われる。第四は、許可申請請求書には申請にかかる農地の登記簿謄本の添付が求められている（昭和三七年七月一日農地局長通達）ことから、売主に所有権移転登記がなされた時をもって起算するとする考え方である。詳細は省くが、農地の登記簿謄本の添付については、これがなくても実務上許可申請をするについて適法な受理を妨げる事由とされていないようであるし、前主と売主との間に農地法所定の許可があった以上は、前主と売主とのその後の所有権の帰属についての争いは法律上の障碍とはいいえないであろうと思われる。そうだとすると、第一の見解をとるか第二の見解をとるか、ということになる。他人物売買においては、売主は所有権を取得して買主に移転する義務を負い（民五六〇条）、これは契約に基づく債権的権利として一〇年の時効にかかり、その経過によって買主は登記請求権を失う。このこととの対比からすれば、目的土地が農地であるからといっても別異に扱う理由はないようでもある。他方、農業保護の観点から農地法が農地の移動統制を行い許可制をとる以上、農地と非農地の場合とを同様に考えるべきではないともいいえよう。許可申請が共同申請であることを前提とすれば、申請協力義務について適格を有しない許可前の売主に対し、協力請求権を行使し許可申請協力を求める訴を提起することによって、右協力請求契約についての時効が中断するとするのも疑問なしとしないであろう。

いずれにせよ、本判決は、それまで下級審では分かれていた（本判決と同じ見解をとるものとして、大阪高判昭和五〇・六・一七判タ三二八号二六五頁）他人の農地売買における買主の許可申請協力請求権の時効の起算点について、最高裁ではじめて判断をしたものであって、注目すべきものである。

〈参考文献〉

本判決にはいくつかの研究、批評があるが、詳しくは、塩崎勤・本件解説・最高裁判所判例解説民事篇昭和五五年度一二〇頁、拙稿・本件解説・昭和五五年度重要判例解説（ジュリスト七四三号）六八頁を見られたい。他に、宮崎俊行「農地の売買」契約法大系Ⅲ（昭和三七年）、川口冨男「農地の売買」現代契約法大系３（昭和五八年）など。

〈別冊ジュリスト不動産取引判例百選（第二版）（一九九一）〉

8　破産債権者による債権の届出の時効中断事由としての性質
――福岡高判昭和五五年三月二五日判時九七二号四六頁――

一　事　実

本件約束手形および小切手は、訴外Ｓ会社によって振出されたが、Ｓ会社は破産したので、所持人Ａはこれら手形小切手金債権につき、破産債権として元本および利息債権の届出をなして債権表に記載された。ところが、債権調査日において、破産管財人および他の債権者（便宜上これらを以下Ｙらとする）から右届出債権について異議が述べられた。しかし、Ａは自ら破産債権確定訴訟を起すことなく、これら債権を指名債権譲渡の方法でＸに譲渡し、ＸからＹらに対して本件破産債権確定請求訴訟が提起されるにいたった。以上に関し、Ａが債権届出をなしたのは昭和四六年一〇月五日、Ｙらから異議が述べられたのは昭和四七年四月二七日、本訴が提起されたのは昭和五〇年九月二八日である。

一・二審を通じて主として争われたのは、本件債権の時効消滅についてである。第一審（長崎地裁）は、「本訴提起の日には、本件手形は満期の日から三年、小切手は支払呈示期間経過後六ケ月をそれぞれ経過しているが、Ｘ（Ａ）は右各時効完成期間経過前の昭和四六年一〇月五日に債権届出をしているのであるから、本件債権の時効の進行は中断されている（届出債権に対する異議は中断の効力を阻止するものではない）。」と判示して、Ｘの請求を大綱において認容した。

Yらは控訴して次のようにいう。すなわち、破産手続参加による時効中断の効力は、債権が異議によって確定しなかった場合には、民法一五二条の「其請求カ却下セラレタルトキ」に該当して失われる。そして、その場合の債権届出の効力は裁判外の催告と同様の効力を持つに過ぎないと解すべく、本件債権については、異議の述べられた昭和四七年四月二七日の翌日から起算し六ケ月以内に訴の提起等他の強力な中断事由がないままに経過しているのであって、時効は完成している、と。

二 判旨

「債権の届出が時効中断の効力を生ずるものとされる所以は、それが破産債権者の破産裁判所に対する権利行使であり、かつ、債権調査期日において破産管財人及び他の債権者から異議がないときは、届出の債権が公権的に確定され、右確定債権についての債権表の記載は、破産債権者の全員に対し確定判決と同一の効力をもつに至る(破産法二四二条)ことが予定されているからである。ところが、破産債権者の届出債権について、破産管財人ないし他の債権者から異議が述べられた場合には、届出債権者が異議者に対して債権確定の訴を提起し、かつ、配当手続における所定の期間内に右訴の提起を破産管財人に証明しないかぎり、当該債権者は、当初から債権の届出をしなかった場合と同様に、配当からも除斥されることとなるのである(破産法二六一条)。

かようにみてくると、破産債権者の届出債権について、債権調査期日において破産管財人ないし他の債権者から異議が述べられた場合には、届出が実質上その効力を失うという意味において、民法一五二条にいう『其請求ヲ却下セラレタルトキ』に該当するものとして、時効中断の効力は初めに遡って消滅するものと解するのが相当である。

もっとも、破産債権者の破産裁判所に対する債権の届出は、前記のように破産手続参加として時効中断の効力を生ずるにとどまらず、破産債権の存在を主張してその履行を求める点において、同時に催告としての効力を有し、右届出が撤回され、あるいは債権調査期日における破産管財人らの異議により届出が実質上失効するまで、右催告の効力を持続するものと解すべきであるが、ただ催告は、民法一五三条により、時効中断につき暫定的な効力を有するにすぎず、さらに六か月以内に訴の提起等、他の強力な時効中断事由によって補強されないかぎり、その効力は遡って生じないことになるのである。」。

本訴が提起されたのは、昭和四七年四月二七日の債権調査期日の翌日から起算して六か月の期間をはるかに経過した後であり、その期間内に本件債権につき他の中断事由がとられたことを窺わせる証拠の全くない本件では、時効は完成し債権は消滅したものというべきである。

三 評釈

一 民法一五二条が破産手続参加に時効中断の効力を認めたのは、これを裁判上の請求の一種とみたからであり、このことに異論はない。

ところで、裁判上の請求が何故時効中断の効力を有するのかについては、周知のように大別して二つの見解に分かれる。権利確定説は、時効中断が認められる根拠を、訴訟物である当該の権利関係の存否が判決によって確定されることによって、継続した事実状態が法的に否定される点にあるとするのに対し、権利主張説は、権利者が権利の存在を意識してこれを主張することは、権利の上に眠ることにならないとともに、これによって時効の基礎たる事実状態を破ることになるからであるとする。したがって、裁判上の請求は、もっとも断乎たる権利主張であるから、中断の効力が生ずるのは当然であるということになる。権利確定説によるときは、訴訟物→既判力→時効中断という定理が打ちだされ、中断が生ずべき客観的範囲は明確となる反面、狭きに失し、現在ではこのような厳格な意味での権利確定説をとることは難しいといえよう。他方、権利主張説では、確かに無限定な権利主張では足りず、一定の形式を履んだ権利主張でなければならないとはするものの、中断が生ずる範囲については限界が曖昧とならざるをえない面があることも否定できない[1]。とりわけ、後述する不適法却下の場合に、公権的紛争解決の申立をしているにもかかわらず、中断の効力が全く生じないとする民法の態度との係り合いが問題となる。

二　ここで、最高裁に限ってではあるが、判例の態度を極く簡略に眺めてみる。

(a)　所有権に基づく株券引渡訴訟において、被告が原告を債務者とする留置権の抗弁を提出した場合、これを被担保債権に関する裁判上の請求とはいえないが、いわゆる裁判上の催告としての効力を認めたもの(最大判昭三八・一〇・三〇民集一七巻九号一二五二頁)。

(b)　所有権移転登記請求訴訟で、原告に所有権に基づく移転登記請求権のないことを確定するにつき、被告に所有権のあることを肯定した場合には、所有権そのものに基づく裁判上の請求に準ずるとするもの（最大判昭四三・一一・一三民集二二巻一二号二五一〇頁）。

(c)　債務の不存在を理由とする抵当権設定登記抹消の請求に対し、債権者が被担保債権の存在を主張し、それが功を奏した場合には右主張は裁判上の請求に準ずるとするもの（最判昭四四・一一・二民集二三巻一一号二二五一頁)。

(b)(c)と対比して(a)がいわゆる「裁判上の催告」なる概念を用いたことをどう評価するかについては、同判決にいたるまでの判例がかなり厳格に権利確定説に立っていたとみられるのを緩めて、訴訟物となっていない裁判上の権利主張についても、その存在が実質的に確定される結果となるときはこれを「裁判上の請求」に準じて扱うべきであるとしても、なおその枠内に入りかねるものに中断の効力を認める必要がある場合に、補充的に「裁判上の催告」の概念を認めたものと論評するむきもある[2]とともに、抗弁としてであれともかくも権利主張をしており、かつ被担保債権の存在が判決で明かにされているのであるから、「裁判上の請求」に準じて本来的中断の効力を認めるべきであったと評する見解もある[3]。当該の事案においての適否はとにかく、裁判上の催告が中断が認められるべき範囲を拡大するためにここで用いられたことは明かである。ところが、その後、裁判上の請求の外延拡張としてではなく、まさに裁判上の請求が失効した場合につき、暫定的中断を認める趣旨で裁判上の催告を用いるものが現われる。

(d)　貸金債権の支払請求が弁済期後一〇年以上を経過してから提起された。その間に、原告は、手形債権に基づいて破産の申立をし、その審理手続において破産原因の存在を明かにするために右貸金債権の存在の主張立証がなされている。後にこの破産申立は取下げられたが、このような原告の行為が右の貸金債権を訴求するについて時効を中断するかが争われた事案において、原告のなした破産手続上の権利行使の意思の表示は、一種の裁判上の請求として当該権利の消滅時効の進行を中断する効力を有し、かつ破産の申立がのちに取下げられた場合も催告として暫定的中断の効力をもつと判示された（最判昭四五・九・一〇民集二四巻一〇号一三八九頁）。

(e)　二重訴訟を解消するために前訴が取下げられた場合に時効中断が問題となった事例に関し、次のように説くものがある。判例が裁判上の請求が中断の効力をもつ根拠をどのように解しているかが比較的明瞭に述べられているものとして以下判文を引用する。「訴の提起が時効中断の効力を生ずるのは、訴の提起により権利主張がされ、かつ、権利について判決による公権的判断がされることになるからであり、訴が取り下げられたときに訴の提起による時効中断の効力が生じないのは、訴の取下は、通常、訴の提起による権利主張をやめ、かつ、権利についての判決による公権的判断を受ける機会を放棄することにほかならないからである。そうすると、訴の取下が、権利主張をやめたものでなく、権利についての公権的判断を受ける機会を放棄したものでもないような場合には、訴を取り下げても訴の提起による時効中断の効力は存在すると解するのを相当とする。」（最判昭五〇・一一・二六民集二九巻一〇号一七九七頁）。本判決は、(d)にのっとっても、旧訴の提起による催告は、新訴の提起と相俟って確定的な中断の効力を生ずるとすることもできたものである。

三　民法一四九条が、訴の却下または取下げの場合について、他の立法例、とくに独民法（二一二条一項——厳密には、わが民法起草当時はその第二草案）とは異なって、暫定的な中断の効力も認めなかった理由は、法律上の効力があるべからざる訴が時効の中断については効力があるというのはおかしい、と考えたからのようであり、全く中断の効力を認めなくても、裁判外の催告に前提的中断の効力を認めるという手当をしておけば実際上の不都合は生じないとみたからのようである。(4) これに対し、詳細な議論を展開して、不適法却下の場合においても、「裁判上の催告」として暫定的中断の効力を認むべきことを強調されたのは我妻博士であった。(5) 前記判例(d)は、この我妻説をそのまま採用したものと説かれているが、(6) 我妻説が、訴の不適法却下以外に訴の取下げの場合をも含めて、裁判上の催告としての効力を認めようとするものであるかは疑問であるにもかかわらず、近時の学説は、取下げの場合をも併せて裁判上の催告としての効力を肯定するものが多い。(7)

ところで、本判決は、破産管財人ないし他の債権者からの届出債権に対する異議を、債権届出が実質上効力を失うという意味において、民法一五二条の「其ノ請求カ却下セラレタルトキ」に該当するとみて、本来的中断の効力は生せず裁判上の催告としての効力を認めるにとどめたものであるが、このような態度には、次のような点で疑念を抱くものである。

先ず、同条にいう「請求カ却下セラレタルトキ」の意味であるが、各概説書では、「請求が『却下セラレタルトキ』とは請求棄却の場合をも含む」(8)、「参加の請求が却下されたとき」(9)、「債権者集会における調査において異議がありその結果確定しなかった場合」(10) などの説明があるが、破産手続との関係ではいま一つはっきりしない。この点明瞭に説かれるのは星野教授であって、債権申立に「異議がなされて債権確定訴訟において債権が認められなかったときは中断の効力は生じない」(11) とされている。民法一五二条の「請求却下」には、同一四九条の「訴却下」の場合と同じく不適法却下に当るものがあるのかどうかは、破産法の理解にうとい筆者には不明であるが、債権確定訴訟において、実体法上の債権の存在が否定されたことをこれが意味するとすれば、時効中断が生じないのは当然であり、またこのような場合について、権利不存在の公権的判断がなされたのであるから、裁判上の催告としての暫定的中断の効力を認めることは意味をなさない。本判決が、管財人や他の債権者の異議をもって「請求カ却下」されたときに該るとしたことは、一五二条についてどのような理解に立つものであろうか。

次に、周知のように、管財人や他の債権者が異議を述べたとしても、その異議は撤回しうるものであって、撤回せられた場合には債権届出の効力には何の影響もない。「請求却下」とは、少なくとも債権の申立に対して公権的判断がなされたことを意味するものであり、撤回の余地を残す異議の申立があったことの一事をもって両者を同視できるものであろうか。

第三に、会社更生法との関連がある。同法では、更生手続参加は時効中断の効力を生ずるが、更生債権者または更生担保権者がその届出を取下げ、またはその届出が却下されたときは、時効中断の効力は生じないとし（同法五条）、民法一五二条とほぼ同様の規定を置いている。そして、その解釈として、調査期日における異議（同法一四三条）によっては、適法な届出によって生じた中断の効果は失わないことを明言するものがある。(12) ただ、同じく無名義の債権についても、異議が申立てられた場合、破産法では債権確定訴訟を提起すべき負担は異議を受けた債権者にあるのに対し（破二四四条一項）、会社更生法では異議者が起訴責任を負うとされている（会社更生一五一条一項）。その理由は、従前破産手続において破産債権確定訴訟が遅延したために、破産手続そのものが長引く弊害が生じていたことにかんがみ、関係人による異議権の行使を慎重ならしめる趣旨であるといわれている。(13) そうだとすれば、起訴責任を債権者か異議者かのいずれに負わせるかは、倒産手続を滞り少なく進行させることを配慮した政策の問題であり、同じ目的を有する手続内で、破産の場合には異議によって時効中断の効力が失われてしまうと解することは、たとえ、それに暫定的な中断の効力は認めるにしても均衡を失するのではないかと思われる。また、破産の場合でも、有名義債権については異議者に起訴責任がある（破二四八条一項）。ところで、実体法の次元では、通常債権であれ、判決によって確定した債権であれ、時効中断が認められる事由については強弱はない。本判決のように、無名義債権につき異議に中断の効力を認めたとしても、有名義債権については異議を受けた債権者に起訴責任のない以上異議をもって暫定的中断の効力ありと認めることはできない筈であり、無名義債権か有名義債権かによって中断事由に区別を設けることになりかねない。そもそも、起訴責任の所在と中断事由としていかなるものを認むべきかとは別の問題ではなかろうか。

第四に、破産の場合には、本件のような無名義債権については、異議を申立てるに何ら理由を付することを要しない。そこで、疑わしきはとりあえず異議により否認しておくという態度がとられ易い。これに対して異議を受けた債権者は、債権確定訴訟で抗戦するか、配当率をにらみ合せて実質的に期待される利益と債権確定訴訟に要する費用と手間とを考慮して引きさがるかの選択をせまられるわけであって、その負担に加えて、とくに明文の根拠のない異議をもってして債権届出によって生じた時効中断の効力を失わしめるという負担をさらに加えることが妥当かどうかは疑わしいといえよう。

本判決は、時効中断の効力を認める根拠として、公権力による権利の確定があることに比重を置きすぎたのではなかろうか。民法その他の法律で掲げる中断事由が中断の効力をもついわれをどう理解するかは困難な問題であって、にわかには断じ難いが、いまのところ権利者が権利の存在につき公権的判断の獲得に向けて公権的手続によって権利主張をしたこと、とみておくことにする。そうだとすれば、前記判例(d)の口吻を借りれば、権利者が権利主張をやめたものでもなく、権利についての公権的判断を受ける機会を放棄したものでもなく、いわんや公権的判断によって権利の不存在が確定されたものでもない、届出債権につき管財人らから異議を受けたに過ぎない場合に、中断の効力を否定するのはいささか行き過ぎではないかと思うのである。

(1)　この問題については多くの論稿があるが、とりあえず平井（一）「時効中断事由」民法学1二八六頁以下を掲げておく。諸文献については同稿を参照されたい。なお、他に松久「消滅時効制度の根拠と中断の範囲(一)(二)」北法三一巻一号二号が注目される。

(2)　横山（長）・最判解民昭和四五年度(上)五〇四頁。同解説では、外延拡張のために裁判上の催告を認めた例として、最判昭四三・一一・二四裁判集九三号九〇七頁をも掲げる。

(3) 四宮・総則(新版)三二一頁。

(4) 梅・要義(巻之一)三八四頁、中島・釈義(巻之一)八二五頁。なお、法典調査会議事速記録における梅発言。

(5) 我妻「確認訴訟と時効中断」民法研究II所収。

(6) 横山(長)・前掲五〇五頁。

(7) たとえば、幾代・総則五七二頁、四宮・前掲三二〇頁、星野・概論I二六三頁。

(8) 川井・注釈(5)九九頁、幾代・前掲五六七頁。

(9) 我妻・総則四六四頁。

(10) 川島・総則四八五頁。

(11) 星野・前掲二六五頁。

(12) 三ケ月他・条解会社更生法(上)一六二頁。

(13) 三ケ月他・前掲(中)七七四頁。

〈判例時報九八九号(一九八二)〉

9　物上保証人による承認と時効中断の効力

――最一小判昭和六二年九月三日判時一三一六号九一頁、判タ七二三号八三頁、金法一二二九号六二頁、金商八二五号三頁――

一　判決のポイント

判示第一点は、物上保証人がした被担保債権の存在の承認は、民法一四七条三号にいう承認に当らず、時効中断効を生じないとした。新判例。

判示第二点は、債務承認をした物上保証人が時効完成後に時効を援用しても、信義則に反するとはいえないとする。本件に則していえば、妥当ではないかと思われる。

二　事　案

A・B・Y間で、BがYに対し負担する商品代金債務をAが引受ける合意が成立し、次いで、AY間で、右引受後は、AのYに対する借受金債務とする旨の準消費貸借契約が締結され、右借受金債務を担保するため、Xの所有する本件建物についてYのために抵当権設定登記がなされた。

ところで、右AのYに対する債務は、商事債務として、昭和五四年一一月三〇日の経過によって消滅時効が完成するものと解されるところ、Xは Yに対し、昭和五四年一一月六日ごろ、内容証明郵便をもって代位弁済の申込をなした。これは、承諾の期間を申込の到達後一〇日以内と定めてなされたものであるが、Yからは右期間内に承諾はなされなかった。その後Ｘから、自己が物上保証をなしたＡのＹに対する本件債務につき、時効消滅を主たる理由として、債務不存在確認ならびに抵当権設定登記抹消登記手続請求をなしたのが本件である。

一審（東京地裁）は、Ｘのなした代位弁済の申込を債務の承認としたが、時効完成後の債務の承認とみたのか、完成を知ってなしたものなら時効利益の放棄、知らずになしたものであっても信義則上援用をなしえないとして、Ｘを敗訴させた。二審（東京高裁）は、時効完成前のＸの代位弁済の申込は、債務の存在を論理的前提とするものであるが、債権者でも債務者でもない物上保証人は債務の承認をなすべき立場でないし、承認期間を定めてなされその期間内に承認がなされなかった本件のごときＸの代位弁済の申込をもって、Ｘが時効中断事由たる債務承認をなしたと評価することは相当でないとして、逆にＸの時効援用による債務の消滅を認め、Ｘの請求を認容した。

三　判　旨

「物上保証人が債権者に対し当該物上保証及び被担保債権の存在を承認しても、その承認は、被担保債権の消滅時効について、民法一四七条三号にいう承認に当たるとはいえず、当該物上保証人にたいする関係においても、時効中断の効力を生ずる余地はないものと解するのが相当である」。

「原審の確定した事実のほか、記録にあらわれた原審におけるＹの主張事実を含めて勘案しても、Ｘが本件抵当権の被担保債権についてした消滅時効の援用が信義則に違反するものということはでき」ない。

四　先例・学説

先述したように、本件の問題点である物上保証人のなした債務承認についての先例はない。保証人については、古い判例が、保証人が保証債務の履行として利息ならびに元金の一部を支払ったとしても、主債務者が承認したことにはならないとしている（大判昭一三・七・八・判例全集五輯一六号一五頁。その他の先例については、松久三四彦・本判決紹介、民商九八巻六号八三二頁参照）。

いかなる行為が承認にあたるか。一般的には、承認とは、時効の利益を受けるべきものが、時効によって権利を失うべき者に対して、その権利の存在を知っている旨を表示することであり、観念の通知であるとされる（幾代『民法総則（第二版）』五八〇頁（一九八四年）、四宮『民法総則（第四版）』三一六頁（一九八六年））。具体的には、支払猶予の懇請、利益の支払、一部の弁済などが、大審院の先例として引用される他、反対債権による相殺（最判昭三五・一二・二三民集一四巻一四号三一六頁）、債務の一部弁済のため小切手が振出された場合の右小切手の支払（最判昭三六・八・三一民集一五巻七号二〇二七頁）などがある。

右に紹介したように、承認をなしうる者については、「時効の利益を受けるべき者」と通常説かれているのであるが、時効援用権者についても同じく時効によって利益を受くべき者とされており、こちらの方では、保証人・連帯保証人は勿論、物上保証人（最判昭四三・九・二六民集二二巻九号二〇〇二頁）、抵当不動産の第三取得者（最判昭四八・一二・一四民集二七巻一一号一五八六頁）も援用権者に数えられていることは周知のところであろう。

以上を簡略に踏えたうえ、若干の検討に入ることにする。

三　評　論

一　本判決を論評したものの中に、中断事由としての承認を、権利行使を不要と思わせる行為と解することを理由とすることから、本件におけるXの代位弁済の申込には承認期間が定められており、その期間内にYが承認をしなかったというのであるから、被担保債権の消滅時効の中断を認めなかった本判決の結論は妥当とするものがある（松久・前掲八三三頁）。右のような評価は、承認が中断効を生ずる根拠の検討からなされるものである。また、本判決研究において、中断効を生ずる承認には従来説かれてきたような観念の通知ではなく、他の中断事由たる請求が権利者の積極的な権利主張であることとの対比からも、法律行為として理解すべきではないかと説くものもある（塩崎勤・本件研究、金法一二四七号一〇頁以下）。しかし、本稿では、このような「承認」の性質論ないし本質論には立ち入らない。そもそも時効制度の存在理由に立ち返っての考察を要するからである。ただ、これまでのように、承認とは当該の権利の存在を知っている旨の表示でありそれをもって足りるとする立場からは、物上保証人が代位弁済をするという申出は、債務の存在を認識していることが前提となるから、もし、物上保証人と債権者との関係のみでの相対的中断の効力を認めうるとすれば、そのような中断効を生じせしめる事由としては充分なのではないかと思われる。

二　本判決は、物上保証人は、そもそも時効中断効を生ずる債務の承認はなしえないのであるから、当該の物上保証人に対する関係でも時効中断効は生ずる余地はないとしている。一般に認められているところによれば、物上保証人は、保証人とは異なって何らの債務を負わず責任のみ負う者に過ぎないのであって、そのような者が債務を承認するということ自体、言葉としては成り立ちえないともいえよう。また、かりに、物上保証人の承認に中断効を認めうるとしても、被保証債務の時効が中断されその効力が債務者に及ぶとすることは、主客顚倒であり、考えられるとすれば、債権者と物上保証人との関係でのみ中断が生ずる、いわば相対的中断効を認めうるかであり、前述のように、本件Xの行為はそのように解することを可能とするものである。

本件Xは物上保証人であるので、まず保証人と対比してみるに、被保証債務の中断の効力がこれらの者に及ぶという点、および、被保証債務の時効の完成についてはこれを援用しうるという点、の両者については、保証人と物上保証人との間に差異はない。保証人が保証債務について債務承認をした場合については、主たる債務(被保証債務)には中断の効力は及ばないと解されており、これに従うときは、物上保証人が債務承認をしても、被保証債務について中断は生じないと解することになろう。しかし、他方では、このように解すると、たとえば、物上保証人が代位弁済を申込み、抵当権の実行の猶予を懇請してきたため、抵当権者が抵当権の実行を見合わせている間に被保証債務の時効が完成してしまった場合でも、物上保証人は被保証債務の時効を援用して抵当権を消滅させることができることになりそうであるが、はたしてそれが妥当な解釈といえるかという疑念が呈されているし（松久・前掲八三三頁）、保証人についてであるが、保証人が自己の保証債務について債務承認をした場合には、主たる債務も承認したものとして、主たる債務の消滅時効の援用を否定すべきであるとする説（前田達明『口述債権総論』三三四頁（一九八七年））も唱えられており、物上保証人についても同様に解することも可能であろう。

次に、本件一審の評釈においてであるが、物上保証人に時効援用権が肯定されたこととのからみから、時効中断事由としての承認の承認権者に物上保証人も含まれると考えてもよいのではないかとするものがある（橋本泰宏・判タ五〇五号一七頁）。これに対しては、承認は中断の問題として時効完成前にかかり、援用は時効完成後にかかるもので別異なものであること、承認権者と援用権者とは、ともに時効の権利をうける者であるといっても、必ずしも同一の範囲であるとは解されないこと、などがとりあえず反論として挙げられよう。にもかかわらず、次のようなこともいえるのではないかと思われる。

時効完成後に、時効を援用することは、保証人にも物上保証人にも認められている。すなわち援用権者とされている。ということは、保証人にも物上保証人にも、援用権の放棄あるいは喪失は生ずるわけである。そして、通常は、時効完成後の債務の承認は援用権の喪失事由となると解されている。援用権喪失の効果はこれにより時効援用が許されないことであるのはいうまでもないが、爾後時効は進行し、再度時効が完成したときには援用することを妨げないとするのが判例（最判昭四五・五・二一民集二四巻五号三九三頁）であり、学説にも異論はない。とすれば、時効完成後の債務の承認は、爾後所定の時効期間が経過しなければ時効は完成しない、すなわち、それまでの時の経過の効力を失わしめるという意味では、中断効を生ずる時効完成前の債務承認と実質的には変りがないものとみることができる。そうだとすれば、時効完成の前後を通じて、承認をしうる者の範囲、あるいは中断というよりも時の経過による利益を受けえなくなく者の範囲が、異っても当然といってよいのか、あるいは以上のことが整合させる論理の手がかりとなるとすれば、保証人・物上保証人が援用権者とされることにより承認権者ともされるという発想は、全く筋が通らないというものでもないであろう（吉田光碩・本件研究、判タ七一一号七八頁）。

三　右のように、物上保証人の債務承認に関して、時効中断の効力を相対的に認めることが全く不可能とはいえないと思われるが、本判決は、物上保証人のした債務承認は、絶対的にも、債権者と当該物上保証人との相対的関係においても、時効中断の効力はないとしたので、債権者は、保証人や物上保証人を相手としては中断措置を講ずることはできず、たとえ主債務者が無資力であっても、行方不明であっても、そして当該保証人や物上保証人が債務を承認し、あるいはすでに分割支払をしていたとしても、主債務者に対して提訴等の時効中断措置を講じておかなければならないこととなる（塚原朋一「主債務者の時効援用は絶対効か」金判八二六号二頁）。このような扱いに対しては、次のような見解が示されている。

すなわち、一つは、主債務者が行方不明であったり、全く資力がないのに、時効中断のためにのみ主債務者を相手方に時効中断措置を構ずべきであると説くのは余りにも不自然であるということ、二つには、例えば、保証人が債務を認めて分割払いをする旨の和解をなしたうえ、右和解に基づいて分割払いしている間に、主債務者について別途時効が進行して完成し、右保証人がある日突然に主債務について時効を援用した場合、時効消滅の効果は主債務者及び当該保証人についても時効起算日まで及ぶから、保証人が分割支払いをしていた期間も含まれることになり、保証人が延払いしてきた効果は覆滅し、不当利得が成立するのではないかという問題が生ずることと、以上の点からして、論者は、時効の中断についても相対効を認めるべきことを強調するのである（塚原・前掲）。ところで、第二の点についてであるが、保証人を物上保証人に置き換えても同様の問題が生ずることは想定されうるのであるけれども、時効によって消滅する債権は債権者が現に行使しうる債権であって、物上保証人が債務の存在を認めたうえ分割支払いを続けた後、被保証債務の時効を援用したとしても、それによって消滅する債権は既払分によって消滅した部分を控除した残額についてであって、論者のいうように、既払いの部分が不当利得となるということはありえないと思われる（塩崎勤・前掲一六頁。論者の疑問は単なる杞憂にすぎないとされている）。第一の問題に関しては、確かに無意味なことではあろうけれども、権利は義務者に対して行使すべきなのが原則である以上、保証人等と併せて債務者に対し形式的にせよ権利行使の手続をとるべきであろうともいえるのである。なお、物上保証人に対する抵当権等の実行により、競売裁判所が競売開始決定をし、これを債務者に告知した場合には、被保証債権についての消滅時効は、債務者に対する関係においても中断すると解されている（塩崎・前掲一五頁）。

以上を要するに、物上保証人のなした債務の承認に、相対的な中断効を認めるか否かはいずれとも解することができるのであって、本格的解明は時効制度論にまで及んでなされなければならないが、現在のところでは、本判決のように、相対的にも中断効を否定しつつ個別に信義則によって妥当な結論を導くのが、積極的に中断効を認めるべき決め手もなく、中断効を認める実務上の方向性が熟成しつつあるようでもない状況においては、無難な態度であったと評論することも充分できると思われる。

四　援用を要件とはするが、時効の完成によって確定的に権利の得喪が生ずるとみる時効の厳格な効果を、何らかの方法により緩和する傾向が近時眼につくようになった。農地法の所有権移転許可申請協力請求権につき消滅時効を援用することが信義則に反し権利の濫用として許されないとした最高裁の昭和五一判決（最判昭五一・五・二五民集三〇巻四号五五四頁）はその典型であるし、不法行為責任とされてきた事例に安全配慮義務違反という操作を経ての時効期間の延長を図る解釈も（最判昭五〇・二・二五民集二九巻二号一四三頁）、短期消滅時効による権利の確定的消滅の緩和を目したものに他ならない。このような緩和に対しては、次のような批判がある。すなわち、時効要件が一応充たされている限りは、時効の効果が当事者の具体個別的関係において果して適切妥当なものか否かの判定は、終局的には援用権者に委ねるとするのが民事時効制度の構造であり、長期間経過後に信義則の名の下に個々の援用の妥当性を検討することは、本来不可能を強いるばかりでなく時として時効制度自体を無意味とする危険を招来するであろうというのである（内池慶四郎・前掲最判昭和五一年批判、判評二一七号一三一頁）。しかしながら、どのような制度においても、制度の不備もあろうし限界を超える事例もありえよう。まして、時効制度は、がんらいは、義務は常に履行さるべきであるという要請と、長期間経過後の権利行使は相当性を欠くという観点との、二律背反性を内蔵している制度であり、それゆえにこそ、援用を権利得喪の要件としているのであるから、優れて当事者間の信義を基盤としている制度といいうるのであって、制度としての限界を超える場合においては、直截に信義則による調整が求められてしかるべきではないかと思われる。もっとも、論者も、一切信義則による調整を排するとされているわけではなく「およそ時効援用が違法、不当と評価されるためには、かなり明白に特殊異常な要件を充たす場合に限定されるべきであろう」（同一三一頁）とされるのであって、ことは、いかなる事情をもって時効の厳格性を緩和する事由とみうるかとの評価の問題となる。

これについては、近時の判例を分析し類型化して検討した論稿がある（平田吉信「消滅時効援用と信義則」ジュリ八七二号七九頁以下）。右論稿では、時効援用制限例を五つの類型に分け検討を加えており、詳細は直接に見られたいが、本件が係わるのは、第一類型とされる。債務者が債権者に対して弁済がなされるとの期待を抱かせ、債権者がそのために時効中断の措置をとらないでいる間に時効が完成すると、今度はその援用をして履行を拒む場合、であろう。Yが、Xが代位弁済をするから抵当権登記を抹消して欲しい旨の申込をしながら、後になって時効を援用するのは信義則に反すると主張していることからもそう解しうる。しかし本件においては、Xの右の申出によってYが全面的に権利行使を手控えていたにもかかわらず、後にそれが裏切られたといえる程の事情があったといいうるかは、必ずしも明かではない。Xの代位弁済の申込には承認期間が付されていたが、Yはその期間内に承認をしたという形跡もないのである。したがって、信義則によって個別にYの救済をはからなければならない程の事例とはいい難いとした本判決の態度も首肯できよう。

確かに、Xは、時効完成前、しかもその直前に債務の存在を明確に認識した言辞を権利者Yに対して表明しており、にもかかわらずそれと矛盾する時効の援用を後にしていることは、そのこと自体を採りあげればXを保護するにつき躊躇を抱かせるであろう。しかし、請求にせよ承認にせよ、時効の中断は本来の権利者と義務者との間でなさるべきが筋であり、その点を看過した債権者、本件ではAに対し中断手続を怠ったYに債務消滅の負荷を認めた本判決の態度も一つの在り方といいえよう。

本判決以後は、実務的には、保証人、物上保証人に対する権利行使あるいはこれらの者からする債務の承認は、原則として時効中断の効力を生ぜず、本来の債務者が債務承認をなさない限り、債務者は、本来の債務者に対し訴の提起等権利行使をしなければ時効の中断はないという扱いで、債権回収に留意する必要があるということになろう。

〈私法判例リマークス一号（一九九〇）〉

10　時効の起算点——安全配慮義務違反によるじん肺

——最三小判平成六年二月二二日民集四八巻二号四四一頁——

一　事実の概要

Yは、昭和一四年に設立された会社で、炭鉱を開発経営し、Xら六三名は、Yの経営する炭鉱において炭鉱労務に従事していたところ、「粉じんを吸入することによって肺に生じた繊維増殖性変化を主体とする疾病」（以下じん肺という）に罹患した。

本訴は、Xらが、右じん肺に罹患した本人または相続人としての、Yに対し、雇用契約上の安全配慮義務の不履行に基づく損害賠償を請求するものである。

ところで、昭和三五年「じん肺法」が制定され、管理一から管理四までの「健康管理の区分」を決定する手続が進められた（これは後に「じん肺管理区分」の決定に改められた）。Xら六三名は、いずれもじん肺の所見がある旨の右行政上の決定を受けており、その最終の行政上の決定をみると、五八名が管理四とされ、その余の二名は管理三に、また三名は管理二にとどまっている。

そして、六三名中、二〇名については、最終の行政上の決定（最も重い行政上の決定）を受けた日から本訴提起の日までに一〇年を超える期間が経過しており、その余の四三名については、最終の行政上の決定を受けた日から一〇年未満のうちに本訴が提起されているが、このうち一〇名については、最初の行政上の決定を受けた日から本訴提起までに一〇年を超える期間が経過している。

一、二審とも、Yの安全配慮義務の不履行が認められたが、Yが、民法一六七条一項の消滅時効を援用したので、その起算点を何時と解するかが問題となった。

第一審（長崎地裁佐世保支部）は、消滅時効は最終の行政上の決定を受けた時から進行すると解したのに対し、原審（福岡高裁）は、最初の行政上の決定を受けた時から進行するとした。すなわち、第一審は、本来の給付義務の履行請求可能な最終時である退職の時から起算すべきではなく、損害発生したことを債権者において認識したかまたは認識の可能性がある時から起算すべきであり、じん肺に罹患すれば死亡にいたるかも知れない認識がありまたその認識が可能となったのは、各人にとって最も重い行政上の決定を受けた時であるとしたが、原審は、安全配慮義務違反により損害が発生した時、すなわち、Xらのじん肺罹患の症状が現実化顕在化した時（発症の時）に損害賠償請求権が成立し、その時から時効が進行するとしのである。

二　判　旨

一部破棄差戻、一部棄却。

「雇用契約上の付随義務としての安全配慮義務の不履行に基づく損害賠償請求権の消滅時効期間は、民法一六七条一項により一〇年と解され（最高裁昭四八年(オ)三八三号同五〇年二月二五日第三小法廷判決・民集二九巻二号一四三頁参照）、右一〇年の消滅時効は、同法一六六条一項により、右損害賠償請求権を行使し得る時から進行するものと解される。そして、一般に、安全配慮義務違反による損害賠償請求権は、その損害が発生した時に成立し、同時にその権利を行使することが法律上可能となるというべきところ、じん肺に罹患した事実は、その旨の行政上の決定がなければ通常認め難いから、本件においては、じん肺の所見がある旨の最初の行政上の決定を受けた時に少なくとも損害の一端が発生したものということができる。

しかし、このことから、じん肺に罹患した患者の病状が進行し、より重い行政上の決定を受けた場合においても、重い決定に相当する病状に基づく損害を含む全損害が、最初の行政上の決定を受けた時点で発生していたものとみることはできない。すなわち、前示事実関係によれば、じん肺は、肺内に粉じんが存在する限り進行するが、それは肺内の粉じんの量に対応する進行であるという特異な進行性の疾患であって……その進行の有無、程度、速度も患者によって多様であることが明らかである。そうすると、例えば、管理二、管理三、管理四と順次行政上の決定を受けた場合には、事後的にみると一個の損害賠償請求権の範囲が量的に拡大したにすぎないようにみえるものの、このような過程の中の特定の時点の病状をとらえるならば、その病状が今後どの程度まで進行するのかはもとより、進行しているのか、固定しているのかすらも、現在の医学では確定することができないのであって、管理二の行政上の決定を受けた時点で、管理三又は管理四に相当する病状に基づく各損害の賠償を求めることはもとより不可能である。以上のようなじん肺の病変の特質にかんがみると、管理二、管理三、管理四の各行政上の決定に相当する病状に基づく各損害には、質的に異なるものがあるといわざるを得ず、したがって、重い決定に相当する病状に基づく損害は、その決定を受けた時に発生し、その時点からその損害賠償請求権を行使することが法律上可能となるものというべきであり、最初の軽い行政上の決定を受けた時点で、その後の重い決定に相当する病状に基づく損害を含む全損害が発生していたとみることは、じん肺という疾病の実態に反するものとして是認し得ない。これを要するに、雇用者の安全配慮義務違反によりじん肺に罹患したことを理由とする損害賠償請求権の消滅時効は、最終の行政上の決定を受けた時から進行するものと解するのが相当である。」

三　解　説

本件は、長崎じん肺訴訟の上告判決である。じん肺訴訟は、本件のような炭鉱労務に従事している罹患した常磐炭鉱じん肺訴訟（福島地いわき支判平成二・二・二八判時一三四四号五三頁）、遠州じん肺訴訟（静岡地浜松支判昭和六一・六・三〇判時一一九六号二〇頁）などの他、鉱物の採掘による前橋地判昭和六〇・一一・一二判時一一七二号一一八頁、トンネル工事に従事していた千葉じん肺訴訟（千葉地判平成五・八・九判タ八二六号一二五頁）、鳥取じん肺訴訟（鳥取地判昭和六二・七・三〇判タ六四六号二五〇頁）、建設作業現場で長期にわたり粉じん発生の作業に従事した大津地昭和六二・四・二七労判四九九号三九頁、やや古いが陶磁器製造工場で長年働いたためじん肺になったとされる京都地判昭和五〇・一二・二三判タ三三五号三〇四頁、黒鉛電極製造工場で作業中に浴びたタール等の粉じんでじん肺となった昭和電極じん肺訴訟（神戸地尼崎支判昭和五四・一〇・二五判時九四三号一二頁）、長野石綿じん肺訴訟（長野地判昭和六一・六・二七判時一一九八号三頁）などがあり、さまざまな原因から生じうる。なお他に身体に対する侵害が継続累積されこれが長期に及ぶことによって症状増悪にいたったものとして、有機溶剤を扱っていたことによる中毒につき神戸地判平成二・一二・二七判タ七六四号一六五頁、造船所での職場騒音による難聴につき神戸地判昭和六二・七・三一判タ六四五号一〇九頁などである。

以上のような被害を受けた場合、損害賠償請求権の消滅時効につき、どのように考えるべきであろうか。安全配慮義務違反ととらえ、期間は民法一六七条一項により一〇年、起算点は同一六六条一項により「権利ヲ行使スルコトヲ得ル時」とするのが、本判決を含めて判例であり、学説も多数と思われる。しかしながら、安全配慮義務の位置づけに関しては、独自の存在意識を認めるに否定的であり、不法行為責任体系の中で問題を処理しうるとする立場もあり、債務不履行責任と不法行為責任の中間に位置する第三の責任体系としてみるべきものとする立場、あるいは、両責任規範を統合調整して単一の具体的請求権を導きうるとする見解、さらに叙上の議論を踏えたうえで、従来安全配慮義務として一律に論じられてきたものを類型に応じて契約法と不法行為法に振り分けるべきであるとする見解（滝沢聿代「安全配慮義務の位置づけ」加藤一郎先生古稀記念・現代社会と民法学の動向(上)（一九九二年）二八七頁以下）など、議論は現在でも錯綜しているといえよう。また、これを債務不履行責任として位置づけたとしても、給付義務違反か付随義務違反かという議論もあり、これに基づく損害賠償債務が、本来の債務といかなる関係にあるか、という議論もこれに加わる。

ところで、右のような議論は措くとして、時効期間は一〇年、起算点は権利行使可能時としても、後者につきその解釈が問題となる。一六六条一項は、「未ダ行使スルコトノ出来ヌ権利ノ時効ガ進行シヤウト云フコトハ一体ナイ筈デアリマス」(商事法務研究会版法典調査会民法議事速記録一・五三二頁)という起草者の考えにより設けられたが、後に、権利を行使する上で障碍となる事態を法律上の障碍と事実上の障碍とに分け、前者のみが時効の進行を妨げるという解釈が定着してゆく(たとえば、我妻栄・新訂総則(一九六五年)四八四頁)。しかし他方では、厳密に法律上権利を行使することができる時から進行すると解しなければならない必然性はなく、「権利を行使することを期待ないし要求することができる時期」と説く見解もかなり前に示されていた(星野英一「時効に関する覚書」(一九六九―七四年)民法論集第四巻所収)。

大型判例のため、事実と判旨の紹介が長くなり、竜頭蛇尾の感を免れないが、紙数の制限があるので以下簡略に終りたい。まず、安全配慮義務の位置づけ論がある。次に、債務不履行と位置づけたとしても、如何なる義務の違反であるのか、義務違反によって生じた損害賠償債務と本来の債務とは、従来の債務不履行論の中で説かれたように同一性があるといえるのか。起算点につき事故日説あるいは退職時説があるのも、この同一性の理論に支えられているものと思われる。また、一六六条の解釈がある。法律上の障碍、事実上の障碍は概説書にも説かれているが、その意味するところを具体的にかつ比較的法的に検討した実作は多くない(松本克美「時効規範と安全配慮義務」神奈川法学二五巻二号(一九八九年)が注目される)。本判決は、損害の認識可能性時説を採ったと見うるが、さらに冒頭に紹介したなかには、権利行使の認識可能性時説に立つ裁判例もあり、七二四条の起算点と異るところがあるのかないのか。ないとすれば、一〇年と三年の均衡論が生じ、権利濫用の法理の活用を説く立場も処を得ることになる。時効の起算点一つをとっても以上に述べたことがらが係ってくるのであって、さまざまな場面で問題となりうる安全配慮義務を類型化し、類型に応じた時効期間と時効の起算点とを確定してゆく他はあるまいと思われる。ともあれ、本判決が、じん肺という進行の予測し難い疾病について、最終の行政上の決定を受けた日から時効が進行するとしたことについては、評価すべきであるといえよう。

なお、本訴請求は慰藉料請求としてなされたものであるため、その点についての判旨もあるが割愛する。

〈参考文献〉

非常に多く列挙し難い。本文に掲げたものの他、とりあえず、本件解説として、藤岡康弘・平成六年度重要判例解説（ジュリスト一〇六八号）。

他に、高橋眞「安全配慮義務の性質論について」民事法理論の諸問題(下)奥田先生還暦記念（一九九五年）、星野雅紀「安全配慮義務と消滅時効」民事判例実務研究第四巻（一九八五年）、奥田昌道「契約責任と不法行為責任との関係」谷口先生追悼論文集第二巻（一九九三年）を挙げておく。

〈別冊ジュリスト民法判例百選Ⅰ（総説・物権）（一九九六）〉

11　無断転貸を理由とする土地賃貸借契約の解除権の消滅時効の起算点

――最一小判昭和六二年一〇月八日民集四一巻七号一四四五頁――

一　判決要旨

無断転貸を理由とする土地賃貸借契約の解除権の消滅時効は、転借人が転貸借契約に基づき当該土地の使用収益を開始した時から進行する。

二　事　実

本件土地はX（原告・控訴人・上告人）の先々代Aの所有であったところ、Aは本件土地を含む自己所有の不動産管理のために大正の初めにB会社を設立し、本件土地はY_1（被告・被控訴人・被上告人）の先代CがBから賃借して、その上に三戸一棟の建物を築造した。右建物は、Cの権利を相続によって承継したY_1によって、各戸につき、Y_2Y_3には賃貸、Y_4へは譲渡された。その後右三戸一棟の建物には火災による焼毀復旧などがあったが、復旧後もY_2Y_3はY_1より賃借を続け、Y_4は復旧後の建物をY_5に賃貸している。

ところで、Y_1からY_4への建物譲渡は昭和二五年一二月七日であり、以来Y_4はY_1に対して地代（転借料）を小切手で支払ってきた。これより以前、Xは戦災を受けて疎開するにいたり、本件土地を含む地代の集金をDに依頼し、Y_1は、Y_2Y_3の賃借する建物敷地部分の地代は現金で、Y_4の敷地部分についてはY_4から交付された小切手をそのままDに交付して支払ってきており、ときにはD自らY_4方へ地代の集金に行った事実も認められ、この状態はXが疎開先から帰ってきた後も、昭和五一年五月まで継続している。Xが、Y_1のY_4に対する無断転貸を理由として、本件土地賃貸借解除の意思表示をしたのは、昭和五一年七月一六日である。これに対し、Y_1～Y_3は、Y_1のY_4への建物譲渡に伴い本件土地の無断転貸があったとしても、転貸は前記のように昭和二五年末であって、Xの解除権は時効消滅したと争い、$Y_4$$Y_5$は土地転借権の時効取得を理由として争った。

原審（大阪高裁昭和五八年一月二六日判決、判時一〇七六号六八頁にも掲載がある）は、(1)　無断転貸を理由とする解除権の時効消滅については次のように判示した。「解除権はこれを行使し得るときから一〇年を経過することによって、時効によって消滅するものと解されるところ、（Y_4所有の建物の敷地部分）の土地の転貸がなされたのは、前記の通り昭和二五年一二月七日であるから、解除権の行使を妨げるべき事情の認められない本件においては、昭和三五年一二月七日の経過と共に右解除権は時効によって消滅したものと云うべきである。Xは、無断転貸を理由とする解除権は、無断転貸の継続している限り不断に発生しているのであるから、転貸開始時を解除権の消滅時効の起算点とするのは相当でない旨主張するが、無断転貸が継続している場合でも、解除権は転貸開始時に発生するだけで、右継続中不断に新たな解除権が発生しているわけではないのであって、この点は一個の債務の不履行が継続している場合の解除権の消滅時効の起算点と異なるところはなく、逆に、例えば毎月支払うべき債務について長期間に亘る不履行が継続した場合、各履行期毎に新たな解除権が発生するのとは事情を異にするものと考えられる」。

(2)　次に、転借権の時効取得については、前記Y_1のDへの地代支払の状況、D自身Y_4方へ集金に行ったこともある事実などから、土地所有者であるXに対する関係においても、Y_4の用益が賃借意思に基づくものであることが客観的に表現されていたとして、Y_4は遅くとも昭和四六年一月一日には、Xに対抗しうる転借権を時効によって取得したとし、Y_4から地上建物を賃借しているY_5についても、Xに対して右転借権を援用し得る、と判示した。

三　上告理由

主として次の二点である。(1)　無断転貸が継続しているかぎり、賃借人は賃貸人との間の信頼関係を不断に破壊し続けているのであり、無断転貸を理由とする解除権は無断転貸状態が継続している間不断に発生していると解すべきである。仮にそうでないとしても、信頼関係が破壊された時点で発生すると解すべきである。(2)　Y_4は本件土地をY_1の所有と信じて同人から賃借する意思しか有しておらず、Xから転借する意思を有していなかった。

四　判決理由

(1)　賃貸土地の無断転貸を理由とする賃貸借契約の解除権は、賃借人の無断転貸という契約義務違反事由の発生を原因として、賃借人を相手方とする賃貸人の一方的な意思表示により賃貸借契約関係を終了させることができる形成権であるから、その消滅時効については、債権に準ずるものとして、民法一六七条一項が適用され、その権利を行使することができる時から一〇年を経過したときは時効によって消滅するものと解すべきところ、右解除権は、転借人が、賃借人（転貸人）との間で締結した転貸借契約に基づき、当該土地について使用収益を開始した時から、その権利行使が可能となったものということができるから、その消滅時効は、右使用収益開始時から進行するものと解するのが相当である。

(2)　原審の適法に確定した事実関係のもとにおいて、Y_4は、B会社ひいてXに対抗できる転借権を時効により取得したものということができる。

裁判官全員一致の意見で棄却（佐藤哲郎、角田禮次郎、高島益郎、大内恒夫、四ツ谷巖）。

【参照条文】民法一六六条一項・一六七条一項・六一二条二項

五 批評

判旨に賛成。

一 本判決は、無断転貸を理由とする土地賃貸借契約の解除権の時効起算点につき、従来判決例が分かれていたところ、この点につき判示した初めての最高裁判例として注目すべきものである。

もっとも、次の諸点も問題となる。(イ)無断転貸を理由とする解除権は、債権に準じ、一〇年の消滅時効にかかるとした点。これまでの判例の態度を総括して、「形成権についても消滅時効の規定が適用され、形成権が商行為から生じた場合又はそうみなしうる場合は、民法一六七条一項に対する特則としての商法五二二条が適用され、それ以外のものについては通則としての民法一六七条一項が適用される」[1]と説かれているところからすれば、本判決が、本件解除権を一〇年の時効にかかるとしたことは、とくに目新しいものではない。ただ、不動産賃貸借の解除権の時効期間が問題となった例は少なく、最判昭和五六年六月一日（民集三五巻四号七六三頁）が、賃料不払を理由とする解除権について一〇年とした先例があるが、無断転貸を理由とするものについては本判決が初めてのものである。(ロ)次に、既に紹介したように、本判決は転借権の時効取得を認めている。この点については、最判昭和四四年七月八日（民集二三巻八号一三七四頁）の先例がある。さて、右(イ)に掲げた解除権の消滅時効期間をいかにみるかは難問であって、消滅時効か除斥期間か、期間は何年とみるべきか、解除権のように行使の結果新たに請求権を発生させることがあるものにつき、両者の期間制限をどう捉えるか、はては、今日における形成権なる概念の有用性いかん、という問題にまで発展すると思われ、とても本稿で論ずる余裕も能力もない。[2]本判決に従って、一六七条一項の適用あることを前提とする。(ロ)の転借権の時効取得についても、本判決は簡略に原審を支持しているに過ぎないので、立ち入らない。後に簡単に触れるに止める。

さらに、(ハ)借地上の建物所有者が当該建物を譲渡することは土地（敷地）につき転貸となるか、(ニ)無断転貸あるいは無断譲渡を理由とする解除権が、時効消滅した後でも（あるいは時効消滅の成否にかかわらず）、貸地人たる土地所有者は、所有権に基づいて転借人に対し建物収去土地明渡を求めうるか、という点も存する。(ハ)につき、借地人たる借地上の建物所有者が所有建物を賃貸したときは、土地につき転貸、譲渡したときは借地権譲渡があったとみることも可能である。しかし、建物所有者が借地人のままであれば建物の使用者が変更したとしても、土地の使用は借地人自身によって行われているのであるから、とりたてて転貸と構成する必要もないであろう。[3] 現に本件でも、Y_1のY_2Y_3への建物賃貸は問題とされておらず、Y_4への建物譲渡が本件土地につき無断転貸（実は一部無断転貸であるが）になるとして解除がなされ、それを基としてY_2Y_3への請求がなされている。かようにして、借地上の建物の譲渡は、土地につき借地権譲渡または転貸になると一般に解されており（そのいずれであるかは解除権に消長をきたさない）、本件でもこの点が争われた形跡はない。(ニ)については、これまた後に若干触れることとする。

（1）　岨野悌介・渡辺雅文「賃貸借契約解除権の消滅時効」司法研修所論集六九号一〇頁。

（2）　問題状況につき、二重期間規定の検討を中心としたものであるが、とりあえず、椿寿夫他「時効期間と除斥期間」法律時報特集（五五巻三号・四号）をみられたい。

（3）　鎌田薫「賃借権の時効取得」判タ六六七号五六頁、鈴木禄彌・借地法下巻（改訂版）一二四五頁。あるいは、転貸と構成したうえで、貸地人は当初から予想認容していたものゆえ背信性がないとすることもできる。

二　無断転貸を理由とする解除権の時効の起算点については、従来の裁判例は、本件原審[1]のように、転貸時とするもの（東京地判昭四九・三・二八判時七五〇号六六頁、東京高判昭五四・九・二六判時九四六号五一頁）と、上告理由の主張するように、無断転貸の継続するかぎり解除権は不断に発生しており、起算点は任意に選択しうるものとするもの（東京地判昭四五・一〇・三〇判時六二一号五五頁、東京地判昭四五・一〇・一五判時六二一号五五頁、東京地判昭四三・三・二五判時五四〇号四五頁）とに、完全に二分されていたといってよい。この他に、賃貸人が転貸の事実を知った時とする説[2]と、信頼関係破壊時とする説[3]とが唱えられている。以下各説を検討する。

借地借家関係には信頼関係破壊の法理が導入され、借地・借家人保護が計られていることは今更いうまでもないが、それに伴って、無断転貸を理由とする解除については、無断転貸は賃貸人の解除権を発生せしめるが、賃借人の側に信頼関係を破壊しないとみられる特段の事由があるときは解除しえないとするのか、無断転貸の事実のみでは解除権が発生しないが、信頼関係を破壊するような特段の事由が転貸に伴って存在すれば解除権が発生するとみるのか、という、二つの基本的態度がありうることになる。これは、原則と例外が入れ換っただけで結局は同一に帰着するというものではなく、既に述べたように、解除権発生の時期に差を生ずるのである。判例は一々掲げないが前者であり、それゆえ「特段の事由」の主張立証は、賃借人においてなすべきであるとされている。[4]無断転貸による解除権が、本判決のように転貸時から発生するとみる立場も、転貸が継続しているかぎり不断に発生しているとみる立場も、いずれも無断転貸そのことのみで原則的に解除権が発生するという認識に立脚していることでは、共通しているのである。なお、これらの判決では、賃貸人が転貸の事実を何時知ったかは直接問題とされておらず、解除権の発生と時効の進行開始時点とは一致している。

解除権の時効の起算点を賃貸人が転貸の事実を知った時からとすべきだとされるのは、前掲岨野・渡辺論文であるが、論者は、まず、解除権の時効が一〇年と解されているのは、本来二〇年とみるべきところとくに短期時効として一〇年が説かれているのであって、二重期間規定においては、民法は、短期については時効の起算点を権利者の知不知にかからせる例が多い（一二六条・七二四条・八八四条）、という理解を根底として、「無断転貸がされても、賃貸人がこれを知らない間は、賃借人に対する信頼は従来どおり存続しているとみられ、このように賃貸人の信頼が変わらない場合に賃貸人が賃貸借契約を解除するについては、単に事実上の障害があるだけでなく法律上の障害があるといえなくもなく……結局賃貸人が転貸を知った時を時効の起算点とする解釈もありうる」[6]とされている。[5]一〇年の期間に関する論者の理解は別として、一般には、明文の規定のないかぎり、権利者の権利の存在に関する知不知は時効進行の障害にはならない、と解されていることはさておいても、この説は、信頼関係破壊の有無の評価を、余りにも賃貸人の転貸の事実に関する知という主観的ファクターにかからせ過ぎるものといわなければならない。もとより、かかる主観的要因も全く無視するというのではないが、信頼関係が破壊されたかどうかの判断は他の客観的事実と総合されてなさるべきものであろう。そして、この説は、賃貸人が無断転貸の事実を知った時に信頼関係が崩壊するとみるのであるから、次の信頼関係破壊時説と共通の基盤にあるわけである。

さて、信頼関係破壊時説については、本判決の紹介(7)では、それ自体ではとらえどころのない曖昧な基準によるものであるから採りえないと批判している。また、岨野・渡辺論文でも、背信性は、継続する転貸の状態をあとから包括的にみて判断されるのであり、転貸が、特定の時点を境にして、それ以前は背信性がなくそれ以後は背信的なものに変ったなどということはとうてい認められないとする(8)。この部分の記述は、同論文が前述のごとく賃貸人が転貸を知った時から背信性を肯定するという、一時点を境にして扱いを異にする立場を採られるだけにいささか気に掛るのであるが、そもそも、借地関係に信頼関係破壊の法理を持ち込んだ以上、破壊のあった時に初めて解除権が発生するとみるのが筋としては正しいといわざるを得ず、問題は、破壊時なるものがここで非難されるように、それほど曖昧として定めかねるものかどうかである。この点を明確にするには、いかなる事実が信頼関係破壊のファクターとして認められたか(あるいはそれに当らないとして斥けられたか)を判例の分析を通じて抽出する作業が必要となってくるが、本稿ではその余裕がないので、比較的近時の判例に限ってそのいくつかを極く簡単に拾ってみる。

①東京高判昭六二・一・二八判タ六四七号一七七頁、七年九ヵ月に及ぶ賃料不払と一部無断譲渡の事実とを合わせて背信性ありとした。②東京地判昭五八・一一・一七判タ五一九号一六四頁、後妻が借地人であったところ法定相続人ではない先妻の子に借地権を死因贈与したことが、相続と実質的には変らないとして背信性なし。③

東京地判昭五七・二・三判タ四七四号一六五頁、土地転借人が転借地に建てた建物が違法建築であったことで背信性肯定。④東京高判昭五四・四・二七判時九三四号四八頁、更地の一時使用の目的での転貸は背信行為とはならない。⑤最判昭四四・四・二四民集二三巻四号八五五頁、夫が借地権を妻が地上建物とを有している場合、離婚に伴い夫が妻に借地権を譲渡しても背信行為とはならない。⑥東京地判昭四五・一〇・一五判時六二一号五五頁、個人が借地し法人組織に改めた後に経営権が他人に移り、倒産して債権者が管理使用している場合には、信頼関係の破壊は顕著である。⑦最判昭四二・一二・八判時五〇六号三八頁、借地中の五三%が無断転貸されたことは信頼関係の破壊となる。⑧最判昭三九・六・三〇判時三八〇号七〇頁、賃借人の関係の妻が生前から借地上の建物に同居し、賃借人死亡後は、相続人から借地権建物とも譲渡されて引続いて居住していることにつき、事実上従来の借地関係の継続であって信頼関係を破壊しない。

以上は不充分な数ではあるが、判例の上からは、ある特定の事実をもって信頼関係の有無（判例の立場からすれば信頼関係を破壊しない特段の事情の有無）が判断されている、と一応はいいうるであろう。したがって、その事実が生ずるまでは背信性はなく、生じた以後から背信性を帯びるにいたるということも可能のように思われる。もっとも、①は、賃料不払と一部無断転貸とをもっていわば併せて一本という形で背信性を肯定しており、これは、信頼関係の破壊は、賃貸人賃借人間の諸事情を総合的に評価して判断すべしというのが、従来から一般に認容されてきた考え方である以上、当然にありうる評価態度ともいえるのである。

ところで、信頼関係の破壊は諸要因を総合して評価すべきであるということと、何時から信頼関係が破壊されたといいうるかは、相容れないものではない。事実の経過としては、諸要因が累積して信頼関係が破壊されたといいうる時点があろうからである（①では、賃料不払と一部無断転貸が重なった時点）。かようにして、解除権発生時を信頼関係破壊時とすることは論者のいうように必ずしも捉えどころのない程の曖昧なものではないのであり、現実には、ある特定の事実をもってそれが信頼関係を破壊するか否かが判断されることが多いのである。借地借家関係の解除に関して信頼関係破壊の法理が導入された以上は、前述のように信頼関係破壊の時をもって解除権が発生するとするのが筋であり、私見は、信頼関係破壊時説をもって妥当と考える。

次に、信頼関係を破壊するに足ると評価された無断転貸がなされた以後は、不断に背信性は維持されているという見解については、賃貸人が事実を黙過している場合には、原則として少なくとも黙示の承諾があったとみる、(8)とまでは難しいとしても、背信性の度合いが時の経過とともに薄れ、あるいは治癒されてゆくとみうる可能性を(9)全く奪うものとして、また、賃料不払の場合には、毎期ごとに違法な行為が反覆形成されているとみられるのに対し、違法転貸の場合には、ある時期に形成された違法状態が以後は単に存続しているに過ぎない、ということとの差異(10)を看過してしまうものとして、賛成しえない。

本件(11)では、Y_1からY_4への借地上の建物譲渡に伴う借地権の無断転貸が解除事由とされており、当該転貸が信頼関係を破壊するものか否かは争点となっておらず、Xの解除権の発生を前提とする以上は、その時点をもって時効の起算点とした本判決に賛成である。

（1）　判例研究として、織田博子・判時五六巻八号一一七頁がある。

（2）　岨野・渡辺・前掲三八頁。

（3）　織田・前掲一一九頁。

（4）　最判昭四一・一・二七民集二〇巻一号一三六頁、同昭四二・一二・八判時五〇六号三八頁。

（5）　岨野・渡辺・前掲三八頁。

（6）　旧民法は三〇年としていた（証拠篇一五〇条）。二〇年に短縮された理由については、拙稿「相続承認・放棄取消権の期間制限」法時五五巻四号四五頁、広中俊雄編著・第九回帝国議会の民法審議一四六頁などをみられたい。さらに、債権のみについて、第九回帝国議会（明治二九年）において一〇年に短縮されたこと（広中・前掲一五八頁）は周知の通りである。これらの経緯や、形成権概念が一九〇三年（明治三六年）のゼッケルの提唱によること（Rolf Steiner; Das Gestaltungsrecht, 1984 S. 121）などを考え合わすと、一六七条は形成権をも念頭に置きつつ立法されたとはいい難く、岨野・渡辺論文のように、解除権につき一〇年を短期時効とみてよいかは、さらに慎重な検討を要しよう。

(7)　田中壮太「時の判例」ジュリ九〇七号六八頁、最高裁判例紹介・法時六〇巻六号九四頁。後者は無記名であるが記述の内容は前者と殆ど同一である。

(8)　鈴木禄彌・借地法下巻（改訂版）一二七九頁。

(9)　拙稿「契約の解除」LS四五号三六頁。時の経過を背信性否定のファクターとして認めた裁判例として、無断譲渡に関するものであるが、東京地判昭五九・三・一九判時一一四〇号九三頁は、解除権行使が、譲渡時から二〇年余、その事実を知った時から一〇年余を経過している場合には、「これだけの時間的経過があったという事実自体が無視しえない重みを持つ」として、当該の譲渡には、背信行為と認めるに足りない特段の事情がある、としている。なお、松久三四彦・ジュリ昭和六二年度重要判解七〇頁も、基本的に本判決に賛成という。

(10)　本件原審ならびに前掲・ジュリ、法時の解説参照。

(11)　本件事案をみると、Y_4は小切手をもって地代を支払い、Y_1はこれをそのままDに交付し、またDも時には直接Y_4方へ取立てに行ったことが認定されており、転貸の黙示の承諾があったともみうるではないかと思われる。また、本件では争われていないが、Xの解除の主張は貸地の一部の無断転貸によるものであり、これが果して全部についての解除原因となりうるものかも検討の余地を残すであろう。

三　本件では、Y_4 Y_5は土地転借権の時効取得を主張し、これが認められている。無断譲渡に関する「賃借権の譲渡人に対する関係で当該賃貸借契約の解除権が時効によって消滅したとしても、賃借権の無断譲受人に対する右の明渡請求権（所有権に基づく明渡請求権――筆者）にはなんらの消長をきたさないと解するのが相当」という。最判昭五五年判決[1]を踏まえて、かような主張がなされたものと思われる。この判決については、次の二点が問題となろう。第一は、賃貸人の賃借権譲受人あるいは転借人に対する所有権に基づく明渡請求が許容されるとすることは、無断譲渡転貸による不動産占有者を不法占拠者とみることによると思われるが、果してこれらの者をそのように見うるかは大いに疑問である。(2) 第二は、無断譲渡・転貸を理由とする解除の許否を決する場合には、当該の譲渡・転貸が信頼関係を破壊すると認めうるか否かの判断を経由するのに対し、所有権に基づく明渡請求においては、その根拠を不法占拠に置く以上、右の判断を経由する必要はなく、両者の間に不均衡が生ずることである。この点については、賃貸借を解除しなくとも譲受人・転借人に明渡請求をなしうるが、賃貸人に対する背信行為と認めるに足りない特段の事情があれば、右明渡請求に対抗しうる、とする判例(3)があり、先の疑念に答えているかのごとくである。しかし、信頼関係の破壊ないし背信性の問題は、賃貸人と賃借人との関係において生ずるものであり、それが譲受人・転借人の占有の適法・不法にどうつながるのか釈然としないものが残るとともに、所有権に基づく明渡訴訟では、解除におけると異なって賃借人は訴訟当事者として登場しないのであるから、背信行為と認めるに足りない特段の事由の立証責任を負わされた譲受人・転借人が充分にその責を果しうるか、との疑念も生ずるのである。かようにして、本判決の判示するところと直接の関係はないが、解除権が時効消滅したとしても、無断譲受人・転借人に対する賃貸人の所有権に基づく明渡請求にはなんら消長をきたさない、とする態度には賛成することができない。

本判決は、土地転借権の時効取得を認める。この問題に関しては先述のように立ち入らないが、(4) 現実の利用状態としては、借地上の借地人所有建物の譲受人による利用も建物賃借人による利用も外形上の差異がないため、土地賃借人が建物譲受人を建物賃借人と誤信して、土地転借人（建物譲受人）の時効取得中断の措置を採らなかった、という場合を掲げて、時効中断に関する賃貸人の了知可能性についてより配慮すべきである、とする指摘がある。(5) このことは、裏返せば、賃貸人の無断譲渡・転貸を理由とする解除権の消滅時効の起算点についても、賃貸人の了知可能性を考慮すべしとすることにつながるが、事柄は、時効の中断あるいは進行に関する根本的な問題として、充分な検討を要するとともに、とりあえずは、解除権の起算については、前述のように、賃貸人の無断譲渡・転貸の事実の了知は信頼関係破壊の一要因として、賃借人がこれらの事実なきものと隠蔽ないし賃貸人をして積極的に誤信せしめたときに、信頼関係の破壊があったとしてこれを起算点とすることで足りるのではないかと思われる。

（1）　最判昭五五・一二・一一判時九九〇号一八八頁。本件の研究としては、月岡利男・法時五三巻一一号一四一頁。
（2）　理由は、月岡・前掲一四四頁に詳しい。私見もそこに述べられるところに賛成である。
（3）　最判昭四四・二・一八判時五五〇号五八頁。
（4）　拙稿「借地権の取得時効」現代借地借家法講座1二五〇頁以下を見られたい。なお、鎌田薫「賃借権の時効取得」判タ六六七号四八頁がこの問題を扱った最新の文献である。
（5）　鎌田・前掲五六頁。
脱稿後平田健二・本件批評・判例評論三五五号二〇三頁に接した。これによれば、賃貸人が無断譲渡・転貸の事実を知った時から起算すべしとされている。

〈民商法雑誌九九巻四号（一九八九）〉

II 担保編

〈論　説〉

1　留置権の効力

一　はじめに

留置権は、他人の物の占有者がその物に関して生じた債権を有する場合に、その債権の弁済を受けるまで「其物ヲ留置スルコト」ができることを内容とする、法律上当然に生ずる担保物権である（民二九五条）。

現行民法の留置権が、旧民法債権担保編九二条以下を承けて、沿革上はフランス民法の解釈上認められたdroit de rétentionに基づいて制定されたものであることはすでに指摘されるところである(1)。また、借家法の造作買取請求権、借地法の建物買取請求権に基づく債権をもって建物、敷地に留置権を行使し得るかは、興味する問題を提供するが、これに関しては本巻別稿1「留置権の成立要件」に譲て、本稿ではもっぱら留置権の効力について、とりわけ、不動産賃貸借終了後に賃借中に支出した必要費、有益費に基づいて、借家・借地を留置した場合に従来どおりの占有・使用ができるかどうか、を問題として述べてみたいと思う。

二　留置権の効力としての目的不動産の使用の範囲

（一）　これまでの判例は、そのほとんどが借家に関するものであり、従前どおりの居住を不適法とするものと商法とするものとにわかれている。

(1)　不適法とするもの

【1】　大阪区判大正一〇年四月二〇日（新聞一八四〇号一八頁）

特段の理由は示していないが、賃貸人の承諾なく、賃貸借終了後引き続いて留置家屋を営業に使用するときには留置権は消滅する、とする。

【2】　東京控判昭和五年二月二二日（新聞三〇九五号七頁）

本判決は、二九八条二項の「物ノ保存ニ必要ナル使用」の範囲について具体的な限界を明らかにしているので引用する。

「控訴人カ其留置物タル本件家屋ヲ占有スルニ当リテハ之ヲ空屋トシテ常ニ監視シ盗難火災其他ノ被害ナカラシムル為メ見廻リヲ為シ又ハ単ナル留守番ヲ置ク等善良ナル管理者ノ注意ヲ以テ之ヲ占有シ保管スヘキニ拘ラス前示認定ノ如ク控訴人カ引続キ該家屋ヲ住宅及店舗トシテ使用スルハ債務者タル被控訴人ノ承諾アリシコトノ証拠ナキ限リ其保管ノ範囲ヲ逸脱シタルモノ」

【3】　大判昭和五年九月三〇日（新聞三一九五号一四頁）

前記【2】の上告審判決であるが、家屋の保管には家屋を使用することが最も保存の目的を達するに適当な方法なることは実験則上明らかであるという上告理由に対し、【2】のごとく解してもなんら実験則に反しない、と判示。

【4】　東京地判昭和六年五月二五日（法律新報二五七号二〇頁）

留置権の目的たる家屋に他人を居住せしめこれが使用をなさしめるごときはその保管の範囲を逸脱するとしているが、特に理由は示していない。

【5】 大判昭和一〇年一二月二四日（新聞三九三九号一七頁）

借地上に家屋を所有し、これを賃貸借終了後も引き続いて他人に賃貸していた場合に関するが、このような場合には、債務者より弁済があっても容易に土地の返還をなすことができなくなるおそれあること、土地の保管をなすのに地上家屋を特に賃貸しなければならないものではないこと、を理由として、「留置権ノ目的タル家屋ニ権利者自ラ居住スル場合ト同日ニ論スルヲ得ス」とし、結局不適法としている。

(2) 適法とするもの 後に述べるように、学説は留置権者に従前どおりの使用を認めようとするが、これを適法とする判例はさほど多くない。(2)

【6】 大阪区判明治四一年六月四日（新聞五一二号七頁）

賃貸借終了後の居住は留置権者の管理義務に伴う行為であるとして、賃貸人からの損害賠償請求をしりぞけている。

【7】 大判昭和一〇年五月一三日（民集一四巻八七六頁）

「家屋ノ留置権ハ其ノ家屋ヲ空屋トシ或ハ番人ヲ附シ保管セシメサルヘカラサルモノトセンカ之為メ更ニ保管費等ヲ要シ所有者ノ負担ヲ加増スルノ不利益アルノミナラス又家屋ノ保存上ヨリスルモ特別ノ事情ナキ限リ留置権者カ従前ノ如ク居住使用スルノ適切ナルニ如カ（ず）」

【8】 函館地判昭和一二年六月三〇日（新聞四一六〇号四頁）

留置権者みずからも営業をし、さらに目的家屋の一部を賃借人の承諾を得て転貸して転借人も他の種類の営業を営んでいた家屋を買い受けた者の明渡請求に対して、従来どおりの居住・営業の係属が旧所有者に対する費用償還請求に基づく留置権の効力として認められるとした。

【9】　高松高判昭和三〇年二月二二日（下級民集六巻三二六頁）
留置物たる浴場建物につき、浴場経営のため使用するのは保存に必要な使用であるとする。
以上の判例をごく大雑把ではあるが、分類すれば左のようになる。
(イ)　留置家屋に他人をして居住させ、または留置目的たる地上に存する家屋を賃貸することは不適法である（判例【4】・【5】）。
(ロ)　引き続き居住し留置家屋を利用して営業を継続して営むことは、不適法とするもの（【1】・【2】・【3】）と、適法とするものとがある（【8】もっとも、この判例は、売買による家屋明渡しの正当性の問題が留置権の効力の次元で論じられていることに注意する必要がある。【9】これの上告審として、最判昭三三・一・一七民集一二巻一号五五頁があるが、浴場経営の継続は民二九八条三項の留置権消滅請求権の発生の問題とする）。
(ハ)　賃借人みずから引き続いて居住することは適法である（【6】・【7】なお、【5】も傍論ではあるがこれを認めるようである）。
(二)　右のような判例の態度に比して、学説は一般に従来どおりの使用は適法なものであると解しているが、その根拠については、それが「留置」の態様にほかならないとするもの(3)と、二九八条二項但書の「保存行為」として認められるとするもの(4)とに分かれている。前説のよるべき理由は、たとえば柚木馨教授によれば、「その根拠を保存行為の理に求めることは、居住・使用が専ら留置権者の利益において行われるものである事実からみても、また土地の使用の如きにその理が必ずしも妥当しないことよりしても、適当とは思えない(5)」というのであって、いわば消極的である。後説を積極的に主張され、精緻な理論を展開されるのは於保不二雄教授である。以下に多少長文にわたるが、その所説を引用してみよう。
教授は、処分行為・利用改良行為・保存行為相互の区別を明らかにしなければならないとして次のように説かれる。まず、処分行為と利用改良行為とは、民法一〇三条二号によって、物または権利の本質に変更を及ぼしまたは及ぼす危険ありや否やに従って区別し得るとされ、次いで、保存行為の概念決定に必要と考えられるものとして、自己のためまたは他人のためよりもより自己のために保存行為をする場合(民四二三条二項但書・二五二条但書・六〇六条二項・六〇七条)と、他人のためであるが自己のためにすると同一の注意をもって保存行為をする場合(民九二一条一号・九二六条)、および善良なる管理者の注意をもって保存行為をする場合(民一〇三条・二九八条但書・三五〇条・一〇一七条)の三者を分かち、自己のために保存行為をする場合には義務は認められず権利性のみが認められ、他人のためしかも善良なる管理者の注意をもって保存行為をなすべき場合には、なし得るというよりもむしろ義務性のほうが強く定められているとして、そのおのおのの特徴を性格づけられる。そして価値保存のために何をなさねばならないかという面から限界を求めるときは、前者は価値保存のために必要な行為は強行し得るというのみであってなさねばならならぬ限界がないから、義務性の強調される後者においてはじめてその限界が得られるとされ、保存行為は、他人のためにしかも善良なる管理者の注意をもってなすべき場合にはじめて純粋な姿において現われるのであって、この意味で、二九八条は保存行為の概念について最も完全に近く規定しているものとされているのである。そして、具体的には、家屋の保存には特別の事情ない限りその用法に従って使用することが最も適切な方法であることは経験則上明らかであり、留置権者がみずから使用することは保管義務を尽くすうえからも当然なし得ることであるけれども、善管注意義務をもって他人のために保存行為をなすべき場合には、そこの善管注意義務とは単なる注意程度に関するのみではなく、他人のために最も有利であると考えられる方法に従ってなすべきことを含むものであるといわねばならないから、保存に必要な限り所有者は使用すべきことを要求し得るのであって、仮に留置権者がみずから使用することを欲しない場合には、二九八条二項は、所有者の承諾を得てあるいは所有者の要求に基づき他に賃貸すべきことをも合わせ規定せるものとの趣旨を認めるべきではないかとされるのである。(6)

於保不二雄教授の「保存行為」の概念決定から出発された右の立論は、まことに論理的であり説得性をもつものとして高い評価に値するものといわねばならない。ただ、あえて異を唱えるものではないが、わたくしとしては次のような素朴な疑問を提することを許していただきたいと思う。

教授は、二九八条は保存行為の概念について最も完全に近く規定しているものであるとされ、同条の保存行為の義務性を強調される結果として、留置権者みずから留置家屋を使用することを欲しない場合には、保存に必要な限り債務者は留置権者に対し使用すべきことを要求し得るとし、もし留置権者みずから使用し得ないときは、債務者は留置権者に要求して他に賃貸すべきこともなし得るとされる。しかしながら、留置権が、物に関して生じた債権の弁済を受けるため、その物の返還を受けて現実にこれを使用することをなさしめないことによる苦痛、または、その物の返還を受けてこれを利用することによって対価を獲得することをなさしめないことによる苦痛を債務者に与えることによって、間接に債務者を強制してその弁済を担保する作用を営むものであることを直視すれば、本条にいう保存行為は、右の留置権の目的を達成するために必要にして最低限の行為はなし得ることを直截に留置権者に認めたものと考えられる。いうならば、二九八条二項は、留置権者の側からする留置権の効力の限界づけを規定したものであって、そこでは、債務者にとってそのような留置のなされ方が有利であるか否かの考量は働いていない。留置権の行使を受ける側についての考量は同条三項がこれを定めており、留置のなし方が同条二項の限界を越えれば債務者は留置権の消滅を請求できるのである。もし、同条一項との関連において同条二項の保存行為の内容として当然に債務者のために最も有利な方法で留置すべきことをも含み、債務者に対する留置の方法についての義務性までも内在的に規定するものであれば、同条三項の存在はさして実質的意味をもたなくなるのではあるまいか。

このような議論は、実は、一定の権利の行使にある制約が伴う場合は、その制約は権利そのものに内在的に存在するのか、あるいは権利の外側にあって外在的に制約するのか、という議論と通ずるものであり、現実の事件において判断を下す場合には利害の相反する立場（留置権者と債務者）のそれぞれの利益を衡量したうえで決しなければならないのであるから(この面は、従来どおりの使用を適法とした前記判例【7】【8】、とりわけ注(2)で掲げた最判の態度がよく現わしている)、実益がないともいえるのであるけれども、一応考えられることではないであろうか。

次に、これは留置権の効力として家屋を引き続いて使用することを認めた場合に、その使用より生ずる利得をいかにすべきかという問題にかかわるのであるが、教授は一種の不当利得としてこれを償還すべきであるとされている。さきに述べたように、留置権みずから使用を欲しない場合には保存に必要な限り債務者は留置権者に使用すべきことを要求し、さらには他に賃貸すべきこともなし得るといわれるのであるが、このこととその使用による対価は債務者に償還すべきであるということを考えあわすとき、債務者にそこまでも認めることは、留置権者の目的とするところが、債務者にみずからの意思に基づく物の使用ないし利用をなさしめないことによる弁済の強制であることを思えば、躊躇を感ぜざるを得ない。家屋、土地が留置権の対象となった場合、留置権者のその使用より生ずる利得は家賃・地代相当額であろうが、もしその利得を償還しなくともよいものであれば、留置権者は債務者のために最も有利な方法で「保存行為」をなすべきは当然であろうけれども、家賃・地代相当額は償還を受け他方では留置権の目的物の使用は債務者の意思に基づくものというのであってみれば、あたかも留置権は認めず直ちに目的物を債権者の手許に取り戻してみずからの意思に基づいて他に賃貸して収益をあげつつ、留置権者に対する必要費、有益費の費用償還債務はそれとして支払うのと実質的に変わりはないのではあるまいか。

要するに、わたくしは、民法二九八条二項は、留置権者に対し物に関して生じた債権回収のために必要最低限度の行為をなし得ることを担保物権の行使として留置権者のために認めたものであって、債務者よりの弁済があって留置権が消滅すれば遅滞なく目的物を引き渡すことができる態勢を作出しながら従前の占有状態(使用状態)を継続し得るものと解したい(7)。単にみずから居住の用に供しているのみであれば引き続いて居住することができる。従前より居住し営業をなしているのであれば継続居住して営業をなすことができる。債権の消滅があったとき遅滞なく引き渡すことについて障礙となるような行為、たとえば、他人に目的物を賃貸することは許されない。このことは、留置権者は債務者のために最も有利な方法に従って保存行為をなすべき義務を有することによるのではなく、留置権者に認められた権利行使の方法に関する外在的制約に基づく。したがって、留置権者がみずから使用することを欲しないかまたは使用できないときは、空屋として監視や見回るほどの注意義務をもって保管すれば足りるであろう。(8)

（1）　椿寿夫「同時履行の抗弁権」契約法大系Ⅰ二三九頁。なお、なぜフランス民法においては一般的な法理としての規定を欠くにかかわらず、旧民法上で法定の担保物権という形式でdroit de rétentionが制定されるに至ったかについては、Boissonade, Projet de Code Civil pour l'Empire du Japon t. Ⅳ p.199 et suiv. 参照。簡単にいえば、現在(当時)ではすでにこの法理は一般性をもつものとして承認せられており、したがって、これをproclamerする必要があるということにとどまるようである。

（2）　本文で掲げたもののほかに、留置権者である在宅組合が留置物である借地に建設した建物を組合員に貸付けることは、同組合の目的の範囲内に属するから保存に必要な範囲内にあるとしたもの（大判昭六・四・三〇法学一〇巻一〇九七頁）と、不適法とするもので木造帆船に関する最判昭三〇・三・四民集九巻三号二二九頁とがある。

（3）　柚木馨・高木多喜男・担保物権法〔新版〕三〇頁、薬師寺志光・「留置権」総判民法⒆三七頁以下、我妻栄・民法判例評釈Ⅰ三七六頁前掲判例【7】評釈。

（4）　於保不二雄・法学論叢三三巻四号六八五頁以下前記判例【7】評釈、田中整爾・注釈民法⑻五八頁以下、白羽祐三「留置権・同時履行の抗弁権と不当利得」不当利得事務管理の研究⑴谷口知平教授還暦記念一一〇頁。

（5）　柚木馨・高木多喜男・前掲書同所。

（6）　於保不二雄・前掲評釈同所。

（7）　同趣旨、我妻栄・新訂担保物権法三九頁。

（8） もっとも、家屋の賃貸借終了後、賃借人が費用償還請求に基づいて留置権を主張するのは、賃貸人の当該家屋明渡請求に対し賃貸借終了後の自己の使用を正当化するためであって、現実には、積極的に継続的使用を欲せずあえて空屋としたうえで留置権を主張する事例はまずないであろう。

三 留置権の効力としての目的物を使用した場合の対価

留置権の効力として目的不動産の引続きの使用が認められる場合に、その使用によって得た利益は債務者に償還すべきであるとするのが判例[9]および一般の学説の態度である。[10] 学説がこれを認める根拠は主として不当利得となるというのである。

確かに、保存行為の概念についてその義務性を強調する見解によれば、留置物の使用は物の価値保全のための保管義務の履行として認められ、留置権者をして利得せしめることを目的とするものではなく、留置権者が利得を保持すべきいわれはない。[11] あるいは、費用の償還を受けるまで目的物の引渡しを拒むことができるのは、占有を相手方に移さないで自分の下に留めておくという外形的支配の面で是認されたことであって、その使用価値を留置権者みずから収めるのは公平に反することである。[12] また、投下した有益費によって目的物の全部を留置することは、実際には対等な価値の抑留とはならず、この物権法の形式的理論の適用に基づく実質的不公平はまさに不当利得によって平均せらるべきであるかもしれない。[13]

しかし、この点について疑念がないでもない。それは、たとえば、留置権者に家屋の使用が認められるのは、それがまさに留置の一態様として適法であるからであり、その場合使用に伴って利得が生ずるのは、居住すること自体が留置権者に利益の生ずる利用方法であるとともに留置の態様でもあることから不可避的に生ずることなのであって、利益の償還を認め留置権者の債権との相殺を許すときは、実質的に留置権の効力を無力化してしまうこととなるのではないかと思われるのである。しかるときは、義務上の行為であるから法律上の原因を有し不

当利得とはならず対価を保持し得るとする見解に左袒すべきであろう。(14)

(9)　大判昭一〇・五・一三裁判例(九)民一四〇頁、東京控判昭一四・七・二九新聞四四八四号一〇頁、大判昭一五・五・一三法律評論二九巻民訴二三九頁、大判昭一七・一〇・二七法学一二巻四二一頁。債務者の不当利得償還請求権と留置権者の費用償還請求権との相殺を認めるものとして、大判昭一三・四・一九民集一七巻七五八頁、大判昭一五・一一・一八新聞四五二八号九頁。

(10)　すでに掲げた諸学説はいずれもこの理を認める。

(11)　於保不二雄・前掲書六九三頁、田中整爾・前掲書六三頁。二九八条の保存行為につきその義務性を強調しすぎることについての疑問は前述した。

(12)　我妻栄・新訂担保物権法三九頁。

(13)　我妻栄・民法判例評釈Ⅰ三七六頁。このように解するときは、修繕代金のために時計を留置するときも不公平は生じ、しかもこの場合は不当利得によって平均され得ない。

(14)　明石三郎「留置権の効力」判例演習〔物権法〕一八四頁。なお、留置権の効力として目的物の使用が認められる場合と、利得を償還すべき場合とを分離し、単に居住を継続するのみでは利益を保持し得るも、対外的に積極的に営業を継続している場合には二九八条但書の使用には当たるが、利得は償還すべきものと考えることも不可能ではないように思われる。

四　その他の効力

留置権には優先弁済権能はないとされているが、留置目的物たる不動産につき、第三者が競売を申し立てた場合には、競落人は、留置権者に弁済しなければ競売目的物を受け取りえない（民訴六四九条三項、競二条三項）から、この場合には、実際的には優先弁済を受けることになる。

留置権者自身が競売権を有するかは、競売法で認めているにもかかわらず（競二二条・三条）、民法に直接の規定がないため争われている。肯定説[15]が多いが、これを認めても、みずから競売申立てをなした留置権者には、競売法二条三項の適用はないと解され、かつ優先弁済権がないから、他の債権者の配当要求があれば平等の割合でしか配当を受けられない結果となる。[16]

留置権の法的性格は、担保物権の一種といて構成されてはいるが、引渡拒絶権を内容とする物権的拒絶権を内容とする物権的抗弁権ともいうべきものである。[17]物権と構成されているから、債務者にとどまらずその他の者にも主張できる。[18]原告の引渡請求に対して留置権が主張された場合には、物権であることから原告敗訴の判決を下すべきことが理論的であるとする見解もあるが、[19]通説および判例は引換給付判決をなすべきものとする。[20]

(15)　我妻栄・前掲書四四頁、柚木＝高木・前掲書三六頁、鈴木禄弥・物権法講義一二六頁、川井健・担保物権法二九三頁。
(16)　強制執行法案要綱案は、不動産留置権者の競売申立権を否定する。
(17)　鈴木禄弥・前掲書一二七頁。
(18)　最判昭四七・一一・一六民集二六巻九号一六一九頁。売買当事者間などでは、同時履行の抗弁権と留置権の競合を認めるのが通説だが、かかる場合には同時履行の抗弁権のみを認め、第三者との関係では契約法の領域外のものとして留置権として作用すると考える（拙稿右最判批・週刊金融商事判例三七三号、鈴木禄弥・前掲書一二九頁）。
(19)　柚木＝高木・前掲書三三頁。
(20)　最判昭三三・三・一三民集一二巻三号五二四頁、同昭三三・六・六民集一二巻九号一三八四頁、前掲同昭四七・一一・一六。

〈不動産法大系第二巻・担保（改訂版・青林書院　一九七七）〉

2　建築請負人の建物敷地に対する商事留置権

一　はじめに

まず冒頭において、用語の問題から断っておきたい。本稿で採りあげるのは、商法五二一条に規定する留置権についてであるが、これを、商人間の留置権と呼ぶか商事留置権と呼ぶか、については、商法学者の間で見解の差があるようである。(1)現在の六法全書では、おゝかたの見出しは、商人間の留置権とされているようだが、本稿では、「商事留置権」を用いることとしたい。

さて、注文者が、自己所有の土地上に建物を築造する建築請負契約を、請負人と締結した。請負人は建物を完成させたが、請負代金が完済されていない。請負人の請負代金債権回収の一つの方法として、建物について民事留置権が認められるであろうことは、後にまた述べるが一応肯定されてよいであろう。(2)しかし、建物敷地については、牽連性がないため、(3)民事留置権の成立を認めることは困難である。他方、商事留置権においては、当事者双方が商人であり、被担保債権が双方的行為により生じたことを要するが、物と債権の間に民事留置権におけるような個別的牽連性を要しないところから、請負人が注文者に対し引渡しを拒んでいる建物敷地について、商事留置権を主張するという事例が見うけられるようになった。このことは、請負人と注文者との限りにおいては、建物に民事留置権の成立を肯定し、その反射効として敷地の引渡しをも拒めるとする結果ととくに変りはない。しかし、たとえば、注文者に融資をして右の建物敷地に抵当権を有している者が存在する場合には、建物敷地に対する請負人の商事留置権の存在は脅威となる。というのは、競売実務において、裁定競売価額の決定に際して、商事留置権の被担保債権額を土地の評価額から控除する取扱いがなされれば[4]、競売価額が低下し、場合により無剰余を理由に競売手続が取消される事態にまでいたりかねないからである。

本稿は、右のような問題意識のもとに、商事留置権が不動産について成立するか、を検討するものである。

二 裁判例

不動産につき商事留置権の成否を判示したものとしては、建築請負に係わらないものをも含めて、次のような裁判例がある。

①新潟地裁長岡支部判決昭和四六年一一月一五日（判時六八一号七二頁） 事実は以下のようである。原告Xは、訴外Aとの間で建物建築請負契約を締結し、A所有の土地の引渡しを受け、その地上に本件建物を完成させた。しかし、Aは請負代金の大半を支払えずに倒産した。そこでXは、後日請負代金額が払われるときは直ちにAに所有権移転登記手続をなす考えのもとに、本件建物につき所有権保存登記をなし、その敷地にあたる本件土地の占有を継続してきた。他方Aには国税の滞納があり、本件土地は被告Y（国）により差押え公売が執行された。これに対しXは、留置権により保全されている債権は、国税徴収法二一条一項により国税債権に優先して配当されるべきところ、Yは留置権を有しないものと即断してXに対し換価代金の配当をなさなかったとして、不法行為による損害賠償を訴求した。

判決は、まず民事留置権の成立については、請負代金と建物敷地との間には牽連性がないと否定した。次に商事留置権については、制度趣旨からして不動産まで含まれるかは疑問がないわけではないがとしつつも、商法五二一条は「債務者所有ノ物又ハ有価証券」と規定して、とくに動産に限定するところがないこと、民法二九五条も「他人ノ物」とのみ規定するが、これに不動産が含まれることに異論がないことを理由として、さらに、X・A

いずれも商人であり、占有取得の原因となった行為が商行為性が認められれば足りると解されることにより、Xの本件土地についての商事留置権の成立を肯定した（結論としては、Xは、国税徴収法二一条二項の留置権に関する証明手続をしたとは認め難いとして敗訴）。

②東京高決平成六年二月七日（判タ八七五号二八一頁、金法一四三八号二八頁）　本件は、不動産の売却許可決定に対する執行抗告事件である。建物建築請負人が、抗告人に対する請負代金債権を被担保債権として、自ら占有する建物敷地につき商事留置権を主張したところ、原裁判所はこれを認め、本件土地の評価額から右被担保債権額を差引いて最低売却価額を定めたので、抗告人が敷地についての商事留置権は成立していないと抗告した。

決定は、本件建物建築のための請負契約は、請負人にとって営業のための商行為であるから、同人が右請負契約にもとづいて占有した本件土地ならびに本件建物について、商事留置権が成立することはいうまでもない、とする。

③東京高決平成六年一二月一九日（判タ八九〇号二五四頁、金法一四三八号三八頁、金商九九四号六頁、判時一五五〇号三三頁）　請負人が建築工事に着手したが、基礎工事の中途で工事が中断され、地上建物は存在しない状態で本件土地の競売が開始された。原裁判所が、この土地につき請負人の商事留置権を認め、無剰余を理由として競売手続を取消したのに対し、これを不服として抗告がなされたものである。

判旨は、請負人の本件土地占有は商事留置権の成立要件としての占有には該らないとした、すなわち、「建物の建築工事を請負った者がその敷地を使用する権限は、特段の約定が交わされない限りは、右建築工事施行のために必要な敷地の利用を限度とするのが契約当事者間の合理的意思に沿うものと解すべきであって……右のような建築工事の施行という限られた目的のための占有をもって未だ基礎工事の中途段階で建物の存在しない状況にある敷地について、建物建築請負代金のための留置権成立の根拠とするのは、契約当事者の通常の意思と合致せず、債権者の保護に偏するというべきであって必ずしも公平に適わない」。

④東京地判平成六年一二月二七日（金法一四四〇号四二頁） 本件の事実関係は掲載誌からは不明である。また、被告が建物工事請負代金についてその敷地に留置権を主張しているが、これが商事留置権を主張したものかどうかも明らかではない。というのは、判決では、被告主張の留置権は本件建物について成立するものであり、右留置権の効力は本件土地に及ぶものではない。と説かれているのみだからである。ただし、掲載誌では商事留置権が否定された事例として紹介されているので、本稿でも採りあげることにした。

⑤東京地判平成七年一月一九日（判タ八九四号二五〇頁、金法一四四〇号四二頁） Xは、Aを注文者としてXの土地（Bのために抵当権設定登記済）に建物建築を請負い、建物を完成させた。ところがAは破産し、Yが破産管財人に選任された。Xは破産裁判所に対し、右土地建物につき請負代金を被担保債権として、債権額と商事留置権の届出をなしたが、Yがこの留置権の成立を争ったので、Yを被告として右商事留置権を有することの確認を求めたのが本件である。

判決は、建物についてはXの商事留置権が成立するとしたが、Xが残代金債権の支払がないことを理由に本件建物の引渡を拒み建物を占有していると認定したにもかかわらず、破産会社Aが本件建物の所有権保存登記手続をすることを承認したことをもって、「本件建物の所有権がYにある以上は……本件土地の占有者はYであるところ、Xは本件契約に付随して本件土地の利用が認められたにすぎず、本件土地に対する独立の占有はないから、本件土地を本件留置権の対象とすることはできない」とする。

⑥東京高判平成八年五月二八日（金法一四五六号三三頁、金商九九五号一五頁、判時一五四七〇号一一八頁） Xは Y会社の役員となり、Yに対して倉庫および事務所を賃貸していたが、Yが賃料を支払わないため右賃貸を解除した。Xからの明渡請求に対し、Yは、Xにその在職中使用を許した自動車につきXが返還しないのでその引渡請求権、Xが返還をなさないため生じた税・保険料・損料等の債権、XがYを退職した後自ら事業を行う資金として貸付けた貸金債権等の債権を有するので、その支払があるまで、前記倉庫等につき商事留置権に基づいて

これを留置する旨争った。

判旨は、商事留置権の沿革から説きおこして、不動産は商事留置権の対象とはならないと説示するが、別に、Xの商人性と本件不動産賃貸が商行為に該当するといえるかの二点についても判断し、これを否定しており、このことからすれば、不動産が商事留置権の対象とはなりえない旨をとくに判示しなければならない必要性はなかったように思われる。

ともあれ、判決理由は次のようである。まず、商人間の留置権は民事留置権とは沿革を異にし、中世イタリアの商人団体の慣習法に起源を有し、ドイツ旧商法および新商法がこれを明文化したものであるが、ドイツ旧商法では、有体動産に限られ不動産は含まれないとするのが、当時のドイツの判例上確立した解釈であることが述べられる。次いで、ドイツ新商法では、これを承けて「動産及び有価証券」と規定したが（三六九条）、わが旧商法はドイツ旧商法を模範として立案制定されたものであって、旧二八四条の規定が現五二一条に引き継がれたとされ、昭和五四年の民事執行法制定により廃止された競売法でも、右と平仄を合わせて不動産については、商法の規定により競売すべき場合は留置権についてはないものと解されていたと説く。「そして、商人間の留置権は、その沿革に照らすと、当事者の合理的意思に基礎を置くものと考えられるのであるが、商人間の商取引で一方当事者所有の不動産の占有が移されたという事実のみで、当該不動産を取引の担保とする意思が当事者双方にあるとみるのは困難であり、右事実のみを要件とする商人間の留置権を不動産について認めることは、当事者の合理的意思に合致しない。また登記の順位により定まるのを原則とする不動産取引に関する法制度の中に、目的物との牽連性さえも要件としない商人間の留置権を認めることは、不動産取引の安全を著しく害するものであって、法秩序全体の整合性を損うものである。」と。

繰り返すことになるが、これらの裁判例を簡単にまとめてみよう。

土地につき、商事留置権を肯定するものは右の六例中二例である。肯定する理由は、①では、商法五二一条の規定の文言では、とくに不動産を排除するものとはとりえないことを挙げるが、②では、特段の理由は述べられていない。

否定例の理由は分かれている。③は、基礎工事の中途段階で建物が未だ存在しないという状況下で、建築工事の施行という限定された占有の目的から否定するのか、建物の不存在ということから否定するのか、必ずしも明かではないところがある。⑤は、独立の占有とはいえない点を理由とする。⑥は、本件事案は、双方的商行為に該当しないと説示する一方で、沿革と当事者の意思解釈から、不動産を商事留置権の対象から除外すべきことを正面から論じたものとして、まことに興味深いが、判決理由としては前段部分のみで充分ではなかったかと思われる。

三 規定の変遷

現在の商法五二一条は、遡れば、ロエスラー草案、ほぼこれに依拠した旧商法典（明治二三年四月二七日公布）、梅・岡野・田部を中心とする、旧商法典修正作業の結果としての新商法典（明治三二年六月九日公布、同六月一六日施行）、明治四四年の本条改正、という経緯をたどる。以下やや煩雑にわたるが、それらがどのようなものであったかを見ることにしよう。

ロエスラーの草案においては、商法典上の留置権の規定は、かなりまとまった形で置かれていた。旧商法典でも同様である。現五二一条に該当するのは、ロエスラー草案では、四四四条である。

第四四四条　商業取引上ヨリシテ他人ノ所有物ヲ現有シ又ハ遺失物ヲ拾取シテ之ヲ現有シ之カ為メ労力又ハ私金ヲ費シ又ハ立替又ハ支払ヲナシ又ハ手数料等ヲ払ヒタルカ為メ要求権利ヲ得タル者其要求ノ期限ニ至リタル時相手方ニ於テ要求ノ金額ヲ支払ヒ又ハ其他弁償方法若クハ保証方法ヲ立ル迄ハ該物件又ハ其代価ヲ自己ニ留置クノ権利アル者トス(5)

これが、法律取調委員会の検討を経て、旧商法草案としてまとめられたときには、以下のような体裁となっていた。

第三八七条　商取引ニ因ツテ他人ノ物ヲ占有シ其物ニ付キ労力、費用、前貸金、立替金、手数料又ハ利息ニ関シテ満期ト為リタル債権ヲ有スル者ハ其債権ノ完全ナル弁済又ハ担保ヲ得ルマテハ其物又ハ其売得金ヲ留置スルノ権利アリ(6)

次に、法典調査会の商法決議案では、旧商法において三八七条ないし三九三条にわたる留置権に関する規定は、民法二九五条以下との整合性を考慮してか、二三四条のみとなる。

第二三四条　商人間ニ於テ其双方ノ為メニ商行為タル契約ニ因リテ生シタル債権ノ弁済期カ到来シタルトキハ債権者ハ其債務者トノ間ニ於ケル商行為ニ因リテ自己ノ占有ニ帰シタル債務者ノ所有物ヲ留置スルコトヲ得但特段ノ意思表示アルトキハ此限ニ在ラス(7)

これが、現行商法五二一条となり、明治四四年の改正によって、留置権の目的物に「有価証券」が加えられて、今日に到っているのである。

さて、民事留置権が、ローマ法の悪意の抗弁に起源を有するのに対し、商事留置権は、中世イタリアの商業都市における商慣習に起源を有するものであり、ドイツ旧商法がこれを明文化したものであることは、多くの概説書にも説かれているところである(8)。ロエスラーが、わが国の商法典草案作成に当って、母国ドイツ商法典を参考にしたことは疑を容れないであろう。そこで、ドイツ法の規定をみておこう。もっとも、ここでは、商事留置権の目的物として何が挙げられているか、についてのみ記すにとどめる。

ドイツ商法典では、三六九条が商人留置権の成立要件を定めるが、そこでは、留置権は「債務者ノ動産及有価証券」(beweglichen Sachen und Wertpapieren) を対象として成立するとされており、ドイツ旧商法三一三条でも、この点は同様である。すなわち、明かに、不動産は留置権の対象とはされていないのである。それにもかかわらず、ロエスラーが、「他人の所有物・遺失物……該物件」として、ドイツ法のごとく、動産とせず、あるいは有価証券を規定しなかったのかは、残念ながら不明という他はない。

四　学説

商事留置権の目的物に不動産が含まれることを肯定するか、動産に限られるとして否定するかについては、概説書ないし体系書では見解が分かれている。もっとも、いずれにおいても、詳しい理由は示されていない。肯定説は、ドイツ法のように動産に限られる規定とはなっていないから、民事留置権におけると同様に解してよい、とするのに対し、否定説は、ただ叙述の中で「動産」と述べるにとどまっている。(9) 旧い文献も同様であって、単に動産に限るとしているものがある。(10)

旧商法の注釈書では、岸本は、商事では単に動産にとどまるのみ。何となれば商取引の目的物は常に動産なればなり、と記述する。(11) また、動産に限るとの記述はないが、商事留置権発生の具体例として掲げられている例示が、すべて動産であるものとしては、磯部がある。(12) その他、商法修正案理由書も、(13) そこでは留置権は二八三条となるが、目的物は商品であることが前提とされている記述となっている。

次に、近時の論文・判例批評等についてみることとしよう。これらは、肯定説、否定説、必ずしも否定はしないが限定的に解すべきであるとする説、抵当権との間に一定の基準に依って優劣を認めようとする説、などに分かれる。(14)

(a)　肯定説　前記②③の判例批評において、当事者の合理的意思から敷地につき商事留置権の成立を認めるもの。(15) ③の判例研究において、建築請負代金債権と敷地との間には牽連関係が存在するとして、民事留置権の成立を肯定する見解。もっとも、商事留置権の成立を併せて認めるべきかは、実質的には、債務者の破産手続において建物建築業者に優先弁済を認めるべきかという問題となるが、これについては「決め手はない」とされるものの、抵当権者の権利ばかりが保護されればよいわけではないことを強調されている。[16][17]

(b)　否定説　　この立場は、以下(ア)(イ)の二つに分かれる。

(ア)　建築請負業者の敷地の占有は、商法五二一条所定の「占有」には該当しない。あるいは、占有の原因たる商行為が存在しないとするもの。まず、請負人の占有権原は工事の施行のために必要な範囲に限定される特殊なものであり、工事施工以外の目的で占有権原を主張することは、債務者（注文者）の意思に反し、公平の観点から問題であって、請負人には敷地に対する商事留置権は成立しないとするものがある。[18]次に、請負人は、敷地については注文者である敷地所有者の所持補助者と考えるべきであるから、独立した所持がなく、結局占有を取得したものといえず、商事留置権は成立しないとする立場がある。[19]第三には、請負人の建物所有権を認める以上は、請負人が敷地を占有していること自体まで否定できないが、その原因となる。「商行為」は存在しないのであるから、この点で敷地につき商事留置権の成立は否定されるとする見解がある。[20]

(イ)　そもそも不動産は、民事留置権の場合とは異って、商事留置権においては目的物の範囲に含まれないとするものである。[21]このうち、浅生見解[22]が最も詳細であるので、その要旨を紹介する。

まず、商事留置権が中世イタリアの慣習法に源を有し、これをはじめて明文化したドイツ旧商法では、有体動産に限られるとするのが当時の判例上確立した解釈であり、新商法でも明文で有体動産に限るとされていたことが紹介される。次に、わが国でも、旧商法が物と債権との牽連性を要求していたのを廃したのは、かかる厳格な要件のもとでは、「商行為に因って生じた債権を確実ならしめる所以にあらざると共に、結局当事者双方に対し実際上不便なるを免れず」、そのことは、取引の迅速性を求められる商法において最も著しく現われるとする、商法修正案参考書[23]の記述を引いて、立法者の考えとしては、不動産は含まれないとする意図であったとされている。

旧競売法において、商法の規定による留置権においては、動産の競売を認めるにとどまるようになっているが、そのことは、不動産については商事留置権は生じないため、商事留置権による不動産の競売を規定しなかったと解すべきではないか。

当事者意思としても、不動産が債権者に引渡されたという事実のみで、その不動産が担保となるという意思が当事者にあるかどうかは一概には言えないとすれば、不動産について牽連性を要求せず、商行為による引渡があったというだけで留置権の発生を認めるのは無理がある。

さらに、不動産につき商事留置権を認めることは、法律制度全体の整合性を損う。というのは、動産については商事留置権と約定の担保権とが競合することはまず考えられないのに対し、不動産はそうではなく、抵当権に事実上優先する商事留置権を認めることは、事前に抵当権を取得していた債権者の利益を損う。抵当権は目的物の価値の移転であり、対価関係の維持という私法の根本原則からしてその効力維持は尊重されなければならないが、牽連性すら要件としない商事留置権は、目的物の交換価値と被担保債権との関係はなきに等しく、これと対価関係という目的物との非常に濃い関連性ある抵当権に事実上優先させるのは問題である。

(c) 土地抵当権登記と占有との先後によって決する説　これは、同一の土地について抵当権と留置権とが競合した場合には、留置権の成立要件である占有取得が、抵当登記に劣後する場合には、留置権は抵当権に対抗しえないものとなるとするものである。[24] この説を主張される生態見解では、担保競売においても、先行する抵当権が存在する場合には、留置権は買受人に主張できず消滅するものとして扱われなければならないと解されている。[25]

五 検討

商事留置権と民事留置権、さらに同時履行抗弁権、それぞれの関係をどのように解し、あるいは再構成すべきかは難問であるが、[26] このことは措くとして、商事留置権も民事留置権同様、担保競売において買受人に引受けられ、買受人は被担保債権を弁済する責に任ずる（民執一八八条による五九条の準用）のであり、最低売却価額の決定にあたり被担保債権額を留置権の存在する土地評価額から控除する取扱いがなされるとすれば（実際には、現況調査後に取得された留置権も引受けとなってしまう事態が生じうるとされている（27）、優先弁済権はない筈のものが実は最優先になるに等しく、ことの奇妙さはつとに指摘されていたところである[28]。

先に紹介したように、抵当権登記と占有との先後によって、抵当権者と留置権者との利害の調整をはかろうとする説が提唱されているにもかかわらず[29]、実務においてはこの立場は顧みられておらず、右に述べたように、抵当権者による担保競売においては事実上の優先弁済権が認められる扱いを受けるとするならば、留置権者の保護に過ぎるものといわざるをえない。すなわち、本稿の冒頭で設定したような事例においては、不動産上の商事留置権の成立は否定せざるをえないということになる。そうだとすれば、引用した裁判例のいくつかにみられるように、占有権原を問題とするか、あるいは請負人の占有を不法のものとするなどの方法によって、成立を否定するか、正面からそもそも不動産は商事留置権の対象とはなりえないとするかであろう。そして、私見は、後者の見解に立つので、ここでの詳論は避けるが、占有を問題とすることは、解釈論としての技巧に過ぎ、好ましくないと思われる[30]。

以下に私なりの否定の理由を掲げるが、浅生見解が詳細なものなので、これを重複するところがあることをあらかじめお断りしておきたい。

さて、原点に立ち帰れば、商事留置権の制度目的は次のようなものであった。これについて先達の説くところをやや長きにわたるが示してみよう。

商事留置権は、一五七七年のフィレンツェおよび一五八九年のジェノアの条例中に慣習法としてその成立が認められ、後にヨーロッパ諸国に伝播したものであるが、ローマ法における留置権（民事留置権）のほかにかかる留置権を生ずるにいたった理由は、信用取引の便宜をはかる必要にあった。すなわち、商人は国内外を通じて取引を行うものであるが、商取引をなすに際し、ことに外国との取引に当って、質権の設定を求めることは相手方に対する不信用の表白となり、顧客吸引策と相反するのみならず、質権の設定には煩雑な法律上の手続を踏まなければならなかった。債権額も変化し、財産状態も変化する商人の取引にあっては、「その相互の一定期間内の取引総額の差引をした残額債権に対して、確実な担保がある場合に、始めて、真の担保を得たと云いうるのである。従って、商人は、質権に代はるもので、而かも、質権に伴ふ上述の如き不便のない、且つ質権と同等、若くはそれ以上の担保力を有する制度を、案出する必要を感じ、債務者が破産した場合につき、殊にその必要を痛感し、終に、債権者が占有するに至った債務者の財産が、取引から生じた一切の債権のために、担保となるといふ制度、即ち留置権の制度を創成するに至ったのである。(31)」

右のような商事留置権の制度目的に鑑みれば、商事留置権は一種の法定質権ともいうべく、その実効性を担保するために、わが旧商法では留置権者に弁済充当権を認める規定(32)が置かれていたのである。そして、後述のように、若干は異るものの、旧商法が範とした筈のドイツ法においては、質権の目的としては不動産は認められていないことを考えれば(33)、ロエスラーがドイツ法とは異って「動産」とはせずに「物」としたとしても、これには不動産を含める趣旨ではなかったと考える余地があろう。

しばしば述べたように、わが国の商事留置権の発祥はロエスラーの草案にある。しかし、彼の商事留置権の成立範囲にかかわる見解は、若干ドイツ法とは異るものであった。すなわち、彼によれば、ドイツ法の態度は、留置権成立につき広きに失し(「獨逸商法第三百十三条ニ拠レハ留置権ノ区域甚タ広シ即チ物件ト要求権トノ関係如何ヲ問ハス」と言う)、「留置権ノ斯ク無限ナルハ可トスヘキモノニ非ラス」として、草案四四四条において、原則として、「物件ハ商業取引上ヨリ債主ノ手中ニ入リ其要求権モ又商業取引上ヨリ起リタルヲ緊要トシ商人間ニ限リ之ヲ行フモノトス」と限定したのであった(34)。そして、四四四条から四五二条までを留置権に充てたのであったが、現行は五二一条のみとなり、規定の内容もドイツ商法三六九条一項本文に非常に近くなったうえ、法的性質も民事留置権と同様に物権と解されるにいたったのである。

ロエスラーが何故「動産」に限定しなかったのかは、前述のように今の私には不明であるが、彼があえてドイツ流を採らず物と債権との間に一定の牽連性を要する、としていたのを廃して、牽連性不要のドイツ法式に倣ったときに、目的物についても同じく動産と改めるべきところが看過されたのであろうと思われる。というのも、当時の解釈としては、「債務者所有ノ物」とは、動産ないし商品を指すと一般的に考えられていたためではなかろうか。そして、法的性質を委ねられた民事留置権の方も、明確に物権性が付与されたことで、ドイツあるいはフランスとも異った、比較法的には特異な地位を認められるにいたったのである。

このことにつき、三ケ月博士は、民事・商事留置権間の観念的統一が実質的に正当化されうるかは問題であり、両者の間にひそむ沿革的・機能的な差異が、こうした観念的操作で解消し去るとは到底思えない、と述べられており[35]、このような観点からは、商法五二一条が「債務者所有ノ物」としていることは、民法二九五条の「他人ノ物」の「物」と同一であって、民法八五条の「物トハ有体物ヲ謂フ」とされている有体物には不動産も含まれるから、商事留置権の目的物には不動産も含まれる。というごとき論法は、博士の言による観念的統一に立脚した解釈というべく、再考を要するというべきではなかろうか。

ドイツにおいて、商事留置権は原則的には第三者に主張しうるものではない。ただ、ある程度の物権化は認められており、債務者の目的物返還請求権に対する抗弁権を第三者に対抗しうることが認められている(HGB三六九条二項)。また目的物により弁済を受ける権利も認められ(同三七一条)、破産法上別除弁済を受ける権利を有する(ド破産法四九条一項四号)[36]。このような物権化は公示の原則を維持することを要請し、これが占有によって果されるゆえに、ドイツ法では商事留置権は動産に限って認められることとなった[37]。

右のようなドイツ法の考え方からすれば、わが国における留置権は、物権化という段階にとどまらず、純然たる物権と構成されているのであるから、公示への配慮はより強く求められて然るべきものであろう。そうだとすれば、不動産上の商事留置権を否定する方向はここからも導かれることとなるが、同様に、登記なきままに事実上の優先弁済効と対第三者効が認められる民事留置権の不動産上への成立も併せて問題視されることとなる。

もっとも、この点は、民事留置権の場合には、被担保債権と目的物たる不動産とが牽連関係にあるものに限られるから、抵当権者が不当に不利益を受けるとはいい難いとする見解[38]や、民事留置権における牽連性を、物的＝客観的牽連と法的＝主観的牽連の二類型に分別し、留置権においては占有に公示機能のすべてを担わせる関係から、不動産上に留置権が認められるのは、物的＝客観的牽連ある場合に限るとする見解[39]も示されている。

いずれにしても、不動産に留置権を認める場合には、立法論としては、登記によって公示されることが考慮されてよいのではあるまいか。

登記による公示といえば、わが民法は、請負人保護のために不動産工事の先取特権（民三三八条）を用意している。

これにつき、法典調査会における議論で興味ある応酬がみられる。すなわち、例えば家を建てるとして、目的物がまだ存在していないのに、未建築の家を対象として、担保権である先取特権が成立し、これを登記するというのは変ではないか、という磯部の質問に対して、梅は、家を建てようとする人は土地につき権利を有していよう。その土地の権利は登記されているのだから、それに不動産工事の先取特権の登記が可能なのだ、と応えているのである[40]。この梅見解では、先取特権の登記は、家を建てるべき土地になされることを意味する（これは、梅が、土地と建物とを一体の物と考えていたことの一つの証左ともいいうる）。しかし、現在では、不動産登記法一三六・一三七条によって、新築すべき建物の表示の登記をなし、不動産工事の先取特権の保存の登記をなすによって登記をなす旨の記載がなされるという方法による。

不動産工事の先取特権は、工事開始以前に登記されなければならないことから、現実には用いられ難いとされているものの、登記によって抵当権との優劣が定まる（民三三九条）ものであるのに対し、高額にわたる不動産工事費用が、敷地につき商事留置権の成立を認めることによって抵当権に事実上優先する結果となることは、均衡を失するといえよう。

以上を要するに、商事留置権は、反覆継続的に取引が行われる商人間において、商取引によって生じた債権の確保の手段として、債権者たる商人の占有下に入った債務者の動産につき、包括的に担保が成立することを認めた制度であって、本来的に不動産は対象とされていないものと考えられるのである。

このように、不動産上に商事留置権の成立を否定するとすれば、建築請負人の保護としては、自ら築造した建物につき民事留置権が認められ、あるいは不動産工事の先取特権が認められるにとどまることとなろう。

前者については、請負契約によって生じた代金債権と建築建物とは、清水見解によれば法的＝主観的牽連の場合として、民事留置権の成立も否定されるのではないかと思われるが、(41) 判例は、不動産についても、売買代金、(42) 仮登記担保における清算金、(43) 土地工事請負等(44)について民事留置権の成立を認めており、建物建築請負代金についても裁判例が存在する。(45) 私見も、建築請負代金にもとづき建物に請負人の民事留置権を肯定してよいと思うが、その敷地についても、建物留置権の反射的効力として引渡を拒みうると考えている。(46)

そうだとすると、土地抵当権の実行による担保競売における土地買受人は、建築請負人の右土地引渡拒絶によって、留置権の引受による弁済の責は負わないものの、土地の引渡は注文者が代金債務を弁済するのと引換履行となるから、引渡を受けたければ自ら第三者弁済をする他はないこととなる。この結果は不合理のようであるが、留置権に物権として第三者効を認め、留置権者は債務者の弁済あるまで、あるいは相手の担保の供与あるまで、第三者に目的物の引渡を拒みうると構成する判例理論からは、やむをえないところである。

抵当権者が、地上建物とも一括競売をなした場合には、土地については留置権は存在しないわけであるが、建物についての留置権の処遇がどうなるか、建物買受人に引受られるのか、この点については、別に検討したい。

（1）　鴻常夫「商事留置権」法セミ五九号二五頁。

（2）　民法二九五条の「他人ノ物」であることを厳格に解すれば、請負目的物たる建物の所有権の所在によっては、民事留置権の成立すら否定しえなくもない。この点については、拙稿「判批」判時一五六二号一九九～二〇〇頁を見られたい。

(3) 建物と土地とは別個の物であるから、建物につき民事留置権を有する者が、これにより敷地の引渡しをも拒みうるかは、それ自体一つの問題ではある(拙稿・前稿二〇一頁参照)。

(4) 東京地裁執行部では、そのような取扱いがなされているとのことである(山崎敏充「建築請負代金による敷地への留置権行使」金法一四三九号六三頁)。

(5) ロエスレル氏起稿・商法草案上巻六五五頁(復刻版)新青出版。

(6) 日本近代立法資料叢書21商法草案、商事法務研究会。

(7) 日本近代立法資料叢書20商法決議案、商事法務研究会。

(8) たとえば、平出慶造・商行為法一三六頁。

(9) 肯定説としては、たとえば、平出慶造・商行為法一五九頁。否定説に、田中耕太郎・商行為法三六頁など。なお、田中誠二他・コンメンタール商行為法一五九頁も参照。文献の指摘は、浅生重機「建物建築請負人の建物敷地に対する商事留置権の成否」金法一四五二号二二頁および二六頁注17に詳しい。

(10) 水口吉蔵・商行為法論一七六頁。

(11) 岸本辰雄・商法正義第三巻四九九頁。

(12) 磯部四郎・商法釈義第一編第七章~第八章(第三五三条~四五八条)一五〇二頁。

(13) 商法修正案理由書(明治三一年、東京博文館)二四七頁。

(14) 従来の諸説を整理した新しい文献として、三林宏「抵当権と商事留置権の競合」ジュリ一一〇一号九九頁以下を挙げておく。

(15) 新美育文・民法判例レビュー(担保)判タ九〇一号四七頁。

(16) 道垣内弘人「建物建築請負人の敷地への商事留置権の成否」金法一四六〇号五七頁。

(17) 右の他、肯定的見解として、「座談会・ビル・マンション業者の倒産と対応策」金法一三三三号二五頁の青山善充発言。

(18)　栗田哲男「建築請負における建物所有権の帰属をめぐる問題点」金法一三三三号一二頁。

(19)　澤重信「敷地抵当権と建物請負報酬債権」金法一三二九号二五頁。

(20)　小林明彦「建築請負代金未払建物をめぐる留置権と抵当権」金法一四一一号二五頁。

(21)　この立場に立つものとしては、堀龍児「建物建築請負人の敷地に対する商事留置権」私法判例リマークス一九九六年（下）四頁。鈴木正和「建物請負代金の未払と敷地抵当権者の権利」判タ七九八号七二頁、石井真司「建物敷地に対する商事留置権と同敷地に対する（根）抵当権をめぐって——最近の裁判例を中心に」民事法情報一一七号二頁など。

右の他、否定はしないが成立する場合には限界があるとする、山岸憲司「請負人の留置権行使が可能な範囲」ジュリ増刊・担保法の判例一三四頁、将来的には（法改正により？——筆者）不動産を対象とする商事留置権は廃止すべきであるとする。河野玄逸「建築中途の敷地について、抵当権実行を妨げる商事留置権の成立が否定された事例」銀行法21五一五号三八頁、成立は非常に疑問とする上野隆司発言・鼎談・金融法務を語る第五四四銀行法務21第五二七号などがある。

(22)　浅生重機「建物建築請負人の建物敷地に対する商事留置権の成否」金法一四五二号一六頁以下。とくに二〇頁～二四頁。この論文は、前掲⑥判決とほぼ同一の内容になっている。同判決に筆者の浅生判事が係わっておられたからであろう。

(23)　同論文によれば、同書は明治三一年八尾書店発行とされている。この書物は筆者は未見であるが、本文中に引用した記述は、(13)で引用した明治三一年の博文館版商法修正案理由書と同一である。

(24)　秦光昭「不動産留置権と抵当権の優劣を決する基準——建物の建築請負代金について敷地に商事留置権が成立するかどうかが争われた二つの判例——」金法一四三七号五頁。生熊長幸「建築請負代金債権による敷地への留置権と抵当権」㊤㊦金法一四四六号六頁以下、一四四七号二九頁以下。

(25)　生熊・前掲㊦三四頁。

(26)　この問題を論じた文献は多いが、さしあたり、やや以前のものとして、松本恒雄「商法上の留置権と民法上の留置権」民商法雑誌創刊五十周年記念論集II八〇頁以下と、最近のものとして、尾島茂樹「契約当事者以外の者に対する同時履行の抗弁権――留置権との関連で――」金沢法学三八巻一・二合併号二四一頁以下を挙げておく。
(27) 大橋寛明・香川保一監修注釈民事執行法3二九三頁。
(28) 椿寿夫「強制執行法における留置権」民法研究II二一頁以下、とくに四一頁。
(29) 生態論文は、中庸をえた主張というべきであろうが、執行法上占有の先後によって区別する解釈は困難ではないか、ということの他にも、現実には、留置権者の土地占有が建物建築のプロセスにおいて何時から始ったとみるべきかの点でも、建物完成引渡の場合と異って、請負人に対し土地引渡証が注文者から交付されるわけでもないことをも含めて、厄介な問題となるのではなかろうか。
(30) 山崎・前掲六五頁をみられたい。
(31) 小町谷操三「商事留置権に関する二三の疑点」法学三巻六号二八頁、二九頁。
(32) 旧商法三九二条。もっとも、小町谷前掲論文は、旧商法上の商事留置権に優先弁済権が認められていたとされるが、(小町谷・三四頁)、三ケ月章「『任意競売』概念の終焉」民事訴訟法研究第七巻一八六頁は、このように断定することを留保されている。
(33) わが民法に不動産質が存在するのは、フランス法のantichrèseに起因する。
(34) ロエスレル氏起稿・商法草案・前掲六五八頁。
(35) 三ケ月章・前掲一八七頁。
(36) この記述は、全国地方銀行協会遠藤研一郎氏に「建物敷地に対する建物建築請負業者の商事留置権と抵当権の効力」なる未公刊の論文があり、参照させて戴いた。
(37) von Hermaun Stanb, Gross Kommentar HGB, 3. Bd, 2. Halband, 3. Aufl, 1978, S. 1438 (Canaris).
(38) 鈴木禄弥「商人留置権の流動担保性をめぐる若干の問題」西原寛一博士追悼論文集・企業と法(上)二四六頁。
(39) 清水元「民事執行法と留置権」(下)金法一一〇一号一六頁。同・留置権・叢書民法総合判例研究六四頁も参照。
(40) 法典調査会民法議事速記録二・五四二頁(商事法務研究会)。

(41) 清水・前掲「民事執行法と留置権」同所。
(42) 最判昭四七・一一・六民集二六巻九号一六一九頁。
(43) 最判昭五八・三・三一民集三七巻二号一五二頁。
(44) 最判平三・七・一六民集四五巻六号一一〇一頁。
(45) たとえば、仙台高判平六・二・二八判時一五五二号六二頁。
(46) 拙稿・右仙台高判判批・判時一五六二号一九八頁以下。

(追記) 原稿提出期日との関係で次の文献については本文中で応接できなかった。
①栗田隆「建築工事の中断により敷地上に建物が存在しない状況において建築業者の当該敷地に対する商事留置権が否定された事例」判評四五八号（判時一五九一号）二一七頁（東京高判平六・一二・一九判時一五五〇号三三頁前掲③判決の判批）。②吉本健一「不動産に対する商人間の留置権の成否」判評四五七号（判時一五八八号）二三二頁（東京高判平八・五・二八判時一五七〇号一一八頁前掲⑥判決の判批）。文献①は、不動産物権の基本原則である、公示原則と順位原則を乱すことを理由に、敷地上への建物建築請負人の商事留置権を否定される。この論文は、本稿では留保した一括競売における買受人の責任にも論及されており、詳細なものである。文献②は、建物に成立する民事留置権を根拠として請負人がその敷地に何らかの利用権原を主張しうるとすれば、敷地抵当権者との間で利害の調整が必要となる点では変りがない、商事留置権の成立を否定すると注文者破産の場合に請負人に酷である、等の理由から、不動産に対し商事留置権の成立を一般的に否定することは疑問である、とされている。もっとも、事例については、建築請負人の敷地占有は商事留置権の成立要件たる占有には該らないという立場を採られている。

〈獨協法学四四号（一九九七）〉

3 銀行取引における根抵当権と保証債権

銀行が、取引先甲と根抵当権の被担保債権の範囲につき「銀行取引」と定めていたところ、他の取引先乙が当該銀行との取引から負担する債務を甲が保証ないし連帯保証した場合に、銀行は甲に対して、甲の負担した保証債務を被担保債権として右根抵当権を行使しうるであろうか。

この問題については、近時若干の議論がなされていたところ、「信用金庫取引」に関して、ごく最近に東京高裁の判決をみるにいたった(1)。事案は以下のようである。

一 東京高判平成元年七月一〇日判決

XとY信用金庫との間で、昭和五四年七月信用金庫取引契約が締結され、同五五年三月Yのために X所有の不動産につき、被担保債権の範囲を、①信用金庫取引による債権、②手形債権・小切手債権、とし、極度額を一〇〇〇万円とする根抵当権が設定され、同月中にその旨の登記がなされた。他方、XY間では、昭和五四年三月、訴外AとYとの間の信用金庫取引によって生じた債務につき、XはAと連帯してこれを保証する旨の契約が締結されており、同五七年二月には、従来の契約では期間および極度額の定めがなかった点を改めて、期間を設け極度額を設定する等の保証変更契約が締結されている。

Yは、昭和六一年八月、YのAに対する貸付債権につき、Xに対して有する連帯保証債権により、前記根抵当権にもとづいて不動産競売申立をし、静岡地裁が競売開始決定をしたのに対し、Xは、YのAに対する貸付債権についてのXの保証債務は、前記根抵当権の被担保債権とはなりえないことを理由に、右不動産競売開始決定の取消を請求した。

争われた問題は、YのXに対する保証債権が、①に掲げた信用金庫取引による債権に含まれるか、であるが、一審の静岡地裁は、取引先（X）が信用金庫（Y）に対し第三者（A）の債務につき保証ないし連帯保証することも、信用金庫と取引先との与信取引に付随・牽連する義務の履行とみることができるのであり、かつ、それが信用金庫と取引先との間の直接の取引にあたることはいうまでもない、として、Xの請求を棄却した。

二審の東京高裁も、つぎのように判示してXの控訴を棄却した。以下引用する。

「保証契約も信用金庫と取引先との間の信用金庫取引契約が継続する過程で直接締結される契約であるうえ、保証契約は、保証人と主たる債務者との間で何らかの利害関係（親子会社、元請下請の関係等）が存在する中で、信用金庫が主たる債務者に対して行う融資に関してなされる場合が多く、このことは、直接には信用金庫の主たる債務者に対する与信行為ではあるが、同時にそれは保証人である取引先に対する与信に準ずる行為とみて差し支えないと認められる。もっとも、これを具体的事案でみた場合には、保証人と主たる債務者との間で右のような特別な利害関係がなく、純粋に個人的動機で保証がなされることもありえないではないが、信用金庫取引の中に保証が含まれるか否かを考えるときには、客観的かつ類型的に判断することが取引の安全に資することになるのであり、右の観点から判断すれば、保証契約も前記『取引』の内に包含されるものと解するのが相当である。」

「現行の金融取引実務上、銀行や信用金庫等の金融機関が、第三者に対する債権を担保するために取引先に保証を求めることは、通常行われており、その場合、右保証は、銀行取引約定書や信用金庫取引約定書に例示された『手形貸付、手形割引、証書貸付、当座貸越、債務保証』等の与信取引に準ずるものとして、『その他一切の取引』に含まれるものと一般に解釈され取り扱われ、すでに当該取引界における商慣習として定着していることが認められる……そうすると、根抵当権設定契約においてその被担保債権の範囲に含まれるものと明示されている

『信用金庫取引による債権』のうちに右商慣習からみて保証債権が含まれると解すべきである。そして、このことは、本件におけるように信用金庫と保証契約を締結した後にこの保証人が当該信用金庫と信用金庫取引を開始した場合においても、少なくとも右信用金庫取引を開始した後に生じた個々の具体的保証債権については同様に解すべきである。」

二　これまでの議論

保証債権は根抵当権の被担保債権に含まれるかという右の問題は、すでに、本判決以前から二、三の実務誌でとりあげられていたが、それは、近時不動産競売事件において、銀行の届出債権にこの保証債権を加えたところ、一部の裁判所で否定されたという事例が生じたことに端を発するもののようである。(2) そこにおける諸論稿では、昭和四六年の根抵当立法当時には、「銀行取引による債権」のなかには「保証債権」も含まれること、すなわち、「銀行取引」には「保証取引」が含まれることについては、全銀協から法務省へ照会もされ法務省も肯定しており、(3) 立法担当者の解説でもこの点は問題なく肯定されていたことなどをあげ、(4) この問題が再燃したことについては、根抵当立法から一〇余年も経過すると、「当時の常識が通用しにくくなる」(5) とか、「今になってこの問題が再燃してきたというのは私としては理解に苦しむ」(6) などと説かれている。

もっとも、不動産競売の実務はどうあれ、少なくとも裁判例という形で公になったものは今のところ肯定する本判決（一審も含む）のみのようであって、他方、否定説としても、根抵当立法以後の論稿としてはつぎのものがあるにすぎないようである。とりあえず、この見解を以下にそのまま紹介するとしよう。

「一般には、取引先が銀行に対し、はたして第三者のため保証をすることがあるかどうか、あるとしてもその合計額がいくらになるかは、銀行にとってもその取引先にとってもわからないことである（ことに、銀行はいやがる取引先に保証を強要することはできない）。したがって、このような予測可能な保証債務がたまたま生じたからとて、これを「銀行取引」による根抵当権の網に引っかけることは、後順位担保権等との関係で公平とはいいがたく、取引包括根抵当を否定する立法趣旨にも反するであろう。そうすると、現行法の解釈論としては、保証債権を「銀行取引」による根抵当権で保証しうるのは、特別の事情（銀行・甲間に根保証契約が存在するとか、甲が乙の親会社であるとかなど）により、甲が銀行に対し他の取引先（乙）のため反覆して保証債務を負担するであろうことがかなり明確に予測され、「銀行取引」にはとくに「保証取引」（これは被担保適格をもつ旨、有権解釈も認めている）を含むことが認識されえた場合にかぎられると解すべきであろう。[7]」と。

他方、肯定説（主として銀行実務家）の側からは、①前述のように、「銀行取引」のなかには「保証取引」も含まれるとするのが立法当時の有権解釈であったこと、②銀行取引約定書の適用される取引の範囲として銀行取引約定書一条一項の定めるところによれば、「手形貸付、手形割引、証書貸付、当座貸越、支払承諾、外国為替その他いっさいの取引」となっており、右六種類の例示のほか、その他いっさいの取引」のなかに保証取引も含まれること、[8]③根抵当権の被担保債権から偶発的債権を排除するにつき、民法は、根抵当権者と債務者との間で直接取引による債権であることを求めているが、根抵当権の債務者が第三者の債務を保証することにより根抵当権者に対して負担する債務は、右債務者と根抵当権者との間で締結された保証契約なる直接取引から生じたものであるから、偶発的債権とはいえないこと、[9]などが反論としてあげられている。

三　若干の検討

第一に、否定説と肯定説との間には、「保証取引」が行われるが「銀行取引」において一般的であるのか否かについての認識にずれがあると思われる。すなわち、否定説は「一般的には、取引先が銀行に対し、はたして第三者のため保証をすることがあるのかどうか」と疑念を呈しているのに対し、肯定的見解では、このようなことがなされるのは銀行取引においてあたかも常識であるかのような口吻であり、本判決でも「通常行われて」いるとあっさり説かれている。現実の銀行取引において事実としてどうであるかの問題であって、筆者にはこれを判定する能力はない。ここでは伊藤進教授が学者側からつぎのような見解を示されていることを紹介するにとどめる。(10)

「銀行が、その取引先の保証で第三者に融資をするということは、銀行の取引先に対する与信取引の一連としてなされるものである。この要素は、客観的に存在するものとして、今日、一般的に承認することができるのではないかと思われる。(11)」

第二に、否定説も、銀行取引から生ずる債権に保証債権が含まれることについて全面否定ではなく、銀行と取引先甲との間に特別の事情があり、甲が乙のために保証債務を負担するであろうことがかなり明確に予測されている場合には肯定されている。はじめに確認したいことは、銀行取引のなかにどのような種類の取引を包含させるかは当事者の意思によることであるが、これを具体的に記述することなく、「銀行取引から生ずる債権」と約定したうえからは、当該の取引が銀行取引に含まれるか否かは客観的に判断するべきものであるという点である。

このことはすでに述べたが、その際、判断基準として、銀行取引のなかに当該取引が入るか否かが予測・予期ないし認識可能であったかがもちだされるわけである。否定説はこのことから、原則否定、特別の事情のある場合を例外的に肯定とされるのであるが、この予測可能性についても、当事者が主観的にどのように予測していたかとの観点から判断されるべきものではなく、客観的に銀行取引をなす当事者間において当該の取引が銀行取引のなかに含まれると予測されうる性格のものかとの観点から判断しなければならない。

逆説的にいえば、たとえ自社が銀行取引契約を締結したときに当該の取引が銀行取引のなかに含まれると予測しなかった場合においても、社会的にみて取引慣行上当該の取引が銀行取引に含まれると客観的に予測可能であれば、当該取引から生じた債権は根抵当権の被担保債権として有資格であるといわなければならないのである。保証債権が銀行取引から生ずる債権に含まれるか否かの判断もこのような観点からなされるべきであって、当事者間に存在する特別の事情をもって肯定するに決定的要因とすることには疑問がある。

本判決が「信用金庫取引の中に保証が含まれるか否かを考えるときは、客観的かつ類型的に判断することが取引の安全に資する」と説いているのはこの意味で正しい態度といってよい。ちなみに、伊藤教授は、「一般に主張されているように、銀行と取引先間では、『保証契約』は一種の与信取引として行われており、銀行の取引慣行として社会的にも承認されていることなどからすると、客観的な予期・予測性があるものとして承認してよいのではないかと思われる。」とされている。

なお、否定説が、肯定すべき特別の事情がある場合として、銀行・甲間に根保証契約が存在する場合もあげているが、なぜ根保証契約では肯定されたんなる保証契約では否定されることになるのであろうか、これまた疑問なしとしない。

第三に、保証取引の直接取引性の問題である。銀行の乙への融資は甲との関係では直接の取引ではないが、乙への信用供与は甲に対する信用供与を前提としてなされるものであり、なによりも保証契約は銀行と甲との間で締結されているのであるから、保証取引をして直接の取引として妨げないであろう。[12]

第四に、銀行取引約定書一条一項中の「その他いっさいの取引」に保証取引も含まれると解されていることが実務側から主張されているのであるが、銀行サイドがこれをどのように解釈しているかということと、そのような解釈が社会的にみて取引慣行上定着しているといってよいかということは、いうまでもないが別の問題である。本判決はこれをすでに銀行取引界における商慣習として定着していると認めたわけである。

第五に、否定説からは、後順位担保権者等の関係で公平ではないとの批判があるのであるから、この問題に触れることとする。まずこれに応接する二つの見解からみよう。一つは、根抵当立法では、根抵当権設定者は債務者に極度額という枠内での信用を絶対的に許容することを規定しており、後順位担保権者は、先順位担保権者がその枠を自由に使用することを覚悟することを求めている、とするものであり[13]、他の一つは、根抵当法が一定の種類の取引に限定するというのを根抵当権設定者や第三者保護の問題にすり替えることは妥当ではなく、それらの者との利益調整は、極度額によって規定される担保枠を定めることによって行うものであることを原則としているのであって、銀行取引と定められた入口から保証債権が入るかどうかによって根抵当権設定者や後順位権利者の利益に影響は生ずるであろうが、それは反射的な利益期待であって、入口を定めることに伴っての利益期待とはいえない、というものである。(14)

確かに、根抵当法の趣旨は、極度額による価値支配権の確立という性格を有し、後順位担保権者等はその極度額にいたるまで根抵当権者の優先弁済権の行使を甘受すべきものではあるけれども、他方において、民法三九八条の二において取引包括根抵当をも否定し、被担保債権の資格を限定していることからすれば、極度額による価値支配を無限定に許しているわけではない。極度額があることを強調すれば、極論すればそのなかにはなにを入れても後順位担保権者の利害には関係のないこととといわざるをえず、被担保債権資格を限定したということは、直接的には根抵当権設定者の利益保護ではあろうけれどもそれは間接的には後順位権利者の利益保護にも資するものであって、保証債権が入口から入るか入らないかは後順位担保権者等にとっては法律上の利益になるのではないかと思われる。すなわち、「極度額による価値支配権の独立・強化を野放しにすることなく、これを修正しているのが被担保資格の問題である」(15)とみれば、後順位担保権者等との関係は、極度額という制度との関連において論じられるべきことではなく、まさに被担保債権資格の問題として論ずるべきであってかつそれでたりるというべきであろう。かようにしてみれば、保証債権を銀行取引から生ずる債権のなかに含めることが後順位担保権者等との関係で妥当であるかどうかは、本判決のように被担保資格の面では客観的に肯定されるとすれば、問題はないことになる。

四　おわりに

否定説の立場からは、一般的には保証取引は銀行取引には入らないとの観点から、保証取引を他の取引としても列挙して、あるいは「銀行取引（保証取引を含む）」として被担保債権の範囲を定めるべきことが提唱されている。(16)他方、肯定説の立場からは、銀行取引の他に保証取引を加えることは、みずから保証取引が銀行取引に含まれないことを認めることになるので行うべきではないと強調されている。(17)伊藤教授も、保証取引が銀行取引の通常の過程で行われる取引であることからすると二重の設定は無意味であるとともに、別個の保証取引を設定することによって銀行取引として行われた保証取引ではない保証取引上の債権が入ることになって弊害であるとされている。(18)

これらの諸論稿は本判決以前のものであるので、本判決をみるにいたった現在では右の問題は一応の決着をみたといってよいであろう。もっとも、本件は上告されているので最高裁がどのような結論をくだすかは不明であるが、筆者自身には銀行取引の実情についての知識はきわめて乏しいのであるが、全体的印象からすればおそらくは上告審においても本判決の態度は維持されるものと思われる。

なお、主債務者が第三者のために負担する保証債務をも保証することを約した根保証契約の被保証債務の範囲について東京高裁判決があり、判示は、実質上の主債務者の無制限な拡大を許すことは双方当事者の合理的な意思に即しないとして否定したのであるが、保証債権が根抵当権で担保される場合におき換えて想定することによって参考になるかと考えて付言する。(19)

（1）　金融法務事情一二三四号一六頁、金融・商事判例八二九号二五頁。

（2）　鈴木正和「根抵当取引と保証債権」金融法務事情一〇九二号五頁、峯崎二郎「保証債務と根抵当権」手形研究四一三号三一頁、同「銀行取引には保証取引が含まれるか」金融法務事情一一一〇号三頁、「編集手帖」同一〇九一号四四頁。

（3）　「保証債権も根抵当権で担保されるか」金融法務事情一二三三号二頁。

（4）　貞家克己＝清水湛・新根抵当法四九頁、石井眞司「銀行取引と保証取引」金融法務事情一一八七号五頁。

(5) 前掲(3)論文。
(6) 鈴木・前掲論文。
(7) 中馬義直「根抵当権の設定と被担保債権」担保法大系(2)二二頁。
(8) 峯崎・前掲金融法務事情論文六頁。
(9) 鈴木・前掲論文四頁。
(10) 伊藤進「根抵当権の被担保債権の範囲を『銀行取引』と定めた場合と『保証債権』の被担保債権適格性」金融法務事情一一九五号九頁、峯崎・前掲金融法務事情論文五頁、本判決理由の前段もそうである。
(11) 伊藤・前掲論文九頁。
(12) 鈴木・前掲論文四頁、伊藤・前掲論文一〇頁。
(13) 峯崎・前掲金融法務事情論文六頁。
(14) 伊藤・前掲論文一一頁。
(15) 湯浅道男「根抵当権の被担保債権」金融担保法(II)一三頁。
(16) 中馬・前掲書二二頁。
(17) 峯崎・前掲本誌論文三五頁。
(18) 伊藤・前掲論文一三頁。
(19) 東京高判昭和五五年九月二九日金融法務事情九五〇号五二頁。この判決については、伊藤、鈴木・前掲論文でも言及されている。

脱稿後、上野隆司＝石井眞司「〝再論〟銀行取引に保証取引は含まれるか」——東京高判平元・七・一〇に関連して——金融法務事情一二三八号一九頁に接した。

〈手形研究四三三号（一九九〇）〉

4　親子夫婦間で所有名義が別の土地・建物と法定地上権

一　はじめに

法定地上権の成立要件の一つとして、抵当権設定当時に土地および地上建物が同一所有者に帰属していることが挙げられる。その理由としては、これが別異の者に属するときには、建物のために土地利用権が設定されているはずであり、法定地上権の成立を認める必要がないからであるとされる。

たしかに、建物のために土地利用権があらかじめ設定されていれば、建物の買受人はその権利を承継し、土地の買受人はその負担を承継するから、法定地上権を認める必要はない（もっとも、使用貸借であれば貸主による解除請求に抗じ難いという問題が生ずる）。

ところで、利用権は設定可能といえるが、現実にはこれが設定されていなかった場合に法定地上権は認められるであろうか。このような事態が生ずるのは、多くは土地と建物の所有の関係が、①親子・夫婦などである場合、②代表者個人の事業体と目されるような法人における代表者と法人である場合、であろう。

先例は多くない。①については、土地が養子、建物が養母の所有という事案につき、東京高裁昭和三一年七月一三日判決（下民集七巻七号一八三七頁）が、土地はA、地上建物二棟につき一棟はAの子、一棟はAの夫の所有であったという事案につき、最高裁昭和五一年一〇月八日判決（金融・商事判例五一二号二一頁、判例時報八三四号五七頁）が、いずれも成立を否定している。②については、土地は法人、建物がその代表者の所有という事案につき、東京地裁昭和五六年六月二六日判決（判例時報九二七号九頁）が否定、土地が代表者、建物は法人という事案につき、東京地裁昭和五七年五月一〇日判決（金融・商事判例六六七号七頁）が肯定、といったところである。

いうまでもなく、本稿のテーマは①にかかわるが、右のように最高裁判例（「五一年判決」とよぶ）があるので、成立否定の理由がどのようであるかをみることとしよう。

二　五一年判決

判旨はつぎのように説く。

法定地上権の制度は、抵当権設定時に土地とその地上建物とが同一の所有者に帰属する場合には、土地の利用権を設定するのが法律上不可能であるので、競売の結果土地と建物が所有者を異にするに至ったときに、法定地上権の成立を認めて建物の存続を図ろうとするものである。「土地と建物が別個の所有者に属する場合には、たとえその間に親子、夫婦の関係があっても、土地の利用権を設定することが可能なのであるから、その間の土地利用に関する法律関係に従って競売後の土地所有者と建物所有者との法律関係も決せられるべきものであって、このような場合にまで地上権を設定したものとみなすべきではない」（本判決の解説としては、田尾桃二＝東條敬「抵当権実行の結果土地と地上建物の所有者が親子・夫婦等に分かれる場合と法定地上権」椿寿夫編集代表・ジュリスト増刊担保法の判例I一六〇頁がある。また、椿寿夫「敷地の所有権移転登記なく建物に抵当権を設定した場合と法定地上権」昭和五三年度民事主要判例解説（判例タイムズ三九〇号五八頁）五九頁が言及されている）。

三　従来の学説

他方、従来の学説はどうか。前掲田尾＝東條解説を除いては、深く検討したものは未見である。椿教授は、五一年判決と同旨として、柚木馨編・注釈民法(9)一七八頁〈柚木馨＝上田徹一郎〉、我妻栄＝清水誠・判例コンメンタール（担保物権法）四三五頁を引かれているが、前者によれば、「このように利用権を設定しうる場合は、現に利用権が設定されたかどうか（意思解釈の問題として利用権設定を認むべき場合はかなりでてくると思われる）によって（対抗要件が問題になる場合にはそれを具備する場合にのみ）決せざるをえまい」と述べられており、まさに五一年判決と同趣旨である。また、敷地利用権をまったく欠くというのではなく、黙示の使用借権があるとするものとして解決すべきであろう、とする者（田中克志「法定益権の効力とその内容」担保法大系第一巻四九八頁）もある。

注意すべきは、五一年判決も、法定地上権の成立は否定したが、敷地利用権の存在そのものを否定したものではないという点である。このことは、先に引用したように「その間の土地利用に関する法律関係に従って……決せられる」と説いていることから明らかである。しかし、競売前の土地利用関係として、貸借権は別として、使用借権を想定したところで、第一に、この点についての主張・立証がなく、もっぱら法定地上権の成立のみが主張されている場合に、裁判所がなお使用借権の存在を認めて建物所有者を保護しうるのか、第二に、かりに使用借権の存在が認められても、地上建物の登記を経ても対抗力を具備しえず、かつ土地所有者の側からいつでも解除しうる状態に置かれるのであって（松本恒雄「法定地上権と法定貸借権」金融担保法講座Ⅰ二四六頁）はたして建物所有者保護の実益をまっとうできるのか、という疑念が生ずるのである（なお、星野英一・借地借家法一五頁参照）。

さて、五一年判決について、前掲田尾＝東條解説は、夫婦・親子間では、所有物の使用について法律関係を明らかにすることはあまり行わないというわが国の社会状況から、同判決には疑念が湧く、とされたうえ、以下の四点から再検討の余地があろうとされる。①家団のような考えをとって、土地と建物の所有者を同一とみることはできないか、②土地使用になんらかの対価性があるとして賃貸借が存在するとみられないか、③たまたま土地利用権が設定されていないことに乗じて利得を得ようとする土地買受人には、権利濫用の法理により建物収去・土地明渡しを許さないといえないか、④抵当権設定時に地上建物さえ存在すれば、同一所有者に属さなくても法定地上権の成立を肯定できないか、である。

①は、かつて内縁の妻の借家権の承継という問題でも論じられた。②は、現実にはなにをもって対価とみるかという問題がある。③は、可能性の高い立論だが、事後の法律関係はどうなるのであろうか。④については、建物移転登記未済のまま土地に抵当権が設定された事例において、法定地上権の成立を肯定する判例（最判昭和四八・九・一民集二七巻八号一〇六六頁。右と反対の事例に関する最判昭和五三・九・二九民集三二巻六号一二一〇頁）が強調するように、現況調査による地上建物の存在の認識が法定地上権の負担を認めるべき有力な理由となりうるとすれば、あるいは土地と建物が同一人に属さないときに設定された一番抵当権にもとづき競売された場合でも、右の要件をみたす二番抵当権があるときは法定地上権の成立を肯定する判例の態度（大判昭和一四・七・二六民集一八巻一二号七七二頁）などからすれば、五一年判決の座りもかならずしもよくはないとも評せよう。ただ、抵当権設定当時から明確な利用権の設定があり、とくにそれが使用借権であるという場合にも、これまでの判例の説く法定地上権制度の存在理由からして、なお法定地上権の成立を肯定するのは難しいのではあるまいか。

四　おわりに

五一年判決は、公式判例集（民集）には登載されなかった。自明の理であり注目すべきものではないと評価されたものであろうか。学説の応接も活発ではないように見受けられる。筆者にとっても結論を出し難い問題である。

土地と地上建物が同一人の所有に帰していれば法定地上権の成立が認められる。そのことは、登記名義上親子・夫婦として別になっていても、実質上同一人の所有であれば同じく肯定される。他方、かかる関係にないときには、建物所有のための土地利用権が設定されているはずだという論理で否定される。しかし、その利用権が使用借権であれば、実際上建物所有者の保護に役立たず、また一方には親子・夫婦間での所有物の利用関係は法的には明確ではないという社会状況があることも否定できない。加えて、競売実務においては、法定地上権割合は土地価格の七〇～七五パーセントに達し、関係人の利害を大きく左右する。

かかる状況のもとで、成否いずれの結論を採るべきなのであろうか。強いていえば、親子・夫婦間の財産関係の現実からして、家族共同体構成により、成立を肯定すべきではないかと考えている。

〈銀行法務21五一一号（一九九五）〉

5 建物共有者の一人が土地を単独所有する場合と法定地上権

一 民法典の起草者達は、土地と地上建物とを別個のものではなく一体的に考えていたようであるが、土地抵当権の効力が地上建物に及ぶか、という問題（民法三七〇条）を論議した際に、建物は別個の不動産としてこれには及ばないとすることとなった。そこで、急遽設けられたのが三八八条であった。それゆえか同条はやや簡略にすぎ、土地あるいは建物が共有である場合については、何も語ってくれないのである。

土地あるいはその地上の建物が共有である場合としては、さまざまな事例がありえよう（各類型を示すものとして、たとえば、高木多喜男「判例批評」ジュリスト増刊・担保法の判例I一七二頁、岩本信行「共有不動産をめぐる法定地上権の成否」判例タイムズ三八六号三〇頁など）。その場合、土地に抵当権が設定された土地抵当型と建物に抵当権が設定された建物抵当型とがある。さらに、単独所有の不動産に抵当権が設定されたのか、共有不動産の共有持分に抵当権が設定されたのか（このようなことが認められるのかという問題もある。最判昭和二九・一二・二三民集八巻一二号二二三五頁。なお、最判昭和四四・一一・四民集二三巻一一号一九六八頁）、に分かれる。

本稿でとりあげるのは、地上建物が共有であり土地は単独所有であったところ、その土地または建物の共有持分に抵当権が設定されたという事例である。

二 まず、単独所有である土地に抵当権が設定されたという事例については、判例があるので紹介しよう。〔最高裁昭和四六年一二月二一日判決（民集二五巻九号一六一〇頁）〕。

事実関係は次のようである。

本件土地は訴外Aの所有であり、その地上建物である本件建物はAおよび訴外B・Cの共有であったところ、Aは本件土地について昭和三〇年六月一五日、訴外Dのために根抵当権を設定した。その後、同年七月本件土地を訴外Eに売却した。他方、Y_1は、昭和三二年四月八日ABCから本件建物を取得した。その後Dの申立により右抵当権が実行され、昭和三七年一二月二〇日競落許可決定によりXが本件土地所有権を取得し、Xより、本件建物所有者Y_1および同人から本件建物を賃借居住しているY_2に対し、建物収去土地明渡を求めたものである。これに対し、Y_1は法定地上権の成立を主張する。

【最高裁昭和46年判決の事案】

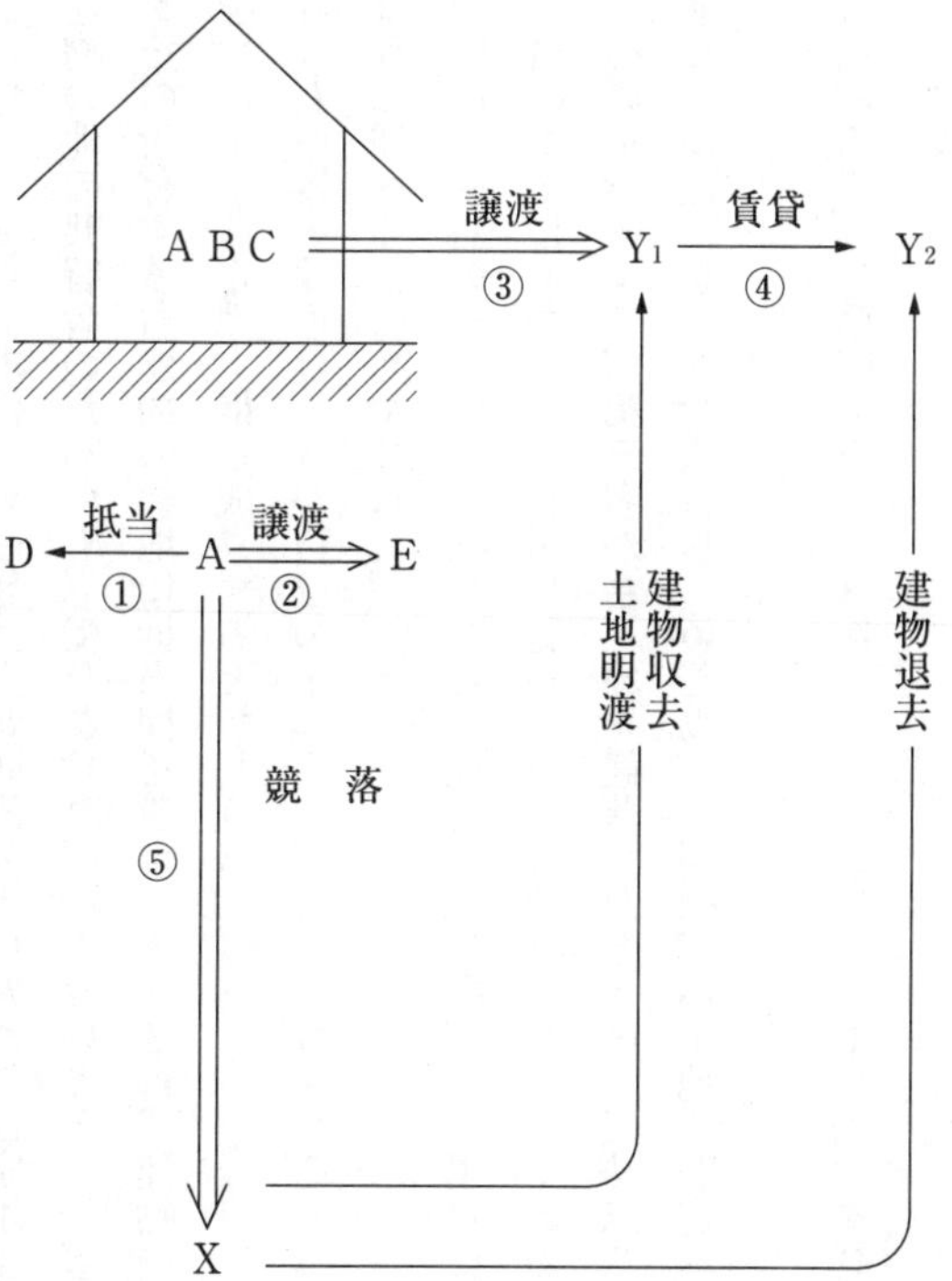

一審（東京地裁）は、民法三八八条の趣旨によりとして、Aは本件土地につき本件建物のために地上権を設定したものとみなされるとした。

原審（東京高裁）は、直截に法定地上権の成立を認めて次のように説く。「けだし、本件建物の共有者の一人であるAは、その所有する本件土地に地上権を設定する権限を有するのであるから、右土地に抵当権を設定することにより競売の場合につき同訴外人のための法定地上権の成立を排斥すべき理由はなく、そのことはとりもなおさず、他の共有者の利益のために地上権を設定したことに帰し、さらに本件土地の競落人が同訴外人のために法定地上権を忍受しなければならないことは、結局本件建物の他の共有者のためにも忍受しなければならないことに帰着するからである。要するに建物の共有者の一人がその所有する右建物の敷地に抵当権を設定したときは、建物の単独所有者の場合と同じく、民法第三八八条の趣旨により法定地上権が成立すると解しうる」。

Xは、右原審の論理は、Aが自己の土地上に自ら地上権を設定しうることを前提としていると上告。最高裁は次のように述べて上告を棄却した。

「建物の共有者の一人がその敷地たる土地を単独で所有する場合においては、同人は、自己のみならず他の建物共有者のためにも右土地の利用を認めているものというべきであるから、同人が右土地に抵当権を設定し、この抵当権の実行により、第三者が右土地を競落したときは、民法三八八条の趣旨により、抵当権設定当時に同人が土地および建物を単独で所有していた場合と同様、右土地に法定地上権が成立するものと解するのが相当である。」

判旨は右のように簡略であり、AがBCのためにも土地の利用を認めていることの法的性質については触れるところがない。

三 (イ) ところで、本件で建物が共有であることの他に留意すべきは、抵当権設定時と競売申立当時とでは土地と建物の所有者がそれぞれ変更したことであろう。

この点につき、学説は、抵当権設定当時同一人に帰属していれば、その後に一方が第三者に譲渡されても法定地上権の成立を認めてよいとする。第一に、抵当地上の建物が譲渡された場合、建物の譲渡に伴って約定利用権の設定があるが、これは抵当権者に対抗しえないものであるから別に法定地上権を認める必要があるとする。第二に、建物のある抵当地が譲渡された場合、土地譲受人はその建物のための用益権によって制限されている土地を取得するが、その用益権は結局において法定地上権になりうることを予測すべきだからであるとされる（以上、

我妻栄・新訂担保物権法三五五～三五六頁）。

以上は建物と抵当土地のいずれかが所有者を異にした場合であるが、双方とも所有者を異にした場合にも、いずれにせよ建物所有者と土地所有者とが異なった時点で、建物所有者のために土地利用権が設定されるであろうが、これは抵当権者に対抗できないものであり、それゆえ別に法定地上権を建物存続のために成立させる必要があるとしてしまうならば、結果に変わりはないからである。本稿は、この問題を扱うものではないから、これまでに止める。

(ロ)　そこで、前掲最判昭和四六年の事案を離れて、より単純化し、建物が甲乙共有で甲がその土地を単独所有しているという事例を想定して述べることとしよう。もっとも、その前に、むしろこれまで多く論じられてきたのは、甲乙が土地を共有し、甲が地上建物を単独所有していたところ、甲が土地の持分について抵当権を設定したという事例についてである。これについては、別稿（13「土地の共有者の一人が建物を所有する場合と法定地上権」）があり詳述しないが、法定地上権の成否に関して基本的な考え方が分かれており、そのことは建物共有の場合にも共通するところを含むので若干触れることとする。

ⓐ　原則的に否定的な立場がある。共有の場合には共有者の一人は単独で土地を処分しえないこと、法定地上権の成立を認めると他の共有者にその意思を無視して不利益を与えることになること、が理由である前掲最高裁昭和二九年判決がこの立場といえる。

ⓑ　法定地上権の問題ではなく、利用権と抵当権との対抗関係となるとする立場である。すなわち、持分の上に地上権や賃借権を設定することはできないのだから、甲が共有地の上に単独で建物を所有するためには、自分を含めた甲乙共有者との間に土地の利用関係が設定されたとみなければならない。そしてその利用関係が抵当権者に対抗できるものであったかどうかの問題となる（我妻・前掲書三六〇頁）。

ⓒ　甲については自己の土地持分権に対する関係では法定地上権の要件を具備し、乙の土地持分権との関係で

は約定利用権を有しているとして、法律関係の複雑化回避という政策的理由のため、競落して乙と土地の共同所有者となった丙との関係でも、甲は全体的な約定利用権（従前の約定利用権が存続）を有するとする（高木多喜男・担保物権法〔新版〕一九〇頁）。

右のⓑの立場を一体契約的構成、ⓒの立場を分析的構成と呼ぶことにする（槇悌次「共有土地・建物における帰属の変動と敷地利用権の運命」民商法雑誌一一五巻一号一頁以下が用いる語である。松本恒雄「民法判例レビュー」判例タイムズ七九四号三〇頁以下は、一体契約的アプローチ、分析的アプローチなる語を用いられている。また、かかる場合を検討した文献として、岩本・前掲論文、半田正夫「不動産の共有と法定地上権」近大法学一七巻一〜二号合併号一一七頁がある。なお、土地建物いずれも甲乙共有であって、土地共有者が共同して土地全体に抵当権を設定した場合には、学説は法定地上権の成立を肯定するが、建物はいずれも二分の一、土地は、甲が一〇分の一、乙が一〇分の九の共有で、乙の土地持分の強制競売によってこれを取得した丙との関係で法定地上権の成否が争われた事案に最判平成六・四・七民集四八巻三号八八九頁がある）。

四　建物が甲乙による共有で土地が甲の単独所有という事例に立ち戻ろう。土地抵当型と建物抵当型とがあり、前掲最高裁昭和四六年判決は土地抵当型であった。

ⓐ　土地抵当型においては、一体契約的構成によれば、甲乙が建物を共有した時点で、甲乙一体で甲に対し約定利用権が設定されたとみられる。この約定利用権は、地上権、土地賃借権、土地使用借権のいずれかであり、土地に抵当権が設定される以前から存在するものの、抵当権により覆滅しないためには対抗要件を備えなければならない。地上権、土地賃借権であっても、借地借家法一〇条（建物ノ保護ニ関スル法律一条）との関係で対抗力具備が問題となる場合が想定されるほか、土地使用借権では抵当権に対抗しようがない。使用借権と認定される可能性が高いのは、甲乙が、親子・夫婦あるいは相続人相互間であり、利用権の対価の授受もないという場合であろう。たまたま何らかの理由で建物が家族間で共有とされ、土地がその中の一人の単独所有である場合に（最高裁

昭和四六年判決もこのような事例のようである)、一体契約的構成をとり法定地上権の問題でないとすることによって、かえって甲乙両者にとり不利となるおそれが生ずるのではなかろうか。

他方、分析的構成によれば、甲は、後に土地抵当権が設定されれば法定地上権が成立しうる地位にあり、乙には特定利用権が共有時点から存在し、抵当権者は抵当権実行後の建物の存続を覚悟すべき立場にあるから、実行後は甲乙の土地利用は法定地上権に一括化されるとみられるであろう。

次に、建物抵当型、すなわち甲の建物共有持分権に抵当権が設定された場合はどうであろうか。一体契約的構成によれば、甲乙で甲に対し土地利用権を有しており、建物共有持分上の抵当権の効力は甲乙が一体として有する土地利用権及び、買受人丙は甲の有した土地利用権を建物共有持分権とともに取得するということとなろうか。二点疑念が生ずる。一つは、甲乙一体として土地利用権を有すると構成しながら、甲の建物共有持分権が抵当に服し、その効力が土地利用権にも及ぶものとすれば甲の土地利用権と乙の土地利用権とを甲乙で持分に応じて準共有するという分析的思考を経ざるをえなくなるという点、および、土地抵当型の場合と同じく、約定利用権が抵当権に対抗しえない場合が想定されるという点である。

これに対し、分析的構成をとれば、建物買受人丙には法定地上権の要件が具備し、乙には約定利用権が存在している状態にあることは、土地抵当型と同様である。もっとも、乙の従前の約定利用権が丙と一括化されて法定地上権となることは、土地所有者甲にとって不利となるが、これは甲らが抵当権を設定したことにより招いたことである。そこで、乙丙が法定地上権を準共有するという解決となる(高木・前掲書一九一頁)。

五　右に述べたような、土地は甲の単独所有、建物は甲乙共有という事例については、今日では借地借家法一五条によって、甲は自己所有地上に自己借地権を設定しうる。その場合は、乙の借地権とともに、土地抵当権者との関係は対抗の問題となる。そして、自己借地権は地上建物が存在していなくても、賃借権設定契約(自己契約)により成立し、これを登記することによって対抗要件を具備しうるから、更地に抵当権が設定された場合には法定地上権の成立が認められないマイナス面も、その限りでは回避できよう。

しかし、同法の定める自己借地権はいまだ不透明な部分も少なくない。たとえば、「借地権を設定する場合において他の者と共にすることになるとき」でも、自己借地権の設定は任意であるとすれば、設定されなかった場合には法定地上権の問題となるのかといった、いわゆる住み分けの問題、あるいは、対抗要件として登記がなされた場合はよいが、同法一〇条一項の対抗力は認められるのか（村田博史・基本法コンメンタール新借地借家法四六頁は、自己借地権についての公示は同法一〇条によったのでは不十分であるという）、などである。同条の新設により、法定地上権にかかわっても新しい問題が登場したこととなる。

〈銀行法務21五三九号（一九九七）〉

6　共同抵当に関する若干の問題点

論点　同一の債権を担保するために複数の不動産に抵当権が設定される共同抵当は、実際には多く生じうると思われるが、意外に判例集を賑すことは少ない。それが何故であるかということも探求されねばならないところであろうが、当面、本稿では、共同抵当に係る基本的な問題ともいうべき若干の点、とくに、物上保証人に属する不動産上への代位の是否、および、一部放棄の場合の従来の判例・学説を概観する。

一　民法三九二条二項は、共同抵当における異時配当の場合に代位主義を採り、巧妙な立法（我妻・新訂担保物権法四二八頁）と評されている一方、同じ評者により、「その権利関係の錯綜紛糾の甚しきは、実に他に類例を求めるに苦しむ位である」（我妻・民法研究(Ⅳ₂)二五四―五頁）ともいわれている。本稿では、比較的近時示された最高裁の二つの判決（最判昭四四・七・三民集二三巻八号一二九七頁、同昭五三・七・四民集三二巻五号七八五頁）を手掛りとして、共同抵当に関するさまざまの問題点の中からその二、三を、筆者の恣意のおもむくままにとりあげるに過ぎない。また、それとても、鈴木、星野、椿、石田各教授をはじめ他の方々の論稿があり、新たにつけ加える何ものもないのであるが、あえて若干の整理の意味をこめて紙面をお借りすることにする。

二　民法三九二条一項、「債権者カ同一ノ債権ノ担保トシテ数個ノ不動産ノ上ニ抵当権ヲ有スル場合」と規定しており、これをうけて、共同抵当は、「同一の債権の担保として数個の不動産の上に設定された抵当権をいう」（我妻・前掲四二四頁）、と定義されるのが普通であるが、詳しくは、その対象が不動産または法律上不動産とみなされるものに限らず、三九二条および三九三条が準用される場合（たとえば、鉱業法一二・一三但、漁業法二三）および、これらと同趣旨の規定が設けられている場合（たとえば、建設機械抵当法二一）などにも生ずる。地上権・永小作権についても、三六九条二項の趣旨から、複数のこれらの権利が抵当権の対象となった場合に共同抵当が生ずることは認められるが、建物所有を目的とする地上権とその地上権者が所有する建物につき抵当権が設定された場合に、共同抵当が成立するとみられるであろうか。この問題に関連して、土地賃借人が、借地上に所有する建物に抵当権を設定したときは、その抵当権の効力は当該土地の賃借権にも及び（最判昭四〇・五・四民集一九巻四号八一一頁）、建物につき抵当権設定登記が経由されると、土地賃借権についても抵当権の効力が及ぶことについての対抗力が生ずる（最判昭五二・三・一一民集三一巻二号一七一頁。本判例は、前記最判昭四〇年と最判昭四四・三・二八民集二三巻三号六九九頁を引用するが、後者は、石燈籠・庭石にも宅地の抵当権の効力が及びかつ対抗力が生ずるとしたものである）とするのが判例であり、学説もこの点異論をみない。この場合、建物と土地賃借権とは共同抵当を構成しているとみるべきかについて、肯定する見解がある。ただし、土地賃借権は、抵当権の目的となることにより地上建物の競売によって、建物の所有権とともに当然に競落人に取得されると解されるところから、三九二条二項の適用のない、いうならば債権者の自由選択権のない共同抵当であるとされるのである（玉田弘毅・昭和五二年度重要判例解説六〇頁）。

しかしながら、共同抵当は、複数の不動産ないし不動産物権上にそれぞれ設定された複数の抵当権の集束とみるべきで、それゆえ、いわゆる追加担保として時を異にして設定された場合にも認められるのであるが、借地上の建物に設定された抵当権の効力が土地賃借権に及ぶのは、それが従物理論によるにせよ附加一体物理論によるにせよ、土地賃借権自体は独立した抵当権の対象とはなっていないのであって、設定せられた抵当権は建物について一箇であり（登記も建物についてのみなされる）、それだからこそ、建物所有権の帰趨に従って競落人に当然に取得されるのである。実質的にみても、三九二条や三九三条の適用ないし準用の余地のない場合に共同抵当の成立を肯定しなければならない利点は、とくにないと思われる。

ところで、地上権とその地上建物については、三六九条二項から、それぞれが独立の抵当権の対象となって、理論上は共同抵当が成立する筈である。しかしながらも、建物所有を目的とする地上権は、地上建物の存在の基盤として、両者は社会的にも経済的にも有機的な結合関係をなしているのであるから、共同抵当の成立を認めて、債権者の自由選択に基づく各別の担保権の行使を許容することは、むしろ制限されるべきではないかと思われる。建物所有のための土地利用権が、賃借権である場合とたまたま地上権である場合とで、異った結果を導くことは可及的に避けるべきであろうし、建物と土地利用権の処分の場合の一体化という要請も尊重されるべきだからである。なお、この点に関し、従来は一括競売が認められる要件として、民事訴訟法六七五条の準用がないこと、が数えられていたが、一括競売の趣旨が、経済的に関連性のある数個の不動産を一括して競売することによって、その物件の経済的価値を高めんとするものであると解されるところから、右の要件を緩和しようとする方向が、近時の学説ならびに裁判例において顕著であることも参考になろう（林屋礼二「個別競売と一括競売」小野木＝斎藤還暦記念・抵当権の実行（上）二四七頁以下）。

三　三九二条二項が異時配当における代位主義を採用して、巧妙な立法と評されていることは前述したが、極く簡略に他の立法を瞥見する。

ドイツ民法では、一一三二条一項に共同抵当に関する規定があるが、異時配当の場合に代位主義は採られておらず、このような意味での後順位抵当権者の保護は図られていない（同法につき、実体面に関しては鈴木禄弥「共同抵当について」抵当制度の研究二一五頁以下、手続面に関しては、竹下守夫「不動産競売と共同抵当権」前掲・抵当権の実行（下）七五頁以下に詳細である）。

フランス民法では、共同抵当に関する規定を欠く。ただし、一個の債権の担保のために複数の不動産上に抵当権が設定されることは、判例学説の上で認められているが、やはり、異時配当の場合に、後順位抵当権者を保護する配慮はとくに存しない（Planiol-Ripert; Traité Pratique de Droit Civil Français. t. XII. 1853 n° 997 et s.）。

注目すべきは、イタリー民法が後順位抵当権者の代位を認めている点である（旧二〇一一条、新二八五六条）。わが民法三九二条二項は、旧民法担保篇二四二条とほぼ同様の内容を有するが、同条につきボワソナードは、イタリー民法に範をとった旨を明記しており（Boissonade, Projet, t. IV p. 492）、三九二条はこれに由来するといえよう（星野英一・前掲最判昭和四四年判例研究、法協八九巻二号一九五頁）。

なお、アメリカ法では、複数の土地が同一の債権の担保のために、mortgageの対象となった場合に、後順位のmortgageeを保護する目的でMarshallingなる原則が存在するが、ここにおいてもわが三九二条二項のような代位主義は採られておらず、後順位のmortgageeは、いわゆる割付による負担を主張するか、あるいは、自己の担保の目的となっていない他の担保物からまず弁済を受けるべきことを、先順位者に主張できるに止まるようである（G. Osborne; Mortgage 2nd ed. 1970 p. 579 et seq.）。

四　三九二条一項は、同時配当の場合に割付主義を認め、「其各不動産ノ価額ニ準シテ其債権ノ負担ヲ分ツ」とする。異時配当の場合も、このようにして割り付けられた各不動産の負担額を限度として代位することになるので、ここにいう「不動産ノ価額」の意味をまず明らかにしておく必要があるが、これについては、競売代金から優先する債権額を控除した残額をいうものと解されている（香川保一「共同抵当に関する諸問題（三）」金融法務二五九号一七頁）。

さて、三九二条による後順位抵当権者の代位が許されるのは、共同抵当の目的不動産が債務者所有のものでなければならないか、あるいは、物上保証人や第三取得者の所有に属する場合にも許されるものであろうか（但し、本稿では、もっぱら物上保証人に対する関係のみを扱い、第三取得者の生ずる場合については別の機会に譲るものとする）。

判例は、三九二条二項による代位が生ずるのは、共同抵当の目的不動産が債務者の所有に属する場合に限るとする。

そこで、債務者所有の甲不動産、物上保証人所有の乙不動産、に共同抵当者Aが第一順位として存在し、甲につきBが第二順位の単独抵当、乙につきCが第二順位の単独抵当をそれぞれ有している場合を想定して、これまでの判例に示されたところを整理すると次のようになる。

(1) (イ) Aが甲から債権全額の弁済を受けた場合、Bは乙上に代位できない（大判昭四・一・三〇新聞二九四五号一二頁。この判例は、乙を競売された乙の所有者である物上保証人に、債務者所有の甲上に弁済による代位を認めたものであるが、関連して、Bは乙上に代位できないことを説く。広島地尾道支判昭八・五・一六新聞三五七六号一二頁、札幌高判昭四五・一〇・二八下民集二一巻九＝一〇号一四二二頁）。他方、乙上のCは、先順位のAの共同抵当が消滅したため順位が上昇する。

(ロ) 右と逆にAが乙から全額の弁済を受けた場合、物上保証人は、五〇〇条、五〇一条により求償権全額についてAの甲上の第一順位の抵当権を取得し、Bに優先する（大判前掲昭四・一・三〇、前掲最判昭四四・七・三）。

(2) 前に掲げた例において、甲、乙にAが共同抵当を有し、Bもまた両者の上に後順位の共同抵当を有している場合において、Aが物上保証人に属する乙から満足を受けたときは、物上保証人は甲上に代位するが(1)(ロ)、Bは、右の物上保証人に移転したAの先順位抵当権の上に一種の物上代位権を取得する（前掲最判昭五三・七・四）。

(3) 前例において、甲も乙もともに物上保証人に属する場合、Aが乙から全額の満足を受けたとすると、乙の提供者は自己の求償権の保全のために、Aの債権額を甲の価額に応じて割り付けた額を限度として、甲上にAが有していた抵当権を取得し(1)(ロ)、後に甲が競売された場合には、甲上の後順位者Bに優先して弁済を得る。他方、乙上のCは、三九二条二項によって直接甲上に代位することはないが、乙の提供者が前述のように代位取得した抵当権に一種の物上代位権が認められる（大判昭一一・一二・二九民集一五巻二四号二一七二頁）。

細かい問題はさておき、ここでは、基本的なものとして、三九二条二項による代位は、共同抵当を構成する不動産が全て債務者の所有に属する場合に限られ、物上保証人の提供した不動産乙上には、甲についての後順位者Bは代位できないとすることの是否についてとりあげる。

学説は、判例に賛成するものが比較的多いが（我妻・前掲四六一頁、柚木＝高木・担保物権法四〇四頁、川井健・担保物権法一五一頁、椿寿夫・前掲最判昭四四・七・三評釈判例評論（判時五九〇号）一三六号一八頁。星野・前掲一九四頁も、判例の考え方でよいのではないかと感じているとされる）、なお有力な反対もある（鈴木・前掲二三五―七頁、香川・前掲一九頁、松坂佐一・物権法二四五頁）というのが現状であろう。

判例賛成の根拠は、主として次の二点にある。一つは、債務者と物上保証人とを比較した場合、債務についての責任を究極において負担すべきなのは、債務者所有の抵当不動産であるという点である（このことを明確に指摘されるのは、椿・前掲一八頁である）。我妻旧説も、物上保証人は、自己が提供する不動産の価額に応じた割付額相当分は、自己の損失に帰するも止むを得ないと覚悟して共同抵当の目的としたのだから、債務者所有の不動産上の後順位者に、物上保証人の提供した不動産上への三九二条二項の代位を認めることが、より共同抵当の目的となる不動産の担保価値を十分に利用させることとなるという観点から、判例に反対しておられたが、後に、物上保証人の期待の保護を重視すべきだという理由から、改説されている（我妻・前掲四五七頁）。次に、二つには、債務者所有の不動産上の後順位者の代位を認めると、物上保証人は自己が保証した債務以外の債務について、自己の提供した不動産をもって責任を負う結果となっておかしいという点である。

確かに、判例のように解すると、同時配当の場合と異時配当の場合とでは、後順位者の地位に不均衡が生ずることは否定できない。前述した判例の態度をここに繰り返すことになるが、前例において、Aが甲から全額の満足を受けたときは、Bは乙上に代位できず、Bに残されるものは、甲の価額からAの債権額を控除した額に過ぎない。Aが乙から全額の満足を得た場合は、物上保証人は弁済者の代位によって求償権全額について甲上に代位し、この代位はBに優先するから⑴(ロ)、Bに残るところは、Aが甲を選択した場合と同様である。ところが、同時配当の場合においては、物上保証人は自己が提供した乙不動産によって、乙上に割り付けられた額だけAの債権を弁済したことになるが、競売により甲上のAの共同抵当は絶対的に消滅するから、物上保証人は五〇一条による代位をこの場合はなしえないと解されており（香川・前掲一九頁）、したがってBは、甲の価額から甲に割り付けられた額を控除したものを自己の債権の担保として把握しうることになるのである。

結局のところ、この問題は、三九二条二項による後順位者の保護は、共同抵当を構成する不動産が債務者の所有に属するもの以外のものである場合をも含めて、貫徹されなければならないほどのものなのかどうかという、先順位に共同抵当が存在する不動産に遅れ抵当権を取得する後順位者の地位そのものの評価の仕方にかかってくることになる。三九二条二項のごとき規定を有しないドイツ民法やフランス民法では、先順位に共同抵当者が存在し、これに自由選択権が認められている以上は、後順位の単独抵当権者は、先順位共同抵当権者の自由選択権行使の結果自己が劣悪な地位に陥ることは覚悟すべきだという態度であり、三九二条二項に類似する規定をもつイタリー民法においても、明文によって、物上保証人に属する不動産への代位を否定しているのであるが（新二八五七条、なお、本条はボアソナードが参考にした旧法にはなく、後に新たに設けられたものである）、三九二条二項も、共同抵当を構成する不動産が債務者に属するものである場合に限って後順位者の保護を図り、併せて共同抵当の目的となった不動産の担保価値の無駄のない利用を達しようとしたものと解してもよいのではあるまいか。むしろ、鈴木説のように後順位者の保護を強調した場合には、根抵当において、「手のひらを返すように後順位者の切り捨て論を是認する」（椿・前掲一二四頁）ことをこそ問題としなければならないであろう。また、債務者所有の不動産上の後順位者に、物上保証人所有の不動産上への代位を許すときは、物上保証人は自らのあずかり知らぬ債務について物上保証をしたのと同一の結果となる不都合を考慮しても、叙上の判例の態度も一つの在り方として是認できるであろう。ただ、同時配当の場合との不均衡が好ましくないとするならば、判例における異時配当の場合の後順位者の低下している地位と歩調を合せて、同時配当の場合においても、物上保証人が提供した不動産が負担した額について、彼に、債務者所有の不動産上への抵当権の存続と代位を認めることが（星野・前掲一九四頁）、より統一的な結果となるといえよう。

五 代位すべき後順位者が存在する場合に、その代位の目的となるべき不動産上の共同抵当権を共同抵当権者が放棄（絶対的放棄）をすると、後順位者の代位権を失わせることになり、放棄してもなお他に代位すべき共同抵当権が残っている場合にも、代位可能な共同抵当権が減少することになるのみならず、残余の共同抵当の目的不動産が同時競売されたときでも各不動産の負担額が増加することになって、後順位者が害される。このような放棄にかかわる処理はどうであろうか。

判例は、当初は、そもそも共同抵当権者が放棄できるかどうか、放棄を認めたときは後順位者を害する結果となるが、これは不法行為とはならないかを取り扱った。そして、後順位の抵当権者の代位権は、その目的不動産が競売され、先順位の共同抵当権者が債権全額の弁済を受けたときに発生し、それまでは単に代位の希望を有するものに過ぎない以上、後順位者の承諾を要せず共同抵当権の放棄は自由になしえ、かつ不法行為となるものでもないとしていた（大判大六・一〇・二二民録二三輯一四一五頁、同昭七・一一・二九民集一一巻二二九七頁）が、後に、

(1) 放棄自由を認めつつ、放棄をした場合には、その共同抵当権者は、後順位抵当権者が右の放棄がなかったとすれば、代位することができたであろう限度において、当該後順位抵当権の存する不動産から優先弁済を受けることができないとした（大判昭一一・七・一四民集一五巻一四〇九頁）。この後、下級審の判例ではあるが、共同抵当権者が抵当権の目的たる一部の不動産上の抵当権を放棄したからといって、共同抵当の目的たる残余の不動産について債権全額の優先弁済を受け得なくなるものとは解し難いから、共同抵当権者が残存不動産に割り付けられた額を超えて弁済を受けても不当利得とはならない反面、放棄は後順位者に対抗できず、これがため後順位者

の代位権行使は妨げられないとするものが現われたが（山口地判昭三八・四・二四下民集一四巻四号八一二頁）、前記最高裁四四年判決は、右の大審院昭和一一年判決の態度を維持することを明かにしている。

(2)　共同抵当を構成する不動産の一部が物上保証人の提供するものであり、放棄がこれを対象になされた場合については、債務者所有の不動産上の後順位者は、この不動産が先に競売されたときには物上保証人所有の不動産上に代位できないものであり、共同抵当権者が右の物上保証人に属する不動産上の抵当権を放棄してもなんら不利益を蒙る地位にはないから、共同抵当権者がこれを放棄した後、債務者に属する不動産につき実行した場合、債権全額の満足をうけることができるとする（前掲最判昭四四・七・三）。

放棄に関して後順位者の保護を図る必要があることについては学説にも異論はないが、これをどう構成するかについては、左の諸説がある。

(イ)　放棄がなかった場合と同様に、後順位者は、放棄の対象となった不動産上に三九二条二項によって代位しうる（柚木馨・注釈民法(9)二〇九頁）。

(ロ)　放棄は、将来その共同抵当権に代位すべき後順位者の承諾のないかぎりなしえない（香川・前掲「共同抵当に関する諸問題（六）」金融法務二六五号二〇頁以下、とくに二二頁）。

(ハ)　放棄をするときは、予め割付けをしたのちその不動産に割り付けられた金額について放棄することを認める（加藤一郎「抵当権の処分と共同抵当」民法演習II一九九頁）。

(ニ)　判例と同じく、代位することができた限度で優先権を失う（椿・前掲一二三頁、山崎寛・法律時報四二巻一一号二四二頁）。

このように学説を分類することは従来からなされているが（例えば柚木＝高木・前掲四〇六頁）、実は、(イ)と(ロ)および(ハ)と(ニ)はそれぞれさほどの違いはない。(イ)説においても、後順位者は無条件に代位が許されるわけではなく、「一度放棄によって一方の抵当権登記が抹消されたのちに、他の不動産の後順位抵当権者が代位しうるというのでは、実質上抵当権の復活を認めることになり、抹消登記に信頼した第三者の権利を害する……また、放棄のあった不動産につき先に競売が行われたときには、代位権はまず発生していないから、代位権者としては処置がない」という(ハ)説からの批判（加藤・前掲一九九頁）に応えるために、代位の対抗要件として三九三条の附記登記の仮登記をしておくことを必要とするとされ（柚木・前掲二一〇頁）、(ロ)説の論者も、「第三者の権利の目的たる権利の放棄は、自由になし得ないという法理から、実体上、共同抵当権の放棄は、将来その共同抵当権に代位すべき後順位抵当権者の承諾がない限りできないものと解し、代位し得る地位にあること（代位請求権を有すること）を第三者に対抗し、右の承諾なくしてなされた放棄の無効を主張するためには、代位による抵当権移転請求権の仮登記をすることを要するものと解するのが最も合理的であるように思う」（香川・前掲（六）金融法務二六五号二二頁）と説かれ、いずれにしても、後順位者が放棄がなされたにもかかわらず代位しうるためには、附記登記仮登記を経なければならない点では変わらないのである。また、(ハ)説は、論者自身も、「それは、結果において、放棄した抵当権者は、他の不動産については、それに割り付けられるべき金額においてしか優先権を主張できないとすること」（加藤・前掲同所）と述べられ、結局(ニ)の判例の態度と同一に帰着する。

ところで、代位附記登記については、不登法一一九条の四に規定があるが、代位附記登記は、従来の判例では、共同抵当権者が目的不動産の一部の競売によりその債権額の一部の弁済を受けた場合になしうるものとされていた（大連判大一五・四・八民集五巻五八一頁）。(イ)(ハ)説では、この点について、共同抵当の目的不動産上に後順位で抵当権を取得したときから仮登記をなしうることを前提とするものであることに留意する必要があろう（判例のように共同抵当権の一部の実行があってはじめて仮登記をなしうるものとすると、それ以前に放棄がなされた場合は代位権者としては処置がなくなるからである。香川・前掲（五）二一頁は、かかる仮登記ができる根拠として、保証人は、保証契約の成立した時点で、五〇一条による保証人への抵当権移転の請求権を保全するために仮登記をすることが認められていることを挙げるが、加藤・前掲一九八頁は、代位の仮登記をする例はまれであるし、実体法的になお疑問が残るとされる）。さらに、次のような疑念も生ずる。すなわち、(イ)説では、放棄は自由になしえるが、ただ放棄をしてもこれがなかったと同様に後順位者は代位できるとするのであるが、代位附記仮登記をなした後順位者が、不登法一四六条の登記上利害の関係を有する第三者に該るとすれば、この者の承諾なくして手続上放棄できるのかという点である。(ロ)説では、承諾があれば放棄しうるのは当然であるけれども、承諾義務はないであろうから、むしろ手続的には放棄の自由は制限されることになる。筆者は登記実務に暗いので、あるいは右の疑念は当を得たものではないかもしれない。御教示を賜りたいが、もしそうだとしてたら放棄の自由は実質的には殆どないことにならないであろうか。たしかに、他人の権利を害してまでも放棄を認めるべきではないが、後順位者との間で相対的に処理が可能であれば必要以上の制限をしなくてもよいと思われる。また、共同抵当においては、附記登記すらなされることが少ないとの指摘もある（山崎・前掲二四〇頁。附記登記が代位権の対抗要件であればこれがなされていないことは不可解であるが、判例は、必ずしも代位権の行使に附記登記を必要と解していないようである――大判大八・八・二八民録二五輯一五二八頁、香川・前掲（四）金融法務二六〇号一七―一八頁）。そうであれば、附記登記（あるいは附記仮登記）をなさないことによる後順位抵当権者の不利益はある程度不可避的ではないか（柚木＝高木・前掲四一〇頁）として、切り捨ててしまえるものであろうか。やはり現状にそくして後順位者の保護を考えるべきではないかと思われる。

このようにみてくると、今のところ(ハ)(ニ)の失権的構成に与すべきであろう。ただ、(ハ)説は、予め割付けをすることを前提としているが、各不動産の負担額の決定は、競売代価を基準としてなされるものであろうから、予め割付け評価をすることは手続上困難を含むのではあるまいか。むしろ結果において同一であれば、判例のように、放棄後の残存不動産の実行の際に、先順位共同抵当権者は、放棄がなかったならば後順位者が代位できた限度において優先権を失うとすることが妥当であると考える。

〈ジュリスト七一五号（一九八〇）〉

7 担保目的でなされる買戻に関する一考察

一 買戻の意義

ある学説によれば、買戻について次のように説かれている。

広く買戻というときは、物の売主がいわゆる買戻約款中であらかじめ留保した取戻権能——買戻権——を行使することによって、一旦買主に売った物を取り戻す制度というものであり、その社会的作用はもっぱら債権担保の目的に奉仕する点にある。そして、譲渡担保には、「狭義の譲渡担保」と「売渡担保」とがあるが、「広義の買戻」は売渡担保なのであり、広義の買戻にも二つの形態があって、その一が「再売買」であり、その二が「狭義の買戻」である。前者は、売主に再売買の予約完結権が留保されることによって買戻の作用が果たされるのであり、後者は、売主に解除権が留保されることによって同じく買戻の作用が実施されることになる。

そして、わが民法は、再売買の予約については特別の規定をあてることなく、売買の一方の予約に関する五五六条によってこれをまかなわせることとし、協議の買戻についてはは不動産の買戻についてのみ、五七九条以下にやや詳細な規定をおくという方法をとっている。(1)

すなわち、この見解によれば、買戻には広義と狭義とがあって広義の買戻は売渡担保に当り、これは再売買の予約と狭義の買戻とを含むものである。つまりは、民法五九九条以下に定める買戻とは、売渡担保中の買戻機能の実現が、売買契約自体において売主に解除権が留保されることによってなされるものの名称ということである。

また、同じ所説によれば、わが国には、不動産売買の形式による債権担保の方法は、古来から「年季売買」「本物返」なる制度があり、これらは明治初期にも残存し、他方、現行五七九条以下の買戻は、フランス民法にならった旧民法の受戻に関する規定を整備したものであるところから、「わが固有法の発展を経としフランス民法の規定を緯として定められたもの」と述べられている。(2) もっとも、このことについては、徳川時代には形式的にせよ土地の売買が禁止されていたため、売買という観念自体が質入の中に混同してしまった以上、そこから買戻という観念を抽出することは困難であって、買戻制度は徳川時代の具体的な担保制度を承けているわけではないとする見解もある。(3)

ともあれ、以下においては、民法の買戻の規定がどのようなプロセスで立法化されたかを見ることにする。

二　立法過程

現行五七九条以下は、旧民法財産取得編八四条以下に該当する。とくに、五七九条、五八〇条は、旧八四条、八五条を承けたものといえ、旧八四条、八五条は、ボアソナードのProjetでは、七二二条に当る。同Projetによれば、rachat ou réméréはreventeではなく、当初の売買のrésolutionであると説かれ、所有者が金融を得ようとする場合、不動産には抵当権を設定することが可能であるが、貸借利子の割合が高く実行に費用がかかり手続が煩雑であること、買戻ではこれらを避けうることが述べられている。(4)

買戻の約定は、売買証書（l'acte de vente）に記載されなくてはならない（ボ七二二条一項）。買戻は、買主の所有権を不確実にし、その不動産の改良がなされ難いなどの弊害があるので、期限を五年に限って認める。なお動産についても期限を二年に限って認める（ボ七二二条三項）。

不動産の買戻の効力には遡及効（いわゆる中間処分の排除）が認められる。但し、不動産賃貸の残余期限三年を超えざるものは、買戻に対抗しうる（ボ七二四条二一項但書）。動産については、善意の第三取得者に対抗しえない

（ボ七二四条二項）。

以上がProjetにおけるrachatの概略である。旧民法においては、これらは前記のように財産取得編八四条以下となるが、rachatを「売戻」と訳出している点に注目される他は、内容はProjetと変らない。

次に、法典調査会民法議事速記録では、起草者の説明ならびに質疑の内容から、買戻については以下のように概ね考えられていたといってよいであろう。(5)

まず、買戻は、金融を得る手段として用いられるものであるとの認識を出発点とする。それゆえ、抵当や質というものがある以上、「買戻ト云フヤウナ一種曖昧ノ売買」を規定しておく必要はないとの発言もみられるのであるが、(6)維新以前の従来からの慣行であること、規定がないと自由に内容を契約で定めうるので弊害が生ずることの理由から、民法中に設けられることとなったのである。

買戻の対象となるのは不動産のみである。明治以前から慣行として行われていたとみられたことによる。これに対し、動産買戻は、かような慣行がないこと、効力に遡及効を認めても動産では意味がないであろうことなどの理由から、起草者としてはこれを禁ずる趣旨であった。(7)

不動産買戻の弊害は、買主の所有となったものの（なお、現五七九条但書（案五八一条但書）の果実と代金の利息との相殺の規定は、起草者が現実の占有をも買主に移すのが買戻の姿であると認識していたことを推測させる）、不安定な立場におかれ、目的不動産の利用改良が充分に行われないであろうこと（ボ七二四条一項但書は調査会原案では一年に短縮されていた――案五八三条二項・現五八一条二項）であるが、他方、債権者の不条理な利息の約定から債務者の保護を図るため、当初の契約を解除し、支払った代金と費用を返還するという法形式が採られたとみることができる。それゆえ、買戻における解除は、債務不履行解除（現五四五条）とは異って、第三者にも遡及効は及ぶものであり、その点を考慮して「売買契約ト同時ニ為シタル買戻ノ特約ニ依リ」（調査会原案では「売買契約ト同時ニ登記シタル買戻ノ特約ニ依リ」）、その効力を有するとされた。

買戻の期間については、期間を約定したものは最長五年、期間を定めなかったものについては二年であったが、後に衆議院において、一〇年・五年に改められた(8)。

全体として、起草者は、買戻の制度にさほど好感を持っておらず、買戻の規定は命令規定であって、「茲ニ書イテアルダケノコトシカ出来ヌノデアル(9)」という説明がなされている。

三　近時の裁判例

本稿は、買戻なる概念が今日果して有用なのか、という点について若干の検討を試みようとするものであるが、とりあえず以下に、当事者が買戻と約定したにもかかわらず、これを譲渡担保と認定された裁判例を掲げてみよう(10)。

①　東京地判昭四五・五・二五下民集二一巻六九五頁　　Xは、その所有する土地建物をYに二四一〇万円で売却し登記も移転したが、三カ月以内に二八四〇万円で買戻しうること、それまでの間、Xは無償にて同不動産を使用しうることが約定された他、振出日を右売買の日、満期日をその三カ月後とする金額二八四〇万円の約束手形がXからYに交付された。右売買時の右不動産の価格は、五二五五万円余と認定されている。

判決は、Xへの金員の授受がXが他から融資を受けるまでのつなぎとしてなされたこと、代金額と客観的価値との不均衡、買戻金額と同額の約束手形が交付されていることなどから、XYの売買は、再売買代金の名の下に、元本債権二八四〇万円、期間中の利息四三〇万円、ただし天引、とする金銭消費貸借を隠匿したところの譲渡担保契約がなされたものと認め、結局Yに清算金の支払を命じた。

②　東京高判昭四七・五・二三金商三二七号一二頁　　XY間で、Y所有の土地につき、代金七万五〇〇〇円で売却するが四カ月以内ならばYは同額の代金をXに支払って買戻ができる旨の約定がなされた。ところが、Yは期限内に買戻もせず、Xに所有権移転登記もなさないまま約四年後に死亡し、Yの相続人が右土地を相続して

相続登記を経由した(右の事実から、占有移転もなかったものと思われる。なおXは貸金業者である)。Xから、Yとの間でなされた売買に基づき、所有権移転登記手続が求められたのが本件である。

判決は、すでにXY間に存した五万円の貸金ならびのその利息を合せて、更めて七万五〇〇〇円の債務額を担保する目的でなされたのが本件買戻約款付売買であり、実質は譲渡担保契約、買戻期限は債務の弁済期であると解すべきだとし、右不動産の価格二〇万円と被担保債権額七万五〇〇〇円の差額を清算すべきであるとする(ただし、結果的には、Yの相続人らが債務相当額をXに送金したがXは直ちにこれを返送し、Yの相続人らがこれを供託した事実がないとして、Xの請求を認容した)。

③ 東京地判昭四九・七・二二判時七六三号五六頁　Xを売主、Yを買主とする継続的売買契約が締結されるにあたり、右取引から生ずる債務を担保するため、Y所有の土地につき根抵当権が設定されたが、Yが取引開始後も根抵当権設定登記手続の履行を怠っていたところから、両者合意のうえで右土地につき買戻条件付売買に形式を改めてXに対し所有権移転登記がなされた。その後もYは、Xに対し商品代金支払のため約束手形を振り出している事実がある。Xが右土地を一五〇万円と評価してこれを控除した残債務の支払を求めたのに対し、Yは、Xとの買戻条件付売買において売買代金は八〇〇万円と定められていたのであるから、これによれば右残債務は存在しないと争った。

判決は、根抵当権設定から買戻条件付売買に担保の形式が変更されたに過ぎないこと、その後もYはXに商品代金の支払のため約束手形を振り出していることなどから、登記簿上売買代金額を八〇〇万円として買戻特約の登記をしたのは、取引限度額ないし被担保債権限度額を買戻の登記をかりて明確にした趣旨にとどまるものであって、その性格は、Yにおいて代金債務を履行しないとき、Xにおいて右担保物件を時価で評価し、またはこれを相当価格で処分しその代金をもって債務の弁済に充当しうる趣旨の譲渡担保契約であると認めたうえ、Xのなした一五〇万円との評価を適正として、Xの請求を認容した。

④　名古屋高判昭五三・二・一六判時九〇六号五八頁　　X所有の土地につき、Yとの間で、再売買予約の特約を付したうえ、代金二二〇〇万円で売り渡され、Yは移転登記を経由した。Xは、右売買は担保目的であるとして(判旨では右土地は時価七四三〇万円余と認定されている)、右所有権移転契約は暴利行為である。そうでないとしてもYは清算義務を負い、その履行以前にXは元利金を弁済供託をしたからこれを受戻したとして、所有権確認ならびにYの登記抹消を求めた。

判決は、貸付金による利益がYの営業利益の主たる内容をなしていたこと、通常不動産売買による所有権移転登記手続をなす際の登録税は買主が負担する慣習があるのに、本件売買ではこれを売主Xが負担したこと、前述のように、本件土地の時価と売却価額との間に著しい較差があること、Yの会計帳簿上の処理が右代金につき貸付金とされ譲渡担保による取得とされていることなどから、売買形式をとっているが実質は清算型譲渡担保と認定し、清算すべきものであることを理由にXの暴利行為の主張は排斥したものの、弁済供託による受戻を認めた。

⑤　横浜地判昭五五・一〇・九金商六一三号四三頁　　X所有不動産につき、Yに八五五万円で売り渡し、二カ月以内に右代金を払って買い戻す旨の約定がなされたが、その実質は、XがYから七二〇万円を弁済期二カ月後の約定で借り、その債務の担保のため右不動産を売り渡す形式をとり、弁済期まで月七分の利息を加算した金額をもって買戻金額を定めたものであった。Xが期限までに買戻の実行をしなかったので、Yは約定時に仮登記を経由していたのを本登記に更めた。Xはその後元利合計を提供したが受領を拒まれたので供託し、抹消登記請求権保全のため、右不動産につき処分禁止の仮処分を申請し、その仮処分決定に対する異議訴訟が本件である。

判決は、XY間の本件約定を帰属清算型の譲渡担保と認定し、右不動産の価格は約三〇〇〇万円であり、Yが清算金を支払うまでは、Xは元利金を支払って右不動産を取り戻すことができる、とした。

⑥　東京地判昭五六・五・二五判時一〇二二号七七頁　　A所有の不動産につきXとの間で買戻約款付売買がなされ、Xに所有権移転登記がなされた。右不動産は、Aが他から購入したものであるが、Aはその代金を自己

調達できず、Xが金融機関から融資を受けそれをAに貸すことの担保として前記売買がなされたものである。本件は、Xの前記登記が抹消され、A名義に戻った後に、Aの一般債権者がこれを差押えたことにつき第三者異議がXからなされたものであるが、その前提として、右不動産の所有権はAX間の売買によりXに確定的に帰属することが主張された。

判決は、AX間の本件売買がなされた事情を詳細に検討し（AからXに対し約束手形も振り出されており、Aの支払期日延期の要請に応じて再三書換えもなされている）、AX間の約定は、XからAに対する消費貸借とこれを担保するための譲渡担保であるとする。

⑦　東京高判平元・七・二五判時一三二〇号九九頁　X所有の不動産につき、Yとの間で買戻付売買がなされた。右不動産は複数であり、これにつきYは、所有権移転登記と仮登記を受けたものとがある。Xは結局買戻しえず、Xの承継人が、本件買戻付売買は譲渡担保であり、受戻権を行使したことおよび仮登記のなされたものには仮登記担保二条の準用がありYは実行通知を経由していないこと、を理由として、登記抹消を求めた。

判決は、Xの主張の通り、本件契約は、XのYに対する債務を担保する目的でなされたものとして譲渡担保設定契約であるとしたが、受戻権行使の事実は認められず、譲渡担保契約について仮登記がなされている場合には仮登記担保法二条の準用はない（但し、後にこの仮登記が地目変更の後本登記に高められたことを認定している）として、Xの請求を棄却している。

⑧　東京地判平二・八・二四判時一三八五号七〇頁　Xは売買により所有不動産をY_1に移転登記をなしたが、両者の間には二カ月の買戻期間が約定された不動産の占有もXにあるままであった。Y_1は右不動産をY_2に譲渡担保に供し、登記も移転した。Xより、Y_1との買戻付売買は譲渡担保であるから、Y_1が弁済期前に悪意のY_2に右不動産を処分したときは、XはY_1への所有権移転が譲渡担保であることを第三取得者Y_2にも主張しうること、Y_2の明渡請求に対し、Y_1が清算金を支払うまでは留置権によって明渡を拒めることなどを主張する。

判決は、XY_1間の売買は、Xの訴外Aに対する債務の弁済資金をY_1から融資を得るためであり、Xが受領した金額はこれに見合ったものであって当該不動産の価額ではないことが、譲渡担保であって買戻付売買でないことの決定的根拠であるとする。

以上が買戻付売買に関するものであるが、次に掲げるのは再売買予約を付して売買された場合に、これを譲渡担保と認定された裁判例である。

⑨　東京地判昭三七・一二・二四判時三二三号二二頁　Xは所有する不動産につき、Yに対し二五〇万円で売り渡し、六カ月以内であれば代金三〇〇万円で買い受けられる旨の予約を締結した。この他、その間右不動産につき、XはYに対し月一五万円の借料を支払う旨の約定もなした。右期間内にXはYに対し再売買予約定結の意思表示をし、所有権確認の本訴を提起し、訴訟において再売買代金の支払と引換えに所有権移転登記を求めた。

判決は、本件XY間の約定は、元金を三〇〇万円とし内五〇万円を天引きした消費貸借がなされ、前記不動産の賃貸借契約上の賃料も実質は利息であるとして、これを譲渡担保と認定し、清算未了の間は、Xは元利金を提供して受戻しうるとした。

⑩　東京高判昭五一・九・二九判時八三六号五一頁　Xは、借地上の建物を取毀し、同地上に賃貸建物を築造して銀行に対し負担する債務を返済することを計画し、本件建物をYに売却、土地についてもYとの間で再売買予約を付して同人に売却し、地主から買い取ったうえ中間省略の方法でYに所有権移転登記をなした。XよりYとの間の右売買の約定は譲渡担保であることを理由に受戻を主張する。

判決は、売買代金が、建物については取毀しを目的としているにもかかわらず高額である反面、土地については低額であり、再売買の約定がありながら、その売買代金額、支払方法が明確にされていないなどのことから、処分清算型の譲渡担保であると認定した。

四　若干の検討

本稿の冒頭において、買戻と再売買とを含めて広義の買戻とし、これは売渡担保に該るとする所説を紹介した。そして、売渡担保と譲渡担保との区別については、債務が残存するか否かをもって基準とする著名な大審院判例(11)が示されて以来、学説もこれに賛成する。やや詳しく述べれば、

(イ)　売渡担保では、債権は存在しないから、融資を受けた金員を返還する必要はないのに対し、譲渡担保では、担保権者は融資金返還請求権を有する。

(ロ)　したがって、目的物が滅失した場合において、売渡担保では、設定者の一般財産にかかっていくことができず、担保権者は滅失による危険を負担しなければならない。これに対し、譲渡担保では、残存する債権に基づいて、設定者の一般財産から資金の回収をはかることができる。

(ハ)　融資額と目的物の価額との間に較差がある場合、売渡担保では、清算金の支払の必要はなく、また不足額請求もなしえない。譲渡担保では、消算は必ずなされるのを原則とし(12)、不足額請求も可と考えられている。

(ニ)　売渡担保では、買戻権あるいは再売買予約完結権の行使が認められるが、これは約定によるものであって、期限の徒過によって喪失する。譲渡担保においては、受戻権の存続期間についてはなお明確ではないもの(13)の、清算金の提供あるまでは受戻権は存続する(14)。

そして、以上のような両概念の差異を説く諸説は、おしなべて担保の制度としては、売渡担保よりも譲渡担保が合理的であるとする。

さて、私は曽つて、売買形式による権利移転について、担保目的であれば譲渡担保(15)、担保目的でないならば真正売買とすればよいとして、売渡担保の独自の存在意義に疑念を呈したことがあった。現在でもこの考えに変りはない。

買戻について、民法典の起草者達が、明確に担保目的でなされるものであることを認識しつつ、また、その弊害をも認識しつつ、従前から存在した慣行を理由に規定を設け、それゆえ、これに厳格な態度をもって臨んだことは既述した。その一つに、買戻を既存売買の解除と構成し、支払った代金と契約費用の返還で足るとしたことがある(民五七九条)。しかし、買戻が担保目的でなされる以上、売主は、実質的に貸金に該る売買代金に利息を付した金額をもって買戻されることを求めるのであり、そのことを実現するには、売買代金と利息を含めて約定し、実際には利息分を天引きした額を売主に交付するか(例えば②⑤判例)、民法の規定に反し、売却代金と買戻代金との間に当初から較差を設けて約定するか（⑨判例)、あるいは、かかる制限のない再売買形式を選択するか（⑨判例)、のいずれかの途が採択される。いずれであれ、当事者の契約内容が叙上のごときものであれば、これは譲渡担保と認めるべきである。というのは、売買の構成に捉われて被担保債権の存在を否定するときは、利息制限法の適用を潜脱する買主の企図に寄与することになるからである。[16]

売渡担保において債権が存在しない、すなわち担保目的でなされているにもかかわらず被担保債権が存在しないとすることは、いうまでもなく、清算不要すなわち丸取りを可能とする。規制としては、売買代金と目的物の価格との較差が余りに大きいときに、暴利行為として効力を否定することのみである。譲渡担保においても、特約によるいわゆる強い譲渡担保が認められ丸取りが認容されていた時代があったが、今日、合理的範囲内での非清算特約の効力の問題は残しつつも、[17]原則として清算義務が課せられることが確立しており、抵当直流の特約がなされた場合にも清算すべきであるとされている状況下において、担保のための権利移転方式の一つとして清算不要のタイプを残存させておく意義はないであろう。売渡担保と譲渡担保の差異は、実行の面からいえば、後者は債務不履行を契機としてなされるのに対して、前者は設定ときにすでに事前に私的実行が売主の買戻権行使を解除条件としてなされたものというべく、実行の時期によって格別の差を設ける必要はないとともに、むしろこのような事前の実行（それ故に被担保債権が存在しないという構成を導きうるが）を認めるべきではないと思われる。

前出の裁判例の殆どが、清算義務を導き出すための構成として、買戻の約定がなされているにもかかわらず譲渡担保と認定されていることに注意を促したい。

同様のことが受戻権についてもいいうる。買戻の形式が採られながら設定者が譲渡担保であることを主張する理由の一半は、買戻期限徒過後にも元利金を提供して目的不動産を取り戻すことを可能ならしめるためであることは、前掲諸裁判例から明らかである。五八〇条一項によれば、買戻期間は一〇年まで定めることができ、約定なきときは三項により五年となり、譲渡担保の受戻権の存続期間については仮登記担保法一一条但書前段を類推適用すべしとする説もあることであるから、比較すれば存続期間の長さ自体にはさしたる優劣はないようであるが、現実には買戻期間は比較的短期に定められることが多く（①判例は三ヵ月、②判例は四ヵ月、⑤判例は二ヵ月、⑧判例は二ヵ月）、民法典では買戻について占有移転型を想定して右のようにかなりの長期の期間を定めたものとも推測しうるのであるけれども、現実に多い占有非移転型では、融資者が買戻権の早期喪失による権利取得の安定性を目して短期の定めをすることは明らかであり、これを譲渡担保とすることによって、設定者の受戻権の保護をはかる要請は大なるものといわなければならないであろう。

以上からすれば、不動産に関し、担保の目的で買戻・再売買予約の形式を採って所有権の移転が約定された場合には、その採られた法形式にもかかわらず、実質は当該不動産に譲渡担保が設定されたものと解してよいと考える。被担保債権が存在しないとすることによる売主たる債務者の不利益は看過しえないものがあるからである。このように、買戻、再売買予約を、担保目的であれば譲渡担保へ、担保目的外であれば真正売買へと、二極分解する態度については、被担保債権がなくて占有も引渡も完全に行われている場合の所有権移転で、かつ担保目的を有している場合と、被担保債権があり占有を移転せずしかし担保目的での所有権の移転とを区別する必要があるのではないか、という見解が表されているが[18]、本来担保とは、特定であれ不特定であれ、既存であれ将来発生すべきものであれ、そのような債権の弁済を確保する手段であろうから、担保目的でありながら被担保債権が存在しない担保形式というのは、意味的には自家撞着といわざるをえない。買戻、再売買においては被担保債権が存在しないのが特色とされるが、何故そうなのか、売り切ったという法形式のゆえなのであろうか。そうだとしても、これが担保目的でなされる以上、実際には被担保債権はかかる法形式の裏に隠匿されて存在しているものというべく、当事者によって採用された法律行為の本質は、当該行為の目的に則して見定められなければならないであろう。あるいはまた、信用授与により被担保債権が存在したが、与信行為に直結する売買形式による権利移転によってそれが即座に担保権の実行となり、かかる事前の実行によって以後は債権が残存しないことになるとも構成しうるが、事後の利息の発生を説明しえなくなるこのような構成に無理があるとともに、債務不履行を契機としない担保権の実行を認めるべきではあるまい。

ところで、担保目的であるか否かの判断は、どのような事情において、いかなる趣旨で、当事者が、買戻ないし再売買予約を約定したかの事実の認定によることになる。買戻が金融を得る手段として明確に認識されたうえで民法典に規定されたという経緯を前提とすれば、売主は、買戻の約定の存在を立証すれば足り、担保目的ではないことの立証責任は買主にあると考えられよう[19]（再売買予約についても同様であろう）。真正売買でありながらすなわち担保目的外で、買戻の約定がなされることは、実際には稀であろうと思われる[20]。

付言すれが、買戻、再売買予約では意思主義のもとでは権利行使の意思表示によって売主に所有権が復帰するが、譲渡担保と考えるうえからは、清算金の提供までは受戻可能であり、他方元利金を提供してなす受戻権を行使して、はじめて完全な所有権を受主たる設定者は回復しうることとなる。

なお、権利移転型担保につき、制限物権型担保が占有の移転の有無によって質権と抵当権に分かれるように、占有を移転するものを買戻、そうでないものを譲渡担保とに分けて、理論的整序を行うべきできであるとする説がある[21]。史的発展形態としては、とくにドイツにおいてはそうであろうし、論者の説くところは理解できるが、右のように峻別したとして、あたかも抵当権と質権との関係のように、効力の面においても差があるとされるのか、そして、あるとすればそこでの買戻の効力には従来説かれてきたように債権は残存しないことを認められるのか、占有移転の有無のみでそれ程の差を認めてよいのか、効力において差がないとすれば峻別する実益はあるのか、など、疑問が残るのである。(22)

（1）柚木＝高木・注釈民法⒁二九九頁〜三〇一頁。
（2）柚木＝高木・前掲三〇四頁。
（3）近江幸治「わが国における譲渡担保の成立過程」早稲田法学会誌二七巻一八一頁。
（4）Projet に関する叙述についてはProjet de Code Civil, pour l'Empire du Japon. t. III 1888, P. 365 et s.
（5）法典調査会民法議事速記録四・一二頁以下（商事法務研究会発行日本近代立法資料叢書による）。なお、そこでは、現行五七九条以下は五八一条以下となっていた。
（6）前掲・議事速記録一一四頁、土方委員の発言。
（7）前掲・議事速記録一一五頁、一二二頁の梅発言。
（8）広中俊雄編・第九回帝国議会の民法審議二二八〜二三〇頁。
（9）前掲・議事速記録一四〇頁の梅発言。
（10）裁判例については、生熊長幸「買戻・再売買予約の機能と効力」担保法大系第四巻四一六頁以下に細かい紹介がある。本稿は、同論稿に引かれてあるところに二、三付け加え得たに過ぎない。なお、文献も同稿に詳細である。他に近時のものに、伊藤英樹「売渡担保概念の意義について」法と法学の明日を求めて・片山金章先生追悼論文集四〇九頁以下がある。
（11）大判昭八・四・二六民集一二巻七六七頁。
（12）非清算特約につき、椿寿夫編・現代民法講義3担保物権法二三九頁。
（13）最判昭五七・一・二二民集三六巻一号九二頁。これにつき、伊藤進・昭和五七年度重要判例解説七〇頁以下。
（14）以上、我妻栄『「売渡担保」と「譲渡担保」という名称について』民法研究Ⅳ一二六頁以下。四宮和夫「譲渡担保」総合判例研究叢書民法⒄一二頁以下。鈴木禄彌・譲渡担保（経営法学全集）三〇四頁以下。槇悌次「譲渡担保

の意義と設定」叢書民法総合判例研究⑰六頁、など。
(15) ジュリ増刊譲渡担保の法理九一頁。
(16) 再売買の形式が採られた場合であるが、利息制限法の適用がないとした裁判例がある。大阪地判昭四五・一〇・二七判時六二三号九〇頁（但し、出資取締法の適用を認め、同法五条の定める限度の割合により計算した金額に引直した）。他に、名古屋地判昭四七・二・一〇判時六六九号八五頁。
(17) 高木多喜男・担保物権法一六二頁。
(18) 前掲・譲渡担保の法理九九頁伊藤進発言。
(19) 同旨、生熊・前掲四七五頁。
(20) よく指摘される例としては、住宅公団が住宅を分譲する場合である。これについては、例えば、東京地判平元・六・二九金法一二三三号四〇頁参照。
本稿とほぼ同様の趣旨を現代担保法研究会で報告したが、席上で、不動産が値上りの状況では、いわゆる土地ころがしの手段として買戻が利用される旨、実務家の方から御教示があった。
(21) 近江幸治・担保物権法二五六頁。および同所に掲げられた文献参照。
(22) 峻別説については、すでに、椿寿夫「不動産の譲渡担保と売渡担保」民法研究II三〇一頁以下、槇悌次・前掲一〇頁、生熊長幸・前掲四八〇頁などに批判がある。

〈獨協大学法学部創設二五周年記念論文集（一九九二）〉

8　仮登記担保の設定・効力

一　仮登記担保の設定

（一）　はじめに　いわゆる仮登記担保に関する一連の最高裁判決は、昭和四二年[1]の嚆矢ともいうべきものから約三十件を数えて、一応それまでの判例を整理統合したとみられる昭和四九年の大法廷判決[2]にいたっている。右の昭和四二年判決は、貸金債権担保のため不動産に抵当権を設定し、併せて当該不動産に停止条件付代物弁済契約または代物弁済予約が締結されている場合には、「その実質は担保権と同視すべきもの」として、目的物の価額が債権額を超える部分につき債権者の清算義務を認め、債権者の権利主張は、債権額についての優先弁済権の範囲に限られることを述べて、代物弁済予約（停止条件付代物弁済契約を含む）の担保的機能を直截に認容したものである。もっとも、この判例では、先述の抵当権と併用されていることの他に、「契約時における当該不動産の価額と弁済期までの元利金額とが合理的均衡を失するような場合には」、「特別な事情のないかぎり」との留保が付されているが、この点は後述する。その後、判例は、抵当権との併用なく代物弁済予約のみが単独で設定されている場合[3]にも、売買予約の仮登記の形式がとられている場合[4]にも、担保性と清算必要性とを認めるにいたり、四九年大法廷判決では、仮登記担保なる語をはじめて用いて次のように述べている。「債務者が、金銭債権の満足を確保するために、債務者との間にその所有の不動産につき、代物弁済の予約、停止条件付代物弁済契約又は売買予約により、債務の不履行があったときは債権者において右不動産の所有権を取得して自己の債権の満足をはかることができる旨を約し、かつ、停止条件付所有権移転または所有権移転請求権保全の仮登記をするという法手段がとられる場合においては、かかる契約(以下仮登記担保契約という)を締結する趣旨は、債権者が目的不動産の所有権を取得すること自体にあるのではなく、当該不動産の有する金銭的価値に着目し、その価値の実現によって自己の債権の排他的満足を得ることにあり、目的不動産の所有権の取得は、かかる金銭的価値の実現の手段にすぎないと考えられる」。これに従えば、仮登記担保とは、不動産につき、債権担保の目的で、停止条件付代物弁済契約もしくは代物弁済予約または売買予約が設定され、これに基づいて仮登記がなされた場合をさすと、いうことができる。

(二)　設定契約　仮登記担保の設定契約は、仮登記権利者たるべき被担保債権の債権者と、仮登記義務者たるべき仮登記担保権を負担する不動産の所有者との合意によって行なわれる。法形式は、代物弁済予約もしくは停止条件付代物弁済契約または売買予約である。不動産所有権に限らず、地上権・不動産賃借権などに関する仮登記(不登二条一号参照)が、債権担保目的に利用されることもありえよう。

仮登記担保権が不動産上の担保権であることから、抵当権と同様に考えれば、代物弁済予約・売買予約は要式契約ではないから、右の当事者の合意のみで仮登記担保は成立し、仮登記を経由することは対抗要件たる性質を具備することになるわけだが、仮登記担保においては、仮登記は成立要件であるとともに対抗要件でもあると考うべきことはあたかも根抵当権の場合と同様である。というのは、仮登記に基づく本登記を経由することによって、設定当事者間においてもはじめて担保権として優先弁済機能を発揮しうるからである。

(三)　被担保債権　金銭債権を通常とするであろうが制限はない(不登一二〇条の制限もないから、金銭債権以外の債権を被担保債権とする場合にも金銭に算定する必要もない)。

被担保債権額および利息については、現状では登記によって公示されない扱いがなされている。仮登記年月日、登記原因、権利者のみが記載されるにすぎない。したがって、抵当権と併用されていない単独型の仮登記担保においては、本来型との区別は外形からはまったく判断できないわけである。ところが、代物弁済予約もしくは停止条件付代物弁済契約の場合には、本来型は実際にも存しないのではないかとの指摘があるが、売買予約については、担保型ではない本来型もかなり存在するといわれている。そうだとすれば、両者は外形上からは区別できないから、後順位担保権者や差押債権者の競売手続が先行して行なわれたときは、先順位の仮登記権利者は、自己の権利が、所有権の確定的帰属を目的とする本来のものか担保目的であるかを競売裁判所に届け出るが(これを怠れば本来型でも競落によって仮登記は抹消されよう)[5]、この届出によって事後の処理が左右されることとなり、後順位担保権者や差押債権者および競落人に影響するところが大であるといわなければならない。仮登記に二つの型を認める以上両者を識別しうる基準を設けることが要請されるゆえんである。

(四)　付従性(根仮登記担保)　仮登記担保も実質が担保権であるからには、被担保債権が消滅した場合には仮登記担保権もまた消滅すると解される。将来生ずべき特定債権を担保する仮登記担保は有効である。いわゆる根仮登記担保特に根代物弁済予約の効力はどうであろうか。

根抵当権と併用されている仮登記担保の場合であっても、実際の契約書の中には、「債務者が債権者に対し負担し、または将来負担する一切の債務を担保するため、下記の通り代物弁済予約契約を締結します」と唱い、さらに、「本契約は、債権者債務者および担保提供者との間において、別途に締結された根抵当権設定契約等人的物的を問わず、他の担保契約の極度額および根抵当権の確定・消滅等、他の担保契約の変更・解除により何等の影響を受けないものであることを債務者および担保提供者は確認します」[6]とするものがみられる。併用型の場合には、被担保債権の範囲も極度額も根抵当権の枠内で処理され、代物弁済予約は私的実行を選択しうるためにのみ併用されていると解される傾向にあるが、現実にはかような契約書があることに注意しなくてはならない。

ところで、債権者債務者間に生ずる一切の債権を担保すべき旨の包括根代物弁済予約は、併用型であると単独型であるとを問わず、根抵当法において包括根抵当が否定された趣旨に照らして許されないものと考えらえる。

被担保債権の範囲は、根代物弁済予約にあっては公示されないから、包括根代物弁済予約を禁じても無意味であるとの考え方もあろうが、包括根抵当の禁止は設定者の利益を目的とするものだからである。(7)

その結果、併用型の場合には、根抵当権の被担保債権の定めが根代物弁済予約のそれとなり、単独型の場合には、民法三九八条ノ二第二項・第三項が類推適用さるべきである。(8)

極度額の定めについては、それが第三者に対する関係において意味をもつものでありながら、公示方法がない点で問題を含むが、私見によれば、公示のない相殺が担保的機能を営む場合についてかつて制限説に与したが、(9)同様に、根代物弁済予約契約においても極度額を定めることを必要とすると解したい。根代物弁済予約による優先弁済権行使の期待利益保護も、公示方法を欠いているので、第三者との関係で全面的に優先させるべきではなく、定められた極度額の範囲でのみ合理性を認めるべきであろう。被担保債権の範囲の問題ともからむが、根代物弁済予約さえあれば、目的不動産の価格目一杯まで何もかも押し込めるというのは、代物弁済予約に内在する物件取得権と担保権の二重性の中で後者を重視しようとする方向からも問題であろうし、不動産担保価値の効率的利用という理想(10)からも、そのように解してよいのではあるまいか、したがって、根抵当権と併用されている場合には、根抵当権と極度額を共通にしているとみるべきであるし、単独型で極度額の定めがない根代物弁済予約の効力は疑問であると思われる。(11)

（五）　対抗要件　仮登記担保権の対抗要件は仮登記である。従来、仮登記には順位保全の効力は認められても対抗力は付与されていないとする見解が支配的であった。しかし、仮登記に、実質は担保権にほかならないものがあることを認めるならば、競売手続において優先弁済機能を保障するところまで行かなければ不徹底であり、現在では、仮登記担保権なる新しい担保権に対抗力を付与する機能を仮登記に認めてよいとするのが学説の大勢といってよい。(12)四九年大法廷判決も、この点につき次のように説くまでにいたっている。「仮登記担保権者に競売手続への参加を認めるべきものとした場合、登記簿上からはその権利が仮登記担保権であること及びその被担保債権の存在と金額とが明らかでないから、登記された民法上の担保権のように、競売裁判所が職権でこれを斟酌し、競落に伴うこれらの権利の削除の前提として競売代金の一部を当然にその被担保債権の弁済に充てなければならないとすることはできないけれども、民訴法六四八条四号又は競売法二七条四項四号により不動産上の権利者としてその債権(権利)を証明して届け出た者は、競売手続に参加し、競売代金の配当にあずかることもできるのであるから、仮登記担保権者は、民訴法又は競売法の右規定により、自己の権利が仮登記担保権であること及び被担保債権とその金額を明らかにして競売裁判所に届け出て、競売代金から自己の債権の弁済を求めることができ、この場合の競売代金の配当における優先順位は、他の担保権との関係においては専ら登記の順位によって決すべきものと解するのが、相当である」。もっとも、判例は、これに続いて、このように解しても仮登記に対抗力を認めるものではないことを縷縷説明するが、結局は所有権取得そのものについての対抗力を認めるものではないことにつき、仮登記担保権としての対抗力を認めていることに変りはないと解される。

(六) 仮登記手続　仮登記につき具体的にはおよそ次の通りである。代物弁済予約・売買予約の形式がとられるときには、不動産登記法二条二号の所有権移転請求権保全の仮登記がなされる。(14) 停止条件付代物弁済契約の形式がとられるときには、判例(13)は同法二条一号の仮登記をすべきだとするが、学説は同法二条二号の仮登記をすべきだとしている。一号仮登記がなさるべき場合に二号仮登記がなされても、この逆の場合も、仮登記は有効である。判例(15)は前者の場合についてこの理を認めている。(16)

(七) 賃借権仮登記の設定　債権者が、抵当権・仮登記担保権の設定と並んで、目的不動産につき賃借権の設定予約に基づく仮登記をなす場合がある。先順位の仮登記担保権者がこれをする目的は、仮登記担保権に民法三九五条が類推適用され、みずからの権利実行を事実上妨げられることを防ぐところにある。かように、短期賃貸借による対抗を封ずる目的の賃借権仮登記は、公序良俗違反の疑いがあるとする見解がある。(17) 先順位に仮登記担保権者があり、後順位者が根抵当設定登記と賃借権仮登記を併用していた場合につき、判例(18)は、同一債権担保の目的を有する債権担保契約に基づく登記とみることができるので、後順位者の清算金支払の主張においては、一体として取り扱わるべきものであるとするものがある。清算が終了し担保目的が達成された場合には賃借権登記も抹消されるわけであり、[19] その理は、先順位者がこれを用いていた場合も同様と考えてよいであろう。[20]

（1）最判昭四二・一一・一六民集二一巻九号二四三〇頁。
（2）最判（大法廷）昭四九・一〇・二三民集二八巻七号一四七三頁。
（3）数は多くない。最判昭四三・三・八判時五二五号四八頁、同昭四五・八・二〇民集二四巻九号一三二〇頁。
（4）最判昭四五・三・二六民集二四巻三号二〇九頁、同昭四五・七・一六民集二四巻七号一〇三一頁、同昭四七・七・六判時六七八号三四頁。
（5）石田喜久夫「仮登記担保判決と仮登記制度」仮登記担保の実務研究一〇五頁、石田教授は、両者を識別する一応の基準となるとして、すべての仮登記に債権額を記載させるべきことを提唱される。
（6）NBL九八号一五頁所収根代物弁済予約契約書による。
（7）柚木＝高木・担保物権法〔新版〕五五〇頁。
（8）柚木＝高木・前掲書同所、反対、鈴木禄弥・根抵当法の問題点二七頁。
（9）平井一雄・最判昭四五・六・二四（民集二四巻六号五八七頁）判批週刊金融商事判例二三五号四頁。
（10）柚木＝高木・前掲書五五一頁。
（11）有効とするもの、柚木＝高木・前掲書同所、鈴木（禄）・前掲書二六三頁。その他、確定の要件、効果等については、根抵当規定が類推されることにつき、鈴木（禄）・前掲書を参照されたい。
（12）かような方向に先鞭をつけられ、積極的に論陣を張られたのは椿教授であった。たとえば、椿寿夫「担保としての売買予約（下）」ジュリ四五七号、仮登記担保ジュリ五〇〇号など。なお、生熊長幸「仮登記担保権と仮登記制度との関連性」法律時報四七巻一一号五八頁。
（13）大判昭一一・八・四民集一五巻一六一六頁。
（14）杉之原舜一・新版不動産登記法二六五頁、幾代通・不動産登記法〔新版〕一九一頁。

(15)　最判昭三二・六・七民集一一巻六号九三六頁。
(16)　以上につき、柚木＝高木・前掲書五五一頁。
(17)　遠藤浩「仮登記担保と抵当権規定の準用」法律時報四七巻二号四一頁。
(18)　最判昭四五・九・二四民集二四巻一〇号一四五〇頁、同昭四七・七・六判時六七八号三四頁参照。
(19)　この問題につき、「仮登記担保の実務と問題点」林良平ほか座談会NBL九八号一三頁以下。なお、そこでは、東京と大阪では執行裁判所の扱いが異なっていることが指摘されている。
(20)　椿寿夫「債権の担保を目的とする仮登記」代物弁済予約の研究一八五頁。

二　抵当権規定の類推適用

債権担保のための仮登記の実質が不動産を対象とする担保権であり、優先弁済機能が肯定されてくると、抵当権に関する民法の諸規定の類推適用が問題となる。以下にその概略を検討する。

(一)　不可分性(三七〇条による二九六条の準用)　昭和四二年判決以前ではあるが、債権額の三分の一強の内入弁済があった場合に関し、「反対の特約もしくは権利の濫用と認められるような特段の事由がない限り」代物弁済予約の完結を認めたものがある。[(1)]ただし、この判例は、流担保型と構成したから、担保権者に内入金の返還を命じている。清算義務の存在する現在では、右の留保なしに当然に不可分性を認めてよいと思われる。

(二)　物上代位性(三七〇条による三〇四条の準用)　元来三〇四条は問題の多い規定であって、売却代金・賃貸料・保険金請求権については否定する見解も有力である。したがって、これらの検討を抜きにしては、仮登記担保に類推適用を認めるべきか否かを議論しても意味がない。仮登記担保も他の担保物権と同じく目的物の交換価値の取得を目的とする権利であるからとの理由で、簡単に三〇四条自体の類推適用を認める以前に、いかなる権利に代位できるかを個別的に洗い直す必要があろう。[(2)]ただし、後順位の仮登記担保権者が、先順位の仮登記担保権の実行によって生ずる清算金に対して物上代位権を行使できるかは別問題であり、四九年大法廷判決の態度を是認する限り、これを肯定すべきであろう。後述のように、大法廷判決自身は後順位仮登記担保権者を数えていないが、彼が一般債権者と同列にしか扱われないとすれば地位の低下ははなはだしいといわねばならない。

(三)　仮登記担保権の効力の及ぶ範囲（三七〇条）　仮登記担保権の効力の及ぶ範囲は設定契約で定まるが、付加物・従物については三七〇条に関する理論の適用が肯定されている。(3)

(四)　被担保債権の範囲（民三七四条）　比較的近年の判例で、抵当権と代物弁済予約仮登記とが併用されている場合につき、実質的根拠を示さないままに「債権担保を目的とする代物弁済の予約につき同条（民三七四条）を準用してかかる制限をなすべき根拠はなく」と、簡単に否定したものがある。(4)学説は、準用否定説と肯定説に分かれるが、どちらかといえば否定説の方が強いと思われる。(5)三七〇条の趣旨が、後順位の担保権を取得せんとする者に対して、先順位の抵当権によって担保される自己より優先する債権の範囲を知らしめる点にあるとすれば、三七〇条の制限は、抵当権について利息が登記されることと関係を有する（不登一一七条――利率を抵当権の設定登記申請書に記載して登記しない限り、最後の二年分につき優先弁済権を主張しえない）。したがって、利息はおろか被担保債権額の登記さえなされない仮登記担保において、三七四条を準用する意味がどれだけあるのかは疑問であろう。ただし、以上は単独型の場合についてであって、抵当権との併用型の場合は（前記判例がこれに当たる）、抵当権の登記を通して被担保債権・利息の公示があるから、同条を適用してよいとする見解があり、(6)私見もこれに傾く。

(五)　滌除（民三七八条以下）　抵当権においてさえ、滌除の制度は、抵当権者を不当に圧迫するものとして批判があることは周知の通りである。加うるに、仮登記担保では、権利者は適正な評価の上でさらに一割高で代物の所有権を自己に帰属させなければならないのは一層不合理であるとして、準用を否定するのが有力である。(7)

(六)　法定地上権（民三八八条）　最高裁は、(8)土地に対する抵当権設定当時地上建物が存在しなかったが、後に同一債権の担保を目的として重ねて同一地上に停止条件付代物弁済契約がなされたときには、債務者所有の地上建物が存在していたという事例に関し、抵当権設定当時地上建物が存在していなかったことを理由として法定地上権の成立を否定したが、判文において、「停止条件付代物弁済契約に基づく権利の実質が担保権であることを立法の前提として、民法三八八条の類推適用を主張する論旨は肯綮に当るものを含むといわなければならない」と述べている。これによれば、最高裁の態度は、抵当権の実行において法定地上権の成立が認められる要件が備われば、単独型の仮登記担保権においてもこれを肯定する趣旨と解せられ、学説の賛同を得ている。[9] ただし、抵当権における法定地上権の成立要件についての判例のこれまでの態度自体は、再検討の余地があることはいうまでもない。

（七）　共同抵当（民三九二条）　土地およびその地上建物が、ともに同一債権の担保として代物弁済予約の目的となっていた場合に関し、判例[10]は、「債権者が、同一債権の担保として数個の不動産上に右のような担保権を有し、同一訴訟手続によってその本登記手続を請求しているときは、特段の事情のないかぎり、各不動産の価額に準じて債権者の有する債権額を按分した上で」、後順位債権者をも含めて清算金の配分をなすべきであるとする。この判決では、用語としては民法三九二条の準用ないし類推適用なる語を使用していないが、明らかに同条一項の同時配当における割付主義を仮登記担保にも採用しており、学説もこれに賛成する。[11]

仮登記担保につき、同条第二項の異時配当における代位主義までも準用ないし類推適用されるかは、前掲判例からは不明である。抵当権と併用されている場合に、抵当権の実行を選択すれば認められ、仮登記担保権を選択すれば認められないとすれば不合理であるから、肯定すべきかと思うが、その場合には、後順位抵当権者は共同代物弁済予約の目的たる不動産について後順位で抵当権の設定を受けたときから代位による抵当権移転請求権保全の仮登記をなせるか、先順位の共同代物弁済予約権利者がその債権の一部の弁済を受けたときからか、が問題となろう。

しかしながら、四九年大法廷判決は、後述するように、それまでの判例が、後順位抵当権者も、先順位仮登記担保権者が優先弁済を受けた残余の部分についてなお自己の債権に対する優先弁済を受ける地位を持つとし、先順位仮登記担保権者の本登記承諾請求に対しその清算金の支払を受けるのと引換えにのみ承諾義務の履行をなすべき旨を主張しうる、としていたのを改めて、後順位抵当権者は、担保権の効力それ自体として仮登記担保者に対して直接清算金の支払を請求しうる根拠はなく、物上代位権の行使によって満足をはかればよいとした。大法廷判決によるかような後順位抵当権者の地位の低下の方向からすれば、目的不動産についての後順位抵当権者の残余価値についての優先弁済権を基礎とする共同抵当の法理が、前記判例〔注(10)〕の示したように維持されうるかどうか、とりわけ異時配当の場合には疑問がでてくると考えられる。

さらに、後順位担保権者が仮登記担保権者であるときは、先順位共同代物弁済予約の実行において、共同抵当の法理の適用があるかは、大法廷判決の態度からはますます展望が否定されることになろう。

(八)　短期賃借権の対抗力(民三九五条)　短期賃貸借の保護については、代物弁済予約に基づいて仮登記後の短期賃貸借を本登記に高めることによって排除しうることが、予約の効用であるとした大審院判例[12]があるが、現在では先例としての価値を持ちうるとは思えない。短期賃貸借が抵当権を害する目的で設定されることがあることは認めながら、三九五条但書を活用して適正な運用をはかりつつ、仮登記担保に類推適用を肯定する見解が有力である。[13]

(九)　競売申立権　仮登記担保権が抵当権と併用されず単独で存在する場合、これに基づいて競売申立てができるであろうか。帰属清算で多額の清算金を調達できないような場合、先順位抵当権が存在するため買い手がなくかつ代位弁済する資金もない場合、あるいは、本登記承諾請求に応じない後順位者や引渡しに応じない占有者がいるため多数の訴訟を提起しなければならない場合などにはこれを認める実益があり、競売法二二条一項にいう「民法ノ規定」を実体民法に限定せず慣習法や判例法も含まれると解すれば、法的根拠がないわけでもない、として、仮登記担保権者に競売申立権を肯定する主張がなされている。[14]

(一〇) その他 不足額請求(民三九四条)は、清算義務を負うことの対比から認められてよいと思うが、反対の見解もみられる。[15]

被担保債権が譲渡された場合には、仮登記担保権も随伴性によって、反対の事情のない限り移転するとみてよいであろう。[16] 対抗要件は付記登記によることとなる。

代物弁済予約と併用された抵当権が転抵当に供された場合に、予約権利者が予約完結権を行使して取得しうる換価金は、原抵当権の被担保債権額から転抵当権の被担保債権額を差し引いた金額のみであるとする判例がある。[17]

以上、仮登記担保権とくに代物弁済予約について、抵当権規定の準用ないし類推適用の可能性を概略みてきたが、これについては、肯定される場合が増えれば増えるほど代物弁済予約の独自性的な存在理由は減少していき、結局のところ抵当権の実行方法において競売法の手続を避けるという特約へ縮んでしまうことになるという論評があることを付記しておく。[18]

(1) 最判昭四〇・一二・三民集一九巻九号二〇七一頁。

(2) 三〇四条の類推適用を肯定するものとして、柚木＝高木・前掲書五五三頁、遠藤浩「仮登記担保と抵当権規定の準用」法律時報四七巻一一号四二頁は、一応全面的類推適用を認められた上で、売買代金については代価弁済の制度を仮登記担保に認めて物上代位性を否定される。

(3) 最判昭三九・一・三〇民集一八巻号一九六頁参照。

(4) 最判昭四七・一〇・二六民集二六巻八号一四六五頁。

(5) 否定説、船越隆司「代物弁済予約の法理」判タ二九一号二一頁、伊藤進・本件批判週刊金融商事例三六一号五頁、山内敏彦・本件批判民商六八巻三号一五〇頁、遠藤・前掲論文三九頁。肯定説、吉原省三・本件判批判タ二九一号六九頁、長谷部・本件批判金融法務六八三号一三頁。

(6) 柚木＝高木・前掲書五五三頁。

(7)　遠藤・前掲論文三九頁。
(8)　最判昭四五・七・一六民集二四巻七号九二一頁。
(9)　椿寿夫「代物弁済予約の実行と法定地上権」代物弁済予約の研究二七二頁。
(10)　最判昭四五・九・二四民集二四巻一〇号一四五〇頁。
(11)　椿寿夫「代物弁済予約の最近判例について」前掲書三〇一頁、川井健・担保物権法二一一頁、遠藤・前掲論文四二頁。
(12)　大判昭一一・八・四民集一五巻一六一六頁。最高裁ではまだないが、下級審では、抵当権と併用されている代物弁済予済予約につき短期賃貸借の対抗力を認めたものがある（新潟地判昭四五・一〇・三〇判時六三一号八一頁、東京地判昭四八・一〇・七判時七三七号五五頁）。肯定するとすれば単独型においても同様にみなければなるまい。仮登記後になされた通常の賃貸借については、賃借人たる第三者が目的不動産の引渡を受けていても、本登記を条件としてその者に明渡を求めることができる（前掲最判（大法廷）昭四九・一〇・二三、同最判昭四五・九・二四）。
(13)　椿「代物弁済予約の最近判例について」前掲書三〇一頁、遠藤・前掲論文四一頁。
(14)　福永有利「仮登記担保権の実行方法とその効果」判タ三一六号三三頁。
(15)　船越隆司「代物弁済予約の法理」判タ二九一号二二頁。
(16)　売買予約に関し、最判昭三五・一一・二四民集一四巻一三号二八五三頁。
(17)　最判昭四四・一〇・一六民集二三巻一〇号一七五九頁。
(18)　椿「代物弁済予約の最近判例について」前掲書三〇二頁。

三　仮登記担保の効力

(一)　清算の必要性　　はじめに述べたように、代物弁済予約に関し、従来の判例が物件取得の面のみに着目し、主として目的物の価額と債権額とを比較して（もちろん他にもたとえば消費貸借期間の長短・利息の高低なども判断要素となるが）、暴利行為になるか否かの視点のみから判断していたのを改めて、その担保権たる実質から清算義務を債権者に貸したリーディングケースともいうべき前記四二年判決は、抵当権と併用されていることと、契約時における当該不動産の価額と弁済期までの元利金額とが合理的均衡を失していること、および特別な事情のないことを留保事項としていた。しかし、後に、抵当権と併用されていない単独型の代物弁済予約にも[1]、さらに売買予約についても清算必要性を肯定し[2]、併用が担保性の要件ではないことを示すにいたった。四九年大法廷判決も停止条件付代物弁済契約のみが設定されていたものであるが、併用を問題とすることなく清算必要性を説いている。

次に、目的物の価額と債権額とが合理的均衡を失していることという留保については、従来この点に言及するものもあり、そうでないものもあるが、結論的には合理的均衡を失していないことを理由として清算する必要なしとした判例は見当たらず、担保的性格を直視すれば、非清算流担保型を認める必要はないわけであり、認めた場合には、どの程度で合理的均衡が成り立つとするか、あたかも暴利行為として処理していた場合と実質において同様の問題に逢着することになる。

第三に、特別な事情の存在についても、これまで言及するものとしないものとがあり、言及するものもそのことから清算の必要性を否定しているものはなく、また、担保性・清算必要性を否定する根拠となるべきような特別な事情なるものはおよそ考えられないから、この点についても同じく清算性認定の要件たる機能を失っているといわれている[3]。前記大法廷判決では、清算不要の場合として、「当事者が別段の意思を表示しかつそれが諸般の事情に照して合理的と認められる特別の場合」をあげているが、具体的場合を考えられず結局は無内容の装飾的文言に過ぎないと評されている[4]。これに対し、当事者があえて非清算の特約を結んだ場合には、合理的均衡の範囲内でこれを認めてよいとする主張もある[5]。しかし、これを認めたときは、すべてかかる特約が付されることになろうし、既述のように、目的物の価額と債権額との比率を暴利行為として処理していた頃より引き下げただけで、かつての状態に戻ることになるのではないかと思われる。

要するに、債権者側の悪質性が強度な場合には、いまなお暴利行為という判定を受ける可能性を残しつつ[6]。仮登記担保においては、担保権者はつねに清算義務を負うとみてよいであろう[7]。

清算義務の根拠は、それが担保目的であることから直截に認められてよい。

清算にあたっての目的物の評価時期については、第三者に対する本登記承諾請求訴訟の場合に、事実審口頭弁論終結時を基準とすべきだとする判例がある[8]。

(二)　予約完結権の行使　予約完結権の行使は、仮登記担保提供者になせばよい。目的物の所有権が第三者に移転した場合にも、予約締結の相手方になすべきであるとするのが判例である[9]。

予約完結権は形成権であるが、被担保債権とは別個に時効消滅せず、被担保債権の時効によって消滅する。なお、完結権を行使しうる時から約一五年後に完結の意思表示がなされた場合に、権利失効の原則による完結権消滅の主張を斥けた判例がある[10]。

(三)　予約完結の効果　(イ)　所有権移転時期　非清算であれば、暴利行為としての掣肘を受けることは別として、債権者が完結権を行使するかあるいは債務者の不履行により、目的物の所有権は債権者に帰属し、これによって弁済と同一の効力が生ずる結果債権は消滅したのであるが、担保権として構成される現在では、それだけでは所有権移転も生ぜず債権消滅も生じない。

ところで、仮登記担保に清算必要性を許容するに際して、判例は、すでに譲渡担保において認められていた帰属清算と処分清算の二つの型をそのまま導入した。四九年大法廷判決でも、帰属清算型を原則としつつなお例外的に処分清算型があることを否定していない。そして、所有権移転時期については、帰属清算型と処分清算型とを概念的に区別する以上、前者では、目的物の所有権は確定的に債権者に帰属し、後者では、換価処分のために帰属すると説明することになろう。しかし、近時の判例では、清算金の提供の時まで目的不動産の所有権は債権者の換価処分権によって制約されているが、なお債務者にあると解するのが相当であり、債権者の債務者に対する目的不動産の所有権を帰属させるという意思表示だけでは、移転するものではない、と明言するものがでている。[11]この判決は、判文では帰属清算型とことわっていないが、時期的に帰属清算型を原則とする大法廷判決後のものであるところから、逆に処分清算型と限定していない以上、帰属清算型についての判断とみてよく、結局、この型においても、債権者が評価清算をなし、清算金を支払い、本登記を経由するまで、少なくとも清算金の提供のあるときまで、所有権は確定的には債権者に帰属しないとみられることになる。

(ロ)　目的物受戻時期　債務者の目的物受戻可能の時期については、大法廷判決は、「換価処分の時」までとする。そして、換価処分の時とは、帰属清算の場合には、仮登記担保権者が、目的不動産の評価清算によりその所有権を自己に帰属させるときとき（清算金の支払と債務者の本登記承諾手続義務の履行とは同時履行の関係にある）であり、処分清算の場合には、第三者への売却等処分の時だとする。右に関して、細かいことをいえば、まず、帰属清算型に関しては、債務者があらかじめ本登記手続に必要な書類等を債権者に渡していたため、清算金の支払のないまま本登記が経由された場合と、債権者が適正な清算金を提供したにかかわらず債務者が本登記承諾を拒んだ場合が問題となろう。前者では、所有権は債権者に帰属し債務者は受戻権を失うが、清算金支払についての債権関係のみ存続すると解すべきであろうし、[12]後者でも、受戻権は消滅するとすべきであろう。大法廷判決も、債務者が「弁済をしないまま債権者が換価処分をしたときは、（債務者は）確定的に自己の所有権を失い、その後は仮登記担保権者に対して前述の清算金債権を有するのみとなるものと解すべきである」と述べている。次に、処分清算型に関しては、判決のいう「処分の時」とははなはだ曖昧である。具体的には、第三者との間で譲渡契約の準備段階に入った時、譲渡契約が成立した時、第三者が代金を支払った時、移転登記を経由した時、のいずれかが考えられるが、これら以前において債務者の受戻権が消滅するとするのは債務者にとって酷であり、このいずれかの時点まで受戻権が存続するとすることも、債権者にとり第三者に対し損害賠償義務が生ずるおそれがあり不都合な結果となる。[13]

（四）　帰属清算型か処分清算型か　処分清算型においては、清算の原資を生むために、債務者は引換給付を主張できず、本登記手続につき先履行義務を負うとしなければならない。そうだとすれば、清算金の支払を受けることが事実上困難となる。また、前述したように、受戻時期についても妥当な時を決定するのに困難が伴う。これらの点を考慮して、仮登記担保の私的実行の方法には、帰属清算しかないとしてよく、処分清算型は典型担保権の実行方法たる任意競売になぞらえることにこだわり過ぎたものというべきである、とする見解がある。[14] 所有権を帰属させた上で債務者に賃貸して未払債権の回収をはかるということも可能であり、第三者へ処分の要があればそれも可能なのであるから、帰属清算型一本に絞ってもとりたてて不都合はないと思われる。実際においても、仮登記担保権は、物件取得をその本来の性格としており、暴利行為論に代わる担保的視点の導入により丸取りのみが禁じられ清算義務が課せられるもの、という認識が根強いのではあるまいか。

（五）　仮登記担保権の実行　(イ)　本登記請求　仮登記担保権者は、担保設定者に対して、仮登記に基づく本登記請求をなしうる。大法廷判決では、債務者の債務不履行により、取得した目的不動産の処分権の行使による換価手続の一環として、仮登記担保権者は、「債務者に対して仮登記の本登記手続及び右不動産の引渡を求め、更に、第三者がこれを占有している場合には、その者が不法占有者であるときは直ちに、また賃借人であるときでも、その賃借権が仮登記担保権者において本登記を経由すればこれに対抗することができなくなるものであるかぎり、本登記を条件として、その第三者に対し右不動産の明渡を求めることができると解すべきである」とする。帰属清算型では、債務者の本登記手続義務の履行と清算金の支払は同時履行となるが、処分清算型では、債務者の本登記手続は理論上は先履行とならざるをえないことはすでに述べた。本判決ではそのようには説いていないが、帰属清算と処分清算とを分けて説示し、帰属清算型においては引換給付が認められることを括弧づきで明言しているにもかかわらず、処分清算型においてはなんら言及されていない。先例との対比からは、処分清算型にあっても、「債権者が第三者への換価処分による売却代金を取得した後にのみ清算金を支払えば足りると認められる客観的な合理的理由がある場合をのぞき、債権者は、その引換えの要求に応じなければならない」[15]とした態度を変えないものと推しはかれるが、このように、処分清算型でも引換給付を認めていかざるをえないことは、結局は帰属清算型に収斂される方向を示しているものであろう。

仮登記に基づき本登記をする場合には、「登記上利害ノ関係ヲ有スル第三者」の承諾書またはこれに代わる裁判の謄本を添付しなければ、本登記申請書は受理されない(不登一〇五条)。第三者の承諾を要するとした趣旨は、利害関係人と無関係に、仮登記権利者と義務者との間で仮登記が本登記に高められることを避けることを目的とした登記手続上のものであるから、第三者に承諾義務があるのは当然である。判例に現われた第三者としては、後順位抵当権者[16]、後順位の仮登記担保権者[17]、仮差押債権者[18]、第三者取得者[19]がある。

(ロ) 清算金請求権者　初出の昭和四二年判決では、債権担保目的たる停止条件付代物弁済契約を実質は担保にほかならずとして、権利者は、その債権につき優先弁済権を主張して満足をはかる以上の権利行使をなしえない、とするに止まったが、方向性としては、優先弁済なる概念を許容した以上清算金は債務者(仮登記担保設定者)に支払わるべきことを示唆するものであった。後に、判例は正面からこれを論じ、債務者への清算金の支払と本登記手続ないし引渡は引換給付となるのが原則とし、その理由として、「債権者の本登記手続訴訟において、担保目的の実現とそれに伴う清算を一挙にはかるのが公平の観念に照し妥当であるからである」[20]と述べるにいたった。

かようにして、仮登記担保設定者に対する清算金支払は、担保権たる実質から当然に認められるべきものであるが、判例は、目的不動産の第三取得者にもその理を認め[21]、さらに、後順位抵当権者、後順位仮登記担保権者にも拡大し、いずれもその優先順位に応じて清算金の支払を受けられ、その支払と引換えにのみ本登記承諾義務の履行をなすべきことを論じている[22]。また、仮登記債権者についても、後順位担保権者と同様に取り扱うのが相当であり、供託と引換えに本登記手続の承諾義務の履行を主張できるとする[23]。これらの判例につき、学説も概ね賛意を表するものが多かった(24)。

しかるに、前記大法廷判決は、仮登記担保権者が清算金支払義務を負うのは、債務者または仮登記後に目的不動産の所有権を取得した第三者に対してのみであって、差押債権者や後順位抵当権者は、仮登記担保権者と直接の清算上の権利義務の関係に立つものではないとし、これまでの判例の態度につきいわばその軌道の修正を行なうにいたった。その理由としては次の通りであり三点にわたる。

(a)「目的不動産の価値が競売以外の事由によって金銭債権に変じても、不動産の差押は当然これに効力を及ぼすものではなく、また、不動産上の担保権も物上代位の方法によってのみこれを追及しうるにすぎないものであるから、これらの権利者が差押又は担保権の効力それ自体として仮登記担保権者に対し直接清算金の交付を請求しうる根拠はなく、また、仮登記担保権者は、その義務の履行として清算金を債務者（又は第三取得者）に支払えばなんら利得するところがないこととなるので、仮登記担保権者と後順位差押債権者らとの間に不当利得に類似する関係が成立するものとは考えられないからである」。

(b)「右のような直接の清算上の権利義務の関係を認めるときは、本来非訟手続である競走手続においてのみ適切になしうる多数債権者相互間及びこれらの債権者と債務者との間の錯綜した権利関係の処理を、その処理に適しない訴訟手続による仮登記担保権の実行手続において要求することとなり、種々の不都合な結果を生ずるをまぬがれない」。以下、競売手続との対比において、後順位者の取分に関する紛争を防止しえないことを詳細に説く。

(c)「右のように後順位の差押債権者や抵当権者らに対して仮登記担保権者に対する直接の清算金請求権を認めなくても、これらの権利者は、その債務名義又は物上代位権によって、債務者が仮登記担保権者に対して有する清算金債権を差し押え、取立命令等を得て債権の満足を得ることができるのであるから、特に大きな不利益を受けることもない。しかも、いわゆる帰属清算の場合においては、清算金の支払と仮登記の本登記手続とが同時履行の関係に立つこと前述のとおりである。この場合、後順位の差押債権者や抵当権者らは、仮登記担保権者からの本登記承諾請求に対し、その承諾義務が本来本登記義務の履行されるべきことを前提とする性質のものであることにかんがみ、自己独自の抗弁として、債務者（又は第三取得者）に対する清算金の支払との引換給付の主張をすることができるものと解されるから、清算金の支払確保のために特段の手数を要することもない」。

(a)については、決定的理由とならなりとされており、「仮登記担保権を一種の担保物権と考え、その実行手続を競争手続に準ずるものとすれば反対の結論に達するのであって、結局理屈はどうにでもつくといえる種類の議論」であると評されている。[25] (b)は、今回の軌道修正が行なわれた実質的理由であり、それなりにかなりの説得力をもつといえるのであるが、後順位の差押債権者や抵当権者から清算金支払請求権を奪った場合の代案たる(c)については、そのまま賛成するものは見当たらないといってよい。まず、仮登記担保権者が設定者に清算金を支払ってしまったり、清算金支払請求権が譲渡ないし転付された場合には、これら後順位債権者は代物上に代位権を行使しえない。後者の場合においては、譲渡前に後順位債権者に通知されるわけではないから一層不利益である。また、物上代位に関する従来の判例からは、担保権者みずからが差押をなさなければならず、その場合物上代位権者相互間では差押えの前後により優先順位が定まるとされているから、担保物権のそれまでの順位に応じた優先権を失う、などの難点が指摘されている。[26] 付言すれば、大法廷判決では、処分清算型の場合に債務者の引換給付の主張が認められるかどうか必ずしも明らかではないが、もしこれを認めない場合があるとすれば、債務者は清算金債権を失わないにしても、後順位債権者は債務者の有する引換給付の主張を自己独自の抗弁とみて援用する基盤を失うわけであって懸念が残る。また、後順位債権者として判決のあげるものは、差押債権者と抵当権者であった、後順位の仮登記担保権者が脱落しているが、彼を一般債権者並みに扱うのか、後順位のときは必ず抵当権を併用せよという趣旨か、その辺も疑問である。

ところで、大法廷判決の以上の部分に関する全体としての評価は区々である。前記(c)についての欠陥を指摘しつつも、もともと先順位に仮登記担保権という負担のついている危険極まる物件上に、承知で後順位担保権を取得した者の利益と、仮登記担保権者の利益とを、比較衡量した上での結論であり、一つの見識を示すものとして解釈論としてはやむをえないとするもの、(27)第三取得者に対する清算金支払義務を検討したうえで、後順位債権者を除外することはきわめて問題と評するもの。(28)判決を批判し、代案として仮登記担保権者に清算金の供託義務を認むべきであるとするもの、(29)などがある。

いずれにせよ、今回の大法廷判決によって事態はますます錯綜してきたかのようである。根本的には立法による解決しかあるまいが、それを期待するとともに今後の判例にも注目していかなければなるまい。

右の問題のほか、大法廷判決は、他の者による目的不動産の競売手続がすでに進行している場合には、仮登記担保権者は、これに参加して優先弁済を受けられることを明らかにした。大要は次のようである。(イ)仮登記のままで優先弁済権を主張できること、(ロ)それがためには競売裁判所にその権利の届出が必要であること、(ハ)競売手続が存在するにもかかわらず私的実行を貫徹しうるのは、仮登記担保権者が先着手であることを原則とすること。ただし、自己固有の権利の実行について正当な法的利益を有する場合には先行の競売手続の排除を求めうること、である。これらについて細部では議論があるが、学説はおおむね好意的であり、とくに従来の判例では明らかではなかった競売手続への参加の手順を、本判決がある程度明らかにしつつ参加の許されることを確認したことは高く評価されている（詳細は次項35をみられたい）。

（1）　最判昭四三・三・八判時五二五号四八頁、同昭四五・八・二〇民集二四巻九号一三二〇頁。

（2）　最判昭四五・三・二六民集二四巻三号二〇九頁、同昭四五・七・一六民集二四巻七号一〇三一頁、同昭四七・七・六判時六七八号三四頁。

（3）　鈴木禄弥「仮登記担保についての判例理論の趨勢」ジュリ五七七号八七頁。

（4）　玉田弘毅「仮登記担保」昭和四九年度重要判例解説六二頁。

(5) 柚木=高木・担保物権法〔新版〕五六一頁。
(6) たとえば、大阪高判昭四三・一二・四判タ二二九号一七五頁。
(7) 余計なことだが、仮登記担保において、担保権者は常に清算義務を負うとすれば、抵当直流の特約がなされた場合にも、弁済として目的物の所有権を抵当権者に取得せしめる効力しか持たず、抵当権者は清算義務を負うものと解さねばならない。
(8) 前掲最判昭四五・三・二六。
(9) 最判昭四四・一〇・一六民集二三巻一〇号一七五九頁。
(10) 最判昭四〇・四・六民集一九巻三号五六四頁。
(11) 最判昭五〇・一一・二八金融商事判例四九五号七頁。
(12) 反対、山田=石川「大法廷判決による仮登記担保権の法理の検討(上)」判タ三一六号一八頁。
(13) 鈴木・前掲論文九一頁以下、および福永有利「仮登記担保権の実行方法とその効果」判タ三一六号三二頁以下が詳細である。
(14) 鈴木・前掲論文九二頁。
(15) 最判昭四五・九・二四民集二四巻一〇号一四五〇頁。
(16) 最判昭四五・八・二〇民集二四巻九号一三二〇頁。
(17) 最判昭四五・一二・二四判時六一七号五六頁。
(18) 前掲最判昭四五・三・二六。
(19) 最判昭四五・七・一六民集二四巻七号一〇三一頁、前掲同昭四五・八・二〇。
(20) 前掲最判昭四五・九・二四。
(21) 前掲最判昭四五・七・一六、前掲同昭四五・八・二〇。
(22) 前掲最判昭四五・三・二六(直接には差押債権者に関する)、前掲同昭四五・七・一六(第三取得者に関する)、同昭四五・八・二前掲(第三取得者に関する)。

(23)　前掲最判昭四五・三・二六。
(24)　詳細は、椿寿夫「仮登記担保の実行と清算請求権者」法律時報四八巻一一号八頁以下。
(25)　鈴木「仮登記担保権についての判例理論の趨勢」ジュリ五七九号八三頁。
(26)　福永有利「仮登記担保権の実行方法とその効果」判タ三一六号に詳細である。教授は、判決の(b)の部分につき、「後順位債権者に清算金請求権を認めた方がよいのであれば、そのような請求権を認めた上で、その主張・行使に適した手続を考えだすのが筋であり、その清算金請求権を本登記承認請求訴訟において抗弁として主張させるのは適切でないという理由で、実体的権利自体を否定するのは論理が逆であるように思われる」と評される。
(27)　鈴木・前掲論文八六頁。
(28)　山田＝石川「大法廷判決による仮登記担保権の法理の検討（下）」判タ三一八号二四頁。
(29)　福永・前掲論文三五頁。

〈不動産法大系第二巻・担保（改訂版・青林書院　一九七六）〉

9 譲渡担保の対内的効力

一 はじめに

譲渡担保の対内的効力と対外的効力との二つのテーマで書くようにとのことであるが、あらかじめ三点ほどお断りしておきたい。

第一に、本書の構成からもわかるように、譲渡担保の対象は広く、各種の物ないし権利の上に成立し、それぞれ問題となるところが異なることが多い。それゆえ、対象を限定せず総論的に右のようなテーマで論じてみても、どこまで意義があるかは疑わしい。そこで、恣意的ではあるが、ここでは不動産の譲渡担保を念頭に叙述することをまずお断りしておきたい。判例（以下判決例も含めてこの語を使用する）に現われた限りで最も数が多いのが不動産譲渡担保だからである（その点で別稿「不動産の譲渡担保」の項と内容が重複する部分があろうこともご宥恕を乞うておく）。第二に、不動産の譲渡担保を対象とした場合にも、その法的構成をどのように捉えるかの基本姿勢もまた叙述に影響する。周知のように、譲渡担保の法的構成につき、学説は、授権説から信託的譲渡説まで五指に余り（別稿「譲渡担保の法的性質」の項参照）、それぞれの立場から各問題につき一定の見解が示されてはいる。しかし、卒直にいえば現実的にはいささか無理と思われる法的構成もあり、かつ、これら諸説が拠って立つ基本姿勢から、不動産譲渡担保にまつわる様々の問題のすべてに一定の結論が示されているとはいい難いところもある。そこで、本稿では各学説への応接はとりあえず別の機会に譲り（与えられた紙数ではその余裕もない）、主として判例に現われたところに若干の私見を加味する論述の方法をとることにする。第三に、先に述べた二つのテーマに何を含ましめどこまで述べるかも問題である。以下にみられるように、両者の区分・問題の取捨選択・叙述の浅深いずれもこれまた私の恣意によることをもあわせてご海容頂きたい。

二　目的物の利用関係

所有権移転の形式による非占有移転型担保が譲渡担保であり占有移転型のものは買戻ないし再売買予約であるとする見解もあるが、一般には、不動産譲渡担保にも占有移転型と非移転型との二種があり、そのいずれであるかは設定契約によって定まるとされている。そして、非移転型が通常のタイプであるが、これに関し、設定者が占有し利用することができるのはいかなる権原に基づくかが問題となる。すなわち、担保権者と設定者との間に目的不動産につき賃貸借契約が締結されている場合に、これを真正な賃貸借と同様に扱ってよいかである。古い判例は、譲渡担保につき所有権が内外ともに移転する型と外部的にのみ移転する型とに分け、前者では賃貸借は有効であり、賃料不払による解除又は期間満了による終了を理由に担保権者への明渡又は引渡を許容し（大判大正五・七・一二民録二二輯一三七四頁）、後者では内部的には所有権は設定者にある結果賃貸借は仮装なものとして、担保権者の右のような請求を否定するという態度をとっていた。しかし、戦後の判例は、少なくとも当事者間では担保としての実質を尊重するという立場からこのような二分的把握を廃し、したがって賃料の実質は利息であるからその不払を理由として賃貸借を解除して目的不動産の明渡又は引渡を認めえないとする態度が定着してきていると思われる（高松高判昭和三三・七・一〇下民集九巻一二六九頁、東京高判昭和四八・六・二九本誌三八七号一〇頁など）。かようにして、担保権者と設定者との間に目的不動産の賃貸借契約が締結されていてもそれは真正のものではなく、賃料の実質は利息であるということになると派生してさらに以下のような判例をみることになる。まず、担保権者が目的不動産を第三者に譲渡した場合に、真正の賃貸借では賃借権の対抗の問題となるが、譲渡担保に伴う賃貸借の場合には第三取得者に対する設定者の賃借権の対抗が否定される方向が出る（東京地判昭和五八・七・一九判時一一〇四号一〇三頁。ただし、担保権者が抵当権を設定し競落人に対しての設定者の賃借権が否定された事例）。次に、弁済期の到来によって目的不動産の所有権が当然確定的に担保権者に帰属する型（当然帰属型）の譲渡担保を容認すれば、代物弁済的に弁済期到来の時点で被担保債権が消滅するから、爾後は利息の観念を容れる余地がなくなり、引き続いて設定者が占有利用している場合には仮託された賃貸借がその時点から真正の賃貸借となって、担保権者は賃料不払を理由とする解除明渡を求めうることとなり、そのように判示したものもある（東京地判昭和五〇・八・二九判時八〇四号五九頁）。しかしながら、前者においては、民法九四条二項の適用（ないし類推適用）によって設定者保護の余地を考えるべきであるし、後者においては、特約のない限り帰属清算型を原則とし（私見は処分清算型を認める必要はないと考えているがその点は措くとして）、帰属清算型では清算金の提供（この点も仮登記担保契約に関する法律（以下「仮登記担保法」という）のように実行通知なる観念を導入すべきかの問題を残すが、それも暫く措いて）があるまでは所有権の確定的帰属は生じていないものとして、弁済期到来後も所有権の確定的帰属あるまでは利息の観念を容れて処理すべきであると思料する。

三 物上代位

不動産譲渡担保にも抵当権における物上代位の趣旨を類推しうると説かれるが（たとえば、川井健・担保物権法一八九頁）、所有権移転の形式をとるために実際には問題は生じないであろう。火災保険金については、保険料は実質的には担保設定者が負担することが多いであろうが、保険契約は担保権者がその名において保険会社と締結するであろうし、その場合にはむしろ保険金全額を担保権者の支配に服せしめるのではなく、被担保債権額とに差額があれば清算をさせる配慮が必要である（槇悌次「譲渡担保の効力」叢書民法総合判例研究1三頁以下）。

四　効力の及ぶ範囲

不動産の譲渡担保の効力の及ぶ範囲については、三七〇条の類推適用を認めて差し支えない。付加一体物のみならず従たる権利にも担保権は及ぶと解される。そして、借地上の建物に譲渡担保が設定された場合は敷地賃借権にも担保の効力は及ぶが、権利移転型式の担保であるため、敷地賃借権の譲渡ないし転貸が生ずるかが問題となる。判例は二系列ある。弁済期が到来して設定者が受戻権を喪失するまでは確定的な建物所有権の移転及びこれに伴う敷地賃借権の移転はないため六一二条の問題は生じないとするもの（最二判昭和四〇・一二・一七民集一九巻九号二一五九頁。ただし買戻の事例）と、無断譲渡・転貸が生じるが、背信性がないため解除しえないとするもの（東京地判昭和四九・三・二六判時七五二号五九頁）とである。担保である実質に重きをおけば前者が妥当であるが、占有も担保権者に移転しているタイプの場合にまで無断譲渡・転貸にあたらずといいきれるかは難しい。なお担保権の実行により権利が担保権者ないし第三者に確定的に帰属した場合には、抵当権の実行による競落の場合と同様の問題が生ずる。許可の裁判については、星野英一・借地・借家法三〇〇頁以下をみられたい。

五　被担保債権の範囲

不動産譲渡担保が目的不動産の所有権移転登記を公示方法とする以上は、抵当権や仮登記担保権のように後順位担保権者の出現を想定することは無理であり（むしろ後順位者は設定者の受戻権に対する権利者として出現することになろう）、したがって、三七四条や仮登記担保法一三条二項・三項のような制限はなく、むしろ三四六条に準ずると解すべきだと思われる。学説の中には、不動産譲渡担保を私的実行しうる抵当権と捉えることにより三七四条を準用すべきであるとするもの（米倉明・譲渡担保三〇頁・三五頁）や、抵当権法や仮登記担保法の統一的処理を説くもの（槇・前掲八頁）があるが、前述のように後順位担保権者出現可能性の差異や担保目的ではあるが所有権移転形式をとるという譲渡担保の独自性の観点から、抵当権・仮登記担保権とは異なって解してよいと考える（仮登記担保において一三条が「担保仮登記に係る権利を抵当権とみな」すまでは、三七四条の準用ないし類推適用否定が一般的であったことをも想起されたい）。なお、不動産譲渡担保権者が当該不動産の上に存する先順位根抵当権につき元本の確定した被担保債権を弁済して、その負担を除去した場合に、右の弁済に要した費用を担保物の保存に要した費用とし、抵当権に準じてかかる費用は譲渡担保の被担保債権の範囲に包含されないとする判例があるが（東京高判昭和五八・五・三〇本誌六七八号一三頁）、伊藤進教授が基本的には不動産譲渡担保の被担保債権の範囲は三四六条に準ずべきであるとする立場から批判されており（伊藤「判例研究」法時五六巻六号一四三頁以下）、私見もこれに賛成である。

六　優先弁済権

1 清算

不動産譲渡担保にあっては、終局的に目的不動産の所有権を担保権者に帰属させることによって被担保債権を消滅させる帰嘱型と、担保権者に処分権を取得させ処分による売得金によって被担保債権を消滅させる処分型とを区別し、帰属型は非清算、処分型は清算と分けていたのがかつての判例の態度であった。しかし、近時は、債権額と目的不動産の価額との間に清算をしない合理的均衡があるとはいいえない事案で、特にその点に触れることなく、また帰属型との約定がなされていたにもかかわらず、清算を命じた判例（最一判昭和四六・三・二五民集二五巻二号二〇八頁）などをみるに至り、帰属型・処分型にかかわらず常に清算を認めるべきか、非清算特約がありかつ合理的均衡を失しない場合に限ってなお非清算を許容してもよいか、というところまで学説や判例は到達しているといってよい。私は合理的均衡を失しない範囲で非清算特約の効力を認めても妨げないのではないかといい解している。というのは、清算金とは、帰属型にあっては担保権者による目的不動産の評価額と債権額との差額、処分型にあっては処分価額と債権額との差額を指すわけであり、そして廉価評価、廉価処分の場合に、設定者は債務不履行ないし不法行為による損害賠償あるいは不当利得返還を請求することが許されるが（もっとも、処分清算型で不相当な処分であったときは帰属清算に立ち戻って再度適正な清算をすべきであるとする判例もある――大阪地判昭和五六・八・三金商六四〇号三一頁）、そこにある程度の許容度が認容されてしまえば、換言すれば裁判所が適正な評価額・処分価額と認めたところと担保権者が現実になした評価・処分の価額との差が若干あっても適正評価・処分の範囲を超えないというのであれば（正当な取引価額と認定された額から現実の処分価額が一六パーセント下回っていた場合に適正と認定された事例――東京地判昭和四九・一〇・一八判時七七五号一四三頁――がある。そして、不動産の価額を客観的に評価することが現実には困難な問題であること、税制面で担保のための所有権移転であることの特例扱いの期間が短いこと（なお、南博方「譲渡担保と所得課税」ジュリ六七二号九〇頁以下参照）、その他処分にまつわる諸事情などを考慮すると、裁判所の認定した価額といくらかでも差があれば、直ちに不適正ないし不当な評価・処分といいえないであろうから、先に述べた許容度の存在はやむをえないであろう）、必ず清算をすべきだとしてみたところで、言葉は悪いがいくばくかの余禄は担保権者の懐に入るわけであって、合理的な均衡の範囲でという基準を先に使うか後に使うかの問題にすぎないと思うからである。

2　評価の時期

清算金算出の基盤ともなる評価額算定の基準時については、学説は立ち入っておらず判例も確定的ではない。帰属清算型については、今のところ、現実に清算がなされた場合にその時点（東京地判昭和五六・四・一六判時一〇一四号八二頁）、清算未了の場合には二審の口頭弁論終結時（東京高判昭和五一・八・三判時八三五号七二頁）とされている。

3　引換履行

清算金支払義務者は処分清算型においても担保権者である。そして、処分清算、帰属清算のいずれにおいても、担保権者の明渡請求に対し、設定者には清算金の支払と引換履行の抗弁を主張することが許されるべきである（処分清算型でも明渡の先履行を認めない）とすれば、所有権登記が当初から担保権者にある不動産譲渡担保においては、両型の区別は単に清算金の原資の出所にすぎなくなるのであって、結局のところ実質的には帰属清算型のみ考えればよいことになると思われる。そして、右の引換給付を認めない特約の効力は否定されてよいであろう。

担保権者が清算金未払のままで目的不動産を譲渡し、これに伴って登記名義も取得した第三取得者が設定者に対し明渡を求めた場合には、仮登記担保につき設定者に清算金債権を被担保債権として留置権の成立を認め、これをもって清算金の支払あるまで明渡を拒めるとした最高裁判例があり（最一判昭和五八・三・三一民集三七巻二号一五二頁・金商六七三号三頁）、これに従えば、譲渡担保でも同様に解されよう（ただし、事案は第三取得者が清算金未払につき悪意であった場合に係り、善意ないし善意無過失の場合には問題が残るといえなくもない）。仮登記担保法三条二項は民法五三三条を準用しているにもかかわらず、右の判例は対第三者効を導くために留置権構成によったわけであろうが、今後は設定当事者間でも二九六条以下の規定がどこまで適用されてよいかの検討が必要となろう。

4　受戻権

譲渡担保も担保目的で設定されるものであるから、被担保債権を弁済すれば設定者は権利を回復することができる。これを受戻権と呼ぶが、弁済期到来前に期限の利益を放棄してする場合と弁済期到来後になされる場合とがあり、後者についてはいつまで可能かの問題が生ずる。従来は帰属清算型では清算金の支払まで、処分清算型では清算金の支払まで、処分清算型では処分されるまで、と分けて考えるのが多くの見解であった（たとえば、川井・前掲書一九五頁）。しかし、私は、前述のように処分清算型を独自に存続させる意味がないと解するところから、当事者が処分清算の約定をした場合でも清算金の支払があるまでは設定者は受け戻しうると考えている。しかし、そのことと担保権者から目的不動産を取得した第三取得者の保護とは別の問題であって（帰属清算型でも清算金未払の間に第三取得者が出現することはありうる)、この場合は仮登記担保法一一条但書後段を類推適用して、第三取得者が登記を具備した場合には設定者はもはや受け戻しえず(ただし、清算金未払を知って取得したいわゆる単純悪意者を保護すべきかの問題が残る)、前述の留置権によって清算金支払まで設定者は明渡を拒みうるにとどまる。次に、清算金の支払もなく、第三者への処分もないままに経過した場合に、設定者の受戻権は一定の期間制限に服するであろうか。仮登記担保法一一条但書前段は五年の期間制限を設けている。これは、清算期間の経過によって所有権が移転し被担保債権が消滅したにもかかわらず、特別に「債権等の額に相当する金銭」を提供することによって受戻を認めるものであって、買戻と類似するところから(四八〇条三項)、同様の期間が定められたものとされている。譲渡担保については、右の仮登記担保法所定の期間、あるいは形成権とみて一六七条二項の二〇年などの期間が考えうるとされていたところ(五年を否定したものとして東京高判昭和五五・一・二三判時九六〇号四三頁、二〇年を肯定したものとして名古屋高判昭和五四・一一・二二判時九五三号七三頁など)、最高裁は「債務の弁済により債務者の回復した所有権に基づく物権的返還請求権ないし契約に基づく債権的返還請求権、又はこれに由来する抹消ないし移転登記請求権の行使として行われるもの」(最二判昭和五七・一・二二民集三六巻一号九二頁・金商六四一号三頁)と判示して、少なくとも一六七条二項の適用は否定する態度を示した。しかし右引用のとおり、債権的返還請求権として一〇年の可能性を示したにとどまって、具体的な期間についての言及はなかった。占有非移転型の不動産譲渡担保における受戻権とは、担保目的で移転された所有権登記の抹消又は移転請求がその内容となるわけであるが、考え方としては以下の三つがありえよう。第一は、右の判例にも述べられているように弁済をすれば受け戻しうるとの契約に基づくものとみるものである。第二は、弁済によって被担保債権が消滅すれば設定者は完全な所有権を回復するのであるから、これに基づくとみるものである。以上の二つにおいては、被担保債権の存在が前提となり、第一と第二の差異はそれにもかかわらず一〇年で切れるか切れないかの点にあることとなる。第三には、譲渡担保にも仮登記担保のように実行通知の観念を導入して(清算期間までは暫く措くとして)、これがなされたことによって不動産の所有権は確定的に担保権者に移転しそれにより被担保債権は消滅するが、なお、清算金の支払のない間は一定の期間は受戻可能とするものであり、この立場では期間制限は仮登記担保法の五年が持ち出されることになろう。以上の三者のいずれに落ち着くかは判例の今後の進展に待つほかはない。

七 所有権移転時期

かつては、債務不履行と同時に目的不動産の所有権は確定的に担保権者に帰属するタイプも容認されていたが、今日では、担保権者が第三者に処分した場合は別として、当事者間では債権者たる担保債者が清算金の提供をなすまでは、所有権は確定的に移転することもなく被担保債権も残存しているとする考え方が一般的であろう(名古屋高判昭和五一・一一・三〇判時八五六号四九頁など参照)。このように理解することは、設定者の受戻権を弁済期後も存続させるためであることと直結するわけではない。すでに触れたように、被担保債権消滅後も政策的に受戻権を存続させることは譲渡担保においても解釈上不可能ではないからである。しかし、弁済期後も被担保債権の存続を認める以上はその後になされる受戻は抵当権における同じく弁済による受戻であって、被担保債権の存続期間と受戻権の存続期間とを一致させて理解するのが無理がないのではなかろうか。もっとも、譲渡担保の実行についても実行通知の観念を導入した判例が現われており(大阪高判昭和五九・一〇・一六判タ五四二号二一一頁)。これによれば、具体的な清算金の額あるいは清算金が存在しない旨の通知をしてその時点で確定的に所有権が移転するとされている。いうまでもなく仮登記担保法の影響を受けたものであるが、譲渡担保実行の進展の方向を示唆するものとして興味深い。そして、この立場によれば、前述のように受戻権についても政策的に承認し同法一一条但書前段を類推適用するということになろうと思われる。

八　法定賃借権

仮登記担保法一〇条は、土地及びその地上建物が同一人の所有者に属する場合において、土地のみが担保の目的となった場合に法定賃借権の成立を認めた。その理由は、建物のみが担保目的となった場合には、担保権者は実行による所有権取得に備えて停止条件付賃借権設定契約ならびに仮登記による権利保全が可能であるのに対し、土地のみが目的となったときには、建物所有者に事前の自己借地権の設定保全が不可能であり、あるいは将来に備えて合意がなされたとしてもその保全がなしえないというところにある。権利実行の結果所有権が担保権者に帰属する点では譲渡担保も仮登記担保と変わらないのであるから、同法同条を類推適用して土地のみを譲渡担保に供した担保設定者の建物所有の維持をはかるべきだと考える。

九　不足額請求

目的物の価額が被担保債権額を上回る場合に原則として清算すべきだとするならば、逆の場合には不足額請求が認められることに問題はない（東京地判昭和四八・七・二〇判時七二五号五六頁）。

〈譲渡担保―実務と理論の問題点　金融・商事判例増刊号（一九八六）〉

10 譲渡担保の対外的効力

一 対抗力

不動産の譲渡担保における担保権者の対抗要件は、目的不動産の所有権移転登記の具備によって充たされる。登記原因は売買が通常である（別稿「不動産の譲渡担保」の項参照）。担保設定者が所有権ないし何らかの物権的権利を留保していることの対抗要件は、買戻あるいは所有権移転請求権保全仮登記で公示しうるようであるが、現実にはほとんど行われないであろう。以下では、不動産につき、売買を原因として担保権者に所有権移転登記がなされているのみであるという場面が想定して対外的効力のいくつかについて記述する。

借地権の対抗要件は多くの場合借地権者の地上建物の登記によって充たされる。この登記は借地権者本人の名義であることを要し、妻子であっても他人名義では対抗力はないとされている（最大判昭和四一・四・二七民集二〇巻四号八七〇頁）。ところで、借地権者の所有する地上建物が譲渡担保に供されたことによって担保権者名義に変更されていた場合に、借地権の対抗力はどうなるかという問題があり、これを否定した判例がある（最三判昭和五二・九・二七金商五三七号四一頁）。ただし、事案は、建物の担保設定者が土地については旧地主と賃貸借契約を締結していたが、建物については前主名義からそのまま担保権者名義に変更し、その間に地主が交替し、弁済して建物を自己名義にしたのは新地主が土地につき登記を具備した後であったというもので、新地主出現以前に借地権者名義の地上建物登記がなされたことが全くなかったところに対抗力を否定した根拠があるように受け取れるが、今後に問題を残すものと思われる。

二　設定者側の第三者と譲渡担保権者

1　設定者からの譲受人との関係

対第三者との関係では所有権は担保権者にあるとすれば、設定者からの譲受人は他人物の買主としての地位しかないことになる。現実にも、かような買主が現われて担保権者との間で所有権の帰属を争ったという例はみないようである。もっとも、米倉明教授は不完全表示――抵当権説と名付けられる自説から、設定者からの譲受人は担保権者に対して抵当権者でしかないと主張でき、担保権に所有権取得登記の抹消を、担保権者及び設定者に対し、譲渡人を設定者とし譲渡担保設定契約を登記原因とする抵当権設定登記を請求しえ、しかる後に譲受人は自己に対する所有権移転登記をなして対抗要件を備えうるとされている（米倉「不動産譲渡担保と差押の可決」私法学の新たな展開（我妻栄先生追悼論文集）三三五頁・三四〇―三四一頁）。しかし、右のような抵当権設定登記や所有権移転登記の抹消請求が可能かどうかは別として、米倉教授も譲渡担保は私的実行を伴った抵当権とされるのであるから、担保権者が私的実行を選択してその手続を完了した場合には、設定者からの譲受人に優先する担保権者の所有権取得を肯定しなければならないこととなって、その限りでは設定者からの譲受人の所有権取得を肯定してみてもあまり実益はないのではなかろうか。

2　設定者の一般債権者からの強制競売の申立

不動産譲渡担保では一応対外的には所有権は担保権者に存しその旨の登記もある以上、譲渡担保設定者の一般債権者がその不動産の所有権の帰属につきこれに反する主張をして強制執行に着手することは許されないとするのが判例である（高松高決昭和四七・六・一二判時六七四号七八頁）。占有が設定者にある動産譲渡担保において、設定者の一般債権者は優先弁済請求の限度で保護されるにすぎない（東京高判昭和四四・一・二四高民集二二巻一号三五頁）とか、目的物価額が被担保債権額を上回らないときは第三者異議請求を認容すべきである（東京高判昭和四八・一一・二一判時七二五号五一頁）とする判例がみられたのとは趣きを異にするわけである（民事執行法下での優先弁済請求に関する議論には立ち入らない）。これに対する米倉説では、設定者の一般債権者による強制執行が許されることを前提として、担保権者はその手続の中で優先配当を受けるにとどまるとされている（米倉・前掲三四一頁、詳しくは三四八頁以下）。

三　担保権者側の第三者と設定者

1　担保権者からの譲受人との関係

弁済期到来前と後とで分けて考える。

(1)　弁済期到来前

かつては、第三取得者は常に保護され、担保設定者は不当処分をなした担保権者に債務不履行あるいは不法行為による損害賠償請求をなしうるにとどまるとされていたが、近時では、第三取得者が善意である（あるいは悪意でない）場合には有効な権利取得を認めるとするもの（東京高判昭和五〇・四・二四金商四五七号一五頁、東京地判昭和五五・九・一判タ四四〇号一一四頁など）や、正面から悪意の取得者には設定者は追及効ありとするもの（東京高判昭和四六・七・二九判時六四〇号四五頁など）が多い。ここでは、とりあえず二つの構成を示しておく。一つは民法一七七条によるものであり、他の一つは民法九四条二項によるものである。

設定者を甲、担保権者を乙、担保権者からの第三取得者を丙とする。甲は乙に担保目的で不動産の所有権を移転するがこれは後に甲が乙に弁済することによって甲に復帰する性質を有している。乙の丙への譲渡により丙は所有権を取得し、甲の乙への弁済によって甲にも所有権は復帰し、あたかも乙を起点として二重譲渡がなされたのと同様となり、乙からの取得にあたった甲に復帰すべき性質のものであることを知りながら取得した丙は、あたかも背信的悪意者と同じく甲の登記の欠缺を主張しえないとするのが一七七条構成である（前掲東京高裁昭和四六年七月二九日判決がこのような構成をとっている）。私は九四条二項の適用によって解決すべきであると考えている。売買を登記原因とする不動産譲渡担保は、当事者が担保のための所有権移転という意図を隠して（隠匿行為）売買という法形式をとった虚偽表示にほかならない。当事者の意思が合致しているのであるから隠匿された行為はそのとおりの効力が当事者間では生ずるが、これを知らない善意の第三者に対してはとられた法形式と異なる隠された行為の効力を主張できない。九四条二項はもともとフランス法の反対証書（contre-lettre）の系譜をひいており、譲渡担保においても右のように理解して悪意の第三取得者には担保目的であることの主張ができると解することが許されるのではなかろうか。もっとも、わが国では、九四条二項の意義を外観法理の一環と捉えようとするのが近時有力であり、それゆえに第三者は善意のみならず無過失まで要するとされており、加えて、これまた近年では権利資格保護要件としての登記の具備までが問題とされている。したがって、設定者と担保権者からの第三取得者との関係を九四条二項によって処理しようとする立場からは、このような諸点についても態度を鮮明にしておくことが求められようけれども、理論としてどうあるべきかは暫く措いて、第三者保護の要件として無過失まで求めた場合には現実にはそのように認定される可能性はまずないのではないか（占有非移転型では現況を調査すれば担保権者名義の不動産に設定者が居住していることから、そこに何らかの権原があることは容易に推察がつくことである）という点、及び、設定者が弁済をして登記を回復した後にもそれ以前に担保権者との間に譲渡契約が存在したというだけの理由で、設定者に対し権利取得を主張させることは保護にすぎるものではないかという二点から、設定者は善意でありかつ登記を備えた第三取得者に対しては弁済によって回復した所有権を主張しえないと解したい。

(2)　弁済期到来後

弁済期の到来によるのみでは目的不動産の所有権は確定的に担保権者に移転するものでないが、担保設定者の債務不履行ならびにそれに基づく担保権者の私的実行遂行権の取得という状況があるため、弁済期到来前とは異なって、弁済期到来後に担保権者から譲り受けた第三取得者には完全な所有権取得が認められる。ただし、次の二点が問題となる。一つは、「対内的効力」のところで触れたけれども、最高裁が清算金未払であることを知って譲り受けた第三取得者の担保設定者に対する明渡請求に関し、仮登記担保の事例ではあるが設定者に留置権の抗弁を認めたことである。二つには受戻権との関係であるが、帰属清算型とは独自に処分清算型を認めるとすれば、この型においては受戻可能な時期は、担保権者との間で処分契約が成立した時点、それに伴って登記が移転した時点、担保権者から清算金が支払われた時点のいずれかまでということになる。設定者保護からすれば最後の清算金支払時が望ましいが、第三取得者の立場からすれば、譲受代金を支払って登記まで取得したものを清算金の不払という自己に関しない事由によって留置権による明渡を拒まれるのはとにかく、設定者に受け戻されてしまうというのは酷であり、また、単に譲渡契約が成立したのみでもはや設定者は受け戻せないというのは逆に設定者にとって不利であるとすれば、結局第三取得者の登記具備までとするほかはないが、仮登記担保と異なって容易に第三者への本登記移転がなしうる譲渡担保において、それでよいのかとの疑問が残るのである。不動産譲渡担保を帰属清算型一本に絞り、実行通知を導入し、通知あるまでは確定的には所有権は移転せず、通知のないことを知って取得した悪意の譲受人には設定者は受戻権を対抗しうるというような考え方が可能かと思うがなお今後の検討に待ちたい。

2　担保権者の一般債権者からの強制競売の申立

担保権者からの第三取得者との関係につき九四条二項を持ち出した以上は、強制競売申立時に悪意ある担保権者の権者に対しては、設定者は第三者異議の訴によってその差押を排除することができると考えるべきことになる。ただその場合にも、債権者は担保権者の有する被担保債権とともに譲渡担保なる担保権を差し押さえることが可能とみることはできないのかというような問題が、譲渡担保の法的構成論とからんで生ずるが詳細は別の機会に扱いたい（米倉・前掲三四三頁以下参照）。

四　妨害排除請求

1　担保権者による妨害排除

担保権者は対外的には所有者であり登記名義人でもあるのであるから、目的不動産の不法占拠者に対し所有権に基づく妨害排除請求をなしうる。不法占有者はそれが実質は担保権者にすぎないことを理由に拒むことは許されない。

2　設定者による妨害排除

占有がある場合に占有訴権によりうることは問題ない。賃借権によりなしうるかは、担保設定者・担保権者相互間の賃貸借は真正のものではないということ、設定者が目的不動産を占有していない場合には賃貸借も締結されていないであろうことなどから、とりあえず占有訴権のみ想定しておけば充分であろう。したがって、占有がない場合には、設定者は自己に留保されている所有権ないし物権的権利に基づいて妨害排除をなしうるかが問題となる。競落によって取得した土地の不法占拠者に対し所有権に基づいて妨害排除を訴求していた者が、二審の途中で右土地を譲渡担保に供した場合になお妨害排除が許されるかとの事例に関し、二審は設定者に担保権の制限内で所有権が留保されていることを理由に妨害排除を許容したが、そのような構成はとらなかったものの受戻権を基礎として不法占拠者に対する設定者の返還請求権を承認した最高裁判例がある（最三判昭和五七・九・二八金商六六一号三三頁）。設定者の権利の性格が明確に示されなかったことに不満が残るが、結論は妥当である。

なお、会社更生・破産等の問題は別稿に譲る。

〈譲渡担保―実務と理論の問題点　金融・商事判例増刊号（一九八六）〉

11 不動産の譲渡担保

一 はじめに

かつて一時期、譲渡担保の法的構成について華やかに論じられたことがあった。ざっと挙げても、授権説、二段物権変動説、物権的期待権説、抵当権説、担保権説（準抵当権説）などがある。総体的にいえば、これら諸説は、譲渡担保を目的物ごとにその特徴に則して説かれたものというよりも、いわば譲渡担保の通則的性質論を明らかにしようとされる志向のもとに試みられたものといえようし、論者に失礼を顧みずいわせていただくとすれば、裁判の基準となりうるものとしての解釈論として説かれているのか、譲渡担保のあるべき姿として説かれているのかがやや判り難いところもあったといいうるのではないかと思われる。他方、実務においては、ここでは不動産譲渡担保にかぎるが、判例は、対内的には担保である実質にかなり配慮しつつも、対外的には譲渡担保権者を所有権者として扱うことで安定的な傾向にあるといえよう。法的構成については別稿が用意されているので、以下判例をざっと紹介する。

二 判例からみた不動産譲渡担保素描

典型担保の完全主義に対して、非典型担保の便宜主義ということが指摘されている。(1) 不動産担保において、抵当権なる完全担保権がありながら、何故に不動産譲渡担保が実際に用いられ判例法として発展してきたかは、それ自体さまざまな視角からの分析を可能としよう。それはさておき、本稿では、とりあえず、現時点における判例の到達点を簡単にみておくことにする。もっとも、従来論じられた、物権法定主義に反しないか、虚偽表示ではないか、内外とも移転型と外部的にのみ移転型の区別を維持すべきか、強い譲渡担保と弱い譲渡担保との差はあるのか、といった問題にはあえて触れる必要はもはやあるまいと思われる。(2) 採りあげる判例も近時の最高裁のみに限り、裁判例については最低限の引用にとどめる。

1 対内関係

(1) 所有権の帰属

目的不動産の所有権の帰属が担保権者と設定者との間でどのようであるのかについては、まさに法的性質論と直結する問題であり、内外とも移転を推定するとした昔日の連合部判決(3)のような態度は終熄をみたといってよい。現在では、基本的には、個々の事案において、可及的に担保権としての実質を認めようとするものといえるであろうし、その際には、権利の帰属関係から演繹しようとする態度は避けようとしているように見受けられる。

(2) 効力の及び範囲

不動産に設定された譲渡担保は、付加一体物のみならず従たる権利にも及ぶ。このことは、とくに三七〇条の類推適用をもちだすまでもなく、不動産譲渡担保の合理的解釈としてそのように考えてよいと思うが、従たる権利に関して次の点が問題となる。すなわち、借地上の建物所有者が当該の建物を譲渡担保に供した場合に、借地権につき六一二条に該当しないかである。判例は、売買の法形式をとるが、実質が債権担保の目的でなされ、終局的確定的に権利を移転する趣旨のものではなく、設定者が引き続いて建物の使用を許されている場合には、六一二条の譲渡転貸はなされなかったものとする。(4)(本件は買戻特約付売買であるが、単純な権利移転登記のみなされ買戻特約の登記はなされていなかったという事例である)。

(3) 清算

流担保には、法定手続外の換価も認める、すなわち目的物の所有権の確定的帰属を直接に担保権者に認める要素と、非清算、すなわち丸取りを許す要素とがあるといわれる。前者の私的実行の許容は、これを否定すればおそらく不動産譲渡担保は気息を絶たれることとなり、不動産譲渡担保否定論でもないかぎりそこまでは求めないであろう。ちなみに、譲渡担保の本質を抵当権とみようとする立場でも、私的実行の許される抵当権と構成する。仮登記担保立法も、この意味では流担保が正式には法認されたものと評価されている[5]。

非清算の不承認については、仮登記担保判例における清算義務の確立と立法化とに併行した形で、不動産譲渡担保においても当然視されるにいたっている。すでに担保権者に所有権移転登記がなされている不動産譲渡担保では、引渡しと清算金の支払が引換履行とされることも同様である[6]。非清算の当然帰属型を認めうることを前提とし、非清算との結論を避けるために当然帰属の約定がある場合にも処分清算型と認定したり、帰属清算型が原則であることを強調したりすることは、もはや必要がないのではあるまいか。まして、清算・非清算に対応させて、外部のみ移転型・内外とも移転型、あるいは、弱い譲渡担保・強い譲渡担保といった区別を考えることも、である。

清算すべき根拠は、担保権としての実質に存在する。今日でも、合理的な範囲内の非清算の特約の効力を認めるべきだとする見解があり、不正規担保である故に当事者意思を尊重すべきことを理由とされるが[7]、都市銀行はほとんど抵当権を利用する実情を考慮すれば(椿教授は、質の良くない債権者が用いることが多いともいわれる、と述べられている[8])、不正規担保であるからこそ清算を強調すべきだということもできよう。

仮登記担保では、立法化に伴って帰属型一本に収斂させられたが、譲渡担保においては、処分型も可なりとされている。担保権者に清算義務を課するにしても、処分型では不当廉売、帰属型では不当廉評価が問題となる。目的不動産の客観的価額(このようなものが成り立ちうるのかにも疑問はあるが)に比して、売却額あるいは評価額が不当に廉価である場合には、裁判所は客観的価額を基準として清算金額を算定しその支払を命ずるであろうが、裁判例をみるかぎりでは、いささかでもこの差があれば清算金額を算定し直すというのでもないようであり、一割程度の誤差は、適正処分・適正評価のうちとして、認容しているように見受けられる。このことは、右の許容度の範囲内での非清算という結果を認めることに通ずるであろう。[9] なお、とくに帰属型に関して、評価の基準時を何時とみるかという問題がある。これについては、判例は、債権者の支払うべき清算金の有無およびその額は、清算金の支払もしくはその提供をした時、もしくは目的不動産の適正評価額が債務額を上回らない旨の通知をした時、または債権者において目的不動産を第三者に売却等をした時として、確定されるべきである、している。[10]

(4)　受　戻

適正価額の清算金が支払われもしくは提供されれば、目的不動産の所有権は確定的に担保権者に帰属し、それまでの間に債務者が元利金を支払いないし提供すれば、目的不動産の所有権は確定的に債務者（設定者）に帰属する。後者が受戻であるが、受戻が清算とセットになったのは比較的近時のことであり、従来は、例外的な場合との限定はあっても、弁済期の到来と同時に債務者が受戻権を失う場合があることが認められていた。[11] なお、細かいことをいえば、債権者が目的不動産を弁済期到来後第三者に売却する場合には、受戻可能の時期は設定者と第三取得者との優劣の問題となるが、これについては、一七七条が適用されるとする判例がある。[12]

受戻権が行使されないまま時が経過した場合の期間制限については、受戻権を形成権として一六七条二項を適用した原審を排斥したものがある。[13]

2　対外関係

(1)　対外要件

所有権移転登記である。学説はこれを担保目的たる実質を超えた過大なものであるとして、これに替わる提言が試みられたが、実務の容れるところとはなっていない。わずかに、昭和五四年の通達によって、不動産登記記載例のかたちで譲渡担保を登記原因とする所有権移転登記が認められたが、担保であることが登記面から判明することを債権者が嫌うのか、あるいは、私的実行後確定的に所有権が帰属したことをそのままでは示めせず、売買を原因に改めることが容易ではないことに理由があるのか、実際に譲渡担保を登記原因とすることは少ないようである。売買を原因とする場合であれ、譲渡担保を原因とする場合であれ、抵当権とは異なって、被担保債権額や利息についての記載はなされない。

派生的な問題ともいえるが、借地上の建物につき担保目的で担保権者に所有権移転登記がなされた場合に、当該建物に居住を継続する設定者は、借地借家法（建物保護法）によって認められる借地権の対抗力を失わないか、という点がある。判例は、他人名義の登記として対抗力を否定するが[14]、借地上建物所有者に酷な結果であり、疑問なしとしない。

(2) 設定者側の第三者との関係

所有権登記が担保権者に存在し、登記原因は売買が通例であり、担保目的でなされた権利移転であることは登記面からは全く判別できないこともあってか、設定者から目的不動産を譲り受けて担保権者に対し権利取得を主張するという実例はないようである。設定者の一般債権者からの目的不動産に対する競売申立については、強制執行に着手することを許されないとする裁判例が存在する[15]。優先弁済請求の訴が認められていた当時の動産譲渡担保に関する裁判例とは趣きを異にするわけである。

(3) 担保権者側の第三者との関係

担保権者からの譲受人と設定者との関係については、弁済期前の処分と弁済期後の処分とに分けられる。弁済期前の担保権者のなした処分の効力については、判例は未見であるが、裁判例では、従来は債務不履行あるいは不法行為による損害賠償請求にとどまると解されていたのに対し、第三取得者が善意であるから有効な権利取得が認められるとするものであるから、さらには悪意者に対しては設定者に追及効ありとするものまで出現してきた[16]。

弁済期後は担保権者は処分権を有し、第三取得者の権利取得は認められるが、仮登記担保に関する判例ではあるが清算金につき留置権の成立を認め、これに基づいて第三取得者からの引渡請求を拒みうるとしたものがある。[17]担保権者の一般債権者からの強制執行に対しては、実務の面からは、設定者にこれを第三者異議の訴により排除を認めうるという見方は示されていないと思われる。[18]

(4)　不法占拠者

土地の不法占拠者に対し、不動産譲渡担保設定者から、受戻権を基礎として返還請求を認容した判例が存在する。[19]概していえば、第三者との関係では担保権者を所有権者として扱い、設定者に物権的権利が存在することに否定的といえる判例の態度からしては異色のものといえよう。譲渡担保に基づく所有権の分属は、設定者に所有権のないことを主張する正当な利益を有しない者にはこれを主張しうる、ということまで認めたものと解するのは読み込み過ぎであろうか。

三　不動産譲渡担保の行方——正規担保規定の類推適用

右に述べたところが判例が形成してきた不動産譲渡担保の一応の現在形であるが、今後どのような方向に進んでゆくであろうか。基本的には三つの方向が考えられよう。一つは、不動産譲渡担保は不動産上の制限物権であることが本質であるべきだとみて、抵当権の亜種的なものと捉えてゆこうとする立場である。これによれば、抵当権諸規定を可及的に類推適用すべきであることになろう。二つは、権利移転型担保であることに着目して、正規担保に昇格したといえる仮登記担保の規定を大幅に類推適用しようとする立場である。三つには、不動産担保にはニーズに応じてそれぞれのタイプがあってよく、不動産譲渡担保の独自性を維持していこうとする立場である。これによれば、不動産譲渡担保について生ずる諸問題を解決するに際しては、前二者のような立場での接近を試みるのではなく、担保目的で不動産所有権を担保権者に移転し、公示も所有権移転登記でなされる（そもそも、法形式と実質とが齟齬するというのが不正規担保なのであって、両者を無理に整合させることは不正規担保の利用価値を減殺してしまうこととなる。このことは、仮登記担保立法に伴っていわゆる逃げ水現象が説かれたことから窺い知れよう)という不動産担保であることを直截に承認したうえで、このような担保であることから生ずる個別の法律関係ごとに処理をしていく方法を採る。抵当権や仮登記担保の規定は、あるべき姿として当然に類推適用になるのではなく、個別の法律関係を解決する場合の参考にすべき一つの素材として扱われることとなる。[20] そして、右の第三の立場から若干の論及をしてみることとする。

さて、設定者にとっての最大の関心事は、清算、引換履行、受戻であろうと思われるが、これらについては判例の到達したところは、ほぼ担保としての実質を貫徹したものとなっていると評価しえよう。仮登記担保法二条の実行通知や清算期間の導入については、清算期間に関していいえば、不動産譲渡担保とはとにかくも所有権を債権者に移してしまう担保方法なのだと捉えれば、後順位者は出現しえないのであるから(異論はあろうが)、あまり意味がないのではなかろうか。実行通知、すなわち、債権額、不動産の見積額、清算金の有無を含めてその額などの設定者への通知は、紛争を後日に引きずらないためにも、受戻権の期間制限を考えるとすればその基準時を定める意味でも導入されるべきだと思うが、[21] この手続を踏まない担保権者の権利取得を否定しきれるか自信はない。

共同譲渡担保については、後順位者が出現しないということを認めれば三九二条の代位は生じない。物上保証人の五〇〇条による代位は担保権であることからすれば理論的には認められようが、所有権が移転するという面からは無理であろう。代位の付記登記をどうするのかという問題もある。

被担保債権の範囲については、三四六条か、三七四条か。三七四条の趣旨が、後順位者や設定者の一般債権者が差押えた場合の配慮によるとすれば、三七四条の類推適用はないといえよう。結果として三四六条に類するが、不動産譲渡担保と不動産質権とに共通項があるからではなく、権利移転型の担保であることにより、仮登記担保の私的実行の場合も同様に解されている。

目的不動産の設定者の使用の継続については、(所有権は移転していても)そのような型の担保権を当事者が選択したことによると説明すれば足りる。内部的には設定者に所有権があることを理由とする必要はない。むしろ、当事者で賃貸借契約が設定された場合に、賃料不払による解除、第三取得者への賃借権の対抗など煩瑣な問題が生ずる。真正な賃貸借は存在せず、賃料名目で支払われる金員は利息であり、不払によっても解除権は生ぜず、実行による所有権の債権者あるいは第三者への確定的帰属までは、設定者は被担保債権が存続するものとして目的不動産を使用できると解すべきである。

設定者が使用を継続する場合に、目的不動産を第三者に賃貸することはどうであろうか。三九五条が短期賃貸借として保護するのは、登記をした賃貸借（借地借家法一〇条一項、同三一条一項の場合を含む）である。まず、担保権者が所有権移転登記を受けている不動産に賃借権登記をすることを担保権者が果たして認めるかという点がある。借地上建物の登記をもって土地賃借権の対抗力とする場合にも、譲渡担保ではそのような場合を想定し難い。残るのは設定者所有の建物のみが譲渡担保に供され、設定者によってこれが賃貸され、賃借人が引渡によって対抗力を具備するという場合であるが、前述のように土地賃貸借ではほとんど生じないのに建物賃貸借では認めるとする不均衡、詐害的賃貸借をめぐる昨今の状況下では、仮登記担保では立法過程で考慮されたやに聴くが、三九五条の類推適用は否定さるべきと思う。

滌除および代価弁済については、第三取得者の地位に差があるので類推の問題は生じないといえるであろう。

仮登記担保法一〇条の定める法定賃借権については共通項が存在する。しかし、これは、担保権という性質から派生する問題ではなく、土地と建物とを別個の不動産としたことから生ずるものである（民執八一、税徴一二七を参照）。土地あるいは建物のみが譲渡担保に供され実行があった場合には、同様の手当が必要であり、とりあえず仮登記担保法一〇条の類推適用を認めるが、権利の内容が地上権か賃借権かという議論は残ろう。

たい。

四　むすび

以上、思いつくままに挙げたにすぎず、根譲渡担保などにも論及しえなかった杜撰なところはお許しいただきたい。

結論としては、仮登記担保はもともと立法によって権利移転型担保と抵当権との二重性格を付与された担保権であり、完全性を有するはずの抵当権も、価値権性をめぐっての議論[22]や配当手続に進むものは予想外に僅少であることなど問題提起がされている点を考慮すれば、不動産譲渡担保をこれらのいずれかへ流し込もうとする方向性は早計に過ぎるといえるのではないかと考えている[23]。

最後に、担保目的に買戻・再売買予約が用いられた場合には、売り切り型として、被担保債権が存在しないところに特徴を認め、売渡担保として譲渡担保とは区別されてきたが、今日なお売渡担保なる概念を維持する意味があるのか、買戻は民法において厳しくその内容が定められているが、再売買予約にはそのような制限がないところから、両者の関係、とくに買戻から再売買予約への逃げ込み現象が認めらるか、という問題がある。不手際で申し訳けないが、紙数の関係から、前者については、別に発表した拙稿[24]を御覧願いたい。結論のみ記せば、裁判例に現われたところをみるかぎり、むしろこれらは譲渡担保と把握すべきだと考えている。後者については、民法起草者は買戻を命令規定としていたにもかかわらず、実態はこれを無視した約定がなされており、したがって、再売買予約への逃げ込み傾向は顕著には存在しないという印象である。

（1）　鈴木祿彌・物的担保制度の分化六六頁。
（2）　椿寿夫「担保目的の所有権移転登記と一展望――不動非典型担保論ノート」民事研修三六二号六頁以下を参照されたい。
（3）　大連判大一三・一二・二四民集三巻五号五五頁。

(4)　最判昭四〇・一二・一七民集一九巻九号二一五九頁。
(5)　近江幸治「不動産の質・譲渡担保・所有権留保」別冊ＮＢＬ・担保法の現代的諸問題一三頁。
(6)　清算と引換履行の両者に関し、とりあえず、最判昭四六・三・二五民集二五巻二号二〇八頁を挙げておく。
(7)　竹内俊雄・譲渡担保論六八頁。
(8)　椿・前掲論文二二頁。
(9)　拙稿「譲渡担保の対内的効力」金判七三七号二七頁を参照されたい。
(10)　最判昭六二・二・一二民集四一巻一号六七頁。
(11)　我妻栄・新訂担保物権法六三四頁。
(12)　最判昭六二・一一・一二判タ六五五号一〇六頁。
(13)　最判昭五七・一・二二民集三六巻一号九二頁。
(14)　最判昭五二・九・二七金判五三七号四一頁、同平一・二・七判時一三一九号一〇二頁。潮見佳男「譲渡担保権者名義の建物登記と借地権対抗力」阪法四〇巻三＝四号三七一頁以下参照。
(15)　高松高決昭四七・六・一二判時六七四号七八頁。
(16)　東京高判四六・七・二九下民集二二巻七＝八号八二五頁。この判例は一七七条構成をとり、設定者に復帰すべきものであることを知りながら取得するのは、背信的悪意者に擬しうるとする。学説は、九四条二項の類推適用を説く者が多いようである（例えば、近江幸治・担保物権法二八四頁）。なお拙稿「譲渡担保の対外的効力」金判七三七号三一頁参照。
(17)　最判昭五八・三・三一民集三七巻二号一五二頁。
(18)　適切な判例や裁判例は見出しえなかった。ただ動産譲渡担保においてさえ、設定者の一般債権者のした民執一二二条に基づく強制執行の排除を、担保権者は第三者異議の訴によりなしうるとするのが判例（最判昭五八・二・二四判時一〇七八号七六頁）である。
(19)　最判昭五七・九・二八判時一〇六二号八一頁。

(20) このような考え方は、『譲渡担保の法理』ジュリスト増刊号のなかで、伊藤進教授が述べられている。同書一四〇頁の伊藤発言。
(21) 荒川重勝「不動産譲渡担保と仮登記担保法」立命館法学一九八九年三＝四号三八六頁参照。なお、同稿は仮登記担保法の類推適用を逐条検討されるものである。
(22) 抵当権者による解除後の詐害的賃借人への妨害排除請求の是非をめぐる議論を想起されたい。
(23) 浦野雄幸「抵当権価値論——抵当物件の価値の保全」幾代通先生献呈・財産法学の新展開二五七頁以下、とくに二九一頁。
(24) 拙稿「担保目的でなされる買戻に関する一考案」独協大学法学部創設二五周年記念論文集一四三頁以下。

〈法律時報六五巻九号（一九九三）〉

12　譲渡担保の受戻権の期間制限

いささか旧聞に属するが、昭和五七年一月、最高裁は、譲渡担保の受戻権に関し、形成権として二〇年の時効にかかるとした原審（名古屋高判昭和五四・一一・二二判タ四〇六号一三六頁、金商五九九号二〇頁）を排斥して、民法一六七条二項を適用すべきではないとの判断を示した（最判昭和五七・一・二二民集三六巻一号九二頁）。私は、右の原審についてかつて疑念を呈し（金商六〇九号四八頁）、本判決についてもある解説で賛意を表したことがあるが（LAW SCHOOL四八号八四頁）、その後、本判決について諸家のいくつかの研究に接したので、再度若干の言及をしたいと思う。

念のため、本判決の事実の概略を示すと次のようである。債務者が所有・占有する土地に譲渡担保が設定され、売買を原因として登記名義のみが債権者に移転された。弁済期徒過後一九年を経て債務者から元金の弁済供託があり、さらに三年を経て遅延利息の供託もなされて、債務者から移転登記請求がなされたというものである。なお、別訴で被担保債権の存否が争われて債務者が敗訴しており、したがってその時効は完成していない。

譲渡担保において、担保設定者のいわゆる受戻しがいつまで可能かということは、(イ)弁済期の定めがなかったため、担保設定後かなり長期間を経て弁済がなされて受戻しの是非が争われる場合、(ロ)弁済期後債権者が私的実行に着手した場合に、そのどの時点まで受戻しがなしうるかが問われる場合、(ハ)弁済期徒過後債権者の実行の着手のないままに時日が経過したのちに受戻しがなされた場合、にそれぞれ問題となる。(イ)については、古い判例が二、三あり、これに応接した学説もみられる（拙稿・金商六〇九号四九・五〇頁）。(ロ)については、適正評価か換価処分かという実行の型により、また、清算金が生ずる場合と生じない場合とに応じて、論じられなければならないが、すでに概説書レベルでも触れられているところである（たとえば、川井健・担保物権法一九四頁、ただし、いまのところ細部に及んでの定説はないようである）。(ハ)については、まさに本判決で問われるところとなったもので、それまで殆ど論じられていなかったといってよい（東京高判昭和五五・一・一三判時九六〇号四三頁があるが、本判決とやや事案を異にする。なお、名古屋高判昭和五三・二・一六判時五〇六号五八頁参照）。

さて、本判決は、「債務者によるいわゆる受戻の請求は、債務の弁済により債務者の回復した所有権に基づく物権的返還請求権ないし契約に基づく債権的返還請求権、又はこれに由来する抹消ないし移転登記請求権の行使として行われるものというべきであるから、原判示のように、債務の弁済と右弁済に伴う目的不動産の返還請求権等とを合体して、これを一個の形成権たる受戻権であるとの法律構成をする余地はなく、したがつてこれに民法一六七条二項の規定を適用することは許されない」と判示したのであるが、これに対する学説の反応は、伊藤教授により、期間制限否定説、肯定説、折衷説に分類されている（伊藤進「譲渡担保における受戻権とその消滅時効」ジュリ昭和五七年度重判解七一頁）。以下、同教授の紹介と重複することになるが、これらの概要は次のようである。

先ず、本件原判決の時点で、受戻権が長い間行使されずに唐突に行使された場合、これを問題なく認めることは、当事者間の利益の権衡からみて適切ではないとして、一六七条二項を適用することを不合理ではないとする一方、今後の方向として五八〇条三項の類推適用は否定するが仮登記担保法一一条但書前段の類推適用には否定的ではない見解がある（伊藤英樹「本件原審判解」判タ四三九号昭和五五年度民事主判解四八頁）。また、理論的には、清算金の支払いないし提供があるまでは目的物の所有権が完全に債権者に移転することはなく、被担保債権が消滅することもないので、受戻権が消滅することを考える余地はなさそうだが、譲渡担保における当事者の利益状況と仮登記担保におけるそれとを対比した場合には、特に大きく異なるところはなさそうであるから、仮登記担保法の期間制限を肯定するという態度もありうるという指摘もあった（吉田真澄「判解」判タ四三九号前掲五一頁）。もっとも、これらの見解がしめされる以前に、不動産譲渡担保について仮登記担保法の五年の期間制限を類推適用すべきであるとする意見が表されてはいた（米倉明「非典型担保の展望（上）」ジュリ七三一号九二頁、同・譲渡担保二五六頁）。その後は、本判決の判例研究として、譲渡担保物権的期待権説の立場から、物権的期待権は債務者が不履行に陥ってもそれだけでは消滅せず清算終了まで継続するとして、本判決に賛成する見解（竹内俊雄・亜細亜法学一七巻一号一三九頁、併せて仮登記担保法一一条但書前段の類推適用も否定する）、同様に、担保権者の実行着手後にも、譲渡担保設定者は弁済の可能性を有しているのであるから、それまでは期間的に制限する必要はなんらないとする見解（清水誠・判例評論二八五号（判時一〇五二号）一九七・一九八頁）、弁済期到来前の受戻し、弁済後の受戻し、その中間としての弁済期徒過後の受戻しに分けて、本判決は右の第三の場合に関するとして、弁済期徒過後も被担保権は存続するのであるから、この弁済による受戻しは当然に生じ、独立の権利の行使の結果として捉える必要はなく、受戻可能な状態が長期継続することの不安定については、被担保債権の存続に伴って遅延利息も発生し、これが担保されている状態にあるから必ずしも不安定状態の長期化とはいえないとする見解（伊藤進・前掲七二頁、仮登記担保法一一条但書前段の類推適用は否定される）が期間制限否定説としてある（なお、本城武雄＝加藤智泰・名城法学三三巻二号一二四頁以下も本判決に賛成のようである）のに対し、受戻権は、債務の全額を債権者に提供して債務者が受戻しの意思表示をすれば、当然に、その所有権は債権者から債務者に戻すいわゆる形成権であるとしたうえで、二〇年の時効は長きに過ぎ、仮登記担保法の五年を準用すべきであるとする否定説（林錫璋・法時五四巻一一号一六三・一六四頁）がある。なお、伊藤教授が折衷説として挙げられるのは、鈴木教授の見解であり、教授は、本判決は、譲渡担保設定者が債務を弁済して自己の所有権を回復する権限が時日の経過によって消滅をしないという問題に関しては、買戻よりも、抵当権ないし清算機関満了前の仮登記担保の状態に類するものとして取扱っているが、これによって最高裁が譲渡担保につき抵当権説に与したといいえないのは勿論、いわゆる受戻権についての期間制限なるものは生じえないのが原則だとさえいい難いのであって、本判決は、当該の具体的な事実を踏まえて受戻しがなお可能と判断したに過ぎないとされているのである（鈴木禄弥・民商八七巻二号二七〇―二七四頁）。

私見は、本判決のような場合には、弁済期徒過後実行前の抵当権者と抵当権設定者との関係、ないし、仮登記担保において実行通知がなされず清算期間が進行していない状態の担保権者と設定権者との関係に対比すべきであり、かつ、このように解すれば受戻権を独立の形成権とする必要はない、とみたのであるが、ここに繰返すことを避けて紙数の許す範囲で一、二の点を付け加える。

ところで、譲渡担保の受戻権につき期間制限を設けるとすれば、拠るべき規定としては、民法五八〇条三項、同一六七条二項（本判決はこれを否定したわけであるが）、仮登記担保法一一条但書前段があるが、これら規定の立法趣旨はどうであったのであろうか。

民法五八〇条三項は、買戻権の存続期間について特約なき場合には五年としている。これは、直接には旧民法財産取得篇八四条二項に由来し、さらにはフランス民法一六六〇条によるものである。買戻に関するボアソナードの説明は、極く簡略には次のようなものである。金銭消費貸借を締結し、担保として抵当権を設定すると、利息が高いものとなり、かつ、抵当権の実行には多くの費用と日時を費す。買戻を定めたのはこれらを避けるためである。五年の期間を設けたのは、買戻の登記によって第三者にも対抗しうるので、財産の流通を不可ならしめ物の改良を阻害する。それゆえに厳格に短期に限ったのである、と（Boissonade, Projet. t. III n°291）。現行法の起草者も、ほぼ同様に買戻は弊害の多いものであるから期間を短期と限ったとしている（議事速記録三一ノ一四裏）。ところで、買戻と譲渡担保とは、法的構成としては截然と区別を設けて説かれてはいるものの、実際にはかなり曖昧なところがある（我妻栄・債権各論（中）三二七頁の叙述、椿寿夫「不動産の譲渡担保と売渡担保(上)」ジュリ六七九号一〇二頁以下民法研究I所収、当事者が買戻と約定したにもかかわらず譲渡担保と認定された一例として、横浜地判昭和五三・一〇・九金商六一三号四三頁）。しかし民法制定当時に想定されたティピカルな買戻とは、担保目的でありながら、売渡の形式をとるため当事者間に債権関係は残らず、買戻の登記がなされ、買戻代金は売買代金と費用とを超えないもので、買主に占有が移転することが予定され（必ずしも非占有移転型を否定する趣旨ではないが）、先祖伝来の土地などで典型担保に供することが憚られる場合に短期の金融を得る手段として利用されるもの、であるようである。このように想定された買戻であるゆえに、ボアソナードも起草者も弊害が多いとして短期の期間制限を設けたのである。これに対し、今日行われている譲渡担保は、右のように性格付けられた担保手段とは隔るものと思われるのであって、権利移転型担保であることの共通点をもっては、直ちに短期の期間制限を類推適用することはなしえず、そのためには別の合理的理由の存在が必要である。

次に、民法一六七条二項については、がんらいは債権をも含めて二〇年の時効期間が定められていたものが、債権についてのみ後に衆議院において一〇年に短縮されたのであって（拙稿「相続承認・放棄取消権の期間制限」法時五五巻四号四五頁）、請求権（債権）と峻別された形成権を意識して、これを特別に長期の期間制限に服せしめる意図に立っての立法ではなかった（形成権概念の生成については、橋本恭宏「ドイツにおける除斥期間論」法時五五巻三号二一頁および二四頁所掲の文献）。形成権概念については、「抵当権者が被担保債権を弁済して抵当権を消滅させうる権限も、また、一般の債務者が弁済して債務を消滅せしめうる権限さえも、一の形成権とこれを呼ぶことは、不可能でない」として、本判決において、担保設定者の有する権限が受戻権という名の形成権に該当するか否かは、結論導出のキメ手となりえない、とする主張があるが（鈴木・前掲二七五頁）、そのことの当否は措くとして、一六七条二項が形成権の行使の期間制限を認識して置かれた規定ではないとすれば、二〇年では長きに過ぎるというような議論を離れて、形成権概念の有用性をも含めてその権利行使の期間制限をどうみるべきかを根底から問い直さなければならないであろう。

仮登記担保法一一条但書前段の五年の期間は、民法五八〇条三項にならったとされているが、何故五年に限られたのかについては説明により若干のニュアンスの差がみられる。すなわち、五年もの長い期間受戻権の行使を認めることにしたのは、もともと債権者は自己の清算金の支払義務を履行しないのだから、その本来の債権の弁済を受ければ十分であり、「清算金を支払わない以上（受戻されても）しようがない」という解説（吉野衛・新版仮登記担保法の解説一〇五・一〇六頁）がある一方では、債務者は債務不履行をしているのであるから、不動産取引の安全を犠牲にしてまで債務者を保護する必要がないからとするもの（法務省民事局参事官室編・仮登記担保法と実務一二三頁）がみられる。

この規定については、譲渡担保に類推適用を認める見解があることは既に紹介した。しかし、その根拠は必ずしも明確とはいい難いようである。先ず、担保設定者が弁済期を徒過し債務不履行に陥っていることは、受戻権を短期間に制限する根拠となりうるであろうか。これにより遅延利息の発生をみるが、それは被担保債権としてカヴァーされるので、その点は担保権者の不利とはならない。抵当権の場合には、債務不履行は抵当権実行の契機になっても、設定者の弁済による受戻権制限の理由たりえないし、仮登記担保の場合には、実行通知、清算期間の経過、目的物の所有権の担保権者への一応の帰属（同法一五条一項、一六条参照）、被担保債権の一応の消滅、というプロセスを辿り、期間制限の起算点は、単なる債務不履行ではなく清算期間経過後である。譲渡担保の場合のみ債務不履行に制裁的色彩を持たせるとすれば問題であろう。次に、期間を短期に制限しないことは、不動産取引の安全を阻害するであろうか。通常の譲渡担保では、売買を原因として登記名義は担保権者に移転しており、弁済期徒過後に第三者に処分することは妨げない（譲渡担保を登記原因としても同じであろうが）評価清算型を原則とし、換価処分する旨の特約がない場合にも、第三者への処分を実行とみて、これにより受戻権は消滅すると解すれば問題はないと思われる。買戻とは異なるゆえんである。なお買戻の場合には、目的物の改良が阻害されることが期間制限を設ける理由に数えられていたが、これは占有を買主に移転することが予定されていたからであって、少なくとも非占有移転型の譲渡担保ではこの点も理由にはならない。長期間放置してあって、突如受戻権を行使されることは不均衡のようでもあるが、担保権者は丸取りを否定されている以上、清算金支払いの義務があり、これを履行しないからには、遅延利息をも含めて本来の債権の満足をうれば諒とせざるをえないのであって、突如行使される原因は、実行によって受戻しの機会を奪いえた担保権者の側にあるのである（但し、清算金が生じないような場合に、何をもって実行とみるかの問題が残るが、目的物の価額と被担保債権額とが均衡するゆえに清算金は生じない旨の通知、ないし不足額請求をすべきであろうと思われる）。最後に、受戻権につき短期の期間制限を設けても、受戻しを否定するのみで、担保設定者の清算金請求までも否定するものではないから、さして担保設定者に不利とはならず、政策的に受戻しに期間制限を設けるべきであるとの議論もあるかと思うが、仮登記担保のように、担保権の実行について一定の立法的処置がなされていない譲渡担保において、そのように解しなくてはならない合理的根拠は今のところないのではなかろうか。

　紙数の制限により、意を尽くしえないものとなったが、譲渡担保の受戻権については抵当権の場合と同様に特に期間制限を考える必要はないとのこれまでの結論は変らなかった。

〈ジュリスト七九八号（一九八三）〉

13 非典型担保論史（譲渡担保論史）

一 緒言

非典型担保（不正規担保・変則担保）につき、その発展史を叙するのが本稿の目的であるが、まず、非典型担保なるものを定義づけるのは意外に困難である。ある著述では、「変則担保とは、本来的に担保として予定された制度ではなく、別の独立の制度であるが、実質的には担保的機能を内在するため、もっぱらその機能（担保手段）のために利用されるもの、および、新たに慣行として生じ、判例法上確立するに至ったもの」と説かれている。(1)

さて、通常「担保」とは、物的・人的を含めて、債権の弁済を確保する手段としてよいであろうが、ここでは、いわゆる人的担保を除き、債権の弁済確保のため何らかの手段が採られ、その効力は必ずしも法律上の優先弁済機能まで認められるものに限らない、としておく。次に、本来的に担保として予定された制度ではないが、実質的には担保機能を内在させるもの、ということについても、その程度の差の判別は実は困難を伴う。例えば、買戻・再売買予約は、一般には非典型担保に属せしめられるであろうが、就中買戻は、担保機能を営む制度であることが立法当初から認識されており、売渡担保が実用的な担保手段として登場するまでは、不動産担保は買戻によってほぼ一手に担われていたともいえるのである。担保物権とは構成しえないがゆえに、売買の節に規定されたに過ぎない。民法に規定され、かつ担保機能を営むことが認識ないし予定されていた制度を典型担保と呼ぶならば、買戻は典型担保であるが、担保物権編に規定されていないということからは、非典型担保である。これに対し、相殺は、当初から債務の決済手段としての機能しか認識されていなかったようであり[2]、担保機能が俎上にのぼるようになったのは比較的近時のことであって、その意味で、典型的な非典型担保と呼びうるであろう。他方、代物弁済予約は、仮登記担保契約に関する法律の制定をみたことは周知の通りであり、これを現在でも非典型担保と称しうるかは問題である。

かようにして、非典型担保とはどの範囲までの外延があるのかは明瞭なようで必ずしもそうではない。また、本学史の研究会において、叙述の重心は戦前までに置くこととの申合わせもあるので、相殺・代理受領、振込指定などは本稿の対象から除外されることとなる。結局は、本稿では、売渡担保ないし譲渡担保の戦前までの発展史を辿ることが中心となることをお断りしておきたい。

（1）　近江幸治・担保物権法（弘文堂一九八八年）二五一頁。
（2）　相殺につき、フランスでは留置権との類似性が説かれていたようであるが（深谷格「相殺の構造と機能―フランス法を中心として」名古屋法政論集一三三・一三四・一三六・一三七号）、わが国ではこのような視点はなかったと思われる。なお、ドイツ法に関し、石垣茂光「相殺の期待保護―ドイツにおける判例学説について」獨協法学三九号。

二　明治初期の不動産担保

1　制限物権型

明治二年民部官布達によれば、「追テ永制ノ御制法御確定相成迄旧法ニ寄リ裁判可致」[1]とあり、これは、新体制下で旧体制の法の適用を認めた珍しい例とされるが、初期の明治政府によって出された不動産担保法規も、幕府法の下での質入、書入という用語を用いたものであった。

幕府法は、土地（田畑）の担保として、質入と書入の二形態を認めていた。質入は、本公事として扱われ、厳格な形式的、実質的要件を充すことにより成立し、債権者の満足は目的地を流地とする方法によって達せられた。したがって、これが当時禁じられていた田畑永代売買に代わる土地移転の方法でもあった(2)。書入は、金公事として扱われ、担保付といっても、債権者は通常の金銭貸借におけると同様の地位しか認められず、いわば裁判上は無担保の扱いであった。

明治政府による土地の商品化は、明治五年（一八七二年）一月、東京府下の市街地を嚆矢とする地券発行から、全国の農地をも対象とする「土地売買譲渡ニ付地券譲方規則」（同年二月二四日大蔵省達）、および「田畑永代売買解禁令」（同年二月一五日太政官布告）にはじまる。もっとも、これらにより、土地所有権移転の機能は達せられたが、土地の担保関係は規制しえなかったので、次いで、六年「地所質入書入規則」（一月一七日太政官布告）が定められた(3)。

これによれば、質入と書入の区別は次のように定められている。

第一条　金穀ノ借主ヨリ返済スヘキ証拠トシテ貸主ニ地所ト証文トヲ渡シ貸主其作徳米ヲ以テ貸高ノ利息ニ充候ヲ地所ノ質入ト云ウ

第二条　金穀ノ借主ヨリ返済スヘキ証拠トシテ貸主ニ地所引当ノ証文ノミヲ渡シ作徳米ノ全部又ハ一部ヲ貸主ニ渡シ利息ニ充候ヲ書入ト云ウ

第三条　金穀ノ借主ヨリ返済スヘキ証拠トシテ貸主ニ地所引当ノ証文ノミヲ渡シ借主ヨリ其利息トシテ米又ハ金ヲ払ヒ候ヲモ亦書入ト云ウ

さて、幕府法にも、「質入」と「書入」の区別があったことは前述したが、この両者については、質入が占有担保であることからほぼ質権に該当し、書入が非占有担保であることからほぼ抵当権に該当する、という理解が一般的なようである。しかし、これに対し、質入と書入とを分かつもの、本公事と金公事とを分かつものは、貸付債権の利息の有無であるという指摘もある(4)。質入は、本来質取主が占有耕作しうるので、別に利息をとらない。

もっとも、質入人にそのまま小作させる場合（直小作）もあり、この場合の小作料収入は実質は利息に近いものであるが、形式上利息は付かないという原則は維持されている。他方書入は、通常の借金銀と同様に利息が付く。書入とは、本来は、金子借用証文に、債務不履行の場合に証文上記載の土地を譲渡する旨の特約を「書き入れ」たものに過ぎず、現行法上の概念では代物弁済予約に近いものである、というのである。(5)

明治六年の「地所質入書入規則」は、質入、書入の用語は幕府法そのままであるが、内容的にはかなり異ったところがみられる。先に、質入、書入の定義を示した部分のみ引用したが、そこにおいてだけでも、質入、書入ともに債権者は利息を収取する権利を有すること、両者の区別は「地所ト証文」とを渡すか、「証文ノミ」を渡すか、すなわち、占有担保が質入であり、非占有担保が書入であることが明瞭に示されている。さらに、原文の引用は省いたが、同規則第九条において、質入、書入とも必ず其町村戸長の奥書証印を取ることを要し、其町村戸役場には奥書割印帳を備え、帳面と証文とに番号を朱書し割印を押し奥書を為すべしとされ、これは、わが国における最初の本格的不動産公証制度といえ、登記制度の先駆をなすものであった、といわれている。(6)これにより、担保力に余剰があれば、二番・三番の書入設定も可能となった（同規則一〇条）。幕府法と同一の用語を用いつつも、近代担保法への変質がみられるのは、同規則の立法過程において、フランス法が参照されたゆえであり、書入は、「イポテーク」の持つ意味内容が同規則の中に実現されたものであると評価されている。(7)

この後、「動産不動産書入金穀貸借規則」（明治六年八月二三日）、「建物売買譲渡規則」、「建物書入質規則」（いずれも八年九月三〇日）が制定され、一〇年には船舶にも建物書入質規則が適用されるにいたって、主要な資産の担保化の手続が整ったのである。(8)注意さるべきは、明治政府は、流質を禁止し、今日の競売に渡る制度をもって債権の満足を得させるように計った点であろう。

なお、建物書入質規則における書入質とは、意味的には抵当権のことであって非占有担保であり、(9)質権に該る占有担保は、建物について特約で設けることは排除されていないが、成文上の制度としては存在していなかった。

旧民法が不動産質を定めたのは、フランス民法におけるアンティクレーズがボアソナードの草案を通じて導入されたもの[10]、といってよいであろう。「建物書入質規則」によれば、土地と建物は別個の物であり、借地上の建物も、地主に質地たる奥書をしてもらうことによって、書入質に供することができたといわれる[11]。

（1） 福島正夫・日本資本主義の発達と私法（東大出版会一九八八年）二〇頁。

（2） 通常このように説かれているが、厳密には、町地は永代売買を公訴され、百姓地とくに百姓持高請田畑のみが、寛永二十年以来永代売買が禁じられたのである。しかし、藩によっては売買を公認したところもあり、他方、由緒譲、好譲などの名をもって譲渡をする脱法行為も行われ、発令後しばらくして空文に帰したものとみられる、とされている、なお、百姓持高請田畑でも、年季売、本物返の目的とはなりえた（以上、近世債権法（司法資料第二九八号一九四八年一九頁）。

（3） 藤原明久「明治初期における土地担保法の形成」神戸法学二四巻三号二〇四頁以下。

（4） 伊藤孝夫「明治初期担保法に関する一考察」法学論叢一二八巻六号三三七頁。

（5） 伊藤・前掲三三八頁。

（6） 伊藤・前掲三四九～三五〇頁。

（7） 伊藤・前掲三五一頁。なお、明治八年の翻訳局記述「佛蘭西法律書」によれば、nantissement を質、gage を動産ノ質、antichrèse を不動産ノ質、hypothèque を書入質をしている。

（8） 明治三〇年の大審院判決では、抵当直流の合意についても、条理上許す可らざるもの、としたものがある（大判明三〇・一二・八民録三輯一一巻三六頁）。

（9） 前注(7)参照。

（10） Boissonade; Projet. Art. 1121 et suiv. 旧民法債権担保篇一一六条以下。

（11） 福島・前掲二三二頁。土地と建物とは別個の不動産とする萌芽が、すでに建物書入質規則にあったわけである。なお、本稿の主題と直接に係りないが、私の調べ得た限りで、地所書入質入規則および建物書入質規則についての判例がそれぞれ一つづつである。前者に係るのは大判明二九・五・一一（民録二輯五巻二四頁）、後者に係るのは大判明三〇・六・六（民録三輯五巻二九頁）であるが、二九年判決は、同規則第四条で質地の年限を三ケ年に限ってあるが、その期限を経過しても質地の効を失うものではない（担保契約の効力は存続している）と判示するもので、興味深い。

2　権利移転型

ローマ私法においては、fiducia. pignus. hypothecaの三種の担保権があり、先ず fiducia が存在し、占有質たる pignus から、非占有質たる hypotheca に進んだとされる。(1) fiducia は、担保目的のために目的物の所有権を移転する権利移転型担保であるが、現在のドイツでは、Hypothek Grundschuld Rentenschuld、フランスでは、hypothèque と nautissement（動産 gage 不動産 antichrèse）が正規担保であって、制限物権型担保の発達に伴い、権利移転型担保は消滅し、制度の表面に現われることはなくなった。(2) 英米では不動産担保としては mortgage がある。普通法上と衡平法上のものがあり、いずれも大陸法における担保概念とは異った発達史を有する。mortgage は当初は用語からしても解除条件付土地譲渡であったが、とくに現在のアメリカでは、多くはmortgagorがlegal titleを有し、mortgagee は単なるlien としての担保利益を有するに過ぎず、後順位者の出現も可能であり、目的不動産が複数（共同担当）の場合には、marshallingの原則による後順位者保護も図られている。(3)

さて、我国において、権利移転型担保の原型とみられるのは、幕府時代に認められた年季売、本物返であり、これらは今日的には、買戻的款付売買であるとされる。他方では、すでに述べたように質入があり、両者は別のようであるが、「徳川時代における不動産質の根本概念は、年季売と同様不動産の解除条件付譲渡に外ならずというべきである。」という指摘もあり、近世時代、年季売と質入とは混同され同一視されたのであって、年季売を権利移転型、質入を制限物権型と区別することは、正しくないといえるようである。のみならず、年季売も質入と同様、必ずしも流担保として扱われたわけでもなく、目的土地が売却され、その代価が債権者に支払われる、という方法もとられていた。(4) このように、両者が混同されていたとすれば、質入において直小作があったのであるから、年季売においても占有非移転型も認められていたであろうと思われる。

さて、明治政府により地券制度が創設され、地券を受けなければ土地所有の効力がなく、地券書換が所有権移転の要件とされたが、制限物権的な質入書入とは別に、地券を預入れることによる担保方法が行われていたとされる。これは権利移転型の担保であり、質入書入では禁じられていた流地を達する目的で利用されたようである。[5]そして、このような担保方法は、明治二二年の「土地台帳規則」により地券制度が廃止された後も存続し、売券抵当、売券担保という名称で行われたとされている。[6]

（1）石田文次郎・投資抵当権の研究一四頁。
（2）我妻栄「判例売渡抵当法」民法研究IV（有斐閣一九六七年）六三頁。
（3）G. Osborne; Mortgages. 1970. p.207, p.286 et s.
（4）近世債権法二四八頁。なお、同書一四二頁には、目的土地の価格が債権額を超過する場合には、これを売却してその代金をもって弁済に充てた例が質地と本物返の両者について記されている。また、債権額に不足する場合に、質地そのものを弁済に代えて質取主に引渡す由である（同書一四一頁）。
（5）近江幸治・担保制度の研究（成文堂一九八六年）五三頁。
（6）近江前掲六一頁。一例として、大正七年の判例（大判大七・四・一一民録二四輯五五三頁）に売券担保の名称が見られる。もっとも、本件は、漁業権を担保目的で売買の形式をもって移転したものであり、地券を交付したものではない。また、同書同頁には、売券抵当なる用語が用いられた例として大判明三〇・一二・八（民録三輯一一巻三六頁）が挙げられているが、これは海産干場並びに附属海面建物を担保目的で売却（買戻約定付）したものであって、控訴人の答弁書中に売券抵当として云々の言辞はあるが、判示事項としては、抵当直流の合意は条理上許されないとしたものである。他に、大判大元・一〇・七（民録一八輯八一五頁）に、売券担保であるのに、原審たる函館控訴院が所有権を移転する意思が無かったとして売買は成立せずとした判断を不服として、上告したものにつき、原審を支持した例があるが、目的物は物品（詳細は不明）であって、これも地券の交付の例ではない。

要するに、売券担保、売券抵当の用語は、用語としては地券預入担保から発祥したかも知れないが、売買形式を持った担保すなわち今日の譲渡担保に当るものとして、目的物のいかんを問わず、しかもおそらく通俗的な用法として用いられていたのではないかと思われる。

なお、沿革について、小野久・売渡担保論一一頁以下も参照。

三　明治前期におけるある担保判例

ここで、本稿の主題とは直接かかわりないが、明治初期において、担保に係る判決がどのようなものであったかを、参考として、一例につき掲げてみたい。

明治八年九月八日上告、明治九年一二月二七日申渡の「抵当地所引渡違約上告ノ判文」である。(1)「東京上等裁判所ノ審判」として、原告控訴の要旨、被告答弁の要旨、判文の要旨が掲げられているが、これらによると概略以下のようである。

原告の主張　同人は横浜所在の埋立願済地を被告に譲渡し、代金一万円を受領したが、元利金を支払えば取戻しうる約定であった。返金の期限は明治四年九月末日であったところ、明治四年八月六日、双方話合いのうえ、一万円の売渡証文は差置いたまま、借用金の契約に改め、更に利金として一五〇〇円を原告が支払うこと、その内、一二五〇円は明治四年一〇月中に支払い、残二五〇円は五年二月末日に支払うことを約定した。これに基き被告が前記一二五〇円を受領したことは、目的地たる埋立願済地の埋立成功まで期限を延期した証拠である。しかるに、神奈川裁判所が、買戻期限の経過によって受戻の権利なしとしたことは承服し難い。

被告の主張　一二五〇円は受領したが、残金の支払期限（明治五年二月末）後二カ月余を経ても買戻の申出なく、明治五年五月中にこの土地は、被告方に「引取」った。これは、原告の申立通り抵当であるから、「流地」となったものである。また、埋立成功の期を見定め難い地所につき、一五〇〇円の利子でそれまでの期限の延期を認める道理はない。

東京上等裁判所の判決　当初譲り渡しの名義であったものを抵当貸借金に改めたことは、「原被申口符号セリ」としたが、原告の主張する埋立成功まで返金の期限が延期となった証拠はなく、原告には、「今更地所受戻スヘキ権利ナシ」。

原告の上告要旨は、抵当借用金と認定されたのであるから、地所所有の儀は原告にあるべきであるのに、当初の譲渡証文に拠って判決がなされたのは、「法ニ適セサル裁判」である、というにある。

これを受けて大審院は次のように説示する。現在のわれわれから見て、論理的かつ説得性のあるものであり、左に原文を引用しよう。

大審院ニ於テ之ヲ條理ニ照シ辨明スル⼃左ノ如シ

第一条　省略

第二条　該地ヲ貸金ノ抵当地ナリト認メタル上ハ第一ニ該地ノ実際書入ナリヤ質入ナリヤ第二ニ利息ノ有無又ハ定限第三ニ流地契約ノ有無等ヲ詳細審問シ又明治六年七月二八日原告ヨリ神奈川裁判所ニ差出シタル答弁書中ニ附帯シテ該地受戻シヲ訴ヘタルヲ以テ受戻シノ出訴ノ始トナシ之ヲ明治六年司法省第四十六号布達ニ照シ其受戻スヘキ権利ノ有無ヲ定メ相当ノ裁判ヲ為ス可キニ東京上等裁判所ハ是等審理ノ手続ヲ為サス唯明治五年二月晦日貸金ノ期限ヲ過キタルトテ明治四年八月六日ニ双方ノ承諾ニテ既ニ解約シタル明治四年五月三日附譲渡証書ノ効シナキ者ヲ以テ効シアル者ト誤認セシ裁判ヲ為シタルハ聴断ノ定規ニ背キ且法ニ適セサルノ裁判ナリトス

判決

右ノ理由ナルヲ以テ東京上等裁判所ノ裁判ヲ破毀シ更ニ大阪上等裁判所ニ移スニ付該裁判ノ裁判ヲ受クヘキ者

也

既述のように、この判決は明治九年末になされているのであるが、その時期において、これだけの内容の判決が、どのようにして獲得された法律知識によってなされたものか、今のわれわれからすれば驚きを禁じえないものがある、といっても過言ではあるまい。(2)

(1)　明治前期大審院民事判決録1・明治前期大審院判決録刊行会編（三和書房）八七頁以下。

(2)　福島正夫前掲四二頁には、判決文自体には、習慣によるとも条理によるとも明示されることなく、とあるが、少くとも大審院判決には、本文に掲げたように、条理、法、法律に照せばとの文言が用いられている。

四　明治中期（明治三五年頃まで）における権利移転型不動産担保

いうまでもなく、明治民法の施行は明治三一年であるが、これより少し後の明治三五年頃まで、大審院民事判決録に現われたかぎりでは、不動産担保に関しては買戻が中心である。売渡抵当、売券担保、売渡担保などが登場するのは、後述のように明治二九年をもって嚆矢とするが、明治三四年までで四件である。ここでは、とりあえず明治三五年頃までという形で一区切りとする。なお、明治三〇年に抵当権が登場するが、これは民法施行前のものであって、現在の抵当権とは異る。(2)

さて、買戻も広義では不正規担保に属するとしてよいであろうから、以下これについて古い判例の示すところを紹介しよう。但し、ボアソナード草案から旧民法を経て現行五七九条にいたる経緯については私の別稿を参照されたい。(3)

先ず、明治五年の地所永代売買解禁前になされた買戻付売買に関し、右の売買禁止に反するものではないとするものがある。(4)幕府時代の取扱いと同様である。

次に、買戻期間中の目的不動産の所有権の帰属について、「買主モ完全ニ所有権ヲ取得シタルモノニアラス又売主モ全ク所有権ヲ離脱シタルモノニアラス此間ニ於テ買主ノ有スル権利ハ解除条件付ノ所有権ニシテ売主ノ有スル権利ハ停止条件付ノ所有権ト看做スハ従来説ク所ノ法理ナリ」と説く。(5)

買戻の再売買予約との差異については、買戻契約は必ず売買契約と同時になすことを要し、(6)売買契約後になって買戻すことの約定をなすのは再売買予約であるとする。(7)両者の差は次の点にも生ずる。すなわち、再売買の予約は約定の期間内に買受の手続をなさなくても直ちに失権しないが、解除条件付受戻契約は受戻期間を厳正に遵守しないときは失権の効果を生ずる。(8)

もっとも、買戻請求の手続としては、期間内に代金の提供までする必要はないが、(9)実際に買主に対し引渡を請求するには、代金の支払いが必要である。(10)

買戻は登記をしなければ第三者に対抗しえない。明治二六年の判決は、明治一九年八月一一日布告の登記法において、売買の登記中買戻約定を併せて記入しうるのであるから、と述べている。(11)

今日では、買戻権は、売買契約の際に留保された解除権であり、契約上の地位に伴う権利であるとされる。(12)大審院は一種の債権とするが、(13)買戻権の譲渡については、債務者への通知または債務者の承諾は不要である。(14)

やや異色と思われる判例がある。第三者効に関して、買戻は登記なくしては善意の第三者に対抗しえないとするもの、(15)および、判例の表現によれば、「売買名義ヲ仮装シ其実貸金ノ抵当ニ取置キタル地所ヲ債権者カ擅ニ他ニ売却シタルトキ(16)」は、所有者である債務者は悪意の買主に対し「其物件ヲ追求シ得可キハ勿論ナリ」とするものである。後者は、九四条二項類推適用という現在の学説を想起させるものがある。

おわりに、目的物の価額が買戻した時に売買時より減少していたという事案で、買主に過失なき以上、損失は買戻権能を行う者が負担すべきである、とするものがある。(17)

（1） 大審院は明治八年に設置された。

（2） 大判明三〇・五・一〇民録三輯五巻四四頁は、抵当権は登記をしなければ第三者に対抗しえない旨判示するが、この登記は書入登記である。
(3)　拙稿「担保目的でなされる買戻に関する一考察」獨協大学法学部創設二十五周年記念論文集一四六頁以下。
(4)　大判明三六・一二・九民録九輯一四九一頁。
(5)　大判明三二・四・二一民録五輯四巻六四頁。
(6)　大判明三三・二・二一民録六輯二巻七〇頁、同明二八・一二・五民録一輯五巻一四頁。
(7)　大判明三三・一〇・五民録六輯九巻二六頁、同明二八・一・二四民録明治二八年一月～六月三九頁。
(8)　大判明三一・五・一一民録四輯五巻一七頁。
(9)　大判明三〇・三・二四民録三輯三巻六七頁、同明三三・七・二民録六輯七巻一頁、明三三・一二・二一民録六輯一一巻一二一頁。代金の提供不要と解されるのは、民法施行前にあってはこれを要するとの法規がないことが理由であるが、このことを明瞭に説くのは次の判例である。すなわち、「民法施行前ニ於テハ民法第五八三条ノ如キ規定ナク単ニ買戻ヲ為スヘキ意思ヲ表示シ履行ノ場合ニ至リ代金ト引換ニ買戻ヲ遂行スル慣習ニシテ」と（大判明三五・三・五民録八輯三巻五頁）。
(10)　大判明三四・三・一五民録七輯三巻四四頁、前出同明三五・三・五。
(11)　大判明二六・四・二七民録明治二六年三月～一二月一四一頁。同旨のものはかなりある。例えば、大判明二九・一・八民録二輯一巻一頁など。
(12)　我妻栄・債権各論中巻一（岩波書店一九五六年）三三一頁。
(13)　大判明三三・二・二民録六輯二巻一二頁、同明四一・七・八民録一四輯八五九頁。
(14)　大判明三三・一一・七民録六輯一〇巻三八頁。
(15)　大判明二九・一・八民録二輯一巻一頁。
(16)　大判明三一・一〇・一二民録四輯九巻二五頁。
(17)　大判明二六・一〇・二五民録明二六年三月～一二月三八三頁。

五 明治後期（明治四五年まで）における売渡抵当・売渡担保

民法典施行後から明治の末年にいたるまでの売渡抵当・売渡担保に関する大審院判決で民事判決録に収められたものは多くない。(1) また、売渡抵当・売渡担保という名称が定着していたようでもなく、当事者の主張の中には売券抵当・売切担保といった用い方も見られる。(2) 売渡抵当という語は、これが信託行為の一種であることを明言した明治四五年判決で用いられたが、大正期になると売渡担保が主流となり、著名な昭和八年の判決によって譲渡担保との区別が被担保債権の存否を基軸として説かれるようになる。もっともその後も、判例は必ずしも厳格に両者の差異を維持したわけではなく、四宮教授によれば、「用語のうえでは、判例はもはや『売渡担保』と『譲渡担保』とを区別しないのである」と説かれている。(3)

さて、この時期の判例は、虚偽表示性を問題としたもの、物権法定主義に反しないこと説いたものの他、流担保の効力が認められるかが争われたものがその半ばを占める。

一・二を紹介すれば、明治三九年判決は、(4) 売買名義を仮装して土地を抵当とした場合には、仮装した売買の意思表示は無効であって所有権移転の効力は生じないとする。これが後に紹介する明治四五年判決により信託行為理論の導入によって虚偽表示性が否定され、外部的には所有権は債権者に移転するとされるにいたるのである。同じく明治三九年に、(5) 石炭を売買名義で債権者の所有に移した事例において物権法定主義違反が問題とされたが、債務者をして債務の履行を確実ならしむるため、売買名義を以て担保物の所有権を一時債権者に移すが如きは、法の禁ずるところに非ず、としている。

流担保禁止に関しては、厳密にいうのは難しいが、概略、初めの頃は抵当権設定契約をし、併せて債務不履行の場合にこれを売買に変更して債権者が目的物を丸取りしようとするものであったが、後に当初から抵当権を設定する意図でありながら売買という法形式を採ったというものに変ってきた、といえるようであるが、いずれにしてもこのような抵当直流的合意の効力は否定されている。前述のように、明治五年二月一五日以前の取引にかかる分を除き、「糶売ノ手続」によることとし流地処分・抵当直流を禁止していた太政官布告、司法省布達の影響であろう[6]。大審院における売渡担保判例の嚆矢とみられる明治二九年判決（同年一二月九日民録二輯五九頁）も、この問題に関するものであった。

そして、明治四五年にいたって[7]注目すべき判決が登場する。担保目的で土地を買受けてこれを売主に賃貸していた買主が、売主が期限徒過後も債務を返済しないので、賃借人たる売主に土地明渡を求めたという事案であるが、大審院は、売渡担保は信託行為の一種として、虚偽表示でも公序良俗に反するものでもなく、所有権移転の効果に制限を加えこれによって債権担保の目的を達せんとするものであるから、所有権の移転はこの目的を遂行するに必要な範囲内でその効力を生ずるとして、外部関係においては移転するも内部関係においては移転することなく、債務者は依然所有権を有するものとなすを至当とす、と判示したのである。

ここにいたって、売渡抵当の法的性質論に立ち入った議論が説かれ、その後の判例への指針が示されたといってよい。

（1）　明治二九年一二月九日（民録二輯一二巻九頁）を嚆矢として、明治四五年七月八日（民録一八輯六九一頁）まで一二本程度である。
（2）　前出**二**注(6)参照。
（3）　四宮、前掲二一頁。
（4）　大判明三九年一〇月一〇日民録一二輯一二三二頁。
（5）　大判明三九・一〇・五民録一二輯一一七二頁。
（6）　明治六年二月一四日太政官布告五一号、同年三月二七日司法省布達四六号。
（7）　前出・大判明治四五年七月八日。

六 大正期の判例

大正に入ると売渡抵当・売渡担保に関する判例は急増する。この時期に主として見られるのは、所有権の所在に関する判示であり、おおよそは、所有権は外部的には債権者に移転するが内部的には債務者に留まるとするものから、所有権の所在は設定契約の内容によって定まるとし、内外とも移転する場合もありうることを説くものへと流れてゆくといえるであろう。流れの行きつくところ内外共移転を推定するという大正一三年の連合部判決(1)であることはいうまでもない。

外部的にのみ移転を説いたリーディングケースは、繰返し述べた明治四五年判決である。所有権移転の効果に課せられた制限の具体的内容は、担保目的に従って行使すべきことであり、譲渡行為によっても債権関係は消滅せず、債務不履行の場合の目的物の処分権、弁済の場合の返還義務、弁済期前の処分の禁止などが明確に説かれている。そして、注目すべきは、この後に清算義務の存在を明言する判例が現われることである(2)。根拠は、売渡担保は債権担保だからというにある。もっとも、期限後に代物弁済として所有権を移転する約定のある場合には、剰余金を返還する必要はないとするものもある(3)。

その他重要と思われるものを若干掲げると、大正五年には、不動産の売渡抵当または売渡担保の内容及び効力は、契約自由の原則により担保の目的を達成するに適当と思量する法律関係を設定しうるものであるから、いわゆる買戻約款附売買を締結することもあろうし、質権または抵当権を設定する真意で売買を仮装することもあり、内部では所有権を留保し第三者に対する外部関係においては売買により所有権を移転する場合もあって、「総テノ場合ニ於テ当事者間ニ所有権移転ノ効果ヲ生セサルモノト論断スヘキニ非サルナリ」とするものがある(4)。当時の売渡抵当ないし売渡担保の概念に関する一表白とみうるであろう。同じく大正五年に、外部的にのみ移転を原則とするが、特約で内外とも移転をすることを妨げないとするもの(5)が存在する。既述のように、大正一三年の内外共移転判決へとつながってゆく。あえていえば、虚偽表示としての無効から脱却して、信託行為の一つとして担保目的でなされる所有権移転と構成したことにより、所有権は内部的には留保されるとしたが、契約自由の原則から特約による内外移転型を承認するにいたり、一つの権利が所属を異にするのは異例に属するとの論理から内外共移転を推定という動向を辿ったものといいうるであろう。

次に、債権者からの譲受人に対し、債務者は、登記の欠缺を主張する正当の利益を有しないとするもの(6)がある。所有権は外部的には債権者に移転していることを理由とする。

また、大正四年判決は(7)、内部的には債務者に所有権が留保された建物を債権者から債務者が賃借したという場合に、債務者に所有権があるのであるから賃貸借は仮装のものとして無効であるとするが、大正六年(8)では、原審が内外共移転を認定したのをうけて賃貸借は有効であるとしている。これは、外部的にのみ移転型と内外共移転型との差異というよりは、占有非移転型譲渡担保では、債務者の目的物の使用は賃貸借という形をとることが多く、賃料は実質的には利息とみるべきであるが、そのように構成しきれなかった時代において賃貸借が有効に成立したとして債務者の利用権の権原を説明せざるをえなかったために、原審が内外共移転と認定したのだと思われる。というのは、まさに前年の大正五年に、売渡抵当ないし売渡担保は当事者の意思によって内容が定まり、所有権の所在にも各種のタイプがありうるとする前出判例(9)が存在し、その中で、賃貸借が真正か否かも、所有権の所在に関する当事者の意思を探求して決すべきだとするものが存在するからである。

その他、特約がなければ代物弁済として目的物を取得できず、担保権を実行して売却代金をもって債権の弁済に充当し、残余金は債務者に返還すべきものとするものがある(10)。これについては、明治期の諸判例が流担保の禁止を説いたにもかかわらず、特約があれば代物弁済としてすなわち丸取りが許される当然帰属非清算型が出現する余地を残すこととなったとともに、担保権の実行という用語がおそらくはじめて用いられたものであることに注意したい。

なお、大正初期に属するものだが、債務者の目的物返還請求権は、外部的にのみ移転の場合は所有権は内部的には債務者にあるのであるから、その請求権は時効にかからないとしたものがある。弁済期の定めがなく、設定時から一〇年をはるかに超えて債務者が供託し、供託からは一〇年以内に登記抹消を請求したという事例である。(11)

さて、これら大正期の判例の掉尾を飾るのが一三年の連合部判決である。複数の建物につき売渡担保が設定された後、債務者がその一部を所有権は自己にあるとして取毀した。債務者は所有権侵害により損害賠償を請求する。原審は反証なきをもって内部的にも所有権は債権者に移転したとして債務者敗訴。大審院は、権利の分属は異例であるから、売渡担保においては内部関係では所有権は移転しない場合もあるが、当事者意思不明の場合には内外共に移転するに在りと推定するを相当とす、と判示した。この事案においては、従来の判例を連合部によって変更する必然性はなかったと思われ、論理の整合性は追求してかえって後の判例に混乱をもたらす結果を招いたのではないかと評しえよう。

(1)　大連判大一三・一二・二四民集三巻五五五頁。
(2)　大判大正八・七・九民録二五輯一三七三頁、同大正九・六・二二民録二六輯一〇二八頁。
(3)　大判大正一〇・一一・二四民録二七輯二一六九頁。
(4)　大判大正五・七・一二民録二四輯一三七四頁。
(5)　大正五・九・二〇民録二四輯一八二一頁。
(6)　大判大正一〇・三・二五民録二七輯六六〇頁。
(7)　大判大正四・一・二五民録二一輯四五頁。
(8)　大判大正六・一・二五民録二三輯二四頁（動産に関するもの）、同大正六・一一・一五民録二三輯一七八〇頁。
(9)　前出・大判大正五・七・一二。
(10)　大判大一〇・三・五民録二七輯四七五頁。
(11)　大判大正五・一一・八民録二二輯二一九三頁。

七　昭和前期（昭和二〇年まで）の判例

この時期は、昭和八年判決が売渡担保と譲渡担保との区別を説くほかは、さして注目すべきものはないように思われる。所有権分属に関しては、大正一三年連合部判決が内外共移転を説いたにもかかわらず、公式判例集登載の昭和一九年判決が内部関係では移転しない型のあることを説いている。以下順を追って概略を紹介する。

まず、不動産譲渡担保について、租税は債務者負担と説示するものがある。(1) 次に、当然のことであるが、債務の弁済と目的物の返還とは同時履行の関係にはない。(2) 債権者が債務者に目的動産を賃貸していたところ、弁済期に弁済がないので引渡を求めるのは、債権者の有する担保目的を達するに必要な所有権の範囲にある。(3) 異色なものとしては、売渡担保においては、売買は真正なものでここに担保というのは対物担保の謂でも対人担保の謂でもなく、「別ニ経済的ナ意味ニ於テ担保ト称スルモノニ外ナラス」と説いたものがある。(4) 目的物（山林に生立する竹木）を弁済期前に債権者が第三者に処分した場合については、売渡担保は、弁済があれば債務者に返還し、弁済がなければこれを処分して売得金をもって弁済に充当し、残金あれば債務者に返還し不足あれば債務者に請求しうべきものであるから、前記債権者の行為は返還不能としたものして、目的物の価格から債権額を控除した残額につき損害賠償を請求しうるとする。(5) 損害賠償の発生を債務不履行によると考えていること、不足額請求も許されることに言及している点などが注意を惹く。また、売渡担保では、特別の事情のない限り、弁済期までは賃貸借、使用貸借等により、債務者の目的物使用を許容すべしとする。(6) ところで、既に紹介した明治四五年判決では、売渡担保は担保目的で所有権を移転するものであり、それゆえに内部的には所有権は債務者に留まり、外部的にのみ債権者に移転するとみるべきであることが明瞭に説かれていたが、昭和七年の判例では、特別の事情なき限り少なくとも外部関係においては債権者に移転するものと解すべきなのは、そうでなければ、債務不履行の場合に目的不動産を売却して売得金をもって弁済に充てることができないからだとしている。(7) すなわち、処分権の根拠を設定行為により移転した所有権に求めているのである。

さて、昭和八年には、売渡担保と譲渡担保とを区別すべきことを説いた著名な判決がなされる。いわく、「担保供与ノ方法ニ二アリ其ノ一ハ新生若クハ既生ノ債務ハ依然之ヲ存続セシメツツ一面当該財産権ヲ譲渡ス場合……他ノ一ハ……受取リタル代金ハ即チ経済的ニハ借金ニ該当シ又ハ受取ルヘキ代金ハ則チ既存債務ト相殺ス可キ反対債権ヲ成スカ故ニ此種取引ニ在リテハ爾後何等ノ債務モ残留スルコト無シ」として、前者を譲渡担保、後者を売渡担保とするのが相当とする。そして、いずれも当該財産権の真正に移転せられることは選ぶところは無いが、窮極の目的は担保供与にあるが故に、譲受人はこの目的と抵触するが如きことをなしえないとし、さらに、仔細にこれを観るときは、売渡担保とは専ら所謂担保供与の方面を指す用語であるのに対し、買戻約款売買とは主として所謂担保銷除の方面を表わす用語たるに止まるから、本件取引が売渡担保であるか買戻約款附売買であるかは問題にならないところである、と説示する。(8)この判例が、ドイツの学説に依拠して売渡担保と譲渡担保との区別を説く前田論文に影響を受けたものであろうことは、後に述べるが、被担保債権の存在により両者を区分する見解は今日でも存在する。(9)ただし、後続の判例が、このように両者を厳格に区別して使い分けをしているとはいい難い。

この後に登場する判例としては、債務者の賃料不払による賃貸借の解除に伴う目的物の債権者への引渡請求を肯定するために、反証なき限り所有権は内外共に移転と推定するとしたもの、(10)買主が目的家屋の火災保険金を受領したときは、売主は、買戻金と保険料とを控除した残額を請求できるとするもの、(11)債務不履行による目的不動産の引渡を債権者が求め、債務者が内部的には所有権が留保されていると主張したのに対し、内外共移転と推定すると判示したもの、(12)わが国の取引においては、売渡担保とは、債権の残る場合と残らない場合とを総称して使用するようであると述べたうえ、本件の場合は売渡担保の一種に属する買戻約款附売買であるとしたものがある。(13)また、動産の売渡担保で、占有も債権者に移転したという事例に関し、かかる場合でも、代物弁済の特約がない場合には、債権者において目的物を処分し、その対価をもって弁済に充当しうる権能を有するに止まるとするものがある[14]。動産で占有まで移転したという珍しいケースではなかろうか。

刑事事件に係るが、上告理由で内外共移転の昭和八年判決を引用して原判決の不当性を主張したにもかかわらず、内部関係においては二年間は所有権を債務者に留保する趣旨の本件売渡担保において、債権者がこれを擅に他に譲渡したのを横領罪に問擬した原判決は正当としたものがある[15]。

最後の判例は、冒頭にも触れたものである。売渡担保には、外部的のみ移転型と内外共移転型の二類型があり、いずれも信託法にいう信託とは異ると説く。すなわち、信託では、委託者と受託者との間は勿論第三者に対する関係でも財産権は絶対に移転するものであって、外部的のみ移転型はこの点で異るし、内外共移転型とは、売渡担保では譲受人の財産権に対する管理又は処分は自己の債権担保のためにするものであるのに対し、信託では譲受人は他人のために管理又は処分をするものであるところが異るとする[16]。

（1）大判昭和二・二・二八新聞二六八二号九頁。
（2）大判昭和二・一〇・二六新聞二七七五号一三頁。
（3）大判昭和二・一二・二四新聞二八一八号一四頁。
（4）大判昭和六・四・一五新聞三二六五号一二頁。
（5）大判昭和六・四・二四民集一〇巻六八五頁。
（6）大判昭和六・一〇・一六新聞三三三〇号一六頁。
（7）大判昭和七・一・二九新聞三三七二号九頁。
（8）大判昭和八・四・二六民集一二巻七六七頁。
（9）私見については、拙稿前出「担保目的でなされる買戻に関する一考察」参照。ジュリ別冊「譲渡担保の法理」九〇頁以下。
（10）大判昭和八・九・二〇新聞三六一三号一四頁。

(11) 大判昭和八・一二・一九民集一二巻二六八〇頁。
(12) 大判昭和九・六・一五新聞三七六六号九頁。
(13) 大判昭和九・八・三民集一三巻一五三六頁。
(14) 大判昭和一〇・三・二七・新聞三八二七号一六頁。
(15) 大判昭和一一・四・六新聞四〇〇四号一四頁。
(16) 大判昭和一九・二・五民集二三巻五三頁。

八 学説概観

遺漏の多いであろうことを虞れるが、とりあえず調べえた範囲で、年代を追って極めて簡略に紹介する。

(1) 中島常總「売渡抵当に就て」(大正元年)(1)

論旨はあまり明確ではないが、売渡担保を債権担保のためにする売買と把える考え方に対し、貸借金額を以て代金額として、貸主の負担する代金支払債務と借主の負担する借用金返還債務とを相殺し、別に買戻特約を結ぶものであるから、担保されるべき債権は存在せず信記行為にも当らない、というもののようである。

(2) 松本烝治「売渡抵当及動産抵当論」(大正二年)(2)

主として動産抵当制度の必要性を提唱する。公示方法は登録質の方法によるべしとされ、独仏の議論を紹介されるが、一部わが国の売渡担保判例にも言及がある。判例の説くように、所有権の所在が当事者の意思に求められるのであれば、絶対的に移転するか然らずであって、内部関係と外部関係とで区別するのは法律の認めるところではない。信記的譲渡において、譲受人が破産した場合の譲渡人の目的物取戻権につき、積極的結論を認めるために外部関係において受信者が所有者となるが内部関係では与信者が所有者であると Weinberger が説いたことが、岡松博士により紹介され、鳩山博士がこれを誤ってドイツの通説と記述したことで、わが裁判所がこのような見地に立つにいたったのであろう。しかし、ドイツにおいても、取戻権を肯定することは別として、その理論構成としては学説の多くのとるところではない、とされる。

(3)　中島玉吉「売渡抵当ニ就テ」（大正三年）[3]

売渡抵当の特性は次の二点にある。(イ)法律行為の目的（Zweck）は債権担保にあること。(ロ)その手段として所有権を譲渡すること。この観点からすれば、買戻約款付売買、再売買予約、条件付譲渡、信託行為のいずれもが含まれる。

ところで、信託行為による売渡抵当についていえば、判例（大判明四五・七・六、同大一一・一〇・一八）は、外部的にのみ移転というが、これには反対である。いわゆる相対的所有権を創出しようとする法律行為は無効だからである（前出松本論文と同旨とされる）。なお、相対的所有権構成をとりえないことの論証として、二重譲渡の場合を詳細に論じられる。

(4)　松本烝治「売渡抵当の効力に就て」（大正五年）[4]

松本には(2)で掲げた論文の他に、法律新聞に連載した本稿がある。ここにおいて、それまでの判例を三期に分けて説明される。第一期は、売渡抵当をもって、買戻条件付または再売買の予約を伴う売買に外ならないとした時期であり、このような単純な観察方法は既に過去に属するとする。第二期は、名義は売買なるもその実は一種の担保とした判例がある一方で、他方では虚偽表示として無効とするものがあり、定見がなく懐疑時代と呼ぶべき時期とする。第三期は、信託行為の法理をもって説明を試みる時期であり、信託行為による権利移転の効力は絶対的であるとするもの（ただし、受託者は担保目的以外に権利行使しえないという債務を負担する）がある反面、信託的権利譲渡の場合には、権利は外部関係では債権者に移転するが内部関係では依然として債務者に帰属するとする少数の判例が存在する時期。そして、松本の筆鋒はこのような関係的所有権なる観念を否定するところにある。彼は、このような、権利の半吐半呑的な移転は法律の認めるところではないとし、(2)でも紹介したようにドイツの学説の誤解であるとする。結局、松本によれば、売渡抵当とは、存続する債権の担保の目的をもって債務者がその有する物の所有権を債権者に移転し、債権者が債務弁済の場合においてその物の所有権を返還すべき義務を負うことをいうのであり、その間所有権は絶対的に債権者に属し、また債務の存続しない買戻とも区別しなければならない。もっとも、かかる売渡抵当は、占有を移転しないから、抵当権の設定が認められている不動産については有効であるが、動産については民法三四五条に反して脱法行為となり無効である。それゆえ、動産抵当制度が必要となる。なお、売渡抵当の法律的性格は、信託的所有権移転の一場合とみればよい。

(5) 細矢祐治「譲渡担保と信託」(大正一三年)(6)

わが民法は、例外的にも関係的財産権なるものを認めない(前出中島論文と同じく、一七六―一七八条を論じ、併せて四六七条にも及ぶ)。もっとも、同氏の論旨はやや不明確である。というのは、右のように断じながら、他方で、譲渡担保の場合のように当事者間に債権関係が法律上存在するものについては、このように(関係的財産権)と解するのも「未だ可なるも」、買戻、再売買の場合には、「徒らに法律関係を攪乱するに過ぎざるもの」という叙述があるからである。

(6) 入江眞太郎「売渡担保は信託なりや」(大正一五年)(6)

売渡担保と信記法上の信記とを比較し、信記とすれば関係的所有権移転あるいは所有権内外区分説をとる判例とは整合性がなくなること、私益信記(Private trust)にあっては、他人の為に(On behalf of)なる観念が成立に必要な条件であるが、売渡担保では債権者は自己の為に目的物を管理処分するのであること、売渡担保では法律上の効果が当事者の目的とするところを超過するが、信記の場合はそうでないこと、の諸点で両者は異るものであると指摘し、さらに、イギリスにおいて、売渡担保と相似するMortgageをTrustなる観念から除外していること、効果も異ること等も列挙して、結局、売渡担保は一種の無名契約であるとする。

右の見解は、本稿の少し前に、鬼澤蔵之助による「正確ナル売渡抵当ノ意義」(7)に述べられたところに通ずるものがある。そこでは、売渡抵当とは、「債務者がその債務の弁済を確保する趣旨において債務者の有する財産権を債権者に譲渡する契約を謂う」と定めれば、売渡抵当なる名称は一種特別の意義を有し、売買契約と実質上及び形式上において何等の関係をなさざるは勿論、抵当権その他の担保権を設定するものに非ず、また特殊の沿革的説明を必要とする信記行為という名称によりて売渡抵当の意義を説明する必要もなし、説かれている。

(7)　我妻妻「判例売渡抵当権」（昭和三年[8]）

およそ五〇件の大審院判決を検討。内訳は、動産四、電話加入権三、家屋とその中の動産を一括五、鉱業権三、漁業権一、漁業権および設備一切一、その他の三〇余は土地、建物・山林等の不動産であったとされたうえ、(イ)流担保の問題につき、流地処分の禁止という概括的理論を貫いては、売渡抵当そのものを否定しなければならなくなる恐れがあるから、理論としては到底維持しえないとして、流地処分を有効とした判例（明四一・三・二〇）に賛成される。(ロ)弁済期前の不当処分については、外部的にのみ移転では不法行為、内外共移転では債務不履行となるのが理論の帰結だが、不法行為となれば相殺禁止の設定が働き妥当でないから、常に債務不履行となるものと解さなくてはならない。(ハ)賃料不払を理由とする解除については、判例は、外部的にのみ移転では、自己の物を賃貸借するという理論はなく虚偽表示により無効とし、内外共移転では、解除を可とするが、賃料の実質は利息であり、あたかも利息の延滞あるも元本の弁済期前においては債務者は担保物を喪失することがないと同様に、解除引渡を認めるべきではない。(ニ)弁済の充当について、判例が、剰余金の返還を命ずるの根拠は、内部的には所有権があるゆえ代金はもとより債務者に帰すべきものとするゆえであるので、内外共移転とすれば、この論理からは剰余金を返還しなくてよいことになり、特約なくて非清算を許すのは妥当ではない（もっとも、内外共移転を推定するとした大連判大正一三年は、事例が異り、また一般論としてもこのようには述べていない——筆者）。

以上のことから、大正一三年連合部判決の射程が拡大することは望ましくない、とされる。

(8)　前田直之助「売渡担保付信託行為」（昭和五年[9]）

ドイツの学説を紹介、Sicherugsibereignung と Sicherungskauf との区別に基づき、債権の残るものを譲渡担保、残らないものを売渡担保として区別すべきことを提唱する。なお、債権が存在しない売渡担保において流質型的の禁止の趣旨が及ばないのは、債権不存在の結果、弁済期前に目的物が滅失すれば買主の全損に帰するからであるとする。

(9) 我妻栄「『売渡担保』と『譲渡担保』という名称について」(昭和九年)[10]

前出前田論文に対し、また前田氏が裁判官として加わった昭和八年判決に対して書かれたもの。まず、前田論文にいう二類型とその区別が成り立つことは認めるが、一般には、譲渡担保という文字は用いられず、売渡抵当、売渡担保、買戻約款付売買を用いるのであるから、売渡担保なる語が用いられたからといって、前田論文で説くところの意味であるとはいいえず、慎重でなければならないとされ、結局、次のような基準をたてられる。すなわち、(イ)当事者が金銭の貸借をなさんとする意思を有し殊に一定の期限内にその金銭を返済すべきものとするときは譲渡担保である。譲渡担保では、債務消滅すれば債権者が返還する義務を負うに止まるを原則とし、特に明らかな合意ある場合にのみ権利の当然復帰を生ずると解するのが妥当である。債務不履行があれば債務者が処分する権利を有するに止まり、処分したときは価格と債務額とを対比し、過剰は返還し不足は請求しうる。特に約定がある場合には、例外として、債務者は債務不履行により当然目的物の返還を求める権利を喪失し、この場合には不足額請求をなしえないものを原則とすべきではないかと思う(微妙な言い廻しであるとともに、過剰分については触れられていない――筆者)。(ロ)売渡担保と特に認められた場合には、目的物の返還を受けるためには買戻し即ち民法の解除による原則とする。期限を経過した場合には返還を求める権利は原則として喪失する。

本論文では、当事者の用いた文字にとらわれず、債務の残る譲渡担保が原則的形態であることが強調され、債務の残らない売渡担保は、当事者が特に欲することが明瞭な場合にのみ認められるとするものである。

(10) 石田文次郎「売渡担保に於ける二形態」(昭和一〇年)[11]

そもそも、債務関係が売買の中に吸収されている場合を売渡担保 Sicherungskauf としているが、これは担保の一形態として把握するに適切ではない。債権関係が存在しなければ担保といえないからである。という主張が冒頭でなされる。そして、石田説では、売渡担保には、Fiducia による売渡担保と Treuhand による売渡担保があるとし、前者は債権的、後者は物権的であって、判例のいう二形態は、少くとも権利帰属の関係においては、内外共移転型は Fiducca による売渡担保と、外部的にのみ移転型は Treuhand による売渡担保と一致するとする。そして、個別的場合において、両者の差異を述べるが、実はFiduciaによる売渡担保は債権関係であって、独立した権利移転の方法による担保権として売渡担保を把握せんとする以上、treuhand による売渡担保として売渡担保の特質を把握したいと説かれる。その内容は概ね次のようである。Treuhandによる売渡担保においては、債権者は他人の物に対する処分権を有するに過ぎない。このことは、質権、抵当権と同様である。弁済期前の処分は、Fiducia による売渡担保ならば債務不履行となるが、Teuhand による売渡担保では、信託目的の範囲内でしか処分権を有しないのだから無効である。この場合第三者との関係は公示方法で決せられる。したがって、不動産売渡担保で登記原因が売渡担保とされていれば、債務者は第三者に対して処分無効を主張しうる。動産の場合は民法一九二条の問題となる。債権者は不法行為の責任を負わなければならない。内部関係では形式上賃貸借となっていても、債務者の占有は実質上は自己の所有権の行使である。弁済による登記抹消請求権は所有権に基くゆえ時効にかからない。流担保特約がないかぎり、債権者は清算しなければならない。

このように、やや特異ではあるがかなり担保としての構成にこだわった議論が展開されているのである。

⑾　今村修三「譲渡担保の概念とその法律構成」（昭和一二年）[12]

前出石田論文に対し、登記原因をもって債務者に実質的権利の残存することの公示方法とは見難いと批判し、結局、所有権は債権者に絶対的に移転し、当事者間には担保目的以外に行使しないという債権的約束が存するに過ぎないとする。

この後に、内外共移転は強い権利を債権者がもつ場合を示し、外部的にのみ移転は弱い権利を債権者がもつ場合を示すと説き、具体的には、強い譲渡担保は流質的なもの、弱い譲渡担保は清算的なものであるという。また、当事者が用いた用語に左右されず、契約時における諸般の事情を考慮してその企図した経済的効果の眞相を把握して決すべく、買戻といい、代金といっても債権が存在するとみてよい。なお、譲渡担保と売渡担保との区別は、譲渡担保にあっては、債権は存在し、無償の使用であるから賃料名義で支払うものは利息である。売渡担保では、債権は存在せず、利息もなく、賃貸借が成立するとし、債権移転による担保方法においては、原則として譲渡担保とみるべきであるとされる。

以上の説くところは、ほぼ我妻博士の主張と一致する。実は、我妻担保物権法の第一刷は昭和一一年に発行されており、この中で、強い譲渡担保、弱い譲渡担保なる語を用いられ、判例の内外共移転型と外部的にのみ移転に対応させ、強い譲渡担保では非清算、弱い譲渡担保では目的物を売却又は評価して清算と区別されたのであった。今村論文は我妻説の影響下に書かれたものと推測しうる。(13)

(12) 小野久「売渡担保論」(巌松堂昭和一五年)

これは単行本である。売渡担保の沿革、それまでの判例学説の紹介は詳細であるが、これまでに紹介した諸論文ととりたてて変ったことを述べているものではない。

その他担保物権法と銘打った概説書の多くは譲渡担保についてとくに項目を設けておらず、なかに章を割くものあるも簡略な叙述に止まり、(14)我妻博士の担保物権法の右に出るものはない。

(1) 法律新聞八二八号。
(2) 法協三一巻二・三・四号。
(3) 京都法学会雑誌五巻九号。
(4) 法律新聞一〇九七号〜二〇〇二号。

（5）新報三四巻六・八・九号。
（6）法学志林二八巻四号。
（7）法学新報三二巻六号。
（8）松波還暦祝賀。民法研究Ⅳ所収。
（9）法曹会雑誌八巻七＝八号・九号。
（10）法協五二巻七号。民法研究Ⅳ所収。
（11）法学論叢三二巻二号。
（12）法曹会雑誌一七巻二号・三号。
（13）我妻博士の著作目録によれば、岩波の講義シリーズは、物権法が昭和七年、民法総則が昭和八年、担保物権法が昭和一一年であり、私の参照したのは昭和三七年第三一刷であるが、改訂はなされていない。
（14）たとえば、沼義雄・綜合日本民法論別巻第三担保物権、巌松堂昭和一三年。

九　結　語

以上が明治初期から昭和二〇年までの譲渡担保にかかわる判例・学説の概観である。本稿は、譲渡担保についての総合判例研究を目指したものではなく、いわば右の約八〇年間にわたる期間の推移を概略追ったものに過ぎないが、このように見ると、結局、非典型担保の本格的な発展は、戦後の経済復興と高度成長に伴う資金需要の増大まで待たなければならなかったといえよう。そのような社会状勢を背景とし、有担保主義のもとで、既存の典型担保の窮屈さからの脱却を図って、非典型担保は実務主導型で発展してきたのである。もっとも、今日行われている非典型担保群の中で、譲渡担保、売渡担保は、比較的早くから登場していたものである。とはいえ、石田論文によれば、大審院は、明治末期まで売渡担保を独立の担保権の形態としては認めず、買戻または再売買の予約を伴う売買であるとしており、独立の担保権の形態として正面から認めたのは明治四五年判決からとする。（1）

それゆえ、大正期ならびに昭和二〇年あたりまでは、譲渡担保が、主として不動産を対象とする独自の担保権として一定の法的安定性を獲得するにいたるまでの試行錯誤の時期であったと称してよいではないかと思われる（昭和初期における前出我妻論文参照。なお、現在でも、判例に現われるかぎりでは不動産譲渡担保が圧倒的に多い）。

担保目的で不動産の所有権を移転し、登記も債権者名義とするが（登記原因として譲渡担保が認められるのは、「不動登記記載例について」昭和五四年三月三一日民三第二一一二号（基本行政通達四法務）においてであるが、譲渡担保を登記原因とする例は以後も稀であると聞いている）、債務者はなお従前通り占有使用し、多くの場合に賃料名目で一定の金額が支払われる、という実質を、どのように法律構成し結論を導くかという試みが、この間（そして現在も）引き続いてなされてきたのであり、ときには、学説の影響を受けて理論を重視し（内外とも移転を推定、売渡担保と譲渡担保との峻別など）、ときには担保としての実体を尊重して先例を無視して、昭和二〇年にいたるのであるが、総じていえば、この時代の判例は、債務者の利用権の根拠、賃料の意味、債権者の処分権の根拠、非清算特約の許容などの問題を、所有権の所在と結びつけて説明しようとする点で、担保的構成を、その後の判例と比較しても、貫徹するにいたっていないと評しえよう。(2)

となれば、この時期の判例の諸相を浮き彫りにするためには、戦後の、とくに著るしい発展をみた昭和四〇年代以降の判例の展開とを比較しなければならない。しかし、本稿では、そこまではなしえず他日を期する他はない。

学界においても、譲渡担保が好個のテーマとし採り上げられるにいたったのは戦後暫くしてからのことであった。今日、文献は汗牛充棟枚挙に暇がない程のものがある。とくに、一時期、譲渡担保の法的構成についてさまざまな試みが提言されたことは記憶に新しいし、仮登記担保法が制定された後は、譲渡担保に関して同法あるいは抵当権規定がどこまで類推適用可能かが最近でも論じられている。(3)今後とも譲渡担保は論じられ続けるテーマでありうるが、椿教授の説かれるように、譲渡担保を目的物毎に分けて、その果すべき機能と法的性格とを分析してゆく態度が維持されてゆかなければなるまいと思われる。

（1）　石田・前掲論文一八六頁。
（2）　本文に述べたように、戦後の譲渡担保に関する文献は非常に多い。一々掲げないが、昭和六一年までは、ジュリスト増刊・譲渡担保の法理の末尾に論文・判例評釈の一覧がある。
（3）　たとえば、中舎寛樹「譲渡担保と既成法規」法時六六巻二号。

〔あとがき〕　本稿は、獨協大学特別研究助成制度にもとづく共同研究「日本民法学史」における研究成果の一環として、各自が分担した項目に関する論稿である。

〈獨協法学四〇号（一九九五）〉

14 譲渡担保の法理「不動産の譲渡担保」(座談会)

一 不動産譲渡担保権の設定

1 不動産の譲渡担保の社会的機能

〔その利用状況〕

椿 次に不動産を対象とする譲渡担保の問題に入りたいと思います。譲渡担保はこれまで動産を中心に、あるいは動産を念頭に置いて議論されてきたように私は思っていますが、裁判例ないし解釈論としましては、不動産も決して軽く見るわけにはまいりません。

そこで平井さんにまず不動産譲渡担保の利用の実態などに関して報告を願ったあと、諸先生方からこういった担保の必要性があるかどうかなどといった問題について議論していただこうと思います。

平井 最初に不動産譲渡担保の利用状況ということですが、これは直接のデータはありませんので、私が取りあえず依拠しましたのはやや古い資料ですが金融法務事情の七六九号の、金融機関に対して譲渡担保をどう取り扱っているかというアンケート調査の結果です。これに関しましては同じく金融法務事情七六九号以下の「銀行取引と譲渡担保」という座談会でも扱われています。

最初にお断わりしますのは、このアンケートはいわゆる銀行と呼ばれる金融機関における譲渡担保の調査でして、街の金融業者等は対象となっていませんので、かなり限定された資料としか言えないのではないかという点です。このアンケートによれば、第一に動産、不動産、債権を含めて譲渡担保が利用されることが多いのは、金融機関としては信用金庫、相互銀行、地方銀行という順になっていまして、都市銀行が比較的利用が少ないということが特徴として出ているかと思います。

第二にどういうものが譲渡担保の対象となっているかということですが、債権が一番多いようで、次に動産、不動産という順番になっていることが目につきます。特に不動産があまり利用されない理由として、抵当権等法定担保で十分だという回答が出ていることが注目されます。

こういうように、実際には不動産譲渡担保が正規の金融機関で用いられることが少ないということが、抵当権等の正規担保で不動産については十分であるとすれば、譲渡担保の効用は正規の担保としては動産質しか認められていない関係から動産で主として発揮されるという考え方につながってくることになります。

しかし、これも椿さんが言われましたように、判例を見ますと、圧倒的に不動産に関する譲渡担保のケースが多いわけです。ですから不動産の譲渡担保というものを譲渡担保を取り上げるについて軽視することはできません。椿さんの講演（法学教室四九号）では、不動産でどうしてそのように紛争になるのかということについてですが、設定者のほうは担保だと考えているのに対して、担保権者のほうは所有権そのものを取ってしまっているということで、その辺で両当事者の意識が食い違っている。そのあたりが紛争になってくる原因ではないかというようなことを指摘されておられます（同二〇頁）〔同『集合債権担保の研究』参照〕。

次に、不動産譲渡担保が利用される場合の理由ですが、先ほどのアンケートでは、第一には後順位担保権者の出現を排除できるということです。第二に実行方法が簡単である。第三にすでに賃貸目的となっている不動産については債務者に管理させながらその賃料を取得して、債権の弁済に充てるのに便利であるということが挙がっているわけです。

〔事業会社の場合〕

椿 こういう利用実態というのはわれわれとしては、実務家の方が調べられたものを拝見する以外にないのですが、岩城さんは調査したことがあると思うのですが、そのあたりからお願いいたします。

岩城 私が先年の私法学会のシンポジウムのためにしました調査は主として非金融機関、つまり事業会社一〇〇社ほどを対象としたもので、商事法務研究会の協力の下に担保の利用状況を調査しました（別冊NBL№10「担保法の現代的諸問題」一頁）。その中で不動産の譲渡担保についても調査しましたが、ほとんどが大企業である関係もありまして、全くと言っていいほど利用されていませんし、また今後も利用する気がないという回答が出ています。

仮登記担保法の影響ということも念頭に置きましてアンケートしましたが、仮登記担保法が出たので譲渡担保に逃げるというつもりもないという回答です。

利用しない理由は何かと言いますと、何よりも債務者側が非常に抵抗するということです。抵抗する理由というのは、まず抵当権ならともかく、名義まで取られるのは困るというのです。それから譲渡担保は、ある債権者が担保価値を独占するわけですから、まだ担保価値がありましても後順位の担保権の設定ということができず、それも嫌われる理由になっています。もう一つは税法の問題もありまして、不動産取得税などがかかってくるという点もあるわけです。

一件だけ、不動産の譲渡担保を利用するという実例が出ましたが、それは家畜を譲渡担保に取る場合に家畜を入れてある小屋を一緒に取るというケースでした。家畜のほうに意味があるわけで、入れたものである建物はおまけということになります。

〔不動産譲渡担保のメリット〕

椿 不動産の譲渡担保について研究しておられる近江さんに来ていただいています。近江さん、今の報告をめぐって何かありましたらお願いいたします。

近江　利用の理由について、ここでは(イ)後順位者排除、(ロ)実行方法の容易さ、(ハ)賃料の取得という順序で挙げてありますが、これはアンケートによる利用の順位なのですか。

平井　はい、そうです。

近江　これについて、私は別の考え方を持っております。裁判例から見た場合の利用の理由ですが――椿先生のお話ですと当事者間に主張の食い違いがあるということでしたが――債務者のほうは担保権の設定だけれども、債権者のほうは違う、真実の売買なのだという主張の食い違いです。そういうところから考えますと、一つは目的物の取得、債権者のほうではとにかく物件を取得したいということが利用理由として出てくるのではないかと思うのです。とりわけ今後の問題としまして、不動産の価値が上がってきますと不動産業者あたりが物件を取得したいということが出てくるのではないか。

もう一つは、岩城さんが言われたように、担保価値の独占ということがいいにしろ悪いにしろかなり大きな意味を持ってくるのではないかと思うのです。後順位者排除の問題は担保価値の独占ということにつながってくるのではないかと思うのです。結局、アンケートの場合と裁判例から見た場合では利用の理由が違ってきますし、捉え方も若干ながら違ってくるのではないかというような気がしているのです。

菅野　詳しい実態調査をしたのではありませんが、資本主義経済の中心で不動産の譲渡担保が行われることは少ないだろうと推測しています。例えば、都市銀行が不動産を譲渡担保に取ることは、考えられません。資本主義経済の中心で行われているのは、主として金融機関が手形、株式等有価証券を譲渡担保に取る場合だけだろうと推測します。

岩城　私が新潟に行ってから折に触れて調査していることの一つですが、債務者が一般企業ではないのですが、倒産確実という状態にありまして、ある債権者に頼んで他の債権者からの強制執行を免れる目的で、財産の名義をその債権者の名義に換えてもらう。そういう手段として不動産の譲渡担保が使われることがあるということを聞きました。この場合登記原因も譲渡担保というのが出てくるそうです。

平井 近江さんに伺いたいのですが、債権者の意向としては目的物そのものを取りたいというところがあるだろうと言われましたが、ところが清算義務を認めるというのはかなり古い判例からそうなっています（たとえば、大判大正八・七・九民録二五輯一三七三頁。なお大正期までの判例の態度については我妻栄「判例売渡抵当法」民法研究Ⅳ一〇二頁以下参照）。そこで債権者が目的物を取得したいという意味は丸取りをしたいということなのか、丸取りはできなくて清算はするけれども、とにかく土地とか家が欲しいということなのでしょうか。

近江 時代的な変わり方として、清算してもいいから、物件を取得したいということが債権者側にあるのではないかということです。

平井 不動産は非常に安定して値上がりをするような資産であるから取れれば得であるということですね。

近江 そうです。

岩城 判例に出てますのは、ほとんど高利貸金融が絡んできます。ですから清算をしてくれるというふうな良心的な高利貸がいるとは思えないのです。金貸しは金を貸して利息を取るのが本来の商売のあり方なのですが、そんなせせっこましいことをやるよりも丸取りのほうが儲かる。非清算型で不動産を取るほうが遙かに儲かるということだと思います。債務者のほうも、少なくともつい最近までは、不動産を丸取りされても泣き寝入りしてしまうのが多かったと思います。泣き寝入りして判例に出てこないで埋没しているのがたくさんあると思うのです。もっとも、最近は清算義務が強調されますので、金融業者のほうも清算しなければならないという覚悟をし始めたと思われます。しかし、少なくとも初期の判例に出てくるケースではそんな良心的な高利貸債権者はいないだろうと思います。

近江 それに関連しまして、先ほど挙げられた判例につき、債権者側としては売渡しないし買戻付売買というものを主張し、債務者のほうは担保だということを主張する点ですが、今岩城さんの言われたようなことで譲渡担保というものが出てきたのではないかという気がしているのです。つまり、譲渡担保の場合、債権者側は買戻付売買＝真実の売買ということを前面に押し出してきている状況が一般的に見られます。

〔立法の必要があるか〕

岩城　訴訟になって債権者側の弁護士がそう言っているだけではありませんか。担保ではないのだ買ったのだと言うのは訴訟上のテクニックで、本音は金を貸して担保に取ったと債権者も思っているのではないですか。売買形式はそう言いやすいから。

椿　いろいろな理由はあるでしょうが、仮登記担保法で締めつけられるので今後は譲渡担保にゆくといっても、実際にはタックスを一〇〇〇分の五〇も取られるというのではどんどん使うようにはならないと思います。判例が従来から多いものですから、われわれが判例を中心に議論するときには重要な領域に不動産がなるわけですけれども、今後立法の場合に不動産の譲渡担保を積極的に育て上げていくような手当が必要かどうか。

岩城　不動産の譲渡担保についての判例が多く登場するのは、不動産は価格が高いから訴訟してペイするという事情もあると思います。有体動産、機械などの場合は価格がそんなに高くありませんから、例えば最高裁まで争うというのは依頼者側としてペイしないわけです。そういう意味で、不動産についての判例が多く目につくという点も考える必要があるでしょう。

そういう意味で、判例が世の中の実態を必ずしも正確に反映しているとは私は思いません。動産の譲渡担保のほうが社会的機能は遙かに大きい。不動産の譲渡担保は判例は多くても、社会的に重要な機能を持っているとは思わないのです。法律的に見れば大変興味があるので、議論するのに格好なテーマですけれども。同様の理由で、不動産の譲渡担保に関する立法などは不要ではないかと思います。

菅野　私も同感です。たびたび申しますが判例になるのは特殊な条件を満たしている事案ですから、判例は実態調査の代りになるものではなく統計にもなりません。譲渡担保の問題を考えるにあたって、法定担保権が執行制度まで含めて整理されているものについて譲渡担保を認める必要があるかという非常に強い疑念を持っています。それを認めるために、株式や手形についていくら担保制度を整備しても利用されず、譲渡担保で脱法されるという弊害が現れているのではないかと思います。

2　売渡担保と譲渡担保の区別

〔大審院昭和八年判決〕

椿　あと個別的な問題に関連して全体的な評価展望をする上で、まず譲渡担保と売渡担保の区別について報告をお願いします。

平井　売渡担保と譲渡担保の区別に関し大きな影響を与えたと思われます大審院の昭和八年四月二六日判決(民集一二巻七六七頁)がありますが、それ以前は売渡担保と譲渡担保を何によって区別するかということよりも、買戻しと売渡担保とは区別があるのかどうかということが主として論じられているように思われます。

なぜかと言いますと、買戻しは買戻期間の経過によって売主が買戻権を失うことがあるわけですが(民法五八〇条)、売渡担保では期間の経過というのは必ずしも担保物の返還を請求する権利で失わさせないというところに差異があるからです。

しかし、昭和八年の大審院の判例では、買戻しなのかのあるいは売渡担保なのかということを争うことはいささか奇異の感なくんばあらずというようなことを言いました上で(事案は約定の買戻期間後十年余を経過して返還を求めたもの。なお我妻栄「『売渡担保』と『譲渡担保』という名称について」民法研究Ⅳ一二九頁参照)、売渡担保とはもっぱら担保供与の方面を指す用語なるに対し、買戻約款付売買とは主として、いわゆる担保銷除の方面を表す用語たるに止まるということを言っていまして、そこで債務の残留しないものを売渡担保、残留するものを譲渡担保と呼ぶべきことを提唱しました。以後このような観点から両者を区別することが定説になっているかと思われます。

四宮先生も融資者が融資額の償還請求権を持つか持たないかということで、売渡担保と譲渡担保を区別するべきだと言っておられます。(「譲渡担保」綜合判例研究叢書民法⒄一一頁)。

その後最近ですが、所有権移転型の担保で占有を債務者の手元に留めている形態を譲渡担保、債権者に目的物の占有を移転してしまうような形態を買戻し、ないしそれを補充する再売買の予約であるという説が現れてきています。

これは最初は昭和四六年の私法学会のシンポジウムで三藤教授が言われたと思いますが(「不動産の譲渡担保・所有権留保」私法三四号三三～三四頁)、そのあと来栖先生の『契約法』(同二二一～二二三頁)も同趣旨ですし、また近江さんもそのような考え方をおとりになると思います(「譲渡担保理論の問題点」ジュリ七〇一号一〇三頁以下)。

この説は民法の買戻しの規定が目的物の占有を債権者に移転する形態であることを前提としているということも今のような見方からの分類をする上での補強材料とされております。確かに五七九条以下の買戻しにおいては、占有が債権者に移っていることを立法者は考えていたようですが、このような占有移転型、非移転型で売渡担保と譲渡担保を区別するという見方に対しまして椿さんが疑念を表明されています。つまり、所有名義を移す担保においてはっきりした類型として、債権者が占有を取得する質型と取得しない抵当型というものの平等併存を認めなければならないのかどうか。もしも占有移転型が必要ならば不動産質で賄えるはずなのに、実態を見ると不動産質はあまり行われていないようである。それなのに占有移転型の譲渡担保を認める実益はどこにあるのかというような疑問を出発点として、その上で効果論に関してもいろいろ検討されております(椿寿夫「譲渡担保論の課題と考え方」法学教室四九号二二頁以下)。

〔売渡担保の特徴〕

平井　効果論ですが、椿さんの引用されているところに従いますと、鈴木教授によれば譲渡担保に対する売渡担保の特徴はどこにあるのかということで、四点ほど挙げておられます。第一は債権者は設定者に対して受戻しを強制できない。第二に債権者は清算義務を負わない。第三に目的物が滅失した場合に債権者はもはや何らの請求もできない。第四に債権者が担保を放棄しても無担保債権者としての地位は残らないということ言っておられるわけです（譲渡担保三〇四～三〇五頁）。

四点のうち中心になるのは、債権者は売渡担保の場合には清算義務を負わないということだろうと思いますが、最高裁昭和四六年三月二五日の判例（民集二五巻二号二〇八頁）では当事者が流担保型だと特約をしたにもかかわらず、清算義務を肯定しています。この判例に現れましたのは通常の売買の形式をとる譲渡担保でしたが、その後下級審を見てまいりますと当事者が特にこれは買戻特約付売買なのだ、あるいは再売買予約なのだと約定をしたにもかかわらず、清算義務を課しているものがあります。

買戻特約付売買に関しては東京地裁昭和四九年七月二二日（判時七六三号五六頁、金法七四九号三五頁）、横浜地裁五五年一〇月九日の判決（金商六一三号四三頁）、再売買予約に関しては名古屋高裁五三年二月一六日（判時九〇六号五八頁、判タ三六九号二〇九頁、金法八六四号三三頁、金商五五一号三四頁）の判決などが挙げられるわけです。

このように、現在では当事者がどういう法形式を選んだか、譲渡担保あるいは買戻ししたかどうかで清算、非清算の扱いが区別されることはないと考えられます。

鈴木教授の書物ではその他三点挙がっていますが、これらはそれほど重要なものではなさそうですので、これとは別に私のほうから申しますと、売渡担保と絡むわけですが、特に買戻しといった形式をとりますと買戻期間に制限があります。民法五八〇条一項および三項がそうですが、特約をしても一〇年が限度である、特約がない場合には五年という制限があるわけです。ところが売渡担保ならばその、制限がないのではないかということが最初に申しましたように古い頃問題になっていたわけですが、昭和八年の大審院の判決自身が約定の期間経過後一三年経っているにもかかわらず債務者の返還請求を認めた例です。横浜地裁の五五年の判決でも当事者は買戻特約付売買だと言っているにもかかわらず、帰属清算型の譲渡担保だと解さなければならないとしまして、買戻期間経過後でも担保権者が清算金を支払うまでは弁済をして受戻しができるということを言っています。

このようなことを考えてまいりますと、効果面でも現在は売渡担保と譲渡担保の間にこれといった差が認められないのではないか。そうだとしますと、占有移転、非移転を基準として譲渡担保とは別に売渡担保という概念を認めても、実際にどれだけの実益があるのかということが問題になるのではないかと思います。

そこで椿さんも言われるように、当事者がこれは売渡担保だとした場合にも、果たしてそれが担保目的でなされているかそうでないかということでこれを分けてしまいまして、担保目的の場合は譲渡担保、そうでない場合に真正売買ということで、売渡担保を譲渡担保か真正売買かどちらかへ流し込んでしまえば、こと足りるのではないかということを私は考えているわけです。売渡担保というふうに当事者が称した場合でも今のような扱いをすればいいのではないかと思うわけです。

岩城　売渡担保をどう認定するかという問題で、これは当事者がそういう言葉を使うはずはないから、真正売買との区別をどうやってつけるかです。近江さんに伺いたいのですが特に占有の移転、非移転を大きな基準としてお考えになるようですが、いかがでしょうか。

〔区別の基準としての占有〕

近江　私は占有が移転しないものを譲渡担保と考え、占有が移転するものは買戻しないし再売買予約と考えているのですけれども、そういう考えを出したのはなぜかと言うと、一つはそれまでの議論に対する反省という意味があったのです。従来ですと、売渡担保にも占有の移転するものとしないものがある。譲渡担保にもその両形態がある。それから、あるいは強い譲渡担保、あるいは弱い譲渡担保という考え方も主張されてきたりして、非常に込み入った議論があったわけです。結局そういうところから、では一体譲渡担保というのはどういうふうにして発展してきたものなのか、ということに関心が向けられたわけです。譲渡担保自体は裁判の場で認められてきたものだと思うので、譲渡担保というものの発生形態を考えてきたのですが——譲渡担保というものを再売買予約を含めた意味での買戻しということで考えると――結局譲渡担保の問題は買戻しをめぐる当事者の主張の食い違いではないかという気がするのです。つまり債権者としては買戻しというものを真正の売買ないしそれプラス買戻しということを主張して、それに対して債務者側としては目的が担保のための買戻しなのだというところが出発点ではないかと思うのです。

そういうところから法律的判断としてはいろいろなファクターが挙げられました。例えば、目的物の価格あるいはほんとうに売る意思があったのかどうか、占有を移転しているのかいないのか等々。そして、一般的に言えることは、買戻付売買の法律行為のうちでも、占有を移転しない場合は新に売却する意思が弱く、逆から言えば担保行為という意識が強いわけです。そこから、この形態において、担保的な取扱い、すなわち被担保債権の残存と清算性が、裁判上次第になされるようになった。このような歴史的事実の上に立つと、結局、譲渡担保というのは買戻付売買行為のうちで占有を移転していない形態が形式上も担保として再構成されたものであるという認定が可能であると思います。椿さんの言葉を借りれば、譲渡担保というのは買戻しの「解釈的構成物」ではないかという気がするわけです。

だとすればその対立概念とされる売渡担保というのはどういうことなのか。売渡担保は売り切ってしまって被担保債権が残らない担保だということ。しかし、こう言っても、法律的にはどのような意味が出てくるのか。それを法律的に担保として扱うとするならば、結局譲渡担保と同じことになり、「売渡担保」概念の意味が全くなくなります。ですから、売渡担保という言葉あるいは概念は法律的には何ら機能していないのではないかと思われます。

売渡担保と譲渡担保という概念を作ったのは昭和八年の判決なのですが、この判決はどういうふうにそれを作ったかというと、まず二、三のドイツの学者の理論をひき、担保にも制限物権型と権利移転型とがあるという前提をとった。そして、権利移転型の場合には、被担保債権の残存するもの＝譲渡担保と残存しないもの＝売渡担保とがあるということを言い出したのです。このことからわかるように、全くの概念思考からの理論の演繹です。ただ、「売渡担保」概念に対する「譲渡担保」概念の有する合理性から、この理論はその後支持されるに至ったわけです。しかし、そこではどういうものが売渡担保なのかは不明でした。買戻しが売渡担保に当たるか否かも不問だったわけで、それが明白に論ぜられるようになったのは昭和五〇年前後頃からと言うことができます。

それはともあれ、先ほど述べましたように、譲渡担保は買戻付売買行為の占有を移転しない形態が担保として承認されたものであり、他方売渡担保概念自体は何ら法律的な意味を持たないわけです。そこで、譲渡担保と買戻し(再売買予約を含む)とは結局、同一平面的な区別にはなじまないが、あえて区別するとすれば、占有が移転するかしないかによる区別のみです。つまり買戻しの占有を移転しない形態が譲渡担保として承認された以上、本来の買戻しというのは占有移転形態と捉えることができます。そしてまた、このような形態の買戻しに対して、新たに「売渡担保」という概念を与えることは法律的にも意義のあることであると考えられます。

3　占有の移転の有無による判定

〔何を譲渡担保と見るかということ〕

伊藤　近江さんの場合、従来被担保債権の有無によって被担保債権の存在するものが譲渡担保だ、存在しないのが売渡担保だと区別してきたわけですが、その際に占有は移転していないけれども被担保債権が存在しない場合、これも売渡担保と考えられるのですか。占有は移転していない、しかし売渡の形式をとってもう売ったということになっているわけです。そして買った者が貸付けを行う。そこには被担保債権の存在は基本的には前提としていないという場合には、どういうことになるのでしょうか。

近江　「占有は移転していないが、被担保債権が存在しない」という法律行為が果たして存在するのか否か……。問題は二つあると思います。第一に、売買である以上、買主に占有権原(所有権)が発生し、売主にはその権原がないということ。したがって、売主に占有させるためには、「賃貸借」等によって何らかの権原を与えなければなりません。第二に、「被担保債権が存在しない」とされるのはいったいどういうことか。「売買」という法構成をとる以上は、被担保債権が存在しないのは当然だと思います。しかし、問題は、このような形態の法律行為、すなわち、「売買」の形式をとった「占有を移転しない」行為について、法律上は被担保債権が存在しないのだけれどもこれを担保行為として扱おう、つまり、被担保債権が存続するものとしようとしたのが「譲渡担保」の承認であり、その発生ではなかったか、ということです。

したがって、「占有移転せず、被担保債権は存在せず」の場合が、譲渡担保に当たるか売渡担保かという問題設定ではなく、むしろ、この場合をどう扱うかにかかってくるものと思われます。

伊藤　引渡しをしていないという言い方をしましょう。引渡しは行われていない。だからある動産について売買が行われた、そして売買代金が支払われた。ところが、買主の買った動産を売主に貸付けをするという形で賃貸借契約も結び、そのために引渡しは現実には行っていないというような場合において、そこに被担保債権を擬制して譲渡担保というふうに持ち込むのか、そもそもその場合には被担保債権は存在しないという形式がとられているわけですが、こういう場合にも譲渡担保ということになるのですか。

近江　こういう場合をどう扱うかということで、結局譲渡担保になると思います。そしてまた、「売買」＋「賃貸借」という法構成で当事者が対峙してくるのが譲渡担保問題の典型でもあったわけです。

伊藤　すると被担保債権のある譲渡担保と被担保債権のない譲渡担保というのもありうるということになるのでしょうか。

近江　いや、譲渡担保というものはアプリオリに存在していたものではなく、かような場合が譲渡担保として認められてきたものなのです。したがって、そういう形態を譲渡担保として認めるかどうかということ、譲渡担保として認める以上は被担保債権は存続しないということになります。

伊藤　引渡しがなければ譲渡担保として認める。すると常にその場合には被担保債権が存在すると認定をしていくわけですか。

近江　そうです。引渡しをしていない、つまり占有を移転しないということの裏には担保的な機能というものがあると思うのです。

〔当事者の意思の認定〕

菅野　担保という以上は債権の担保なのですから、債権が存在しないのだったら担保というものもないので、従来の売渡担保というものが法律上の担保ではないという近江さんのお考えについては私もそう思うのですが、被担保債務が存在するかしないかということは当事者の意思表示によるわけでしょうね。

近江　当事者の意思表示よりもむしろ裁判官の認定にかかってくるのではないでしょうか。あるいは、法律行為の一般意思とか……。

菅野　裁判官の認定の対象となるのは当事者の意思表示でしょう。認定あるいは証明の問題は別として、まず実体法の次元で考えたときに、何によって被担保債務の存在あるいは不存在というのが決まるのかということなのですが、私はそれは当事者の意思表示だと思うのです。占有の移転の有無で区別するのが正しいかどうか、それからまだほかのファクターがあるのかということを伺いたいのです。

次に、なぜ占有の移転の有無が被担保債務の存否についての当事者の意思表示、特に意思表示がはっきりしていない場合に、当事者の意思を認定する最も重要な資料になるかということを伺いたいのです。

近江　占有を移転しないということ自体が売買行為に反する行為なのです。売買というのは当然占有を移転することを前提にした法構成で、譲渡担保の場合には、この「売買」に「賃貸借」あるいは「使用貸借」を付加することによって占有を移転しないという構成がとられます。このように、売っても目的物を引き渡さないということは本来売買行為に対する反対の行為なのです。したがって、そこから一般論として真の売買ではないかという要素を引き出すことができると思います。占有を移転しない場合は担保として認定していいのではないかという考えなのです。

菅野　その前提となる点ですが、当事者の意思が、被担保債務が存在するかどうかを認定する決め手になるということですか。

近江　当事者の主張が基本になるということですが、当事者の主張（意思）だけでこういう行為を、つまり被担保債権が存在するか否かを認定していっていいのかというのが疑問になると思います。

菅野　当事者の意思が不明確な場合を今、問題にしているので、そこにある程度のフィクションは入ってくるかも知れないし、あるいは認定の問題として当事者本人がはっきりそこを意識していなくて、こういう意思だったと裁判所が最終的に認定するだろうと思うのですが、意思以外に何か拠りどころがありますか。というのは、私は総論のところで契約の効果をすべて当事者の意思に持ってくるのは誤りだと述べたのですが、被担保債務が存在するかしないかという事項に限って言えば、当事者の意思以外に認定の根拠があるとは思えないからです。

近江　当事者の被担保債権が存在するかどうかという意思と担保であるかどうかの意思との関係がまだ不明確なのですが、被担保債権が存在しないという意思を両当事者が持っているならば、担保ではないということを引き出せるのではないかと思います。つまり被担保債権が存在しない以上は担保ではない（そこで、この場合を売渡担保だと言っても何の意味もないと思います）。

しかし、多くの場合、当事者の主張は食い違うわけで、その場合にどちらの主張を「意思」と認定するかあるいは認定できるのかの問題が出てきます。かかる場合にはむしろ、担保形態（占有関係）からの一般的な判断が妥当であると考えているわけです。もっとも、それを当事者意思と見ることもできますが。

〔買戻し・再売買予約との関係〕

菅野　例えば先に消費貸借契約が成立していて、それに対して、担保のためにある不動産の売買契約をした場合、消費貸借契約が消滅してしまうのかしないのかの問題なのですが。

近江　つまり相殺という形をとるわけですか。

菅野　代物弁済でも相殺でも法律構成はどうにしろ、被担保債務が売買契約のあと存在していくかそれとも存在していないのかということは、当事者の意思によって決まってくるのでしょうね。

近江　そこが疑問なのです。例えば、買戻しという行為においては、売買行為自体の中ですべてが――担保であるかどうかが――決定されると思います。ここで、売買代金を貸付けつまり消費貸借と見るか、あるいは純粋な売買と見るかと言うことだと思います。

菅野　いま言われた例で、「見るか」と言われたのは、当事者の意思がどういう意思であったかということ、それによって決まるので、後は当事者の意思をどう裁判所が認定するかという問題、この二つの問題になると理解してよろしいですか。

近江　基本的にはそうだと思います。

椿　近江さんの説明の中で売渡担保と買戻し、または再売買予約との関係はどう理解しておられたのですか。

近江　買戻しまたは再売買予約とは、占有を移転する形態で、形態的には譲渡担保と対立する概念と考えております。そして、このように譲渡担保と峻別された買戻しまたは再売買予約に「売渡担保」という名称を付することもできるわけですが、ただ、その場合には従来の用法とは全く異なった用法でありまして、占有を移転する形態だということです。

椿　先ほど岩城さんは売渡担保と契約書に書く事例は少ないと言われたのですか。

岩城　私が申しあげたのは、当事者は売買の形式をとっている、そして買ったほうは真正売買だと主張している、売ったほうは担保だと主張する。そこで担保なのか、真正売買なのかを判定するときに、当事者が売渡担保という言葉を使ったか使わないかというものを持ってきても、そういう言葉を当事者が使っていることはありえないから、売渡担保という言葉を使ったかどうかという議論はおかしいだろうという趣旨で申し上げたのです。

椿　平井さんの言われた売渡担保が両極分解をするという考え方は私もそのように考えているのですが、かつて仮登記担保のときにでていたように、真正と認定してもらうほうが債権者側にとってはごちゃごちゃした負担がつかないだけ有利であるという問題が出てくるわけで、その当時も担保目的の認定ができない仮登記などは無効にしてしまえという意見もありましたが、そこのところは平井さんはどうお考えでしょうか。

平井　先ほどから菅野さんのお話にもあったかと思いますが、問題は担保目的と認定できないときに真正売買にゆく。そうすると買主有利である、担保目的からそうでないかという認定を何を基準にしてやるかということでしょう。となりますと、そこはよくわからないのですが、いろいろな事情から判断せざるをえないので、占有が移転しているか移転していないかということもそうであろうと思いますし、売買値段と目的物の客観的価格とがどれほど違うかということも入ってくるでしょう。ですから、まさに認定を何でやるかということが問題ではないかという感じがするのです。

椿　借金がらみあるいは消費貸借がらみだと、真正のほうに認定されうる例はほとんどないという想定ですね。

平井　私はそう思います。

〔買戻しつき真正売買〕

椿　今日は持って来なかったのですが、裁判所の中にも菅野判決も含めてですが、当事者が再売買予約とか買戻しとかはっきりと契約書に書いているのを譲渡担保だと言うものがあります。私の記憶で間違いなければ吉井先生の東京地裁の判決（昭和四九・七・二二判時七六五号五六頁）は、そこのところで、平井さんの後に続く問題に引っ掛かるのですが、買戻条件付きの売渡担保と明示されている事案を譲渡担保と認定しましたが、その際、売渡担保が清算を要しないと読める説示をしています。

平井　先ほどご報告したのですが、横浜地裁のも清算義務が出てこないからおかしい、買戻し期間の制限がついているからまずいということでした。私が近江さんのお書きになったものを拝見すると、買戻し、再売買予約の上位概念として売渡担保というのを考えておられたのではないかという気がしたのですが、この点はどうかということです。

もう一つは、近江さんのお考えの売渡担保というのは、従来は譲渡担保も売渡担保も外形的にはそう違わなくて被担保債権が残るか残らないかで区別していたのだけれども、それは無意味だから、占有が移転するものを売渡担保と見ようと言われているように理解し、近江さんのおっしゃる売渡担保というのは担保の一つなのだと私は理解したのですが、それは間違っていまして、売渡担保などというのは担保ではないということでしょうか。

近江　概念自体はない。つまり、空想的な観念的な一つの概念であって、何らそれに見合うというか、実体がないということなのです。

平井　実体がないものを占有移転と非移転に分けて譲渡担保と区別してゆこうということですか。

近江　私は売渡担保というのを買戻し・再売買予約の上位概念と見ているわけではないのです。むしろ端的に、譲渡担保と対立する概念というのは買戻しないし再売買の予約であるという考え方なのです。

一つ質問したいのですが、担保目的がある場合には譲渡担保にゆき、担保目的がない場合には真正売買にゆくという図式ですが、疑問が出てくるのはこの場合の真正売買という認定です。真正売買とはもちろん真正売買に買戻しがつくのではないかと思うのですが、つかないのですか。

平井　買戻付きはあると思います。

近江　その場合占有を移転しないものもありうるというお考えでしょうか。

平井　占有を移転しないで真正売買で、しかも買戻しがついているものですが、それがほんとうに買ってしまって貸金でなくて、ただ後に当分使わせてやっているんだという状態、場合によってはそれが売主にとって重要な財産であって、もしも買い戻せれば買い戻したいということがあるかもしれません。非常にまれなケースだとは思います。

近江 買戻しの中にも占有が移転するものとしないものがあるというお考えでしょうか。

平井 ということはあってもいいのではないかと思います。

近江 となると譲渡担保のほうにもあるということですか。

平井 買戻しにはもちろんあると思います。

椿 下級審の裁判所では、買戻しや再売買予約で占有が移転していないというのがいくつもあったと思うのです。それは前にジュリストに書いたのですが（椿民法研究II三〇〇頁以下に再録）。

近江 この図式ですと、つまり買戻しの場合でも占有を移転しているものとしていないものとがあるということですと、占有を移転していない買戻しの場合にはかなり担保的なものが出てきてしまう。つまり議論としては元に戻るのではないかと思うのです。真正売買（買戻付き）というが、当事者あるいは債務者が実際は担保なのだと主張してきますと、議論としてはまた元に戻ってゆくのではないですか。

平井 占有が移転していないから担保だと認定される可能性は強いという方向で、結局また戻ってしまうという議論は出てくるでしょう。

近江 買戻しというのは占有を移転することを当然の前提とした法構成であると思うのです。

平井 認定される可能性が強いからと言って、占有非移転型の買戻しはないと言いきれるかどうかですね。

近江 売買では占有を移転することを当然の前提としています。これに何らかの法構成をとらなければ占有を留保させることはできません。そうなると、買戻しプラス賃貸借あるいは使用貸借という法構成にならざるをえないのではないでしょうか。つまり買戻しないし再売買予約の本来の姿というのは、占有を移転することを前提にしているものだということです。

平井 現実に売主が占有していて目的物を使っているときに、必ず賃貸借なり使用貸借なりがついていないと駄目だということになるかというと、そういう契約をしないで事実上使っている場合もあるのではないかという気もしますね。

近江　そのような形態の本質が担保的な機能であることが承認され、そこからその形態を「担保」制度として認められたのが譲渡担保だと思うのです。先ほど譲渡担保というものが買戻しの解釈的な構成物だと言ったのはそういうことなのです。

4　目的物の設定者による利用

〔何に基づく利用か〕

平井　そうすると、近江さんのお考えですと譲渡担保設定者が目的物を利用しているというのは何に基づくわけですか。目的物を設定者が使っていいというのはどこから出ているわけですか。

近江　「譲渡担保」という一つの法律関係からくるわけです。

平井　譲渡担保だから使用権限がある、設定者に所有権があるからとか、そういうこととは関係ないのですね。

近江　関係ありません。

菅野　近江さんが言われる売買契約は買主が占有を取得するのが通常だというその占有は、占有改定による占有の取得も含まれるのですか。現実の占有移転だけですか。

近江　それだけです。

菅野　そうすると、不動産の売買契約があって、それで賃貸借契約が借主に対して同日付で締結されている場合には、原則としてどういう認定になるというお考えですか。

近江　それが譲渡担保ではないかと思います。

菅野　それは現実の占有移転がないからですか。

近江　そうです。

菅野　ほんとうにそういう行為をやった場合に、原則として譲渡担保と認定されてしまうということになりますね。住居用ならとにかく、企業用の不動産を買ってもそのまま貸すというケースは、別に異常な現象とは思いませんが、その推定を確実に排除する方法が当事者にありますか。いったん現実の引渡しを受けてもすぐまた引き渡すのでは、かえって不自然で疑われます。

〔売買プラス賃貸借のケース〕

岩城　私はかつて会社時代にそういう体験があるのです。

債務者所有の不動産について、こちらとしては真正売買をしたつもりなのです。買戻特約はありません。そしてすぐに賃貸借契約を締結して債務者に貸したのです。ところが数年たってからあれは譲渡担保だという主張をして訴訟を起こしてきました。買戻特約があるという構成で、数年前の代金ですからその後の不動産の値上がりから見るとかなり安いのですが、それに法定利率で利息をつけてきて、代金を返すから所有権移転登記を戻してくれという訴訟を起こされたことがあります。

結局、高裁で相手方の主張を裁判官が認定しそうになりましたので、仕方がないので和解をしたことがあります。近江さんが言われるように、真正の売買なら買主が自ら占有を取得するのが普通で、そうでないものは譲渡担保であると言われているのは、判定の重要なポイントであって、私もおそらくパーセンテージとしてはそういう確率が高いだろうとは思いますが、例外が全くないというのは言い過ぎだろうと思います。例外的にはいろんなものがあると思います。だからそれは確率の問題で、売買に賃貸借契約がついたら常に譲渡担保だと言われるのであれば、私の経験からしても言い過ぎではないかと思います。

近江　今岩城さんが挙げられました具体的な事案ですが、そこでは賃貸借契約を結んでいたということですね。その場合なぜ裁判官がそういう認定をしそうになったのかですね。

岩城　よくわかりませんが、やはり買主たる債権者が一度も直接の占有をしていなかったからでしょう。

近江　そこでは債権者のほうが賃貸借によって占有していたわけですね。

岩城　もう少し具体的に申し上げると、取引先が倒産しそうになり、私がかって勤めていたのは石油会社ですから取引先は都内にわりと良い場所にガソリンスタンドを持っているわけで、そのガソリンスタンドを買い上げてやることで代金と売掛けを相殺しました。ここで現金の授受がないという要素が出てきた。今から思うと、売買なのに現金の授受がなく売掛けで相殺してしまった点も、譲渡担保と認定された一つの理由でしょう。

なぜすぐに賃貸したかというと、ガソリンスタンドですから引き続きそこをマーケットの一つの拠点として維持しておく必要があり、しかも相手は倒産をそうやって免れたのですから、経営を存続させる力がありましたから取引は継続し、取引存続中は賃貸する、その代わり引き続き当方の系列のガソリンスタンドとして従来どおりのマークで商売してもらいたいという趣旨で賃貸借契約を結んだのです。賃貸料も取引先援助の意味で比較的安かったという事情もありましたが、そういう点も当方に不利に働いたのかもしれません。

私はまだ若い頃で、担当者として全部自分で処理をしたのですが、一応、問題の所在も心得ていてやったつもりでそういう目にあったので、なるほど裁判所はこういうふうに認定するのかと非常に強烈な印象が今でもあります。今はその頃よりもう少し知恵がついていますけれども、今同じ事案を処理しろと言われても、どれだけのことができますか。要するに裁判官の認定が勝負だという気がします。

近江　今の例は例外的なケースとしてお考えになるのですか。

岩城　真正売買でも占有が移転しないことがあるケースですね。しかし真正売買がどうかについては、表面上は当事者の意思の食い違ったという例です。こちらは本当に売買のつもりでしたから、今でも心外ですね。契約の解釈とは何なのか、という点でも引っ掛かっている問題です。

菅野　買主に占有が移転していない場合は譲渡担保と推定すべきだから、それを争うほうで推定を覆すだけの反証を出さない限りは譲渡担保と認定すべきだというお考えなのですね。

近江　ただ例外的なケースが私にはあまり考えられないのです。というのは、今の岩城さんの挙げられた例ですが、裁判所が認定しようとしたことがむしろ私として重要ではないかと思うのです。債務者は賃借していたわけですから、売却してしまうという意思がないのではないかと考えられるのではないかと思います。

岩城 引き続き使わせてくれるなら売りましょうという条件だったのです。少なくともそういうふうにこちらは理解していたのです。

椿 リースバックと言われた売っておいて借りるという典型的なものですが、これは担保という機能はあるかもしれないのですが。

岩城 リースの場合はそういう金融方式がすでにかなり社会的に定着していますから、担保だという議論は出てこないと思います。

〔裁判官による認定〕

伊藤 売買プラス賃貸がイコール常に譲渡担保であるというのは問題があるような気がするのです。そういう方式を用いている場合において、それにさらにプラスして私は戻すという要素がどこかにある場合に限って譲渡担保になっているということにはなるわけで、これは認定の問題だと言えば認定の問題ですが、売買プラス賃貸借があるからすでに戻すという特約なり、あるいは意思があると見て譲渡担保であるというのは、私は理論構成に問題があるような気がするのです。

岩城 先ほどの補足をしますが、私の体験した事件で向こうが主張したのは、交渉にあったこちらの担当者が、ここで不動産を売ることになってもしっかり稼いでまた買い戻せばいいのではないですかと慰めたという事実があったようで、それを非常に強調していました。それに対して、私どもはそんな事実はないと言い、向こうももちろんその点の立証はしておらずただ言いっ放しでしたが、そういうジャブも案外裁判官に効いたかなという感じでした。

平井 その場合に利息の約定はなかったわけですね。

岩城　それはありません。

平井　被担保債権が残るか残らないかは別にして実質が賃借であればたぶんそこで利息の約定がなされるのが多いだろうと思いますが。

岩城　賃貸借はありましたが。

平井　売買代金が消費貸借の貸金であるということです。

岩城　それで新たな貸付けがあったというのではなく、すでに売掛金がありまして向こうはそれを払えないから当方は不動産を買い上げて相殺したわけです。

平井　そういう場合は利息の問題は出てこないでしょうね。

岩城　消費貸借が先行している場合と同じです。

菅野　事実認定にあたっては事実を一つの証拠だけで認定することは通常はありません。当事者の意思が不明確な場合、現実の意思が食い違っている場合もですが、現実の意思が食い違っている場合に契約が全然成立していないと言えるかというとそうは言えませんので、その場合に問題は何を中心に持ってくるか、その他の事情を考慮するとしても何をどう考慮するか、認定の対象との論理的な連関がはっきりしていないと非常に困るのです。当事者も裁判所が何となく総合的判断をやって結論を出してしまうことになると、どういう事実を主要な間接事実として主張して立証したらいいかというのがわからないので非常に困るだろうと思います。

岩城　私の事件の場合、判決を書いてくれなかったので、裁判所の心証形成過程がわからなかったわけですけれども。

菅野　その場合は、相手方は被担保債務は何だと立証したわけですか。

岩城　商品売掛代金です。

菅野　それは相殺によって消滅したと主張されたわけですね。

岩城 その点はちゃんと契約書もあって、経理上も少なくともこちらの会計処理ではそう処理されているわけです。

5 買戻しと再売買予約

〔譲渡質型の評価〕

伊藤 売渡担保と譲渡担保の理論的性質を伺っておきたいのですが、今まで権利移転形式の担保の中に売渡担保と譲渡担保があると分けてきたわけです。近江さんのような考え方からゆくと権利移転の担保というのは譲渡担保だけとなって、あとは純粋の買戻しか再売買の予約しかない。買戻しなり再売買の予約というのは全く担保としての機能なり要素を持たないものであると位置づけられるのか、それともその中にも、いわゆる民法が本来的に予定した買戻しと若干担保的機能を持った買戻しというものもあると分けられるのか、その辺はどうですか。

近江 占有を移転してしまうところの買戻しまたは再売買予約が担保的な機能をも有していることは否定できないと思います（かつて私はこういうものを担保として構成すべきだと解しました）。ただ、現実問題として果たしてこれを法律的に「担保」として構成できるのかどうかが問題なのです。勿論質権の場合には占有を移転してしまう担保ですから可能かもしれませんが。

椿 近江さんの場合は例えば、清算義務、買戻しはどうなりますか。

近江 占有を移転してしまう本来的な買戻しでは清算義務なしとしても現実の問題としてはあまり問題ではないような気がしております。

椿 清算義務というのは買戻義務ですか。伊藤さんが言われたことで担保的機能なのか全然関係ないのかということになり、鈴木祿弥さんの著作『譲渡担保』では、売渡担保は清算義務がないと昔書いておられるのです。伊藤さんの指摘に続いて言うと、近江説によると買戻しでは清算義務はないということになりますか。そこのところで区別はできるわけですね。それが適切かどうかというのはまた別問題ですが。

譲渡質・譲渡抵当という古くから行われている区別はどういうふうにして起こり、行われるようになっており、現在それはどう評価すべきでしょうか。

近江　譲渡質・譲渡抵当という区別は、我妻先生がお考えになったものと思われます。すなわち、譲渡担保は譲渡質と譲渡抵当とに分け、売渡担保は売渡質と売渡抵当に分けることができる。だが、この呼称は、判例でも、学説でも、まだ統一的に用いられるには至っていない」（我妻・新訂担保物権法五九四頁、同説、椿「不動産の譲渡担保と売渡担保」ジュリ六七九号一〇七頁）。この考え方は、形式上「買戻付売買」が「譲渡担保」すなわち「権利移転」による担保制度として観念化されたところに始まります。この観念化は、買戻制度と譲渡担保との理論的断絶をもたらし、いわゆる概念法学に特有な「概念の一人歩き」をもたらしたものと思われます。このように承認された「譲渡担保」は買戻制度との異同も承認されないままに「権利移転型担保」だとされ、したがって目的物の占有を移転する形態（「譲渡質」）もあれば移転しない形態（「譲渡抵当」）もありうる、これとは反対に、被担保債権の存在しないとされる売渡担保にもその二形態がありうる、と主張されたわけです。

しかし、なるほど頭の中では、つまり観念的にはそのように考えられえても、実際にはそのような四つの形態などは存しない（現実的ではない）。結局、この考え方を評価するならば、「譲渡担保」が理論として整理されていく過程でのあだ花であったと考えられるわけです。

〔被担保債務の弁済の仕方〕

菅野　平井さんの説明だと譲渡担保のほうに流れ込ませるというのは被担保債務が存在していなくてもですか。

平井　被担保債権があるかないかということで売渡担保、譲渡担保を区別する必要はないのではないかと申し上げたかったのです。それが買戻しという法形式をとっていようがそうでなかろうが、あるいは占有が移転しようが移転していなかろうが、担保目的であればそこの認定の問題がありますがそれは譲渡担保なのだ、譲渡担保の中へ全部入れてしまえばいいということを申し上げたのです。

菅野　もちろん、担保の目的という以上は被担保債務の存在を前提としますが、所有権を取り戻すための手続としては再売買予約の完結権の行使か買戻権の行使、それ以外の一般の譲渡担保と言われているものにおいては被担保債務の全額の弁済という、所有権を取り戻す方法が三つあってそれぞれ違うのですが、取り戻すための手続が違うのに、一つの譲渡担保の概念にまとめられますか。

平井　形式的な手続は違いますが、実質的には違わない。つまり、買戻しであれば買戻しの意思表示をし再売買の予約であれば予約完結権を行使しますけれども、通常の再売買の予約の場合には予約完結権を行使すれば売買は成立して所有権が移転すると考えるわけですが、譲渡担保としての買戻しであればそのような構成はできないと思います。と言いますのは、意思表示さえすれば所有権が設定者のほうへ戻ってしまう。あとはまだ被担保債権の弁済をしなければならないということではなく、被担保債権を弁済しないと所有権はいくら予約完結権を行使しても戻ってこないと構成すべきではないかと思うのです。

菅野　そうすると、再売買予約や買戻しの約定のついている譲渡担保については、被担保債務を弁済したと主張立証しただけでは所有権は取り戻せず、売買予約完結の意思表示、または買戻権行使の意思表示をやらない限りは所有権は戻ってこないという点に違いが出てくるということですね。

平井　確かにおっしゃるとおり違いがありますが、時効の援用と同じように、弁済はあったがまだ意思表示がないと言われた場合には訴訟上で一言添えればいいので、実質的にはそれほどの違いはないのではないでしょうか。

伊藤　私は二極分解論や近江さんとやや異なった考えを持っているのです。私は譲渡担保と売渡担保の問題を考えるにあたって二つの要素があると思います。一つは被担保債権の存否うんぬんの問題と、目的物の引渡しと言いますか、占有の移転うんぬんの二つの要素がありまして、これが一つの極には被担保債権がなくて引渡しも行われてしまっている場合、もう一つは被担保債権が契約上あって目的物はまだ設定者のところに留まっているという形態、もう一つは被担保債権がなくて目的物が設定者のもとに留まっている形態と、この逆で被担保債権があって占有が移転しているという四つがあるわけです。そのことを前提として考えますと、被担保債権があって占有が留まっているというのが典型的な譲渡担保であると見ているのです。被担保債権がなくて、占有も引渡しも完全に終わっているものでそれが担保の要素を持っているプラスアルファの要素を持っているものは売渡担保と見るべきではないだろうか。その中間の二つの形態をどう見てゆくのか、どちらに入れてゆくのかという問題が残るので、この点私はどちらに入れたらいいのかと若干迷っておりますが、従来の考え方からいけば被担保債権を優先させ、被担保債権のあるものについては譲渡担保に入れてゆこう、被担保債権のないものについては売渡担保に入れてゆこうという形で整理してきたのではないと思います。

なぜ私はそういう考えに立って両極分解をしないのかと言うと、典型的な譲渡担保で、被担保債権があってまだ設定者に目的物が残っているという譲渡担保については、所有権は移転したという形式はとっていても、そして法律的にも所有権は一応移転したと言わざるを得ないだろうと思いますが、その場合の移転の度合いと、被担保債権がなくて占有も引渡しも完全に行われている場合の所有権の移転の状態にあってなおかつ、まだ担保の目的を持っている場合とは、担保として違った構成が行われていいのではないかという考えを持っているのです。結論的に従来とそれほど変わりはないのでが、そういう意味において従来の売渡担保と言われていたものを、担保の目的を持っていれば譲渡担保のほうに押し込んで譲渡担保の理論で画一的に処理してゆくというのは問題があるのではないかという気がしているのです。

と言いますのは、非典型担保というのはよく問題になっているように、仮登記担保も譲渡担保も統一的に理解していこうという動きがあるのに対して、一方は所有権移転という形式をとっている。一方は所有権移転予約という形式をとっている。この形式上の差は担保の理論の中に生かされてきていいのだというのと同じ意味において、両極分解をさせて一方は純粋売買に入れて一方は譲渡担保に入れるという考えについては若干疑問を持っています。

近江さんのような考えでは、買戻しであるとか、再売買の予約が行われている際に担保の目的を持っていないというものと担保の目的を持っているのだというのがあるのではないかという気がするのです。そうすると、担保の目的を持っているものをどう扱っていくのだろうか。買戻純粋再売買は予約と全部処理して割り切れるのだろうかという気がしていまして、そういう担保の目的を持っているものは従来のような売渡担保という概念の中で捉えていき、一つの形としての担保を形成していくということを考えてどうだろうかという感じがしています。

椿　伊藤さんのを○○、○×、×○、××と記号化すると××は何になるのですか。占有が移っていないというのもありますね。

伊藤　被担保債権があって、占有が移転していない、つまり○×というのは典型的な譲渡担保です。

椿　両方××のはどうですか。非担保債権が表に出てこないで、なしと言っていいかどうかはわかりませんが、占有も移転していないというものですが。

伊藤　売渡担保だと思います。若干留保を止めさせていただきますが。

椿　両極分解ではなくて段階的にやるという場合は効果上どういう違いが一番出てくるわけですか。

伊藤　今ここですぐには答えることはできませんが、譲渡担保と売渡担保との効果うえの差異を確定し、中間段階にあるものはどのような効果が欠落し付加されるのかを今後検討することが必要だと思います。

6　譲渡担保に対する課税

〔所得税基本通達〕

平井　それでは課税に入らせていただきます。南先生の「譲渡担保と所得税」という論文がジュリスト（六七二号九〇頁）にありまので詳細はそれをお読みいただくことにいたしまして、ここでは基本的に通達などでどういうふうに扱われているかということだけをごく簡単に紹介させていただきます。まず譲渡所得に所得税がかかってくるわけですが、所得税基本通達三三—二では次のようになっております。

「債務者が、債務の弁済の担保としてその有する資産を譲渡した場合において、その契約書に次のすべての事項を明らかにしており、かつ、当該譲渡が債権担保のみを目的として形式的にされたものである旨の債務者及び債権者の連署に係る申立書を提出したときは、当該譲渡はなかったものとする。この場合において、その後その要件のいずれかを欠くに至ったとき又は債務不履行のためその弁済に充てられたときは、これらの事実の生じた時において譲渡があったものとする。」

次の事項というのは、「当該担保に係る資産を債務者が従来どおり使用収益すること。通常支払うと認められる当該債務に係る利子又はこれに相当する使用料の支払に関する定めがあること」ということです。ですから、占有を移転していなくて利息を払っているということを言えば譲渡所得に関しては一応非課税になる。

この通達には注もついていまして、その注は「形式上、買戻し条件付譲渡又は再売買の予約とされているものであっても、上記のような要件を具備しているものは、譲渡担保に該当すると」なっています。法人税に関しても今申しました所得税の取扱いと同じです（法人税基本通達二—一—一八）。

不動産の取得税ですが、これに関しても地方税法七三条の二七の三というのがありまして、その第一項で譲渡担保設定の日から二年以内に非担保債権の消滅により担保権者から設定者に目的物の所有権が移転した場合には譲渡担保権者による当該譲渡担保財産の取得に対する不動産所得税に係る地方団体の徴収金に係る納税義務を免除するというのがまずありまして、そして、第二項で担保権者から前項の規定の適用を申告した場合には、取得の日から二年以内に限って不動産取得税額を徴収猶予するという規定があります。

岩城　そのようにすれば税金は少なくなるかもしれないが、あと債権者としてはいろいろ不利になるので、こういう通達どおりの申告を果たしているかどうかはかなり疑問です。また二年というのでは、根担保として利用できませんね。

菅野 通達でこういうことを決めること自体が問題ですね。本来、通達に拘束されるのは、税務署の職員だけなのですから。

7 譲渡担保と公示

〔公示としての所有権移転登記〕

平井 不動産の譲渡担保の公示方法は、通常は所有権移転登記という方法をとるわけです。

ところで、ご承知のように不動産譲渡担保の法的な構成に関していろいろな見解が述べられているわけですが、各見解と公示方法との関連を申し上げます。

まず信託譲渡説があるのですが、これは担保目的以外には権利行使をしないという債権的な拘束だけがついているということで、所有権は完全に担保権者に移るわけですから、まさに所有権移転登記もそのものがなされて、その外形とそのような法的構成の実質が合うわけです。

授権説ですが、これは自己の名において設定者の財産を処分する権限が譲渡担保権者に与えられていると考えるわけですが、単なる処分権だけが授権されているという公示方法は本来はないと思いますので、したがってこのような考え方でいきますと法的な構成と外形である所有権移転登記とは食い違ってくることになります。

二段物権変動説ですが、これは設定者から所有権が担保権に移り、さらに担保権者から設定者留保権という形で留保権が戻ってくるという二段の物権変動を考えるわけですが、このような二段の物権変動を反映させる登記があるということになると、考えられるのは所有権が設定者から担保権者に移るほうは所有権移転登記、設定者留保権が設定者に戻ってくるほうは設定者に所有権移転請求権保全の仮登記あるいは買戻しの登記をさせるということでしょうが、現実の問題としましては担保権者、債権者と設定者との力関係から、こういったものが実際になされるかどうかはやや疑問だと思います。

期待権説ですが、非担保債権消滅によって所有権が回復するという物権的な期待権が設定者に残っているということを言われるわけですが、このような物権的期待権が設定者にあるということをどうやって公示するかということになりますと、買戻しの登記または再売買予約の仮登記でも設定者にさせるかということになるわけですが、これも同じく実際にそういうやり方が行われるかということになりますと問題があろうかと思います。

担保権説ですが、これはあるいは準抵当権説とでも言いましょうか。吉田助教授の考え方ですが、不動産譲渡担保を私的実行という特殊な実行方法を伴う抵当権だと捉えられます。この点であとでご紹介します米倉教授の抵当権説と同じなのですが、吉田教授の場合は公示方法が米倉教授と少し違って、譲渡担保設定契約を登記原因として所有権移転請求権保全の仮登記をする、できればこれと抵当権設定登記とを併用するのがいいということを言っておられるわけです(譲渡担保二二二頁以下、二三二頁)。そこで担保設定契約を登記原因として仮登記ができるのかどうか、仮にしたとしてそれが仮登記なので、仮登記担保との区別がどうやってつけるのか、登記原因で区別するのかというような問題が出てくる(吉田教授は、譲渡担保は仮登記担保に同化させ、両者間に差異を認めないのがあるべき姿とされている。前掲書二三二頁、二三九頁)。

最後に抵当権説ですが、これは不動産譲渡担保を私的実行という実行方法を伴う抵当権と考えるべきである。その点は先ほどご紹介しました準抵当権説と同じですが、公示方法については米倉教授はまさに現在行われている売買を登記原因とする所有権移転登記のままで私的実行しうる抵当権としての譲渡担保が公示されていると解されます。ただ実体は抵当権なのだが、このような登記は過大登記、一部無効の登記と解すべきである。したがって、譲渡担保権者は抵当権者としての対抗力を有するにすぎないと言われるわけです(譲渡担保の研究八頁、「不動産譲渡担保の法的構成」民法学3一九四頁)。しかし、そういうような理解が現実におるかどうかというのもよくわかりませんし、かつ私的実行の許される担保権なのだという公示もないわけですから、その辺もあとで、お話しいただきたいと思います。

公示方法に関しては以上ですが、そのほかに余計なことを申し上げますと、これも今さら申し上げるまでもないのですが、通常は売買を登記原因として所有権移転登記がなされます。もっとも譲渡担保という登記原因でもなされうるのですが、現実に譲渡担保を登記原因とするものが使用されているかということにつきましては、「銀行取引と譲渡担保」という座談会では、突き詰めて言いますならばあまり使われないだろうと言われております。その最大のネックは何かと言うと、実行前と実行後との区別が登記面上出てこない。ですから、やるとすれば一度譲渡担保を登記原因とする所有権移転登記を錯誤を理由として消してしまい、再度また売買なりなんなりの登記をするということが考えられているようです。そういう手以外に実行の結果を登記面上に表すことができないので、第三取得者側から見てこれは確定的に債権者が取得してものかどうかがわかりにくいということもあって、実際にはあまり使われてないようだということが言われております。

〔現実には所有権移転登記しか行われない〕

菅野 設定者留保権という概念を仮に認めるとしても、理論的には設定者のための所有権移転請求権の保全の仮登記または買戻権の登記によって公示されうると鈴木禄弥教授の『譲渡担保』(二四三頁)に書いてあるのですが、一つの権利に二種類の登記方法があるということ自体、不動産登記法の理論上ありえないことです。しかも、不動産登記法第一条に登記の対象になる権利が決められていますから、設定者留保権について登記をすることはできません。そこで、鈴木教授は、設定者留保権をここでは所有権マイナス担保権ではなくて、かっこして実質的には担保権の負担付きの所有権だという説明をしていますが、設定者留保権の内容が前後で矛盾していますし、所有権に実質的所有権と形式的所有権の二種類があるわけではなく、法律上所有権でないものが所有権の扱いを受けることはできません。それから買戻しの特約がないのに買戻権の登記ができるというのも不動産登記法の理論上無理だと思います。

椿 その理論というのは実定法を遥かに超えた理屈として考えればというだけのことではないですか。

菅野 所有権移転請求権保全の仮登記とか買戻権の登記は不動産登記法にある登記であり、理論上できるのだというのは、不動産登記法の解釈として理論上できるとの意見だと思います。立法論なら何も二種類の登記を認めるということを言う必要はないので、別にそれなりの登記を作ればいいわけです。

近江　そのとおりだと思うのですが、各説の主張している公示方法というのはいったい理想的な形なのか、あるいは現実に行われている方法なのか、その各説の主張によりましてまだわからないのです。一つはそうしたほうがいいということで立法論的な主張ですね。ただ、いったい公示方法はそうすべきだという主張についてどれだけの意味があるのかと私は感ずるのです。

と言いますのは、譲渡担保自体は経済的な力関係の差がある場合とか、特に債務者側が無知だった場合に使われるのが多いのです。先ほど岩城さんが言われましたように、高利貸あたりが使うというのは間違いないことなので、もしそうであるとすれば、こういう形で譲渡担保の公示方法はこういうふうにあるべきだなどという議論はどれだけの意味があるか。おそらく、力関係とか無知の関係の下では、そのような理想的な方法などはとられもしないでしょう。もしほんとうに理想の形を求めるなら譲渡担保などは使わなくて抵当権を使うわけです。現実に登記原因として譲渡担保がある。しかしそれが現実には使われていないという面がありましたが、まさにそのことが当てはまると思います。非常に変則的な担保なので、私の考えとしては、もし譲渡担保の典型的な公示方法を認めるとすれば、あるいは立法論的に処理するとするならば、今言いましたように、譲渡担保を登記原因とする所有権移転登記でいいのではないかと思うのです。そういうことができないからこそ問題になるわけです。

〔解釈論か立法論か〕

椿　もう一つ、公示はともかくとして、なんとか説なんとか説というのも不動産を想定しては言ってないでしょう。大体譲渡担保論というのは動産を念頭に置いて議論しています。だから主張者自身が、鈴木さんの場合はおいて、そういう認識自体がないのではありませんか。

平井　一応私が見ましたのは、例えば米倉教授の抵当権説とか吉田助教授もそうですが、不動産の場合でもそういうふうに構成をして登記をそう理解しろ、あるいはこういうやり方でやれと言っておられます（前掲引用参照）。

椿　そこは私の読み不足ですが、先ほど菅野さんが言われたことに少し引っ掛かるのですが、実定法ないし現行法上そう理解できると言うか、しろと言われても行われると思って言っているのですか。できないことをこれが自分の画いた図面ではここは絶対にこの色でなければいけないと言うのは自由ですが、あまり意味のない議論ではないかという気もするのです。

伊藤　そこを意味づけるとして各法的構成論に対応した登記ができるのだとします。ところが現実にはそのような登記が行われないで売買を原因とする所有権移転の登記が行われている場合は、不動産譲渡担保は対抗力を備えないというところまでいってしまうのですか。各説はそこまで考えて言っておられるのかどうかですね。

平井　譲渡担保の法的構成をどう捉えるにせよ、私的実行ができる担保権なのだという点は崩せないでしょう。これを認めなければ譲渡担保のメリットというものはなくなってしまいます。後は性質論を抵当権に片寄せてしまうか仮登記担保に片寄せてしまうかで、そのような態度が公示方法の立論の仕方に現れてきているような印象です。

岩城　登記は第三者への対抗力です。当事者間の法律関係は所有権移転の仮登記があるかどうかに関係なく議論できるでしょう。問題は所有権移転の登記だけしかない登記簿を見た第三者に対してどういう影響力を与えうるかということだと思います。

現実には先ほど私が申し上げたように、債務者のために所有権移転仮登記をするなど高利貸がそんなに親切にやってくれる気づかいはまずないのですから、そういう意味では設定者留保権を所有権移転登記で表象できるなどと言ってみても空論にすぎません。逆に言えば、もし所有権移転の仮登記がしてあっても、それが設定者留保権なのかどうかは第三者にはわからない。だから、仮にそういう登記を高利貸がやってくれたとしても、それが直ちに決め手になるわけでなく、もっといろんなことと総合して第三者にどういう対抗力を債務者が持ちうるかということになるでしょう。

要するに、現実の問題としては仮登記とか買戻特約の登記はまずありえないのですから、所有権移転登記のみがなされているという前提で、それで第三者になおかつ何が対抗できるのか、そういうのを買った人は何を背負って買うのか何も背負わないで買うのかという議論しかないのではありませんか。

8 「譲渡担保」という登記原因の公示力

〔法的構成に対応した登記〕

近江 どういう登記がなされていれば譲渡担保と認定できるのかということのほうが、むしろ議論の余地があるし、また実益が大きいのではないでしょうか。

平井 現状では移転登記と売買原因で譲渡担保を認定しているわけでしょう。

近江 ただ、現実はそれだけかということなのです。というのは買戻しとの関係、あるいは当事者が買戻しまたは再売買予約を主張するのですが、そういう場合に現実の裁判例では、買戻しないし再売買の登記があるのかどうかが全然議論されてこなかったのです。

岩城 そんな親切な高利貸はないのですから議論にならなかったのでしょう。

椿 力関係ということでなら再売買予約完結権の仮登記に買戻しの登記も普通はないのではありませんか。だから裁判例の最近のもので見ていても、割合買戻登記のあるものとないものが混ざっていたように思うのです。

岩城 買戻しの特約の登記のある事例はありましたか。当事者間で買戻しの特約や再売買予約があったとされている例はありますが、登記まであるものはごく少ないでしょう。

椿 あったと思うのですが、今日は見ていませんので。

岩城 大判大正五年七月一二日〔民録二二輯一三七四頁〕は買戻しの特約が登記されていますが。

菅野 抵当権説の立場から所有権移転の登記に抵当権の設定効果を与えることも理論上できないと思います。登記というのは公示内容が画一的に決まっていなければ公示の意味がないわけです。もしそういうことが許されるならば、真正の抵当権を設定しておいて所有権移転登記で対抗力が与えられることになります。所有権移転登記と抵当権設定登記では、登記の内容が全く異なりますから、これも不可能です。

平井 仮にそうですと、所有権移転登記でしかもそれは抵当権なのだという甲区に書くのか、乙区に書くのかということが出てくるのではないでしょうか。抵当権だと乙区に書かなければおかしいのですが、この点はどうされるのでしょうか。

岩城 もちろんその説を唱えられる方も所有権移転登記がある登記簿謄本を裁判所に持って行って競売の申立てができるとは考えていないと思います。だから所有権移転登記がしてあっても、当事者間の効力としては競売にならない私的実行の特約のある抵当権だと解釈するのでしょう。

問題は登記を第三者が見たときにそこまで読み切れるかと言うそれは無理でしょう。そうすると事情を知っている第三者しか議論の的にならないわけで、登記はさしあたり関係ないではないかと思うのです。

伊藤 私も法的構成論に対応した登記ができるかできないかという議論というのは意味がないので、みなさんが言われるように、一番多用されている売買を原因としての所有権移転の登記でこの登記をもって行われている法的構成論を対抗していくこと、第三者に主張し対抗していくことができるかどうかという形で公示の問題は問題にしていくべきだと思うのです。そうなった場合に、抵当権とか担保権というような権利としての対抗力しか持たないものとしてこの登記を捉えていくことになると、かなりの問題を含んでいるのではないかと思います。

〔譲渡担保」という登記原因の利用上の効果〕

岩城 その点で、譲渡担保という登記原因が第三者にどういう対抗力を持ちうるかということです。

伊藤 せいぜいメリットとして第三取得者へいったときに悪意の認定に役立つぐらいしかないのではないかと

思います。

岩城　被担保債務が弁済されて確定的に所有権が移転しているのか、まだ移転していないかを調査する義務が第三者にあるのに、しなかったという過失を論ずることができているかどうか。

椿　これも実際にはほとんどないのですね。

岩城　下級審判例に譲渡担保を登記原因にしているのがまれに出てきます（東京高決昭和五五・一・二八金法九二九号四四頁）。そういう登記原因のある不動産が競売され競落許可決定があったのに対し、設定者が抗告したのですが、譲渡担保という登記原因があるからと言って旧民訴法六四八条四号の不動産権利者としての抗告権はないとされたものです。それから、先ほど申し上げた強制執行を免れるための名義変更型は、また少し違うと思います。

平井　それは譲渡担保を登記原因とする譲渡担保ではなくて、まさに譲渡担保の外形をとった隠匿行為ですね。

岩城　やはり債権者に移転登記をするのですから担保的要素が全くないわけではないのです。しかし、たとえば五千万円の価値のある不動産を一千万円しか債権のない債権者の名義に換えるというのであると、他債権者からの強制執行を免れるという目的が強く出てくるわけです。

椿　譲渡担保を登記原因とするものがどうして認められたかというい わく因縁というのは、平井さんや近江さん、調べる方法がありますか。

岩城　これは正式の通達ではなくて、法務省民事局で作った申請書式の中に入っているのです。

椿　なぜそういうようなことがということなのですが、これが突出しているからです。

岩城　法務省が譲渡担保を登記原因として認めるについて特に通達を出してはいないようです。

（後日調べたところでは、譲渡担保設定契約を所有権移転登記の原因とすることができるとの実例が登記研究八〇号三八頁にあるのみで、通達や回答にはないように思われるし、またなぜこのような実例が記載されるに至ったのかも今のところ不明である。)

椿 今言われた譲渡担保を登記原因とするというもののケースは、山内敏彦前裁判官の論文の中に大阪では年間六〇〇ぐらいあったとかいう数字が載っていましたが、調査する方法は何かで可能なようですね。頻度というのが山内さんの論文ではかなりあったような気がするのです。

伊藤 公示の問題で極論すれば、もし担保的構成をやっていくということだと、譲渡担保を登記原因とした場合に限ってのみ譲渡担保権は対抗力を持つ。実質譲渡担保権であるのに売買を登記原因としているような場合は対抗力がないというところまで言い切る形でやりませんと、おそらくこの問題はいつまで経っても解決しないだろうと思うのです。

椿 なかなかそこまでは言い切れないでしょう。

平井 もう一つは登記原因からは対抗力は出てこないという問題がありますね。

伊藤 だから両方合わせてです。

岩城 そうなると、譲渡担保を登記原因とするものはほとんどなくなりましょう。

近江 公示方法の問題は譲渡担保をどういうふうに認定していくかという問題にかかってくるのですね。ですから、もちろん登記原因に譲渡担保があれば譲渡担保ですが、それから買戻再売買予約の登記があれば譲渡担保を認定してもいいと思います。問題は売買だけの登記で譲渡担保をどういうふうに認定していくかだと思います。

平井 その認定は被担保債権があるか、設定者が使っているか、利息の約定があるかということにならざるをえないと思います。だから、公示方法というのは認定の一要因としての意味しか持ってこないと思います。

岩城 登記は、要するに譲渡担保かどうかの認定にほとんど無力であるということですね。

平井 例えば抵当権説を是とした場合、問題は用途担保を抵当権なのだと見るときにどういういうメリットがあるか、抵当権規定を類推するメリットがあるのかということになってくると思うのですが、結局実行方法として私的実行を認めてしまうとすると、あとは各抵当権規定を類推してみても意味がそれほどないような感じがしまして……言い過ぎかも知れませんが。

椿　大隅先生が言われた言葉を間接的に聞いたことがあるのですが、学者というのは例えば、自分では三〇か四〇通ればいいときに一〇〇だと言うのです。半分叩かれても本来実現しようという三、四〇の範囲に抵触しなかったらそれでいいのだというのです。

抵当権説や担保権説を言う先生たちも、例えば暴利その他の不当なことが行われないようにある範囲で言ったらいいのであって、全部が全部職権でこれを抵当権登記に切り換えてしまえなどということを仮に言ったとしても、ことのいきがかり上そこまで言われるのであって、真意は一〇〇パーセントそこまで存在するかどうかはわからないのではないかという気もするのです。

こういう仮説を立てて一度全部洗ってみたら、ということしか皆さんは言ってないわけで、それに対して例えば、竹下さんは抵当権説は絶対に無理だということをおっしゃったことがあるのですが、それを受けてさらにどうかという反論はないわけです。そうなると、実験的にこの線で突っ走ったらこういうことになるという一つの見取図みたいなものが示されたという感じもしているのです。それは絶対捨てない、というほどきついものかどうかはわからないのです。

伊藤　諸説はいろいろありますが、最終的には被担保債権の弁済がなければ債権者に所有権取得を認めるという線を崩さないというのであれば、それを先取りして設定の段階で売買を原因とする所有権移転の登記でいいのだと言ってもいいのではないかと思います。

二 不動産譲渡担保権の実行

1 帰属清算と処分清算

〔非清算特約の有効性〕

平井 次に清算義務ということで報告させていただきます。第一には、非清算特有の有効性をどう見るかという問題が一つあろうかと思います。

もう一つは、清算のタイプとしまして帰属清算と処分清算と言うことがいわれていまして、こういう清算のタイプによって実際にどういうところに違いが出てくるのか、これは引換履行の問題とも絡むわけですが、もしもあまり違いがなければ、こういう二つのタイプを区別する実益があるのか、という疑問だけ述べさせていただこうと思います。

まず、清算義務を肯定することは、確定した判例だといってよろしいと思います。問題は、非清算の特約をどう見るかということですが、その点について若干、判例を紹介しますと、仮登記担保について、清算義務を肯定した最高裁の昭和四三年三月七日判決（民集二二巻三号五〇九頁。ほかに最判昭和四二・一一・一六民集二一巻九号二四三〇頁、同昭和四五・三・二六民集二四巻三号二〇九頁など）を受けまして、譲渡担保につきましても、流担保の特約がありながら、清算義務があることを認めた昭和四六年三月二五日（民集二五巻二号二〇八頁）の最高裁の判例があり、それ以後、近時の下級審の判例は、清算義務をいずれも肯定する。買戻しという特約がついていてさえ、これを認めるということが出てきているわけです。

しかし、それでは常に清算をしなくてはいけないのかということになりますと、そうは言い切っていないようでして、いろいろな表現が使われていますが、私なりにまとめますと、「当事者が非清算の特約をなし、かつ、それが清算を不要とする合理性があると見られる特別の事情のない限りは、清算をしなくてはいけない」というような言い方をしているようです。つまり、それほど強い留保でもありませんが、弱い留保付きで非清算の場合がありうるということを述べているのが、下級審の判例の立場だろうと思います。したがいまして、清算を不要とする合理性があるということを、何で判断するのかということが問題になるのではないかということです（近時では、流担保型と認定されたものは実際には少ない。東京地判昭和四七・六・二七判タ二八五号二六六頁）。

〔適正評価の問題〕

平井　もう一つは、仮に、一切、非清算を認めないということであったとしましても、問題は、譲渡担保の目的となった不動産を担保権者が評価するにあたって、評価額が適正な取引価格を若干下回ってもよいのだというような判断がなされますと、その差額分だけは清算しないで取ってしまうというのと同じことになりますので、この辺は判例ではどうなっているかということです。

これもいくつかの判例をあたったわけですが、代表的なものは、東京地裁の昭和四九年一〇月一八日（判時七七五号一四三頁）、これは適正な取引価格を一六パーセント下回って評価した場合に、適正な範囲内のものだといったのがあります。これに対しまして、大阪地裁の昭和五六年八月三日（金商六四〇号三二頁）ですが、これは時価の七割でなされた評価を不適正だとしています。こういう意味で、非清算の特約を認めるかどうかということと、適正な取引価格よりも下回る実行を認めるかどうかという二つの問題が、ここでは出てくるのではなかろうかと思います。

さらにその適正な評価額を定めるに関して、帰属清算型と処分清算型とでは何か差があるかということですが、これは、槇先生の著書によりますと、差があるのではないかということを言っておられるわけです。関係の部分を読ませていただくと、「商品にとって、現実に貨幣に転化できるかどうかは大きな問題であり、売主と買主との立場の相違を無視することが困難である。したがって、適正な価額も、担保権者が目的物の売主として現れる処分清算型と、結果的に一応買主として現れる帰属清算型とにおいて必ずしも同一ではなく、前者においては、既に行われた具体的な処分の価格が消極的に不当であるかどうかという形で、実際上はその処分をめぐる全般的事情を考慮に入れつつ、比較的広い幅を持つ基準によって評価されるが、後者においては、計算上提示された価額が積極的に適正価額であるかどうかという形で、使用価値の取得や将来の有利な時期での換価に注目している事情等も考慮に入れつつ、より厳格な基準によって評価されるとも考えられるであろう」(「譲渡担保の効力」民法総合判例研究⑱四一頁)。

このような考えをベースにしますと、帰属清算型のほうが、適正な価格ということに関してシビアになってくるということになるわけでして、そういう違いがあってもいいのかどうかということが問題になると思います。

次に、仮に、評価類が不適正であった場合にどういう処理をするかということです。これは帰属清算型ですと、適正な価格を基にしまして清算額を裁判所が決めまして、差額を支払わせるという方法が行われるというのが普通のようです。

これに対しまして、処分清算型ではどうなるかといいますと、処分行為の効力を問題とするというのなら別ですが、普通言われていますのは、処分行為の効力は問題にしないで、適正な価格と、実際に処分された額との差額を払わせるという処理がなされているようでして、もし、このような処理ならば、処分清算型という特色はそこになくて、帰属清算型と同じようなことになるわけです。

さらに、処分清算型では適正な価格で売却する義務というのが担保権者にあるので、その義務違反ということで処理をするということもできるでしょう。そういうしますと、これはおそらく損害賠償請求ということになるわけでしょうが、このような形で処理をすれば、処分清算型の特色ということになるかもしれませんが、帰属清算型におきましても、適正な価格で評価すべき義務があるとして、その義務違反ということで損害賠償請求が認められるということになりますと、結局、この意味でも帰属清算型と処分清算型との間の区別がなくなってきてしまうということになるわけで、評価が不適正であったという場合の処理に関しまして、果たして帰属清算型と処分清算型との差があるのかないのか、というようなことも疑問になるのではないかと思います。いずれこの両タイプの問題は、引換履行のところでも出てきますので、取りあえず清算ということに絡みましては、以上のようなことを申し上げるに止めたいと思います。

〔実際に処分をするとき〕

岩城　前に菅野さんもご指摘になったことですが、不動産の評価については不動産鑑定士に鑑定してもらうのですが、実際やってみますと、人によって違う評価が出るということがあります。客観的というか、絶対的な値段というものを不動産は出しにくいのです。そういう点で、適正な評価とは何かということはかなり問題があるのです。

それから、不動産を売る場合は、その時の経済情勢とか、売り急いでいるかどうかなどの事情に大きく支配されます。処分清算では債権者になるべく高く売る義務があると思いますが、それでは、ゆっくり時間を掛けてもいいのかということがあるわけです。売り急ぐと安くならざるをえない。債務者にとっては多少安くても清算金を早くもらうほうがよいのか、遅くてもいいから高いほうがよいのかという問題があります。不動産の譲渡担保の判例では、高利貸型債権者しかほとんど出てこないと思いますが、それを別にしまして、一般論として言いますと、債権者からしますと、不動産でもらわなくても、現金のほうが余ほどよいということがあります。しかし、債務者に現金がないので、債権者としては特に欲しいわけでもない変な場所の不動産を押し付けられるということがあるかもしれません。そうでないとしても、仮に帰属清算で債権者が引き取りましても、ほとんどは転売を考えて引き取るわけですが、少なくとも当座は不動産取得税、固定資産税、都市計画税などを負担しなければいけないというのはつらいだろうと思います。そういう負担をしても、そのうちに高く売れてそうした諸費用を回収できればよいけれども、それはいつになるのかわからない。そういう点を考えると、特に帰属清算の場合は、評価を若干下回るということも許容していいケースがあるのではないかという気もします。

2 非清算特約の効力について

〔必ず無効とは言えない〕

平井 非清算特約の効力というのは、どうお考えになりますか。

岩城 常に、いわゆる適正な評価で清算することが必要であるとすると、今述べたような事情、つまり転売の際に、債権者がそれまで負担した諸費用をカバーしきれない場合があるということを判例も考慮しなければならないのかもしれません。しかし、清算の前提になる評価を弾力的に処遇していけば足りるのではないかと思います。非清算特約を認める必要はないでしょう。

椿 非清算特約は、動産と不動産とで違いが出てくると思うのですが、動産の場合はだんだん値が下がってくる。不動産は上がるか横ばいかということですね。

岩城 今のご指摘は、どの時点でその物件の評価をするかという問題と関係があります。債務不履行があったその直後から争われて訴訟になって、大分時間が経っている場合、時間的な幅がありますから、どこを押えるのか。その点、言われたような値上がり要素、値下がり要素をどう考えるかです。

平井 どこで評価額を決めるかというのは、総論でも出ましたね。

岩城 動産は値上がりということはまずないのですが、不動産は、土地については一般的に値上がり要素があり、建物は値下がりが普通でしょう。評価の時期は、口頭弁論終結の時ではなくて、債務の履行期日であるというご意見がすでに出ていました。そうであれば、その後の値上がりや値下がりは関係しないことになります。

菅野 非清算特約が常に絶対に無効とは、言えないと思うのです。有効な場合を絶対に認めないとして物件の引渡しと清算金の支払との引換えだということになりますと、常に適正価額を立証しなければいけないということになってくるわけです。すると、岩城さんからご指摘がありましたように、また前述しましたように、不動産の場合については適正価額を認定するというのは極めて困難で、更地の価額についてですら、最高限と最低限くらいは出てきますが、それがかなりの幅を持って出てきます。鑑定がいくつも出てくるということになりますと、そのいずれをとるか、それぞれおかしいところがあるとなりますと、引っくるめてどこに認定するかということで、裁判所は非常に苦労し困るわけです。ほんのわずかなことで、大して債権額をオーバーしていないのに、そういうものを必ず払わなければ引渡請求ができないとか、清算金を請求するとかいうようなことになってきますと、無駄な訴訟が行われるという可能性があります。したがって、常に絶対無効ということは言わないほうがいいと思います。

平井　仮登記担保法の三条三項の類推適用があるか、という問題でもあるかと思うのです。

椿　文言からすると、そういう特約というのは片面的な条文があったのでしたかね。

平井　また立法論というべきかも知れませんが、動産質に関する民法三五四条というのがありまして、このようなものを不動産譲渡担保に導入するかということもあると思います。

岩城さんにお尋ねしたいのですが、適正な価格をどうやって決めるかは問題であるけれども、一応適正な価格があるものとしまして、それより下回ってもいい場合があるだろうと言われたわけですから、それと、非清算特約を認めても合理性がある場合には清算しなくてもいいという考え方とは結び付きませんか。

岩城　だから、非清算特約があってもそれに合理性があるという判断は、評価の仕方では多少お釣りが出るけれども、転売の困難さなどいろいろの事情を考えて、多少は含みを持たせてやってもよいと考えているのではないでしょうか。そうでなくて明らかに著しい差が出て債権者が相当儲かるのに、なおかつ非清算特約を有効にするというのであるとどうも理解できません。しかし、いずれにしても裁判所が認めるのは、清算金がそれほど多くないケースだけでしょうね。双方の主張する価格の差が微差なら、清算をしてみてもしてみなくても大差はないわけです。

椿　平井さん、帰属処分のどちらでもいい、債権者が選択できるのだという、選択清算とか、純粋清算というのはどういうふうに位置づけられるのですか。

平井 私は、選択清算型というのは帰属清算型へ収斂される過渡期に出てくるにすぎないと思います(これを認めたものとしては東京地判昭和三八・四・二六判時三三四号四一頁)。ところで非常にラフな考え方かもしれませんが、帰属清算と処分清算ということで二つのタイプを認めていますけれども、実際どういうところでその差が出てくるのだろうか。先ほど槙先生のご見解を紹介しまして、そこでは帰属清算の場合には、適正な価格というものの基準はかなりシビアになってくる。処分清算の場合はよそへ売るわけですから、やや乱暴な価格で売っても、それほど問題にはならないという違いがあるということも言われているのですが、それも程度問題ですから、そういう点で考えますと、両方ともそこらのところではそれほどの差が出てこないだろうとも思われます。そうしますと、清算に関しまして、帰属清算であるか処分清算であるかということを分けて考える実益はあまりないような感じがちょっとしたのです。こういう二つのタイプがある。このタイプではこういうふうに把握すべきだということで処理するのではなくて、当事者がどちらを主張してきても、今みたいに変わりがないならば、私は、乱暴な意見かもしれませんが、帰属清算一本で収斂させても構わないのではないかという感じがするのです。

3 清算金の支払と明渡しの同時履行

〔処分清算と明渡し〕

岩城 処分清算になりますと、清算金と明渡しとの同時履行がうまくいかない。処分清算の場合は、売るのだからおまえ出ていけ、売れなければ清算金は払えないというので明渡しが先履行になるのでしょう。

椿 そういう面からは、仮登記担保の場合でも、帰属清算一本のほうがよいと、鈴木禄弥さんでしたか、ある時期から言っておられましたね。

平井 清算金の支払と、目的物の引渡しの引換履行ということですが、仮登記担保法三条二項で、「清算金の支払の債務と土地等の所有権移転の登記及び引渡しの債務の履行について」民法五三三条の準用を認めるという規定があるわけです。問題は、これを不動産譲渡担保においても類推適用していくかということですが、仮登記担保と違いまして、不動産譲渡担保では所有権移転登記はあらかじめ債権者、担保権者にいっているわけですから、問題になるのは、引渡しないし明渡しと、清算金の支払とが引換履行の関係に立つかどうかということになるわけです。そこで原則とされています帰属清算型では、この点が肯定されていまして、これについて異論はないかと思います。

処分清算型ではどうかということですが、岩城さんが言われたことですが、常に引渡しを先履行とする。まず追い出して、それから売って、清算金というのは売った価額の中から出てくる。つまり、原資は売らなければ出てこないということで、そこで引渡しを先履行とすべきなのではないか。そこに処分清算型と帰属清算型との違いと言いますか、あるいは処分清算型の帰属清算型に対する独自性と言いますか、そういったものがあるのではないかというようなことが、従来の概説書では言われているわけです。しかしながら、必ずしもそういうことにはなっていないようです。

判例などを見ましても、処分清算型だから当然、先履行でいかなければいけないというのは、不動産に関してはまずないようです。ゴルフ会員権に関してはそういうことを言っている最高裁の判例があるのですが(最判昭和五〇・七・二五民集二九巻六号一一四七頁)、あれは不動産ではありません。最判昭和五一年二月一七日(金法七八四号三二頁)に担保設定者に対する明渡請求を認めたというのがあるのですが、そこでは設定者が債権者には所有権は移転していないから明渡請求権がないと主張したのに対して、担保目的実現の手段として明渡しを求められると応えているものでして、清算金を未払のままでよいということは言っておりません。

ところで、これも槇先生の考え方ですが、処分清算型の場合には、清算金の支払の後払い、引渡し、明渡しの先履行の余地はありうるけれども、それは清算金の支払に不安のないことを前提とするものであって、不安の事由が発生している場合には、設定者側は、帰属清算型への転換や、担保権者から不安に代わる担保の供与を求めて、清算金の支払を確保することができるというべきではなかろうかというようなふうに言っておられます（槇・前掲書五三頁）。

その限りにおきまして、設定者の先履行ということは当然ではないわけで、かなり縛られてくるわけです。あるいは極論をしますと、処分清算型であっても、常に引渡しあるいは明渡しは清算金の支払と同時でなければいけないのだ、ということも言えなくはないのではないかという気もしますと（高木多喜男・担保物権法三二六頁は処分清算型でも引換履行が許されるとする）、この面におきましても、帰属清算型と処分清算型との区別はほとんどないということになってまいります。むしろ、それをあまり認めてきますと、処分清算型は担保設定者にこういう先履行義務があるという面でも不利、目的物を処分する場合でも安い値段で構わないというのが出てきているわけですから、その点でも不利ということになります。特に債権者が高利貸であるような場合が問題になると思いますが、設定者を可及的に保護するのであれば、むしろ、処分清算型というのはあまり認めない方向がベターではないかというように考えますので、その辺を教えていただきたいと思います。

〔清算金に代わる担保〕

岩城　留置権の場合は民法三〇一条で、債務者は代り担保を提供して留置されているものを返してもらえます。同時履行の抗弁権の場合は仮登記担保法でも準用しているのですが、少なくとも代り担保についての明文の規定はないわけです。

平井　解釈論としての不安の抗弁というのがありますね。

岩城　不安の抗弁というのは延期の抗弁です。

平井　代わり担保を供する義務は出てきません。

岩城　延期の抗弁だけですから、債権者に代り担保を供する義務を課するところまではいかない。

平井　不安の抗弁を認めれば、先履行がそこの限りでは否定されるわけですね。

岩城　問題は、裁判所が、清算金に代わる担保を提供せよという判決を出すかどうかですが、菅野さんはいかがですか。

菅野　代わりの担保を提供しろという判決の主文は書けません。提供の対象となる担保を特定できませんし、提供の意味も不明ですから、代わりの担保をよこせというのであったら、例えば、この土地を引き渡せというふうに特定しなければ執行できませんから、執行のできない判決は出せません。実体法的に代わりの担保を請求する根拠があり、代わりの担保を特定することができればそういう判決ができないことはないでしょうが、私も根拠がないと思います。

平井　今の場合はそういうことよりも、裁判所が認定されるとすれば、これは当事者は処分清算型だと言っているけれども、帰属清算型なのだからということはできませんか。

4　清算方法についての認定

〔いずれが原則か〕

菅野　例えば、契約書に処分清算とはっきり書いてあっても、それを帰属清算だというふうに認定することができるかどうか、これは帰属清算と処分清算を分ける根拠をどこに求めるかという問題です。もし、これを当事者の意思にのみ、あるいはそこに中心を求めるのであれば、そういう認定をすることができなくなります。けれども、当事者の意思が不明確な場合にどうするかというのは別の問題になります。今の判例法が、当事者の意思にかかわらず帰属清算が原則で、処分清算が例外ということでしたが、当事者の意思にかかわらずそういうふうに判例が譲渡担保判例法を立法したのだとすれば、これは当事者の意思にかかわらずそういう認定をすることができないことはないと思いますが、そう読めますか。

椿　四六年判例は、処分または評価して清算というのではなかったですか。

平井　はい。四六年(最判昭和四六・三・二五民集二五巻二号二〇八頁)は流担保ですが、そういう特約は無効で、清算義務があると言っていますけれども、その清算の仕方については換価処分または適正評価と言っていずれを原則とは言っておりません。

椿　原則が帰属であると言ったのは、大法廷の仮登記のほうですね。

平井　そうです。

椿　それとは同じではなかったと思うのですが。

平井　四六年は当事者の約定では帰属型なのです。しかも差額は返さないということでいったわけですが、それに対して清算義務があるとしまして、明渡しと同時履行だということを言った判例です。

椿　処分でやるとかというのは言ってはないわけですね。

平井　選択清算を認めるように両タイプを挙げておりますが、いずれにせよ清算および引換履行だとしております。

伊藤　菅野さんの、そういうふうに読めますかねという論理ですが、私は、譲渡担保は私的実行を伴うものであるという場合の私的実行というのは、譲渡担保の本質とのかかわり合いにおいて実行されていくべきであろうと思います。私は、一応所有権は移転した、そして、被担保権の弁済がなければ、譲渡担保権者はその所有権を取得することになるのだ、という考えを持っていますから、当然に帰属するのだということを前提として実行していくべきであろう。あとはその帰属したのを処分するか否かは譲渡担保権者の勝手であって、それが清算金の支払にかかわってくる問題ではないのだというふうに考えるべきではないかと思っています。譲渡担保に帰属清算と処分清算があって、処分清算の特約があれば処分清算を行いうるのだというのは、果たして譲渡担保だろうかという気はするのです。

平井　私も大体同じように考えるので、処分清算というのは特別にそういうタイプがあるのではなくて、取った物を後で売るだけの話で、処分清算型というものを認めてしまいますと、先ほど言いましたように弊害が出る、設定者に不利な面が出てきますから、そういう意味では原則的に帰属清算というのを、むしろ帰属清算一本でいいような感じがして、先ほど申し上げたわけなのです。

〔評価の合理性の確保〕

近江　論理構成上は確かにそうだと思いますが、譲渡担保の場合には、所有権は移っているけれども、本当に所有権が移っているかどうかが議論の対象になっているので、そこまで言ってしまっていいのかどうかという疑問があるのです。何で帰属と処分というものが出てきたかといいますと、実は、今ここで問題になっているような場面ではなくて、清算の場合の評価の合理性をどう判定していくかによって、帰属と処分というものが出てきたわけです。法論理から言えば、当然、帰属型が原則なのですが、帰属ではいけないのだという議論が出てきたわけです。つまり、処分のほうが目的物の評価の合理性が担保されるのだという議論なのです。帰属の場合でも評価の合理性が担保されるのならば、私としては帰属でも処分でもどちらでもいいと思うのですが、現在の問題は、ここで論議されましたように、同時履行の関係で捉えられるか、あるいはそういう問題が起こってきはしないかということであって、明け渡した後で清算金を払わないという事態が起こるかどうかの問題に変わってきたのです。そこで処分の場合にはいけないということになったのですが、そこをどう考えるかの問題なのです。処分清算ではいけないのか、そのような清算金が支払われないという事態が起こってくるのかどうかということなのですが。

椿　今のに関連して、無清算帰属から処分清算の推定という大審院判例が動いたという解説がありますが、あれのあたりとの関係はどうなるのですか。譲渡担保の大審院判例は、処分清算の推定だと私たちが学部の時は習いましたが、それがどこから出てきてどうなったか。不動産譲渡担保をやっていてよくわからなかったのは、判例法理の理解に関する説明が十分には行われてはいないということです。この機会に、今のような処分清算の推定則が出てきたといわれていますが、それはどんなものか、どういうところから出てきたか。帰属と処分というのは、最後は、裁判官の中には個人的に、帰属というのは自己への処分の方式であるというようなことを座談会で言っている人もいましたね。

平井　近江さん、処分清算型のほうが価額の合理性が担保されるということは、帰属清算型だと債権者が恣意的に評価してしまうということなのですね。

近江　もともとの発想がそうなのです。

平井　処分清算型では恣意的ではなくて、より合理的な価額が担保されるということはどうなのでしょうか。

近江　その人に帰属するよりは他人に売ったほうが取引関係に立つと。それが一般的な原則として処分の場合には前提とされるのです。処分清算型というのが一時期、原則だとか言われていました。

平井　先ほどの槙先生のお考えは逆ですね。

近江　槙先生のご紹介がありましたように、前提のとり方の問題なのです。私は槙先生の考え方について、そういう前提を置いていいのかという気がしたのです。今言いましたように、処分清算型では合理性が担保されるということは、それは取引関係に立つということだからです。椿さんのいわれた時期にそういうことが述べられていましたし、ドイツの昔の議論でもそういうことなのです。それが最近の議論になりますと若干意味が変わってきまして、むしろ帰属のほうが清算金との引換給付なので合理的なのだということになってきたのです。反対にこの観点からしますと、処分清算では清算金が支払われないかという疑問が若干あるのです。

平井　判例に現れたのも若干ありまして、清算金は未払のまま第三取得者から設定者に対して引渡請求をしてくるわけであって、今度はその清算金を被担保債権にして、設定者が留置権で第三取得者に対して対抗してゆくことで設定者を守ろうという判例が、下級審と最高裁(近時のものでは仮登記担保の事例ではあるが、最判昭和五八・三・三一民集三七巻二号一五二頁)とであります。ですから、未払のままというのは結構あるのではないかという気がします。

近江　もしそうだとすれば、帰属清算型の方がいいのでしょうが、私としてはそのあたりはあまり考えませんで、清算がなされるのであればどちらでもいいという考えだったのです。しかし、現在の問題が仮登記担保法との関係になっていくと思われますので、むしろこういう法律ができている以上は、同じような歩みでいったほうがいいのではないかという気がしています。

5　処分清算の合理性

〔譲渡担保に公売制はない〕

伊藤　処分清算は評価の合理性を持った制度なのか、一つの擬制のような感じがしまして、本当にそうだろうかという気がします。帰属清算のほうが争いやすい、評価が誤っているのだといって争えるわけです。何が客観かということは別にしまして、そこにいくつかの評価を出していくことができるという可能性を持つわけです。どうも帰属清算のほうが評価の合理性を保持しやすいのではないかという気がするのです。

岩城　処分清算は、無茶な処分をしたのでない限りは、現実の市場価格で清算するのですから債務者にとっても納得がいくという利点があるわけです。だから、処分清算は無効だとまで言うのはどうかということです。処分清算を例外的にでも有効と認めるならば、先ほど言いました清算金との同時履行をどう確保するかという問題を考える必要があります。

椿　近江さんが言われたように、処分清算原則が仮登記担保判例ではどちらでもいいという選択にする。それから、帰属原則というのに最後収斂しますね。そして、立法では規定上は帰属だけになります。すると、譲渡担保がどうして処分清算をなお特約として残さないといけないか。というのは、単に仮登記担保法の類推の、可否の問題だけではなくて、処分清算というのはどこまで合理性があるのかですね。

菅野　債権者に立場に立てば、現実に適正な売り方をしたという債権者もいると思うのです。評価がいくらいろいろ分かれていても、特に不動産の場合には実際の売り方、不動産の個性がありますし、マーケットが動産のように広くはないですから、適正価格の評価が非常に難しいので、とにかくこれだけしか債権者は現実に回収していないということを客観的に証明できるというメリットがあると思うのです。帰属清算の場合は、見解の相違だということになりかねないのです。もちろん、適正に売ったかどうか、債権者が安く売る場合はいくらでもありますが、これは譲渡担保に公の競売がないことから生じる本質的な欠陥です。

岩城　帰属清算だと債権者としては清算金支払のキャッシュを自分で調達しなければいけない。しかし処分清算は、売れた中から分けてやればいい。

〔帰属清算一本にすべきか〕

平井　実は、私が帰属清算を言いましたのは含みがあるのです。それは前に私が申し上げたのですが、帰属清算型にしていかないと将来、仮に、仮登記担保で言われていますような実行通知というようなものを譲渡担保に持ち込んでくるとしますと、帰属清算型にひとまずまとめておかないと、そちらの方向に進んでいかないのではないかという気がするのですが、その辺はいかがですか。

岩城　譲渡担保契約に関する法律のようなものを立法するという前提でどちらがいいか言われますと、確かに帰属清算一本にしたほうが立法は楽ですね。

椿　帰属と処分の関係について裁判例はどうですか。

平井　昭和四五年の最高裁判例（最判昭和四五・九・二四民集二四巻一〇号一四五〇頁）あたりから、判例は帰属清算型を原則としていると理解されていると思います。

椿　最近の文献では、帰属と処分とではどちらのほうが多いのですか。

平井　普通は特約のない限り帰属型だとしています。

椿　学説では帰属が原則ですか。

平井　はい。分けて考えましても、処分清算型でも、清算金の支払と引渡しの引換履行や清算金支払まで受け戻せると理解しますと、実質的な差がなくなります。仮登記担保について、立法化される以前ですが、処分清算型は実行方法について任意競売になぞらえることにこだわり過ぎたものだという見解も示されています（鈴木禄弥「仮登記担保についての判例理論の趨勢」ジュリ五七七号九二頁）。

岩城　処分型で、債権者が安く売ってしまったが、その売買代金が不当だとして差額の支払を命じた判例がありましたね（東京高判昭和五八・七・二八金商六九五号二三頁）。

平井　不当廉価処分の処理の仕方が二つあるわけです。損害賠償でいくか、差額を売ったものから返させるかですが、同じ結果になります。

椿　そんなごちゃごちゃするよりも帰属のほうで、というのが伊藤さんの言われる争う場合にということですね。

岩城　そうなのですが、処分清算は無効とまで言ってしまえるかどうかです。

椿　仮登記担保法がどうして帰属清算一本に絞ったかという理由ですね。読み方によっては違うかもしれませんが、それ以外のものは無効です。だから、先履行で先に渡すという特約をしていても駄目ですね。譲渡担保と仮登記担保とでなぜそんな違いが出てくるか。仮登記担保のルートでは処分清算の系列は駄目なのでしょう。譲渡担保では立法がないから帰属原則か選択清算でいくかというのがそのまま残るというだけの理由なのか、実質的に考えて処分を残すべき理由が何かあるのでしょうか。

近江　かつて処分清算型が主張された一つは、買主が不特定になる、つまり、取引マーケットに引き込むことができる。そうだとしたら合理性が担保されるという理由なのです。果たしてそれが現実にどういうふうに言えるかはわかりませんが。

椿　私が代物弁済予約論を書いた頃は、今、近江さんの言われたとおりのことを考えていたと思うのです。売らせれば正当なバーゲンが行われるだろうと。ところが、そうではないという説が出てきまして、言われてみるとなるほどというので、私は今は帰属一本という仮登記のほうでいいのだろうと思っています。岩城さんや菅野さんが言われるように、処分清算は絶対無効とまでしてしまう必要があるのか。どうしても禁止しなければいけないデメリットばかりみたいならつぶしてもいいのですが、置いておくだけの値打ちがあるとすれば、それは例外として存続させるということになるでしょう。

〔絶対的な優劣はないのでは〕

伊藤 形式的に担保の型として当然帰属なのだと、それが譲渡担保であり、仮登記担保であるのだというふうに見るべきだと思うのです。仮登記担保があいうふうに先行したのは、当然の担保の型としての成行きであるのだということですね。

椿 それは伊藤さんの理解であってね。

平井 仮登記担保で帰属清算型に収斂させられたということの一因として、処分清算型では実行通知など入ってこないから切り捨てられたということがあるのではないかと思うのです。譲渡担保の場合は実行通知をやる必要は今のところはないわけですから、処分清算型が残る余地が出てくるということもあるのかも知れません。仮登記担保法の解説では、清算金の支払と登記必要書類の交付との引換履行を強行的に認める以上は、債権者に処分権のみを付与するあるいは換価処分するために信託的に所有権を移転するという形式の処分清算型はそれが清算金の後払いという意味であれば許されず、単に登記は債務者等から第三取得者へ直接移転するというものであれば実質は帰属清算型であるのだから、特に処分清算型を存続させる必要はないとの趣旨が説かれています(法務省民事局参事官室編・仮登記担保法と実務三五頁)。

近江 処分清算型を、果たして帰属清算に収斂させていいのかという疑問ですが、例えば、買主を債務者側が探して来るとかいう場合には、どうですか。

岩城 債務者が自分で買主を探して来るのなら、価格についても債務者は不服を言わないでしょうね。清算金も、代金のうちから直接もらえる可能性がありましょう。

椿　どなたかですが、処分清算でいきますと、要は、債権者は自分の債権だけ回収できたらいいから、あとは大安売りでもやりかねないとかいう議論が出ていたことがあります。処分が必ずしも合理的ではないということですね。

近江　本当に良い土地なのでその土地を狙って債権者が貸し付けたという事例だとしますと、ほかでも買手がいる。このような場合には債務者のほうが買主を探して来たり、あるいはたくさん買手がつくという場合もなきにしもあらずではないかと思います。

伊藤　私は、清算の方法としてどちらがいいかという形で単純に捉えれば、どちらもマイナス面はありますし長所もあるわけで、決定的なものは出てこないで水掛け論になってしまうと思うのです。だから収斂しないほうがいいのだということになるかどうかですね。そうなると、平井さんは通知の問題とか、私のように権利移転型の担保の本質としてであるということとの関連において、どちらなのだろうかということを検討していかなければならないかと思うのです。

岩城　処分清算の場合、債務者が占有しているのですから、それを立ち退かせるには金を払う必要があるということを買主にも納得してもらって、売買代金のうち一部、つまり清算金を買主から直接に債務者へ支払ってもらい、それと引換えに明け渡してもらうほかないかもしれません。

平井　清算金の支払と引換えではなくて、明渡しは先履行になるのではないですか。

岩城　処分清算の場合、明渡しを先履行と考えても、問題は、清算が終わるまでは、債務者はなお弁済をして受戻しができるというのであると、売買契約は不安定のものになる。債務者が弁済したのでもう処分できないということで売買契約がキャンセルになると、債権者は買主に違約金を支払わされる場合もあるかもしれません。債務者に受戻権がある以上、買手を探すのは難しいことも考えられます。買主との間に契約が成立した時に受戻権が消滅するとしても、なお問題は残ります。

6 債務者の受戻権の消滅時期

〔所有権移転時期との関連〕

平井 ちょうど今、受戻しがいつまでできるかというところが出ましたので、受戻しに入りたいと思います。いつまで、設定者、債務者が元利合計を弁済して目的物を受け戻すことができるかということですが、これに関しても帰属清算の場合には、清算金の支払があるまで、処分清算の場合には、一般の教科書レベルでは処分の時までと書いてあります。しかし、「処分の時まで」というのはいつなのかということになると、三つに分かれてくると思います。契約時という説もあれば、登記移転時だという説もあれば、甚だしきは清算金の支払の時までだという説もあるわけです。仮に清算金の支払の時までだということになりますと、この点に関しても、帰属清算型と処分清算型の区別はなくなってくるということになるわけです。

以上が受戻し可能の時点になるわけですが、受戻しの可能ということは、所有権がいつ確定的に債権者に移るか、ということと絡ませる必要があるのかないのか、ということが問題になるような気がします。といいますのは、清算金というのは、所有権が確定的に担保権者に移る、そこで被担保債権が消える、にもかかわらずそれ以上の価値が担保権者に把握されているというところから、もし清算金が出るということになると、単純に設定者の利益だけを考えて、いつまで引換履行ができるかという問題で処理していくだけではなく、所有権の移転時期の問題とも絡むような感じがいたします。

そうだとしますと、不動産の譲渡担保で所有権が、いったい確定的に債権者に移るのはいつかということになるわけですが、その辺のことはあまりこれまで議論されていない感じがいたします。

我妻先生のご本などを拝見しますと、当然帰属型とか請求帰属型という分け方になっておりまして、請求帰属型を原則とすべきだとおっしゃっておられますけれども、その場合の請求帰属型と言われる請求というのは、ここで確定的に所有権を帰属させるという意思表示をするということだろうと思います。そうしますと、その時にもう所有権が移ってしまい、被担保債権が消えるということになりますと、以後は元利合計を支払って受け戻すということはできなくなるわけです(我妻栄・担保物権法六〇八頁)。しかし、現実に清算金の支払があるまでは所有権は確定的に帰属せずに受け戻せると解することもできます。もっとも、仮登記担保の場合のように、被担保債権が消えても、清算金の支払の時期までは特別に受け戻せるのだと考える余地もあるかもしれません。

ですから、いつまで受け戻せるかということは、問題は被担保債権が消えたら受け戻せないのかどうか。消えなくても受戻せるというふうに考える余地があるのかどうか、ということと絡んで、さらに、具体的にそれが帰属清算では清算金支払時期ということになるのか、処分清算では先ほど申し上げたような三つの時期のいずれかになるのかという問題が、ここでは絡んでいるような気がします。

近江　受戻権の期間制限については、すでに済んでいるのですか。

平井　大体お話が出まして、被担保債権が消滅するまでは、いつまでも戻せるのだというのが一方の極でして、一方では、仮登記担保法一一条のように五年ぐらいで切ってしまうべきだというのがありまして、そのいずれとも答えは出ていなかったと思います。

〔処分清算の合意の意味〕

岩城　帰属清算の場合は、少なくとも清算金があるならば、それを払わないうちに債権者に確定的に所有権を帰属させる必要はないと思います。だから、清算金の支払時期に確定的に所有権が移転すると考え、かつ、そこまでは受け戻せるとするのでいいのではないかと思います。したがって、仮登記担保法二条のような考え方をここに持ち込む必要もありません。

問題は処分清算の場合で、これには処分清算の性格を考える必要がありましょうが、処分清算の特約があるということは、もし債務不履行の場合は設定者としては債権者が私の財産を処分されても結構です、という委任契約みたいなものが発効するという感じであり、所有権を債権者についに移転することはない。まさに処分権説であって、所有権は設定者から処分の相手方に移るが、債権者に一度くるということはないのではないかと思いますが、そこはどうですか。

平井 私もそういうことを考えました。処分権だけ与えられているとすると、他人物売買で追認があったときのように所有権が担保権者を経由して移るということは、おっしゃったようにないような感じがしますが、そうなってくると、第三者に所有権が取得された時に被担保債権は消えるということも出てこないわけです。逆に第三者から代金が払われて、その代金が担保権者のところに来た時に被担保債権が消えるということになりませんか。それがおかしい。いったん所有権は債権者へくるというのであれば、帰属清算との差はどこにあるのでしょう。

岩城 普通の不動産売買については所有権移転時期に関する議論があります。処分清算における設定者側の受戻権の消滅の問題もそれと整合しなければいけないと思うのです。一般に、不動産の売買においては、契約の時に所有権が移転するという判例がありますが、そうすると、設定者の債務不履行により処分権を発動していいことになった債権者が、買手を探してきて売買契約をすることになった時点ではその買主に目的不動産の所有権が移転し、設定者の所有権もそこで消滅することになるわけです。そうなると、設定者の受戻権もそこで消滅すると考えないと……。

菅野 私は処分清算型の合意がなされている場合に、譲渡担保権者のところに処分権しかいっていないということには賛成できないのです。もしそういうことを言うと、まず第一に、譲渡担保の契約によって所有権移転の意思表示があるので、それが効果を生じないということを説明しなければいけないし、委任だというのだったら、設定者の代理人として行動しなければいけないということで、民法だったら顕名主義になります。しかも、代理なら、本人が売ることもできることになりかねないと思います。

それから、所有権移転の経過が債務者から直接第三者に移ったというふうに構成しなければならないということになり、それ以後の取引が次々に出てきて、どこかで所有権の移転について問題が起きたときに、所有権の取得経過というのを当事者は主張、立証しなければいけなくなることが出てくることがあります。そのときに、登記簿に記載されたとおりの所有権移転の経過ではなくて、譲渡担保権者を飛ばして、所有権移転の経過を主張、立証しなければならなくなります。

もう一つは、処分権という権利も特別法の規定（会社更生四〇条・五三条、破七条等）がない限り実定法上存在しないと思います。所有権のうち処分権限だけを分解することは不可能です。

岩城　今言われたことは、処分清算の特約を有効と認めた場合にも、とにかく一度は債権者に所有権が移転するというご趣旨ですか。債権者にすでに登記上名義が移っているという点は、それは処分信託のためであるという考え方をとるわけにはいきませんか。

菅野　信託は非常に特殊な法律構成ですから、信託というのなら信託法に基づいてやらなければいけないと思います。あれを類推するというのは良くないと思います。信託法は、第一に信託者の利益のためのものですが、譲渡担保は第一に債権者の利益のためのものですから、本質的に違います。

岩城　設定者も売れるし、処分権を与えられた債権者も売ってよいという構造ではない、もっぱら処分権を与えられた者しか売れないという説明はできないでしょうか。

平井　代理ではなくて、自己の名において処分する権利を与えられたというようなことを普通は言っていますね。

近江　法形式を曲げて担保として考えられた譲渡担保ですから、信託的なり何なりで構成することも、ある意味では仕方がないと思います。

〔債務の消滅と清算金債権発生の関係〕

伊藤 私は、譲渡担保に基づく私的実行の過程をもう少し解明してくる必要がありそうな気がしまして、おそらく受戻し可能時はどこか、どの時点かというと、私的実行が完了した以後は受け戻せないと言わざるをえないと考えるのです。私的実行が完了した時というのはいつかというと、処分清算型でも清算金が支払われた時であると思います。なぜ、それまで受け戻せるのかという問題が起こりますが、それも被担保債権があるのだと思うのです。それを弁済することによって受け戻せる。だから、清算金が支払われると被担保債権はなくなってしまう。だから、そのことによって私的実行が完了する。それ以前の不履行の段階はいったいどうなるのかという問題が出ます。私はこの辺、まだ確定的なものがありませんが、仮登記担保に関し書いたことがあるのですが、一応債務不履行の時点、仮登記担保の場合には清算期間二ヵ月経過後と言っていますが、所有権は移るのだと言っていいだろう。所有権が移ったからといって、まだそれは私的実行の過程の中にあるので、被担保債権がそのことによって当然消滅するわけではない。被担保債権を弁済することによって受戻しできるという関係は継続しているのだ。これが終わるのが清算金支払の時であると解すればいいのではないかと考えたことがあるのですが、譲渡担保でも私は同じだという気が今もしているのです。

菅野 清算金支払というのは、担保物の価格相当のものによって債権の弁済を受けて、その後残ったものを返すという手続だと思うのです。そうすると、論理的に言って、弁済を受けたところで債務が消滅するわけだから、清算金を払うまで被担保債務が残っているのだということは言えないだろう思います。処分清算型で処分をしてしまって、登記も第三者に移ったがまだ清算金を払わないでいる間に、債務者から被担保債務が残っているからこれを弁済して取り戻せると言ってみても、取戻しは不可能でしょう。しかも、被担保債務が残っているとすれば、それについて、譲渡担保権者の側の債務不履行の問題が起こってくるということになりかねないと思います。

もう一つ、清算金の支払まで被担保債務が消滅しないというと、例えば、遅延損害金がそれまで発生しているという構成をとらなければならなくなるので、そういう構成は取れないと思います。

七　譲渡担保権の実行とは何か

〔債務の消滅する時期〕

平井　伊藤さんに二つほど伺いたいのですが、伊藤さんのお考えですと、仮登記担保法一一条では、被担保債権は残るとはなっておらず、債権等の額に相当する金銭を、と書いてありまして、明らかにこれは被担保債権は、清算期間の経過で消えてしまうというのが前提です。

もう一つは、清算金を払わないで、債権者が第三者へ処分しますと、第三者に所有権はゆくのですか。

伊藤　第一については、所有権を取得することになるとしたために、これにより被担保債権の満足を得たと考えたからではないかと思いますが、これは誤りだと思います。第二については、所有権はいくけれども、清算金が支払われると受け戻せるという権利を物権的に主張することができれば、受け戻すことができると考えていいと思います。ただし、九四条二項の類推適用のような問題が出てくるのはまた別で、第三者が知っているという状況の下であるならばです。

岩城　菅野さんのお考えだと、処分清算の場合はいつ債務が消滅するのですか、設定者に債務不履行があった時にですか。契約時ですか。

椿　弁済充当時ではありませんでしたか。

岩城　弁済充当時というのは、いつですか。

菅野　それが総論でやった譲渡担保権の実行というのは何なのかというところに関係します。そこで結論が出なかったわけですが、とにかく手続は別として、担保物を処分なり何らかの行為を取ることによって、譲渡担保権を実行して被担保債務の弁済に充当したときです。ただ、弁済充当という用語は、充当という行為がないので、私はあまり使いたくないのですが。伊藤さんのご意見に対して申し上げたのは、清算金の支払というのは、債務が消滅して残ったものを返すというだけのことだから、したがって、清算金の支払時に被担保債務が消滅するということは論理的に出てこないだろうということです。

伊藤 私は、清算金の支払を不当利得的な差額を返すだけなのだという意味ではなく、これは譲渡担保権者側における私的実行完了の一つの行為なのだと見るべきだと思うのです。

菅野 では、清算金の支払によって債務が消滅するのだというお考えですね。

伊藤 はい、そうです。

菅野 なぜ清算金を支払うと消滅するということになるのですか。

伊藤 抵当権実行のときに競売をして配当をやりますが、そこで被担保債権が消滅するのです。

菅野 抵当権の実行の場合には弁済の充当だとか、民法上の弁済行為というのはありませんから、弁済充当という言葉を使いたくなかったので、担保の実行という言葉を使ったのです。抵当権の場合も抵当権者に対する配当によって被担保債務が消滅するのであって配当の残りを債務者に配当することによって消滅するのではないですね。

〔処分清算における買主の保護〕

岩城 菅野さんのお説だと、論理的には前に担保権の実行があって、清算金を返すのは後始末だということになりますが。

菅野 そうです。

平井 それは総論のところで、私も菅野さんとほぼ同じようなことで、ではいつなのだといわれまして、実行通知みたいなものを導入できないかということを申し上げたと思うのですけれども。

岩城 仮登記担保法も清算金の支払について、もともと同時履行にならないものを政策的に同時履行の規定を準用しているのですから、譲渡担保でも同じ発想を使うなら、立法論になるかもしれませんが、とにかく清算金をもらうまでは所有権も移転しないのだと、債務者有利に考えることもできないわけではなくて、後始末だと言ってしまうと債務者が不利なような気がするのですが、不利にはなりませんか。その点は清算金をもらっていない限り受戻権は行使できるという形でカバーして、債務は消滅したが、受戻権があるからいいのだというわけですか。

椿　そういう理論構成を考えるということは言えるでしょうね。しょせんは政策的価値判断で、いつまで保証してやったらいいかというのがまずあって、そこで何かの理屈がつけられるかということで、弁済充当時というか、もっと前に本来なら消滅すべきだが、この場合は債務者保護のために、受戻権と言えば本来的には消滅よりも、さらに清算金の支払という時までは受戻権は認めてやるべきであるということも考えられますね。

菅野　帰属清算では、伊藤さんのように考えることは可能だと思いますが、処分清算では債務者が第三者から取り戻せるということは、対抗要件のない債務者の受戻しの権限に物権的効果を認めてしまうことになりますので、無理だと思うのです。もし受け戻しうる時期が違うということになると、帰属清算と処分清算で大きな違いが出ることになりますね。

平井　これまで皆さんのお話を伺っても大体、清算金が払われるまでは受け戻せるということでよろしいようですね。

岩城　処分清算は清算後払いだから少し問題がありますが。

平井　最後に伺いますが、岩城さんのお考えとすると、処分清算型の場合にはどうなりますか。

岩城　処分清算で、その不動産の買主として現れる人は別にいつも債権者と通謀している悪い買主だと考える必要はないわけで、そうすると、処分清算についても不動産取引の安定という要素を折り込まなければいけない。そうすると、債権者が清算金を払っていないという買主の関知しない事情で、所有権が取得できないというのは問題だし、売主たる債権者の立場を考えても受戻権の消滅時期は、契約時説がいいのではないか。いわゆる弁済充当はこの時点でなされる。しかし清算金は後払いということになるのです。

平井　仮登記担保法一一条みたいに、そこから二重譲渡になるから、登記移転時だという考え方は出ませんか。

岩城　よくわかりませんが、処分清算における買主との契約前に設定者が債務を弁済しているにもかかわらず、債権者が買主と売買契約を締結すると、二重譲渡みたいな問題を生じますね。しかし、だからと言って、買主への所有権移転登記の時まで受戻権があるのだとすると、不動産取引上問題です。処分清算の性格についての結論がまだハッキリしませんが、菅野説によると、処分清算でも目的物件の所有権は債権者に一度移転する時期があるのだということになるのですが。

椿　それは最初の設定の時に、債権者にいったいいかなる権利がいっているのかということから、また議論しなければならないのでしょう。

三　不動産譲渡担保の対外関係

一　第三取得者に対する留置権の行使

〔弁済期到来後の処分〕

椿　不動産譲渡担保の対外関係はいろいろ問題があるかと思うのですが、特に弁済期前に担保権者が目的物を処分した場合について報告、討議をお願いいたします。

平井　不動産譲渡担保の対外関係問題のうち、今椿さんが言われましたように、ここでは譲渡担保権者が目的不動産を処分した場合の、その第三取得者と設定者との関係について簡単な報告をさせていただきます。

この場合、本来重要なのは弁済期前の処分だろうと思いますが、併せて弁済期が到来した後に担保権者が処分した場合についても、最高裁の判例も出ていることですので若干それについても言及したいと思います。

まず弁済期到来後の処分のタイプとして、普通、「帰属清算型」と「処分清算型」があると言われています。処分清算型の場合には、設定者が占有を止めているときに、その明渡しと清算金支払との引換履行の関係が重要で、果たして設定者の側に先履行義務があるかないかということが問題になるのですが、この点はすでに触れられたことだと思います。

帰属清算型の場合は帰属清算を約定しておきながら譲渡担保権者が第三者へ処分をしてしまうということはできるのかということもあるのかも知れませんが、帰属清算の場合にはいったん所有権が確定的に担保権者に帰属し、帰属した所有権に基づいて処分するのですから構わないというふうに考えられているようです。問題になるのは清算金が払われないままで処分されたという場合のことで、この点が判例でも登場してきております。

もっとも仮登記担保に関するものでして、仮登記担保法が適用される前の事例ですが、最高裁昭和五八年三月三一日（民集三七巻二号一五二頁）を紹介させていただきます。これは弁済期が到来後、担保権者が清算金を担保設定者に払わないままに目的不動産を第三者に処分をしてしまった。そこで第三取得者から担保設定者に対して引渡しを求めてきたわけです。ここでちょっとお断りしておきますが、設定者の信用が悪化したというので本登記はすでに債権者に移転し、債権者はさらに第三者に移転しております。その場合に清算金債権が担保設定者にあるので、それを被担保債権として留置権の抗弁が認められる。したがって清算金が払われるのと引換えに目的物を第三者に渡せばよいということを認めた判例です。これは譲渡担保の場合にも同じような形で清算金が未払の状態における担保設定者を保護することが考えられると思います。その際に若干問題になりますのは、一つは清算金を払うのは誰かということですが、五八年の判例では清算金は第三取得者が担保設定者に払うのだということになっています。第三取得者は清算金を担保設定者に払うのと引換えに目的物の引渡しを受けられる。本来的に清算金支払義務を負っているのは担保権者ですから、担保権者が担保設定者に清算金を支払うのと引換えに第三取得者は目的物の引渡しを受けられるというふうに判決されるべきであったのだろうと思います。実は原審がそういうような形で肯定をしていまして、最高裁はそれが理論的には間違っているとは言いながら、この際清算金の支払義務者（原審は第三取得者にしているわけですが）を担保権者に変えてしまうと担保設定者に不利益になるだろうということを理由にしました。

もう一つはこの場合の第三取得者が取得した不動産が仮登記担保の目的物であって、しかも担保権者から清算金が払われていないということについて第三取得者は悪意であったということも併せて勘案しまして、いわば変則的だろうと思いますが、第三取得者が清算金を払うのと引換えにという処理をしているわけです。

果たして清算金を払うのが第三取得者でいいのかということですが、それはここではさておきまして、このように第三取得者に対して清算金を被担保債権として留置権を主張できるということになる場合に、どのような第三取得者にもいけるのか。言い換えれば善意無過失の第三取得者に対しても、これはたぶん担保権者がということになりますが、担保権者が清算金を払ってくれるまでは担保設定者は留置権を主張して引渡しを拒めるのか、そういうことになりますと、もしかすると取引の安全を害するのではないかと考えられるので、留置権を主張できる相手は悪意者に限るべきなのか、善意あるいは善意無過失の者に対しても主張できるのかという問題が、不動産譲渡担保の場合でも弁済期到来後の清算金未払での処分に関しては出てくるのではなかろうかと考えます。

〔弁済期前の処分〕

平井 次に弁済期前の担保権者による処分ですが、判例で典型的なのは大審院の大正九年のもの（大判大正九・九・二五民録二六輯一三八九頁）です。これは担保権者はとにかく対外的には所有権を有している、そこで第三取得者は善意、悪意を問わずに完全な所有権を取得できるということを言っています。したがって、担保目的で譲渡し弁済期が到来していないわけですから、担保権者はその担保目的以上に所有権を行使したということになるのですが、とにかく対外的な関係では第三取得者は完全な所有権を取得する。そこで対内的に担保設定者は担保権者に対して損害賠償請求権を持つ、それが債務不履行かあるいは不法行為かということは別としまして、損害賠償請求でのみ救われるにすぎないことになります。
それでは、その損害賠償請求権を被担保債権として設定者は留置権を行使して、所有権がいってしまうことは否定できないけれども、第三取得者に対する引渡しを拒むことはできるかということが問題になるかと思います。しかし、これも最高裁昭和三四年九月三日の判決（民集一三巻一一号一三五七頁）では、そのような不当処分がなされた場合の損害賠償債権を被担保債権としては留置権は行使できないとされているわけです。

したがいましてこれらの判例に依拠する限りでは、弁済期到来前の担保権者の処分に対しては担保設定者は全く手が出ないというような状況に置かれているわけです。

二　民法九四条二項の類推適用

〔学説の状況〕

平井　学説のほうはいろいろな説が唱えられていますが、信託的譲渡説によりますと所有権はとにかく担保権者に移っているわけで、あとは対内的に債権的な紐がついているだけですから、弁済期到来前の処分でも、善意悪意を問わずに第三取得者は完全な所有権を取得するという判例と同じような結論になるのだろうと思われます。

授権説ですと所有権は設定者にある、それにもかかわらず所有権が担保権者に移っているという形があるというふうに見るわけで、担保権者はいわゆる処分権しか持っていないわけです。したがって弁済期未到来の状態で担保権者が目的不動産を第三者に譲渡した場合には、第三者はまさに無権利者であるのがしかるべき状態になるわけですが、担保権者は一応外形上所有者という形になっていますので、九四条二項を類推適用して第三者が保護される場合があるのだというふうにこの説からは言われているのです。

二段物権変動説ですが、これは設定者に設定者留保権という物権が残っていると考えるわけです。その権利は物権なので公示方法も備えられる。現実に備えられるかどうかは別としまして備えられるという考え方をとります。仮登記あるいは買戻しという形での公示方法が備えられる。したがいまして処分がなされた場合には、そのような公示を通して対抗力を備えた設定者留保権をもって設定者は第三者に対して自己の権利を主張できるということになろうかと思うわけです。

次に物権的期待権説がありますが、この説も二段物権変動説と同じように、設定者のほうに物権的期待権、弁済をすれば受け戻せるのだという物権的な権利が残っており、公示も備えられるというふうに考えています。したがって第三者は所有権を取得してもそのような期待権付きの負担のついたままの所有権を取得することになろうかと思うわけです。

ところで川井教授の本を拝見していて気がついたのですが、川井教授はこのような期待権説をとられるにもかかわらず(担保物権法一八五頁)、第三取得者との関係では九四条二項の適用ないし類推適用という形で設定者を保護すると言っておられまして(前掲書一九一頁)、果たして期待権説という考え方と九四条二項の類推適用という考え方がどのように結び付くのか、私にはちょっとわからなかったところです。

抵当権説ですが、これは本来的には内部的には担保権者を持っているにすぎないとするのですが、対外的には過大登記という形で所有権移転登記がされていると考えるわけで、第三取得者と設定者との関係は九四条二項の類推適用で処理したらよいというようなことを言われておられますが、これは米倉教授のご見解です。

前に担保権説ということで吉田真澄助教授の説を抵当権説とは別に紹介しましたが、吉田助教授が第三取得者と設定者との関係をどういうふうに見ておられるのかということについては、多分仮登記担保と同様に考えられるのだと思います。

〔虚偽表示との関係〕

平井 今申しましたように、最近は大体において九四条二項を類推適用するという形で設定者を保護していこう、あるいは第三取得者の所有権取得を制限していこうという方向が主流になっているように見受けられるわけです。しかし、九四条二項を類推適用する場合にもいろいろな問題がありまして、例えば第三取得者のほうは善意だけでいいのか、あるいは無過失まで必要なのか、無過失と言った場合に無軽過失でいいのか、無重過失でいいのかという問題がありますし、あるいは第三取得者は登記を備えておかなければいけないのかどうか、つまり売買契約だけある状態で第三取得者として保護されるのかというような問題があろうかと思うわけです。

その前に私なりに疑問に思った点があります。それは九四条二項の類推適用を言われる先生方の多くは譲渡担保契約は虚偽表示なのかという、あの古い問題については虚偽表示ではないというふうに言われるわけです。それにもかかわらず対外的な関係になると、九四条二項の類推適用を言うのはなぜなのであろうか。虚偽表示ではないという譲渡担保契約が、第三者がそこに出てきますと虚偽表示性を持つ、だからこそ九四条二項の類推適用になるのだと思いますが、そこのところをどう考えるのかということがはっきりわからないところです。

譲渡担保契約がなぜ虚偽表示ではないかと言いますと、所有権移転の意思がなくて所有権を移すという形をとるのが虚偽表示なので、譲渡担保の場合には担保目的ではあるが所有権を移転するという意思がある、そして所有権移転という外形がとられる。したがって虚偽表示ではないというふうに説明するわけです。意思の面でも移転の意思がありますし、外形面でも移転の外形がとられるというふうに見まして、したがって虚偽表示性を否定する。

しかし譲渡担保の場合に所有権を移転する意思があると言いましても、かつてのように信託的に移転するという考え方をとりますと、債権的拘束という紐のついたにすぎない格好で所有権を移転しますから外形と意思が一致するわけですが、この頃のように担保的に把握するとなりますと、意思は担保権の設定、外形のほうは所有権移転ということになり、むしろ虚偽表示性があるのではないか。本来の虚偽表示というのは何ら法的な効果を生じさせる意思がないのに法的な効果を生じさせるような外形をとることですが、法的な効果を生じさせる意思があってその意思に即応した法的な形式が踏まれていないという形も広い意味での虚偽表示の一つです。すなわち隠匿行為ということですが、例えば贈与の意思があって売買の法形式をとった場合には贈与の意思があるわけですから所有権は移転しているわけですが、しかし売買としては移転しているというふうに見られないということで無効であるわけです。そういうものも虚偽表示中に取り込んできますと、まさに譲渡担保設定行為というのは隠匿行為ではなかろうかというように思われます。

したがいまして、そのように考えてきますとまさに譲渡担保というのは虚偽表示性を持っている。当事者の間では譲渡担保という担保物権を設定するという意思があって、外形にはその意思がその形どおり出てこないという意味で虚偽表示性を持っていると捉えられるのではなかろうか。そうだとしますと対第三者の関係では九四条二項を類推適用するということが割に楽に承認されるのではなかろうかというようなことを考えているわけです（隠匿行為については四宮和夫・民法総則〈第三版〉一七七〜一七八頁。なお川井教授も虚偽表示性を認められる。川井・前掲書一八五頁）。

以上のほかにも当事者は譲渡担保という担保物権を設定するわけですから物権法定主義に反するとか、あるいは動産の場合ですと三四四条に反するという問題が出てくるわけですが、その辺はすでに現在の段階では言い訳をしたり逃れたりする必要はないので、正面から譲渡担保設定行為というのは物権法定主義に反するし、あるいは占有を移転しない質を禁止している規定に反するということも認めてゆきまして、ただそれにもかかわらず譲渡担保というのはそれだけの社会的なニーズがあるから、今の段階でそういうことを理由に無効にすることはできないというふうに、言葉は悪いのですが尻をまくったような形にしまして、そして先ほどのような虚偽表示、隠匿行為的に捉えまして対第三者との関係では九四条二項を類推適用してゆくという方法を認めていってもいいのではないかというのが私なりに考えましたところです。

三　第三者の善意・無過失の問題

〔過失の認定〕

平井　九四条二項を類推適用するとなりますと、第三取得者は善意でなければいけないわけですが、問題は無過失までいるかいらないかということです。この辺については現在では九四条二項の適用そのものの場面におきましても無過失まで要するというのが通説的な見解となっていると思いますので、類推適用ということになりますと、無過失まで要すると言ってよいだろうと思います。もっとも、米倉教授は無軽過失の必要はないので無重過失でいいのだと言っておられますので（米倉・前掲書六二頁）、この辺の詰めが今後は必要かと思うわけです。

また、繰返しになりますが、単に譲渡担保権者と第三取得者との間で譲渡契約が設定された、それだけで第三取得者は九四条二項を類推適用の結果として保護されるかどうか。登記を備えておかなければいけないかどうか、こういう問題もあるわけですが、順次売買になりますから対抗問題ということではありませんが、いわば「権利資格保護要件的な機能」を認めまして、登記がなければ第三取得者は保護されないという方向が出てくる余地もあるのではないかと思うのです。

そのようにしますと、かなり第三取得者が保護される度合いというのは、従来の判例の態度と比べまして、これは信託的譲渡説をベースにしているのだろうと思いますが、無条件に保護されたのと異なりまして、かなりシビアになってくるだろうと思われます。ところで、第三取得者の悪意の場合は別としまして、過失というものを現実にはどのようにして認定するか。登記原因が譲渡担保の場合は別としまして、売買の場合には登記を見ればとにかく担保権者の所有という形になっています。あとはそれを買い取るときに売主が住んでいないで担保設定者が占有しているものを買うというところで過失が認定されるかどうかということもあるわけですが、あれは人に貸してあるのだと言ってしまえばそれきりで、人に貸してあるものを売れないというわけはありません。したがってこういう形で善意、そして無過失ということで絞り込んでいっても、実際の面におきまして第三取得者にどれだけ有過失者として追及してゆけることになるのかは私はよくわかりません。

〔競落人が第三取得者の場合〕

平井　関連しまして東京地裁昭和五八年七月一九日の判例（金商六九〇号四三頁）を紹介いたします。

これは建物に譲渡担保が設定されていて、弁済期が到来する前に譲渡担保権者がその建物に抵当権を設定したのです。その抵当権が実行されまして競落人が出てきて、それが譲渡担保設定者である現にその建物に住んでいる者に対して明渡しを求めたという事例です。普通処分と言いますと、担保権者が売却をするということが典型例として論じられていますが、ここでは担保権者が抵当権設定行為をしたというケースです。これに関しては東京地裁は、この場合には譲渡担保設定者は譲渡担保権者から賃借しているということを理由に第三取得者に対して明渡しを拒む余地はないとして、第三取得者の明渡請求を認めています。もし九四条二項の類推適用という処理をしますと、この場合は競落人が第三取得者の立場に立つわけで、その善意、無過失がここでは問題になるはずなのですが、この判決ではそういうことは一切触れていませんので、一方では学説を取り込んで九四条二項類推適用で保護した判例もありますが（例えば名古屋高判昭和五一・一一・三〇高民集二九巻四号二三八頁）、このように第三取得者は九四条二項で保護されるような下級審判例の流れがあるかに見える中で、他方ではこのような判例もありますのでご紹介した次第です。

〔第三者の過失とは何か〕

椿 ここでも出てくると思うのですが、不動産の譲渡担保では果たして譲渡担保権者というのは保護に値するような人であろうかというような利益衡量の問題があると思います。今の保護要件として、善意だとか無過失、あるいは無重過失、登記等々が問題になりますし、今まで取り上げてきたいかなる学説をとるかによって、保護の枠組みというのがどうなるのかという点も紹介のあったところです。平井さんのほうでは虚偽表示性というのを問題にされましたが、どのあたりからでもお話を始めていただけたらと思います。

岩城 第三者の過失を言うからには、そこに何か注意を払わねばならぬものがあるのが前提でなければなりません。そうすると、譲渡担保について設定者が持っているいわゆる留保権を不動産取引においては注意しなければいけないという原則が先にあって、それを怠ったから過失だということになるのです。しかし、それでは第三者は具体的に何を注意しなければいけないのか。乙が甲から金を借りてその不動産を譲渡担保にしたという場合、その金を借りていたということ、あるいはまだその弁済期が到来していないということをよく調査せよというのでしょうか。しかしそんなことは一切第三者たる丙には関係ないことではないか。丙がそんなことに注意しなかったからといって過失になるというのはおかしいという反論が出ると思うのです。それは甲乙間の債権債務関係にすぎないからです。そういう意味で第三者の過失ということがありうるとしたらまず先に解決しておかなければいけないものがある。それは乙の権利、つまり設定者留保権と言われるものが物権であるという結論を先に出しておかなければいけないのではないかと思うのですが、そこはどうなのでしょうか。設定者が居住しているのを見逃して買ったということは、借家法一条の問題を別にすると設定者留保権の公示になるものでしょうか。

平井　岩城さんは設定者留保権が物権であるということで言われましたが、もっと徹底した考え方というのは、そもそも設定者のほうに所有権があるので担保権者のほうには所有権がない。形だけの所有権者であるのに、担保権者が処分したことによって設定者は所有権を失ってしまうというのはおかしいのではないかという考え方もできるわけです。

岩城　そうであれば第三者はもともと何も取得しないのですから、過失を論ずる必要もないでしょう。

平井　ただ外形的には所有権移転の形式がとられている以上は何も取得していないとは言い切れませんね。そこが二律背反のところで……。

岩城　担保権者に所有権はなくて抵当権しかないと言うのだったら、第三者は抵当権を譲り受けたことになります。しかし、債権譲渡がなくて抵当権だけ移るのもおかしい。また所有権移転登記を抵当権の登記と読まなかったのは、第三者の過失というのもおかしいと思うのですが。

伊藤　平井さんの言われるのは信託的譲渡説に立ちますと、譲渡担保権者には所有権は一応移転しているということですから、仮に第三者が悪意であっても有効に所有権を取得するということになるのでしょうね。判例も善意、悪意は問うていないのでしょう。

平井　最近の最高裁判例では特にその点が問題となったものは出ていないと思います。下級審あたりですと、名古屋高判の五一年では九四条二項を類推適用しております。大審院の時代では善意、悪意を問わないのが一般のようです。

伊藤　すると、平井さんの立場では過失が問題になってくるのは譲渡担保権者の処分は所有権に基づいた処分ではないということであるから、第三者は所有権を取得できない、そこで九四条二項を類推適用に持ってゆく、そのための要件の一つとして過失を問題にしなければならないという論理ですね。

平井　はい。

四　第三者の背信的悪意

〔対抗要件と善意・悪意〕

岩城　今までの判例理論からいけばせいぜい使えるのは背信的悪意理論ではないでしょうか。甲が譲渡担保権者にすぎないことを知っていながら、甲と通謀して弁済前の不動産を甲から買い受けたというような場合ですね。

平井　非常に非倫理的な取引であるとか、あるいは譲渡担保権者と第三者取得者が実質的には同一人であるとかいうような場合ですか。

岩城　必ずしもそういう場合に限定されず、第三者に著しい非難性がある場合ですね。

菅野　前にも申しましたけれども、私は実定法の理論としては、まず平井さんの言われたようにいわゆる担保的構成というものを徹底すれば民法にない新しい担保物権を作るということになると思うのです。けれども二段物権変動説さえ、所有権はいったん債権者に移るのだという構成をとらざるをえなかったということに象徴的に表れていると思うのですが、二段物権変動説というのはああいうことをいうのだったら、何も設定者留保権が戻ってくるという構成をする必要はなく、最初から設定者留保権と担保権が発生すると、それだけ言えばいいと思います。しかしいったんは所有権が移ると言わざるをえなかったということは、所有権移転の合意があるからなので、その効果を否定するということは論理的に無理だからだと思うのです。すると、まさに平井さんが言われたように物権法定主義に反するということの結論を認めざるをえないことになります。しかももっと問題があるのは、担保物権をそこで作るとなると、担保物権の内容を当事者の合意によって決められるということになるわけです。例えば、被担保債務の範囲を当事者の譲渡担保設定契約の内容によっていかようにでも定めることができることになり、当事者の合意によって物権の内容を次から次へと変えていくことができるということになります。いったんそういうことを認めたら、取引の安全は滅茶滅茶に害されてしまうということになります。したがって私は物権法定主義に反するという結論を認めざるをえないということから、まさにそういう担保物権を作るということは実定法の原理に抵触するので論理的に無理と思います。

次に、担保物権を作るなら対抗要件を作らなければなりませんが、それができないので抵当権説はその代りに九四条二項を持ってきて、対抗要件は第三者に不測の損害を与えないためのものなのだから善意の第三者が保護されるのなら構わないはずだというのだと思うのですが、私は対抗要件の不存在を九四条二項でカバーするということとは次元が違うと思います。対抗要件が存在することについても存在しないということについても善意、悪意は関係ありません。例えば物権の所有権の二重売買の場合については、前に述べたとおりです。

もう一つの次元が違うというのは、平井さんがご指摘になったように、譲渡担保設定契約に虚偽表示があるのかという点です。所有権移転の合意の点については虚偽の表示は何もないわけです。担保の実質を持っているのに売買の形式をとったのが虚偽の意思表示だということは言えません。経済的に担保の効果を持つものに売買の形式をとろうとその他の形式をとろうと、その間に別に法律上何も齟齬はないわけで、そこに虚偽の意思表示を類推すべきだという根拠がないと思います。

もう一つ九四条二項説でいけないところは、善意、悪意というもの、あるいは過失、無過失という主観的な要件を、事実というものは常に明らかだという前提で議論していることです。ところが下級審の裁判官にとってみますと、訴訟法上は、特に判決にそれを書くときには事実というものがあるかいなかの二つしかないわけですが、そこへ達する過程というのは大変なものなのです。それは逆に当事者のほうから見ると裁判所がどういう事実を認定するかということは予測がつかないわけです。特に善意、悪意とか、過失、無過失というのは相手方の事情になるというものであるということと、特にこの主体が個人ならまだいいのですが、大きな法人だとなると、誰のどういう認識を捉えて善意、悪意と、あるいは過失、無過失ということになるか全く見当がつかないという状態になってくるので、取引の安全、法律関係の安定というものを非常に妨げます。

私は本質的に、この問題は裁判所による事実認定というものの性質と関連させて考えなければいけないし、その見地から見ると対抗要件のない場合に九四条二項でカバーできるからいいのだという考え方は誤った考え方だと思うのです。

岩城さんのご指導のように、せいぜいできるとしたら背信的悪意者です。あれは極めて例外的でしかも事実が明瞭に立証できる場合だけ、ごく例外的に認められる理論なので、使える可能性があるということは逆に言いますと、そういうことはめったにないからそんなことまで実際の取引においては考えなくてもよろしいということになるので、考えられるとすればせいぜいその程度であって、対抗要件が存在しないことを九四条二項でカバーしようということはできないと私は考えます。

〔設定者留保権の対抗力〕

岩城　菅野さんのお立場はたぶんそうだろうと思ったのですが、設定者が持っている権利が物権的なものではなくて債権的なものにすぎないとすると、事情を知っている第三者がそれを買い受けるということは、第三者による一種の債権侵害になると思うのですがそういう理論はどうですか。

菅野　不法行為を構成することが可能だということになると、他人が買ったものを二重売買で買って先に登記を移転したら、損害賠償請求を先の買主が後の買主に求められるということになってしまうのです。しかし、この場合は、先の買主に対しては、売主が債務不履行に基づいて損害賠償義務を負うわけです。それとパラレルに考えると、不法行為が成立するとは思いません。

平井　取得者との関係では損害賠償の問題は出てきませんね。

菅野　設定者との関係は債務不履行が成立すると思います。

平井　岩城さんにお尋ねしたいのですが、背信的悪意者論ということを言われましたが、あれは対抗の問題の場合に言われるわけですね。譲渡担保の場合は設定者、担保権者、第三取得者ということでちょうど一列に並ぶわけですから、設定者と第三取得者は果たして対抗関係になるのでしょうか。

岩城　二重売買であれば、登記を備えない第一売買の買主は登記を備えた第二売買の買主には対抗でないのに、例外を認めるのが背信的悪意者論です。設定者留保権なるものも、本来は対抗要件を備えていないものだが、例外的に背信的悪意のある第三取得者にはその権利を対抗できる、ということになるわけでしょう。

平井　設定者留保権というのが一つの制限物権だとしますと、それはそのまま第三取得者に対抗できるからそういうことを前提にして設定者留保権という考え方が出てくるのではないですか。一般に言われている食うか食われるかという意味での対抗問題になるというものとは同質の関係ではないのではないでしょうか。

岩城　設定者留保権なるものは現行法では完全な対抗力のつけようがない権利ですね。それに対して二重売買における第一売買の買主の持っている権利は登記すれば対抗力がつくものだけれども、登記がないのだから第三者に対抗できないのだけれども、それを背信的悪意者理論で保護するわけですから、設定者留保権の場合も似たような関係にならないかということです。

伊藤　譲渡担保権者が第三者に処分をして所有権の移転登記もやります。しかしこれが背信的悪意者であったとする場合に設定者が受戻しをやって所有権を戻したという段階で登記はありませんが、そこで対抗の問題ということで第三者は背信的悪意者であるという形で対抗の問題が出てきます。

平井　それはわかります。それなら対抗問題になるのです。受戻権を行使しないままで対抗問題になるかということなのです。

伊藤　せいぜいその時点で信託的譲渡説は背信的悪意者論で第三者を負かせるという論理に持ち込めるのだと思うのです。

岩城　受戻権を行使しなくても、背信的悪意のある第三者に譲渡担保物権が売却されたという事情があれば、設定者はその留保している権利を、対抗要件なしで対抗できないかということです。

五　弁済期前における処分の権原は何か

〔譲渡担保契約当事者の意思〕

伊藤　吉田助教授は譲渡担保に虚偽表示性を認め、かつ、物権法定主義に違反はするけれども尻まくり論でニーズに合わせて有効性を認めようということなのですが、虚偽表示であるということになると九四条で当事者に無効を主張されても無効にならないという論理がどこから出てくるかですね。

平井　それは担保権設定行為は隠匿行為でして、当事者間ではまさに担保権設定の意思で所有権を移転するという意思があるわけですから、その意思に基づいて所有権移転の効果、あるいは譲渡担保権設定効果というべきかも知れませんが、有効な効果が生じます。ただとられた外形としての売買の効果は生じないというわけです。

岩城　一種の部分的無効なのですね。言ってみれば大は小を兼ねるということで、当事者は過大な登記をした。担保権の登記でいいものを所有権移転登記をしてしまった。譲渡担保権の登記はできないのだからしようがないけれども、強いて言えば過大部分が無効と考えるのでしょう。担保権説に立つと、善意の第三者に対抗できないのはその過大な部分だけ。

平井　登記面に関して言えばそう言ってもいいと思います。

菅野　その考え方は所有権は移転しないのだという考えで登記だけの問題だけですね。

岩城　そうだと思います。

菅野　そうなれば抵当権設定の意思があるかということになります。

岩城　実際の当事者にはそんな意思はないけれども法律的に評価して、裁判所があると認定するわけですね。

菅野　抵当権設定というのは当事者の意思に基づいて設定されるのであって、当事者に意思がないものを抵当権を設定したのだと言っても無理だと思います。そういう評価を裁判所がなしうる根拠がありません。

岩城　仮登記担保の判例では、債務不履行があれば所有権を取るという意思で当事者がやった契約を担保権の設定にすぎないと裁判所が評価しているわけです。その論法を持ってくればできない芸当ではないでしょう。

菅野　それは担保権という担保物権を認めたわけではないのですね。

岩城　当事者間の実際の意思と違うことは同じでしょう。

菅野　清算義務を認めるためのテクニックであったわけです。それは一つの判例による立法だと思います。そして、誤まった立法だと考えます。前にも述べましたが、清算義務は、利息制限法一条に例があるように、契約の一部無効に根拠を求めるのが、解釈論としては、唯一可能な方法だと考えます。

岩城　担保権説や抵当権説もやはりテクニックですね。米倉教授などのお考えもそこまで持っていかないと、少なくとも裁判所のレベルでは通用しないわけです。

菅野　裁判所に向かってそういう判例による立法をやれという提案なのでしょうか。

岩城　私はそうだと思います。

菅野　そうするとすべてについて手当をしなければいけないのです。登記や執行手続まで含めて全部抵当権の規定を譲渡担保について準用するという条文を一つ作れということになるのです。

岩城　そのとおりです。仮登記担保契約に関する法律ができたゆえんです。もともとあの判例理論には無理があったと思うのです。

菅野　解釈論としてそれをやれということは論理的に無理です。解釈の対象となる法規がありませんから。

〔悪意の第三者について〕

伊藤 譲渡担保権者の弁済前の目的物処分で基本的には所有権は移っているのだと捉えていいだろうと思うのです。そこで従来から気になっていたのは、そう捉えた場合に設定者の保護をどうするのかの問題です。もちろん目的物件を買い受けた第三者の保護との調整を考えねばなりませんが、先ほどのように所有権が移っているというふうに見ますと、第三者が悪意であっても、第三者が所有権を取得して設定者は取戻しは請求できないということになってしまうわけです。そこで悪意の第三者にも有効に所有権取得を認めるかという反論が起こると思うのです。

そのあたりどのように手当しておくのかということは、逆の面で担保構成論と違う立場に立つものにとってはやっておかなければならない問題だと思うのです。その一つは背信的悪意者論で対応できるであろうと、これは受戻しをやった後でないとできませんが、受戻しをやる前に設定者に所有権を主張させるという必要はないようだと思いますので、受戻しがあった後でその余地があるということになれば私はそれでいいのではないかと思います。背信的悪意者論を厳格に解するか、あるいは緩やかに解するかによって設定者の保護の中身が決まってくるわけですが、これは背信的悪意者論につながる問題です。私はそれほど厳格に解する必要はないだろうと基本的に思っています。

もう一つ、先に平井さんが留置権に関連した最高裁判例を挙げておられます。この最高裁判例は牽連性がないということで留置権を否定したわけですが、これについては学説の一部に肯定説があるのです。譲渡担保権者が目的物を処分したということを原因として一方には損害賠償請求権が発生しており、そして第三者には引渡請求権が発生しているというような場合には、同一の法律関係から生じた債権であるという意味において牽連性を認めてもいいではないかということを柚木教授が言っておられる。これは譲渡担保の持っている一つの性質と言いますか、これをここで信託的譲渡説に立ちながらも設定者が受け戻せば所有権は戻ってくるのだという理論をここで守るために、譲渡担保権者によるところの賠償金が支払われるまでは引渡しの拒否を認めようという発想だろうと思うのです。これを持ち出すことができないのか。もっともこうなりますと留置権におけるところの牽連性の問題をどう見るかという議論をやらなければいけないのですが、そういうような面で手当をしていきますと、一方的に第三者だけが保護されて設定者が全く保護されないという場面は生じてこないのではないかというふうに考えているのですが、どんなものでしょうか。

平井　伊藤さんのお考えでは、弁済期が到来した後に弁済をして受戻権が具体的に発生した段階では二重譲渡の関係になりますから、背信的な悪意になる。受戻権が行使される前のものは切り捨てられることにはならないでしょうか、そこのところで私は先ほど申しましたように、ほかの九四条二項類推適用説が言っているところと少し違いますが、受け戻すことができるという可能性の段階でそれを何とか保護するかどうかということもあるわけです。もう一つは留置権構成でも言われましたが、弁済期到来後の場合の処分でも善意の第三取得者には留置権でいけない、悪意者にはいけると区別することにつきましても議論がはっきり煮詰まっていません。悪意者には留置権でいけるが善意者にはいけないという可能性もあるわけです。すると損害賠償債権を被担保債権として留置権を行使した場合の第三取得者が善意だと、もしかすると留置権も否定されてしまうという可能性も出てくるのではないかと思うのです。

伊藤　善意では留置権がいけなくて悪意でいけるというのは仮登記担保判例ですか。

平井　そうですが、あの判例は善意ならいけないとは言っていませんで、悪意だからいけると言っているだけです。

菅野　私は留置権の行使にあたって、第三者が善意であるか悪意であるかを問題にしないのが当然ではないかと思うのです。

岩城　留置権は物権なのだから、誰にでも主張できないとおかしい。

伊藤　本来の留置権の場面と違って、留置権を固くして設定者を保護するという面がありますので、したがって第三取得者の善意とか悪意とかいう問題が絡んでくる余地があると思うのですが。

〔九四二条二項と一項の関係〕

椿　平井さんにお聞きしたいのは、虚偽表示性というのがないと九四条二項は類推適用できないということでしたか。

平井　基本的にはそうです。

椿　仮装通謀の行為というところに限定しますが、類推適用の場合には虚偽表示性というものがそれがない場合が多いわけですね。九四条二項類推適用では虚偽表示性がないのは当たり前ではないか、と読者が読まれては困るので、そこをもう少し説明していただきたいのです。ある意味では今行き過ぎだと言われていますが、九四条二項は九四条一項と関係なく切り離して使われているのではないかというような人までおられますので、そこのところは公信力が与えられたと同じような使い方をしているので、それはどうでしょうか。また、第三取得者に受戻しができるのですか。

平井　第三取得者が現れた後でも、第三取得者が未登記の間でこちらが受戻しをしましてどちらが勝つかということは考えられます。

それから、今椿さんのご指摘の虚偽表示性の問題ですが、登記の公信力を否定するわが国の場合は、ことの当否は別として、仮にそれが制度の欠陥であり、九四条二項でカバーするのが妥当としても、それには限界があると思われます。すなわち、二項は一項を前提としている規定であって、これを離れて機能させることはできません。一項の通謀性を緩めて一方の当事者の帰責で足りるとした場合、帰責事由として与因行為ないしは作為(自らの意思に基づく外観作出)と不作為(自らの意思に基づかない不除去)とがあるわけですが、私は一項に非難可能性のない与因行為を含ませて、それに基づく外観に二項を適用するのは行き過ぎではないかと思っています。そこに表見代理や動産の即時取得といった外観優越の法理が働く場面とは差があるように思われるからです。というのは九四条二項は元来フランス法に由来し、隠れた反対証書の効力を善意の第三者に主張できないという当然のことを規定したものにすぎないとの出自を持つからです。以上のような考えが私の発言の底流としてあることをお断りしておきたいと思います。なお当事者間で何らの効果をも生じさせない虚偽表示というのは少なくとも通謀を要件とする限り存在しないのではないでしょうか。当事者では企画どおりの効果が生じているが、これを隠蔽するために異なった外観がとられているというのが虚偽表示の本質であろうと思います（中舎寛樹「虚偽表示における当事者の目的」私法四六号二〇九頁以下参照）。

六　譲渡担保における利益衡量

〔設定者をどこまで保護するのか〕

菅野　これは第三取得者だけ考えているからそういう議論ができるかもしれませんが、第四取得者、第五取得者が出てきたら、善意、悪意を問題にしていたらどうなるのでしょうか。

譲渡担保の場合に、冒頭に椿さんが指摘されたように利益衡量からスタートしているということですが、私は所有権を移転した債務者を一般的に保護しなければいけないという事情はないと思うのです。何かというと債務者の窮迫無知に乗じてと言うのですが、そうでない債務者はいくらでもいます。各ケースにおいてその都度きちんとあらゆる事情を調べたら、債務者のほうを保護する必要のないケースはいくらでもあると思いますし、それは統計を取るわけにもいかないし、一般的に見て債務者を必ず保護しなければならないと言う結論は出ないと思うのです。ないとなるとそもそも設定者留保権という物権でも債権でもない権利というのを認める必要すらないと思います。

岩城　債権譲渡の代りに代理受領を使うとか、振込指定を使う場合にも似たような議論があります。つまり、債権譲渡という正式の方法を使わなかった債権者をどこまで保護する必要があるのか、という点です。設定者留保権なるものは所有権移転仮登記なり買戻特約の登記なりで不完全ながら第三者に対抗力をつける方法がないわけではない。ところが債務者はそれをやっていない。もちろん力関係でできないのですが、法律上しかるべき方法があるのにそれをしていないという点だけを見ますと、債務者側の保護について菅野説のような消極論が出てくる一つの理由があるような気がします。

椿さんが冒頭に言われた不動産譲渡担保における担保権者の保護についての利益衡量、これは譲渡担保権者自身についての利益衡量、これは譲渡担保権者自身についてはあまり保護するということに重点をおく必要はない。しかし、設定者はやはりできるだけ保護すべきなのか、その程度はどのくらいがよいのか。問題は不動産取引の安全という別の命題があるわけですから、不動産取引の安全というレベルから第三取得者というのは保護されるウエイトが設定者の保護より高くなるのではないかという感じを私は持っているのです。

〔設定者と第三取得者のどちらを保護するのか〕

椿 受戻しの問題ですけれども、設定者は担保権者に関してのみするべきなのですか。伊藤さんの言われたことと関連するのですが、設定者の受戻しというのは第三取得者に対してやるという場面を考えておられるのか、それとも受戻しというのは担保権者にやっておいて、それの一種の対抗みたいな形で出ていこうというのか、どちらであったのですか。

伊藤 私の言ったのは債務者が被担保債権の債権者に弁済をしていく、そして受け戻すという意味です。その場合には担保権者が第三者に譲渡して所有権移転登記をしてしまった後でもそういう受戻しは可能かという議論は起こってくるだろうと思います。

椿 平井さんの報告で、第三取得者に無過失を要求するのが九四条二項の解釈の趨勢と言われましたが、九四条二項自体の問題では無過失は必要ではないというのが最高裁の判例にありますね。

伊藤 はい。最高裁では類推適用でもそうで、無過失を持ち出すときは一一〇条を併用しております。

椿　無過失の問題からさらに第三取得者が権利資格保護要件か何かとして登記がいると言われましたが、すると利益衡量に戻りますが、岩城さんが補足しておられたように、譲渡担保権者のほうはどけていって設定者と第三取得者とで見ますと、第三取得者は善意・無過失・登記というふうになりまして、秤にかけるということになると、そちらが守られる度合いはかなり減ってくるのですが、それで平井さんはよろしいということですか。

平井　私が保護の要件としてどこまで必要と考えるかは別としまして、厳格にしてゆくとそうなります。

椿　信託的譲渡説と、第三取得者が善意・無過失・登記必要という考えでは雲泥の差が出てくるのではないですか。

平井　おっしゃるとおり逆になります。

椿　信託的譲渡説とは正反対のところにまで保護要件を挙げる、保護要件が厳しくなるのだという立場をとれば利益衡量も第三取得者にはきびしくなってしまうわけですね。

平井　そうです。先ほど申しましたように、そこでどういうことがあれば無過失になるのかということですね。表見代理や取得時効の判例を見ての印象ですが、実務的には無過失の認定は大変難しいであろうし、またなかなかそう認定されていないようです。そこで無過失という点が、緩んでしまうとせめて保護されるためには登記が必要だぐらいのところになってしまうということも考えられるのかとも思います。

七　登記原因と第三者の悪意の判定

〔第三者の過失の具体的認定〕

岩城　そこで一つの問題は、すでに議論したことですが、登記原因が譲渡担保になっているものを買った人です。登記原因が売買になっているのを買った人とどこが違うかということです。登記原因が譲渡担保になっていると担保のためだということが公示されているのだから、その点で債務が不履行で確定的所有権の帰属がまだないのかあるのかまで調査する義務を、これからその不動産を買おうとする人がどこまで負わされるのかという問題です。

平井 実はわからないのでお教えいただきたいのですが、譲渡担保が登記原因となっているものを第三取得者が手に入れますと、学説は悪意が認定されることが多いだろうと簡単に言ってしまっているわけです。しかし岩城さんが言われましたように、譲渡担保の実行の前後で登記は変わりませんので、実行後は登記原因が譲渡担保のものを取得して構わないわけです。実行前にもかかわらずそれを買うと確かに過失の問題は生じますが、完全に所有権が担保権者に移っているのか移ってないかまで調べなければいけないのかどうかという問題が出てくるのです。私はそこまで取引において調査するべき義務があるのかどうかはわかりません。

前に「銀行取引と譲渡担保」という座談会では、浦野判事あたりは登記原因が譲渡担保になっているものを買ったからといって何で駄目なのだと、売買ならばよくて譲渡担保になっているものを買った場合には悪意であるから駄目だと言われる理由がよくわからないという趣旨のことを言っておられた記憶があるのです(金法七八六号三六頁)。概説書レベルでは簡単に悪意が認定されやすいだろうと言っているのですが、その辺のところも実際問題としてそう簡単に悪意があるとか、過失があるというふうに言えるものだろうかということになりますと、この辺は私にはよくわからないのです。

岩城 この点で消極的に立つとしますと、先ほどから言っている九四条二項における善意、無過失という議論はほとんど問題にならなくなってしまうのではありませんか。譲渡担保では大部分が売買を登記原因にしているのですから。

菅野 過失という概念は、特に不法行為については注意義務の程度が非常に高くなっています。常識から考えたら過失だとは言えないようなものまで過失だということで損害賠償を認めるというケースが、特に公害訴訟だとか、食品、医薬品、医療のように人体に直接甚大な影響を及ぼすものについてあります。ではそこまでの注意義務を契約関係で尽せるかと言いますと、強制調査による調査の方法は一切ありませんから、調べろといっても調べられないのです。譲渡担保の登記がなされているからといっても、その被担保債務の額がいくらなのか、弁済期がいつなのか、弁済されたのか否か、当事者に聞いても争いのある場合もあります。まして、清算の方法を決めていない場合には帰属清算が原則というのですが、帰属のために何をやったらいいのかということが確定していないわけです。ですから、登記原因として譲渡担保がなされている、それを知っていたら悪意となるという議論は成り立たないと思うのです。無過失ということを言ってみてもそれは現実には機能しない要件を決めたことであって、役に立たない議論だと思います。なお、仮にディスカバリィ(discovery)のような強制的な調査方法があっても、分からないことはいくらでもあります。

伊藤　信託的譲渡説に立つと登記原因が売買であっても譲渡担保であってもそれほど本質的に気にすることはないのでしょうが、担保的構成から言いますと、登記原因が譲渡担保でありますと、これは担保なのだということを知っていれば、所有権の譲渡を受けると悪意になると言わざるをえないのでしょうし、所有権移転登記の場合に譲渡担保という登記原因も認められているというのであれば、それをも調査するということが前提となってくる。そのためにそれを怠ったと言いますと、もし九四条二項の類推適用で過失が要件になるのだとすれば、そういう調査を怠った過失があったという方向に構成していく必要があるのではないでしょうか。

〔担保権説の欠点〕

菅野　それが担保的構成の欠陥だと思うのです。担保的構成と言いますが、その方法は三つあります。すなわち、担保物権を作るのか、債権としての清算義務を負わせるというだけなのか、それとも物権でも債権でもない権利を認めるというのか、担保的構成というものが何を考えているのか一定していないのです。私は、債務としての清算義務を認める以外の方法は、実定法の原理に抵触するので不可能だと考えます。背信的悪意者というのは平井さんが指摘されましたが、例外的な場合として第三取得者と譲渡担保権者との間の売買契約が公序良俗違反で無効の場合がありうるという程度ではないですか。

平井 伊藤さんが言われましたが、譲渡担保が登記原因になっているという場合に登記簿を見ればわかるわけですから、そういう点で悪意、もし調べなかったとすれば過失がある。

第三取得者のほうは登記を見まして譲渡担保が登記原因になっているというので、担保権者に相手は債務不履行の状態にあってあなたは確定的に所有権を取得したのかということを聞きまして、確かに確定的に所有権を取得したと言われたのでそれを信じたが実は実行前であったという場合にはどうなるのですか。

伊藤 担保権者では駄目で設定者である場合は過失だと言うことです。

〔設定者の目的物利用権の第三者への対抗力〕

岩城 先ほど引用された五八年の東京地裁の判例をどういうふうに読めばいいのでしょうか。つまり債務不履行前の設定者の目的物件の利用というのは譲渡担保契約に基づく利用権で普通の賃借権ではないと説明するのです。しかし債務不履行もないうちに不動産に抵当権が設定されて競買されると明け渡さなければならない、としないで、設定者の利用権を対抗力のある賃借権のように構成して、建物なら引渡しを受けているから対抗できると言って、それで保護するという考え方も出ないわけではないと思うのです。ただし、それには設定者の利用権について普通の借地権や借家権とも違う特殊の、対抗力ある用益権を承認しなければならない。これも物権法定主義とのかかわりを生じます。その点いかがですか。

平井 私もこの判例を見て一つのアプローチの仕方は、九四条二項類推適用で悪意とか有過失とかということで第三取得者というか競落人を駄目にしてしまう。もう一つは今言われましたように、賃借権の対抗を認めてそれで保護していくということは当然あって、その二段構えの検討を経た上での答だと思ったのですが、全然そういうところは飛んでいるわけですね。

岩城 これは菅野さん無理ですか。

菅野 賃料支払の約定がないのであったら問題になりません。

岩城　お金を借りて利息を払っている場合それを賃料と評価する。明白に賃貸借契約を結んでいればそちらでいけますが、結んでいなくても、利息を賃料と見るというのはどうでしょう。

菅野　金を借りて利息を払っていて、そして建物を使用しているという契約関係と賃貸借契約の関係は意思表示の内容が全然違いますので、毎月金を払っていることだけ捉えて賃貸借契約の合意があったのだというのは無理ではないですか。賃貸借契約の賃料はその建物の使用の対価です。譲渡担保の場合の利息は金を借りていることに対する対価です。

岩城　設定者の目的物件の利用権をどう説明するかは、一つの問題です。これは九四条二項類推適用論でも、第三者の過失を論ずる上で関係が出てくる。不動産を買う人は、登記のほかに現物も見るのが普通だから、見に行って誰か住んでいる人がいるのを知って買うと過失になるのか。競落人に対抗できない利用権だというなら、そういう利用者がいるのを知って買うと過失になる、と説明するのは問題ではないでしょうか。競売と普通の売買では、買主の注意義務が違ってくるのでしょうか。

弁済期前に担保権者が担保不動産を第三者に処分したという場合、第三者の悪意とか過失を言い立てて設定者を保護するという議論が多いのですが、一〇〇パーセント保護するのでなく、占有が設定者にあるところに着目して、あたかも借家法一条のような発想で、設定者の譲渡担保契約に基づく利用権に対抗力を認めるという方向が一つあるはずですね。これは弁済期徒過後、清算未了の段階での第三者への処分のケースにも使えます。留置権で保護するのも一つのアプローチだが、清算のあるまでは設定者の利用権は第三者に対抗できるという論法もあるはずです。これはどなたかすでに議論されていることかもしれませんが、私としては一つの思いつきです。

八　建物譲渡担保と借地権

〔借地非訟事件との関係〕

椿　それでは次の問題として、不動産の譲渡担保に抵当権の規定の類推適用があるかどうか。あるとしてもどの範囲で類推適用されるかにつきまして、それから近頃、特別法ができました仮登記担保契約に関する法律が、特別法もない不動産譲渡担保に類推適用できるのかできないのかというような議論に入りたいと思います。なおこの問題についてはジュリスト（七三一号九二頁）に米倉教授の「非典型担保法の展望」がありまして、これにも一定のご意見が出ています。

平井 ただ今椿さんからご紹介のありましたテーマを報告させていただきます。ただ、不動産譲渡担保の実行、あるいはそれに絡む諸問題はすでに済んでおりますので、ここでは、ただ今のテーマに絡み個別的な問題、あるいは周辺領域の問題で私が気がつきました若干の点について申し上げます。

まず第一に、譲渡担保の効力が及ぶ範囲という点です。関連規定としては、民法の三七〇条に抵当権の効力の及ぶ範囲という規定がありますが、これに絡む問題です。いろいろな問題があるかと思いますが、ここでは借地上の建物が譲渡担保に供された場合に、譲渡担保権が敷地の借地権に及ぶかという問題を取り上げたいと思います。これに関して抵当権の場合には付加一体物に及ぶとされており、その中には従たる権利である借地権も入るということで、抵当権の場合に関しては肯定されています。仮登記担保法にはそのような規定が特にありません。

これについてどう見るかということですが、譲渡担保が実行される前と、実行された後に分けて考えてみます。譲渡担保が実行される前については、借地上の建物が譲渡担保に供されますと、一応形式的には建物の所有権が譲渡担保権者に移るわけで、したがって、敷地の関係でそれが果たして借地権の譲渡とか、あるいは転貸となるかどうかという問題が起こります。

これに関して買戻特約付きで借地上の建物が譲渡されたという事例が最高裁昭和四〇年一二月一七日（民集一九巻九号二一五九頁）の判決で、本件建物の譲渡は債権担保の趣旨でなされたもので、終局的、確定的に権利を移転したものではないという理由から、借地権の無断譲渡あるいは無断転貸に当たるというようなことはないと否定しております。多分譲渡担保でも同様に考えていいかと思います。

次に実行された後ですけれども、実行とはここでは譲渡担保権者が終局的、確定的に所有権を取得したということを意味します。これについて最高裁昭和五一年九月二一日判決（判時八三三号六九頁）は、抵当権と同様に借地上の建物の譲渡担保権は、敷地賃借権に及ぶと言っております。

仮登記担保法には特に規定がないと先ほど申し上げましたけれども『仮登記担保法の実務』という法務省民事局参事官室編の本を見ましたところ、仮登記担保でも、そのように敷地に及ぶという考え方を肯定していいだろうと書かれていました（一五六頁）。

といたしますと、譲渡担保権者は、借地上の建物の所有権、借地権とを実行によって取得するわけです。そこで、次の問題といたしまして、取得した借地権を土地の賃貸人との関係でどう処理するかという問題が出てきます。これは借地法の問題です。

以上をまとめますと、借地上の建物に譲渡担保を設定したことによる担保権者への借地権の移転は担保目的であるから無断譲渡にならない。あるいは信頼関係破壊の法理を持ち出して無断譲渡だけれども実質はこれを否定してゆくことになるのか、といった問題があろうかと思います。また実行により担保権者が借地権を確定的に取得する場合に備えて、あらかじめ借地法の九条ノ二で設定者が許可の裁判を申し立てるか、競売に準じて九条ノ三で担保権者が許可の裁判を申し立てるのか、という問題があります。

仮登記担保でも債権者が借地上の建物の所有権を取得する場合に同様の問題が生じますが、九条ノ三は当事者間の契約による譲渡の一つである仮登記担保の実行には使えないし、九条ノ二を類推適用するとしても、実行の段階で債務者や物上保証人からの申立てを期待するのは困難ですし、債権者に代位行使を認めることにも難点があるから、実際の運用では問題が多いとされています（参事官室編・前掲六三五頁）。

岩城　実行後の問題については、仮登記担保の判例がありましたね。

平井　仮登記担保より譲渡担保でストレートにございます。先ほどご紹介しました五一年九月の判例です。

岩城 借地法の九条ノ三でいくか、九条ノ二でいくかという問題についてです。

平井 それは及ぶとだけ言っておりまして、そのあとの事後処理のことは、その判例では言及されておりません。

岩城 普通の借地上の建物売買ですと、現在の借地権者が申し立てるというのが借地法九条ノ二で、競落のときは競落人が申し立てるというのが九条ノ三です。そうすると、仮登記担保の場合には九条ノ二になるのですが、事実上申立てをしてくれないことがあるわけです。その場合に九条ノ三を類推適用して、所有権を取得した担保権者が申し立てることを否定している東京高裁昭和五六年八月二六日決定（金商六三四号四三頁）があります。債権者代位による申立てを認める説もありますが（星野・借地・借家法三〇四頁）、任意譲渡の場合ですが、やはりこれを否定した下級審判決があります（東京地決昭和四三・九・二判タ二二七号二〇八頁）。

譲渡担保でも同じ問題が起きるわけで、これも本来は、普通の売買と同じように、現在の借地人が借地法九条ノ二で非訟事件として申し立てるべきものです。しかし、やはり協力してくれない場合が考えられます。

〔担保権の実行後の申立ての可否〕

菅野 実行後というお話ですけれども、譲渡担保契約の時点で裁判所の許可を求めろというのか、実行通知で実行があったとして、いわゆる譲渡担保権の実行後にやれというのかどちらですか。

岩城 実行前では目的物の占有は引き続き債務者にあるのが普通のタイプですが、いわゆる譲渡質で、債権者に占有を移してしまうタイプも理論上はあります。四〇年の最高裁の判例は、占有が債務者に止まっていて、土地の使用状況には変化がないということを前提にしていたと思います。

菅野 譲渡担保設定契約によって所有権を移転するわけですから、占有がどこにあるかということは関係がないと思うのです。借地法の規定でいくというと賃借権譲渡の前にやらなければなりませんから、所有権が移転してしまってから申し立ててきたら却下されます。ですから、実行前というよりも譲渡担保設定契約をする前に許可の申立てをしなければならないのではないですか。

岩城　四〇年の判例は買戻特約付売買ですが、まだ民法六一二条にいう賃借権の譲渡転貸がなされたものとは解されないというのです。

菅野　その四〇年判例なのですけれども、それはそもそも転貸にならないというのか、転貸にはなるけれども信頼関係破壊にならないから、したがって六一二条にいう転貸にはならないというのでしょうか。債権担保の目的だからというだけでは説明にならないのです。確定的でなくても所有権が債権者と債務者との間で中ぶらりんというのではなく、移転するものは移転してしまうのですから。その判例で言っていることはどう理解したらいいのでしょうか。そもそも転貸にならないというのか、なるけれども信頼関係破壊にならないということでしょうか。

岩城　これは賃借人が賃借地上の建物を二三五万円の借金の担保として昭和三四年七月に売買の形式により債権者に所有権移転登記をしたのですが、三年以内に同額でこの建物を買い戻すことができるという約定をしています。ただし買戻しの登記はありません。土地賃貸人から賃借権の無断譲渡を理由に、昭和三五年三月に契約解除通知を受けました。しかし、判決は、本件建物の譲渡は担保の目的でなされたものであり、賃貸人から契約解除通知が来た時点では賃借人はなお建物の買戻権を有していた。そして昭和三六年六月に賃借人は債務の全額を弁済して建物の所有権を回復している。また、建物の所有権を移転した後も賃借人は建物の使用を債権者から許容されており、その敷地である本件借地の利用状況には変化がなかった、という諸事情を総合して、本件建物の譲渡は債権担保の趣旨でなされたもので「いわば終局的確定的に権利を移転したものではなく、したがって、右建物の譲渡に伴い、その敷地である本件土地について、民法六一二条二項所定の解除の原因たる賃借権の譲渡または転貸がなされたものとは解せられないから、上告人〔賃貸人〕の契約解除の意思表示はその効力を生じないものといわなければならない」とし、買戻特約の登記がなかったとしても右の結論は左右されないと述べています。

この判決は昭和四〇年度最判解説（四五一頁）に安倍調査官の解説があって、それまでの判例・学説も整理しています。安倍調査官は、本判決は、建物の譲渡に伴って敷地の賃借権の譲渡または転貸がなされたことを全面的に否定したものと解すべきでなく、譲渡または転貸がその効果において不確定的なものであって、まだ賃借人の許から土地に対する実質的支配を離脱させるに至らないものとしているのである、とコメントしています。

伊藤 結局抵当権でも同じことです。借地上にある建物に抵当権を設定しても、これは借地権に効力が及ぶとは言っていますが、そのことによって借地権の譲渡という効果が生ずるわけではありませんから、六一二条の問題は出てこないということです。そういう意味では、譲渡担保について担保構成をやれば全くそれと同じ説明ができるということです。ただ、所有権が移るのだという所有権構成をやると、そこでその説明をどうするのかという議論を若干やらなければならないわけです。借地上の建物については所有権が譲渡担保権者に移転した。それに伴って借地権も移転することになるのかどうかという問題が起こってくるのです。主物、従物の理論に従って、従たる権利は主物と同じように移転すると見れば、その時点で六一二条の問題が出てくるのではないかという疑問が出るわけです。

そこで所有権構成をやっても、確かに譲渡担保の目的となっている建物の所有権は譲渡担保権者に移転するけれども、それは確定的なものでないということは前提になっているわけです。そういう意味においては、従物の理論によって借地権も仮に移転したとしても、まだ被担保債権を弁済すれば、元の借地権者に戻るという要素を留めての譲渡であるという意味において六一二条の問題も起こってこないのではないかという気がするのです。

平井 判例も、終局的にいっていないという言い方をしているわけで、それは買戻しでは所有権が移転するということが前提にありますので、そういう苦しい言い方をしていると思うのです。ですから、かなり担保的にこの面では捉えていると理解して、譲渡担保でもそもそもの転貸には当たらないとか、譲渡には当たらないという理解の仕方でいいのではないかと思うのです。

菅野　今伊藤さんがおっしゃった抵当権設定なら、賃借権の移転がありませんから、これはそもそも六一二条に該当しないということがはっきりしています。しかし、譲渡担保の設定というのは、総論でさんざんやりましたが、権利は必ず移転するわけです。最高裁の判例でも権利の移転までは否定していません。ただ、確定的でないということは、弁済すれば元に戻ってくるという意味で確定的でないということで、権利が移転するということを否定することはできないわけです。まして、権利が中ぶらりんになっているのでもありません。

そうすると、六一二条に該当するけれども、信頼関係を破壊しないからという理屈を持ってきて、六一二条による解除権は発生しないと言うならいいのですが、権利がそもそも移転しないからというところに根拠を持ってくるというのは変だと思うのです。

〔設定の時点での申立ての問題〕

伊藤　移転の内容というのはいろいろあるわけで、確定的に移ってしまうという形での移転もあるだろうし、一応は移転させておくけれども、被担保債権を弁済すれば戻すという留保を留めて、移転するという場合もありうるわけで、六一二条にいう移転というのは、前者だけであるという解釈は成り立つと思うのです。

岩城　建物の譲渡に伴って借地権も移転しているが、まだ民法六一二条にいう賃借権の譲渡には当たらないと言うか、当たるけれども契約を解除するのは賃貸人の権利濫用であると言うか、あるいは、そもそもこれは抵当権の設定と同様の性格のものだから、賃借権の譲渡そのものが行われていないと言うか、説明の仕方はこの三つのどれかでしょう。

菅野　借地法九条ノ二第一項で、「第三者ニ譲渡セントスル場合ニ於テ」という要件があるのです。これを譲渡担保の場合どう解釈するのですか。譲渡せんとするというのは、譲渡した場合ではなく未来の話ですから、どこの時点を捉えるのでしょうか。

岩城　普通の売買ですと、これから売ろうという前に申立てをすればよいのですが、譲渡担保の場合は、担保権者が建物の所有権を確定的に取得するためには債務不履行がなければなりません。そこで債務不履行に先立って申立てをするというのはおかしいから、債務不履行があった後に申し立てる。その段階では清算の問題があるので、それとの関係でどう考えるかということです。

菅野 例えば、処分清算のときなどはどうするのでしょうか。これから処分で第三者に売ろうと譲渡担保権者が思ったときに、設定者のほうが、譲渡担保権者が今後第三者に処分する予定だから申し立てるということになるのでしょうか。譲渡担保設定契約をする前にやらなければならないと思うのですけれども。

岩城 しかし、まだ債務不履行もないうちに、いつ債務不履行をするかわからない時点で持ち込まれても、裁判所も困るのではないでしょうか。裁判の効力も原則として六ヵ月ですし、これを延長してもらうとしても、根担保であるといつまでも延長すればよいのかわからない。

菅野 「セントスル」というのですから、あらかじめやっておく分には一向に構わないのです。

岩城 しかし、借地権の譲受人に、例えば一種の権利金を払わせることによって譲渡を認めようという場合、弁済期が三年先だというようなものを今持ち込まれたら鑑定委員会でも困るのではないでしょうか。

菅野 困りません。借地法九条ノ二は、すべて譲渡せんとする、つまりこれからやりますよというだけのことですから、九条ノ二に該当するものはすべて未来なのです。また、無駄になる決定はいくらでもあるわけです。通常の売買でも、これから売りますよということで財産上の給付額を決定して、結局売るのを止めたと言えば、それで全部無駄になってしまうわけです。

岩城 無駄になるかどうかではなくて、そもそも設定の段階で申し立てるのは譲渡担保の性格からおかしいということと、将来の不確定な時期を前提にして付随条件を定められるのかという問題です。

伊藤 譲渡担保権設定の時点で、その譲渡担保権は必ず実行されるということを予定してやらなければならないものなのかどうか。通常は、譲渡担保権の実行ということは非常に少ないということを前提にしています。

菅野　譲渡担保の場合、実行通知による実行と仮定しまして、実行された後では駄目でしょうね、譲渡せんとするのですから。

平井　九条ノ二では実行された後は駄目でしょうね。

菅野　債務不履行があって、実行通知がなされる間にやれということになるのですか。

岩城　実行するという通知が債務者のところに来て始めて「セントスル」ことになるのではないでしょうか。

菅野　そうすると、帰属清算型であれば、実行通知で権利が帰属してしまうので、これから譲渡せんという状態ではないですね。

平井　最近の大阪高裁の判例（昭和五九・一〇・一六判時一一四〇号九一頁）で、実行通知をやれというのが出ておりまして、実行通知があると、確定的に所有権が移るという理解を示しているのです。ですから、仮にそうだとすると、実行通知をする前にやらなければならないということになります。

岩城　あの判例は通知のほかに、清算金の額も通知しろと言っています。清算にあたっては目的物件についてその借地権の評価を織り込んだ評価もしなければなりません。そのために裁判所の手続も済ませておかないといけないのであると、問題がややこしくなります。借地法九条ノ二の三項で地主に取られてしまうかもしれないのです。

菅野　今岩城さんがおっしゃったように、譲渡担保権者はどれだけのものを取ったかわからないのです。したがって、なおさら譲渡担保設定契約前に、債務者から申立てをしておいてもらわなければならないのではないかと思うのです。

岩城　最二小昭和五一年九月二一日判決の場合は、譲渡担保権者への賃借権の譲渡を賃貸人が承諾しそうな見込みもないというケースで、その場合は借地法一〇条で買取請求するしかないから、その買取価格で清算することを認めたものです。ですからこれは一種の仮清算で、後でもう一度清算をする必要が出てくると思います。九条ノ二でやる場合も、実際の申立ては後ですることにして、予想金額で取りあえず仮清算をすることができるのかどうかわかりませんが、それでは清算にならないというなら、あくまで九条ノ二で申立てをして、結論を見てから清算するしかない。しかし、それまで所有権は確定的に担保権者に移らないという前提に立てば、申立ては、担保権者が設定者に担保権実行通知をしてから後、ということになります。

平井　仮登記担保法でも同じ問題が起こります。そうすると、実行通知ではなく、それから二ヵ月の清算期間が経過するまでの間にやればいいということになります。

岩城　借地法九条ノ二第一項で「建物ヲ第三者ニ譲渡セントスル場合」というのは、建物の譲渡に伴い、借地権を担保権者に確定的に譲渡しようとする場合だと読めばいいのではないでしょうか。

菅野　譲渡担保に供するということがまさに譲渡せんとすることだと思います。

岩城　建物を譲渡すれば、借地権もついてくるという従物理論は、譲渡当事者間のみの相対的な問題であって、地主との関係ではまだ借地権の譲渡の効力は生じていないというように相対的に考えれば、地主との関係でもいよいよ譲渡の効力を生じる時、つまり建物の所有権が確定的に移転しようという場面で申し立てればいいと思うのです。

菅野　借地権付きの建物を譲渡担保に供した場合、地代は誰が払うのですか。

岩城　従来どおり設定者が払うのが普通ですし、理論上もそれでよいはずです。

菅野　地主が現在の建物の登記名義人に対して地代の請求をしたら、請求棄却されるのでしょうか。借地権の伴わない建物の所有権移転というのは意味がありません。

平井　その移転自身が担保のためという形になっていますから、完全な所有者ということでは見ていませんでしょうし、完全に所有権が移ったという形でも見ていませんでしょうから、やはり地代は、従来の借地権者が払うのでしょう。

菅野　所有者はどちらかなのです。中ぶらりんということはないのです。賃借人もどちらかなのです。両方というわけにはいきません。

岩城　設定者留保権の立場に立つ鈴木禄弥教授の場合は、借地上の建物について債権者に所有権移転がされても、設定者に権利がなお留保されていることは何ら公示されていないから、第三者には設定者はその権利を対抗できない。しかし、建物敷地の賃貸人は建物について対抗関係に立つ第三者ではないから、設定者留保権の対抗要件の欠缺は問題にならないとされます（借地法下一三八一頁）。

伊藤　建物の所有権に譲渡担保が設定されて、譲渡担保権者に移ったとしても、敷地の賃貸借契約がそれによって譲渡担保権者に転換されるわけではないと思うのです。その意味においては、まだその時点では継続しているのではないでしょうか。

菅野　建物の所有権と借地契約上の借地人の地位とは切り離されるのですか。これは、一致して移転してくれないと困ってしまうのです。理論的には、物の所有権と賃貸借契約上の賃借人の地位ですから、これは別ですけれども、一致して移転しないで、ばらばらになったら意味がなくなってしまうのです。

岩城　意味がなくなるというのではどういうことですか。

菅野　賃借人の地位なしに建物の所有権を取得しても全く意味がないと言うことです。

平井　だから、そういう意味では一致、一体化しているわけです。一体化しているけれども、現実に移転は担保のためだからということでしていないわけです。そういう浮動状態みたいなものが実行まではあるわけです。ですから、従来どおり賃貸人との関係では従来の賃借人と賃貸関係があるし、賃料も払うという理解だと思うのです。

菅野　それは、建物の所有権も賃借人の地位も移転していないのだという考え方ではないですか。

平井　終局的にはそうです。

菅野 それには賛成できないのです。

岩城 菅野説の場合でも、建物の譲渡担保契約によって建物の所有権自体は譲渡担保契約締結の時に譲渡担保権者に移るとしても、その従たる権利としての借地権は、確定的に建物の所有権が担保権者に帰属する時に移るという二段階的な譲渡だと説明できないでしょうか。従物は何も主物と一緒に移らなくてもよいので、当事者が段階を分けて移転させてもよいのでしょう。

伊藤 そういうものは、そう言われてみると可能だと思うのです。結局、譲渡担保権の設定によって建物の所有権は譲渡担保権者に帰属する。しかし、その時点においてまだ敷地の賃借権については移転をしていないと見て、譲渡担保権実行の時点で、譲渡担保権の効力は賃借権に及んでくるという意味において、譲渡担保権者に移転をするという構成をすることも可能だと思います。

平井 そうしますと、設定時には敷地の賃借権は移転していないのですから、まだ及んでいないということになりますね。

岩城 担保権の効力は及んでいるが、確定的な移転はないのです。条件付きで借地権が移転することを予定されていれば、債権者は、担保価値として初めから計算に入れていいわけです。

菅野 そういう構成をとる根拠は、やはり当事者の意思になるのです。当事者はそういう意思はないと思います。

岩城 当事者の意思というのは、民法の六一二条があるので、当事者意思を擬制するのです。もし、これが地上権ではどうですか。

菅野 地上権ならなおさら移転するでしょう。

平井 地上権なら移転しても、承諾とかいう問題は出てきませんね。

岩城 地上権で借地した土地上の建物を譲渡担保に入れる場合は、地上権もつけてやる必要はないのです。地上権者は土地を賃貸できますから、賃借権を担保権者に与えればよいのです。賃借権で借地した場合も、建物と共に賃借権を移転する必要はなく、土地を転貸すればよい。そうすると民法六一二条の問題が起るようですが、実際に建物を占有しているのは依然として賃借人ですから、まだ実質的な土地の転貸はないと言えるのです。そういう理屈でこの問題を回避することが一つ考えられますね。債務不履行によって確定的に建物所有権をとられる時になって、賃借権を譲渡してやればよい。

〔設定しただけで譲渡転貸になるか〕

伊藤　実行の時に初めて譲渡担保権の目的の所有権が確定的に移るのであって、それまでは移るわけではありませんから、借地権もその時点で主物・従物の理論によって移ると考えていいのではないかという気がするのです。それまでは六一二条で考えているような無断譲渡が生じていないと言えばいいわけです。

椿　その場合、移るか移らないかしかないというロジックはやめて、確定的には移らないということを認めるという前提に立たないと具合が悪いと思うのです。移るか移らないかしかないというのは、総論でやったものが引っ掛かってくるわけです。

岩城　借地上の建物を譲渡すると借地権も移転するというのは、そう説明しないと譲受人に不利だから、そういうように考えるわけです。しかし、そう考えたのでは、むしろ当事者に都合が悪い場合は、建物を譲渡しても必ずしも借地権は移転しないという理屈を考えるべきだと思います。例えば、借地上の建物を譲渡担保に取ったことによって、債権者は地主に対し賃貸料を支払う義務がすぐ生ずる、というのでは困ると思います。また、賃借権の譲渡を認めてやるから承諾料を支払えと地主から請求されたら、現賃借人も困るわけです。そこで、譲渡担保というのは、そもそもまだ、建物の所有権の移転がないのだという説明をするか、移転はあるが借地権の移転は留保されているのだと説明するか、いろいろ出てくるわけですね。

椿　今までの議論ではどういうものが多いのですか。背信性でいくのもあるだろうし、譲渡転貸にあらずというのでいくのもあるでしょうし、中間的、過渡的に移行するという考え方もあると思うのですが、今まで書かれたものの中では、どれが一番多いですか。

岩城 判例の整理としては、四宮先生の『譲渡担保』(総合判例研究叢書民法⒄二五八頁以下)があります。その中で四宮先生は、建物の現実の利用は依然として設定者が行っているのに、無断譲渡として賃貸人からの契約解除を認めるのは明らかに不当であるとされています。星野教授の『借地・借家法』(三三四頁)では、判例の理論構成は、主として譲渡転貸に当たらないとしているが、信頼関係が破壊されていないとするものも少しある。そして、譲渡担保は担保のための所有権移転として、実質的には抵当権の設定と経済的実体を同じくするから、判例の線は妥当であるとされています。

なお判例の整理は鈴木禄弥教授の『借地法(下)』(一三八〇頁以下)が最も詳しいのですが、鈴木教授は、債権者が現実に建物を占有していない、したがって土地占有の状況が変化していないことを理由に、まだ賃借権の譲渡転貸がないと説くのは適当でない、と説明されています。つまり、あくまで設定者留保権の線で説明されようとするのだと思います。

平井 四〇年の最高裁判決は、担保目的であり終局的に権利を移転する趣旨でなく買戻権が留保されて占有も移っていないということを理由としていますが、結局担保権的に構成したからこういう結論になったのでしょう。そして、六一二条の譲渡転貸にそもそも当たらないという把握の仕方があの判例については自然だと思います。

伊藤 そうなると、平井さんが先ほど言われたように、三七〇条の類推適用があるという感じです。私は、結論としては及ぶということでいいのだと思うのですが、果たしてそれが三七〇条の類推適用の結果として及ぶというのか、それとも主物・従物の理論で及ぶというのかということです。そう見ていくと、やはり私は、後者の主物・従物の理論で及ぶと見るべきであって、三七〇条の類推適用の問題ではないのではないかという気がするのです。

岩城　主物・従物理論の場合、従たる権利たる借地権はいつ担保権者に移るのでしょうか。

伊藤　ですから、その場合に二つ考えられると思うのです。譲渡担保の目的である建物が譲渡担保権の設定によって形式的に所有権が移転する時点で、敷地賃借権も一応形式的には移転すると見て、しかし、その場合の移転というのは、六一二条で言っている無断譲渡ではないという議論もできると思います。あるいは、譲渡担保権設定の時点においては建物だけ所有権が移転するが、しかしこれはまだ不確定ですから、その時点において敷地の賃借権にどういう影響を及ぼすかという問題は直接的には出てこないということです。譲渡担保権実行という段階になって、確定的に建物が移転するということになった時点で、主物・従物の理論で敷地の賃借権についても移転していくと構成することは可能だと思うのです。私はどちらかというと前者のほうがいいのではないかという気がしております。

岩城　借地上の建物の譲渡担保については最高裁昭和四四年一月三一日判決（判時五四八号六七頁）もあります。ここでは、賃借地上の建物について所有名義の移転ないし担保権の設定があっても、敷地の賃貸契約について賃貸人に対する信頼関係を破壊するに足りない特段の事情があるときは、賃借権の無断譲渡・転貸を理由に賃貸借契約を解除することができない、として、信頼関係破壊理論をとっています。これは借地上の建物を譲渡担保にしたが、債務を返済して所有名義を回復しているケースです。

なお、ほとんどの判例の事案は、譲渡担保の目的としても建物の占有は移転していないケースですが、占有まで移転する譲渡質の場合はどうかという問題があります。これについては東京地裁昭和五二年一〇月四日判決（金商五六五号四八頁）があって、民法六一二条により賃貸借契約を解除できるとしています。これは仮処分異議事件ですけれども、このケースは、三〇年間は買戻しができないという特殊なもので、土地の賃貸料も債権者たる建物の譲受人が支払っているので、判決の結論はやむをえないかと思います。

次に、譲渡担保と借地非訟事件の関係については、星野教授に詳しい議論があり（前掲書三〇〇頁以下）、結論として、担保権実行時に九条ノ二によって申し立てるというお考えのようです。鈴木禄弥教授も、詳しい検討をされていますが(前掲書一三八五頁以下)、結論として、九条ノ二によるのは無理で、九条ノ三によるべきだとされています。

(なお、本座談会後の判例として大阪高裁昭和六〇年九月一一日金法一一四一号三三頁がある。)

9 果実に対する譲渡担保の効力

〔民法三七一条との関係〕

平井 次に取り上げますのは、民法の三七一条の果実に対する抵当権の効力です。「前条ノ規定ハ果実ニハ之ヲ適用セス」という本文があるわけです。抵当権の効力は、このように原則としては果実に及ばないとなっております。仮登記担保では、これに対応する規定はありません。

先ほどの仮登記担保に関する解説書などを見たところ、一応占有を伴わない仮登記担保権の性質上、現実に引き渡すまでは、仮登記担保権者には果実収取権はないと解してよろしかろうという見解が示されております(参事官室編・前掲一五六頁)。

そこで、この見解に依拠しますと、占有の有無で区別するということになりかねないわけであります。そういたしますと、譲渡担保の場合には、総論でもご議論いただきましたように、占有移転型と占有非移転型が想定されるわけで、そうだとしますと、占有移転型の譲渡担保の場合には、占有が担保権者に移転するという理由で果実に収取権を認めていいのか。もしそうだとすると、占有非移転型の場合には果実に及ばないという差異が出てくるわけです。三七一条を類推適用などする場合に、譲渡担保の占有移転、非移転のタイプによって違った答が出ていいのかどうか、そのようなことが問題になるのではないかと思います。

私は、感想として果実収取権が譲渡担保権者にないということでよろしいのではないかと思います。それから、結果的にも、占有移転、非移転でその点を区別すべきではないという感じを抱いておりますが、どうもその辺がはっきりいたしません。

岩城　民法五七五条との関連ではどうでしょうか。

平井　仮登記担保の実行は売買みたいなものですので、したがってそれがなされるまでは、果実収取権は売主にあるということで考えていくということもできると思います。

そういたしますと、譲渡担保の場合も、五七五条一項の考え方を持ち込んできてやればいいのですが、ただ、先ほどご紹介しましたように私が見た本では、占有を伴わないということを理由にしておりましたので、仮にそうだとすると、先ほど申し上げたような形になるのではないかと思います。

岩城　五七五条は、「未夕引渡サザル売買ノ目的物」と言っていますから、いまだ占有の移転せざる譲渡担保の目的物と読み替えられませんか。

平井　ただ、不動産の場合、占有移転で果実収取権がございます。ですから、五七五条でもありますが、担保が占有移転型なのか、そうでないのかというところで何か区別が出てくるのではないかと思ったのです。

岩城　果実というと、第三者に賃貸している場合の賃貸料というような法定果実と自然果実があるわけです。

平井　この三七一条は、両方含むとされています。

岩城　そこは異論のあるところで、法定果実には民法三七一条の適用はなく、物上代位の問題だとする説もあるところですが、しかし、不動産の譲渡担保の場合に占有移転型というのは普通はなくて、占有は設定者の手許に留めるのが普通です。その場合、果実は設定者が今までどおり収取していいというのが普通当事者の意思でもあると思うのです。もちろん、それと異なる特約をしてはいけないことはないですが、普通はそうだと思うのです。使用就役させるのだから、果実も与えるというのが当事者の意思だと思います。それを条文に根拠を求めると、五七五条という感じがしていたのですがどうでしょうか。

平井　ただ、折角担保法の中に三七一条という規定がありますので、この規定がどう生きてくるのかということなのです。

もう一つ譲渡担保の場合に、特約でやることは構わないわけで、現実に賃貸建物を譲渡担保に取りまして、賃料は譲渡担保権者が取るということもあるようです。

岩城 それは特約ですから、それでもいいわけです。特約がなくても、占有を担保権者に移転する譲渡担保では、使用収益権も担保権者に与えるのが当事者の意思と見てよいし、譲渡質には抵当権でなくて不動産質の規定の類推があると考えてもよいでしょう。

椿 一般的な話になるのですが、不動産譲渡担保に抵当権のこういう規定の類推適用があるかどうかというのは、頭からこれによっていくという前提に立って考えていくのと、個別的に譲渡担保それ自体として考えて、たまたまここに都合のいい結論を導く規定があるから、それを借用するという、初めからのやり方に大きな違いが出てくると思うのです。

先ほど皆さんがやっておられた議論の中で、民法六一二条とか、借地法九条ノ二、三とか出てきましたが、譲渡担保は本当の意味の真正譲渡ではないのだと分けてしまうと、こういう規定はもともと当然に適用されるものではないのです。五七五条でも同じようなことが言えるわけです。理屈をこねたら、いまだ引き渡さざる売買の目的物が果実を生じたと言えないことはないのですが、もし規定の成立の趣旨などということをいうのであれば、それは初めから想定していないわけです。そこをくっつけることがいいかどうかという問題が今出ているのでしょうけれども一般的には、三七一条の結果といいますか、法定果実とか天然果実に譲渡担保物権の効力が及ぶか及ばないかというのは、先ほど岩城さんがいわれたように、私は、そもそも占有を移転しないというのが譲渡担保の特徴であると思うのです。そこで、特約しなければ、三七一条の結果は当然出てくるのではないかと思います。

10　抵当権規定等の類推

〔民法三七四条等との関係〕

平井　次は、被担保債権の範囲ということです。これは、主として民法三七四条にかかわってくることです。このほか、仮登記担保法の一三条三項などにも関係があります。しかしこれは、総論で伊藤さんが、東京高裁昭和五八年五月三〇日判決を中心に報告されましたから、私としては、ここではそれ以上立ち入らないことにしたいと思います。

ただ、一言申し上げますと、米倉見解のように、不動産譲渡担保を私的実行しうる抵当権と構成しますと、後順位担保権者の出現も可能となるわけですし、実行方法としても単なる私的実行ではなくて、担保権の実行としての競売を選択することが可能だと言われております。

一応従来の総論のところでは、民法三七四条は、不動産譲渡担保に関しては類推適用はないのだというのが大方のご意見だったと思います。けれども、担保権の実行として競売を譲渡担保権者が行えるということですと、あるいは後順位者による競売というものがありえるということでありますと、場合によっては仮登記担保法の一三条二項とか三項の規定の類推適用、簡単に申しますと最後の二年分という制約ですけれども、その類推適用が考えられるのではないかという気がいたします。ただ、米倉教授の本ではこの問題については触れておりません。しかし、抵当権的構成を徹底しないとこれは出てこないのではないかという気がしますので、この辺が残された問題かと思って申し上げた次第です。

岩城　仮登記担保法の一四条はどうですか。根仮登記担保は、競売において効力は有しないというのですから、根譲渡担保も競売においては効力を有しない、ということになるのでしょうね。その辺は、どなたかに議論がありましたか。

平井　私が見た限りでは気がつきませんでした。どれが類推適用されてどうこうというのは、あまり皆さんおっしゃっていないと思うのです。

椿 米倉論文はいかがですか。

平井 今申し上げた点については触れておられないと思います。

岩城 私は、不動産における譲渡担保の競売は、現行法の解釈としてはかなり無理で、立法論としてはともかく、解釈論でそこまでいくというのはどうかと思います。現実にまず裁判所は受け付けないでしょうし。

平井 次に清算義務についてですが、しかし、非清算特約の有効性とか、あるいは清算のタイプがどうであるかという問題につきましてもすでにご検討いただいております。したがってここでこの点に関しても申し上げることはありません。

ただ、仮登記担保法の三条一項の類推適用があっていいだろうと思います。三条三項も、これは片面的強行規定ですが、譲渡担保に関する解釈でも、清算金の支払と引渡しを引換履行にしないという特約の効力を認めない判例が出ていると思いますので、類推適用されたのと同じような結果になっているかと思います。仮登記担保法の三条二項に関しても、処分清算型のところでやや見方が分かれたかと思いますが、大筋においては譲渡担保でも承認されているわけです。

受戻し可能時点の問題もすでにご議論いただきました。しかし、結論ははっきり出なかったと記憶しております。仮登記担保法の一一条の但書の前段が類推適用になるかどうかということですが、これも否定と肯定の両方がありました。

以上のほか、譲渡担保の実行に関連して、仮登記担保法の二条を多分に意識したと思われる判例がごく最近出ておりますので、これを紹介しておきます。

先ほどの大阪高裁昭和五九年一〇月一六日の判例で、これは不動産譲渡担保において、所有権が譲渡担保権者に確定的に移るのはいつかということが議論されております。そして、不動産譲渡担保においても譲渡担保権者は仮登記担保法二条にいうような実行通知をすべきである。清算金の額はこれこれである。あるいは、清算金はないとか、そういうような実行通知をすべきであるということです。そして、そのような実行通知があった時点で、所有権は確定的に譲渡担保権者に移ると解すべきであるといった判例です。ここでは仮登記担保法の二条が、そのままの類推適用ではありませんがかなり意識されております。あるいは、譲渡担保の実行に関しても、将来はこちらの方向が出てくるかという感じもするわけですが、何分、はっきり言っているのはこの判例ぐらいですから、将来どういう方向に動くかということは、今のところ見当がつきません。

次に、不足額請求ですが、これは民法の三九四条に当たります。この不足額請求が譲渡担保権者に認められるかということですが、担保目的を強調して清算金支払いが認められております現在では、不足額請求を認めてよいだろうということになります。判例は、すでに大審院の昭和二年五月一〇日（新聞二七一〇号一一頁）に出ております。これは、電話加入権を譲渡担保（判決では売渡担保と言っておりますが）に取ったケースですが、電話加入権だけでは不足の場合に、設定者の一般財産にかかっていけるという趣旨を認めた判例です。ここはそれほど問題がないと思います。

〔法定地上権との関係〕

平井　法定地上権は民法三八八条ですが、仮登記担保法一〇条は三八八条と若干違っておりまして、土地について担保仮登記が設定された場合にのみ法定賃貸権が成立するということになっています。仮登記担保法一〇条が担保仮登記が建物について設定された場合を除いたのはなぜかということですが、土地についてのみに規定した理由としては、競売の場合と異なって、当事者の意思に基づいて土地または建物の所有権を取得するという場合ですから、実行の結果所有者を異にすることはあらかじめわかっている。したがって、建物に仮登記担保を設定した場合には、あらかじめそれに備えて、停止条件付借地権設定契約を締結しておく。そしてそれを仮登記することが可能であるということです。

ところが、土地のみを仮登記担保に供した場合には、建物所有者である債務者は、担保契約時に、自己借地権を設定しておくということは認められませんし、実行後に備えて将来の土地利用を合意して、それを仮登記という形で保全することはできない。そのようなことが考えられたために、土地についてだけは手当をしておかなければならないということで、三八八条と仮登記担保法一〇条では規定の仕方が違っているのだと思います。

そうだとしますと、不動産譲渡担保の場合も、原則とされる帰属清算型では競売の場合と異なり、実行された場合の建物の所有者があらかじめわかっているわけですから、建物のみに譲渡担保が設定された場合には、そのことに関してあらかじめ手を打てるわけです。そのようなことを考えますと、譲渡担保に法定用益権という制度を考えるとしても、民法三八八条ではなく、仮登記担保法一〇条の類推適用ということになるのではなかろうかと思っております。三八八条が地上権で、仮登記担保法一〇条は賃貸権ですが、これはもちろん地上権では強すぎるということであったわけですから、その点から考えましても、同じように仮登記担保法一〇条のほうを類推適用すれば、それで十分ではないかということになろうかと思います。

椿 抵当権とか仮登記担保と違うという譲渡担保の独自性といいますか、異質性を強調するような学説があるとしたら、そこではこの点についてどのように言われているのでしょうか。

平井 私もいろいろと見ているわけではないのですが、この仮登記担保法一〇条に関する限りでは類推適用を正面から否定したものは未見です。

椿 『仮登記担保法の実務』などではどのようになっているのでしょうか。仮登記担保法一条では、譲渡担保はそもそも入らないということが書いてあるので、それを前提にすれば、このようなところは問題にならないと思うのですね。今言われましたように、三八八条と仮登記担保法では具体的に違うわけでどちらかというときには、議論をする上で重要になるのですが、その前提としてどちらにも類推適用はないのだというような見解はないわけですか。

平井　仮登記担保法の解説では譲渡担保につき類推の是非は触れられておりませんでした。

椿　類推適用の問題は個々の問題として出てくるのみならず、一般的に類推適用はないのだという考え方が出てきますと、ここのところでは、どちらも駄目というのか、どちらかはよいというのか、その見解が何かあれば知りたかったのですが、それを特に書いているものはないのですね。

菅野　私はどちらも類推適用はないと思います。と言いますのは、仮登記担保法一〇条の「存続期間及び借賃は、当事者の請求により、裁判所が定める」というのも譲渡担保に類推適用があることになってしまうでしょう。これは非訟事件ですから、このようなものを類推適用によって裁判所で決めろといっても手続法まで類推するのは無理だと思います。賃貸借とみなす程度の実体法上のことだけですと、類推適用とか言ってなんとかなる場合もあるけれども、これは手続規定ですから、これを類推しろと言われても困ります。

岩城　類推適用するのは仮登記担保法一〇条の前段だけでしょう。

菅野　地上権ならば期間が問題にならないのですが、賃貸借は、少なくとも賃貸借の期間と地代を決めなければ、みなすといっても何も意味がないわけですから、類推適用すれば、裁判所が決めることになりますが、裁判所で決めろといっても無理でしょうね。手続規定がありませんから。

岩城　同一所有者に属する建物と土地のうち、片方だけを売ったときの後始末についての判例がありましたね。建物だけを売ったときには土地は建物の買主に賃貸する意思があったと見るべきだという判例があったと思います。

平井　ちょっと事例が違いますが、借地上の建物が売却されたときには、敷地賃貸権の譲渡もあるのだという最高裁の判例はあります（最判昭和四七・三・九民集二六巻二号二一三頁）。

岩城　普通の売買ならば、主が建物を取り壊してよそに持って行くのであれば、そのことが取引の過程で明確に話として出てくるはずだと思います。要するに片方だけを売るときにはどちらの場合でも、別段の契約のない限り土地を使わせるのが当事者の意思であると考えてよいと思います。譲渡担保でも、仮登記担保法の類推適用がうまくいかなければ、そちらのほうを持ってきて、どちらにしてもお互いに借地権を認めるという趣旨だとすれば、一般の取引の実態から見て地上権を考えていることはまずないはずで、賃貸権を認めるというのが当事者の意思だろうというように見てはいけないでしょうか。

菅野　当事者の通常の意思がそうだということになれば、そこで賃貸借契約が成立して、当事者の意思で相当賃料額が賃料となり、その相当賃料額はこれぐらいだから裁判所に確認しろというのなら、一般の民事訴訟でできます。しかし、これは非訟事件であり、新しい非訟事件を類推適用によって認めるのは無理ですね。

椿　ここは割合に論点になると思ったのですが……。

〔民法三八九条の問題〕

岩城　民法三八九条は、設定後の建物築造ですが。これはいかがですか。

平井　一括競売のほうは、今は用意してございません。

岩城　土地だけが譲渡担保の目的で、後で建物が建てられた場合ですが、譲渡担保に三八九条が類推適用されると、担保権者は両方を取ってしまうことができると考えるのか、それとも底地だけしか取れないとなると、建物収去、明渡請求が成り立つのか成り立たないのかということですが。

伊藤　私は結論的には否定すべきだと思います。土地に譲渡担保権を設定すると、不確定にしろ所有権は譲渡担保者に移転したと見るわけですから、その後で建物が建ったからといって、それを考慮しろというのは抵当権の場合とは本来的に違うと思います。抵当権の場合には、土地についての所有権の移転を前提にしないし、設定者が所有権者であるから自由に使用できるということを前提にしているわけですから、あのような規定も必要になると思いますけれども、譲渡担保は、やはりそこが違うのだと考えるべきでしょう。

岩城　建ててしまったならばどうなるのですか。

伊藤　建ててしまったならば明渡請求ができると見ていいだろうと思います。

岩城　譲渡担保では、普通は目的物の占有を設定者に留めるとすれば、土地の使用収益を設定者に認めるわけですね。

伊藤　建物を建てることまでの使用を許すことを意味しているのかどうかです。そうだとすれば、特約をするべきであるし、当然にそのような権利はあると解すべきではないと思います。

椿　伊藤さんの説明では占有利用を認めるタイプの場合でも、建物築造をやろうとすれば特約がなければ駄目ということです。

伊藤　それは特約なしに建ててもよいと思います。ただ、それは対抗はできないというだけのことです。

岩城　抵当権の場合は一括競売して建物代金は所有者に返すのですから、譲渡担保の場合も土地に対する担保権の実行の際、建物の所有権も取ってしまって、しかし建物の代金相当額を所有者に返してやるという解決方法があると思います。そのほうが建物を取り壊さないで済むので社会経済的にも望ましいのですが。

平井　譲渡担保においても、少なくとも当事者間では可能な限り担保として扱うべきだと思うのです。そうだとすれば、占有が設定者にある土地の譲渡担保では、設定後に目的地上に設定者が建物を築造しても、それだけで明渡請求を債権者に許すべきではないでしょう。問題は、債務不履行があって譲渡担保が実行された場合です。譲渡担保にも仮登記担保法一〇条の類推適用があることを肯定しても、それは設定時に地上建物が存在した場合に限られ、設定後の築造には法定賃借権の成立はないとすれば、設定後の建物築造者たる設定者は、譲渡担保権の実行によって建物を収去しなければならなくなります。建物の存続維持、あるいは建物と土地利用権の一体的換価（借地上の建物の抵当権の効力が借地権に及ぶとされるのもこの現れです）があるべき姿とすれば、譲渡担保においても民法三八九条の趣旨を活かすことが十分考えられるでしょう。同条は一括競売と個別競売の選択を許していますが、今日、同条についての解釈（例えば高木多喜男・担保物権法一九八頁）からすれば、むしろ債権者に建物所有権の取得を義務づける方向さえもありうるのではないかと思います。

〔短期賃借権について〕

平井 次に民法三九五条の短期賃借権が不動産譲渡担保の場合にどうなるかということですが、抵当権においても非常に問題視されているところですし、仮登記担保でも類推適用が否定されているのが大勢であると思われます。簡単に申しまして、この短期賃借権に関しては冷たいわけです。譲渡担保においてはどうかということですが、現実に設定者が賃貸することがあるのかどうかもよくわかりませんが、仮にあったとしても、概説書レベルでも大体は三九五条は不動産の譲渡担保には類推適用を否定すべきであると書かれているので、一応この規定も類推適用はないと考えてよいのではないかと私は思うのです。

岩城 例えば建物を譲渡担保に取って、その占有を設定者に留め、使用収益を許しますと、債務不履行になる前にその建物を第三者に賃貸することもあるわけです。しかし、担保権が実行されますと借家人は借家法一条では対抗できないように見えます。譲渡担保について所有権的構成をすると、建物の所有権の移転は借家人が入る前にすでに行われているからです。しかし、譲渡担保契約を締結しただけではまだ確定的に所有権が担保権者に移転していないとすると、借家人は借家法一条で担保権者に対抗できるという理屈も成り立たないことはないという感じもします。

平井 貸してあるものを譲渡担保に取るという場合には、譲渡担保に取ったほうも賃料収入などをあてにすることもあるかもしれませんけれども、譲渡担保に取ったあとでそれをほかに貸されてしまう場合に、詐害的ではないにしても更新が許されるとすればかなり担保権者の負担になるわけです。確かに担保的な意味で所有権が移ったにすぎないのですが、果たしてそこまで設定者に賃貸をする権限を認めておいていいのかと少し疑問に思います。

岩城 譲渡担保を担保権説で説明すれば賃貸は認められるが、短期賃貸借が成り立つかという議論になるわけです。

基本的には、目的物を譲渡担保に供した後の、設定者の目的物の利用権の法律的性質は何か、つまり、借家人の権利よりも、その前に、家主に当たる設定者の利用権の性格を議論しなければいけないのですが……。果実の収受権にもかかわることです。

椿　担保権説をとっても、それとは別に三九五条そのものがおかしいという考えもあるわけですね。

岩城　建物に関しては濫用ではない機能も果たしているという意見もありますが、三九五条そのものにネガティブな評価をすると、ここでも類推適用には消極的になるでしょうね。

椿　これは私どものほうだけでやれるというよりも、短期賃貸借制度についての見方とも関係するわけです。

菅野　抵当権説をとる人が抵当権規定を譲渡担保に全面的に適用するのであれば、三九五条は抵当権制度の中の一つの重要な制度ですから、適用せざるをえないということになると思います。仮にそこまで言わないとすれば、結局は抵当権説あるいは担保権説をとっても、このように後で設定された賃借権とのかかわりをどうするかという問題は同じことになるのではないですか。例えば、担保権的構成をやってみても譲渡担保設定契約のあとで設定された賃借権と、そのかかわりはどのように利害調整していくのかということです。売買によって完全に所有権が移ってしまえば調整の余地は全くないのですが、また、抵当権説なり担保権説をとって、そこではまだ所有権は移らないので自由に賃貸はできるとしても、抵当権なり担保権が実行されると、譲渡担保設定契約の後に設定された短期賃借権者を保護する必要があるのかないのかという問題が起きるわけです。結局、どちらの立場に立ってもそのような短期賃借権者との利害調整をする必要があるのかどうかの問題に尽きてしまうだけであって、三九五条の類推適用の必要性の問題ではないと思います。

岩城　先ほど紹介された東京地裁昭和五八年七月一九日（金商六九〇号四三頁）の判例では、譲渡担保に取ったものに担保権者が抵当権を設定し、設定者が形式上賃貸借契約を結んで担保権者に賃借料を払っていたのですが、それが競売されたためにその賃借権が否定されたというのがありましたが、あの判例の理論は、譲渡担保に入れた物権を設定者が使用収益しているというのは、いわゆる賃借権ではないので、一種独特の利用権だということです。この利用権は譲渡担保権が実行されると消滅する。本件の場合は担保権者のした抵当権の設定は、譲渡担保設定者との関係では契約違反だが、しかし、その抵当権が実行されると、競落人は善意の第三者であるし、設定者の目的物利用はこれに対抗できないと考えるわけです。そうだとすると、譲渡担保に入れた物件を設定者が第三者に賃貸するというのも設定者が留保していた使用収益権の範囲で賃借人に貸与しているにすぎないので、賃借人は言わば親亀の上に乗った子亀ですから、譲渡担保権の実行があるとそれに対抗できないという説明になるかもしれません。

〔抵当権と譲渡担保の関係について〕

平井 勝手に感想めいたことを言わせていただきますと、この類推適用がどこまで可能かということを若干調べてみたのですが、例えば抵当権説論者がどういう意図で唱えていられるのかと言いますと、米倉教授などは、かなり抵当権あるいは仮登記担保と可及的に不動産譲渡担保を整合させようという認識がおありになって言われているのだろうということはわかるわけです。例えば一つ例を挙げますと、設定者の一般財産に対し強制競売の申立てができるということさえ言っておられるので、そのようなことを考えますと、今申し上げましたように仮登記担保でできるもの、あるいは米倉教授の場合に抵当権で認められているものは譲渡担保でも認められてしかるべきであるという意識が強くて抵当権説を唱えられているのだろうと推測することはできるわけです。しかしながら、個々の短期賃貸借の問題などとは、あるいは、法定地上権の問題とか、そのようなことになると抵当権説の場合にどう考えるのか、私が見た限りではその辺がまだ明らかにされておりません。したがって、抵当権説をおとりになる方がすべてその他の一般の問題についてまで抵当権規定あるいは借り登記担保規定との整合性を完全に果たすべきだと考えておられるのかどうかは今のところはわかりにくくなっています。ましてや、二段物権変動説とか期待権説とかその他の説をとられている先生方がこういう諸問題に関して全部こうであるというご見解を述べていないように見受けられましたので、その辺のところがつかまらない間は、譲渡担保の法的な構成といいますか、あるいは基本的な性質論というものがどこまで普遍性を持っているのかわかりませんでした。この点で私自身も考えを何か持っているわけではありませんし、今後の問題であろうという感想をもっているにすぎないのです。

もう一点は、不動産譲渡担保のメリットは、抵当権説でも私的実行が許される抵当権だと言われていますから、私的実行で満足が得られるわけです。それと後順位者の出現が排除できることの二点が主要なものです。もっともこの後順位者の出現が排除できるということに関しましては、米倉教授は、それはおかしいのであって後順位者を許容してもいいのではないかと言っておられるのですが、しかしこの二点が中心だろうと思います。そして他方、先ほど申し上げました大阪高裁の判例のように実行方法でも仮登記担保ほうに近づけるために、実行通知みたいなものを導入していこうというものがあります。このようになってきますと、不動産譲渡担保というのはいったい何なのだろうか、つまり実行方法の点では仮登記担保型、その他の担保的性格においては抵当権型というふうに両者の混淆した所有権移転の形式をとる担保権みたいなことになってくるような兆しが出ているような感じが致します。そういたしますと、譲渡担保の独自性というのはどうなるのかと言いますと、まさにこの両タイプが混淆しているところが独自性にすぎないとなるのかどうかです。その意味でも、この辺がはっきりしないわけで、判例法や慣習法としては仮登記担保法よりも長い歴史を持つのですが、そのような譲渡担保のあり方はいったいどのようになっていくのかということも、あれこれと言われているわりにははっきりとわからないという部分があるのです。

三番目には、不動産譲渡担保というのは理論的にはいろいろな問題点を含んでいるのですが、実際に用いられるのは岩城さんが総論部分で言われたように、主として高利貸的金融レベルであろうと言えます。そうしますと、既存の抵当権や仮登記担保の諸規定の枠の中にはめ込んでいって、使いにくい状態にしたほうがむしろよいのではないかとの認識も出てこないわけではありませんので、そういう認識に裏打ちされてこれを見た場合にいったいそれをどのようにアプローチしていけばいいのかという問題も出てこようかと思います。それから、不動産譲渡担保と抵当権あるいは仮登記担保が同一化していくといいますか、あるいは相互に影響性が強いということは現在言えると思います。先ほど申し上げましたように、抵当権的に考えていくとか、あるいは実行のところでも仮登記担保法二条のようなものを入れていこうかということになります。そのような同一化、あるいは相互影響性というものはいったいどのような方向に進んでいくのか、相互関連性あるいは相互影響性を認めながら仮登記担保、抵当権、譲渡担保という三極対立の形でいくのか、あるいは譲渡担保なら譲渡担保が抵当権または仮登記担保に吸収されていき、二極対立みたいになるのか、あるいは三者の上位概念が一つ形成されていくのかということについても、全く見当がつかないような感じでございます。要するに、基本的にこの不動産譲渡担保にどのようにアプローチしていくのかという視座みたいなものは皆さん持っていらっしゃるとは思うのですが、そが私どもには細部についてまでは明瞭に見せていただけないわけです。そのようなことで、これから先、不動産譲渡担保がどちらのほうにいくのかということについては、今の段階では私としても何とも申し上げられませんので、甚だ頼りない報告になってしまうのですが、いろいろと教えていただければと思う次第です。

伊藤　今平井さんが言われました問題については、基本的には不動産譲渡担保に一番集約されると思うのです。と言いますのは、不動産の場合、基本的には非占有担保でありながら、担保の典型としての抵当権があり、仮登記担保があり、さらに譲渡担保ありということで、担保形態が三つもあるのです。ですから、全体としてどのような方向性を取るのかの問題は譲渡担保の中でも不動産譲渡担保に一番集約されると思います。私自身は、担保にはニーズに合ったバラエティがあってもよいという考えが基本的にあるのです。このバラエティという場合には二つ考えられるわけですが、例えば目的物が動産であるか不動産であるか、あるいは動産でも個別動産なのか集合動産なのか、あるいは権利であるかというふうに目的物ごとにバラエティがあってもいいという意味もあります。そのような意味で捉えれば、不動産であれば不動産の一つの担保の型だけを考えればよいことになります。私はそれとともに目的物が同一であっても、用いられた法形式に対応したバラエティがあってもいいと思うのです。その意味において、不動産譲渡担保のような場合に抵当権規定の類推適用をどうするかとか、あるいは仮登記担保規定の類推適用をどうするかというような形で問題を捉えるというのは、この問題としては好まないわけです。しかし類推適用の問題というのはそのような形で規定があるから使いましょうかという問題ではないのであって、基本的には譲渡担保も担保ですから、担保に共通して生ずる問題があると思うのです。例えば短期賃借権の問題とか、法定地上権あるいは法定賃借権で問題になっているのは全部担保に共通して起きる問題です。これを解決するのにいったいどうすればよいのかという発想といいますか、その問題を考えるにあたっての一つの素材として、抵当権規定にはこういうのがあるとか、あるいは仮登記担保法の規定にはこういうのがあるが使えるかどうかというような形で検討していくべきではないかと思うのです。その規定によって解決しようとしている方向、考え方を使うだけのことであって、譲渡担保はもともと判例法理として形成されたわけですから、何も類推適用しなければならないということでもないし、解決するために条文に拠りどころを必ず求めなければならないということでもないと思います。仮に抵当権規定が多く使われ出したり、仮登記担保法の規定が多く使われ出すといっても、そういう方向をもって解決すればいいのではないかと言うことだけのことであって、それ以上の何ものでもないのです。それならば抵当権に統合すべきであるとか、あるいは仮登記担保のほうに統合すべきであるという方向に進むのはどこか論理が飛躍しているのではないかと思うのです。そのように進むために担保構成をやるべきだということになりますと、ますます論理の飛躍が大きくなるのではないかという感じがします。ですから、そのような観点に立って見ますと、今後の問題としては譲渡担保についてはまだまだ個別の法律関係で問題にしなければならないことがたくさんあるので、そういうものをきちんと押えていく方向が必要になるという気がします。

椿 当事者間で不動産担保のあるパターン、例えば譲渡担保という形態を選択した場合に、右へならえさせるために抵当権とか仮登記担保の規定を頭から近似性を認めて全部持っていくということは初めから考えていないのではないかと思います。米倉さんの場合はひょっとしたらそういう発想が出てくるかもしれません。もともと類推適用というのは裁判官としては法規で利用できるものがあればそれを利用するという流れがあるわけです。説得の技術として考えれば、できるだけ抵当権の規定にもこういうものがあるのではないかということをやれば、それに越したことはないという見方もありましょう。不動産担保で三つのパターンがあって、当事者の意思でどれかを選択したとすると、当事者が選択したということに重点を置くのか、当事者が一定の不動産担保の形態を選択しても、その個別内容は当事者の意欲だけでは決められるものではないという考え方もあるわけです。

菅野 それはそうだと思います。例えば抵当権を選択したとしますと、抵当権規定は強行法規ですから、当事者の意思で内容が決められるかと言えば、決められないでしょうし、あるいは仮登記担保を選択したとしても、あれと異なるものでやれるかと言うと、それはできないわけです。ですから、譲渡担保を選択したという場合に、その当事者がその内容を勝手に組み立てられるかと言えば、そうもできないわけで、それが第三者に対しても影響を及ぼすとか優先的効力を発揮できるという権利があるとすれば、その中身をどのように確定していくかということが問題としてありますが、これはまた別の問題です。

伊藤 譲渡担保を利用する場合には少なくとも債権者は短期賃借権などをこれで排除できるだろうと思って利用しているわけでしょうから、当事者の意思としてはむしろ類推適用してもらいたくないのです。そういううまみは残してやれというふうに今後も考えるわけです。高利貸的金融が多いから使いにくくしろという意図を持っていれば、それは許さないということになるわけですから、どちらの立場をおとりになるかだと思います。どちらをおとりになるかで、後は理屈のつけ方でしょうが、そのようなうまみを残す必要が社会的にあるのかないのかということでしょうね。

（編注・本座談会後次の趣旨の最高裁判決が出されている）

「不動産を目的とする譲渡担保が帰属清算型の場合、清算金の有無及びその額は、債権者が債務者に対し清算金の支払もしくはその提供をした時もしくは不動産の適正評価額が債務額（評価に要した相当費用等を含む）を上廻らない旨の通知をした時を基準として確定されるべきである。もっとも、債権者が右による支払もしくは弁済の提供もしくは通知をせず、かつ、債務者も債務の弁済をしないうちに、債権者が目的不動産を第三者に売却等したときは、債務者はその時点で買戻権ひいては右不動産の所有権を終局的に失い、同時に被担保債権消滅の効果が発生するとともに、右時点を基準時として清算金の有無及びその額が確定される。」（最判昭和六二・二・一二金法一一五四号三九頁）

〈ジュリスト増刊・譲渡担保の法理、現代財産法研究会編（一九八七）〉

〈判例研究〉

1　地積更生登記と土地区画整理組合への承諾請求

――最三小判昭和四六年二月二三日判時六二五号五一頁、判タ二六〇号二〇八頁――

一　事実の概要

本件土地は、公簿上の地積は一〇七坪であるが、実測は一八五坪余で、実測と公簿上の地積とでは七八坪余の相違があった。同地は、Y土地区画整理組合の土地区画整理事業の施行地区に属することになったが、Y組合の定款によると、(1)換地計画において換地を定めるに必要な従前の宅地各筆の地積は、昭和三三年一月一日現在の土地台帳地積に測量増を按分して加えた地積によること、(2)右測量増とは、土地区画整理施行地区全体の実測による総面積と右基準日の土地台帳上の各筆の地積の合計との差をいい、「測量増を按分して加えた地積」とは、右測量増を、右基準時の各筆の台帳地積に応じて按分し、これを右台帳地積に加えた地積をいうこと、(3)土地台帳地積について実地地積が著しく相違する場合においては、土地所有者が昭和四〇年五月一七日までにY組合に申告すれば、Y組合が現地について査定した地積をもって従前の地積とみなすこと、が定められていた。

出生以来本件土地に居住し相続によって本件土地を取得したXは、右申告期までに申告をなさなかったが他方、昭和三五年の不動産登記法の一部改正により土地台帳は表示登記に組み入れられたので、昭和四二年になって、Xは Y組合を相手取り地積更生登記に対する承諾請求の訴を提起したのが本件である。

一番（東京地判昭和四四・四・九）の詳細は不明であるが、Xの請求を認容している。これに対し、二審（東京高判昭和四五・七・一三判時六〇五号六五頁）は、Xが表示登記の地積につき更生登記手続をなしうるとした点は一審と同様であるが、Yへの承諾請求についてはこれを認めなかった。その理由は、地積更生登記はがんらい権利変更の登記には当らないので、不動産登記法六六条・五六条の適用はないのみならず、更生登記について承諾を要する第三者は「登記上利害ノ関係」を有する者にかぎられると解せられるところ、Yは本件土地の登記簿上の権利者ではないので右のごとき第三者とはいえない、というにある。なお、地積更生の登記につき特に利害関係のある第三者のあるときには、その承諾をえてこれをなす取扱いのなされることがあるとしても、本件事実関係の下では、本件土地の登記簿上の地積が今後更生されても本件土地区画整理事業の施行には法律上の影響はない、との理由も述べられている。

二　判旨

「地積更生登記は土地の表示に関する登記（不動産登記法七八条）であって、権利に関する登記ではないから、これについては、不動産登記法六六条、五六条の適用はないのみならず、Yにおいては、本件土地の換地計画として、昭和三三年一月一日現在におけるその土地台帳地積一〇七坪と本件土地区画整理における測量増の各筆についての増加分一割増しの地積をもって本件土地の従前の土地の地積とすることと定め、これに基づき、すでにその仮換地を指定し、本件土地の登記簿上の地積が今後更生されても、本件土地区画整理事業の施行には影響のないものであることは、原判決挙示の証拠関係に照らして査定できる。……本訴請求は理由がないものといわなければならない。」

三 解説

既に紹介した通り、本件は、Y土地区画整理組合に対し、換地を定めるに必要な基準地の地積を実測に合わせるにつき、基準地の表示の登記を更正するに当ってY組合の承諾を求めたものである。

原告Xがなにゆえ本訴請求をするにいたったのか、その意図は必ずしも明確に汲みとれないところがあるが、すでにY組合の定款に定められた申告期限を徒過しているとはいえ、基準地地積を実測に合わせることができれば換地の地積の増加が見込まれると考え、その実現のために、基準地の表示の登記の更正に当ってY組合の承諾を得ることによって拘束力を及ぼし、目的達成をはかろうとしたものと思われる。

これに対し、本判決（二審も同様）は、形式面と実質面とからXの請求を斥けた。すなわち、表示に関する登記には不登法五六条の準用はないこと、および、すでに本件においては、今後更生されても本件土地区画整理事業の施行には影響のないこと、の二点である。

さて、不動産の表示に関する登記（表示の登記）とは、不動産の特定とその現況を明確にすることを目的とし、土地については、土地の所在（郡市区町村及び字）、地番、地目及び地積を登記する（法七六条）。更生登記とは、すでに完了して存在する登記について当初の登記手続における過誤により原始的に「錯誤又ハ遺漏」があって、登記面と実体関係とが一致していない場合に、これを是正する目的でなされる登記をいう。既存登記（更生さるべき登記）は、その全部または一部が有効であるが、実体に合致しない部分があるのでその実体に合致しない部分を是正し追完することによってその登記を実体に合致させるもので、既存登記を当初にさかのぼって訂正し、更変して、登記の同一性を保つことに特色があるといえよう。

このような、表示の登記と更生登記のそれぞれの意義を組み合わせてみると、表示の登記の更生登記においては、当該不動産の物理的状況が実体関係と原始的に不符合な点を更生するものであり、後発的な不符合の場合になされる変更の登記とは異なって、利害関係人の権利に影響を与えるということはないから、理論的には更生登記申請に第三者の承諾を要するということは事柄の性質上からして考えられないものとして、明文上も、本判決も説く通り、更生登記に第三者の承諾を要するのは権利の登記についてのみであることが示されている（法六六条・五六条）のである。

一般に、不動産の表示の更生については、(イ)錯誤または遺漏の程度が軽微であって、これがあってもなお旧登記が当該登記事項全体として実質関係の同一性を表わすに足るものと認められる場合、(ロ)右の同一性が認められない場合でも、登記の形式からみて第三者に不測の損害を及ぼすおそれがないとき、には更生可能と解されている（田中永司・最大判昭和四〇年三月一七日解説・最判解民事篇昭和四〇年度三八頁）。もっとも、(ロ)については、もと同一性の認められない程度の錯誤遺漏のある既存登記は、当該不動産を公示するものとはいいえず、無効と解されるものであって、かかる無効の登記をも更生の登記という別個の登記手続によって瑕疵を治癒させることは法の予想していないところであって、認めるべきではないとの見解もある（奈良次郎「変更登記・更生登記」不動産法大系Ⅳ・登記（改訂版）二七九頁）。

地積の更生については、測量上若干の誤差は避けられないものとして、土地の表示に関する登記申請書に記載した地積と登記官の実地調査（法五〇条）により測定した地積の差が、申請書に記載した地積を基準にして、市街地地域およびその周辺の地域については国土調査法施行令別表第四に掲げる精度区分甲二まで、村落・農耕地域およびその周辺の地域については精度区分乙一まで、山林・原野地およびその周辺の地域については精度区分乙三までであるときは、申請書に記載した地積を相当と認めて差し支えない、との配慮が実務上なされている。

なお、地積更生登記は行政事件訴訟法三条二項にいう抗告訴訟の対象となる「行政処分」に当るか、という事件ではあるが、地積更生登記の意義についての一つの見解を示すものとして次の裁判例を紹介しておく。「地積更生登記は、登記簿の表題部に記載された地積が、客観的に定まっている当該土地の地積と合致しない場合にこれを訂正するものであり、地積更生登記により当該土地の権利関係、形状、範囲等が変更されるものでなく、又隣接地との境界、隣接地の範囲等に変更が生じるものでもないから、当該土地の所有者はもとより隣接地の所有者の権利義務に何らの影響を与えるものではない。したがって地積更生登記は抗告訴訟の対象となる処分には該当しない」というものである（大阪地判昭和五四・一一・一二行裁例集三〇巻一一号一八五二頁）。

右に述べたように、表示登記の更生に関しては、原則的には第三者の承諾ということはない筈であるが、念のため、第三者について権利登記の更生に関して説かれるところによれば、第三者とは「登記上利害ノ関係ヲ有スル第三者」（法五六条一項）であり、当該更生登記をすることにより、登記の形式上からみて一般に損害を被るおそれがあると認められる者、とされている（幾代通・不動産登記法（第三版）一七八頁、半田正夫編・注釈不動産登記法一五六頁）。

以上を通じていえることは、本件においては、第一に、更生がもとめられているのは表示の登記であって権利の登記ではなく、しかも、地積の更生であるから第三者の承諾を要するとは到底認められないこと、第二に、仮に第三者の承諾を要するとしても、Y組合は登記の形式上第三者として登記簿上記載されているものではないこと、第三に、百歩を譲って、登記簿上表われない実質的な第三者であるとしてみても、地積の更生によって損害を被るおそれある者とはいいえないこと、の他、第四に、事実関係からすれば、本件更生登記によっても本件土地区画整理事業の施行にはもはや影響のないこと、を考え併せれば、Xの本件請求は失当であるというべきであって、本判決は妥当なものである。

〈別冊ジュリスト・街づくり・国づくり判例百選（一九八九）〉

2　不動産売買において第三取得者に売主は留置権を主張できるか

――最一小判昭和四七年一一月一六日民集二六巻九号一六一九頁、金商三五七号九頁以下――

一　事　実

Y（被告・被控訴人・上告人）は、本件建物およびその敷地を訴外A（Yの妻のようである）と共有していたが、昭和四三年七月二〇日、これらを訴外Bに代金総額六八〇万円で、代金支払方法としては左の通りの約定で売渡した。

1　内金四〇万円は、本件建物およびその敷地の所有権移転登記と同時に支払うこと、

2　内金一一〇万円は、昭和四三年八月一〇日限り支払うこと、

3　内金一八五万円については、Xが他に対して負担する債務をBが免責的に引受けて支払うこと、

4　残金三四五万円については、金銭の支払に代えてBにおいて昭和四三年一一月末日までに他に土地を購入し建物を新築してXに譲渡し、本件建物およびその敷地の明渡は右土地建物のYへの引渡と同時に行なうこと。

訴外Bは右の条項の3までを履行したが4についてはなされておらず、現在Yは本件土地建物に居住している。他方、Bは、昭和四四年二月一九日、X（原告・控訴人・被上告人）より三四八万円を借受け、その担保のため本件建物およびその敷地を目的として抵当権設定契約および停止条件附代物弁済契約を締結したが、Bが右借受金を所定の期限に弁済しなかったため、Xは右代物弁済契約により同年三月一一日本件建物およびその敷地の所

有権を取得し、同月一三日その旨の所有権移転登記を完了した。そこでXよりYに対し本件建物の明渡を請求したのである。

右のXの請求に対し、Yは、前記4所定の給付に相当する残代金三四五万円がBより支払われていないことを理由に、留置権を主張して本件建物の明渡を拒絶する。

第一審（盛岡地裁）は、Bの債務不履行の内容は、代替土地建物の給付であるが、これはYのBに対する残代金債権三四五万円と等価であり、かつ、売買において、売主である目的物の占有者は買主に対する代金債権の担保としてその上に留置権を取得する、として、XのYに対する残代金債権たる三四五万円の支払と引換えにYに明渡を命じた。

これに反し、第二審（仙台高裁）は、Bによっていまだ履行されていないのは、売買目的物とは無関係な代替土地建物の引渡し義務であり、Yは売買目的物の残代金債権を有するものではなく、右の代替土地引渡請求権は、Bに対して存在するのは格別Xには対抗しえないのであるから、これと売買目的物たる本件土地建物との間には留置権発生要件たる牽連関係はない、としてYを全面的に敗訴させた。

Yの上告理由は、YのBに対する代替の土地建物引渡請求権とXのYに対する本件建物明渡請求権とは、同一の法律関係から生じたものといえるから、Yには留置権が認められるというものである。

二　判旨

最高裁は、Yの留置権の抗弁を認め、BのYに対する残債務額三四五万円の支払と引換えにYに明渡を命ずる。

まず、原審が、本件においては、YはBに対し本件建物およびその敷地の残代金債権を有しないとした点につき、「確定事実によれば、残代金三四五万円については、その支払に代えて提供土地建物（前記代替の土地建物）を

Yに譲渡する旨の代物弁済の予約がなされたものと解するのが相当であ」る。したがって、「その予約が完結されて提供土地建物の所有権がYに移転し、その対抗要件が具備されるまで、原則として、残代金債権は消滅しないで残存するものと解すべきところ（最高裁昭和三九年(オ)第六六五号同四〇年四月三〇日第二小法廷判決・民集一九巻三号七六八頁参照）。本件においては、提供土地建物の所有権はいまだYに譲渡されていない（その特定すらされていないことが、うかがわれる）のであるから、YはBに対して残代金債権を有するものといわなければならない」、とする。次に留置権の抗弁については、「この残代金債権は本件土地建物の明渡請求権と同一の売買契約によって生じた債権であるから、民法二九五条の規定により、YはBに対し、残代金の弁済を受けるまで、本件土地建物につき留置権を行使してその明渡を拒絶することができたものといわなければならない。ところで、留置権が成立したのち債務者からその目的物を譲り受けた者に対しても、債権者がその留置権を主張しうることは、留置権が物権であることに照らして明らかであるから（最高裁昭和三四年(オ)第一二二七号同三八年二月一九日第三小法廷判決、裁判集民事六四号四七三頁参照）、本件においても、Yは、Bから本件土地建物を譲り受けたXに対して、右留置権を行使しうるのである。もっとも、Xは、本件土地建物の所有権を取得したにとどまり、前記残代金債務の支払義務を負ったわけではないが、このことはYの右留置権行使の障害となるものではない」と説く。そして、かような場合の判決主文については、「物の引渡を求める訴訟において、留置権は抗弁が理由のあるときは、引渡請求を棄却することなく、その物に関して生じた債権の弁済と引換えに物の引渡を命ずべきであるが（最高裁昭和三一年(オ)第九六六号同三三年三月一三日第一小法廷判決・民集一二巻三号五二四頁、同昭和三〇年(オ)第九九三号同三三年六月六日第二小法廷判決・民集一二巻九号一三八四頁）、前述のように、XはYに対し残代金債務の弁済義務を負っているわけではないから、Bから残代金の支払を受けるのと引換えに本件建物の明渡を命ずべきものといわなければならない」としている。

三　研究

本件最高裁判決の論理構成は次のように組立てられている。
1、売買において、目的物を占有する売主は、代金の支払を受けるまで留置権を行使しうる。
2、本件において、BのYに対する未だ履行されざる給付は、Yに代替の土地建物を引渡すことであるが、これは、本件BY間のY所有土地建物売買の残代金債権三四五万円の支払に代えて右代替の土地建物をYに譲渡する旨の、代物弁済予約がなされたものと解される。
3、代物弁済予約においては、その予約が完結され、目的物の所有権が予約権利者に移転しその対抗要件が具備されるまで、原則として債権は存続する。
4、留置権は物権であるから、その成立後債務者から目的物を譲受けた第三者に主張しうる。
5、留置権が主張されている場合には全面的請求棄却の判決をなすべきではなく、引換給付の判決を下すべきであり、留置権によって保全さるべき債権が訴外第三者に対するものであっても、同訴外人の留置権者に対する支払と引換えにこれを命じうる。
以下個別に検討する。
一　売買において、目的物の所有権が買主に移転している場合に、代金債権について売主に留置権を認めるのは通説といってよいであろう（我妻・新訂担保物権法三一頁、柚木・担保物権法一八頁、田中・注釈民法(8)二四頁）。ところで、留置権は「他人ノ物」の上に成立する権利であるから（民法二九五条）、売買において目的物の所有権移転時期をどう把えるかということと関連して考察しなければならない。まず、特定物の所有権移転時期を債権行為時とする立場では問題ない。登記・代金支払いのいずれか先になされた時点で所有権が移転するとする説では、本件の場合、登記はすでにBを経てXに移っているのであるから、同様にYは本件建物について所有権を失っているといえよう。以上二つの立場では、留置権と同時履行の抗弁権の競合的成立を認める限り、本件ではYに留置権の成立を肯定すべきことになる。有償契約においては、相手方からの給付（代金支払）が実現されない限り、自らもまた給付(権利移転)をしないということがその本質であり、これは物権関係にもそのまま反映し、したがって、売買契約では代金の支払があるまでは目的物が特定していてもその所有権は移転しないのが原則でなければならない（川島・所有権法の理論二四八頁）と解する立場では、本件においては、BのYに対する残代金債務ないしこれと等価の代替の土地建物の給付義務は未だ履行されていないのであるから、本件建物の所有権は、すでに登記を備えたXを除外し、ことがらをYB間に限っていえば、Yに残存しているということになる。また、いわゆる所有権なしくずし移転説では、売買のプロセス途上の売主と買主の権利義務は売買契約によって律せられ、買主は物権的請求権をもつものではなく、それに応じて売主の抗弁権も留置権ではなくて同時履行の抗弁権であるとされる（鈴木・物権法講義一二八頁）。私としては次のように考えたい。当時者が物権行為を債権行為とは別個に行なう旨の明確な意思が認められない場合は、物権変動は債権行為の結果として生ずるが、その時期は、債権行為と同時ではなく、また、登記・代金支払などの外部的表象のあった時点のいずれかであるとして抽象的一律に定めるべきでもない。代金支払・登記・引渡のいずれかの時期において所有権は移転するとみるが、そのいずれかであるかは個別具体的事例に応じて、売主が買主に与えた信用の程度によって決せられると解するのである。本件において、Yが僅か四〇万円の内金の支払と同時に初めに登記をBに移転した理由は明らかではないが、現に居住している家屋を売却し、売買代金総額の半ばに当る部分の支払に代えて買主たるBが代替の土地建物を提供し、その引渡と現住家屋の明渡とを同時履行としたYとしては、右の代替土地建物の引渡があるまでは本件建物の所有権をBに移転しない趣旨ではなかったかと推測されるのである。そうだとすれば、留置権はまず売買当事者間で売主に成立しそれをもって第三者に主張しうるとするならば、本件ではYの留置権の主張は認められなくなる。

次に、留置権と同時履行の抗弁権との関係であるが、売買において、買主が代金未払の状態で目的物の引渡を請求した場合には、売主には留置権と同時履行の抗弁権とが認められ、このいずれを主張してもよいとするのが通説である。しかし、前述のように、売買における所有権の移転時期を何時とみるかにはさまざまな構成があり、場合によっては売主は未だ目的物の所有権を失っていないとすることも可能であるから、その場合には留置権は成立しないことになる。このようにして、所有権が買主に移転したかしないかで左右される留置権にこだわるよりも、むしろ売買当事者間においては、双務契約の効力として認められる同時履行の抗弁権一本でゆくのがすっきりし無用の混乱を避けられるのではないか。わが国の留置権は、フランス法にならった旧民法の精度を踏襲したといわれているが(我妻・前掲二二頁)、民法中に散在するが一般的な法理としての規定をもたないフランス法に比して、旧民法でこれを一般的法理として規定した(債権担保編九二条以下)点については一応の説明はあっても(Boissonade; Projet de Code Civil pour le Japan t. IV p.199)、何故これを物権として構成したかは詳かではない。フランス法では、droit de retention は物権的性質をもち第三者にも対抗できるが、l'exception d'inexecution は契約の効力であって第三者には対抗しえず、売買において認められるのは後者であるとする学説がある(Planiol, Ripert; Traité pratique de Droit Civil Français, t. VI p.613)。わが国の民法起草者は、その債権担保機能を重視して物権と構成したのであろうと思われる。しかし、留置権の物権的効力は弱く、学説も今日ではむしろ債権担保機能よりも給付拒絶権能をその中心的性格とするようになってきている。それゆえにこそ、本件判決理由中でも引用されているが、物の引渡が求められている訴訟において留置権が主張されている場合に、ほんらい物権的性格を強調すれば原告の全面的請求棄却となるべきところ、引換給付を命ずるのが最高裁の判例となっており、これについては多くの学説の賛成をえているのである。かようにして留置権の担保物権的性質は稀薄となり(もともと、競売における優先弁済権なく、別除権を構成せず、占有を奪われたとき留置権に基づく物上請求権もない)、物権的給付拒絶権とでもいうべきものになりつつあるのであるから、売買の当事者間では、同一の機能を営むものが競合するとするよりも、契約の効果としての給付拒絶権能たる同時履行の抗弁権のみが認められるとしても差支えない(留置権に競売権を認めれば売主が目的物を競売して代金から弁済を受けることができるか、売買において売主がこの手段にでることは通常はないであろう。―他の観点から、売買において同時履行の抗弁権と留置権との不競合を主張されるものに白羽「留置権同時履行の抗弁権と不当利得」谷口還暦記念・不当利得・事務管理の研究(I)九七頁以下がある)。

以上のように、私は売買当事者間においては同時履行の抗弁権のみを認めそれで充分と考えるが、本件のように、第三者との関係が問題となる場合には同時履行の抗弁権では対処しきれないものであるから、留置権の主張が許されなくてはならない。このことを明らかにされるのは鈴木教授である。前述のように、教授は、当事者間に契約関係のある場合には同時履行の抗弁権のみが生ずるとされるが、後に契約関係のない者との間に問題が移行した場合には留置権による対処を認められ、それは、相手方の引渡請求が、前者においては契約に基づくものであるのに対し後者においては所有権に基づくものであるのと対応するとされるのである(鈴木・前掲一二九頁)。私も基本的にはこの見解に賛成したい(もっとも、教授は、双務契約に限らず広く当事者に契約関係のある場合についてまで―たとえば、時計屋と時計の修繕依頼者との関係、そして時計屋は同時履行の抗弁権に準ずるものを行使しうるとされる―契約法の領域に属するものとして留置権を排斥されるのであるが、そこまで拡張しなければならないかは疑問に思う)。

本件において、YB間では本件建物の所有権はBに移転していないとみることは先に述べた。しかしながら、売買当事者において売主が買主に与えた信用が十分でないために目的物の所有権が売主に移転していないことをもっては、それが所有権留保の特約の形態をとっていない以上当然には買主からの転得者に主張できるものではなく、本件のように登記を備えたXに対しては、Yは自己に所有権が残っていることをもってXの権利取得を否定できない。したがって、所有権に基づくXの明渡請求につきYは留置権の行使が認められることになる(薬師寺・留置権論六〇頁以下は、債務者以外の所有に属する物につき留置権を認めるときは、無関係の第三者に所有物を抑留することになり債権者の保護に傾き過ぎるものとして、二九五条の「他人ノ物」とは、債務者所有の物たるに限ることを主張されている)。

二　さて、Ｙにおいて留置権の成立をＸとの関係では認めるとして、その内容はどうであろうか。最高裁は、ＹＢ間の代替土地建物の給付約束は、残代金債権三四五万円の支払に代わる代物弁済予約であり、これが履行されＹが目的物の対抗要件を備えるまでは右残代金債権は消滅しないとする。しかし、このように解したときは、ＢがＹに提供すべき代替土地建物が特定し、Ｙが予約完結の意思表示をなした後も、Ｙがその対抗要件を具備するまでは何時でも残代金債務を支払うことによって、Ｂは右代替土地建物を受戻すことが可能となる。本判決理由中に引用されている昭和四〇年判決（民集一九巻三号七六八頁）は、貸金の担保として土地に代物弁済予約が附されていた事例であり、それが担保目的であることから、引用の趣旨のように解すべきなのは当然である。本件において、はたしてＹＢ間の意図は、かような既存債務の担保手段としての機能をもつ代物弁済予約を設定するところにあったのであろうか。ＹはＢに現に自己が居住する土地建物を売却したのであるから、Ｂからの代替土地建物の提供は移転先として必要なのであって、単に残代金債権の支払を担保するためにこれを目的として代物弁済予約を設定したのではない筈である。すなわち、残代金債権三四五万円に相当する部分については、ＢがＹに将来提供すべき代替の土地建物を目的として交換が成立したか、あるいは右と同一の給付を目的として残代金債権の弁済と同一の効力をもつ本来の代物弁済契約がなされたものとみるべきであろう。本件において、ＢがＹに対し未だ履行していないのは右代替の土地建物の引渡義務であって、これは本件売買の目的物とは無関係のものであるとした原審の判断を考慮して、最高裁は残代金債権は引続いて存続していると構成したものともとれるが、ＢＹ間に留置権の成立を必要とする通説的見解に立っても、代替の土地建物の給付は残代金の支払いと等価であり物の返還請求権と同一の法律関係から生じたものといえ、かつ、留置権によって保全される債権は、金銭債権に限られず物の引渡を目的とする債権であってもよいのであるから、ＹはＢが右代替の土地建物の給付を完了するまで本件建物について留置権を行使しえ、これをXにも主張することが許されるわけであり、私の見解では、同時履行の抗弁権として認められるYのBに対する右の給付拒絶権をそのまま留置権としてXに対抗できることになる。

三　留置権が物権として構成されていることから、売買において買主からの譲受人に対しても売主はこれを対抗できるといわなければならない。本件判決は、当事者間に有効に成立したことを前提として自後の第三者取得者に主張しうるとするものであること既に述べたとおりであり、通説的見解もそうであろう。これに対し私は、売買当事者間では同時履行の抗弁権のみを認め、本件のように第三者取得者からの所有権に基づく引渡請求に対しては留置権をもって対処すべきであると考えることも前述したところである。ただし、売買当事者間において同時履行の抗弁権の成立する場合にはすべて対第三者との関係でも留置権が認められるとるものではない。たとえば、売買の買主が代金債務は履行していないが、これに見合うべき充分な担保を供しているときは(民法三〇一条)、売主はなお買主に同時履行の抗弁権は主張しうるも第三者には留置権の主張は認められず、もっぱら留置権の許容される趣旨たる公平の見地からその成否は決せられることになる。

四　最後に、引渡給付判決を命じた点についてであるが、近時は、留置権の目的は当事者間の公平をはかる点にあり、この目的による制度の範囲で担保物権としての効力も認められるとするのが学説の大勢といってよい(古くは末弘・債権総論四二頁、薬師寺・前掲一三五頁以下、新しくは我妻・前掲四二頁など)。判例は本判決理由中に引用されているとおりであるが、昭和三三年三月判決（民集一二巻三号五二四頁）は、家屋の賃借人が支出した有益費に関するものであり、同年六月判決(民集一二巻九号一三八四頁)は、土地賃借人の地上家屋の買取請求に関するものであって、債務者以外の第三者からの引渡請求につき債務者の履行と引換えに明渡を命じたものは、本件が初めてのケースである。

五　以上の結果私は、本件において、Yに留置権の主張を認めることが公平であるとするならば、BのYに対する交換ないし代物弁済の目的たる代替の土地建物の給付義務の履行の完了と引換えに、本件家屋の明渡を命ずべきものと結論したい。

〈金融・商事判例三七三号(一九七三)〉

3　仮登記担保不動産の第三取得者と債務者の留置権の抗弁

――最一小判昭和五八年三月三一日民集三七巻二号一五二頁、金商六七三号三頁――

参照条文　民法二九五条、仮登記担保契約に関する法律三条一項

一　事　実

A所有の本件土地建物につき、昭和三一年一一月一二日、BのAに対する貸金を担保する目的で、Bのために代物弁済予約に基づく仮登記および抵当権設定登記がなされた。ところが、Aは、Y_7らからも金融を得、Y_7については昭和三二年三月六日頃、本件土地建物につき同人のために仮登記ならびに抵当権登記がなされており、Aの資産状態やこのような態度に不安を抱いたBは、自己の貸金債権の担保を更に確実なものにするために、Aに対し前記代物弁済予約の完結権を行使して、同年三月二五日、本件土地建物について前記仮登記に基づく本登記を経由した。ただし、この時点では、BとしてはAが元利金を返済すれば本件土地建物はAに返還する意思であったが、昭和三四年八月にいたってもAは右元利金を返済することはできない状態であった。そこで、同月一八日頃、AはBとの間で、自己のBに対する借受金債務の弁済に代えて本件土地建物の所有権を確定的にBに移転させ、これにより右債務を消滅させる旨合意し、Aにおいて、本件代物弁済予約の完結権が行使されたことによって本件土地建物がBの所有に帰したことを認める、Aは本件土地建物の取戻権を失いBがこれを処分することに異議がない旨を確認した。その後、本件土地建物はBからXへ売渡されたが、Xは、本件土地建物はBがAに対

する貸金債権の代物弁済として取得したものであり、かつ、BはAに対して交付すべき清算金を支払っていないことを知って取得したものである。

Aは昭和四四年に死亡し、Y_1〜Y_6がAを承継し、Xが、Y_1らに対して本件土地建物から退去ならびに明渡しを求め、Y_7に対しては前記仮登記ならびに抵当権設定登記の抹消を求めたのが本件本訴であり、Y_7からXに対して貸金債権侵害を理由とする損害賠償を求めたのが本件反訴である（Y_7は一・二審ともに敗訴しており上告はしなかった）。

第一審（名古屋地裁）では、Y_1らは、主としてBの代物弁済による本件土地建物の取得が暴利行為であることを主張して争ったが容れられず、X勝訴。

第二審（名古屋高裁）では、Y_1らは、Xが清算未了であることを熟知しながら本件土地建物を取得したことを強調し、このような場合には、Y_1らはBに対してのみならずXに対しても清算金の支払を請求でき、したがって、その支払があるまではXに対し明渡しを拒絶しうると主張した。原審はこれを容れて、「XはBがAに対し前記清算金を支払っていないことを知りながら、Bから本件土地建物を買い受けたものであって、Bと同一の地位にあるというべく、Y_1らはBに対するのと同様にXに対しても、清算金の支払を受けるまで本件土地建物の明渡しを拒むことができる」と判示した。なお、XがY_1らに対し、明渡しにいたるまでの本件土地建物の使用につき賃料相当額の損害金の支払を求めていた点については、Y_1らの占有を不法占有としてXの請求を認容している。

Y_1ら上告。前述のように、Y_1らは、原審において本件土地建物の明渡しと清算金のXからの支払いとの引換給付が認められたのであるが、なおこれを不満とし、本件土地建物についての受戻権の存在、法定地上権ないし法定土地賃借権の存在などを主張する他、同時履行の抗弁権が存在する以上、Y_1らの占有は違法ではなく、賃料相当額の損害金の支払義務のない旨を主張する。

二　判旨

Bは、Aとの間の合意に基づき本件土地建物につき確定的に所有権を取得して更にXにこれを譲渡したのであるから、Xはこれによって本件土地建物につき担保権の実行に伴う清算関係とは切り離された完全な所有権を取得したものというべきであり、たといXにおいて、BのAに対する右清算金の支払が未了であることを知りながら本件土地建物を買い受けたものであっても、……清算金の支払義務と結びついた本件土地建物の所有者としてのBの法律上の地位をそのまま承継するにとどまるものと解さなければならない理由はないというべきである。そうすると、XとBとの間で重畳的債務引受の合意がされるなどの特段の事情がない限り、Y_1らはXに対して清算金の支払請求権を有するものではないから、原審が、Y_1らはBに対するのと同様にXに対しても清算金支払請求権を有するとし、これを前提としてY_1らがXから清算金の支払を受けるまで本件土地建物の明渡しを拒むことができるとした点には法令の解釈適用を誤った違法があるというべきである。

もっとも、XのY_1らに対する本件土地建物の明渡請求は、所有権に基づく物権的請求権によるものであるところ、Y_1らのBに対する清算金支払請求権は、Bによる本件土地建物の所有権の取得とともに同一の物である右土地建物に関する本件代物弁済予約から生じた債権であるから、民法二九五条の規定により、Y_1らは、Bに対してはもとより、同人から本件土地建物を譲り受けたXに対しても、Bからの清算金の支払を受けるまで、本件土地建物につき留置権を行使してその明渡しを拒絶することができる関係にあるといわなければならない（最高裁昭和三四年(オ)第一二二七号同三八年二月一九日第三小法廷判決・裁判集民事六四号四七三頁、同昭和四五年(オ)第一〇五五号同四七年一一月一六日第一小法廷判決・民集二六巻九号一六一九頁参照）。そして、X又はBが清算金を支払うまで本件土地建物の明渡義務の履行を拒絶する旨の前記Y_1らの主張は、単に同人らの本件土地明渡義務と右清算金支払義務とが同時履行の関係にある旨の抗弁権を援用したにとどまらず、Xの本件土地建物明渡請求に対して、清算金支払請求権を被担保債権とする留置権が存在する旨の抗弁をも主張したものとみることができるから、本件においてはY$_1$らの右留置権の抗弁を採用して引換給付の判決をすることができたわけである。しかし、この場合には、XはY$_1$らに対して清算金支払義務を負っているわけではないから、Xによる清算金の支払と引換えにではなく、Bから清算金の支払を受けるのと引換えに本件土地建物の明渡しを命ずべきものであり、したがって、これと異なり、Xからの清算金の支払と引換えに本件土地建物の明渡しを命じた原判決には、結局、法令の解釈適用を誤った違法があるというべきであるが、原判決を右の趣旨に基づいて変更することは、Y$_1$らに不利益をきたすことが明らかであるから、民訴法三九六条、三八五条により、この点に関する原判決を維持することとする。

つぎに、……前述のとおり、Y$_1$らは、Xの本件土地建物の明渡請求に対して留置権を行使することができ、Bからの清算金の支払を受けるまで本件土地建物の占有を継続することになんら違法はないのであるから、右占有の継続が違法であることを理由とする賃料相当損害金の支払請求は失当として棄却すべきである。しかるに、原審がなんら首肯するに足る理由なくしてXのY$_1$らに対する金員請求を認容した点には、民法七〇九条、二九五条の解釈適用を誤った違法があるといわねばならない。

三 研究

一 事実関係の紹介では省略したが、原判決の内容は多岐に亘っており、争点効を肯定するか否か、仮登記担保権者が本登記手続をなしたがなお債務者との関係では受戻しを認める趣旨であった場合の、担保形態の法的構成ならびに受戻権の存続期間、代物弁済予約と暴利行為との関係、清算金の算定の時期、など、興味深い問題を数多く提供しているが、本稿では、もっぱら、清算金の支払と目的不動産引渡しとの引換履行の関係、ならびに、債務者(担保設定者)が引渡しまで目的不動産を占有することについての法律関係、の二点に絞って論じることとする。

二　仮登記担保法三条二項は、清算金の支払いと目的不動産の所有権移転登記および引渡しについて民法五三三条を準用しているが、本件は同法適用前の事件であることを先づ確認しておく。

さて、本判決では、結論としては、XがY_1らに対して清算金の支払いをするのと引換えにY_1らの明渡しが認められたわけであるが、これはまことに奇妙な結果といわざるをえない。というのは、本判決も認めるように、清算金支払債務を負っているのは、重畳的債務引受でもなさない以上、債権者であるBであって、Bからの目的不動産の取得者Xではないからである。原判決は、Xが、BのY_1らに対する清算金の支払未了を知って不動産を取得したことを理由に、XはBと「同一の地位にあるというべく」清算金支払義務を負うとしているが、Xの悪意という観念的容態は、後述のように、Y_1らから引換履行の抗弁の対抗を受ける（あるいは受けない）ことの評価の要因とはなりえても、清算金支払債務を負担する理由とはなりえないのであって、この点では原判決は明らかに誤っているといわねばならない。しかしながら、本判決は、原判決の右の誤謬を指摘しながらも、民訴法三八五条を理由にあえて原判決を維持した。実は、本判決引用の最判昭和四七年も、若干本判決に似た経緯を辿っている。この事案は、甲が所有する土地建物を乙に売却し、代金の一部の支払いと引換えに登記移転、残代金については、金員の支払いに代えて乙において土地を購入して建物を新築して甲に譲渡し、甲は右土地建物の乙からの提供と引換えに明渡すことを約していたところ、乙が代金の一部を支払い登記をえて残債務未履行のままこれを丙に売却・登記移転して、丙から甲に土地建物の明渡しが求められたというものである。第一審は、本件原審のように、第三取得者丙が乙の未履行残代金を支払うのと引換えに甲に明渡しを命じたが、最高裁はこれを変更し、残代金債務につき甲に留置権の成立を認めたうえ、乙の支払いと引換えに甲は丙に明渡すべしと判示したのである(第二審は、乙の未履行債務は代替不動産の提供であり、これと甲の引渡債務には牽連性がないとして甲を敗訴させている。なお、支払債務を負う者の履行と引換えに支払債務を負わない第三者に物の引渡しを認めた先例としては、本判決引用のもう一つの最高裁判例の他に、大判大六・一一・一〇民録二三巻一九六〇頁がある)。この先例からすれば、本件においても、少なくともXはY_1らから留置権の対抗を受けても自らは清算金支払義務を負うことはなかったのであって、X側の訴訟技術が拙劣であったとしかいいようがないであろう。

次に、本判決が仮登記担保において、清算金債権を被担保債権として目的不動産について担保設定者に留置権を認めたことの評価はどうであろうか。右の昭和四七年の先例は、売買当事者間での留置権の成立を認めたものであることは既述の通りであるが、問題はかなりある。たとえば、要件面では、成立における「他人ノ物」を厳格に解すれば、売買当事者間での所有権移転時期とからめてこの要件の充足性が問題となろう(ちなみに、所有権なしくずし移転説を採られる鈴木教授は、売買においては同時履行の抗弁権のみしか認められない(鈴木・物権法〔改訂版〕三〇七頁以下))。なお、不充分な分析ではあるが、拙稿前掲最判昭和四七年の判批参照(金商三七三号三頁以下))。効果面では、留置権では、不可分性(二九六条)から全部履行拒絶が認められるが、同時履行の抗弁権では割合的履行拒絶という制約が課されることがあろうし、留置権では担保を供して消滅請求をしうるが(三〇一条)、同時履行の抗弁権にはこれがない、などの差が生ずるので、終局的には両者峻別適用論の検討へと進まざるをえなくなろう(両者の関係に関するモノグラフィーとして、椿「同時履行の抗弁権—留置権との関係について」契約法大系I、田中清「履行拒絶権論—留置権および同時履行の抗弁権」(一)〜(三)法政論集七五・八〇・八一号、大坪「留置権と同時履行の抗弁権」現代民法学の基本問題(上)内山・黒木・石川還暦記念)。したがって、当面は、四七年先例は、当事者間で履行拒絶をなしえたにもかかわらず、第三者に目的物が取得されると否定され、その結果買主の代金債権確保手段が奪われることの不当性の見地から、第三者に抗しうることを目して留置権構成がとられたものと理解すべきである。このような視点からは、本判決についても、清算金債権と担保目的物との牽連性などを細かく問題にする必要はなく、留置権構成は第三者に対抗しうるための一種の仮託とみて、仮登記担保において、目的不動産の第三取得者に対して、債務者は、債権者よりの清算金未払いを理由に、右の不動産の引渡しを拒むことの是非を直截に評価すべきであろう。そして、少なくとも本件については、第三取得者Xは悪意であることから、肯定的結論に到してよいと思われる。このように解することは、いわば留置権をもって一般悪意の抗弁（exceptio doli generalis）的に捉えるのに類するから、本来の留置権では問題とならない筈の第三取得者が善意（ないし善意無過失）の場合において、右の抗弁の対抗が問題となる。本件のように、第三取得者と担保設定者とが争った場合、担保権者は判決の既判力を受けるわけではないから、実質的には第三取得者が第三者弁済をせざるをえなくなる負担を考慮すれば、善意（ないし善意無過失）の第三取得者には引換履行の対抗を許すべきではないかとも思うが、今のところ結論は留保したい。

本判決は、仮登記担保法適用前のものであるが、新法下においても以下のような場合への影響が考えられる。すなわち、前述のように、仮登記担保法三条二項は、清算金の支払いと移転登記・引渡しとを引換履行としているが、清算期間満了後に債務者が本登記を先履行する場合もなくはなく、その後に債権者が第三者に目的不動産を譲渡する場合もありうることになる。同法一一条但書後段は、かかる場合に債務者は受戻権を喪失するとしているが、それでもなお債務者は清算金請求権を失うものではないから、債務者は、債権者からの清算金の支払いあるまで、第三取得者に対し留置権を主張して引渡しを拒むことが、本判決のもとでは許されることになろう。もっとも、既述のように、第三取得者の観念的容態については問題があるが、少なくとも悪意取得者についてはそうなろう。次に、譲渡担保においては、帰属清算型では、清算金支払いと目的不動産の引渡しが引換給付たることには疑問はないが、債権者が清算金支払未了の間に第三者へ譲渡した場合に同様のことが問題となる。処分清算型では、このような引換履行の関係はないとする学説があるが（柚木＝高木・担保物権法〔第三版〕五六九頁）、債務者の引換履行の抗弁を奪うために処分清算の特約がなされることも考えられ、また、清算の型によって効力に差を設けるのも疑問であり、やはり善意（ないし善意無過失）の第三取得者に対しては疑念を残しながらも引換履行の抗弁を認めてゆくべきではあるまいか。なお、最三判昭和五〇年七月二五日（民集二九巻六号一一四七頁、金商四七七号六頁）が、処分清算型では引換履行が認められなかった先例として引用されるが（柚木＝高木・前掲五六九頁）、この事案は、債務者が、譲渡担保の目的たるゴルフ会員権の譲渡に協力する旨を債権者に約していたというものであって、担保の目的となったのがゴルフ会員権であったことと右特約の存在とが、引換履行が否定された理由であったと思われ、不動産が対象となった場合にまで敷衍しうるかは疑問である。

三　清算金の支払いがなされるまでのY_1らの本件不動産の占有は違法であろうか。このような問題は、本件のような対第三者関係にかぎらず、引換履行が認められることによって他人の物を占有する場合には、当事者間においても広く生ずる。そして、かかる引換履行の基礎を留置権に求めた場合には、従来は、主として、不動産賃貸借終了後も賃貸中賃借人の支出した必要費・有益費に基づいて目的物を留置し、従前通りの使用を継続する形で占有がなされる場合、あるいは、建物買取請求をなした者が建物と敷地の占有を継続する場合の違法の有無をめぐって論じられてきた。判例は、違法とするものもないではないが、概ね適法としている（たとえば、最一判昭和四七・三・三〇判時六六五号五一頁、大判昭和七・一・二六民集一一巻一六九頁、大判昭和一〇・五・一三民集一四巻八七六頁など）。学説も適法とするが、それが留置の態様にほかならないからとするもの（柚木＝高木・前掲三〇頁、我妻・民法判例評釈I三七六頁、薬師寺・総合判研叢書民法⒆三七頁）と、二九八条二項の保存行為に当たるからとするもの（於保・法学論叢三三巻四号六八五頁、田中整爾・注釈民法⑻五八頁、白羽「留置権・同時履行の抗弁権と不当利得」不当利得事務管理の研究⑴谷口教授還暦記念一一〇頁）とに分かれている。私見は、留置の態様として適法とする立場に賛成するが（拙稿「留置権の効力」不動産法大系II担保〔改訂版〕一四頁以下）、注意すべきは、学説判例とも、適法としつつも、それによってえられる実質的利益を留置権者に保有せしめるべき理由はないとして、不当利得の成立を認め、かつ、この不当利得債権と留置権の被担保債権との相殺を肯定する点である（これは通説といってよい。なお、白羽・前掲一一一頁参照。判例は、不当利得による返還を認めたものとして最三判昭和三五・九・二〇民集一四巻一一号二二二七頁、大判昭和一七・一〇・二七法学一二巻四七頁など、相殺を許したものとして大判昭和一三・四・一九民集一七巻七五八頁など）。

本判決は、留置権の行使としてのY_1らの占有には何ら違法はないとして、Xの賃料相当損害金の支払請求を斥けたが、右にみたようにこの判断は正当である。しかしながら、仮りにXが、不法占拠を理由としてではなく、不当利得を理由として賃料相当額の償還請求をしたとすれば、おそらくこれは右のような学説判例の態度からは認容されたであろう。そして、Xは、Y_1らの占有は長期にわたっており、不当利得の額は自ら支払うことを求められた清算金の額よりも多額となるであろうことから（原判決が支払を命じた清算金の額は約三八七万円、賃料相当額は上告理由によれば一七〇〇万円である。）、相殺をなすことによって留置権の被担保債権を消滅させたうえで留置権の消滅を主張しえたのではないかと思料する。もっとも、右のように述べたけれども、私見は、留置権者が目的物を留置の態様として留置すること——そしてこれは、家屋にあっては通常は従前通りの使用の継続である——によって不当利得が生じ、これと被担保債権との相殺を許すとする通説の見解には疑問を抱いている。留置権を認めて保護した趣旨が実質的に没却されてしまう結果となるからである。とりわけて、前掲四七年先例や建物買取請求の場合には、売主の建物の占有についての利得は五七五条により不当利得の成立が否定されると思われるのに対して、本件のような場合については、それが仮登記担保の実行であるということで不当利得となるというのであれば、なおさらである。仮登記担保や譲渡担保の実行についても、これを一種の売買とみて、五七五条を準用し、引渡しまでの使用の対価は売主（担保権設定者）に帰属するとみることはできないものであろうか。

ちなみに、建物買取請求の場合に関して、敷地の使用については不当利得の成立を認めるが、それは従来いわれていたような賃料相当額ではなく、確固たる賃借権に基づき敷地を使用する場合と対価値の利得とはいいえないとして、客観的合理的な土地使用料に相当する額でよいとする立場があることを付言しておく（中島一郎「建物（造作）買取請求後の土地・建物の占有利用」不当利得事務管理の研究(1)谷口教授還暦記念一一五頁、四宮・事務管理・不当利得・不法行為(上)一九〇頁。なお、留置権者の留置権行使による目的物の占有に関し、全面的に不当利得の成立を否定するものに、明石「留置権の効力」判例演習（物権法）一七八頁、建物買取請求権者の敷地占有につき不当利得の成立を否定するものに、戒能・借地借家法八〇頁がある。占有者に引渡しを拒絶しうる法律上の抗弁権が附着している場合に、juste cause がないとして不当利得の成立を肯定しうるかは微妙な問題であろうと思われる)。

〈金融・商事判例六八三号(一九八三)〉

4 損害賠償請求権と留置権
――東京高決昭和六二年一一月六日判夕六四四号一三五頁――

一 事案および判旨

事 案

Yは、東京地裁における競売事件において不動産引渡命令を申し立て、同地裁はこれを相当と認めたが、Xが不服として抗告したのが本件である。

本件の事実関係は、必ずしも細部までは明らかではないが、およそ次のようである。

Xは、Aから本件不動産（土地付区分建物）を買い、手付金ならびに中間金を支払ったが、本件不動産については、それ以前に売買を原因としてBに所有権移転登記が経由されており、Bの設定した抵当権の実行として本件競売手続が行われ、Yがこれを買い受けた。そして、前述のように引渡命令を得たのである。Xの抗告理由は、第一に、Xには抵当権に対抗しうる不動産賃借権があること、第二に、仮にそうでないとしても、XはAに対し債務不履行による損害賠償請求権を有しており、これの履行を受けるまで留置権に基き本件不動産の引渡を拒めること、の二点である。

右、第一、第二とも原決定および本決定のいずれにおいても否定されているが、ここで採りあげるのは第二の留置権の主張にかかる部分である。

判旨

（すでに紹介したような）事実関係のもとにおいては、X（抗告人）は本件物件の所有権を担保権実行としての競売手続において本件物件を買い受けたY（相手方）に対抗しえないものであって、Yに対する関係においては、Xの損害賠償請求権と本件物権との間には所論留置権発生の要件である一定の牽連はないものというべきである（最高裁判所昭和三四年九月三日第一小法廷判決、民集一三巻一一号一三五七頁参照）。

二 判旨の意義・問題性

本決定については、類似の事案に関してすでに先例もあり、格別に目新しいところはない。しかし、本決定の説く理由そのものも、引用されている最高裁三四年判決の説くところも、留置権の成立要件とされる「物と債権との牽連性」を否定するのに充分説得的であるようには思えない。また、本件の参照先例として三四年判決を挙げたことにも疑問がある。

民法二九五条にいわゆる「物と債権との牽連性」をいかなる基準をもって定めるかは困難問題であり、このことについてはすでに先学の指摘もある（たとえば、椿「留置権と牽連関係」判例演習（物権法）一七六頁、幾代「留置権をめぐって」民法研究ノート一四七頁。なお、本研究会においても、牽連性は伊藤進教授により一度採りあげられている（判例〔三七〕本誌五七巻六号一二一頁）)。それゆえ、ここで私が述べることがどれ程の意義をもつか甚だ心もとないが、一つの試論的なものを提示してみたい。御教示を預ければ幸である。

三 研究

留置権を担保物権として八ヶ条の纏った規定をあてるというあり方は、わが民法独自のものであろう（ボアソナードが物上担保として五ヶ条を規定していたのに由来する。独仏については、関武志「留置権の対抗力に関する一考察」

上智法学二七巻三号参照）。

ところで、「其ノ物ニ関シテ生シタル債権」の説明としては、ド民二七三条の趣旨から影響を受けたと思われる次のような基準設定が一般に行われている。①債権が当該の物自体から生じたものであること、②債権が当該の物の返還請求権と同一の法律関係または生活関係から生じたものであること。そして、①に属するものとして、㋑物の瑕疵から生じた損害賠償請求権、㋺物に加えた保存費、有益費などの償還請求権、②に属するものとして、㋑修理費、売買代金など、㋺傘のとりちがえ、などが挙げられる。本稿では、②㋑の中でも、売買ないしそれに類する権利移転に関して債権が生じ、第三者に留置権を主張しようとする場合で、不動産について問題となったもの、しかもとりあえず最上級審判例のいくつかを素材として述べてみたいと思う。

以下に判例を私なりに分類する。

ⓐ　二重譲渡型　ⓘ売買型、不動産が甲を起点として乙丙に二重に譲渡され、対抗で敗れた乙が甲に対する損害賠償請求権をもって丙に留置権を主張（最判昭四三・一一・二一民集二二巻一二号二七六五頁）。ⓘⓘ賃貸借型、甲から賃借した乙が、のちに甲から当該不動産を譲り受けた丙に賃借権を対抗できなかったため、甲に対する損害賠償請求権、あるいは賃借権そのものをもって丙に留置権を主張（大判大九・一〇・一六民録二六巻一五三〇頁、大判大一一・八・二一民集一巻四七八頁）。

ⓑ　順次譲渡型　ⓘ売買型、不動産が甲、乙、丙と順次売却され、丙から引渡を求められた甲が、乙に対する代金債権をもって留置権を主張（最判昭四七・一一・一六民集二六巻九号一六一九頁）、ⓘⓘ不当処分型、甲が乙に譲渡担保に供した不動産を弁済期未到来の間に乙が丙に処分し、丙から引渡を請求された甲が乙に対する損害賠償請求権をもって留置権を主張（最判昭三四・九・三民集一三巻一一号一三五七頁）、ⓘⓘⓘ担保実行型、仮登記担保の実行により所有権を甲から取得した乙が、清算金未払のまま丙に譲渡し、丙からの引渡請求に対し甲が清算金債権をもって留置権を主張（最判昭五八・三・三一民集三七巻二号一五二頁）。

ⓒ 取消解除型　甲、乙、丙と順次売却があった後、甲乙間が取消・解除があった場合。これは、詐欺による取消や解除のように第三者保護規定によって丙が保護される場合とそうでない場合とがある。前者は、丙からの引渡請求に対して甲が乙に対する損害賠償請求権について留置権を主張することが想定されるが、最高裁判例はない（甲の解除後に第三取得者丙が出現して登記を具備し、甲の乙に対する原状回復としての価格返還債権によって甲の丙に対する留置権の主張を肯定した、仙台高判昭五九・八・三一金商七〇四号八頁が近時注目をひいたが、本稿では立ち入らない）。後者は、甲の丙に対する引渡請求につき、丙が乙に対し損害賠償請求権をもって留置権を主張する場合で、甲乙間の売買が自創法による売渡処分につき買収計画が取消された事例がある（最判昭五一・六・一七民集三〇巻六号六一六頁）。

さて、これら判例において、留置権が肯定されたのは、ⓑⓘ四七年判決とⓑⓘⓘⓘ五八年判決の二例であって、他はいずれも否定されている。否定の理由は、損害賠償請求権は第三者には対抗しえないから、とするもの（ⓐⓘⓘ大正九年、ⓑⓘⓘ）、物自体を目的とする債権（ⓐⓘⓘ大正一一年）または物自体を目的とする債権が態様を変じたもの（ⓐⓘ）は、留置権の発生原因とはならない、とするもの、履行を間接的に強制する関係にない（ⓒ）とするもの、に分かれる。ところで、留置権は物権であるが故に当事者間で一たん成立した以上は第三者にも主張しうるという性格を肯定した場合には（ⓑⓘはそのように説く）、右の否定理由のうち、被担保債権が第三者に主張しえないものであること、ならびに、履行を間接的に強制する関係にないこと、の二つは理由として成り立ちえないことは明らかである。物自体を目的とする債権は不可ということについても、いみじくも幾代教授の説かれる通り、「言葉の自然な意味においては」、その物自体を目的とする債権は「物ニ関シテ生シタル債権」の「最も典型的な場合」（幾代・民法ノート一三三頁）といってもよいのであって、言葉的意味においては否定の理由とはなりえないであろう。

第一に、これら個別のタイプにおいては次のようにいうことも可能のように思われる。ⓐ二重譲渡型について、乙に留置権が認められない理由として支持を得ているのは、これを認めた場合、「物権変動に関する対抗要件の制度が否認されるのと実質的に同じか。ほとんど変らない結果を承認することになるからである」（幾代・前掲一三四頁、鈴木禄彌「最近担保判例雑考（5）」判タ四九六号二二頁、同「留置権の内容とその効力」担保法大系第二巻八二五頁）。ところで、二重譲渡において、後から譲受けて先に対抗要件を備えた丙に完全な権利取得が認められるということは、そのことをどう理論的に説明しようとするにせよ、結局は先行した甲乙間の売買は丙からすれば無いものとして扱ってよいとすることである。したがって、甲乙間の売買によって生じた損害賠償請求権は、甲丙間については何の影響も及ぼすことはない、すなわち乙はこれに基づき丙に対し留置権を主張することは認められないのである。もちろん同様に乙が賃借権そのものを被保全債権として主張することも許されない。これに対し、ⓑ順次譲渡型では、後主丙は前主乙の有していた権利を内容的に引継ぐのが原則である（Nemo dat qui non habet）。ⓘの四七年判決においては、丙は売買代金が未払であることによる甲の同時履行の抗弁の付着した権利を譲受けたのであり、契約当事者間ではない丙にこれを主張させるため留置権という構成で許容されたものとみることができる。ⓘⓘの譲渡担保不当処分の事例については、所有権移転的構成のもとで、担保設定甲が窮余の手段として留置権を主張したのであろうが、現在では九四条二項の類推適用によって、丙の権利取得そのものを否定する余地があろう。なお、丙が善意無過失で完全な権利取得が認められる場合には、留置権を問題とする余地はない。何故なら、甲の乙に対する損害賠償請求権は丙の出現以前から存在していたものではなく、丙は履行拒絶の抗弁の付着していた権利を取得したものではないからである。ⓘⓘⓘの仮登記担保の事例は、ⓘに照し合せた場合、甲に留置権を認めてよい結論となる。仮登記担保法三条二項による同時履行の抗弁の付着した権利を丙は取得したからである。もっとも、ⓘの場合と異って必ずしも無条件にではなく、清算金が未払いであることについての丙の善意・悪意によって、甲が履行拒絶しえないかしうるかの差異がありうることが説かれている。甲の保護と丙の取引安全保護との利益衡量が問われうる場面であるからであるが、ⓘと異なってこのようなことが問題とされるのは、そもそも清算金の支払いと目的物の引渡しとは本来の引換履行の関係にはないが、担保設定物保護のために政策的に前記三条二項が設けられたことによる、とまで関連付けて論じてよいものかどうかについてはしばらく留保したい。ⓒの取消・解除型については、先に次の点を明らかにしておきたい。というのは、本稿で採りあげている場面は、甲が不動産を占有しているが丙の所有権取得に対抗しえない結果、丙の引渡請求に対し留置権を主張しうるか否か、または、占有権丙が甲の所有権回復に対抗しえない結果、甲の引渡請求に対し留置権を主張しうるか否か、を問題としているので、甲の取消・解除により甲と丙との関係が乙を起点として、丙の出現が甲の取消・解除の前であれ後であれ、これを対抗問題と構成することの是否とは直接関りはない、ということである。さて、甲が取消・解除をしたが丙の所有権取得に対抗しえない場合に甲が留置権を主張するとすれば、その被担保債権は、原状回復の不能による損害賠償または価格返還の債権ということになるが、これらは丙の出現に起因するものであり、それ以前から甲乙間にかかる債権の履行があるまで甲は自らの履行を拒絶しうる関係にあったとはいいえない。甲の取消・解除が奏効して丙が留置権を主張するとした場合も、丙の被担保債権は、やはり丙が甲の所有権回復に屈しなければならないことによる追奪担保責任に基づく損害賠償債権であって、同じくかかる甲の出現以前から丙は乙にその履行があるまで自らの履行を拒める関係にない。以上によって、ⓒの型においては留置権は否定されるという結論になる。

第二に、売買ないしこれに準ずる（担保権の私的実行）場合、あるいは売買の取消・解除による清算の場面等、ここに引用した判例の諸事例を通じて、留置権の主張を肯定するか否かについて一つの基準を設けることが可能であろうか。少くともⓐの二重譲渡型については、先に述べたようなところから完全に排除することができると思われる。ⓑの順次譲渡ないしこれに準ずる場合、およびⓒの順次譲渡の清算の場合については、留置権は物権として第三者に対して主張することができるが、その前提として、第三者登場以前に当事者間において不動産の占有者が相手方に対し留置権を主張しうる関係が存在しなければならない、すなわち、当事者間に問題とされる債権との関連で物の占有権が履行を拒絶しうる抗弁権を有する状態が成立していることが必要である、とひとまずいってよいのではなかろうか。そうだとすれば、そこでは、当事者間に双務契約ないしその失効による清算の関係がある場合を想定しているのであるから、同時履行の抗弁権が明文あるいは解釈で認められる場面ということになる。このようにみるときは、かかる場面における留置権は、当事者間では同時履行の抗弁権で保護された者が、たまたま第三者が登場した故に抗弁権の行使を奪われることから生ずる不公平を救済する手段として機能するに過ぎない、ということもできよう。このことは、次の問題として、契約関係の場において同時履行の抗弁権と留置権とを競合して認めることの理論および実益の検討へと進ませることになるが、今後に待ちたい。

これまで述べたところからすれば、本件はⓐ型に分類されるものであって、XのYに対する留置権の主張を排斥した本判決は結論としては妥当であるが、ⓑ型に属する三四年判決を引用している点で疑問がある。

(本文中では引用しなかったが、本田純一「不動産売買における転得者の引渡請求と解除売主による留置権の主張」判タ五四三号一一六頁以下が一つの基準を提示している。なお、研究会の席上で中舎寛樹助教授から貴重な御教示を頂いた。記してお礼を申上げる)。

〈法律時報六〇巻六号(一九八八)〉

5 留置権の被担保債権の範囲

――最三小判平成三年七月一六日民集四五巻六号一一〇一頁、判時一四〇五号四七頁――

一 事 実

本件土地は、AがBから購入して所有していたが、AはCから融資を受け、その担保として本件土地を含む土地をCに譲渡担保に供し、昭和五九年六月一四日、AはBから売買を原因とする所有権移転手続をしたうえ、同日付でCに対し譲渡担保を原因として所有権移転登記手続をした。Aは弁済期を過ぎてもCに対する借金を返済できず、Cは右担保目的土地の所有権を確定的に取得し、本件土地については、昭和五八年八月一八日付で登記原因を売買とする更正登記手続をなしたうえ、昭和六〇年六月二六日、Cは本件土地を被上告人Xに売却し、同年七月二日、所有権移転登記手続を経由した。

上告人Yは、昭和五八年五月ごろ、Aから同人の所有している土地につき宅地に造成する旨の依頼を受け、同年一〇月一日工事請負契約書をAとの間で作成した。請負代金は二三〇〇万円、支払は、契約時に三〇〇万円、その後七〇〇万円を部分払いし、工事完成引渡時に一三〇〇万円を支払うという約定であった。

右造成地は、測量のうえ次第に分筆されていったが、本件土地もその中に含まれていた。Yの造成工事により造成された土地は順次Aに引渡されていき、右工事は昭和五九年九月ごろまでには一部を除き完成したが、その間にAの資金面に不安が生じたので、Yは一部残された道路舗装工事を中止したまま現在にいたっている。請負代金は最終の一三〇〇万円が未払の状態にある。

本件土地については、昭和五九年八月までにはYの造成工事は完成していたところ、Aは用地にその営業のための事務所を設置しようと考え、Yに対しプレハブ建物の建築を依頼し、Yはこれを建築して一〇〇万円でAに売却したが、Aが代金を支払えないため、同年六月一五日、右建物（これが本件建物である）を譲渡担保として取得し、引渡を受け、これを所有することによって本件土地全体を引続いて占有している。

以上の事実に基づいて、XがYに対しその占有する前記プレハブ建物の収去と土地明渡を求めたところ、YはAによる未払請負代金一三〇〇万円を被担保債権とする留置権を主張した。

第一審（京都地裁）は、本件請負契約によって、本件土地を含む本件造成地は竹藪から宅地に改良され、その価値を増したから、本件請負代金は民法二九五条の「その物に関して生じた債権」に該当するとしたが、Yの主張する一三〇〇万円は、本件造成地全体に対する請負代金の残金であり、そのすべてが本件土地そのものの費用とはいえないこと、Yが造成を完了した土地を順次Aに引渡していったことにより、その都度占有を放棄していったことは留置権を放棄していったと解せられること、などから、右残額全部を被担保債権とすることは適当でなく、本件土地についての留置権によって担保されるべき被担保債権の額は、請負代金全額のうち、宅地造成地に占める本権土地の面積分に相当する金額と解するのが公平上相当とし、結局、一九〇〇万円余と算出して、この金額のAからの支払と引換えに、YはXに本件建物を収去してその敷地を明渡すべきことを命じた。

第二審（大阪高裁）も右第一審の判決を支持し、控訴棄却。

上告理由は、残代金債権全体とYの占有する本件土地について牽連性がある、目的物の一部について留置権を放棄しても残部によって債権全体が担保されると解するのでなければ、留置権の不可分性が損われる、というにある。

二 判旨

「民法二九六条は、留置権者は債権の全部の弁済を受けるまで留置物の全部につきその権利を行使し得る旨を規定しているが、留置権者が留置物の一部の占有を喪失した場合にもなお右規定の適用があるのであって、この場合、留置権者は、占有喪失部分につき留置権を失うのは格別として、その債権の全部の弁済を受けるまで留置物の残部につき留置権を行使し得るものと解するのが相当である。そして、この理は、土地の宅地造成工事を請負った債権者が造成工事の完了した土地部分を順次債務者に引き渡した場合においても妥当するというべきであって、債権者が右引渡しに伴い宅地造成工事代金の一部につき留置権による担保を失うことを承認した等の特段の事情がない限り、債権者は、宅地造成工事代金の全額の支払を受けるに至るまで、残余の土地につきその留置権を行使することができるものといわなければならない。」。

右の特段の事情の存しない本件では、YはAから残代金一三〇〇万円全額の支払を受けるに至るまで、本件土地を留置し得るものというべきである。

Xの請求は、YがAから一三〇〇万円の支払を受けるのと引換えに本件土地上の本件建物を収去してその敷地の明渡しを求める限度で認容すべきものである。

三 評釈

一 民法二九五条は、留置権の成立要件として、他人の物の占有者が「其物ニ関シテ生シタル債権」を有することを挙げている。

この物と債権との牽連性については、一般に説かれるところは次のようである。

「其物ニ関シテ生シタル債権」とは、(i)債権が目的物自体から生じたものであること、または、(ii)債権が物の返還請求権と同一の法律関係もしくは同一の生活関係から生じたものであることであり、前者については、その物に費した費用の償還請求権、あるいは、その物から受けた損害の賠償請求権、後者については、運送料金請求権と運送品引渡請求権、自動車修理代金請求権と自動車の引渡請求権、売買代金請求権と買主の目的物引渡請求権など、同一の契約関係から生じた債権、あるいは、二人の者が互に傘を取り違えて持ち帰った場合、が例として挙げられている(1)。

そして、右(i)(ii)に掲げた二つの基準が、留置権の成否決定に明確な一線を画するものといいうるかについては、否定的ないし懐疑的であるのもまた大方の見解であるといってよいであろう(2)。

二九五条が、先述のような内容となったのは、法典調査会の穂積発言によれば、旧民法債権担保編九二条の文言が、詳しいものであるにもかかわらず、改良行為や事務管理による費用償還債権については留置権は成立しないように読めるのであるが、「法律ガ債権ヲ与ヘルト斯ウ認メマシタ以上ハ……如斯区別ヲ為スノ必要ヲ見ナイ……苟モ権利ヲ認メタ以上ハ同様ニ其恩恵ヲ与ヘタ方ガ宣シイト云フ主義」から、広く債権の範囲が含まれるように改めたものであることによるとされている(3)。

ちなみに、旧民法債権担保編九二条は、「其債権カ其物ノ譲渡ニ因リ或ハ其物ノ保存ノ費用ニ因リ或ハ其物ヨリ生シタル損害賠償ニ因リテ其物ニ関シ又ハ其占有ニ牽連シテ生シタルトキ」と定めており、これは、ボアソナードの草案一〇九六条と殆ど変るところはない(4)。

さて、留置権の成立要件に関する学説の説く前述の二基準は、ドイツ法に基づいて樹てられたものと思われるが(ド民二七三条参照)、わが国の留置権それ自体は、系譜的にはボアソナード草案→旧民法→その修正という過程を経ており(5)、フランス法における留置権概念を探る労作もいくつか表わされている(6)。そして、そこでは、カッサンによる牽連性に関する二態様、すなわち、双務関係に基礎を置き、債務原因の共通性に基づく抗弁であるところの法的牽連と、契約関係から独立して存在し、債権と物とが牽連する場合としての物的牽連との区別が紹介されている。(7) これを本件についていえば、宅地造成工事請負代金が法的牽連により生じた債権、Yの右工事により本件土地の価値が増加した部分が物的牽連ある債権ということとなろう。

二 ところで、留置権の成立に関する判例はさまざまであるが、本件は、先述の基準からすれば、債権が物の返還請求権と同一の法律関係から生じた場合に該るであろうから、これに属する先例として、二つの公式判例を先ずみておくこととする。(8)

第一は、最判昭和四七年一一月一六日(民集二六巻九号一六一九頁)である。事案は、甲が所有する土地建物を乙に売却し、代金の一部支払と引換えに乙に登記を移転する・残代金については、金員の支払に代えて乙において土地を購入して建物を新築のうえ甲に譲渡し、甲は右土地建物の提供と引換えに明渡すことを約していたところ、乙は代金の一部を支払い移転登記を受けて残債務未履行のままこれを丙に売却および登記を移転し、丙から甲に土地建物の明渡が求められたというものである。第一審(盛岡地裁)は、売主の代金債権と買主の目的物引渡請求権との間に牽連性を認め、乙の建物と土地の譲渡義務は残代金の支払に代わるものであるから、同様に乙の未履行につき甲は留置権を主張しうるものとしたが、引換履行の関係においては、丙が残代金相当額を支払うのと引換えに甲は丙に引渡すよう判示した。第二審(仙台高裁)は、乙の未履行債務は、売買の目的物とは無関係な残代金の支払に代わる提供土地建物の引渡義務であるとして、甲の留置権の主張を排斥した。これに対し、最高裁は、残代金については代物弁済の予約がなされたものであって、その予約が完結され、提供土地建物の所有権が移転し対抗要件が具備されるまで乙の残代金債務は残存しているものというべく、甲は乙に対し、残代金の弁済を受けるまで、売買目的物たる土地建物につき留置権を行使してその明渡を拒絶しえ、留置権が物権であることから、甲は乙から譲受けた丙に対しても留置権を行使しうるとした。また、民法二九六条の留置権の不可分性から、甲は残代金の支払を受けるまで、土地建物の全部について留置権を行使しうるとする。引換履行の点については、乙が甲に残代金を支払うのと引換えに甲は丙に引渡すべしとする。

第二は、最判昭和五八年三月三一日（民集三七巻二号一五二頁）である。仮登記担保権者乙は、設定者甲の債務不履行により予約完結権を行使し、目的不動産につき本登記を経由したが、清算金不払のまま当該不動産を清算金不払の事実を知る丙に譲渡し、丙は登記を具備した。丙からの引渡請求に対し、清算金支払請求権に基づく目的不動産の留置権を甲に認め、引換履行については、清算金支払義務者は乙であり、丙はこれを甲に対し負うものではないが、原判決が丙の支払と引換えに明渡を命じているところから、これを変更することは丙に不利益をきたすことが明らかであるとして、民訴法三九六条、三八五条によりこの点に関する原判決を維持した。

これら二つの先例からは、次の三点を抽出しうるといえよう。すなわち、留置権には不可分性があること、物権であるから当事者間で成立すればこれをもって第三取得者に対抗しえ、引渡拒絶しうること、しかし第三取得者の引渡請求と留置権者の被担保債権支払請求とは引換履行の関係にあり、債務者の支払と引換えに留置権者は第三取得者に引渡すべきこと、である。

三　留置権の成立に関して最も問題となるのは、いかなる場合に「物と債権の間の牽連性」があるといえるかであろう[9]。本件は、YのA所有地に対する宅地造成請負契約による代金債権と、請負の対象となり造成工事がなされた土地との関係であり、留置権が成立するにつきとくに異論のない場合といえよう。

民法は、留置権を担保物権と構成し、不可分性を規定し、質権、抵当権につき二九六条を準用するという形式をとっている。不可分性とは、同条によれば、債権が完済されるまで留置物の全部について権利行使をなしうるということである。本件では、留置物の一部につき権利行使がなしえなくなった場合になお債権の全部を被担保債権とみることができるかが問われたものであって、債権の一部消滅の場合とはいわば逆の場面となるが、本判決はこれを肯定し、その点に本判決の一つの意義があるといえよう。債権が縮減しようが、留置物が縮減しようが、残存する債権につき留置物全部に、残存する留置物につき債権全部に権利行使をなしうることが不可分性の内容であることは、古く梅・要義、富井・原論[10]などでは明言されていたところである。[11]むしろ、本件一・二審が、Yの留置権を肯定するにつき、「竹藪から宅地に改良され、その価値を増加したから、本件請負代金は、民法二九五条の『その物に関して生じた債権』に該当する」と判断したことに、残請負代金全部ではなく、Yの占有する本件土地の割合に限って被担保債権の範囲を限定した結果につながる点がなかったのか、が気になるところである。というのは、改良行為による価値の増加部分のみが留置権の被担保債権となるとすれば、Yが工事完成に伴ってAに引渡していった部分は、一・二審の考えによれば留置権の放棄となるのであるから、Yの手許に残った占有部分の価値増加分のみが、Yの主張しうる留置権により担保されうる部分ということになろうからである。

本件のように、目的物に作為ならびに材料を加えて改良するという請負契約においては、請負人の仕事の完成によって目的物の価値が増加し、請負人が注文者に目的物を引渡した場合、請負人は注文者に対し価値増加部分について費用償還請求権（一九六条二項）を取得するという側面が存在する。物的牽連（connexité objective）といわれるものに該当する。その発生は当事者の意思によらない。他方、請負は、仕事の完成と報酬とが対価関係に立つ有償双務契約であり、報酬は、価値増加分に利益をも含めて定められ、報酬債権と仕事が完成された物との間の牽連は、物の売買における場合と同じく、有償双務契約であることから生ずるという側面もある。法的牽連（connexité juridique）といわれるものに該当し、その発生は当事者の意思に基づく。本来的には、前者が留置権の適用さるべき領域であり、後者は同時履行の抗弁権（契約不履行の抗弁権）の適用さるべき領域であるともいえよう。[12]また、これに応じて峻別論を展開することも可能である。しかし、両者の区別を説くフランス法でも、留置者は自己に有利ないづれか一方を選択しうると解されているようである。[13]

翻えって、本判決についてみれば、留置権の被担保債権の範囲につき、Yの改良行為による価値増加部分のみならず、請負人の利益をも含めて、AY間で合意された報酬額をもって被担保債権の範囲とした（ようにとれる）ことは、仕事の完成と報酬とが対価関係にある有償双務契約であるという、請負契約の法的性質からしても正当であるということができよう。一・二審判決が、物と債権との牽連性を肯定するために、Yの造成工事によってAの土地が改良され価値が増加したものが本件請負代金であるとしたことは、物的牽連に捉われて、本件請負代金残金が法的牽連によって生じたものであることを看過したといえるのではないか、それゆえ二九六条の規定にもかかわらず、一九〇万円余につきYの留置権を認めたのではないか、と思われる。もっとも、わが国の解釈論において、物的牽連と法的牽連との区別が必ずしも馴染んでいるとは思われない。私としては、請負においては、仕事の完成と報酬とが対価関係にあるゆえに、報酬債権と請負人が仕事を完成させて占有下にある物とが、留置権成立要件を充たす物と債権との牽連関係にあるという点を述べたかったまでである。

さて、右のようにして留置権の被担保債権の範囲は定まるのであるが、債権の一部が滅失したり、留置物の一部が滅失あるいは占有を離れた場合に、なおそれぞれ他方の全部につき留置権を行使しうるかは、民法が不可分性を有する担保物権と留置権を構成したこと、Est tota in toto, et tota in qualibet parte[14]であることが留置権の特性であるとしたことからして、維持されてよいではあるまいか。[15]

留置権の物権性を強調すれば、物の引渡を訴求して留置権を主張された原告は敗訴判決を受けるのが筋であろう。しかし、学説・判例とも、引換履行判決を肯定し異論はない。本判決が、AのYに対する残請負代金の支払と引換えにXに対し本件土地の引渡を命じたのは、法的牽連から生じた留置権であることからすれば正当である（もっとも、訴外Aが弁済をしない場合の問題が生ずる）。ただし、なお検討は必要であろう。前出最判五八年では、仮登記担保不動産の第三取得者に清算金の支払を命じているが、これは留置権者たる仮登記担保設定者に不利益を及ぼさないためとされており、考慮の外に置くとしても、たとえば、時計の使用借人乙が甲に修繕を依頼し、所有者丙が使用貸借終了後に甲に対し時計の返還を求めたという場合に、請負契約上の報酬債務者乙の報酬支払と引換えにするよりも、甲は丙からの報酬支払と引換えに丙に時計の返還を命ずるとするのが妥当ではないかと思われるのであって、同時履行の抗弁権と異り、対第三者効の認められる留置権における引換給付判決については、さらなる検討が必要であろう。

以上、結論として、本件判決に賛成する。

(1) 物と債権の間の牽連性の判断基準として、本文中に(i)(ii)で示した二つを掲げるのが概説書では一般的であるといってよい。本文の記述は、我妻・新訂担保物権法三一―三二頁によるが、他に、高木・担保物権法一七頁など一々掲げるまでもない程である。

(2) 関武志「留置権の対抗力に関する一考察――留置権の法的構成も含めて――」上智法学論集二七巻三号一〇五頁、同一一五頁注4参照。

(3) 法典調査会民法議事速記録二（商事法務研究会刊）三二九頁。

(4) Boissonade; Projet. t. IV 1889.

(5) 田中清「留置権の適用領域に関する立法史的考察」秋田法学創刊号。

(6) 田中清「履行拒絶権論――留置権および同時履行の抗弁権――」㈠㈡㈢法政論集七五号、八〇号、八一号、清水元「留置権概念の再構成――対抗力問題を中心として――」㈠㈡㈢㈣東北学院大学論集（法律学）一七号、二四号、二五号、二六号、関・前掲。

(7) たとえば、清水・前掲㈠一七頁。

(8) この範疇に属する諸判例の一応の紹介は、拙稿「損害賠償請求権と留置権」法時六〇巻六号九一頁にある。

(9) この点につき、たとえば、幾代「留置権をめぐって――物と債権の間の牽連関係」民法研究ノート一二四頁以下。

(10) 梅・民法要義巻之二物権編三一〇頁、富井・民法原論第二巻物権二九九頁。

(11) 近江教授は、留置権は留置によって債務の履行を促そうという物的担保制度であり、その担保力を不可分性が制度的に保障しているのであるから、価格的均衡になじまず、同時履行の抗弁権と同様に考える必要はない、とされている。本件解説（平成三年度重要判例解説六三頁）。

(12) 両者の区別、フランスの学説等については、関・前掲、田中・前掲（(6)所掲）および「留置権の被担保債権について」秋田論叢三号二六二頁。

(13)　H. et L. et J. Mazeaud; Leçons de Droit Civil. t. 3 3ème éd. n° 117.

(14)　梅・前掲三一〇頁。

(15)　近江・前注(11)参照。

〈判例時報一四四五号（一九九三）〉

6 留置権の再取得及び敷地を留置することの可否
——仙台高判平成六年二月二八日判時一五五二号六二頁——

一 事実

本件は、簡略化すれば、請負契約によって注文者のために建物を建築した請負人が、請負代金確保のため目的家屋を占有していたところ、この建物及び敷地を競売により取得した者が、土地建物の明渡しと賃料相当額の損害金を請求し、これに対し、占有者たる請負人が留置権を主張した事案である。したがって、争点は、留置権の成否とその効力、損害金の請求の当否、に分かれるが、本稿では、もっぱら前者について検討する。

事実を略述すれば次の通りである。

Y_1会社（代表者Y_2）は、訴外A所有の土地上にAを注文者として①建物（倉庫・事務所）と②建物（居宅・事務所）の建築を請負い、これを完成させた。請負代金は、付帯工事ともに①建物につき二四七一万円、②建物につき一六五〇万円であった。Aは、昭和五九年一二月ころ事実上倒産し、AのY_1に対する未払代金は、Y_1の主張によれば、①建物につき一三六〇万円、②建物につき九〇五万円余である。Y_1は、右両建物完成後、代金を金額受領していなかったが、これらをAに引渡し、①建物はA、②建物はA代表者B名義で保存登記が経由された（昭和五九年六月および八月）。しかし、前記のようにAが事実上倒産したために、Y_1は、請負残代金を確保するため、②建物を昭和五九年一二月ころBから、①建物を昭和六〇年七月ころAから引渡を受けた。その際引渡と同時に、

B・Aから包括的利用についての承諾をえた。

その後Y_1は、①建物の事務所部分を自己の事務所として使用し、倉庫部分の半分をY_3に使用料を定めて貸し渡した。②建物については、Y_2の妹であるY_4とその家族を入居させ管理させている。

Xは、平成二年七月、競売により本件土地建物の所有権を取得し、移転登記も経由した。

XのY_1〜Y_4に対する本件土地建物明渡請求に対し、Y_1は留置権を主張したが、一審（福島地裁会津若松支部）は、②建物については、占有者はY_2であるからY_1は留置権を主張しえないとし、①建物については、Y_1が建物工事完了後Aに引渡し保存登記をさせたことは、留置権の放棄・消滅には当らないが、その後Y_1の建物の使用（とくにY_3に賃貸使用させたこと）は、Aの承諾なしに保存に必要な範囲を超えてなしたものであるとして、民法二九八条二項、三項によるXの留置権消滅請求は理由がある、とした。なお、損害金については、平成三年三月四日にY_1らに送達された準備書面による留置権消滅請求の意思表示がなされた翌日から起算して、これを認めている。

二　判旨

本判決も、②建物については、原審同様Y_1の留置権を認めず、Y_2・Y_4を占有者とし、Xへの明渡を容認する。これに関し、Y_4にかかわっては、Xへの直接の明渡しを命じないで、Y_2に、Xに対し、Y_4に対する②建物の返還請求権を譲渡しかつその旨をY_4に通知せよ、と判示していることが興味を惹くが、ここでは立ち入らない。$Y_2$$Y_4$の明渡しにいたるまでの損害金については、両名に対しXが明渡しを求めた平成二年八月一日から発生するものとする。原審が②建物につき留置権の成立を否定しながら、起算日を留置権消滅請求の意思表示にかからせたのは不当であって、本判決を是とすべきである（留置権が認められなかった以上不法占拠となる。なお、留置権が成立した場合の占有が不当利得となるかの問題があり、通説判例はこれを肯定するが、この点も立ち入らない）。

以上に対し、①建物についてはY_1の留置権の主張が認められ、以下の三点が判示事項となった。

(1)　Y_1が建物完成後Aに引渡したことは留置権の放棄に該るか。

「Y_1は、本件①建物の建築をAから請け負い、一旦はAに①建物を引き渡し、所有権保存登記も経由させたものであるが、右引渡及び登記を経由させたのは銀行から融資を受けるというAの要請に応じたものであることは認められるものの、このことから、右引渡に際して、Y_1において本件①建物について留置権の存在を知りながら、これを放棄する意図があったとまで認めることはできず、他に右事実を認めるに足る証拠はない。したがって、Y_1がAから本件①建物を昭和六〇年七月ころ引渡をうけて占有しているのであるから、Y_1は本件①建物につき請負代金を被担保債権とする留置権を有するに至ったと認めることができる。」

(2)　Y_1は①建物を占有するにつき包括的な利用についての承諾をAから得ていたが、建物所有者がXに変更になった場合、改めて新所有者からの承諾をえず、従前の使用を継続していたことは、留置権消滅請求の原因となるか。

「留置権者は留置物の所有権が第三者に移転されたことを予め知りうる立場にはないのに、第三者に所有権が移転されたことによって、右第三者に対する関係では留置物の旧所有者から与えられた承諾は有効ではなくなり、留置権の使用状態は義務違反となって、右第三者は留置権消滅を請求することができるとすることは、留置権の第三者に対する対抗力を実質上無に帰するものであり採用できず、留置権者が旧所有者から承諾された使用状態をそのまま継続している場合は、新所有者に対する関係でも同条第三項の義務違反は成立しないというべきである。」

(3)　建物に留置権が認められた場合に、留置権者はその敷地部分も専有しうるか。

「本件①建物の敷地部分の占有は、本件①建物を占有することによるものであるところ、本件①建物の所有者もXであるという関係にあるから、Xは本件①建物の敷地の明渡しを求めることにより、Y_1の本件①建物についての留置権を消滅させることは許されず、いわば反射的効果として、Y_1は本件①建物の敷地部分を適法に占有しうる権原を有するものと解すべきである。」

以上により、判決主文では、Y_1は、Xに対し、Xから請負残代金とされた一〇六五万円の支払いを受けるのと引換えに、①建物を明渡せ、と命じている。

三　評釈

一　建築請負において、請負人が請負代金の回収を確保する担保手段としては、特別に約定担保権が付されていた場合は別として、法定担保権としては、不動産工事の先取特権（民三二五II、同三二七）、民事留置権（民二九五）、注文者請負人ともに商人の場合に商事留置権（商五二一）がある。

この他に、明示の約定がない場合でも、建築材料の提供者が請負人である場合には、通常は請負人のために建物または建前につき所有権留保をなす合理的意思が確認され、それにより請負人は担保としての所有権留保を取得する、とする見解があるが（坂本武憲「請負契約における所有権の帰属」民法判例百選II〔第四版〕一四五頁）、従来は所有権留保は動産売買について認められていたものであるので、これを不動産建築請負にまで拡大しうるかは、私見を留保したい。

不動産工事の先取特権は、工事着手前にその費用の予算額を登記しなければその効力を保存できないとされている（民三三八）ところから、現実には利用は困難といわれている。

本件で問題とされたのは民事留置権であるが、①建物について見解によっては商事留置権の成立の可能性もあったと思われる。そのことはさておき、民事留置権が「物と債権との牽連性」を要するところから、被担保債権たる請負代金と建物敷地との牽連性が問題視されるのに対し、商事留置権では、「商行為によりて自己の占有に帰したる債務者所有の物」につき留置権が成立するので、敷地に留置権の成立を主張する根拠として近時用いられている。この場合、土地（敷地）に抵当権が設定されている事例で、抵当権者、買受人との関係が困難な問題を提供する（後に触れることとする）。

さて、民事留置権であれ、商事留置権であれ、留置の目的物である建物の所有権が、注文者にあるのか請負人にあるのかは、一応検討対象となるであろう。というのは、民法二九五条は、「他人ノ物ノ占有者」と規定し、商法五二一条は、「自己ノ占有ニ帰シタル債務者所有ノ物」と規定して、留置権者の所有の物の上には留置権の成立を否定している形となっているからである。もっとも、本判決ではこの点は判示事項とはなっておらず、民事留置権が成立しうることを前提として論旨が展開されているのであるから略述するに留めたい（一々判例学説を引用しない）。これに関し、従来の判例は、いわゆる材料主義といいうる立場にあったことは周知のところである。他方、学説は、注文者の土地上に請負人が材料を提供して建築をなす場合でも、建物や建前の所有権は注文者に原始的に帰属すると解するものが有力である（たとえば、水本浩・契約法三一三頁）。

そこで、従来の判例によると、材料の全部を請負人が提供した場合には、「他人ノ物」ないし「債務者所有ノ物」なる要件を充さない可能性があることとなり（注文者に帰属する旨の特約は有効とされる）、有力学説に従えばこれを充すこととなる。私見としては、建築請負契約の性格や、代金支払の実体が、民法六三二条とは異り、仕事の完成と報酬の支払とが必ずしも対価関係にあるとはいえず、契約締結時を初回として、完成まで数次にわたって支払われることも少くない（四会連合約款二二条は、第一項で完成引渡と代金支払とは同時履行の関係にあることを定めるが、第三項では契約により請負人は工事完成前に部分払を請求することができるとしている）ということなども考慮すれば、建物や建前の所有権は、一般的には注文者に原始的に帰属するものと解して差支えないと考える。

前述したように、本件では留置権の成立を前提として、その放棄あるいは消滅が問題とされているが、有力学説や私見のように完成建物の所有権が一般的には注文者に帰属するとみれば、民事留置権における「他人の物」性を充すことになるけれども、材料主義あるいは代金の支払われる段階に応じて所有権の注文者への帰属を認める立場では、Aの代金は①建物については半額以上未払である本件の具体的事情の下では、建物所有権は請負人

Y_1にあると見る余地があることとなる。このように、建物所有権が請負人に留まるとすることは、同人にとって有利であるとする見解がある（我妻栄・担保物権法六六―六七頁）が、右に述べたように、建物留置権成立の面では疑義が生ずることとなる。また、敷地と建物とが別個の物と観念される我が法制下では、請負人所有の建物が注文者所有の土地上にいかなる権原に基づいて存続しうるのか、という問題も生じうる。

以上、民事留置権が「他人ノ物」の上に成立するとされているところから、建物所有権の帰属について述べてきたが、実は、私は、双務契約から生じた物と債権の履行に関して留置権が主張される場合には、民法二九五条の規定にもかかわらず、目的物の所有権の所在に厳格にこだわる必要はないのではないかと考えている。

というのは、双務契約においては、本来同時履行の抗弁権が用いられるべきであり、民法五三三条は、衡平の観点から互の債務を引換履行すべきことを定めているのであって、両債務が特定物と対価たる金銭の支払の場合でも、目的物の所有権の帰属は問題としていない。通説は、同時履行の抗弁権と留置権の競合成立を容認するが、本来は同時履行の抗弁が主張されるべきところ、留置権が物権である故に第三者効が認められることを活用せんがために、留置権が主張されるという面が強いのである。したがって、このような場合においては、とくに「他人ノ物」性に拘泥する必要はないのではあるまいか。留置権は、悪意の抗弁を歴史的な沿革として有し、衡平の見地から認められた制度であることも補助的理由となろうか。また、判例が、自己の物についても時効取得を認めていること（最判昭四二・七・二七民集二一巻六号一六四三頁）も、参考になるであろう。

二　(1)　本件では、Y_1は①建物を完成後一たんAに引渡している。学説には、留置権者が留置権のあることを知りながら留置物を返還したときは、留置権を放棄したと解すべきであるとするものがある（田中整爾・注釈民法(8)八一頁）ことは、本件紹介のコメントが指摘する通りである。留置的効力を有する担保物権では、動産質につき民法三五二条は質物の継続しての占有を要求するが、この占有は対抗要件として求められるものであり、ここにおいては、質権者が一たん占有を喪失しても再度占有を得たときは、再び公示があったものとしてそれ以後の第三取得者に対抗しうると解されている（石田喜久夫・注釈民法(8)三〇〇頁）。また質物を質権者が任意に設定者に返還した場合にも質権は対抗要件を失うだけで質権自体は消滅しない（同・注釈民法(8)二五六頁、三〇〇頁）。かような質権ではあるが、放棄の意思があって返還すれば爾後権利は消滅する筈である。それゆえ、目的物を任意に返還した場合の放棄の意思の認定は慎重でなければなるまい。放棄の意思なくしてなされた目的物の任意返還後の再取得は、質権では対抗要件の再具備となり、留置権では再成立と考える余地がある。したがって、権利放棄の特段の意思表示があったと見られず、再取得において民法二九五条二項に該当する状況にない場合には、留置権者が、再取得以前に、留置権の存在を知って返還したか知らずに返還したかを問うことなく、留置権の再成立を認めてよいのではあるまいか。（反対・我妻前掲一三二頁）。任意返還を放棄の意思表示と見るときは、権利の存在を知ってなされることを要するから、かつての時効完成後の債務承認において採られたように、知ってなしたものと推定したうえ、知らずになしたとの反証を留置権者に要求するごとき無理な構成に陥りかねない。本件では、Y_1が①建物をAに返還したのは、銀行融資を受けたいとのAの要請に応じたという事情もあり、再度引渡を受け、これを利用するについてはAの承諾を得ているようであるから、判旨を妥当としよう。

(2) 本件では、Y_1はAから①建物の引渡を受け、その際に使用について包括的承諾を得て一部をY_3に賃貸した（民二九八条二項参照）。Xはその後①建物を競売により取得した。Xの主張は、留置物の所有者が変更した場合には、目的物の利用については改めて新所有者の承諾が必要であるところ、Y_1は右承諾を得ていないから、民法二九八条三項によって留置権の消滅請求をするというものである。

まず、債務者の承諾のない場合の留置権者の目的不動産の使用についてはどうであろうか。これは、留置権者が従前からある権原に基づき使用していたが、その権原が消滅した後になお留置権の内容として使用を継続しうるか、という問題（賃貸借終了後の必要費・有益費による留置など）と、従前は使用権原がなかった者が留置権者として使用しうるかという問題とに分かれよう。詳論は省くが、前者においては、留置の態様か保存行為かは別として、これらの範囲内での使用の継続は認められるのが原則といえる（拙稿「留置権の効力」不動産法大系II担保（改訂版）一一頁以下、田中整爾前掲五八頁以下参照）。本件は後者に該るが、留置権者は留置権の内容として目的不動産を積極的に利用しうることはできず、他人に賃貸することもなしえない。不動産留置権は、不動産質権のように、留置的効力は認められるものの、用益担保として使用収益による利益を債権の弁済に充てることは当然視されないのである。もっとも、この点につき本件では、Aの承諾があるから許されることとなる。

次に、Aの承諾によるY_1の使用及び賃貸と新所有者Xとの関係はどうか。本判決紹介のコメントでは、債務者の承諾を要件として留置権者が賃貸等をしうる物権的地位を取得する――承諾によって使用権能が留置権の内容となる――とするか、承諾は債権的な意義を有するに過ぎないか、としたうえで、債務者の承諾を要件とする留置権者の果実の収取権が留置権の一内容と理解されていることからすると、前者と解されるのではないかとされている。他方、債務者の承諾をえて、留置権者が本来なしうる保存行為としての範囲を超えて目的物を使用する場合は、転質に準じて考えるとする見解がある。これにつき、責任転質に類するという見解もあるが、論者によれば、いったん承諾をえてなされたかぎり、承諾転質に類するもので、その賃貸ないし担保設定契約は留置権と無関係に成立し、後に留置権が消滅してもこれらに何の影響も及ぼさないであろう、とされている（田中・前掲五六頁）。

第一に、留置権における債務者の承諾ある場合を転質に準じあるいは類似したものと見うるであろうか。転質には、責任転質であれ承諾転質であれ、原質権と転質権が併存する。留置権ではこのようなことを想定することはできない。それは、質権は担保物権として目的物の価値権を把握しているが、留置権は単なる留置的権能に物権性が付与されたものに過ぎないからである。したがって、かような見解は疑問である。第二に、債務者の承諾がある場合、その者と留置権者との間では承諾によって認められたところが留置権の内容となる。しかし、そのことを目的物について爾後所有権を取得した者にも物権的に対抗できるであろうか。不動産質権は用益担保としての性格を有するが（伊藤進「不動産質権の内容・効力」担保法大系第二巻五七〇頁以下）、不動産留置権には本来かかる性格はなく、承諾という特約によって性格が変りうるものではあるまい。それゆえ、承諾には債権的効力しか有さないと考える。しかし、所有者が更替した場合に、留置権者が改めて新所有者から承諾をえないかぎり、従前の使用をもって直ちに消滅請求の理由となるとするのも結果妥当ではない。留置権者が承諾を求めても新所有者がこれを拒むことも想定されるからである。私としては、前所有者の承諾によって、留置権者が目的物に対し、本来の留置権の内容を超える二九八条二項所定の使用を継続している場合には、留置権者からの新たな承諾の申出を拒むことも、あるいは新所有者から承諾をしない旨を申出ることもできるが、その場合には、以後は、留置権者は、承諾のない場合の本来の留置権の内容を、留置の態様としてあるいは保存行為として、なしうるにとどまると解したい。それゆえ、本来の留置の態様に縮減するよう求めることはできるが、新所有者からの承諾のないままの従前通りの使用の継続をもって直ちに消滅原因とし、これをもってする所有者の消滅請求までは許されないと解するので、判旨のこの部分には、結論にのみ賛成する。

(3) 地上建物を建築した請負人の請負代金債権と当該建物との間には牽連性があるが、建物敷地との間には、土地と建物とは別個の不動産とする立場では牽連性を認めるのは困難であり、したがって、敷地についての民事留置権の成立を否定するのが一般的であろう（たとえば、山崎敏充「建築請負代金による敷地への留置権行使」金法一四三九号六三頁）。それゆえ、近時では、敷地について商事留置権を主張する訴訟がみられるようになることは前述した。

それはとにかく、従来でも建物買取請求権の行使に関しては、買取代金の支払と建物引渡につき同時履行の抗弁権が主張された事例において、判例は、建物の引渡を拒絶しうる「反射的効力」として敷地の明渡を拒絶しうるとしており（大判昭七・一・二六民集一一巻一六九頁。他に理由は明かではないが、敷地をも占有しうるとするものに、大判昭一四・八・二四民集一八巻八七七頁がある）、後に同様の理由により、留置権についてもこれを肯定するにいたっている（大判昭一八・三・一八民集二二巻九一頁）。ただし、清水元教授によれば、建物買取請求権以外については、建物に関して生じた債権を理由として敷地を留置できないとするのが判例の立場のようであるとされている（清水元・留置権・叢書民法総合判例研究二四頁）。

思うに、本件のように請負代金保全の場合でも、Xが留置権の付着する建物の所有者となり、併せて建物敷地をも含めた土地の所有権も取得し、留置権者Y_1の敷地の占有が建物の占有によるものであるときは、留置権者は敷地の引渡を拒絶しうるものと解してよいのではあるまいか。建物の留置は認めるが敷地の引渡は拒みえないとすることは、結局建物留置権を無に帰せしめることとなるからである。この間の留置権者の建物と敷地利用の利益の調整は、通説によれば不当利得による。そして、本件においては、土地（敷地）上に利害を有するのはXのみであるから、Y_1の引渡拒絶の根拠を建物留置権の効力が一体である土地に及ぶとしても差支えないようである。しかし、たとえば、土地上に留置権に先行する抵当権者が存在するような場合を考慮すれば、やはり本来的には建物留置権の効力は土地に及ばないものとし、にもかかわらず土地引渡を拒めるのは、本判決もいうように、反射的効果としてという他はないであろう。あまり用いたくない理由付けであるが、先述の建物買取請求権の場合の先例にもあり、止むを得ないと思われる。

三　本判決は、①建物につき、Y_1はXから請負残代金の支払を受けるのと引換えに建物を明渡せ、と判示する。Xは本件土地建物を競売により取得したものであり、民事執行法五九条四項が、不動産上の留置権は買受人の引受となり同人が被担保債権を弁済する責に任ずると規定していることから、かような主文となったものと思われる（全くの推測であるが、Y_1の留置権の被担保債権額は、Xの競売による取得に当って、最低競売価格の決定において参酌されていたのではなかろうか）。

参考までに、競売によらない場合の第三者による目的不動産取得の例を揚げておく。一つは、甲乙間の土地建物の売買で、買主乙が代金の一部を支払わないまま丙にこれを売却し、甲が丙に留置権を主張した例であって、判例は、乙が甲に支払うのと引換えに甲は丙に引渡せと説く（最判昭四七・一一・一六民集二六巻九号一六一九頁）。二つは、仮登記担保において、清算未了の間に、担保権者乙が丙に目的不動産を譲渡し、丙に対し設定者甲が留置権を主張した例である。原審は、丙が清算金を支払うのと引換えに甲は丙に引渡せとしたが、最高裁は、清算義務を負うのは乙であるから同人の清算金支払との引換給付を命ずべきであるとしつつも、かように変更することは甲に不利益をもたらすことを理由に原判決を維持した（最判昭五八・三・三一民集三七巻二号一五二頁）。以上の先例からは、丙は、目的不動産の引渡を受けるためには、乙からの支払のないかぎり第三者弁済によって甲の留置権を消滅させるしかないが、なお乙に償還請求しうるのであって、競売による引受主義とは異った扱いとなる。なお、被担保債権の存在につき善意無過失の丙にも甲は留置権を主張しうるかという点も議論されているが（鈴木禄彌「留置権の内容とその効力」担保大系第二巻八二二頁、内田勝一「不動産売主の留置権と抵当権者の優劣」ジュリ別冊担保法の判例II一四七頁など）、省略する。

四　先述したように、民事留置権では敷地について直接これを認め難いため、建物請負人が敷地につき商事留置権を主張することがある。商事留置権では、債権と物との牽連性不要であり、債権が双方のために商行為たる行為によって生じ、商行為によって自己の占有に帰した債務者所有の物であれば留置権が認められるからである。本判決の判示事項ではないから、これも略述するにとどめる。

この問題に関し判例は今のところない。裁判例としては、遺漏があるのを虞れるが以下の五例のようである。新潟地裁長岡支部判昭四六年一一月一五日判時六八一号七二頁（肯定）。東京高決平六年二月七日判タ八七五号二八一頁（肯定）。東京高決平六年一二月一九日金法一四三八号三八頁（否定）。東京地判平六年一二月二七日金法一四四〇号四二頁（否定）。東京地判平七年一月一九日判タ八九四号二五〇頁（否定）。かようにして、裁判例では肯否相半ばするが、東京地裁執行部では、商事留置権の成立要件を充す場合には、物件明細書の作成にあたり、競売土地について留置権を引受けるべき権利として記載し、最低競売価額の決定で留置権の被担保債権額を土地の評価額から控除する取扱いがなされているとのことである（山崎・前掲六三頁）。

そこで、建物建築請負人に敷地につき商事留置権を認めれば、たとえば銀行がその土地の購入資金を貸付け、これを担保するためにその地上に抵当権を取得しているような場合には、建築請負代金が未払であるとすると、同一の土地につき銀行の抵当権と建築請負人の留置権とが衝突することとなり、前述の東京地裁執行部の扱いでは銀行が不利となる他、場合によって競売手続が取消されるという事態も生じかねない（民執六三）。もっとも、土地についての建築請負人の商事留置権の成否には、商法五二一条の「占有」の解釈、不動産に商事留置権の成立を認めることの是非などをめぐって議論がある（文献としては、栗田哲男「建築請負における建物所有権の帰属をめぐる問題点」金法一三三三号一二頁、河野玄逸「抵当権と先取特権・留置権との競合」銀行法務21五一一号九四頁、澤重信「敷地抵当権と建物請負報酬債権」金法一三二九号二九頁、秦光昭「不動産留置権と抵当権の優劣を決定する基準」金法一四三七号四頁、山岸憲司「請負人の留置権行使が可能な範囲」ジュリ別冊担保法の判例Ｉ一三四頁、生熊長幸「建築請負代金債権による敷地への留置権と抵当権」㊤㊦金法一四四六号六頁、同一四四七号二九頁など）。現行商法五二一条の成立過程からすれば、不動産に商事留置権が成立するということはおそらく起草者の念頭にはなかったものと思われるが（参考として法律取調委員会商法第一読会合議筆記明治一九年四月二七日の商法四四四条の文言をみられたい）、この問題についての詳論は別の機会に譲りたい。

商事留置権については、先のような場合に土地について肯定しても、留置権者による不動産競売申立はほとんど実効性なく、さりとて留置権者が競売申立をしない場合には、抵当権者が「待ち」の姿勢をとれば留置権者は苦しくなるといわれている（河野・前掲九六頁）。他方、法律論は別として、現在の土地取引の状勢では、実務としては抵当権者と留置権者との間で和解を図ることが双方の利益になるとも説かれている（山崎・前掲六六頁）。土地（敷地）については、民事留置権も商事留置権も成立を認めず、しかし建物については民事留置権が認められ、その反射的効果として土地の引渡しを拒むことで牽制させつつ、当事者間の合意で請負人の占有を解くという方向で解決をはかるというのが、現実の問題解決としてはやむを得ないところなのではなかろうか。

（追記） 本稿は五月末に脱稿したので、その後にも、たとえば、浅生重機「建物建築請負人の建物敷地に対する商事留置権の成否」金法一四五二号一六頁、片岡宏一郎「建築請負代金債権による敷地への商事留置権の行使と(根)抵当権」銀行法務21五三二号三一頁などがある。また、東京高判平八年五月二八日銀行法務21五二二号四六頁が、否定に一例を加えた。同裁判例は、商事留置権の沿革まで検討した興味深いものである。

〈判例時報一五六七号（一九九六）〉

7　根抵当権の設定につき契約の一部無効の理論を適用すべきものとされた事例

――最三小判昭和四七年一二月一九日民集二六巻一〇号一九六九頁、判時六九二号三八頁――

一　事　実

訴外Aの経営するI商店は、古くからエッソスタンダード社の前身であるスタンダードバキューム社と取引し、福知山市内で石油類の販売を営んでいたが、Aの代になり極度の資金難に陥入り、昭和三七年の初めごろ、エッソスタンダード社に対しては一〇〇〇万円を超え、取引金融機関たるY信用金庫（被告・被控訴人・上告人）に対しては二〇〇〇万円を超える債務を負担して倒産必至の状態となった。これに対して、永年顧客であったI商店を見殺しにすることを惜んだエッソスタンダード社の京都営業所およびYの各係員、ならびにX（原告・控訴人・被上告人）を含むAの親戚などが集ってI商店の再建を協議した結果、エッソスタンダード社はAに対する売掛金を一時棚上げしこれを三年間の延払いで支払を受ける、エッソスタンダード社はYに対し金額二〇〇〇万円期間一〇年間の定期預金をする、YはAに対して今後引続き二〇〇〇万円を限度として営業資金を貸与し、Aはこれを一〇年間に割賦返済をする旨の再建計画案が建てられた。この際、Xは物上保証人として本件不動産につき右再建計画に基きYよりAに融資さるべき再建融資の担保として根抵当権を設定することに同意していたが、その設定登記に応ずることを渋っていたため、Yは、昭和三七年六月から同年一〇月ごろ迄の間にAの差迫った支払手形を決済させるためにいわゆるつなぎ融資として三一七万円をAに貸付けし、これについては訴外Bがその所有にかかる株券を担保としてYに差入れた。結局Xは、後にこれまでのYのAに対する右つなぎ融資を含めて極度額二〇〇〇万円の根抵当権設定登記に応ずることとし、その引換えとしてBがYに差入れてあった前記株券の交付を受け、昭和三八年一月二六日に登記は経由された。ところが、エッソスタンダード社の京都営業所では、昭和三七年八月ごろI商店の前記再建計画案につき本店へその承認を求めたところ、本店では調査の結果I商店の再建の見込はないとの結論に達し、右計画案は承認されなかったため、同社京都営業所においてYに対し二〇〇〇万円の定期預金をすることが不可能となり、したがってYもAに対し再建計画案に立脚した二〇〇〇万円の新規融資を行うことができなくなった。そして、右の事実は遅くとも昭和三八年春ごろまでにXらの知るところとなっていたことが認められる。その後昭和四〇年八月三一日ごろ、YはAに対し本件根抵当取引契約（与信契約）を解除し、YのAに対する債権中右つなぎ融資として貸付けた金額に相当する部分の弁済を受けるため、本件根抵当権に基く任意競売開始決定を昭和四一年四月一九日に申立てた。これに対し、Xから根抵当権不存在確認、同設定登記抹消を求めたのが本件である。

第一審におけるXの主張は、本件根抵当権は前記I商店再建案を前提として設定されたものであり、与信契約のなされた昭和三八年一月二五日以降はYはAに対し再建融資としては全く融資をしていないから、与信契約の解除された昭和四〇年八月三一日現在では本件根抵当権の被担保債権は零であり、かつその基本たる与信契約は解除されているから本件根抵当権は同日失効したものである、というにある。これに対し、第一審松江地裁は、前記つなぎ融資としてYがAに貸付けた金員も、本件根抵当権の被担保債権に含まれるとしてXを敗訴せしめた。

Xは控訴するに当って、要素の錯誤の主張を加え、後に見るようにこれが奏効した。すなわち、第二審広島高裁は、本件根抵当権の被担保債権として右のつなぎ融資によるものも含まれるとした点は一審と同様であるが、Xが本件根抵当権を設定した目的は、Aに二〇〇〇万円の新規融資を得させることであるのは明かで、もしこれが受けられなければXは本件根抵当権の設定に応じなかったであろうとし、かような根抵当権の設定の目的は、特に設定契約において明示されなかったとしても、右契約の重要な内容として当事者において互に了解されていたものということができるから、エッソスタンダード社の本件再建計画案不承認により新規融資が実行不可能となった以上、本件根抵当権設定の目的は失われたものというべきで、これを知らないで根抵当権の設定に応じたXには、法律行為に要素の錯誤がある、それ故に、本件根抵当権設定契約は無効としたのである。

Yの上告理由は多岐に亘るが、要は、仮りにYのAに対する新規融資が実行不可能でありそれがため本件根抵当権設定契約が目的を失ったとしても、つなぎ融資の部分までを含めて設定契約全部が錯誤により無効であるとはいえない、とするものがその中心をなしている。

二　判決理由

破棄差戻

前記認定事実によれば、Yは、Xに対し右二〇〇〇万円の定期預金を見返りとする再建融資の他に、YがすでにAに貸し付けたつなぎ融資をも担保することを目的として、本件根抵当権の設定を要求し、Xも、右の二種類の債務、すなわち、AがYに対し現に負担している債務と将来負担することのあるべき債務とを被担保債務として、本件根抵当権の設定契約の締結に応じてその登記手続をし、これと引換えに、つなぎ融資の担保物件であった株券の返還を受けたのであるから、本件根抵当権の設定契約は右各債務を担保する二個の目的を有していたものというべきであり、その一の目的について原判示のような錯誤があったとしても、そのために他の目的をも達成できなくなるものでないかぎり、本件根抵当権設定契約の全部が無効となるものではないと解すべきである。けだし、契約の当事者は特別の事情のないかぎり契約の目的達成を意図するものであるから、契約の一部の目的について無効原因が存する場合であっても、その部分を除いてなお当事者の意図した目的の達成が可能であるときは、該契約を右目的の達成が可能な範囲で有効とすることが、契約当事者の意思に合致し、公平の原則にもかなうものというべきだからである。ところが、原審が、本件根抵当権設定契約はつなぎ融資および再建融資の双方を被担保債権とするものであると認定しながら、再建融資の分のみに関する錯誤により直ちに本件根抵当権設定契約の全部が無効であると即断したのは、前述の一部無効の法理の解釈を誤り、かつ、理由に齟齬があるといわなければならない。

三 研究

本件では、原審が、XY間の本件根抵当権設定契約を要素の錯誤により無効とし、最高裁はこれを前提として法律行為に関する一部無効の理論をも適用しているのであるから、まず、はたして錯誤無効が成立するかどうかについて検討する。

先に紹介したところであるが、原審は、XのYに対する本件根抵当権の設定は、AにおいてYより極度額二〇〇〇万円の再建融資を受けさせることを目的としており、これが後に達成不可能となったことが明かになったこと、根抵当権設定のかかる目的は、設定契約では明示されなかったとしてもその重要な内容として互に了解されていたものといえること、を理由として要素の錯誤となるとしたのであった。すなわち、原審は、契約の目的をいわば動機に等しいものとして把え——ここに契約の目的とは、契約の締結に際して当事者がそれより導びかれる一定の表象ないし期待であり、効果意思を決定するにいたるまでの心理的過程である動機とは厳密には区別さるべきであるが——これが黙示的に表示されているといいうる本件の場合には、内容の錯誤となるとしているのであって、この点で動機の錯誤に関する通説的構成に従ったものであるが、担保権の設定において、設定契約の目的の消失を要素の錯誤となるとした点ではおそらく他に未だ例を見ないものといってよい（錯誤に関する判例の詳細な分析として、野村豊弘「意思表示の錯誤——要素の錯誤に関する判例の分析」法協八五巻一〇号二〇頁以下）。かようなケースを錯誤の問題として処理することは、英米法におけるフラストレーションの法理ないしその影響の見られるドイツにおける行為基礎の消失の理論が定着を見ていないわが国の現状では首肯されるところである。ただし、錯誤とこの後二者は、効果を異にすることに注意を要する。フラストレーションの効果は、契約の効力を将来に向って失わしめることであり（Cheshire and Fifoot, Law of Contract 12th ed 1964 p. 497）、行為基礎論においても、本件のような場合には主観的行為基礎の脱落として、おそらく同様に契約の解消が認められるであろう（Larenz, Geschäftsgrundlage und Vertragserfüllung 1957 s. 170. 五十嵐清・契約と事情変更一一五頁）のに対し、錯誤無効では契約は当初から当然に無効とされることである。したがって、両当事者に共通の目的の消失による契約の解消を認めるとする立場を採りうるとするならば、本件においては、Aが再建融資を受けられなくなったことが確定し、Xの根抵当権設定契約が目的を失った時点で同設定契約は解消し、Xは将来に向って担保義務を免れるが、それまでに被担保債権として生じていたつなぎ融資の部分については右設定契約による根抵当権によって当然に担保さるべきもの、と構成することも可能となり、一部無効の理論とは別な論理操作によって、本件最高裁判決と同様の結論を導くことができるかと思われる。

しかしながら、右のような観点を捨てた場合にも、本件において再建融資が不可能となったことが（要素の）錯誤となるかどうかが問題として残る。通常、錯誤とは、意思表示をする者が、意思表示にいたる過程もしくは意思表示そのものにおいて事実と一致しない認識もしくは判断をなし、これに基いて意思表示を行った場合をいうとされている（川島武宜・民法総則二八四頁、幾代通・民法総則二六五頁）。本件においては、XYともにAの再建案を協議し、これに基いて将来なさるべきYからのAに対する再建融資による債権を担保するためXは根抵当権を設定しているのであって、事実と一致しない認識または判断をなしていたわけではない。すなわち、存在しない再建案ないし再建融資をあるものと誤信して意思表示をなしたわけではないのである。本件においてXが根抵当権設定をなすについては、つなぎ融資を担保することと、再建融資を担保することとが、世上いわゆる条件となっていたのであり(それ故にこそ、Yは、本件与信契約解除までに有したAに対する多額の債権のうちつなぎ融資に当る部分のみの支払を求めて任意競売の申立をしたのである)、そのうちの一つが満されなかったとしても、錯誤があったものと構成すべきではないであろう。むしろ、本件根抵当権は、つなぎ融資と将来なさるべき再建融資とを担保することを目的に設定されたが、再建融資については、遅くとも昭和三八年春ごろ実現が不可能となり、将来融資が行われる見込が全く失われた、換言すれば、被担保債権発生の可能性は喪失したのであるから、かかる状態において根抵当権を存続させておく実質的意義はなく――本件では、基本契約たる与信契約とは独立して存続する根抵当権でないことは明かである――抵当権の附従性の原則により、本件根抵当権は以後実質的には消滅したものと解し、したがって、右消滅にいたるまでに生じたつなぎ融資による債権はこれを担保すべきは当然であると考えられる。

以上のように見てくるときは、本件では法律行為の一部無効の理論の適用をする余地はなくなるが、以下この問題につき若干触れることとする。

法律行為の一部に無効の原因が存在する場合に、それが当該の法律行為全体にどのような影響を与えるかについては、わが民法は一般的規定を有していない(個別的には民法においても一三三条・二七八条・三六〇条・四一〇条・五六三条・五六八条・五八〇条・六〇四条などがある)。ドイツ民法は、一三九条で、「法律行為の一部が無効である場合に於て、無効なる部分がなかったとしてもその行為がなされたであろうことが認められない限り、法律行為の全体を無効とする」としており、スイス債務法も、二〇条一項で、不能なことを目的とし又は不法もしくは良俗に反する契約は無効とする、とした後を承けて同二項では、契約の条項の一部が無効であるに過ぎない場合には、当該契約がその条項なくしてはなされなかったであろうことが認められない限り、その条項のみが無効となる、と定めている。ドイツ法が原則として全部無効としているのに対し、スイス法はいわばこの例外と原則とを逆転しているといえる。他方、フランス民法では、わが国と同じくこれらのような一般的規定を置いていない(もっとも、この問題についての研究はなされており、たとえばP. Simler, La nullité partielle des actes juridique, 1969. は独・瑞法との比較研究もなしており好文献である。ドイツの理論については、石外克喜「一部無効に関する一考察」民商四九巻六号八一二頁以下、奥田昌道・注釈民法(4)二二四頁以下に詳しい紹介がある)。わが国の学説は、流れとしては、おおよそには一部無効は原則として全部の無効をもたらすとする見解からその逆へとの方向がたどられている。しかし、その説くところは必ずしも一致しない。たとえば、川島教授は、一部無効は、第一には意思解釈の問題であり、第二には法的評価の問題であるとされ、前者については、五〇円の借金の保証を依頼され金額・弁済期等の記載のない債務証書に保証人として署名したところ、主債務者が借受金額を一五〇〇円と記入して債権者に差入れた事例(大判昭和一〇・三・二裁判例(九)民法四七頁)を、後者については、酌婦稼働と前借金に関する事例(最判昭和三〇・一〇・七民集九巻一一号一六一六頁)を挙げられる(川島武宜・民法総則四一六頁)。そして、かような観点からの従来の判例の分類も試みられている(奥田・前掲二三三頁以下)。けれども、論者も指摘する通り、この両者の区分も、法律行為を客観的・目的論的に"informed and experieneed mind"によって判断するに際して当事者の意思をモメントとして重視するか否かに過ぎないものであって、結局は法律行為の解釈という根本問題に還元されてゆかざるをえない。また、我妻教授は、「まず、無効な部分を法律の規定・慣習・条理などによって補充して合理的な内容に改造し、しかる後に、この合理的な内容を強制することが当事者の目的に明らかに反する場合にだけ、全部を無効とすべきもの」とされるが(我妻栄・新訂民法総則二五八頁)、この立場では裁判官の契約内容改訂機能の問題もからんでくる。

いづれにしても、かような困難な問題を包蔵する一部無効の理論について、その具体的な適用を場合を分って整理することは容易ではないが、試みとして次のように分ってみる。(1)当該の法律行為の内容が可分なものである場合には、(a)主観的にも客観的にも無効な部分が存在することで目的を達しえないときは全部無効となるが、(b)当初の目的の全ては達せられないが、可分な一部の残存が主観的にも客観的にも意義があると認められる場合は一部のみが無効となる。たとえば、畑地と山林とを一括代金で同時に売却したところ、農地調整法により畑地の売買が無効とされたが山林の売買には影響がないとされた事例（東京高判昭和三二・七・一〇東高民時報八巻七号一二九頁）。(2)内容が不可分のものである場合には、(c)一部無効は原則として全部無効とならざるをえない。(d)これに反し、不可分であっても、無効の部分が要素に存しないかもしくは附帯的部分が無効である場合には一部無効にとどまる。たとえば、譲渡担保契約に伴う代物弁済の約定部分を無効と解すべき場合でも、譲渡担保契約全体が無効となるものではないとした事例（最判昭和三八・一・一八民集一七巻一号二五頁）。

そして、本件について、最高裁のように一部無効の理論を適用すべき事例としてみた場合には、本件根抵当権設定は二つの目的を有し、Xにおいて他の一方たるつなぎ融資についてはこれを被担保債権として根抵当権を設定したことは明らかであるから、前述の(b)に該るものとしてこれを分類し、その結論を肯定することができるのではあるまいか。

〈判例時報七〇九号（一九七三）〉

8　建物抵当権の効力は右抵当権の設定後に建物の敷地に成立した賃借権に及ぶか

――東京高判昭和六〇年一月二五日金商七一三号一五頁以下――

参照条文　民法八七条二項・三七〇条

一　事　実

A所有の建物につき、Yのために根抵当権が設定され登記されたが、当時、設定者Aには建物所有のための敷地使用の権原はなく、Yもそのことを知りながら根抵当権の設定登記を受けたようである。Xは、右建物を右根抵当権の付着したままでAから譲り受け、その後、敷地所有者訴外Bと交渉して、土地賃貸借契約を締結した。Xは、右根抵当権は被担保債権の弁済により消滅したなどの理由で、根抵当権登記抹消登記手続を求めたが、原審（東京地裁）はXの主張を排斥した。

Xは控訴し、主位的請求として、原審におけると同じく抹消登記手続を求めた他、予備的請求として、Yの根抵当権の効力が、本件建物の敷地について存する土地賃借権には及ばないことの確認請求をなした。

本件東京高裁は、Xの主位的請求については、原審を引用して控訴を棄却し、予備的請求についても「判旨」で紹介するような理由から、同じく棄却した。本研究で採りあげるのは、この予備的請求に関する判断についてである。

二 判旨

建物を所有するためのその敷地の賃借権は、建物の存立に必要欠くべからざるものであって、建物に附随しこれと経済的一体と成すものであるから、建物が抵当権の目的となっているときは、建物の従たる権利として民法三七〇条にいう附加物が含まれ、原則として、その敷地賃借権にも建物抵当権の効力が及ぶものと解するべきであるところ、同条は、物が目的不動産に附加して一体を成すに至った時期については、それが抵当権設定の前であるか、後であるかの区別をしていないから、従たる権利について同条を適用する場合においても、抵当権設定の際又はその後において別段の定めをしない限り、建物抵当権の効力は、抵当権設定後に成立した敷地の賃借権にも及ぶものと解するのが相当である。このことは、抵当権はその実行に至るまでの間、絶えず目的物をその時の状態において支配している、という抵当権の特質からも是認することができ、かように解することは借地法九条の三の規定と相まって目的建物の売却価額を高めるからこれを否定的に解する場合に比べて抵当権設定者である建物所有者にも利益を与えるということができるし、また、民法三八八条の規定とも平仄が合うものというべきである。そして、右の理が根抵当権についても当てはまるものであることはいうまでもない。……Yが、本件根抵当権が設定された当時、本件建物には敷地使用の権原が存しないことを知っていたとしても、それだけでは本件根抵当権の効力が敷地の賃借権に及ぶことを妨げる理由にはならない。

三 研究

借地上の建物に設定された抵当権の効力は、敷地に存する土地賃借権に及ぶか、という問題については、肯定するのがこれまでの判例・学説であるが、それはいずれも抵当権設定当時当該建物所有のための土地賃借権が存在していた場合についてであり、土地賃借権が建物抵当権設定後に成立した本件のような事例は、恐らく先例が

8　建物抵当権の効力は右抵当権の設定後に建物の敷地に成立した賃借権に及ぶか

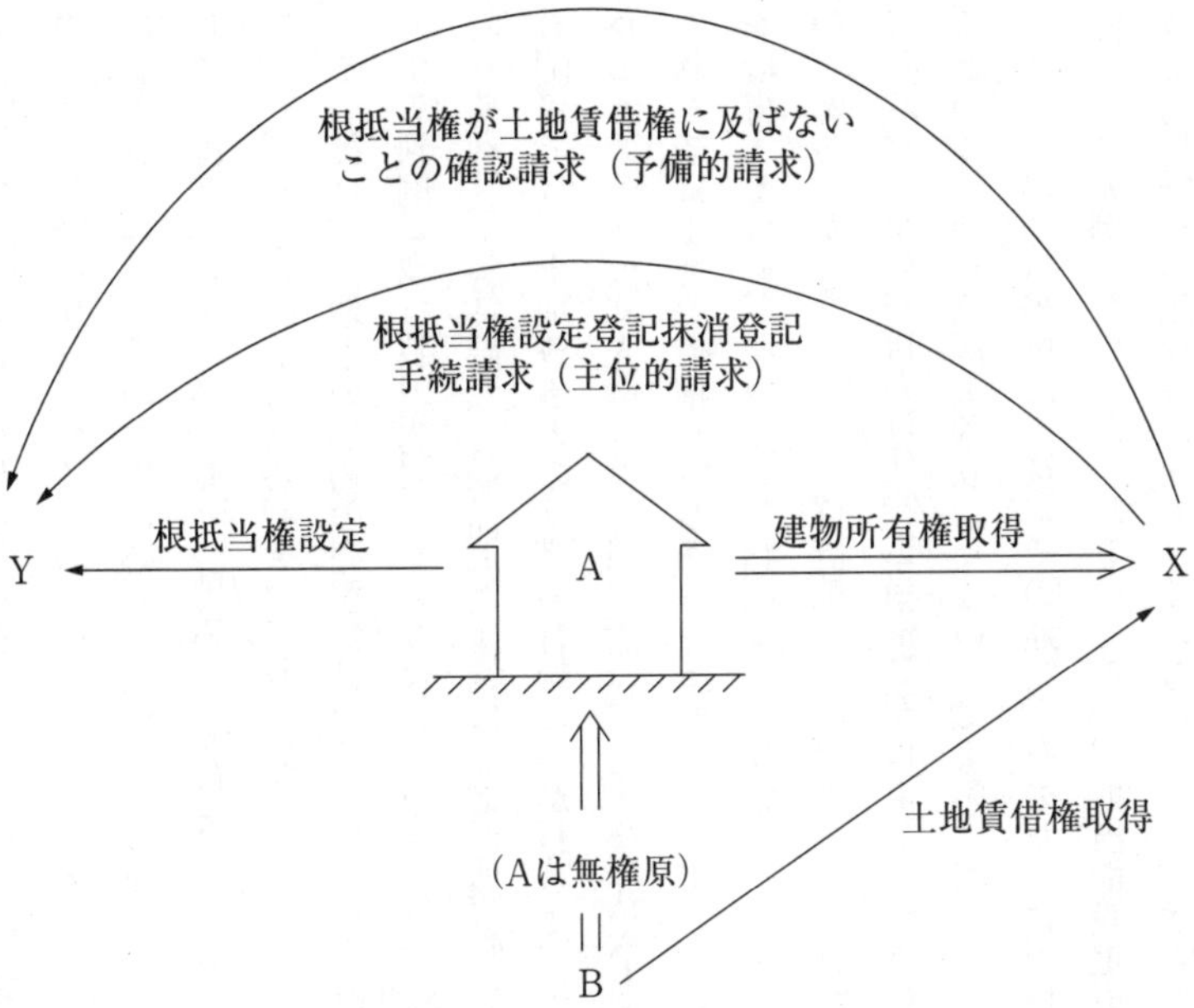

なく、注目すべき判決（上告中であるので最高裁の判断も近いうちに見られるであろう）であるとともに、事案自体がレアケースともいえるため、今後ともこのような事例に接することは少ないと思われる。

私がこの判決を採り上げたのは、XがBとの間で土地賃借権を取得する努力をしなかったとしたら、Yの根抵当権は、土地使用権原のない建物に設定されたものとしてほとんど無価値ともいうべきものが、たまたまXが後に土地賃借権を取得したことによって充実した価値把握を肯定されることを認めるにいたった本判決に、はたしてそれがよいのかとの素朴な疑念を抱いたからである。以下、まず建物抵当権設定当時より土地賃借権が存在する場合から、簡単にみることとする。

土地とその地上建物とは別個の不動産とされているにもかかわらず（このような取り扱いがなされるにいたった経緯については、鈴木禄弥・借地法(上)〔改訂版〕八頁以下）、借地上の建物に抵当権が設定された場合に、原則として抵当権の効力は当該土地の賃借権に及ぶ、との見解を正面から示したのは、最高裁の昭和四〇年判決である（最三判昭和四〇・五・四民集一九巻四号八一一頁）。曰く、「建物を所有するために必要な敷地の賃借権は、右建物所有権に付随し、これと一体となって一の財産的価値を形成しているものであるから、建物に抵当権が設定されたときは敷地の賃借権も原則としてその効力の及ぶ目的物に包含されるものと解すべきである」と。もっとも、これ以前から、大審院においても同旨の判決はなされていたがその理由は必ずしも明確ではなく、右昭和四〇年判決は、「その理由づけの点において、判例としては画期的な意味がある」（高津環・右判例解説、最高裁判所判例解説民事篇昭和四〇年度一六九頁、なお、大審院の判例についても同一六八頁参照）とされている。

その後は、借地上の建物の売買には敷地賃借権の譲渡を伴い、売主は敷地賃貸人から承諾を取得する義務ありとする判例（最一判昭和四七・三・九民集二六巻二号二一三頁、金商三一五号六頁、なお、最三判昭和四七・七・一八判時六七九号一六頁参照）、賃借地上の建物に抵当権が設定された場合には、抵当権は土地賃借権にも及び、競落人とも関係では、土地賃借人の承諾の有無にかかわらず、土地賃借権は建物所有権とともに土地賃借人から競落人に移るとする非公式先例（最一判昭和四八・二・八金法六七七号四四頁）を経て、賃借地上の建物に抵当権が設定登記された後に土地賃借権が譲渡された事例において、土地賃借権譲受人は対抗力ある抵当権の負担のついた賃借権を取得するに過ぎないとした判例（最二判昭和五二・三・一一民集三一巻二号一七一頁、金商五二七号六頁）にいたるのである。かようにして、賃借地上の建物に設定された抵当権の効力は敷地賃借権に（当該建物利用に必要な限度で）及び、その対抗力は建物抵当権登記により充足され、建物所有権の移転（売買・競売・公売）とともに移転するという原則が判例上確立したといってよい。

次に、建物抵当権設定後にその建物所有のために土地賃借権が存在するにいたった場合であるが、おそらく本件以前に先例はないと思われる。そこで、抵当権設定後の従物に抵当権の効力は及ぶかについてみると、学説は、肯定的見解を周到な論旨をもって強力に主張した我妻論文（「抵当権と従物の関係について」民法研究IV所収）以来、多数がこれに追従する。その趣旨は次のようである。

「第一に、第八七条第二項は主物と従物との間に存する客観的―経済的結合関係に基づき従物が主物と法律的運命を共にすることを定めたものであって、主物を処分する行為者の意思に効力を認めてこれを推定せるものではない。」

「第二に、右の理論の一適用として不動産の上の抵当権は当然にその不動産の従物に及ぶ。抵当権設定当時における従物のみならず設定以後における従物もことごとく然り。けだし抵当権はその存在する限り絶えずその客体をその時の状態において把握している権利であるから、従物が主物の処分に従うという理論が単に当事者の意思の効果ではなく物の世界に存する客観的の結合に基づくものなりとするときは、抵当権設定後の従物も附加せられることによってその時の抵当権の負担を担うべきことは当然の結果となるからである。」(同書五三―五四頁)

他方、この問題に関する判例は、大審院、最高裁判所を通じて正面から肯定したものはなく、「判例法理はあまり明確ではない」(高木多喜男・担保物権法一一四頁)とされている。

さて、本件判決は、前掲我妻説の主物従物の関係についての論理を軸として(抵当権の性質を論じた部分は右我妻論文と殆ど同一の表現となっている)、抵当権設定後の従たる権利にも及ぶと解するに三七〇条の文理上これを認めないという表現がないから妨げないこと、そのように解することが借地法九条の三の規定とも相俟って抵当権設定者の利益ともなること、三八八条とも平仄が合うこと、の三点を補強材料として、肯定するわけであるが、先づは右の三点について逆から順に検討する。

判決は、三八八条の法定地上権規定と平仄が合うというが理由は述べていない。したがって、憶測でその理由を測ったうえで検討せざるをえない。第一に、建物のみに抵当権が設定された場合、もし自己借地権が認められていれば、建物抵当権の効力が自己借地権にも当然に及ぶとすることで建物競落人は保護されることになるが、三八八条は、自己借地権が認められていないためにその代用であり、建物抵当権の効力が土地利用権に及ぶことを潜在的に認めているという趣旨に解すれば、確かに平仄は合うであろう。しかし、このように考えた場合、同条は抵当権設定当時土地と建物が同一人の所有に属することを要件としており、建物抵当権設定当時建物所有者には抵当権の効力を及ぼしめるような潜在的土地利用権が存在していることを前提としているのであるから、建物抵当権設定後の土地賃借権にも抵当権の効力を及ぼすべき根拠にはならない。第二に、同条は建物所有には可及的に土地利用を伴わしめる趣旨であると解すれば、本件のごとき場合にも妥当するようであるが、同条では、更地に抵当権が設定された後に建物が存在するにいたった場合、法定地上権の成立を否定する見解が今のところ判例通説であり、右の要請にも限界があることを思わせる。とりわけ、法定地上権否定の根拠が、当事者の予測(とくに抵当権者の更地としての担保評価)にあるとすれば、更地を抵当にとった後その地上に建物が築造されるかも知れないとの予測の方が、土地賃借権なき建物を抵当にとった後土地賃借権が取得されるかも知れないという予測よりも容易に成り立ちうると思われるのに、前者では否定し後者では肯定するというのでは均衡を失するのではあるまいか。

次に、目的建物の売却価額を高めるから抵当権設定者の利益となるという点については、敷地賃借権には抵当権の効力は及ばずとして設定者に留保せしめる結果の方がより利益となるのであって理由にはならない。

三七〇条では附加して一体となった時期について抵当権設定の前後を区別していないという点は、あたかも差押と相殺に関する無制限説からの五一一条についての議論を想起させるところがある。いうまでもなく、ある法条の解釈はその法条の存在理由ないし目的に従ってなさるべきであり、禁止文言がない以上反対解釈として一切が認められるというものではない。思いつくままの一例ではあるが、四二三条の母法たる仏民法一一六六条には「債権保全のため」の語すらないにもかかわらず、債務者の無資力(insolvable)を要するとするのが通説であり、三七〇条が設定の前後を区別していないことのみでは極め手にはなりえない。

思うに、独立性を有しない構成部分とは異なって独立性ある従物が主物の処分に従うというのは、我妻博士の説かれるように、「客観的な物の世界における結合関係に根拠し、主物との間に存する経済的結合は必要なくして破壊せらるべきではない」（我妻・前掲書四五頁）という思惟に基づくものであろうし、したがって、三七〇条の附加一体物には従物も含まれるとしたうえで、抵当権設定後に附加された従物にも抵当権の効力は及ぶと解すべきであろう。しかし、借地上の建物に抵当権が設定された場合には抵当権の効力は土地賃借権に及ぶということについては、なお問題がないわけではない。第一に、抵当権設定当時から存在する賃借権に及ぶこと自体には異論はないが、その範囲は賃借地全体ではなく「建物所有に必要な敷地」（前掲最高裁昭和四〇年判決）についてである。これは、民法が土地と建物を別個の不動産としているにもかかわらず、建物存続のためには建物所有権の移転には土地利用権も伴わせるべきだとのいわば相反する考え方の妥協の結果としては当然ともいえよう。そうだとすると、賃借土地は一部は抵当権設定者である従前の賃借人に一部は競落人に賃借されるという、実際面では爾後処理に困難な問題が生ずるおそれがある。第二には、人が土地に居住する場合において、土地に関する権利が主で地上建物に関する権利が従かあるいはその逆かは社会通念の問題であり、一般常識としては経済的価値の高額なものが主で低額なものが従となりはしまいか。もしそうならば、借地権価額より地上建物の方が高価であるとみられていた時代ないし場所（渡辺洋三・土地建物の法律制度(上)一八八頁参照）では、建物が主で借地権が従とされようが、今日のように借地権が財産的価値あるものとして確立され、しかも高額な地価の七割以上にも及ぶというとくに都市部において、はたしてこれまでのような主従の関係が維持されたままでよいのであろうか。土地賃借権と地上建物との関係は、建物存続をはかることが単に当事者意思あるいは国民経済的利益に合するという従来のような観点ばかりからではなく、現行法の下では、土地賃借権は独立して担保化することが不可能であるといっても過言ではない事情があることともからませて、理解する必要があるのではないかと思われる。すなわち、土地賃借権には物権たる地上権とは異なって抵当権設定の途はない。質権設定は理論的には可能であり、その際不動産質権の方法に準ずる方法と指名債権質の方法によるものとの二つありえようが、前者では賃借人は用益しえない欠点があるとともに、後者では多くの点で指名債権とは性質の異なる土地賃借権をこの方法で担保化してよいかは疑問がある。実務では設定者に対し地主の承諾書の提出を求める方法が行われるようであるが、承諾料の問題がからみ容易ではない。仮登記担保の対象ともなしえようが、仮登記には地主の協力を要し同じく困難を伴う。譲渡担保の対象ともすることができるが、所有権の場合と同様に賃借権移転登記をもって対抗要件とすれば地主の協力が必要であり、登記によらないとしても少なくとも地主の承諾書の徴求ということになろう。かようにして、賃借人と債権者間で土地賃借権を担保化する途は、地上建物を担保化してその担保権の効力が土地賃借権にも及ぶという媒介項を経由させる方途しかない。したがって、当事者が借地上の建物を担保化した場合には、当事者が土地賃借権担保の意図を有していたか否かを判断して、その意思が認められればむしろ借地全体に担保権の効力は及ぶと解することが必要になると思われる。

翻って、本件のように、建物抵当権設定当時土地賃借権は設定者にはなく、抵当権者はそのことを承知しており、かつ、将来抵当権設定者が土地賃借権を取得した場合にこれに抵当権の効力が及ぶという合意もないという場合には、建物抵当権の効力は土地賃借権には及ばないとすることが妥当なのではなかろうか。地上建物の担保化を媒介として土地賃借権の担保化をはかる意図がない場合には、建物存続維持の要請しか働かないが(そしてその場合担保権の効力は建物所有に必要な限度でしか土地賃借権には及ばないとするのも已むを得ないであろうが)、この要請は、建物に担保権が設定された当時すでに当該建物のために適法な土地利用権が存在することを前提として認められるべきではないかと考える。以上のことからして本件判決には疑問を抱くものである。

なお、蛇足ではあるが、借地上の建物に担保権が設定され、当時土地賃借権が存在していた場合、その担保権設定がどのような意図でなされたかしたがって担保権の効力は土地賃借権のどの範囲まで及ぶかは別として、担保価値の維持をどうやって実現するかという問題もある。具体的には、担保権設定後その実行前に土地賃借権が解除された場合である。合意解除については転借人には原則的に対抗しえないのが確立した判例であり、その理を用いることもできようが、債務不履行解除については、古い先例は競落人は敷地賃借権を伴わない建物所有権を取得するとしており（大判昭和二・四・一三新聞二六九号一二頁、同昭和三・三・一〇新聞二八四号一三頁）、もしその結果を不当とするならばどのような法的構成によるべきかも考察されなければなるまい。

〈金融・商事判例七二八号（一九八五）〉

9 詐害的短期賃借人に対する明渡請求
——東京高判昭和六〇年八月二七日判時一一六三号六二頁、金法一一一三号七頁——

一 事案および判旨

事実

本判決は、「事実」における当事者の主張、「判決理由」中における当事者の請求に対する判断、いずれも原判決を多く引用しており、登載誌の紹介するところだけでは本件事実関係の詳細は明らかではない（原判決〔東京地判昭和五九年一〇月一一日〕は、これを紹介した法律誌がなく、本誌編集部を通して判決文の入手を依頼したが無理であった）。したがって、以下のような簡略な記述でお許し頂きたい。

Xは、本件建物につき抵当権を有しており、Yは、Xの右抵当権設定登記に遅れてなされた本件建物の短期賃借人であったところ、XはYに対し、(イ)短期賃貸借解除請求、(ロ)賃借権設定登記抹消手続登記請求、(ハ)建物明渡請求、をなした。原審は、Xの右請求をすべて認容した。これに対しYが控訴したのが本件であるが、本判決は、(イ)(ロ)については認容したものの、(ハ)については原判決を取り消し、これを認めなかった。

本研究は、本判決が原判決と見解を分った(ハ)の点について検討を試みるものである。

判旨

「抵当権は、本来、目的物の交換価値を優先的に把握する権利であって、目的物の使用収益を支配する権利ではないから、右交換価値を侵害する物理的毀損行為に対してその排除を求めることができるのは格別、単に目的物が権原なく占有されているというだけでは、直ちに抵当権に基づいて右占有の排除を求めることができるものではない。民法三九五条は、短期賃貸借につき、抵当権設定後に成立したものであっても、競落人に承継されるものとする一方、その短期賃貸借が抵当権者に損害を及ぼすときは、抵当権者の請求によりこれを解除し、競落人には承継されないものとすることによって、目的物の担保権と用益権との調和を図った規定であり、右規定から当然に、解除された短期賃借人に対して抵当権者が目的物の明渡しをも求めることができるものと解することはできない。もっとも、右賃借人がその後も目的物の占有を継続する場合には、抵当権の実行に事実上支障をきたし、売却価格の低下により被担保債権の満足を得られなくなるなど抵当権者に不利益をもたらすことが予想されるが、同様の事態は、当初からの不法占拠者や抵当権者に対抗できない長期賃借人などが目的物を占有している場合にも起こりうるのであって、短期賃貸借の場合にのみ、抵当権者の右不利益を理由として、あらかじめ占有の排除までも求めうる権利を抵当権者に認めることは、彼此の均衡上も当を得たものとはいいがたい。これらの点を考えれば、特段の事情のない限り、抵当権者は、前記民法の規定により解除された短期賃貸借の賃借人に対し、抵当権に基づく物権的請求として目的物の明渡しを求めることはできないと解すべきである。また、右のように抵当権者には目的物の占有関係について支配、干渉する権能がない以上、抵当権者が目的物に対する短期賃借人の占有を排除するために、その所有者（短期賃貸人）が短期賃借人に対して有する目的物返還請求権を代位行使することも、特段の事情のない限り、これを認めることはできないものというべきである」

二　判旨の意義・問題性

先ずお断りしておきたいのは、本研究と同様のテーマが、比較的最近、本研究会において採り上げられていることである。すなわち、近江幸治助教授の「短期転貸借の解除と明渡請求」（法時五七巻九号九二頁）である。同一研究会で同様のテーマを相前後して報告することに逡巡もあったが、私の報告時期に目星い高裁判決が少なかったこと、私もこの問題につき若干の関心を持っていたこと、もあって、あえて報告させて頂いた(結果は近江氏の同一のものとなってしまったが)。

さて、抵当権者から、その目的たる担保の短期賃借人に対し、当該賃貸借が詐害的なものとして民法三九五条但書により解除請求が認められる場合に、抵当権者は加えて右賃借人に建物明渡請求もなせるかは、学説はこれまで否定的見解が大勢のようであり、裁判例も、肯定・否定に分かれているものの、否定例の方が優勢である。否定説の根拠は、細かくは後に検討するが、主として、本判決もそうであるように、抵当権は目的物の交換価値を把握する権利であって使用収益を支配する権利ではない。とするところにある。しかし、このような理解は、実はわが民法制定当初にはなかったものであり、右のような抵当権概念の把握——近江氏は「抵当権ドグマ」と呼ばれている(近江・前掲九四頁)——に今日全く再考の余地はないのかが問われてよいと思われる。

なお、資料的意味で、従来の裁判例を掲げておく(必ずしも網羅的ではない)。

〔否定例〕 福岡高判昭和五七年一月二〇日判時一〇四七号九一頁、東京地判昭和五七年一月二八日金商六六三号四六頁、大阪高判昭和五八年六月二九日判タ五〇三号七九頁、名古屋高判昭和五九年六月二七日判時一一三五号五九頁、大阪地判昭和五九年八月二〇日判時一一三九号六八頁。

〔肯定例〕 名古屋高裁金沢支部判昭和五三年一月三〇日判時八九五号八四頁、大阪地判昭和五五年四月二五日判タ四二二号一三三頁、浦和地判昭和五九年一二月二六日判タ五四八号一七三頁。本件原判決もこれに入るが、前述のように公刊されていない。明渡請求を肯定した場合には、誰に対して明け渡させるか、という問題が生ずる。右に肯定例として掲げられたものは、いずれも所有権者すなわち賃貸人へ明け渡すべきことを認めたものである。

三 研究

三九五条本文は、抵当権の目的物の用益権は本来所有者にあり、他人に用益させるのも妨げないが、競落人にはこの用益関係を対抗しえないので結局利用者の地位が不安定になることを考慮して、担保権と用益権との調和を図ったものと理解されている。このような見方からは、六〇二条は、所有者に残存する抵当権からは何ら制限を受けない用益権の保障期間として機能するに過ぎない。そうだとすれば、重要なのは三年とか五年とかの期間であって、六〇二条が処分の能力・権限を有しない者に認められた規定であることは意味をもたなくなる。ところで、三九五条本文は、系譜的には旧民法債権担保篇二四八条二項、同二〇二条につながり、同二〇二条は、他方では現行三七一条一項の母胎であるとともに、遡ればボアソナードのプロジェ一二〇八条に行きつくのであるが、ボアソナードは、一二〇八条のコメントで次のように説いている。

抵当権は所有権の支分権（démembrement）である。それは債務者から目的物に対するすべての権利を奪うものではない。債権者を害する処分的行為はなしえないが管理に属するすべての権利は債務者に留まっており、ここに抵当権と不動産質権との差がある。……（Projet, t.IV n°417 (p. 390), 1889）。短期賃貸借は、この管理行為として許されるのである（旧民法財産篇一一九条、プロジェ一二六条）。

すなわち、ボアソナードでは、抵当権は物権であり、その性質上所有権を用益面においても制限するものとして把えられている。梅謙次郎の法典調査会における説明にも同様の趣旨がみられる（法典調査会・民法議事速記録一七巻九一丁。三九五条の系譜については、内田貴「抵当権と短期賃貸借」民法講座3一七五頁以下に詳しい）。そして、このように解してはじめて、三九五条に六〇二条が引かれている趣旨が正しく理解されうるのではなかろうか。抵当権の本質をこのように考えうるとすれば、抵当権は価値観であり目的物の用益権にはその支配が及ばないとすることは一つのドグマであり、これを基として抵当権者の明渡請求を否定することも不変の結論ではありえないことになる。

ここで、否定説の根拠をやや詳しく検討してみよう。従来説かれているところは次の三点に集約できる。第一は、既に述べた抵当権は交換価値を把握するものであり、使用・収益権を内容とする権利ではないという点、第二は、解除判決のでた短期賃貸借は、競売手続上は無視しえ、買受人は引渡命令（民執八三条一項）により排除をなしうるから、それで充分であるという点、第三は、六〇二条の期間を超える賃貸人あるいは不法占拠者に対しても、買受人のみがこれを排除しうるものとされ、抵当権者が予め排除しておくことは認められていないということと均衡を欠く結果になるという点である。最後のものから述べると、抵当権に基づく妨害排除は、抵当目的物につき物理的な侵害がある場合（多くは例として抵当山林の立木の不当伐採が挙げられる）に認められ、抵当不動産の不法占拠者には否定されるというのが一般の見解のようであり、これも抵当権を単なる価値権とみることによるものと思われる。しかし、物権者である抵当権者が、自己の権利の対象となっている不動産上の不法占拠者に対して拱手傍観する他はないというのはいかにも不合理である（もっとも、債権者代位権によって設定者への明渡しを求めうるかという問題は残っており、本判決が、抵当権者には目的物の占有関係について支配干渉する権能がないという理由から、この点をも否定しさっているのは疑問である）。また、占有を設定者に留めおく不動産譲渡担保において、譲渡担保権者は不法占拠者に対して妨害排除請求をなしえ、不法占拠者は実質が担保権に過ぎないことを理由にこれを拒みえないと解されていることとも均衡を欠くのではなかろうか。先述したような抵当権に対する当初の理解に立脚して、不法占拠者に対しても妨害排除請求をなしうるとみるとともに、六〇二条の範囲を超える賃借人や三九五条本文による解除請求が認められた賃借人については、抵当権者は明渡しを求めうると解してよいのではあるまいか。次に、解除判決を受けた短期賃貸の存在は競売手続では無視しうるという点も確かにその通りであるが、事実としては、かかる賃借人が占有していること自体が競落価格を下落させる原因となっていることは無視しえない（買受人は引渡手続をする手間のかかることを計算に入れて買受代金を定めるであろう）ので、この点に関する配慮も必要であろうと思われる。ちなみに、先に掲げた肯定の裁判例では、その理由につき、抵当権者は目的物の滅失毀損行為についてはこれを排除する物権的請求権を有しているのであるから、担保価値の減少が占有権原を有しない者の使用収益によって生じている場合も同様に解するのが相当、としている。

学説は、鈴木教授が、三七一条一項但書が「差押アリタル後」は抵当権の効力は果実に及ぶとしているところから、抵当権の実行がすでに開始されている場合には抵当権者が目的物の占有状態に干渉すること、賃借人に対して明渡しを求めることが許されると考えても不当ではないとされている（鈴木祿彌「最近担保法判例雑考(6)」判タ五〇六号四二頁。内田・前掲一八五頁もこれに賛意を表される）ほか、栗田助教授は、もっぱら社会・経済的必要性という観点から（栗田隆「短期賃貸借制度の再検討」金融担保法講座1一九九頁）、近江助教授は、抵当権といえども物権である以上一定の物的支配を行っているという把握から（近江・前掲九四頁）、明渡請求を肯定されている。先述したように、私も、これらの見解に左袒するものであり、近江助教授のいわれる「抵当権ドグマ」につき、今日充分再検討すべき時期にあると思料する。もっとも、抵当権につき、従来それが非収益担保物権であることに立脚して構成されてきた通説的見解に異を唱え、目的物についての抵当権者の一定範囲での物的支配を肯定した場合には、そのことの及ぼす波及的効果もまた大きいといわねばならず、生じうべき諸問題は、結局のところ対立する利益状況を検討して個別に解決しなければならないであろう。そこで、当面の問題に限っては、無条件に抵当権者に明渡請求を許すべきではなく、三九五条但書により解除さるべき詐害的短期賃借人に対しては、抵当権者は解除請求が肯定されることを前提として明渡請求が許される、と限定的に解すべきだと思われる（不法占拠者、抵当権者に対抗しえない長期賃借人については、競売開始決定後にはじめて明渡請求が許されることになろうか）。

なお、誰に明け渡すべきかにつき、設定者への明渡しを肯定するのでは実効性のないことは鈴木教授の指摘の通りであり（鈴木・前掲同所）、解除請求をなしている抵当権者は競売申立もなしているであろうから、一応抵当権者への明渡しを肯定すべきであろう（不動産譲渡担保の設定者からの賃借人に対する明渡請求の場合のように、清算金支払確保のために担保設定者に明け渡させるという必要もない。ちなみに、鈴木教授は、抵当権者への明渡し肯定のために、三九五条但書の解除を債権者取消権の一亜種と構成されている――鈴木・前掲脚注一)。

〈法律時報五八巻七号(一九八六)〉

10　賃料債権に対する抵当権に基づく物上代位と相殺
――東京地判平成一〇年六月二五日金商一〇五五号二四頁――

参照条文　民法三〇四条・三七二条・五一一条

一　事実

1　昭和六二年六月、A所有建物がYに賃貸され、YからはAに保証金が預託されたが、次のような特約が付されていた。
金額六〇〇〇万円、一〇年間据置、上記期間経過後は、七〇％を一一年目より一〇年間均等で分割返還し、三〇％を敷金に振り替える。

2　昭和六三年四月、AはXのために、右賃貸建物につき抵当権設定登記を経由。

3　AのYに対する賃料債権は一カ月六〇万円（翌月分を前月末払）であるところ、Xは抵当権に基づく物上代位権を行使し、右賃料債権の差押えを申し立て、差押命令は、平成七年九月にA・Yにそれぞれ到達した。

4　平成九年六月一九日に、第一回保証金返還請求権四二〇万円についての期限が到来したので、Yはこれを自働債権とし、平成九年七月分から同年一二月分までの賃料債務三六〇万円を受働債権として、Aに対し相殺の意思表示をなし、さらに同年七月、平成一〇年一月分をも受働債権として相殺を通知した（計四二〇万円）。Yが相殺したとする右七カ月分は別として、その後、平成一〇年二月および三月分は、YはXに支払っている。

5　右のような状況において、平成九年に、XからYに対し、抵当権の物上代位に基づき、

(イ)　平成九年七月分から平成一〇年一月分の賃料合計四二〇万円、および、

(ロ)　平成一〇年四月分から平成一九年二月分（但しその一部）までの賃料の支払いを求めて、取立訴訟が提起されたのが本件である。

二　判旨

まず、右5(ロ)の部分については、Yは賃料債権につきその発生及び存在並びにXが取立権を有することを争っておらず、すでに平成一〇年の二、三月分についてはXに支払っていること、Xが将来の給付の訴えとして請求する賃料債権のうち保証金返還請求権による相殺がなされていない賃料債権については、Yが弁済期どおり履行しないとみる事情はないこと、Aが保証金を弁済期どおりYに返還する可能性がないことを認める証拠がないこと、などを理由に、あらかじめ請求をなす必要性があるとは直ちに言えない、として訴えを不適法として却下した。

次に5(イ)部分につき以下のように説く。

(1)　相殺権を行使する債権者の立場からすれば、相殺制度は、受働債権につきあたかも担保権を有するにも似た地位が与えられるという機能を営むものであって、これによって保護される当事者の地位は、できるだけ尊重されるべきものであり、当事者の一方の債権について差押えが行われた場合においても、明文の証拠なくしてたやすくこれを否定すべきものではない。

(2)　差押えは、債権者の行為に関係のない客観的事実または第三債務者のみの行為により、その債権が消滅しまたはその内容が変更されることを妨げる効力を有しないのであって、第三債務者がその一方的意思表示をもってする相殺権の行使も、相手方の自己に対する債権が差押えを受けたという一時《ママ》によって、当然に禁止されるい

われはない。

(3)　民法五一一条は、支払の差止を受けた後に取得した債権によって相殺をなすことを禁じ、その限度において、差押債権者と第三債務者の間の利益の調整を図ったものと解されるから、第三債務者は、その債権が差押後に取得されたものでないかぎり、自働債権および受働債権の弁済期の先後を問わず、相殺適状に達してさえすれば相殺をなしうるものと解すべきである。このことは、抵当権の物上代位による差押えであれ、強制執行による差押え、滞納処分としての差押えであれ別異に解する理由はない。

(4)　物上代位による抵当権の効力が目的債権に及ぶことは、抵当権登記により公示されているとみることができるので、第三債務者が相殺をした場合に、第三債務者に背信性があるような特段の事情があれば、信義則等により相殺の効力を制限するのが相当な場合はありえよう。しかし、本件においては、Yは、保証金返還請求権につき、昭和六二年六月に、一〇年後から毎年六月かぎり各四二〇万円計四二〇〇万円の返還を受けるとの確定期限付でこれを取得しており、Xの抵当権登記はYが右債権を取得した後である昭和六三年四月であるから、本件はおよそ信義則等によりYの相殺の効力を制限すべき事案ではない。

したがって、Yによる相殺は、Xの物上代位に基づく差押えに優先する。

三　研　究

先に、判旨5(ロ)の部分として紹介した将来の給付の訴えに関する点は、ここでは扱わない。物上代位と相殺とが競合する5(イ)の点について検討する。

四　先　例

右の問題に関するこれまでの裁判例は本判決を含めて四件ある。もっとも③判決は、本判決の後に出たものであるが、とりあえず先例として括らせて頂く。

① 大阪地判平成八年一〇月三一日（金商一〇三〇号三一頁）。

店舗の賃貸借において、賃借人Bから賃借人Aに対し保証金名目で一億五〇〇〇万円が差し入れられ、平成元年にYがBから賃借人の地位を譲り受け、平成五年にA・Y間で賃料債務と保証金返還債務とを対当額で相殺しうるとの合意が成立した。平成六年、賃貸人の地位はCに譲渡されたが、同年九月から平成八年四月分までの賃料は前記合意に基づきその都度相殺されてきたところ、すでに平成四年にAから抵当権設定登記を受けていたXが、平成七年に賃料債権に対し物上代位に基づき差押えをなし、平成八年、同年四月分以降の賃料債権合計一〇〇〇万円の弁済をYに求めて訴えを提起した。

判旨は、(a) 物上代位権は担保物権の優先弁済権に由来し、抵当権設定登記により公示され第三者に対し対抗力を具備する。(b) 相殺の担保機能は事実上のものに過ぎず公示方法もなく、担保物権に認められているような優先弁済権までは認められない。(c) これらの点からすれば、差押えの効力発生前に相殺適状に達しかつ相殺の意思表示がなされないかぎり、物上代位に基づく差押えが相殺に優先する（この判決については、石田喜久夫・銀法21五四二号四頁、片岡宏一郎・銀法21五四四号一四頁、吉田光碩・判タ九六五号三三頁などの判例研究がある。なお、鳥谷部茂「賃料債権の物上代位と敷金返還請求権の保護」NBL六〇二号五一頁も参照）。

② 東京地判平成一〇年三月一九日（金商一〇四八号三五頁）。

A所有建物の抵当権者Xは、賃借人B・C・YのAに支払うべき賃料債権に対し各別に物上代位に基づく差押えを行い、差押命令送達後の賃料の支払を求めた。しかし、AのBに対する賃料債権はYに譲渡されており、Yに対する賃料債権は、Xのなした差押以前から発生していたYのAに対する貸金債権と毎月相殺してゆく旨の合意が成立していた。

判旨は、債権譲渡と物上代位による差押えについては、最二判平成一〇年一月三〇日（民集五二巻一号一頁、金商一〇三七号三頁）を引用して、三〇四条の「払渡又ハ引渡」には債権譲渡は含まれないとする。

相殺の合意と差押えとの関係については、(a)相殺予約に基づいて賃料債権を受働債権とする相殺は、「払渡又ハ引渡」に含まれるものとは直ちに解し難い。(b)物上代位の効力は抵当権登記により公示されており、相殺予約による相殺が物上代位に優先するとすれば、抵当権者による差押前に相殺予約の合意をするだけで容易に物上代位の行使を免れ、抵当権者の利益を害する。(c)相殺につき無制限説を採った大法廷判決（最大判昭和四五年六月二四日民集二四巻六号五八七頁、金商二一五号二頁）は、抵当権者が物上代位に基づいて行った差押えに関するものではなく事案を異にする、として物上代位権の行使を相殺に優先させた（この判決については、菅原胞治・銀法21五五八号三二頁の判例研究がある）。

③　東京地判平成一〇年九月二二日（金商一〇六二号四九頁）。

A銀行はBに貸付をし、Xが連帯保証をして求償権を担保するためにB所有不動産に抵当権を経た。その後、BはYに右不動産を賃貸し、他方Yの代表者Cからも貸付を受けこの貸付金債権はYに譲渡され、B・Y間において、毎月賃料債務二〇〇万円とBが毎月分割返済すべき一五〇万円とを相殺する旨の合意が成立した。Xは、BのAに対する債務不履行により連帯保証債務を履行してBに対して求償債権を取得し、前記抵当権に基づく物上代位によりBのYに対する賃料債権を差し押えた。Xが、右差押命令送達後に弁済期の到来した二期分の賃料四〇〇万円から、すでにYから支払われた相殺後の残額五〇万円の二回分計一〇〇万円を控除した三〇〇万円を支払うようYに請求し、Yがこれにつき相殺をもって対抗したという事案である。

判旨は、(a)相殺の合意が差押え前になされても、その効力が具体的に生ずるのは差押えの効力が生じた後の各月の弁済期なのであるから、本件差押命令による支払停止の効力により、右相殺は効力を生じるに由ないものというべきである。(b)このように解さなければ、物上代位権の行使を不当に妨げ、抵当権登記により公示されている抵当権者の利益を害する。

五　物上代位について

賃料債権への抵当権に基づく物上代位については、賃料債権が包括的に譲渡された場合、または転付された場合の優劣、転貸賃料にも及ぶか、第三債務者がすでに弁済した場合の弁済受領者に対する不当利得返還の成否、賃貸人の一般債権者のなした差押えとの優劣、あるいは賃料債権に対する他の担保権者との関係など、様々な問題があり、本件もこれら賃料債権への物上代位をめぐる諸問題の一端である。

そもそも、民法三〇四条が「賃貸……ニ因リテ債務者カ受クヘキ金銭」と明らかに規定しているにもかかわらず、抵当権者が目的不動産の賃貸科に対し物上代位権を行使しうるかについて争いがあり、肯定説、否定説、限定的肯定説に分かれる（これらの学説については、たとえば、半田正夫「抵当不動産の供託賃料に対する物上代位」ジュリ増刊『担保法の判例Ⅰ』一三三頁。）。判例は、平成元年判決（最二判平成元年一〇月二七日民集四三巻九号一〇七〇頁、金商八三八号三頁）によって、無条件肯定の立場をとったと評価されている（たとえば、小林資郎・右判例解説、平成元年度重判解七三頁）。賃料債権への物上代位に関していかなる態度をとるべきかは難問であって、私見は充分に固まっていないが、一応以下のように考えてみたい。

三〇四条により物上代位の対象となる目的債権としては、損害賠償請求権、保険金、補償金、売却代金、賃貸料などであるが、このうち、目的物が、滅失毀損した場合の損害賠償請求権や保険金などを売却代金や賃貸科とは区別して考えるべきではないか。というのは、前者、とくに滅失の場合には、本来の担保物権の実行が意味をなさないのに対して、後者、とくに賃料の場合については、担保物権者の目的物についての換価権をいまだ完全に把握しているものだからである（ちなみに、最近においてもフランス法の検討を通してであるが、抵当権の物上代位は、抵当権の実行不能を条件として認められた例外的法制度であって、損害賠償金と保険金にのみ許されるべきであるとする見解も示されている。高橋智也「抵当権の物上代位に関する一考察」(三完）都法三九巻二号七九八頁)。

物上代位が許されるのは、目的債権が担保目的物の価値代表物とみられるからであると説明される。しかし、この理によって、賃料債権は目的不動産の価値のなしくずし的実現と説くのはいささか強弁的であって、抵当権価値権説にすら根元的疑念が今日では投げかけられている。少なくとも賃料に物上代位が及ぶことを肯定するには、それが抵当権者を保護するための法政策的見地に拠るものとみる他はないであろう。

担保物権は物権の一種として物（有体物）の上に成立するものとされる。地上権、永小作権上の抵当権は権利の上に成立することから、準物権とされたのであった。それはとにかく、かように、抵当権は権利の上に成立しうるのであるから、物の上に成立した抵当権が、目的物が権利（債権）に変容した場合にその上にも効力が及ぶとすることは背理ではない。しかし、賃料債権は、設定者の手許に残された目的不動産の利用権の対価であるから、これに抵当権の効力が及ぶとすればやはり限定的に考えるべきではないか。

以上のことから、私は、賃料債権への物上代位は、抵当権者が目的不動産上に有する換価権を補うものとしてとくに認められるものであって、したがって、目的不動産への抵当権の実行がまずなされ、これを補完するものとして認められると解したい。民法起草者も、三七一条は天然果実にのみ適用があり、法定果実である賃料に抵当権の効力が及ぶのは三七二条による三〇四条の準用によると考えていたようであって、その場合三七一条但書は、三七二条による賃料への物上代位の準用にも準用されるとみてよいのではあるまいか。

次に、不動産抵当権の対抗要件はいうまでもなく登記であるが、抵当権に基づく物上代位権の対抗要件も右抵当権登記であろうか。判例はそのようにみるので、一例を挙げれば、賃貸人の一般債権者のなした賃料差押えと抵当権者の物上代位との優劣については、「一般債権者の申立てによる差押命令の第三債務者への送達と抵当権設定登記の先後によって決せられ」ると説き（最一判平成一〇年三月二六日民集五二巻二号四八三頁、金商一〇四四号三頁）、賃料債権が譲渡された場合も登記を基準とし、かつ債権譲渡は「払渡又ハ引渡」に該当しないという理由から、物上代位の優位を説く（前掲・最二判平成一〇・一・三〇）。しかし、学説には、物上代位の公示は差押えであるとするものもあり、他方、抵当権者と賃料債権譲受人との利益衡量から具体的債権の発生を基準時とする説や、三九五条但書類推適用説もみられる（これらの学説については、たとえば、高木多喜男「未発生の賃料債権についての債権譲渡と物上代位の競合時の優劣」リマークス一九九八(下)一八頁）。ところで、目的物から優先的に弁済を受けうる権利が排他的に帰属することの担保権の公示は、目的物の性質やその実行方法によって差異がありうる。抵当権の目的物は、民法上は不動産ないし不動産上の権利であるが、抵当権に基づく物上代位の目的物は債権である。実行方法は、抵当権自体は目的物の差押え（民事執行法一八八条による同法四五条の準用）・競売であるのに対し、物上代位権は目的債権の差押え・取立である。すなわち、物上代位の法的構造は、物の上の担保権が代位物たる目的債権の上の法定債権質に類似した優先権となるのであって（我妻栄『新訂担保物権法』二九〇頁）、かように転換された法的構造に則して抵当権とは別個の公示を必要とするというのではないが——法定債権質的であるから公示の必要はないともいえるが、約定債権質が第三債務者への通知またはその承諾を公示としていることと対比して——登記のみでは公示としては完全ではなく、第三者や第三債務者の利益をも考慮して、「差押」によって物上代位権の優先権を第三者に対する関係で保全するものとし、「払渡又ハ引渡」前に差押えが必要とされるのは第三債務者保護のためであると解することはできないであろうか（我妻説も、目的物についての担保物権の公示だけでは、損害賠償債務、保険金支払債務を負う者に対しては充分ではないとされている（我妻・前掲二九一頁）。）。もっとも、債権譲渡がここでいう「払渡又ハ引渡」に該るか否かはまた別の問題である。多くの学説は、債権が譲渡されたのみでは特定性を維持したまま消滅していないので、「払渡又ハ引渡」に該当しないとするが、債権の帰属主体が変更することからすればこれに該るとも言いうるのであり、本稿ではこの問題には立ち入らない（賃料債権への物上代位、とくに譲渡との関係については多数の文献があり、一々の摘示は省略させて頂く。）。

六 相殺について

昭和三九年判決を変更して無制限説を採った昭和四五年判決（前掲・最大判昭和四五・六・二四）について、本件判決はこれを意識して五一一条の解釈について全く同趣旨を述べるにもかかわらず、四五年判決を摘示しておらず、②判決は、これに応接はするが、事案を異にするとして立ち入らず、①、③判決では一顧だにされていないが、やはり同判決についての態度を明らかにしておくべきであろう。

私見は次のとおりである。すなわち、相殺が簡易決済機能や公平維持機能の他に担保的機能を営むことは否定できないと思うが、まず法定相殺については、四五年判決の採る無制限説には反対であり、いわゆる制限説Ⅰと呼ばれる（伊藤進「差押えと相殺——第三者の権利関与と相殺理論」星野英一編代『民法講座4』四二五頁）立場である。すなわち、自働債権の弁済期が受働債権の弁済期よりも先に到来する関係にあるときに、差押債権者に対しても相殺の効果を主張しうると解するのであり（拙稿・四五年判決判批・金商二三五号四頁。同旨、田中誠二『新版銀行取引法（再全訂版）』三二〇頁。）、差押債権者と第三債務者との利害の調整をこの点に求めたのであった。さらに、同判決の事案は、自働債権が銀行の貸付金、受働債権が預金であったので、互いに相殺による決済を期待しうる関係にあるといいうるが、たとえば、受働債権と取引上全く無関係の債権に譲り受けてこれを自働債権として相殺することは、当事者間の効力は別として関与第三者にまでその効力を主張できるとするのは、いかに相殺の担保的機能を肯定したとしても行き過ぎであろうと考えたので、実質的にみて両債権の間に担保的機能を有するものとして是認しうべき関係のある場合——これを両債権に牽連性のある場合と表現した——に、相殺の対外効を許してよいとしたのである（一九九三年金融法学会シンポジウム「権利（債権）の非典型担保——その現状と課題」私の報告、金融法研究九号九二頁以下。拙稿「貸付債権と不渡異議申立預託金との相殺」田中誠二先生追悼論文集『企業の社会的役割と商事法』六〇〇頁）。

また、相殺の合意ないし相殺予約の効力については、それが公知性のある限りでは対外効を承認するという立場である。

七 本判決について

賃料債権への抵当権に基づく物上代位と第三債務者たる賃借人のする相殺に関して、まず問題となるのは相殺の合意の効力であろう。私見は、先にも述べたように、相殺にかかる賃貸借当事者間の合意は、期限の利益を喪失させ相殺適状を作出するものであろうと、この債権と賃料債権とを相殺するという約定であろうと、それが対外効を是認されるためには公知性を充たさなければならないと考える。したがって銀行取引約定書のように、当該の取引においてはそのような内容の約定が存在することが、取引界において公知の事実であることを要するのであって、一般的には、私人間の単なる合意には公知性はないものといわねばならない。契約の効力は第三者に及ばないのが原則なのである。そこで、賃料債権を受働債権とする相殺においては、それが法定相殺の要件を充たすかを直截に問題にすることとなる（相殺予約の効力に関しては、吉田邦彦「金融取引における民法典規定の意義——各種特約の横断的再検討(下)」法時七一巻六号六二頁をみられたい。）。

ところで、三〇四条の差押えは、ボアソナードの原文では opposition であり、これには差押えという意味もなくはないので、当初、故障と訳されていたのが、払渡差留、払渡差押、差押となっていったとされている（谷口安平「物上代位の場合に債務名義なしに代位物を差し押えうるか」『民法学3』一〇四頁以下）。つまり、債権執行における差押えとは系譜的に異なるのであって、物上代位の差押えは保全的差押えに他ならず、仮差押命令に近い性格のものという見方も示されている（吉野衛「物上代位に関する二、三の問題」『担保法大系第一巻』三六九頁）。それゆえ、物上代位による差押えを債権執行における差押えと全く同等に評価してよいのかが問われることとなり、債権執行における差押えよりも相殺との関係では劣位になるという見方もできようが、このようなことは捨象してこれを同等とみたとしても、四五年判決の説く、「差押えは、債務者の行為に関係のない客観的または第三債務者のみの行為により、その債権が消滅しまたはその内容が変更されることを妨げる効力を有しないのであって、第三債務者がその一方的意思表示をもってする相殺権の行使も、相手方の自己に対する債権が差押えを受けたという一事によって、当然に禁止されるべきいわれはない」という論旨に対し、単純に物上代位の優位を説く前掲諸先例はどう応えるつもりであったのであろうか（右に引用した四五年判決の判文の一部は、本判決の判決理由中に全くそのまま用いられている。また、四五年判決では、事案は国税滞納処分による差押えであったが、同じく判文中で、債権執行における差押えと別異に取り扱う根拠がない旨判示されている。）。

本件は、賃料債権と保証金返還債権との相殺の事案である。保証金の性格は一義的ではないが、本件では、三〇％を敷金に振り替え、七〇％を一一年目から一〇年間で均分して返還するというのであるから、賃貸を条件とする建設協力金としての性格を有する貸金と思われる。私見は、先述のように、賃料債権を受働債権とする賃貸借当事者間における相殺の合意は、それが取引慣行や約款等によって公知性があると認められない以上、法定相殺の問題へと移行し、相殺の担保的機能に基づいて事実上の優先弁済を受けうることを差押債権者等に対抗するためには、両債権間に担保的牽連性が客観的に認められると評価しうべき場合に限られると解するのであるが（相殺に、両債権の緊密性・一体性の必要を説くものとして、石垣茂光「相殺における担保的機能論に関する一考察」独協法学四三号三七五頁以下がある。）、そのような立場からしても、保証金返還債権と賃料債権との間には、賃貸借の成立にかかわって生じていることで、相殺の合理的期待を認めうる法的グルントが存在するとみてよいと考える。他に、賃料債権が受働債権である場合にこのような牽連性を充たすものには、敷金債権があるが、これは明渡しによって現実化しかつ額も確定するという点で相殺の対象として難点があり、なお結論は留保したい。右のような視点からは、①判決の事案は、自働債権は保証金であるので相殺の対抗を許してよく、②判決③判決の事案では、賃貸借とは無関係の他から譲り受けた債権を自働債権とするものであるから、相殺の対抗を否定すべきものということになる。付け加えれば、本件における両債権の弁済期は、第一回目の保証金返還債権四二〇万円の期限は、平成九年六月一九日で、受働債権として各月の賃料債権は、同年六月末払いの同年七月分から平成一〇年一月分までの七か月分であるから、その弁済期の到来は自働債権たる第一回目の四二〇万円より遅れて到来する関係にある。

相殺の合意の第三者効を安易に認め、さらに、相殺と差押えとの関係を五一一条そのままに、差押後に取得した債権でないかぎり差押え債権者等に対抗しうるとの無制限説を採れば、抵当権者の賃料債権への物上代位権はほとんど無力となる。たしかに、詐害的短期賃貸借も含めて、賃料債権の包括的譲渡など、執行妨害手段が採られることは少なくないであろう。しかし、こと賃料債権を受働債権とする相殺に関しては、ただ抵当権者の地位の保護ばかりを強調するのではなく、相殺の担保的機能なる側面を重視して、この制度によって「保護される当事者の地位はできる限り尊重すべきもの」と謳いあげた四五年判決を再度見直し、相殺に担保的機能があるとすればそれはいかなる局面においてであるかを再検討することも必要なのではないかと思われる。

〈金融・商事判例一〇六六号（一九九九）〉

11　共同抵当における異時配当の場合の物上保証人と後順位抵当権者との優劣その他

――最三小判昭和五三年七月四日金商五五七号三頁――

参照条文　民法三〇四条一項・三五一条・三七二条・三九二条二項

一　事実

本件事実関係の骨子は判決理由中にまとめられており、それによると以下のとおりである。

(1)　訴外A及び同Bは、Aの債務を担保するため、A所有の本件土地建物及びB所有の山林を共同抵当の目的として、訴外C銀行に対し第一順位の根抵当権を設定したほか、被上告人Y_1銀行、同Y_2及び上告人Xのため順次根抵当権を設定し、更に本件建物と前記山林とを共同抵当の目的として被上告人Y_3のため根抵当権を設定していた。(2)　昭和四一年七月、右共同抵当物件のうち前記B所有の山林についてまず競売がされ、その競落代金をもってC銀行はAに対する債権金額三四二二万余の弁済を受け、Y_1も第二順位の抵当権者としてAに対する債権の一部弁済を受けた。(3)　その結果、Bは、Aに対し右弁済額と同額の求償権を取得するとともに、代位によりC銀行の本件土地建物に対する前記第一順位の根抵当権をも取得するに至ったので、昭和四一年一二月二一日根抵当権移転の附記登記を了したうえ、右求償権及び根抵当権を訴外Dに譲渡しその附記登記を経由した。Xは、昭和四三年二月八日Dから右求償権の内金七七〇万円余と右根抵当権の一部の譲渡を受け、同月二一日根抵当権一部移転の附記登記を了した。(4)　一方、A所有の本件土地建物も競売され、代金交付表が作成されたが、これによれば、本件土地については配当順位一、二位がY_1で三位にY_2及びX、建物については一、二位がY_1、三位がY_3及びY_1、四位Y_2となっており、Xは、昭和四五年一〇月二日の代金交付期日において、Xが順位一番の根抵当権者として前記七七〇万円余の債権について配当を受けるべき地位にあるものとして異議を述べたが、Y_1らはこれを認めなかった。そこでXが配当異議を申立てたのが本件である。

第一審（大阪地裁）X敗訴。第二審（大阪高裁）も本判決理由とほぼ同様の理由をもってXを敗訴せしめた。（それ故省略する）。

Xの上告理由は概ね次のようである。

第一点　B所有の山林に対するC銀行の執行により、BはAに対し代位弁済による求償権および本件土地建物についてのCの一番抵当権を取得するが、この場合、これらにはY_1らの担保権が附着しているとみるべきではないから、民法三七三条所定の通り、登記の前後によって、一番抵当権を取得したB、したがって右求償権とともに右抵当権を譲受けたXがY_1らに優先すべきものである。また、共同抵当における後順位者の代位に関しても、民法三九二条二項は共同抵当目的物がすべて

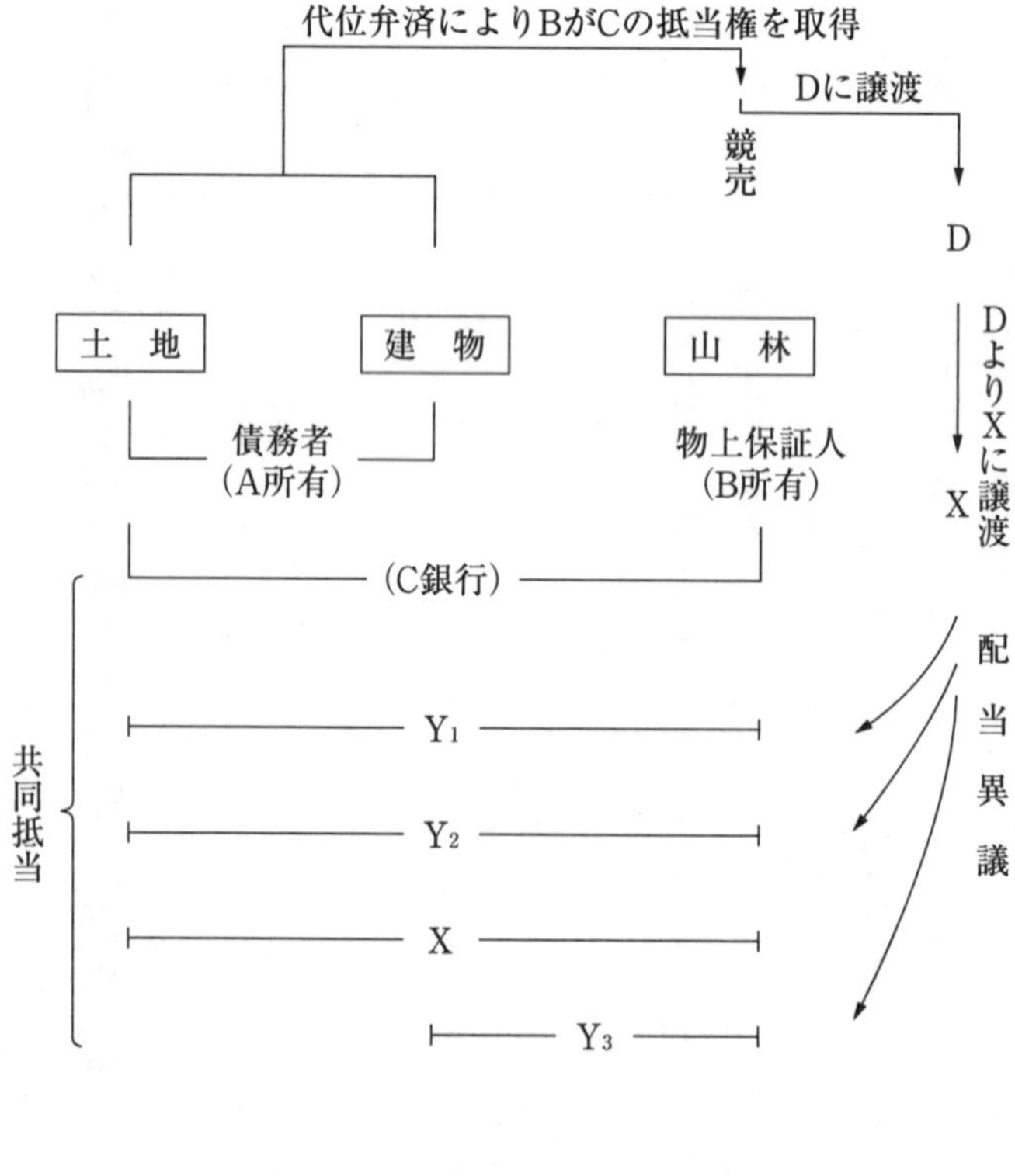

債務者の所有に属する場合にのみ適用されるものであって、B所有山林についての後順位抵当権者であるY_1らが、右規定によって本件土地建物に代位することはなく、この点からしても、Bの取得した本件土地建物についての第一順位根抵当権は、Y_1らの第二順位以下の抵当権によって制限を受けるものではない。

第二点　原判決は、Y_1らがBの取得した前記順位一番の抵当権上に物上代位する旨を説くが、物上代位においては、差押えがなされることによって代位権者が明示され、代位の効力が生じこれを第三者に対抗しうるものとなると解すべきにもかかわらず、本件においてはY_1らは民法三〇四条一項所定の差押をなしておらず、また、この不備をもっぱら代位目的物（権利）の特定性維持の観点からのみ説明し、抵当権の上への代位の場合には、不動産登記簿上に当該抵当権について代位を生ずることを第三者が知り得べき事項がすべて公示されていることをもって、本件におけるY_1らの差押えを不要とした原判決は、民法三〇四条一項の差押えが権利の得喪変更についての効力要件あるいは対抗要件たる意味を有することを看過するものである。

二　判旨

(1)　債務者所有の不動産と物上保証人所有の不動産とを共同抵当の目的として順位を異にする数個の抵当権が設定されている場合において、物上保証人所有の不動産について先に競売がされ、その競落代金の交付により一番抵当権者が弁済を受けたときは、物上保証人は債務者に対して求償権を取得するとともに代位により債務者所有の不動産に対する一番抵当権を取得するが、後順位抵当権者は物上保証人に移転した右抵当権から優先して弁済を受けることができるものと解するのが相当である。けだし、後順位抵当権者は、共同抵当の目的物のうち債務者所有の不動産の担保価値ばかりでなく、物上保証人所有の不動産の担保価値をも把握しうるものとして抵当権の設定を受けているのであり、一方、物上保証人は、自己の所有不動産に設定した後順位抵当権による負担を右後順位抵当権の設定の当初からこれを甘受しているものというべきであって、共同抵当の目的物のうち債務者所有の不動産が先に競売された場合、又は共同抵当の目的物の全部が一括競売された場合との均衡上、物上保証人所有の不動産について先に競売がされたという偶然の事情により、物上保証人がその求償権につき債務者所有の不動産から後順位抵当権者よりも優先して弁済を受けることができ、本来予定していた後順位抵当権による負担を免れうるというのは不合理であるから、物上保証人所有の不動産が先に競売された場合においては、民法三九二条二項後段が後順位抵当権者の保護を図っている趣旨にかんがみ、物上保証人に移転した一番抵当権は後順位抵当権者の被担保債権を担保するものとなり、後順位抵当権者は、あたかも、右一番抵当権の上に民法三七二条、三〇四条一項本文の規定により物上代位するのと同様に、その順位に従い、物上保証人の取得した一番抵当権から優先して弁済を受けることができるものと解すべきであるからである（大審院昭和一一年(オ)第一五九〇号同年一二月九日判決、民集一五巻二四号二一七二頁参照）。

(2) そして、この場合において、後順位抵当権者は、一番抵当権の移転を受けるものではないから、物上保証人から右一番抵当権の譲渡を受け附記登記を了した第三者に対し右優先弁済権を主張するについても、登記を必要としないものと解すべく、また、物上保証人又は物上保証人から右一番抵当権の譲渡を受けようとする者は、不動産登記簿の記載により、後順位抵当権者が優先して弁済を受けるものであることを知ることができるのであるから、後順位抵当権者はその優先弁済権を保全する要件として差押えを必要とするものではないと解するのが相当である。

したがって、原審の確定した事実関係のもとでは、Y_1らはXに優先して支払を受けることができる。

三 研究

民法三九二条二項は、共同抵当における異時配当の場合について代位主義を採り、巧妙な立法と称されているが（我妻・講義III四二八頁）、それだけに複雑な問題を抱えていることは否めない。

ドイツ民法では、一一三二条一項に共同抵当に関する規定があるが、わが国のような異時配当における代位主義は認められておらず、後順位抵当権者の保護はとくに図られていない（同法については、実体面に関しては鈴木㊦「共同抵当について」抵当制度の研究二一五頁以下、手続面に関しては竹下「不動産競売と共同抵当権」抵当権の実行㊦、小野木・斎藤還暦記念七五頁以下が詳しい）。フランス民法は、共同抵当に関する規定を有しない。もっとも、共同抵当そのものは判例・学説の上で認められているけれども、後順位抵当権者に対する配慮を欠くことはドイツ民法と同様である。注目すべきは、イタリー民法が後順位抵当権者の代位を認めている点であり（旧二〇一一条、新二八五六条）、わが三九二条二項は旧イタリー民法に拠るところが大きいと思われる。すなわち、現行三九二条は旧民法債権担保篇二四二条とほぼ同様の内容を有し、同条につきボアソナードは、フランス民法にはない制度でありこれを日本法に用いることには躊躇を覚えないでもないが、イタリー民法二〇一一条の存在があえてこれを置くことの無謀のそしりから救ってくれるであろう、と述べているのである（Boissonade, Projct t. IV p. 492）。

ところで、共同抵当の目的たる不動産が債務以外の第三者とくに物上保証人に属する場合につき、判例は、民法三九二条二項は全ての不動産が債務者の所有に属する場合に限って適用あるものと解しており、その結果は次のようになる。

(1)　一部が債務者に属し一部が物上保証人に属する場合　債務者所有の甲不動産、物上保証人所有の乙不動産がいずれも共同抵当の目的となっていて、甲乙それぞれに後順位抵当権者が存在するという例をとると、(イ)共同抵当権者がまず甲から債権全額の弁済を受けた場合には、甲上の後順位抵当権者は乙上に代位でいない（広島地尾道支判昭和八・五・一六新聞三五七六号一二頁）のに対し、乙上の後順位者は先順位抵当権が消滅するため順位が上昇する。(ロ)共同抵当権者が乙から債権全額の満足を受けた場合、物上保証人は代位弁済により求償権全額について共同抵当権者の第一順位抵当権を取得し、甲上の後順位者に優先する（共同抵当権者が乙上の抵当権を放棄した場合の甲上の後順位者との関係においてこの理を説くものとして、最一判昭和四四・七・三民集二三巻八号一二九七頁、金商一七八号二頁)。(2) 目的不動産の全部が異なる物上保証人に属する場合前例において、甲も物上保証人の所有に属し、乙から共同抵当権者が債権の全額弁済を受けたとすると、乙の提供者は、自己の求償権のために甲上に共同抵当権者の債権額を甲の価格に応じて割り付けた額を限度として、共同抵当権者の有していた抵当権を代位弁済により取得し、後に甲が競売された場合には、甲上の後順位者に優先して満足を得る。他方、乙上の後順位者は三九二条二項によっては直接に甲上に代位することはできないけれども、乙の提供者である物上保証人が代位取得した抵当権の上に一種の物上代位権を取得する(大判昭和一一・一二・九民集一五巻二四号二一七二頁)。

本件判例は、共同抵当の目的物が一部は債務者に属し一部は物上保証人に属する場合であるが、物上保証人の提供した不動産上の後順位者につき、物上保証人が代位取得した共同抵当権者の先順位抵当権の上に一種の物上代位権を認めた点で右の大判昭和一一年を踏襲する。

学説は概ねこのような判例の態度を肯定するが(我妻・講義III四六一頁、柚木＝高木・担保物権法四〇四頁、川井・担保物権法一五一頁など)、共同抵当の内部関係においては、共同抵当権者がいかなる形で自己の債権の満足を計ろうとも、後順位抵当権者は共同抵当につき同時配当がなされた場合より劣悪な地位を与えられてはならないとう考慮から、右の判例の態度に批判的な学説も存する(鈴木(禄)・前掲二三五頁以下)。この説によれば、民法三二九条二項は、抵当不動産の所有者が債務者以外の者である場合にも適用されることとなる。かっては我妻説もそうであり、前掲大判昭和一一年の判例評釈において、「物上保証人は保証人と異なり、次順位抵当権者が生ずれば不動産の価格に応じた負担は免れえないとすることが、不動産の担保価値の合理的な利用に適する」と考えられることに基づき、前例(2)において、乙の提供者たる物上保証人の五〇〇条による代位と乙上の後順位抵当権者の三二九条二項による代位との競合を認め、しかも、後者が優先すると解されるのである(我妻・民法判例評釈II一二八頁)。もっとも、後に物上保証人を保護することに傾かれ、説を改めて判例の態度を支持されるにいたっている。(同・前掲講義III四六一頁)。

両説は、本件のような事例においては、物上保証人所有の不動産上の後順位抵当権者の地位は、債務者所有の不動産上に直接三二九条二項による代位をなしえないが、物上保証人が五〇〇条によって取得した共同抵当権者の先順位の抵当権の上に後順位者が一種の物上代位権を行使しうると構成するか、彼が直接に物上保証人の代位に優先するものとしての三二九条二項の代位をなしうると構成するかであり、結果的には大差はないが、前例(1)(イ)のような場合には、鈴木説によれば、債務者所有の不動産上の後順位者は物上保証人所有の不動産の上に代位しうるという顕著な差異を生ずる。この点に関しどのように考えるべきであろうか。ことがらは、後順位抵当権者を保護すべきか、物上保証人を保護すべきか、すなわち彼の提供した不動産の担保としての剰余価値の利用を優先させるべきか、の問題であり、すでに椿教授が鋭く指摘されているように、「絶対的な〝正誤〟の問題というより相対的な〝当否〟のそれ」(椿・判例評論一三六号一一三頁)であろうと思われる。ちなみに、イタリー新民法二八五七条一項は、物上保証人に属する不動産上への後順位抵当権の代位を否定するが、同条の存在しなかった旧法下においては、右の代位を許すかどうかは判例学説上の大きな問題として争われていたようであり(島内・共同抵当論二六六頁)、同条はその解決を図って設けられたとされているが、共同抵当について前述のように基本的に同様の処理のなされるイタリー法におけるかかる態度は、一つの参考になろうかと思われる。

ともあれ、本判決が、債務者所有の不動産が先に競売された場合、および、同時配当の場合との均衡上、物上保証人が代位により取得した抵当権の上に後順位抵当権者の一種の物上代位権を認めたことは、結果的に妥当であるとともに(具体的には、鈴木(正)「物上保証人の求償権と後順位抵当権者の代位権との優先関係」手形研究二二九号一〇頁―本件原審判例研究)、先例との調和を求めたものとして支持してよいものと考える。

次に、後順位抵当権者は、物上保証人が代位取得した抵当権上に一種の物上代位を認めるについて差押を要しないとした点であるが、これは従来の判例の在り方からすれば疑念がなくもない。民法三〇四条一項但書については、現在は代位目的物の特定性の維持のためのものと解することが通説である(我妻・前掲二八八頁、柚木＝高木・

前掲二八〇頁、鈴木㈱「物上代位制度について」抵当制度の研究一三二頁など。これに対し、香川・担保二二九頁は、差押は物上代位の行使の要件であり、差押によって物上代位が成立し、かつ第三者への対抗要件が具備されるとする。）。他方、判例は、差押は優先権の保全をその目的とするとしている（大連判大正一二・四・七民集二巻二〇九頁）。したがって、通説によれば、差押が何人によってなされようともこれによってその特定性が保持されれば足りると解されているのに対し、判例は、抵当権者自ら差押をなすことを要するとしていることは周知のところである。そして、両者の差異は、差押が競合する場合の優先関係を決するにおいても生ずべきものであって、特定性維持の立場からは、抵当権の公示が物上代位権の公示そのものとなりこれによって先後が決せられることになるのに対し、差押をもって優先権の保全およびその公示手段と解するときは、まさに差押の先後によって定められることになろう。本件原審は、控訴理由（上告理由においても同様の主張がなされている）が前記香川説に依拠したとみられる趣旨を主張したのに対して、もっぱら通説の見地から正面からこれに応援して差押不要なることを説くのであるが、本判決は必ずしもこのような説示をするものではないけれども、結局、物上代位権の公示すなわち対抗要件は抵当権の公示によるものと解せられるのであって、そうだとすれば、先例との関係はどうなるのか、本判決によって判例変更がなされたものとみるべきなのであろうか、釈然としないものが残るのである。

〈金融・商事判例五六八号（一九七九）〉

12　敷地と共同で抵当に供された建物の再築と法定地上権の成否

——東京地判平成六年七月二五日金商九五四号三二頁——

参照条文　民法三八八条

一　事　実

訴外A所有の土地及び建物には、昭和六三年と平成元年にBらのために共同抵当権が設定されていたところ、Aと原告Xとの間で、平成二年に、この建物を取毀し新に建物を築造する請負契約が締結され、請負代金につき訴外Cが保証人となった。

後に、XはAの代理人から建物の発注者をCに変更したい旨の申入れを受け、本件請負残代金二億七七〇〇万円余の支払を担保するため、本件建物完成後に抵当権設定仮登記をすること、右代金額を額面とする小切手を差入れることを条件に、Xはこれを承諾した。結局、右小切手は、数度書替えられたすえ、平成四年八月に不渡となった。

他方、本件建物は、平成三年、Cの注文に基づいてXが完成し、同年一月一三日C名義で保存登記が経由され、同日Xを抵当権者として抵当権設定仮登記がなされたが、前記Cの振出した小切手が不渡になる頃には、CもAも所在が不明となっていた。

それより前、Cは本件建物を訴外D・Eらに賃貸していたが、後に、不動産賃貸業を主たる業務とする被告Y

に本件建物の賃料債権を譲渡し、Yは、D・Eから平成四年九月分を受領している。そして、本件は、Xが、前記CY間の賃料債権譲渡につき詐害行為として取消を求めたものであるが、その前提として、(イ) 本件土地(A所有)上のC所有の本件建物にはXの抵当権設定仮登記が付されているが、Cの保存登記はBの土地抵当権に後れてなされているものであるから、本件建物の競売手続においては敷地利用権がないものとして売却せざるを得ないこと、(ロ) 東京地裁執行部においては、土地と建物とに共同抵当を設定した後に建物が立て替えられたときは、原則として新建物に法定地上権は成立しないという見解を採っているので、Xが本件建物の売却代金によって債権を回収することができないこと、の二点が主張されたのである。

ところで、本判決は、Xの詐害行為取消請求を認めたのであるが、前記(ロ)の点につき詳細な判断を示しており、以下ではこの点について判旨を紹介し若干の論評を加えたい。

二 判旨

先ず、東京地裁執行部の見解が引かれているが、それについては後に研究で触れるので、本判決の説くところを示すと以下のとおりである。

「これに対して、従来から、いわゆる個別価値考慮説の立場から法定地上権の成立を肯定する判例、学説がある一方で、いわゆる全体価値考慮説の立場から法定地上権の成立を否定する判例、学説があることは周知のとおりである。

かつて、大審院は、同一所有者に属する土地と建物に抵当権を設定した後、建物が滅失した場合において、抵当権設定者が自ら建物を再築した場合に限らず、妻に建物を再築させて土地の使用を許諾し、かつ、自ら妻とともに建物に居住してその土地の利用を継続する場合においても、法定地上権の成立を認めた(大審院昭和一三年五月二五日判決民集一七巻一一〇〇頁)。しかし、右事案は厳密にいえば本件とは事案を異にしているから、これを本件に適用することには疑問がある。

肯定説及び否定説のそれぞれに根拠があるといい得るけれども、担保設定の実務に照らすと、土地とその地上の旧建物に共同抵当権を設定した場合、抵当権者としては、更地に抵当権を設定した場合と同様に、土地及び旧建物の担保価値全体を把握しているとみるのが合理的な意思解釈であるから、その後旧建物が滅失し又は取り壊され、第三者によって新建物が建築されたことにより、新建物について法定地上権が成立するとすれば、その担保価値は、更地価格から新建物のための法定地上権の価格を控除した底地価格しか把握することができないことになって著しく担保価値が減少する結果となり、抵当権者としては、当初予期しなかった事態の発生に対処するため、新たに追加担保の提供を受ける必要が出てくるのであって、もしそれが実現しなければ、債権の回収を図ることが困難になることは明らかである。したがって、当裁判所としては、例外的に法定地上権の成立が認められる場合の要件についてはなお検討する余地があるとしても、基本的には前記執行部の見解が正当であると考える。」

三　研　究

土地の更地価格をａ、土地利用価値をｂ、建物価値をｃとしよう。甲を土地建物の所有者で抵当権設定者、乙をこの土地建物両者の共同抵当権者とする。この場合の乙の担保価値把握は、自己借地権が認められないことを原則としている以上（ただし借地借家法一五条）、ａ＋ｃである。乙の共同抵当権が実行され、建物と土地の買受人が異なるにいたった場合、民法三八八条の「土地又ハ建物ノミ」なる文言にもかかわらず、共同抵当の場合にも法定地上権の成立を認めることに異論はないから、乙の把握する価値は、（ａ－ｂ）と（ｂ＋ｃ）に変じるが、乙はこの両者を把握しているのであるから、従前と実質において変わりはない。

次に、乙が共同抵当の対象としていた甲所有建物が何らかの理由で再築された場合はどうであろうか。一般には、再築建物にも法定地上権は成立するが、その場合の存続期間は旧建物の存続期間を基準とするという見方が承認されているようである。かかる再築事例についての先例は、最上級審のものとしては、大判昭和一〇・八・一〇（民集一四巻一五四九頁）、大判昭和一三・五・二五（民集一七巻一一〇〇頁）、最三判昭和五二・一〇・一一（民集三一巻六号七八五頁、金商五三五号二〇頁）がある。昭和一〇年判決は、土地のみに抵当権が設定され、設定者が地上建物を取毀して再築し、再築建物につき別の債権者のために抵当権を設定した、という事例であり、昭和一三年判決は、土地建物に共同抵当権が設定された後、建物焼失により設定者の妻により再築されたという事例である。また、昭和五二年判決は、建物が存在する土地のみに抵当権が設定されたが、建物が抵当権の対象から除外されたのは、設定者が近い将来これを取毀して堅固建物を建築する予定であり、抵当権者もこれを承知していたという事例である。なお、再築建物には他の抵当権者のために一番抵当権が設定された。そして、先述のように、これら先例では、いずれも法定地上権の成立が肯定されている。もっとも、右の三例の中で、当初から共同抵当であったというのは、昭和一三年判決のみであり、またそれゆえ本判決理由中にも引用されたものと思われる。

学説については、新旧を代表させて、とりあえず、我妻・高木両説をみておくこととする。まず、我妻栄・新訂担保物権法（昭和四三年）三五三頁は、土地のみに抵当権が設定された後に、その地上に建物が再築された場合に法定地上権の成立を肯定する。また、地上建物が譲渡され、所有者に変更があった場合についても肯定される（同三五五頁）。これを組合わせれば、再築建物につき所有者が抵当権設定当時とは異なっても肯定ということになろうか。この点に関し、高木・担保物権法〔新版〕（一九九三年）二〇〇頁では、以下のように明確に説かれている。すなわち第三者に利用権を設定し第三者が再築した場合と、設定者が再築し、第三者に譲渡した場合とは、抵当権者にとって事情は同じであり、後者の場合に法定地上権の成立が認められているのであるから、第三者による再築の場合も、その成立が認められる、と。設定者自らが再築した場合に肯定されることは勿論である。

冒頭の例に戻ろう。甲所有の土地建物に乙のために共同抵当権が設定され、後に建物が再築され、乙がこれにつき再び土地の抵当権と同順位の抵当権の設定を受けなかったという場合と、土地のみが乙に抵当に供されて再築された場合とでは、乙の利益につき差が生ずる。後者の場合には、再築がなく旧建物が抵当権実行時まで存するとすれば、民法三八八条により、乙の担保評価は法定地上権の負担あるものとしてなされている。換言すれば、乙は（a－b）の価値把握しか当初からしていないのであるから、再築がなされた場合に法定地上権の成立を肯定しても、把握された価値の減少をきたすことはないが、前者の場合には、乙は、（a＋c）か（a－b）＋（b＋c）であるかはとにかく、土地と旧建物全体の価値を把握していたのであるから、再築建物に法定地上権の成立を認めた結果として、（a－b）の価格についてしか優先弁済をえられなくなるとすれば、乙にとっては著しく利益が損なわれるといわざるをえないであろう。

ところで、すでに八〇年代から、共同抵当の場合においては、法定地上権の成立を否定ないし制限すべしとする主張があったところ（たとえば、生田治郎「旧建物滅失後再築した場合と法定地上権の成否」NBL一三四号九頁。堀龍兒「共同抵当の対象となっている土地・建物の内建物が取り壊されて新建物が建築された場合の法定地上権の存否」判タ六七一号六四頁など）、九二年にいたって、東京地裁民事二一部（執行部）は、新建物の所有者が土地の所有者と同一であり、かつ、新建物が建築された時点での土地の抵当権者が、新建物について土地の抵当権と同順位の共同抵当権の設定を受けたとき、又は土地の抵当権者がそのような抵当権の設定を受ける権利を放棄したときを除いては、旧建物に法定地上権が成立する要件があったときでも、その法定地上権は新建物には成立しない、とする見解を示したのである（東京地判平成四・六・四判タ七八五号一九八頁、金法一三二四号三六頁）。

その後の学説は、鎌田教授によれば次のように分類されている。(イ)　法定地上権の成立を全面的に否定するもの、(ロ)　例外的な場合にのみ法定地上権が成立するという東京地裁執行部の見解を支持するもの、(ハ)　建物が再築されて従前の法定地上権が復活した以上、その交換価値は従前の建物の抵当権者に復帰するとし、または地上建物が滅失しても潜在的な自己地上権に対する抵当権は滅失しないとして、(ロ)説と同様の結論を導こうとする説、(ニ) 建物の所有者が借地権価格(権利金)を支払うことを条件として法定地上権の成立を認める説、(ホ) 法定地上権の成立を一般的に肯定しつつ、執行妨害等の場合には、権利濫用等によって法定地上権の成立を否定する説(鎌田薫「共同根抵当建物の再築と法定地上権」私法判例リマークス九号二六頁。文献の紹介も詳細であり、本稿では重複の引用を避けるが、槇悌次「再築建物と法定地上権(1)〜(4)」NBL五五〇号三〇頁、五五二号五五頁、五五三号五三頁、五五五号三二頁を(ハ)説に分類しうる最近の説として追加しておきたい)。

民法八六条一項の文言にもかかわらず、同三七〇条の存在や登記法の取扱いにより、わが国では土地を建物とは別個の不動産とする解釈が定着しているのであるが、その脈絡は法典調査会民法議事速記録を見る限りでは、簡略には以下のようである。元来起草者は、八六条一項を設けた時点では、土地と建物とは一体のものとみていたのであるが、その時には看過されていたものが、土地の抵当権は地上建物に及ぶかという議論の中で、梅委員が一体の関係にあるから及ぶと述べたことから紛糾し、結局、「土地ト家屋トハ別デアルト云フ主義デ起草ヲ頼ム」ということとなった(商事法務版・議事速記録二・七九五頁以下、とくに八〇九頁)。そもそも担保の対象となる土地と建物とが別個に扱われていたという萌芽は、地所書入質入規則と建物書入質規則とが時を異にして定められた(前者が明治六年、後者が明治八年)という点にみることができ、慣行上別個の物であったという主張も首肯できるのである。そこで、一体説を否定された起草委員の側では、次のような規定を設けて不都合を避けることとした。すなわち、土地と地上建物とがあり、土地のみに抵当権が設定された場合、抵当権の効力が建物に及ばないとすると、競売の結果建物を取毀さなければならない場合が生じ、「公益上頗ル不都合ノコト」になる。また、更地に抵当権が設定された後に建物が建てられた場合には、建物に「自ラ地上権ノ設定」があるとみれば、建物は取毀さなくてもよいが、土地は「余程値段ガ安クナケレバ売レマセヌカラ抵当権者ニ取ッテハ大変ナ迷惑」であるので、抵当権の目的となっている土地上に設定者所有の建物があるときは、抵当権者は一括競売できるとするものである（同九一八頁以下）。しかし、これでは、建物のみが抵当に入れられた場合を欠くので、「家ト云ッテ抵当ニ入レタ以上ハ材木ヲ抵当ニ入レタノデハナイカラ家ヲ抵当ニ入レタ時ハ地上権諸共ト云フコトハ含ンデ居ル」（同九二四頁）という考えから、土地または建物のいずれの一方に抵当権が設定された場合でも対応できるよう、急遽現行三八八条に該当する規定が設けられた。その結果、一括競売が認められるのは、更地に抵当権が設定された後に建物が建てられた場合のみでよいこととなり、これが現行三八九条となったのである。

以上のように立法過程を追ってきたのは、起草委員は、土地と建物とが別個の不動産であることを前提として、そのことから生ずるであろう諸問題に対応するだけの充分な配慮も時間も与えられないままに、匆々の間に、旧民法では存在しなかった三八八条・三八九条を立案しなければならなかったということを明らかにしたかったからに他ならない。

翻って、法定地上権の成否以外の場面をみるに、たとえば、借地上の建物所有者（借地人）の建物譲渡は、借地権の譲渡を含むか、あるいは、このような建物の賃貸は借地の転貸となるか、という問題についても、現在のところ、建物所有権あるいは建物利用権と土地利用権とが一体化されて扱われることが、必ずしも貫徹されているとは思われず（後者の場合につき、山野目章夫「敷地利用権の覆滅に対する建物賃借人の保護」民事法学の新展開（鈴木禄弥先生古稀記念）三九七頁以下）、一体化の問題は、法定地上権の場面のみにとどまらず、土地と建物との関係の在り方全体を見渡す中で熟慮検討されてゆかなければならない。それゆえ、ここで、本判決についても、一定の見解を示すには慎重にならざるをえない。また、本判決の提起する問題それ自体も、詐害的短期賃借人に対する抵当権に基づく妨害排除請求の可否についての議論が、やや落ち着いたかに見える昨今では、これに次ぐ担保法分野での大きな問題であるといってよいであろう。

私としては、とりあえず（という限定付きで）、本件判旨に賛成したい。土地と建物（とくに土地を中心として）担保評価した抵当権者にとって、再築建物につき法定地上権を認めることは、著しい担保価値の減少をもたらす、というのが最大の理由である。再築建物についても直ちに抵当権の設定を受ければ、抵当権者はこれを避けることが可能であるが、再築をするについて抵当権者の承諾は不要とされており、追加担保徴求の機会も保障されておらず、しかも再築はしばしば旧建物の恣意的な取毀しの結果としてなされる。右のように、抵当権者の利益を害するとみることは、土地建物につき共同抵当権を有する抵当権者は、これら総体の価値把握をしていたのだということを前提とするが、そのような思考は、建物は土地利用権なくして存立しえないにもかかわらず、更地に抵当権が設定され後に建物が建てられた場合には、法定地上権の成立を認めないという先例と、いずれも土地については全体の価値把握をしていることを出発点とする意味で、共通の基盤を有しているのである（松本恒雄「土地建物共同抵当と再築建物の法定地上権」金法一三八七号九一頁、とくに九三頁）。

土地建物につきそれぞれ同一債権の担保のために抵当権を設定した場合につき、一般には共同抵当の成立を認めるが（私もこれに従って用いたが）、民法三九二条にいう「数個ノ不動産ノ上ニ抵当権ヲ有スル場合」とは厳密には異なるのではあるまいか。同条は独立した複数の不動産を対象としているが、同一人の所有に属する土地と地上建物の価値は、土地と建物とを別個の物とした結果、建物の存立のために土地利用権（先にbとして表わしたもの）を想定せざるをえず、しかもこれはそれ自体独立の担保の対象とはなりえず、これ抜きでは建物の価値を語りえないものだからである。したがって、土地建物ともに抵当の対象とした場合には、aとcにつき共同抵当権が成立したとみるよりも、〔(a－b)、b、c〕総体につき、あたかも集合物について抵当権が設立されたとみることはできないものであろうか。しかるときは、建物が滅失し、bの存在意義がなくなれば抵当権者はaを把握しているのであり（あるいは、(a－b)とbとを把握しているとしてもよい）、再築建物のためにbが抵当権者の価値把握から逸出しないことの説明が可能となるのではないかとも思われる（高木教授もこのような考え方を示唆されている。「共同抵当における最近の諸問題」金法一三四九号六頁以下、とくに一五頁）。

なお、二、三付言しておきたい。

まず、本判決理由中、法定地上権の成否につき抽象論を展開している部分のみを紹介したが、本件具体的事実に則していえば、本件再築建物所有者と土地所有者である抵当権設定者との間に、建物所有に関して正常な法律関係が存在していたとは見難いところがあって、本判決では、「当裁判所は、本件において、前記の理由から法定地上権が成立しないと考えるが、仮にこの点は措くとしても、新建物について法定地上権が成立するためには、少なくとも、当該抵当権設定当事者ないし新建物所有者間において、正常な法律関係が存在し、正当な利用関係が継続されていることを前提とするべきであるから、右事実によると、本件においては、法定地上権が成立しないと解するのが相当である」と判示していることを補足する。

次に、法定地上権の成否の側面のみではなく、一括競売を抵当権者の権利であるとともに義務であると考えて、かかる法理により妥当な解決を図ろうとする立場がある（松本恒雄「抵当権と利用権との調整についての一考察㈠」民商八〇巻三号三一三頁、同前掲金法一三八七号）が、このような見解の検討については別の機会に譲りたい。

最後に、本件のような建物再築事例において、法定地上権の成立を肯定するものを個別価値考慮説、否定するものを全体価値考慮説と呼ぶのが一般的であるが、名が体を必ずしも適切に表わしているとは思えないので、本稿では用いなかった。

〈金融・商事判例九六五号（一九九五）〉

13　債務者複数の根抵当権における配当金の充当

——最二小判平成九年一月二〇日民集五一巻一号一頁、判時一五九三号五二頁、金商一〇一五号三頁、金法一四七九号五〇頁——

一　判決のポイント

共用根抵当権においては、ある債務者に対する債権の弁済によって他の債務者に対する債権も消滅するという複数の非担保債権があるときにおいても、いずれの債権もその全額を案分の基礎となる各債務者の非担保債権額に算入すべきである。

二　事　案

X信用金庫は、借主を訴外A会社、連帯保証人をYとする、貸金1～4の四口の貸付金債権を有し、また、借主をY、連帯保証人をYの妻Bとする貸金5・6の二口の貸付金債権を有している。

他方、XとYとの間では、Y所有にかかる本件不動産につき、根抵当権者をX、債務者をA、債権の範囲を信用金庫取引、手形債権、小切手債権とする極度額三〇〇〇万円の一番根抵当権、および、根抵当権者をX、債務者をAおよびY、債権の範囲を右一番根抵当権と同じくする極度額二億円の二番根抵当権が設定されていた。これは、いわゆる共用根抵当権である。

Xは、本件不動産競売の配当金として、一番根抵当権に基づき三〇〇〇万円、二番根抵当権に基づき一億一六七七万七二二八円を受領した。この二番根抵当権に基づく配当金によって、被担保債権である貸金1～6のどの部分が消滅するのかが争われたのが本件である。一番根抵当権に基づく配当金の充当後の貸金残金は、貸金1～4が六三二〇万一三三二円、貸金5・6が一億一二〇万六八八八円であり、前記配当金はこの全額を満足させるに足りないものであった。

一審（東京地裁）では、充当方法について、Xは、Aの債務またはYの債務のいずれに充当するかの選択権は、根抵当権者たるXにあると主張し、Yは、そのまま民法四八九条の規定に従って充当すべきことを主張したが、判決はこのいずれをも排斥して、本件二番根抵当権は、XのAに対する債権を担保する部分と、XのYに対する債権を担保する部分とから成るが、成立の順序の早い債権あるいは弁済期の到来の順序の早い債権から順に担保されるとすることは、根抵当権の性質にそぐわないのであり、前記各部分は同順位にあり、配当金は右部分の債権額に応じて按分的に充当されると解した。

原審（東京高裁）も右一審の判断を支持する（一、二審の内容についてはより詳しく後述する）。

三　判　旨

基本的に、配当金を各債務者に対する債権を担保するための部分に被担保債権額に応じて案分したうえ、その按分額を法定充当の規定に従って充当する、という点では原審を正当としたが、案分の基礎となる各債務者についての被担保債権額を算出する方法では、原審の判断を誤りとする。すなわち、原審（一審も同様）は、案分計算の際、Aに対する被担保債権額は前記貸金1～4の残債権額、Yに対する被担保債権額は前記貸金5・6の残債権額としたのに対し、Yについては、貸金1～4における連帯保証債権額を算入すべきだと判示したのである（したがって、Yに対する被担保債権額は、貸金1～6の残債権総額一億六四四〇万八二二〇円となる）。

判示は次のようである。

「1 不動産競売手続における債務者複数の根抵当権についての配当金が被担保債権のすべてを消滅させるに足りない場合においては、配当金を各債務者に対する債権を担保するための部分に被担保債権額に応じて案分した上、右案分額を民法四八九条ないし四九一条の規定に従って各債務者に対する被担保債権に充当すべきである。

……

2 右1における案分の基礎となる各債務者についての被担保債権額を算出する場合には、ある債務者に対する債権の弁済によって他の債務者に対する債権も消滅するという関係にある複数の被担保債権があるときにおいても、いずれの債権もその全額を各債務者についての被担保債権額に算入するべきであって、右算入額の合計額が根抵当権者が弁済を受けることができる額を超えてはならないものではない。けだし、根抵当権者が右のような関係にある複数の債権を有し、そのいずれについても根抵当権を有するという地位は、右1の案分をするに当たっても考慮されるべきである上、右のような複数の被担保債権の相互関係は、本件のような主たる債務者に対する債権とその連帯保証債権に限られるものではなく、同一の約束手形の複数の裏書人に対する手形金債権である場合や約束手形の振出人に対する手形金債権と右手形の割引依頼人に対する手形買戻請求権である場合など多種多様な場合があり得るところ、根抵当権者が弁済を受けることができる額を超えて被担保債権が算入されることがないような基準をあらゆる場合について策定することは事実上困難であって、いずれの債権もその全額を算入する扱いが簡明であり、問題の性質上合理的であるといえるからである。」

四 先例・学説

共用根抵当権とは、たとえば、銀行が甲社に継続的な貸付を行い、その代表者個人を保証人にとり、その代表者個人にも甲社と別に貸付を行っているような場合に、これらの債権を被担保債権として設定される債務者複数の根抵当権をいうとされている（「鼎談・金融法務を語る（第六〇回）」銀行法務21五三五号五二頁［石井眞司発言］）。

このような共用根抵当権は、根抵当法施行以前から認められており、昭和三七年の法務省民事局回答においても、「債務者を異にする数個の債権を併せ担保するために、物上保証人から担保を徴求し、これについて一個の根抵当権を設定しその登記をすることができる」とされていたことが明らかにされている（伊藤進「本件批判」判時一六〇六号一九〇頁（判評四六三号二八頁））。しかし、根抵当立法によっても、共用根抵当権に関しては明文化されることはなかった。

本件も、債務者たる本人と法人代表者とが同一人であり、各自がX信金から貸付を受けていたという事例であって、前記典型例に属する。かかる場合に、根抵当権が設定されている不動産が競売され、貸主に対する配当金が貸付債権の全額を満足させるに足りない場合に、これをどのように配分すべきかが問題とされたもので、初めての最高裁判決である。

ところで、根抵当権の実行による配当金が、被担保債権全額を充たすに足りない場合の充当方法についての先例としては、最判昭六二・一二・一八（民集四一巻八号一五九二頁）がある。事案は次の通りである。

X農協は、A所有の土地及びその地上に建てられたAの夫B所有の建物につき根抵当権を有していたところ、AおよびBに対する貸付金の債務不履行を理由として右根抵当権が実行された。被担保債権は、Aに対する甲および乙債権、Bに対する丙債権の三個であり、いずれにも弁済が債務全額を消滅させるに足りないときは、Xの適当と認める順序方法で充当することができる旨の特約が付されていた。そして、甲債権には連帯保証人Yが存在していたところ、Xは根抵当権実行の結果交付された配当金が、これら債権の全額を消滅させるに不足するものであったので、充当の意思表示をし、結局甲債権についてはなお未消滅の部分があるとして、これを連帯保証人であるYに訴求したのである。これに対しYは、充当は民法四八九条の規定によるべきであり、甲乙丙三個の債権は同一時期に期限の利益を失ったのであるから、貸付のもっとも早い甲債権から先ず充当されるべきであると主張した。

この事案でも、根抵当権の債務者はAおよびBであり、競売申立も債務者兼所有者をAおよびBとしていて、共用根抵当権にかかわるものである。しかし、保証人Yに債務が残るかという形で争われたため、共用根抵当権の債務者間における充当の問題としては現れなかった。以下に一応判旨を掲げておく。

「同一の担保権者に対する配当金がその担保権者の有する数個の被担保債権のすべてを消滅させるに足りないときは、右配当金は、右数個の債権について民法四八九条ないし四九一条の規定に従った弁済充当がされるべきものであって、債権者による弁済充当の指定に関する特約がされていても右特約に基づく債権者の指定充当は許されないものと解するのが相当である。けだし、不動産競売手続は執行機関がその職責において遂行するものであって、配当による弁済に債務者又は債権者の意思表示を予定しないものであり、同一債権者が数個の債権について配当を受ける場合には、画一的に最も公平、妥当な充当方法である法定充当によることが右競売制度の趣旨に合致するものと解されるからである。」(この判決は、宇佐見大司教授による本件第一審判決の論評である私法判例リマークス一〇号二六頁でも紹介されている。判例批評等についても同稿を参照されたい)。

五 評論

一 本件根抵当権取引では、債権の範囲として登記されているのは、信用金庫取引、手形債権、小切手債権である。本件では直接の判示事項とはなっていないが、銀行取引(信用金庫取引)には保証債権が含まれるか、という問題がかつてかなり議論されたことがあった。実務は早くから肯定的であったし、最判平五・一・一九(金法一三四七号六頁)によって結着をみたようでもあり、本稿では、一言付け加えるに止めたい(拙稿・手研四三三号四頁およびそこに掲げた文献のほか、大西武士・東海法学一一号六五頁、『民法と著作権法の諸問題』(半田正夫教授還暦記念論集)二七六頁〔長谷川貞之〕、三浦多喜雄・九州共立大経済論集一四号六七頁などをみられたい)。

二 本件二番根抵当権に基づく配当金をどのように分配すべきであろうか。

先述のように、根抵当権が担保する債権の部分に応じて案分的に配当すべきものとする態度は、本件各審級を通して維持されている。他方、Xは自己に選択権があるとし、Yは法定充当の法理に従うべきであると主張する。第一審の判断の骨子は紹介したが、ここでさらに詳しくみてみよう。第一審の説く理由は次のようになる。

①根抵当権設定契約書八条は、銀行側に充当についての選択権を認める旨を定めたものではない。②民法三九八条ノ一四は、根抵当権の共有の場合についてのものであり、根抵当権者がXだけの本件には直ちに適用ないし準用しえない。③XのAに対する債権を担保する部分とXのYに対する債権を担保する部分との優劣は、登記の記載からは判明しない。④成立順序の早い債権からあるいは弁済期の到来順序の早い債権から順に担保されるということは、根抵当の性質にそぐわない。⑤そうだとすれば、公平の観念に照らし、前記各部分は同順位にあるとみられる。⑥本件はそもそも法定充当が問題となる場面ではない。

以上に加え、原審ではさらに次の理由が付加される。ⓐいわゆる共用根抵当権が設定されたときは、これら二以上の債権はいずれも右抵当権により同順位で担保されているものである。ⓑ共用根抵当権設定者は自己以外の債務者のためにも合意により自己の財産を同順位で担保に供しているのであるから、設定者に不測の損害を生じさせたり不公平となることはないのであって、弁済の原資を提供した設定者の弁済の利益を考慮する余地はない。

以上について伊藤進教授は、根抵当権における各債権については、発生の時期や弁済期の先後にかかわらず同等であり、共用根抵当権における充当方法は共用根抵当権の法的構造から導かれるものであって、思考的には根抵当権の共有に関する民法三九八条ノ一四第一項本文と共通するものがあるが、まさにかかる法構造に由来するがゆえに、同条を適用ないし準用するということから導かれるものではない。それゆえ、共用根抵当権の配当の問題は共用根抵当権の効力に関する問題で、単なる弁済充当の問題ではないとされている（伊藤・前掲「本件批判」一九一頁（二九頁））。

私も同様に考える。そもそも、共用根抵当権において、被担保債権を負担すべき債務者間で、競売手続から生じた配当金を割付けるべきか割付けなくてもよいのかという問題――割付けるとしたらどのような基準によるかという問題も含まれる――と、割付けられた場合にあるいは割付不要とした場合にこれをどのように各債務に充当してゆくかという問題は別個のものである。本件当事者がいうように、銀行側に選択権があるとか当初から法定充当に従うべきであるとの主張は、このことを看過しているものといわざるをえない。そうだとすれば根抵当権の被担保債権資格（すなわち被担保債権たりうるかという入口の問題）につき保証債権に関してかつて議論があったのは既述したところだが、入った債権は債権極度額の担保枠内で同等に扱うとするのが根抵当権なのであるから、割付けを肯定すべきなのが、債務者基準が複数のものが共用根抵当権であるというその法的性質から導き出される帰結であろうと思われる。割付けをすべきであるとすれば、各債務者に対する債権額を担保するための部分に、被担保債権額に応じて案分するということも、債権者基準が複数である根抵当権の共有において、共有者は各債権額の割合に応じて弁済を受けるとされているところと共通の性格を有するものであるといえよう。もっとも、根抵当権の共有においては、共有者のいずれかが優先するとしたり、債権額の割合に対応しない弁済を受けることも可能とされているが、そのためには登記または配当額の変動について利害関係を有する者の承諾が必要と解されている。明文に規定のない共用根抵当権について、このようなことまで含めて共有の規定を準用しうるかは疑問であり、担保する部分に応じて案分するというのは共用根抵当権の法的性質に基づくものとみるべきである。本件では、各審級を通して右と同一の結果を採用しており、実務的には定着するものと思われる。

次に、割付けられた額をどのように充当すべきか。この点に関し本判決は法定充当の規定によるべしとした。先例として掲げた昭和六二年判決を維持したといえようか。もっとも、判旨の紹介では省略せざるをえなかったが、本判決は債務者をYとする部分への案分額を原審とは異なって貸金1～6を基準として算出したが、これをどのように充当すべきかに関し、「法定充当の規定に定めるところと異なる充当をすべき事由につき何ら主張・立証のない本件においては」と述べているので、案分したうえは法定充当に従って充当すべきであると説く判旨部分と、どう整合するのか疑問の残るところである（前掲鼎談六〇頁参照）。

なお、本件では、債務者たる本人と法人代表者が一致し、法人の債務の弁済は自己の連帯保証債務の弁済でもある。かかる場合には、一人の債務者に対して複数の債権が存在する場合と同様に解して、決定充当の方法によるということも考えられないかとの指摘がある（宇佐見・前掲二九頁がこの点を摘示する）。しかし、このようにみれば、本件根抵当権は共用根抵当権ではないことになる。冒頭にも述べたように、本件のような場合が共用根抵当権の典型例に該たると認識しうるのであれば、その処理は既述のようにならざるをえないであろう。

三　本判決は、原審とは異なって、Yに対する被担保債権額に貸金1～4の連帯保証債権の額を算入した。この点については次のような疑念が呈されている。

その一は、ある債務者に対する債権の弁済が他の債務者に対する債権を消滅させる関係にある場合には、最終の償還義務者に対する債権のみを案分の基準とすべきではないかというものであり、その二は、本判決のような処理は、判旨のいうところによれば、簡明かつ問題の性質上合理的であるということになるが、簡明ではあっても、何ゆえ問題の性質上合理的であるのかは明らかにされていないというものである。

その一に関して、例示して批判されるのは佐久間論文である（佐久間弘道「共用根抵当・同順位根抵当の配当」金法一四八三号二三頁）。たとえば、極度額一〇〇〇万円の共用根抵当権の債務者が甲乙として、甲に対する貸付金が一〇〇〇万円あり、これに担保提供者乙が連帯保証をしていてこの連帯保証債権も被担保債権であるとした場合に、甲乙にそれぞれ案分した五〇〇万円を配当しても、結果として甲の債権の全額に充当したのと変わらないとされ、原審の判断を正当とされる（同二六頁）。しかし、例を変えて、本件貸金1～4に該たるものをA債権、5・6に該たるものをB債権、甲をAの債務者、乙を担保提供者で甲の連帯保証人かつBの債務者とし、Aが八〇〇万円、Bが四〇〇万円、配当金はABを満足するに足りない六〇〇万円とすると、原審方式では、甲について四〇〇万円、乙について二〇〇万円が案分されるが、本判決の方式では、甲につき四八〇万円、乙につき一二〇万円となる（本件でAとYに案分された額につき、それぞれの方式で算出した額は各判決理由中に示されているが、簡明に考えるためにこのような例を挙げたに過ぎない）。また、佐久間論文では、保証人が弁済するためには、担保物の換価金からのものであっても、主債権に充当するのが当事者の合理的意思であるということも述べられている（同二六頁）。私の誤解かもしれないが、佐久間論文が主張されるところでは、私が掲げた設例では配当金六〇〇万円はすべてA債権に充当せよということであろうか。この点につき伊藤教授は、共用根抵当権の法的構造からして、主債権と保証債権とは別個独立の被担保債権であり、このことの結果として案分の分母に保証債権を独立に算入することが認められると解されている（伊藤・前掲同所）。私見もこれに賛成したい。前述のように弁済充当の問題ではなく複数債務者の負担する被担保債権への配当金の割付けの問題であること、共用根抵当権の被担保債権の中に入った以上は、割付けに関しては主従の関係はなく別個独立の債権として扱われるのが共用根抵当権の法的性質（伊藤教授のいう法構造）に則すると考えられることからである。以上のように理解すれば、それが前記その二として掲げたことについての答えともなるであろう。また、結果的にのみではあるが、本判決方式の方が原審方式よりも連帯保証の付された債権により多く割付けられたこととなり、まず主債務から充当という考え方にも沿うことにならないであろうか。

〈私法判例リマークス一六号（一九九八）〉

14　譲渡担保設定者の受戻権の時効消滅
――名古屋高判昭和五四年一一月二二日金商五九九号二〇頁以下――

参照条文　民法一六七条二項・五八〇条三項、仮登記担保法一一条

一　事　実

Yは、Xに対し、昭和二八年三月九日に金一〇万円を貸付け、これを担保する目的で、X所有の本件土地につき譲渡担保がYのために設定され、所有権移転登記も経由された。

右貸付金の弁済期は、遅くとも昭和二九年一二月末日までには到来したことが認められるが、以後そのままに経過し、Xは、昭和四七年六月二〇日になって、Yに対し元金相当額金一〇万円を提供したが、Yに受領を拒絶されたので、同年七月一三日にこれを弁済供託した。さらにXは、昭和五一年三月八日、残債務の弁済として金一〇三、九一六円をYに送金し、同月一〇日Yより返金を受けたため、同月一九日にこれを弁済供託した。

以上の事実に基づき、XはYに対し、本件債務は右各弁済供託によって消滅したことを理由に、本件土地の所有権移転登記手続を請求したのである。

これに対し、Yは、Xの受戻権は時効により消滅したとして争う。

第一審（名古屋地裁）は、受戻権の法的性質については、「譲渡担保提供者が担保物について有する権利は、所有権それ自体ではなく、債務額を弁済することによって譲渡担保契約により担保権者との間に生じた法律関係を解

消させ、譲渡担保権者に対し担保物所有権の返還（取戻）を請求できる権能であって、右権利は形成権的性格を有するのであり、これを放棄するなど独自に処分することも可能である。右にかんがみ、受戻権については、民法一六七条第一項は適用されず、同条第二項により二〇年間これを行使しないときは、時効により消滅すると解するのが相当」と判旨したものの、Xが、昭和四七年七月一三日に一〇万円の弁済供託をしたことは、XY間で本件金銭貸借のあった昭和二八年三月九日から二〇年以内に受戻権を行使したことに当り、したがって時効消滅は認められず、後になされた第二の弁済供託と前記一〇万円の供託とを併せて、本件債務は全額消滅したので、Xは本件土地所有権返還請求権を取得したとしてXを勝訴せしめた。

二　判旨

譲渡担保提供者（債務者）は債務額を弁済して目的物を受戻すことを請求できるが、右権利は、いわゆる形成権と解され、民法一六七条二項により二〇年間これを行使しないときは、時効により消滅すると解するのが相当である。（ちなみに、債務者は債務不履行の状態にあるのであるから、取引の安全を保護すべきであるとの観点からしても、受戻権は時効により消滅するものと解するのが相当である。）。

そうして、受戻権は、債務者が債権者に対し債務金の元利金及び遅延損害金等の金額を現実に提供して、受戻しの意思表示をなす方法により行使すべきもので、

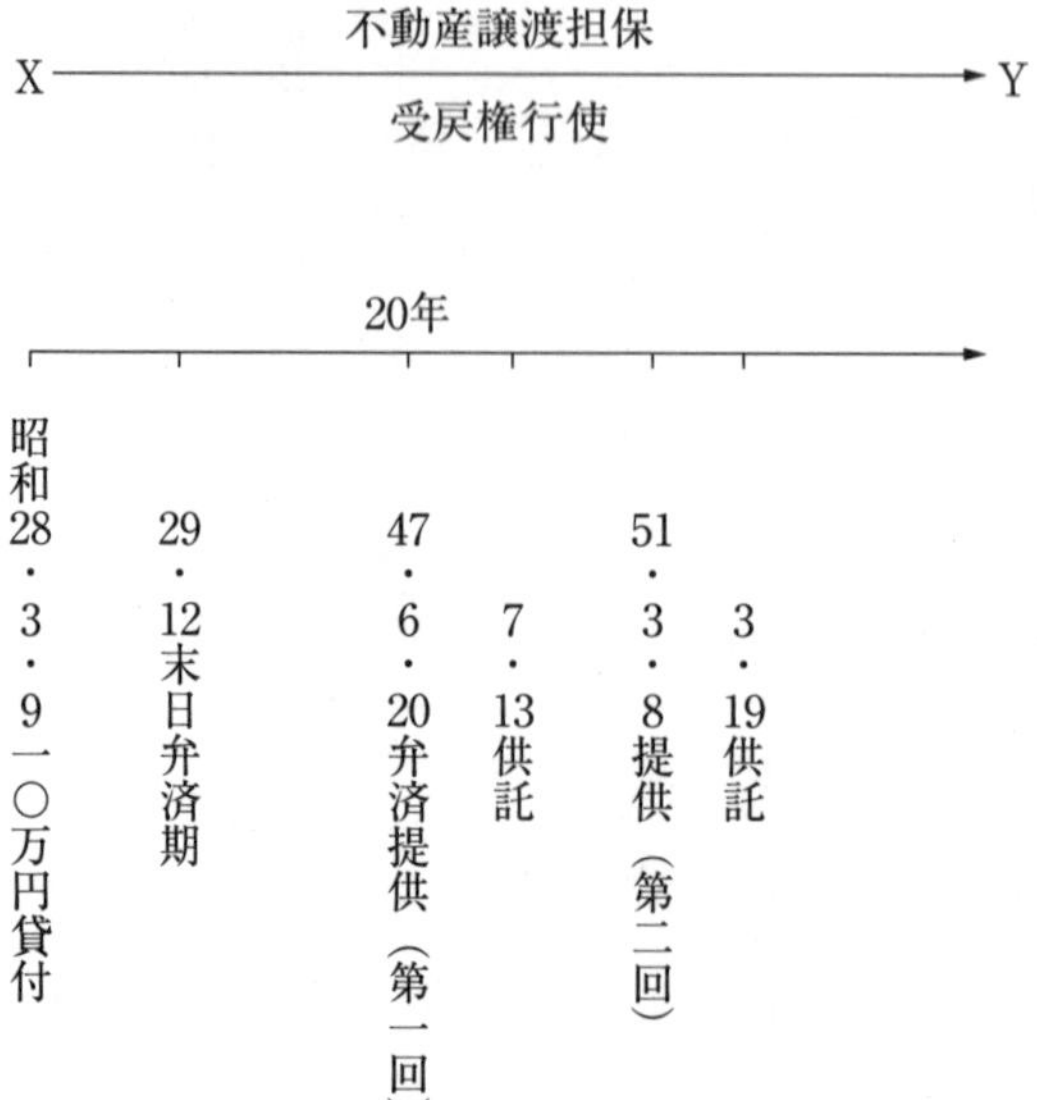

もとより債務の本旨に従った弁済をなすべきものである。

ところで、……Xの本件債務の履行期は遅くとも昭和二九年一二月末に到来したものであるから、同人は遅くとも昭和三〇年一月一日以降は債務を弁済して担保物件の受戻を請求しうるというべきところ、同人が債務金の弁済として昭和四七年六月二〇日Yに対し金一〇万円（元金相当額）を現実に提供した事実は当事者間に争いがないが、前述のごとく同人は遅くとも昭和三〇年一月一日以降は遅滞に陥っているのであるから、右年月日以降の民法所定年五分の割合による遅延損害金をも含めて弁済すべきであり、右の提供は債務の本旨に従った弁済とは言い得ない。しかるところ、右Xが昭和五一年三月八日に至って残債務を弁済したことは、当事者間に争いがないが、右弁済は二〇年の時効期間経過後になされたものであることは歴算上明らかであるから、本件土地の受戻権は時効によって既に消滅したものとしなければならない

三　研　究

一　事実関係をみて疑問に思うのは、本件においてXは、昭和四七年に内入弁済をする前に、何故被担保債権の時効消滅を主張しなかったか、である。貸付利息の定めもなく、遅延利息の約定もなされていなかったことからして、本件金銭賃借はXY間の情誼的な人的関係にもとづいてなされたものではなかったかとも推測しうるが、もしそうだとすれば、あえて時効の主張をせず、長期にわたったものの、律儀に債務を完済したXが、完済までに長年月を経たゆえにかえって担保提供物を失うという本判決の結果は、酷だといえるのではなかろうか。
それはとにかく、検討に入る前に、一・二審判決の異同について二、三明らかにしておきたい。
(1)　受戻権の法的性質については、一審は、簡略ながら理由を付して形成権的性質を有する権利とし、二審は、特別の理由を付さないまま形成権と断じて、いずれも二〇年の時効にかかるとする。その内容は、一審が担保物所有権の返還を請求できる権利であるとするが、二審では、担保物を受戻す権利というのみであって、Yに帰属

したとみられる所有権を受戻すのか、単なる引渡あるいは登記手続を請求しうるに過ぎないのかは必ずしも明らかではない。

(2) 一審では、Xのなした昭和四七年の弁済供託を受戻権の行使とみたのに対し、二審では債務の本旨に従った弁済の提供ではないとして、これに何の意味も認めない。

(3) 時効の起算点については、一審は昭和二八年の貸付時から二〇年とするのに対し、二審では履行期の翌日からとする。

二 さて、本件に関しては、筆者の結論をいえば、受戻権(なるものを想定して)これが独自に時効消滅(形成権とすれば除斥期間とみるべきだが判例の用語に従う)すると解することには賛成しないのであるが、とりあえず先例をみることにする。

大審院時代の判例は、いずれも弁済期の定めのないものに関して二、三散見しうるにとどまる。

先ず、債務者が、譲渡担保設定時からは一〇年をはるかにこえた後に弁済供託したが、右供託からは一〇年を経過しない時期に、債権者名義になっていた担保不動産の登記の移転を求めたのに対し、本訴の返還請求権は設定者の所有権に基づく物権的請求権であるから、原権たる所有権をはなれて単独に消滅時効にかからない、としたものがある(大判大正五・一一・八民録二三輯二一九三頁)。ただし、外部的にのみ移転する型の譲渡担保であることがその前提となっているようである。次いで、原則的には権利は内外共に担保権者に移転するとした連合部判決(大正一三・一二・二四民集三巻五五五頁)の影響を受けたのか、内外とも移転型では受戻権は時効消滅することがあることを否定しない趣旨に読めるものが現れるが(大判大正一五・八・三新聞二六号一六二一頁)、その後には、被担保債権の時効消滅は認めるが受戻権の時効消滅は認めない趣旨に解せるものも存する(大判昭和二・一二・一七新聞二八〇四号一六頁)。

これらに対し、学説は、譲渡担保について債権の存続を認める以上、取戻の権利は、特約のないかぎり弁済その他債権の消滅の結果として生ずるものであるから、弁済期の定めのない場合に、弁済して取戻す権利なるものを想定して弁済すべき時期も到来しないのに、弁済して取戻す権利のみが時効によって消滅することを認めるのは背理であると論評している（四宮・総合判例研究叢書民法⒄二四六頁、同旨、福地・注釈民法⑼三六九頁）。

戦後においても、受戻権の時効に関する判例は多くない。再売買の予約完結権の時効の起算点について判示した最高裁判例（最判昭和三三・一一・六民集一二巻一五号三二八四頁）がある他は、譲渡担保に関しては、期限の定めのない賃金債務について、賃借時より五年以上経過した時点で、元利合計を弁済供託したうえで担保不動産につき受戻（登記抹消請求）をした事案に、民法五八〇条三項及び仮登記担保法一一条前段の類推適用はないとして受戻を認容したもの（東京高判昭和五五・一・二三判時九六〇号四三頁）と、弁済期を五年と一月弱経過した時点で元利金を弁済供託して受戻を求めた事案に関し、債権者は、本件土地を他に処分し又は適正に評価して右元利金に充当した旨の主張立証をしていないのであるから、債権者としての権利を実行しておらず、債務者が履行遅滞に陥っていても、債権者が権利を実行する以前においてはなお債務者は受戻権を失わないとしたもの（名古屋高判昭和五三・二・一六金商五五一号三四頁、判時九〇六号五八頁）が目に触れる程度である。

三　さて、ここで受戻権と称する場合に、弁済期の到来前に弁済をして受戻す権利と、弁済期到来後債務者は遅滞に陥っているがなお元利合計を弁済して受戻すことができる権利とを区別しておく必要がある。すでに紹介した判例の殆どは、期限の定めのない債務に関し、しかも債権者が債務者を遅滞に陥らしめたような事由もないようであるから、前者にかかわるものである。本件では、後者が問題とされていることはいうまでもない。

ところで、かかる受戻権は何時まで行使しうると解すべきであろうか。最高裁昭和四三年三月七日判決（民集二二巻三号五〇九頁）は、甲不動産につき抵当権設定契約及び代物弁済予約がなされるとともに、乙不動産についても同一の債権の担保を目的とする所有名義移転の合意がなされた場合につき、債務者は、債権者が甲不動産につき予約完結権を行使して所有権移転登記手続を経由した後であっても、換価処分をするまでは債務を弁済して甲乙不動産を取戻すことができるものとし、学説も、その後の仮登記担保に関する判例の進展に従い（たとえば、最判昭和五〇・一一・二八判タ三三五号二〇四頁）、換価処分すなわち処分清算型では、処分のために第三者と契約をしたとき、適正評価すなわち帰属清算型では清算の終了まで受戻しうるとし（川井・担保物権法一九五頁）、あるいは、いずれの型においても、債権者による清算金の支払、提供の時まで受戻権は存続する（米倉・譲渡担保二七頁）と説いている（ちなみに、私見では、処分清算型の場合には、第三取得者が担保権者から移転登記を受けるまで受戻しうると解しているが、ここでは立ち入らない）。

そこで、このような受戻権が長年月行使されず、他方、債権者より担保権の実行もないままに経過した場合に、これが時効（期間制限）にかかるかを考えると、本件一・二審ともこれを形成権（あるいは形成権的権利）として二〇年の時効にかかるとしていることはすでにみたとおりである。しかしながら、譲渡担保関係において、このような受戻権の行使によって形成的にどのような権利変動が生ずるかは問題である。一審では、債務者が、かかる権利を行使してはじめて担保不動産の所有権が復帰すると解するごとくであるが、それならば、その前提として、債務者の履行期徒過によって所有権は確定的に債権者に帰属したものとしなければならないであろう（なお、形成権的権利とするならば、権利行使によって所有権は直ちに復帰するのであって、所有権の返還を請求できるとすることも理に合わない）。曽ての学説は、それ故、この点に関し、「当然帰属型」と「請求帰属型」とを区別した（我妻・担保物権法六二八頁）。けれども、前述のように、少なくとも清算終了時ないし換価処分時までは受戻しうると考えるときは、かかる区別の意味は失われたとみるべきであり（柚木＝高木・担保物権法六〇一頁）換言すれば、右のような債権者の実行行為があるまでは、所有権は債権者に確定的には帰属しえず、彼れはなお譲渡担保権を有するにとどまる。したがって被担保債権も未だ存続しており、その間は、債務者は元利金を弁済すれば、付従性の原則により、所有権は譲渡担保権の制限を受けている状態から解放されるのである。受戻権と称しても弁済による受戻しであって独自の内容を有するものではなく、買戻が売渡抵当として被担保債権は存続せず、所有権は買主に一応確定的に帰属しているとみられること、及び、仮登記担保において、清算期間満了によって所有権は同じく債権者に確定的に帰属し、これによって被担保債権は代物弁済的に消滅したことを踏まえての受戻しとは異なるものである。仮登記担保であれば、実行通知がなされず、したがって清算期間が進行しえない状態と対比することができる。このように解すれば、被担保債権が存続するかぎり、債権者は弁済すべき義務を負い、弁済した以上は特段の意思表示なくして債務者の担保提供物に対する所有権は担保の負担を解かれて復元するのであって、その後は、債務者は所有権に基づいて債権者に対し登記請求権を有するといわねばならない。これを妨げるのは、債権者が譲渡担保権の実行をなした場合であって、その方法は譲渡担保の実行方法の型による。仮りに、債権額と目的不動産の額とが均衡を有し、あるいは、前者が後者を上廻る場合には、清算金は生じない旨の通知を必要とすると解すべきであろう(かかる通知なくしては不足額請求もなしえないと考える。なお、譲渡担保権者に競売申立権を認める見解もある（米倉・前掲二六頁、三三頁)）。

譲渡担保においては、当事者はともかくも所有権移転の意思を有し、両当事者間では所有権は分属していると構成し、その意味で必ずしも右に述べたように制限物権的に構成することはできないとした場合でも、被担保債権が存続する以上、弁済によって債権者に属していた所有権は当然に債務者に復帰するのであって、改めて所有権復帰を生ぜしめる意思表示を必要としないと考えるのが、物権行為の独自性を否定する立場からは自然ではないかと思われる。

一審判決は、受戻権が独自の権利であることの理由として、放棄するなど独自に処分することをうると述べるが、仮りに形成権的な受戻権を認めたとしても、被担保債権を離れてこれのみを譲渡することは無意味であるから、結局債務者の放棄の対象となることだけを考えればよいであろう。ところで、弁済期到来前の受戻権の放棄は、債務不履行の場合に債権者にいわゆる丸取りを許すことに他ならない。そして、債務不履行の際は弁済に代えて確定的に目的物を債権者の所有に帰せしめる合意があった場合ですら清算を命じた判例（最判昭和四四・三・

二五民集二五巻二号二〇八頁）が確定している今日では、かかる放棄は、事前の丸取りの合意を禁ずることを潜脱するものとして許されないとしても行き過ぎではあるまい。もっとも、弁済期到来後の放棄は認められようが、これは実質的には清算金請求権の放棄に他ならない。したがって、受戻権が独自の権利であることの根拠をここに求めることも妥当ではない。

また、受戻権が認められる買戻及び仮登記担保では、これが期間制限に服して行使しえなくなった場合には、債権者は目的物の所有権を取得した状態を脅かされることはなくなるわけだが、反面債権相当額の支払を債務者から期待することもできなくなるのに対して、本件二審判決（本判決）のように解するときは、債権も弁済によって満足をえ、加えて担保目的物の所有権を最終的に取得する結果ともなって、これらの場合と均衡を失することも本判決に疑念を抱かせる実質的理由である。本判決が、債務者が遅滞に陥っていることを受戻権の時効消滅を認める理由とすることは、被担保債権が未だ存続していることを忘れた議論ではなかろうか。たとえ債務者が遅滞に陥っていても、債権者の実行行為のない限り受戻しうるとした昭和五三年の前提名古屋高裁判決が正当である。

なお、些細なことではあるが、本件一・二審の説くとおり受戻権は時効消滅することを字義どおり受けとめるならば、Xが昭和四七年になって内入弁済をしたことは権利主張をしたともとりえるのだから、この時効の中断とはならないのか。この点を顧みて、一審はこれが債務の本旨に従った弁済とはいい難いのを承知で、しかも形成権には時効中断はない故に、この時点で受戻権の行使があったとしたのかと推測されるが、この辺も、一・二審ともよりすっきりとした取扱いを示して欲しかったと思料する。さらに、蛇足ながら、仮りに判旨のような時効消滅を認めるならば、その時効の起算点は債務不履行の生じた時点からとすべきことは当然であろう。

本稿校正の時点で、譲渡担保においては、弁済期到来後でも清算金の提供があるまでは受戻権は消滅せず、目的物の所有権も確定的には債権者に帰属しないとする東京高判判決（昭和五五・七・一〇金商六〇八号二一頁）に接した。

〈金融・商事判例六〇九号（一九八〇）〉

15 譲渡担保における受戻権の時効

――最二小判昭和五七年一月二二日民集五六巻一号九二頁――

一 事実の概要

以下の事実はXの先代につき生じたものであるが、同人は昭和五三年に死亡し、Xがその地位を承継したので、文中はXとして記述する。事実は簡略であり次の通りである。

Xは、昭和二八年三月九日、Yから一〇万円を借り受けて、その所有にかかる本件土地を譲渡担保に供し、同日、Yに対し売買名下に所有権移転登記を経由した。右債務の弁済期は、遅くとも昭和二九年一二月末日に到来したが、Xは、昭和四七年六月二〇日に至って一〇万円を提供し、Yが受領を拒絶したので、同年七月一六日にこれを弁済供託した。その後Xは、昭和五一年三月八日に残債務（遅延損害金）をYに送金したが、これまた返されたので、同月一九日に弁済供託をした。以上により、Xは、本件債務は完済されたとして、Yに対し所有権移転登記手続を求めた。これに対して、Yは、Xの目的不動産の受戻権は時効消滅したとして争う。

第一審（名古屋地裁）は、譲渡担保提供者が担保物について有する権利は、所有権それ自体ではなく、債務を弁済することによって譲渡担保契約により担保権者との間に生じた法律関係を解消させ、譲渡担保権者に対し担保物所有権の返還（取戻）を請求できる権能であって、それは形成権的性格を有し、民法一六七条二項が適用されると判示したものの、Yが昭和四七年七月一三日に一〇万円の供託をしたことは受戻権を行使したことに当たり、後になされた第二の弁済供託とを併せて本件債務は全額消滅したとして、Xの請求を認容した。

これに対し、本件原審（名古屋高裁）は、「譲渡担保提供者は債務を弁済して目的物を受戻すことを請求できるが、右権利は、いわゆる形成権と解され、民法一六七条二項により二〇年間これを行使しないときは、時効により消滅すると解するのが相当である」とした点は第一審と同様であるが、昭和四七年六月二〇日Xが一〇万円の現実の提供をしたとしてもそれは債務の本旨に従った弁済とはいえず、研究Xが全額弁済をしたのは二〇年の時効期間経過後であるとして、一審とは逆にYの請求を認容した。

二　判旨

「不動産を目的とする譲渡担保契約において、債務者が債務の履行を遅滞したときは、債権者は、目的不動産を処分する権能を取得し、この権能に基づいて、当該不動産を適正に評価された価額で自己の所有に帰せしめること、又は相当の価格で第三者に売却等をすることによって、これを換価処分し、その評価額又は売却代金等をもって自己の債権の弁済に充てることができるが、他方、債務者は、債務の弁済期到来後も、債権者による換価処分が完結するに至るまでは、債務を弁済して目的物を取り戻すことができる、と解するのが相当である。そうすると、債務者によるいわゆる受戻の請求は、債務の弁済により債務者の回復した所有権に基づく物権的返還請求権ないし契約に基づく債権的返還請求権、又はこれに由来する抹消ないし移転登記請求権の行使として行われるものというべきであるから、原判示のように、債務の弁済と右弁済に伴う目的不動産の返還請求権とを合体して、これを一個の形成権たる受戻権であるとの法律構成をする余地はなく、したがってこれに民法一六七条二項の規定を適用することは許されないといわなければならない。」。原審の判断は、譲渡担保に関する法令の解釈、適用を誤った違法があり、原判決は破棄を免れず、本件債務について、その本旨に従った弁済がなされたかどうか、本件土地についてXが返還請求権を取得したかどうか等につき、更に審理を尽くさせる必要があるから、原審に差し戻すのが相当である。

三 問題の所在と若干の検討

不動産の譲渡担保では、債務者（担保設定者）は、担保目的物につき、債権者に所有権移転登記をし、これが譲渡担保の対抗要件となる。登記原因は、売買が普通であるが（本件もそうである）、譲渡担保とされることもある（登記原因が売買であるときは、担保目的であることは登記面から見分けることはできない）。

ところで、債務者は、被担保債権（以下たんに債務という）につき、履行遅滞に陥入る前に弁済をすれば、抹消登記または自己への移転登記を請求しうることはいうまでもない。履行遅滞に陥入った後（例えば履行期の徒過）でも、流担保が否定され、債権者に清算金支払債務が生ずると解されている現在では、やはり弁済をして右のような登記請求をなしうる。このような債務者の権利を、譲渡担保における受戻権と呼んでいる。もっとも、何時まで受け戻しうるかについては問題はなくはない。原則型とされている適正評価（帰属清算型）の場合には清算金の支払いがあるまで、換価処分（処分清算型）の場合には第三者との間で債権者が処分のための契約を締結した時まで、と一般に説かれているが、異論もある。さらに、まれではあろうが、目的物の価額と債権額とが均衡を有し清算金が生じない場合、あるいは債務額よりも目的額の価額が低い場合の受戻権の行使時期については、あまり立ち入った議論がなされていないようである。

さて、弁済期は到来したが、債権者は譲渡担保の実行に着手せず、債務者も弁済をなさないままに時日が経過した場合に、債務者の受戻権は時効消滅あるいは権利行使制限を受けるであろうか。この点も従来さほど論じられていなかったところと思われる。手掛りは三つある。一つは、民法五八〇条三項が買戻権につき五年の期間制限を設けていること、二つき、仮登記担保法一一条但書前段が受戻権につき、「清算機関が経過した時から五年」の期限制限を設けていること、三つは、民法の消滅時効に関する一六七条である。

仮登記担保と譲渡担保とは、これまで同じ非典型担保の一翼を担うものとしてパラレルに考えてゆくという場面が多かった。債権者に清算義務があること、実行方法として適正評価と換価処分の二つの型があり前者が原則とされること、あるいは受戻可能の時期について、などである。そこで、受戻権の権利行使の期間に制限があるかについても、仮登記担保法が立法化された現在、譲渡担保に同法一一条但書前段を準用ないし類推適用することを肯定してもよいのではないかとする見解（米倉・譲渡担保二五六頁）、譲渡担保の法的構成や実行方法体系といった、巨視的課題とのかかわりで十分に検討した上でとの留保つきながら、右の見解に否定的ではない立場（吉田真澄・判タ四三九号五一頁）なども見受けられる。判例では、民法五八〇条三項も仮登記担保法一一条但書前段のいずれも類推適用なしとした下級審のもの（東京高判昭五五・一・二三判時九六〇号四三頁）が目に付くが、この事案は、債務につき履行期の定めがないものであって、債務者は受戻権行使の時点（賃借時からは五年以上経過）では履行遅滞に陥入っていないということが、仮登記担保法一一条但書前段の類推適用を否定する根拠とされており、本判決の場合とは異なるものである。

ここで仮登記担保法につき若干触れておこう。一一条但書前段の五年という期間は、立法担当者によれば民法五八〇条三項にならったとされている（吉野・新仮登記担保法の解説一〇五頁）。担保権の実行については、同法は、弁済期が徒過された後に、債権者は代物弁済予約完結の意思表示をしたうえ実行通知をしなければならず（その内容は同法二条が規定する）、二カ月の清算期間が経過して目的物の所有権は債権者に一応帰属し、それによって債務は消滅するが、清算金債務の弁済を受けるまでは、受戻権行使時まで債務が存続したと仮定した場合の額と同額の金銭を債権者に提供して受け戻せるという形になっている。つまり、清算期間経過後は、目的物の所有権は債務者との関係では債務者に帰属し、受戻権はかかる所有権を債務相当額を支払って取戻すことであって、債権者から債務者への所有権の復帰という形成的効果を生ずるものであり、買戻の場合と同じく、確かに形成権と称してよいものなのである（したがって、目的物が第三者へ処分されたという同法一一条但書後段の場合には、第三者への移転的所有権変動と債務者への復帰的所有権変動との二重譲渡的状態が生じ、民法一七七条の対抗問題となると解されている)。他方、譲渡担保の場合は、その法的構成としてさまざまな説が主張されている。しかし、対第三者との関係はさておき、当事者間では、担保権の実行があるまでは——実行の意味が問題だが、前記の考え方に従えば、適正評価では清算金の支払あること、換価処分では処分契約の締結ということになろう——所有権は確定的には債権者に帰属せず、したがって、債務は存続していると解せられる。この点で、買戻あるいは仮登記担保における清算期間経過後の状態とは異なるものといわなければならないであろう。かつて私は、他のところで、仮登記担保であれば、実行通知がなされず、清算期間が進行しえない状態と対比することができると述べたことがある(拙稿・本判決原審判批金商六〇九号五一頁)。

本件第一審、第二審とも、受戻権を形成権あるいは形成権的権利とし、民法一六七条二項の適用があるとする。しかし、右に述べたように、譲渡担保権実行以前には所有権は債権者に帰属することはないとみれば、受戻権行使によって生ずる効果は、弁済による債務の消滅とそれに伴う担保権の附従性による消滅であって形成権に権利移転が生ずるということはない。受戻権と称しても、いわば弁済の効果を指すものに他ならない。第一審は、受戻権が形成権的権利であることの理由として、これを放棄するなど独自に処分することが可能であるというが(この部分は「事実の概要」では省略した)、弁済期前の受戻権の放棄はいわゆる丸取りを認めるもので許されないであろうし、弁済期後の放棄は実質的には清算金請求権の放棄に他ならない。以上のようにして、本判決が「債務の弁済と右弁済に伴う目的不動産の返還請求権とを合体してこれを一個の形成権たる受戻権であるとの法律構成をする余地はない」と判示したことは極めて妥当である。そして、この場合、登記請求権の根拠は、抵当権の場合と同じく、担保権の拘束から解放された所有権によるということになる。本判決は、この他に、契約に基づく債権的返還請求権を挙げるが、譲渡担保の設定契約において、弁済をすれば目的物を返還し(といっても譲渡担保では債務者に占有があるのが普通であるが)、抹消ないし移転登記をするという約定がなされているとみるのであろうか。そうだとすれば、弁済後一〇年の経過によって登記請求権は時効にかかることになる。しかし、そのように解さなくてはならない積極的な理由があるかは疑問である。弁済期後は、債務が消滅するまでは債務者は受戻権を有し、弁済後所有権に基づく抹消ないし移転登記をせずに放置していた場合には、九四条二項の類推適用によって債務者は権利を失う場合がありうるとみれば足りるのではなかろうか。債務が存続する限り受け戻しえ、受戻権自体は独自に時効にかからないとすることは、長期にわたって債権者に不利なようであるけれども、債権者はこれを妨げるには担保権の実行に着手すればよいのであり、丸取りが否定されているうえは致し方ないであろう（なお、蛇足ながら付記すれば、清算金の生じない場合にはその旨の通知がなされるまで、目的物の価額の方が債務額より低い場合には不足額請求がなされるまで、債務者は受け戻しうると考えられないであろうか）。

〈ＬＡＷ　ＳＣＨＯＯＬ四八号（一九八二）〉

16 譲渡担保における受戻権と民法一六七条二項

――最二小判昭和五七年一月二二日民集三六巻一号九二頁、判タ四六六号八三頁、判時一〇三五号九二頁、金商六四一号三頁、金法九九四号四三頁、ジュリ七六五号判例カード一七九――

参照条文

民法一六七条二項・五八〇条三項、仮登記担保法一一条但書前段

本件評釈

鈴木禄彌・民商八七巻二号二六六頁、清水誠・判評二八五号（判時一〇五二号）一五七頁、林錫璋・法時五四巻一一号一六一頁、伊藤進・昭和五七年度重判解説七〇頁、竹内俊雄・亜細亜法学一七巻一号一三九頁、本城武雄＝加藤智泰・名城法学三二巻二号一二四頁、平井一雄・LS四八号八四頁、同・ジュリ七九八号一一四頁

参考判例と評釈

① 名古屋高判昭五一・一一・三〇判時八五六号四九頁

② 名古屋高判昭五三・二・一六判時九〇六号五八頁、金商五五一号三四頁

③ 東京高判昭五五・一・二三判時九六〇号四三頁――吉田眞澄・昭和五五年度主判解説四九頁

④ 東京高判昭五五・七・一〇判タ四二四号九三頁、金商六〇八号二一頁

⑤ 横浜地判昭五五・一〇・九金商六一三号四三頁

⑥ 大阪地判昭五六・八・三金商六四〇号三一頁

一　事実

Yは、Xに対し、昭和二八年三月九日に金一〇万円を貸し付け、これを担保するために、Xは、自己所有の本件土地をYに譲渡担保に供し、売買を原因として所有権移転登記もなされた。

右貸付金の弁済期は、遅くとも昭和二九年一二月末日までに到来したことが認められるが、以後そのままに経過し、Xは、昭和四七年六月二〇日になって、Yに対し元金相当額一〇万円を提供したが、Yに受領を拒絶されたので、これを弁済供託した。さらにXは、昭和五一年三月、残債務の弁済として約一〇万四〇〇〇円を送金し、これまたYより返金されたため、同月一九日に弁済供託した。

以上の事実に基づき、XはYに対して、本件債務は右各弁済供託によって消滅したとして、本件土地の所有権移転登記手続を請求したのである。なお、別訴で被担保債権の存否が争われてXは敗訴しており、したがってその時効は完成していない。

第一審（名古屋地裁）は、譲渡担保における受戻権を形成権とし、二〇年の消滅時効にかかるとしながら、Xが中途で元金相当額を弁済供託したことが右受戻権の行使に当るとし、その後の残債務の弁済とも併せて債務金額は消滅したとしてXの請求を認容した。

第二審名古屋高裁(昭五四・一一・二二判決、判タ四〇六号一三六頁、金商五九九号二〇頁、判時九五三号七三頁――伊藤英樹・昭和五五年度主判解説四六頁、平井一雄・金商六〇九号四八頁）は、受戻権を形成権として二〇年の時効にかかるとした点は同様であるが、受戻権は、債務者が債権者に対し債務金の元利金及び遅延損害金の金額を現実に提供して、受戻の意思表示をなす方法により行使すべきものであるとして、Xの右弁済は二〇年の時効期間経過後になされたものであることを理由に、Xを敗訴せしめた。

二 判旨

不動産を目的とする譲渡担保契約においては、「債務者は、債務の弁済期の到来後も、債権者による換価処分が完結するに至るまでは、債務を弁済して目的物を取戻すことができる、と解するのが相当である。そうすると、債務者によるいわゆる受戻の請求は、債務の弁済により債務者の回復した所有権に基づく物権的返還請求権ないし契約に基づく債権的返還請求権、又はこれに由来する抹消ないし移転登記請求権の行使として行われるものというべきであるから、原判示のように、債務の弁済と右弁済に伴う目的不動産の返還請求権等とを合体して、これと一個の形成権たる受戻権であるとの法律構成をする余地はなく、したがってこれに民法一六七条二項の規定を適用することは許されないといわなければならない」。

三 解説

1 譲渡担保において、担保設定者は目的物をいつまで受戻すことができるか、という問題は、およそ次の三つに分かれる。第一は、弁済期の定めがなかったため、担保設定後かなりの長期を経て弁済がなされ、受戻しの是非が問題となる場合、第二は、弁済期の到来によって債権者が私的実行に着手した場合に、そのどの時点まで受戻し可能かが争われる場合、第三は、弁済期経過後債権者の実行の着手もないままに長日月が経過した場合に、債務者の受戻権行使は何年かの期間性限を受けるか、という問題である。

第一については、古い判例が二、三あり、これに応接した学説もみられる（これらにつき、拙稿・金商六〇九号四九頁。〔参考判例③〕もこの類型に入るが、そこでは古い判例では問題にならなかった仮登記担保法一一条但書前段の類推適用の是非が採りあげられている。結論は適用否定である）。第二については、債権者が換価処分するまでは、と一応説かれているが（本判決もそのように表現している）具体的に、清算金支払の時点が、債権者と第三者との間に処分契約が締結された時点か、これにより登記も移転した時点か、という点になると、見解は必ずしも一致していないようである。第三がまさに本判決で問われるところとなったものであり、これまでに先例はない。一、二審が受戻権を形成権としたのに対し、これを否定したのであるが、権利性質論について明確な見解を示してはいないものの、その意義は大きいといえよう。

2　帰属清算型譲渡担保においては、それが帰属型であるゆえに受戻権は生ぜず、債務者は清算金支払請求をなせるにとどまるとする下級判決（〔参考判例①〕）があるが、正しくはあるまい。帰属型においても、清算金の提供があるまでは、債務者は債務を弁済して受戻しうると解すべきである（本判決が「換価処分が完結するに至るまでは」受戻可能だというのも、帰属型をも含めてのことである）。もっとも、このように解した場合には、評価または処分が適正価格によってなされなかったときには、かかる評価または処分は、担保権の実行とはいいえず、債権者に適正額の清算金の支払義務が存在することは当然としても（〔参考判例⑥〕）、受戻権については、全く実行がなかった場合と同様に存続するとみるか、受戻権は消滅し清算金請求のみなしうるとみるか、という問題が生ずると思われる。

さて、原審判決についての評価をも含めて、本判決に対する学説の態度はどうであろうか。早くに、不動産譲渡担保については仮登記担保法の五年の期間制限を類推適用すべきであるとする見解が示されていたが（米倉明「非典型担保の展望（上）」ジュリ七三一号九二頁、同・譲渡担保二五六頁）、その理由は明らかではない。次に、受戻権が長期間行使されないままに唐突に行使された場合、これを問題なく認めることは、当事者間の利益の権衡から適切ではないとして、仮登記担保法の五年を類推適用するのに否定的でない見解がある（伊藤（英）・前掲四八頁）。また、譲渡担保における当事者の利益状況と仮登記担保における当事者のそれとを対比した場合には、とくに大きく異なるところはなさそうであるから、仮登記担保法所定の期間制限を譲渡担保についても肯定するという態度もありうる、と述べるものがある（吉田・前掲五一頁）。さらには、受戻権は、債務の全額を債権者に提供して債務者が受戻の意思表示をすれば、当然に目的物の所有権を債権者から債務者に戻すいわゆる形成権であるとしたうえで、二〇年の時効は長きに過ぎるので仮登記担保法の五年を準用すべきであるとの、明確な本判決否定説もある（林・前掲一六三頁）。他方、譲渡担保物権的期待権説の立場から、右期待権は債務不履行に陥ってもそれだけでは消滅せず、清算終了まで存続するとして、本判決に賛成する見解（竹内・前掲一三九頁）、実行着手後も清算が終了するまでは、債務者は弁済の可能性を有しているのであるから、それまでは期間的に制限する必要は何らないとする見解（清水・前掲一九七頁）、弁済期徒過後も被担保債権は存続するのであるから、その間は弁済による受戻しは当然に生じ、これを独立の権利の行使の結果として捉える必要はなく、被担保債権消滅後の受戻しである仮登記担保法の場合と同様にみなくともよいとする見解（伊藤（進）・前掲七二頁）もある。この他に、本判決は、譲渡担保設定者が債務を弁済して自己の所有権を回復する権限が時日の経過によっては消滅しないという問題に関しては、買戻よりも抵当権あるいは清算期間満了前の仮登記担保の状態に類するものとして取扱っているが、これによって最高裁が譲渡担保につき抵当権説に与したといいえないのは勿論、いわゆる受戻権についての期間制限なるものは生じえないのが原則だとさえいい難いのであって、本判決は、当該の具体的な事実を踏えて受戻しがなお可能と判断したに過ぎないとする評価もなされている（鈴木・前掲二七〇頁以下）。

3 本判決は、受戻権を形成権として二〇年の時効にかかることは否定したが、受戻権の法的性質については必ずしも明らかにしていない。「債務の弁済により債務者の回復した所有権に基づく物権的返還請求権ないし契約に基づく債権的返還請求権、又はこれに由来する抹消ないし移転登記請求権の行使として行われるもの」というが、前者であれば、弁済して所有権を回復しうる間は受戻可能であり、回復した後の期間制限もないことになろう。後者についての真意は解しかねるところであるが、弁済をすれば受戻し得るという合意に基づく返還請求権とみるのであろうか（仮登記担保権者が、本登記に高めたが、それは仮登記担保権実行手続の一環としてではなく、担保をさらに確実なものとするためで、弁済があれば受戻させるという合意があった、と認定された事例がある——最判昭五八・三・三一金商六七三号三頁、とくに一五頁参照）。そうだとすれば、恐らくは一〇年の期間制限にかかるとするのであろう。ただし、この場合にも、別に、起算点を権利行使をなしうる時とするか権利発生の時とするか、という問題が、期間の性質とからんで生じよう。

いずれにしても、本判決は、占有を移転しない不動産譲渡担保において（占有移転型の譲渡担保もあり、そうすると譲渡担保と買戻、売渡抵当との区別はどうかという問題が生ずるが、そのような点はさておいて）、債務者が実行に着手せず、被担保債権が存続するかぎりにおいては、担保設定者は債務を弁済して登記抹消ないし移転を請求しうることを明らかにしたわけである。

4　本判決に対する筆者の見解は前掲諸稿で示してあるが、繰返すと次のようである。

第一に、債務者が債務不履行に陥っていることは、受戻権否定ないし短期に制限する理由たりうるであろうか。仮登記担保法一一条但書前段の趣旨についてそのようなニュアンスをもって説明するものがあるが（法務省民事局参事官室編・仮登記担保法と実務一二三頁）、同法の期間制限がなされるのは、清算期間が経過し、目的物の所有権は一応債権者に帰属し、それによって債権が消滅をするという状態になったうえでのことであり、そのまま譲渡担保にあてはめることはできない（〔参考判例②〕参照）。抵当権においては、債務不履行は実行への契機であっても受戻権の消滅をもたらすのではない。

第二に、右のように、仮登記担保法一一条所定の場合とは異なるので、本件のような場合は、強いていえば、実行通知がなされず清算期間が進行しえない場合と対比できる。買戻に関する民法五八〇条三項も五年の期間制限を設け、仮登記担保法一一条の五年の母胎であったようであるが、占有非移転型、被担保債権不存在型を本来の形態とする買戻と譲渡担保とを同一に論ずることは無理である。

第三に、そもそも譲渡担保や抵当権において、受戻権を独立の形成権とみることは、従来の形成権概念からは疑問である。前述のように、またそれが一般に説かれているところでもあるが、買戻では被担保債権は存在しないとすれば、債務者のなすのは、実質的には弁済ではあっても法形式としては代金を返還しての解除であり(民法五七九条)、債権者に移転した所有権をこれによって取戻すと構成しうる。仮登記担保においても、一応債権者に帰属した所有権を債務相当額を支払って取戻すのであって、形式的に権利の移転が生ずるとみることができる。しかし、譲渡担保においては、被担保債権は弁済期徒過後も消滅することなく存続するのであるから、受戻しは弁済の効果として生ずるものであって、抵当権の場合と同様と考えられる。したがって、これに独自の権利行使の期間制限を認める余地はない(鈴木教授のように、これをしても形成権と呼ぶことは不可能ではないとすれば、問題は別である)。ただし、一般論としては、ゼッケルの提唱以来わが国で漫然と受け容れられてきた形成権という概念の持つ意味と機能とを、民法一六七条二項が形成権をも射程範囲に入れて立法されたのではないという事実をも含めて、再度検討し直すという作業が今後は必要であろう(簡略には、本田純一「形成権概念の意味と機能」民法の争点一〇頁)。

次に、実質的検討をしてみよう。譲渡担保における当事者の利益状況と仮登記担保におけるそれとを対比した場合に、両者はとくに大きく異なるところはなさそうだという理由から、受戻権の期間制限につき仮登記担保法の五年を準用ないし類推適用するのに否定的でない見解があるが、仮登記担保法制定以前の判例法の段階では確かに概括的にはこのような把握もなしうると思うが、現行仮登記担保法の内容は、それまでの判例法の集大成といわれる四九年大法廷判決(民集二八巻七号一四七三頁)ともかなり異なった方向でなされており、同法の各法条の譲渡担保への準用や類推適用は、担保権としての性質論や立法趣旨などに徴して慎重にならざるを得ず、ただ利益状況が似ているということのみで安易に結論を出すことはできない(論者自身も「十分に考慮したうえで」とされている(吉田・前掲五一頁))。長期間放置してあった債務者から、突如受戻権を行使されることを避けるため、ないしはその間は権利関係は不安定となりこれを避けるために、一定の期間制限を設けるべしとする考え方については、被担保債権が消滅していながら清算未了のゆえに受戻権が存続するという仮登記担保ではそういえても、被担保債権が存続する譲渡担保では別であるし（伊藤（進）・前掲七二頁）、むしろ、実行に着手もせず、したがって清算金の提供もなさない債権者の例に受戻されるリスクがあることは止むを得ない。さらに、抵当権の場合を考えれば、弁済期到来後実行手続に入るまでは、債務者は債務を弁済して受戻しうるのであって、これについては、特段の期間の制限もないのであり、同様に被担保債権の存続を前提して受戻を問題とする譲渡担保についてのみ、特別に期間制限を設けなければならない合理的理由は見出しえない。

以上のことからして、本判決に賛成し、かつ、譲渡担保の受戻権については、仮登記担保法一一条但書前段の準用ないし類推適用も否定さるべきだと考える。

〈判例タイムズ昭和五七年度民事主要判例解説（一九八三）〉

17 帰属清算型の譲渡担保の清算金確定時期

——最一小判昭和六二年二月一二日民集四一巻一号六七頁、判時一二二八号八〇頁、判タ六三三号一一一頁、金法一一五四号三九頁、金商七六七号三頁——

一 判旨の要旨

不動産に設定された譲渡担保が帰属清算型である場合、債権者の支払うべき清算金の有無及びその額は、債権者が債務者に対し清算金の支払若しくはその提供をした時若しくは目的不動産の適正評価額が債務額（評価に要した相当費用等の額を含む）を上回らない旨の通知をした時、又は債権者において目的不動産を第三者に売却をした時を基準として、確定されるべきである。

二 事実の概要

X（原告・控訴人・上告人）は、複数の所有者から本件土地（農地）を購入し、所有権移転請求権仮登記を経由した。その後、XはYから金員を借り、その担保のため本件土地の権利を譲渡担保に供し、Yのために前記仮登記につき移転の附記登記をなした。弁済期経過後もXは支払をなさなかったので、Yは、支払の催告などをなしたうえ、昭和四六年五月に、Xに対し、本件土地所有権は終局的にYに帰属した旨の通知を書面でなし、訴外Aの協力を得て農地法三条所定の許可を受けて本件土地につきA名義で所有権移転の本登記手続を了した。さらにYは、昭和五七年五月、本件土地を訴外Bに売却した。

Xは、本件債務の支払と引換えに本件土地の前記仮登記の抹消手続を求めたが、敗訴したので、第二審において、本件譲渡担保が処分清算型であることを前提として清算金の支払を求める訴に変更し、YB間の売買価格を基準として七、〇〇〇万円弱を請求した。これに対し、判決は、本件譲渡担保は帰属清算型であるとし、本件土地所有権は、Yの譲渡担保権行使の意思表示がなされた前記昭和四六年五月に、Yに終局的に帰属したものであって、XY間の賃借関係の清算はその時点を基準として適正価格および清算額が算定されるべきところ、Xはこれらについての主張・立証をしないとして、Xを敗訴せしめた。

Xは処分清算型であると主張したのに対し、原審は帰属清算型と認定し、そして、これにより清算金の発生時期およびその額が定まるのであれば、Yから帰属清算型であるとの主張もない本件では、裁判所による釈明権の行使もなかったのであるから、このような審理はXの攻撃防禦の機会を奪ったものであるとして上告。

三　判旨の内容

本判決は、詳細に原審の訴訟経過をたどったうえ、原審の認定判断は、いかにも唐突であって不意打ちの感を免れないとし、釈明権の行使を怠り、審理不尽の違法を犯したもの、と判断したが、さらに、譲渡担保権の行使に伴う清算義務についても、原審の判断は到底是認できないとする。すなわち、帰属清算型の譲渡担保においては、債務者が遅滞となった後、債権者が債務者に対し目的不動産を確定的に自己の所有に帰せしめる旨の意思表示をしただけでは、債権者の清算義務は具体的に確定するものではなく、債権者が債務者に対し清算金の支払若しくはその提供をした時若しくは目的不動産の適正評価額が債務の額を上回らない旨の通知をした時、又は、債務者が債務金額の弁済をしないうちに、債権者が目的不動産を第三者に売却等をした時は、債務者は受戻権ひいては目的不動産の所有権を終局的に失い、債務消滅の効果が発生するとともに、右時点を基準時として清算金の有無及びその額が確定されるにいたるものと解されるものであって、この観点から本件をみると、Yが本件土地を訴外Bに売却した時点が右基準時となるのであるから、これを基にして清算金の有無及びその金額を確定すべきであったのであり、この点についてさらに審理を尽くさせる必要があるので原審に差し戻す、というのである。

四 学説と判例

ここまでの本判決の紹介では省略したが、本判決は判文中に、最一小判昭和四六・三・二五（民集二五巻二号二〇八頁）、最大判昭和四九・一〇・二三（民集二八巻七号一四七三頁）、最二小判昭和五七・一・二二（民集三六巻一号九二頁）を引用しているので、これらについて簡略にみてみる。まず、四六年判決は、譲渡担保においては、債権者は、目的不動産を換価処分または適正評価して、清算金があるときはこれを債務者に支払うことを要し、清算金の支払と目的不動産の引渡しとは引換履行になることを説くものである。四九年判決は、仮登記担保に関する著名な大法廷判決であって、判旨は多岐にわたるが、ここでは、清算金の支払時期に関し、帰属清算の場合には仮登記担保権者が目的不動産の評価清算によりその所有権を自己に帰属させる時、処分清算の場合には、その処分の時、とした点、ならびに、この時点までは債務は受け戻しうるが、これ以後は確定的に所有権を失い以後は清算金請求権を有するのみとなる、との判示が重要であろう。五七年判決は、受戻権の期間制限に関するが、不動産の譲渡担保につき、債権者の換価処分（適正評価または第三者への処分）までは、債務者は受け戻しうることを説いている（念のため言い添えれば、四六年判決では「換価処分」の語はいわゆる処分型を指して用いらているが、後二者の判決では、処分型と帰属型の両者を含んだ意味で用いられている）。

右のように、これまでの判例では、清算金の支払時期として換価処分時であり、それまでは債務者は受け戻しうるが、その時に目的不動産の所有権は債権者に確定的に帰属し、以後は債務者は受戻権を失う、という大筋が固まっていたところ、本判決は、その延長線上において、これらの関係をより明確にし、清算金の算定の基準時につきより詳細に説示したという点において、重要な意義を有するものと評価しえよう。

学説では、これまでのところ、清算金の有無およびその額の確定の基準時については、(イ)弁済期日説、(ロ)意思表示説、(ハ)清算金の支払または提供時説、(ニ)清算金の支払または清算金のない旨の通知時説、(ホ)清算期間経過時説、が説かれていた（詳しくは、塩崎・末尾①一四頁参照）。

繰り返しになるが、本判決の説くところを確認すれば、帰属清算型の譲渡担保においては、弁済期経過後でも、債権者が目的不動産の所有権を確定的に自己に帰属させる旨の意思表示をしたのみでは債務消滅の効果は生ぜず、債権者の清算義務は具体的には確定せず、債務者はなお受戻権を有し、右学説でいえば、(ハ)ないし(ニ)の時において、清算金の有無およびその額が確定し、債務者は受戻権ひいては目的不動産の所有権を終局的に失い、同時に被担保債権消滅の効果が発生する、というものである（本判決の調査官解説として、魚住・末尾②三四頁以下）。私見は、基本的には本判決に賛成であるが（拙稿・末尾③二〇頁、末尾④五四頁）、以下問題と思われるところに若干論及したい。

五　学理上の問題点

(1)　本判決は、不動産譲渡担保には、帰属清算型と処分清算型の二つの型があることを前提としていると解される。これについては、いずれを原則とみるべきか、仮登記担保のように帰属型に収斂さるべきものか、ということが問題となろう。

この点につき、第三者への処分は、少なくとも取引マーケットへの放出であり評価の合理性があるとして、処分清算型が原則であるとの指摘がある（近江・末尾⑤一八七頁）。しかし、不動産の市場価格が客観的に適正なものといいうるかは困難な問題であり、第三者への処分が開かれた取引市場への放出に当るものか（いわゆる任意競売においても問題とされたことである）疑念なしとしない。清算金未払の状態でも債務者は目的不動産を第三者に処分しえ、その処分は適法であり第三者の善意悪意を問わないとすれば（この点は後述する）、処分清算型は帰属清算型において債権者が第三者への処分の方法を選択したのと変わらなくなるのではあるまいか。

(2) 次に、本判決は、帰属清算型の譲渡担保においては、清算金の算定基準時は、清算金の支払もしくは提供のあった時か、清算金のない場合はその旨の通知をなした時、または第三者に売却した時としているので、この点につき少しく述べる。

(イ) 清算金の支払もしくは提供時を清算金額算定の基準時とすることは、債務者の保護を厚くすることから妥当であるし、清算金のない場合にも通知を要するとしたことも首肯できる。以下の二点が問題となる。第一は、本判決が、この時点をもって受戻権も消滅するとしていることである。これに対し、清算金額確定時期としては正当だが受戻権の消滅時期と関連させることには賛成しえないとし、仮登記担保法一一条を類推適用すべきであるとする見解がある（近江・前掲一八八頁）。仮登記担保法では、清算金額は示されたが弁済がない間は受け戻しうるとされているのであるが、本判決では、清算金の支払もしくは提供がなされた時とされており、まず、清算金の支払がなされてもなお受戻権が残存するということはありえないから、この場合に同法一一条が類推適用になる余地はないといえよう。問題は、提供のみで受戻権を消滅させてよいかであり、同法と平仄を合わせるなら、弁済もしくは弁済と同様の効果を生ずる行為があった時に、受戻権は消滅すると解することはできる（但し私見は同法一一条但書前段を類推適用することには否定的である）。

第二は、不適正な額が提供された場合に、なお受戻権を行使しうるか、適正額の支払債権を有するにとどまるのか、である。「債務者は、帰属清算の契約のもとに目的不動産の所有権を債権者に移転してしまっているのであって、債務の履行を怠った以上、本来適正な額の清算金が得られることで満足すべきである」とする見解もある一方で（魚住・前掲四六頁）、受戻権はこの場合には消滅しないとする立場もある（生熊・末尾⑥一一〇頁）。前述のように、受戻権の消滅時期を債権者が清算金を弁済した時とし、本旨に従った弁済がなされない間は、なお受戻権は消滅しないとする仮登記担保法一一条本文と同様に解することもできるであろう。

(ロ)　本判決は、第三者に処分したときは、その時を基準として清算金額が確定し受戻権も消滅するという。処分清算型では、約定により処分権が債権者に付与されていたと解しうるが、帰属清算型では、清算金の未払の間は所有権は確定的には帰属していないのに、何故債権者は第三者に処分しうるのであろうか。換言すれば、第三者が所有権を取得し、かつ、債権者が確定的に自己に所有権を帰属させたと同様の債務消滅の効果が生じるのは何故なのか。担保権という実質から、実体上の権利を超えた処分として、民法九七条二項を類推適用すべきであるとする見方も示されているが（塩崎・前掲一五頁）、弁済期前の不当処分の場合と差がなくなるとともに、もし、処分清算型で弁済期後に処分をなした場合は同条の類推適用はないとすれば、処分清算型と帰属清算型とで第三者の地位に差を生ずることとなろう。弁済期前の処分とは異なり、債務者の履行遅滞後は、所有権を確定的に自己に帰属させることも、第三者に対して処分をすることも、譲渡担保の私的実行権の行使として許されるのであって、その結果、第三者は適法に権利を取得し、悪意は問われない（第三者への処分によって清算金の原資が生ずるのであるから、譲渡担保の実行と知って取得した第三者の権利取得を否定することは不都合である）とすべきである。

もっとも、清算金の確定時期は、契約時か登記時か、という問題は残る。本判決ではこの点は明かではない。受戻権消滅との関連で考えるならば、仮登記担保法一一条但書後段の解釈と同じく、第三者と債務者との関係は対抗関係となるとするのが、譲渡担保について所有権的構成を採る立場とも適合することから、登記時とすべきではあるまいか。より明確であり、債務者の保護にもなると思われる（魚住・前掲四七頁は契約時とされる）。

(3)　その他、債権額と目的不動産の価額に若干の差額がある場合に丸取りを認める余地はないのか。譲渡担保実行までの間の目的不動産の利用関係（とくに債権者債務者間で賃貸借契約が締結されていた場合）など、あるいは、抵当権規定、仮登記担保法規定がどこまで類推適用可能か（末尾⑦参照）、不動産については売渡担保ないし買戻しとの異同等論ずべき点は多いが、ここでは立ち入らない。また、本件の事案は時効を問題とする余地のあるものと思われるが、この点にも論及する余裕がない。

六 実務上の留意点

本判決により、債務者が遅滞に陥った後も、債権者から目的不動産の所有権を確定的に自己に帰属させる旨の通知がなされたのみでは、債務者はなお受戻権を失わず、清算金の支払もしくは提供が必要であること、清算金のない場合には、後日債務者から清算金の支払請求を受けた場合にこれが無い旨の回答をしたのでは不充分であり、受戻権の消滅は、適正評価額が債務額を上回らない旨の通知をした場合に生ずる（ように解される）こと、帰属清算型においても、第三者に処分をした場合には受戻権は消滅すること、が明らかとなった。実務的には極めて重要な判例といいうるであろう。

なお、とくに第三者に処分された場合に関しては、本判決では以後は債務者が清算金債権を有するにとどまるわけであるが、第三者からの債務者に対する明渡請求に関し、清算金債権を被担保債権とする留置権の成立を認めた判例（最一小判昭和五八・三・三一民集三七巻二号一五二頁、但し仮登記担保に関するもの）があることを付言しておく。

〈参考解説・評釈〉

① 塩崎勤「本件評釈」金法一一七九号（昭六三）
② 魚住庸夫・最判解（民事篇）昭和六二年度（平二）（初出＝曹時四一巻六号）
③ 拙稿「前掲最判五七年解説」判タ五〇五号（昭六一）
④ 拙稿「本件解決」判タ六七七号（昭六三）
⑤ 近江幸治「本件評釈」判評三四六号三九頁（判時一二五〇号一八五頁、昭六二）
⑥ 生熊長幸「本件評釈」民商九七巻四号（昭六三）
⑦ たとえば、中舎寛樹「譲渡担保に対する抵当権規定、仮登記担保法の類推適用」法時六五巻一一号（平五）他に本判決の評釈として、宇佐見大司・法時六〇巻一号（昭六三）、解説として、竹内俊雄・昭和六二年度重判解（ジュ

リ九一〇号）などがある。その他、譲渡担保の法理〔ジュリ増刊〕（昭六二）、譲渡担保——実務と理論の問題点〔金判七三七号（特集、昭六一）〕、「譲渡担保論の現課題」法時六五巻九号、一〇号（特集、平五）などを掲げておく。

校正の段階で、中舎寛樹「譲渡担保と既成法規」、高木多喜男「不動産譲渡担保立法論」などを収めた〔特集・譲渡担保立法学〕法時六六巻二号に接した。

〈ジュリスト増刊・担保法の判例II（有斐閣、一九九四）〉

18 弁済後に不動産が譲渡された場合における受戻の可否

——最三小判平成六年二月二二日民集四八巻二号四一四頁、金商九七九号三頁——

参照条文　民法三六九条

一 事実

本件は親族間の訴訟であり、まずその関係を明らかにしておく。原告Xは被告Y_2の兄であり、Y_2はかつて同じく被告Y_1の妻であった。訴外Aは、XおよびY_2の妹の夫である。

Y_1は、昭和三一年一〇月頃から昭和三二年一〇月二二日までの間に、毎月五、〇〇〇円ずつ返済する約定のもとに、Aから五二万円を借り受けた（この借受けは本件土地の購入およびその地上の本件建物の建築資金に充てるためになされた。なお利息の約定はなされていない）。そこでY_1は、右債務を担保するために、Aに対し本件土地建物の所有権を移転し、贈与を原因として登記を経由したが、昭和三八年五月以降Y_1は、右借金の返済を怠っている。

Xは、昭和五四年八月二九日、本件土地建物をAから贈与され、これに基づき贈与を原因として登記も経由された。Y_1は、右AからXへの本件土地建物の贈与後の昭和五六年八月二〇日、残元金および同日までの遅延損害金を供託した。

Xから、本件建物を占有するY_1およびY_2に対し、家屋明渡請求がなされたのが本件である。

原審（高松高裁昭和六三年一〇月三一日判決は）は、次のように判示してXの請求を棄却した。Y_1は、昭和三八年四月二一日まで、毎月五、〇〇〇円計三七万円をAに支払ったが、その後は債務の履行を遅滞したこと。Xへの贈与がなされた昭和五四年八月二九日現在の残債務は、二六万二、九六五円であること。昭和五四年から五六年までの間における本件建物の時価は九九〇万円を下らなかったこと。本件債務につき清算が行われたことの主張・立証はなかったこと。Y_1が本件債務の弁済のために供託した時点における残債務は、二八万六、八六九円を超えないこと。以上の事実を認定したうえ、AからXへの贈与により時価九九〇万円を下らない物件が無償譲渡されたものであることをも考えあわせると、この贈与契約の締結は、もっぱらXがY_1において早晩債務を弁済して本件不動産を取り戻すことを予測してこれを封ずるとともに、Y_1においてAから物件処分に伴う清算金九六〇万円余を取得することを事実上不可能とすることを意図して行ったものと認められる。したがって、Xはいわゆる背信的悪意者に該当し、本件債務を弁済して本件不動産を取り戻したY_1の所有権との関係では、その登記の欠缺を主張することは信義則に照らし許されない。

　これに対する上告理由は、弁済期到来後の譲渡担保権者の目的物の処分は、譲受人の主観的態様を問題とすることなく適法であり、設定者は受戻権を失い、差額の償還を請求できるのみである、というものである。

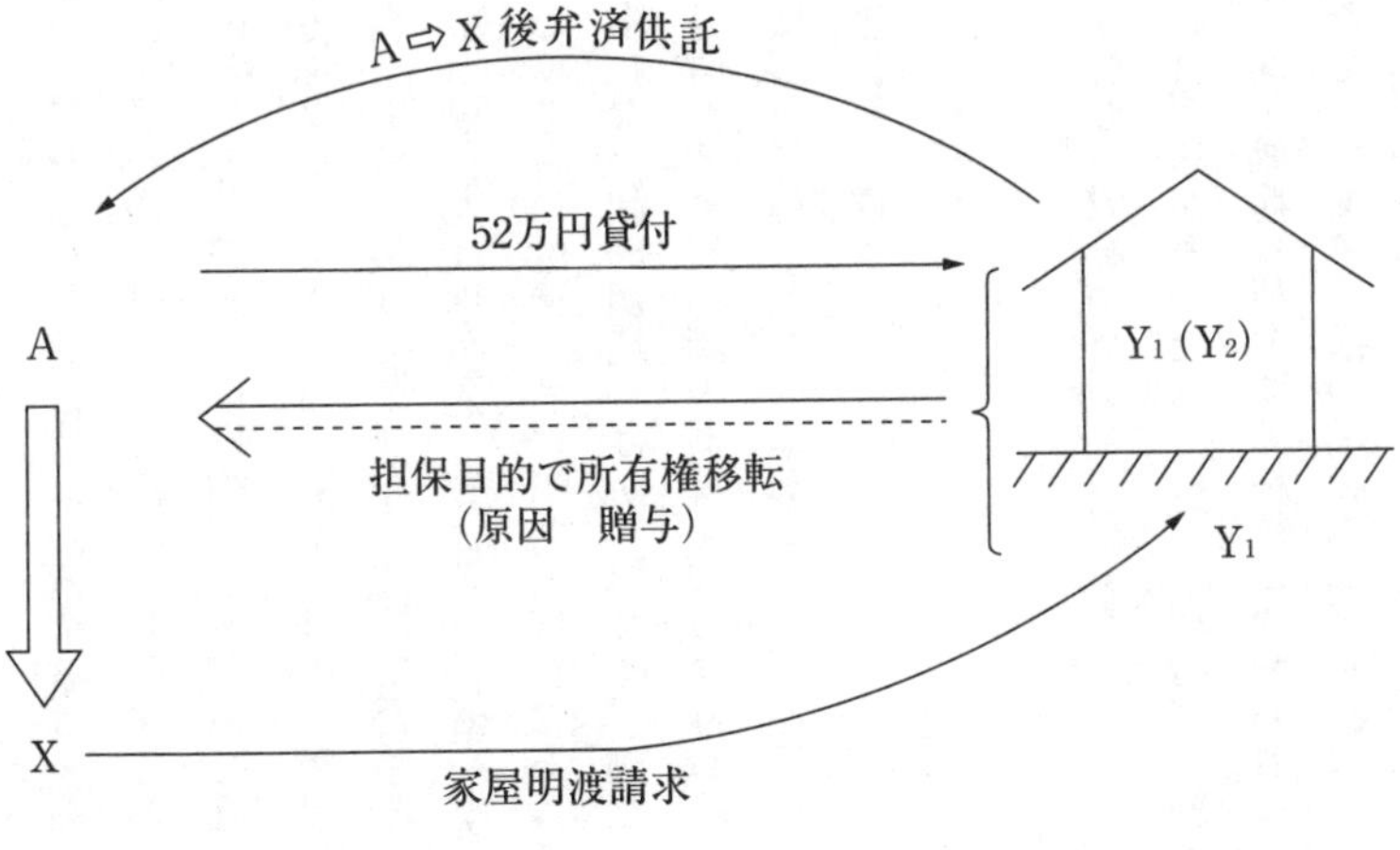

二 判旨

「不動産を目的とする譲渡担保契約において、債務者が弁済期に債務の弁済をしない場合には、債権者は、右譲渡担保契約がいわゆる帰属清算型であると処分清算型であるとを問わず、目的物を処分する権能を取得するから、債権者がこの権能に基づいて目的物を第三者に譲渡したときは、原則として、譲渡人は目的物の所有権を確定的に取得し、債務者は、清算金がある場合に債権者に対してその支払を求めることができるにとどまり、残債務を弁済して目的物を受け戻すことはできなくなるものと解するのが相当である。(最高裁昭和四六年(オ)第五〇三号同四九年一〇月二三日大法廷判決・民集二八巻七号一四七三頁、最高裁昭和六〇年(オ)第五六八号同六二年二月一二日第一小法廷判決・民集四一巻一号六七頁参照)。この理は、譲渡を受けた第三者がいわゆる背信的悪意者に当たる場合であっても異なるところはない。けだし、そのように解さないと、権利関係の確定しない状態が続くばかりでなく、譲渡人が背信的悪意者に当たるかどうかを確知し得る立場にあるとは限らない債権者に、不測の損害を被らせるおそれを生ずるからである……現判決中X敗訴の部分は廃棄を免れず、本件については、Yらの清算金との引換給付を求める旨の主張等その余の抗弁について更に管理を尽くさせるため原審に差し戻す」。

三 研究

一 まず、本判決理由中に引用された二先例について、それがどのようなものであったかを確認する。

昭和四九年大法廷判決は、仮登記担保に関するものである。債務者に履行遅滞があった場合に、権利者が予約完結の意思を表示しまたは停止条件が成就したときは、権利者において目的不動産を処分する権能が認められ、これに基づいて帰属清算または処分清算の手続に移行しうることを説いたものである。次の昭和六二年判決は、帰属清算型譲渡担保において設定者が清算金の支払いを求めた事案であって、帰属清算型では、清算金の支払いまたはその提供のあるまでの間、処分清算型では、相当の価格で第三者に売却等をするまでの間は、設定者に受戻権のあることを説くが、帰属清算型でも、清算金の支払い・提供がなく債務の弁済もないうちに債権者が目的不動産を第三者に売却等をしたときは、設定者は、その時点で受戻権ひいては目的不動産の所有権を終局的に失うとする。注意すべきは、この判例では、処分型では相当の価格で売却等をするといい、帰属型でも第三者への処分で設定者は終局的に所有権を失うとはいうものの、やはり第三者に売却等と述べているのであって、有償の処分を指しているものと解され、本件のように、第三者に贈与された場合までもその射程の中に入れてよいかは疑問であることである。

二　さて、債権者による譲渡担保目的不動産の第三者への処分と、設定者との関係については、次の三つに分けられよう。(イ)弁済期到来前の処分、(ロ)弁済期到来後の処分であるが、ⓐ弁済は後にあったが処分がなされた場合、ⓑ弁済がなく処分がなされたが、その後に弁済がなされた場合、である。(イ)については、民法九四条二項類推適用構成と一七七条構成とが学説では説かれており、裁判例もこの二つに分かれる。(1) (ロ)については、ⓐⓑで掲げた以外の場合では、弁済があれば受け戻せるし、弁済がなければ清算金請求にとどまるのみとなる。そして、ⓐについては昭和六二年に非公式先例がある。(2) すなわち、設定者が、弁済期を徒過して元利金を弁済したにもかかわらず、債権者が第三者に譲渡してしまったという事案である。この場合の第三者は、一七七条にいう第三者に当たるとし、したがって背信的悪意者排除の方向が示唆されている。本判決は、ⓑに該当する。

本判決は、第三者がいわゆる背信的悪意者に当たる場合であっても、これを問う必要はないとして、権利関係が不確定な状態が続くこと、第三者が背信的悪意者に当たるかどうかを確知しえない債権者に不測の損害を被らせるおそれがあること、の二点を理由として述べているが、これらについてはすでに批判がなされている。すなわち、債権者が本来なすべき清算金の支払いを済ませておれば、権利関係の不確定な状態は除去されるものであったといえること、同じく清算金を支払えば、第三者が設定者から追奪されることもなく、債権者が追奪担保責任を負うおそれもないのであるから、これをして、不測の損害を被るおそれがあるといいうるか、というものである。(3)むしろ、このような実質的理由よりも、本判決は、前掲昭和六二年非公式先例と対比すれば、そこでは処分前に弁済があったのであるから、設定者への復帰的物権変動を想定しえ、一七七条の適用となったのに対し、本件では、弁済は処分後であるから、順次譲渡と同様にみられ、したがって第三者の主観的態様は問題にする余地がないとされたものと思われる。

ところで、判例は、譲渡担保当事者間では清算義務を課し、担保の実質を直視しているにもかかわらず、設定者(ないし担保権者)と第三者との関係が問題となった途端、それを所有権的に構成する傾向にあるが、第三者との関係においても可能な限り担保的に構成すべき時期にきているのではないか、と説かれている。(4)譲渡担保の実質が担保であり、可及的に担保権として権利関係を処理すべきことには異論はない。ただ、権利移転の形式がとられており、公示面でもその形式が踏まれているとすれば(現在でも多くは登記原因は売買ではなかろうか)、第三者との関係では担保権であることの実質を貫きえないのはやむをえないところである。そうでなければ、前掲の場合なども、民法九四条二項類推適用を持ち出すまでもなく、処分権なき者の処分として、第三者への追奪が許されることとなろう。

三　仮登記担保では、立法により帰属清算型一本に収斂されたが、不動産譲渡担保では、帰属清算型を原則としつつも処分清算型もまた認められている。近時では、清算が確保される限り、換価方法は多様でよいという見解も示されている。(5)この債権者の処分権の根拠として、次のように説くものがある。帰属清算型では、清算金を支払うことを債権者が約束しているのであるから、その約束が果たされるまで債権者は完全な所有権を取得できず、設定者は受戻権を行使できるのに対し、処分清算型では清算金を支払う前に第三者に目的物を処分するということを設定者が債権者に認めているということになるのであるから、処分時に未清算でも、その時点で目的物の所有権は完全に第三者に移転し受戻権は失われる、というのである。(6)この見解では、帰属清算型においては、清算未了の間に第三者に処分されても、第三者は完全な所有権を取得しえないから、後に設定者は弁済して受け戻し、第三者は債権者に追奪担保責任を追及するということになろうから、処分清算型とでは受戻権の喪失時期に大きな差異が出てくることになる。しかし、譲渡担保設定時の当事者間の意思が第三者の地位にこれほどの差をもたらすことが可能であろうか。帰属清算型においても債務者(設定者)は債務不履行の状態にあることは否定しえず、他方売買と異ならない外形がとられ、譲渡担保であること、清算未了であることにつき善意の第三者の存在もありうることを考えれば、この見解には疑念が生じる。仮登記担保でも、清算義務は法定され、その未履行の間は、清算期間の満了によって目的不動産の所有権は債権者に移転し被担保債権は原則として消滅するとしながらも、なお五年間の受戻しを認めるのであるが、例外として、第三者が所有権を取得し対抗要件を具備すればもはや受け戻しえなくなると解されている(仮登記担保法二条、一項、三条一項、一一条)。

四　それでは、設定者は受戻権は失うが清算金さえ確保されれば格別の不利益はないという考え方はどうであろうか。この場合の清算金の確保は設定者に民事留置権を認めることによりなされるであろう(本判決もその方向を示唆するように見る)。まず、清算金支払請求債権と譲渡担保目的不動産との間に、民法二九五条の牽連性が認められるかという問題がある。この点については、譲渡担保では未見であるが仮登記担保ではすでに先例があり[(7)]、この判例の射程距離は不動産譲渡担保にも及ぶとされることには異論がないと思われる[(8)]。

しかし、現実には、目的不動産の評価額(果たしてそれが客観的に妥当なものかどうかは別として)から被担保債権額を控除したものが常に支払われ、若干不足の場合には不適正なものとして判断されるのかといえば必ずしもそうではなく、一、二割減の額の支払いであっても適正な清算金の支払いと認められるのが、これまでの裁判例のようである[(9)]。これはいうまでもなく、受け戻した場合に比して設定者の不利となる。

次に、留置権では、保存に必要な行為でない限り目的物を使用・収益することは許されないので、留置権者が従前どおり使用する場合にその是非が問題となる。これまでは、不動産の賃貸借終了後引き続いて居住し、あるいはさらに従前の営業を継続するという事例が多い。かつては否定例もあったが、昭和一〇年の判例(10)以来肯定に転じたようにみえるとされている(11)。しかし、他方では、判例はかかる使用は不当利得を生じさせるとしており(12)、そうだとすれば、留置期間が長期にわたるほどその額は増大し、後に留置権の被担保債権たる清算金との相殺が許されれば、その分清算金が減額されたに等しくなる。これを避けたければ、設定者は目的不動産から立ち退き、空地・空家として管理する他はない。

以上は、留置権がいわば消極的に留置権を行使する場合であるが、積極的に自ら競売申立てをすることはどうであろうか。担保権の実行としての競売申立てには、担保権の存在を証する文書が必要であるが(民事執行法一九五条、一八一条)、留置権においては、これを公に証明する文書は一般的に存しないことが多いであろうとされ、民事留置権者が自ら競売を申し立てることはまれであろうといわれている(13)。この叙述は明確ではないが、要するに、実際には不動産留置権者が自ら換価手続を行使することは困難であるということであろう。

つまりは、設定者に留置権を認めても、債権者が積極的に清算金を支払わない限り、不動産の場合には、留置権者には不備が伴うのであって、受戻権が広く認められるに越したことはないのである。付言すれば、清算金支払義務者は、前掲五八年判決からも、売買の事例(14)からも、第三者ではなく債権者である(強制競売については民事執行法五九条三項)。

しかしながら、以上述べてきたところにもかかわらず、私見としては、帰属清算型の不動産譲渡担保において、清算未了の間に債権者が目的不動産を第三者に売却等有償で譲渡した場合には、その第三者が登記を具備した時点で、設定者は受戻権を失うと解したい。というのは、設定者は、本位ではなかったにせよ自らの意思で権利移転の形式をとる非典型担保を選択したのであり、それゆえに担保であることを貫徹しえない不利益を甘受しなければならない場合もありうるのはやむをえないことなのである。加えてこの場合には、債務者たる設定者は債務不履行に陥っている。実は、この場合につき、第三者が清算未了であることを知って取得したときは、受戻権の負担付きで目的不動産を取得したとみられるとする見解がある。(15) 私見もこれに魅力を覚えるが、弁済期到来前の不当処分につき民法九四条二項を類推適用とするという立場であると、いずれも第三者が悪意ならばこれに対して追奪しうることとなって、債務者が弁済期を徒過し債務不履行を生じせしめていることが評価されないことになるのではなかろうか。

そこで、弁済期前の処分では民法九四条類推適用、弁済期到来後弁済があったにもかかわらず処分された場合には同法一七七条の適用、弁済期後弁済のないままに処分された場合には、帰属清算、処分清算を問わず、原則として順次譲渡と同様第三者の主観的態様を問わず設定者は受け戻しえない、と一応しておきたい(もっとも、私見では第三者の登記具備を要求するので、結果としては一七七条適用と変わらないようにみえるが、これは資格保護要件的に必要とするのである)。

以上は抽象論であるが、具体的に個別の事件の解決としては、本判決に疑問がある。

まず、本件AからXへの本件不動産の贈与が問題である。処分型の場合には、まさに第三者への処分が譲渡担保権の実行であり、これにより担保権者は被担保債権の満足を得るとともに清算金の原資を得ることになる。それゆえに不当廉売も問題となり、換言すれば、相当な価格での売却等有償譲渡が前提とされているといってよい。これに対して、帰属型では、債権者に目的不動産の所有権が帰属することによって代物弁済的に被担保債権が消滅するとすれば(仮登記担保がこのタイプである)、後は債権者が無償譲渡しようが勝手であり、清算金支払債務のみが残存するようである。しかし、譲渡担保においては、仮登記担保のように、被担保債権消滅後も特別に受戻期間を設けておらず、第三者への処分により設定者は受戻権を失う(私は登記移転時と解することは前述した)とすれば、本来なら清算金を支払った後に自由に処分をなすべきなのにかかわらず、これをなさずにした第三者への処分は、帰属型を採りつつ換価手続を選択したに他ならないのであって、やはり相当な価格での売却等の有償譲渡に限られると解するべきではあるまいか(前掲昭和六二年判決も「第三者に売却等をしたとき」と説いている)。

もっとも、不当廉売が問われる場合もそうであるが、廉く第三者に処分しても、債権者に清算金を支払うだけの資力があれば問題はないともいいうる。[16] また、債権者無資力の場合には、設定者は清算金債権を被担保債権として詐害行為取消権を行使する途もないではない。しかし、このような方法によらずとも、原審認定のようにY_1残債務が二八万余円、本件不動産は九九〇万円を下らず、かつ関係者がいずれも親族であり、Xへの贈与がY_1の受戻権を消滅させる目的であり、清算金の支払いをも事実上不可能とするものであったとすれば、本件Aのなした贈与=処分は、譲渡担保権者の目的物処分権の濫用として効力を否定し、Y_1に受戻しの途を開くべきであったと思われる。[17]

(1) 詳しくは、松岡久和「本件批判」民商法雑誌一一一巻六号九四一頁。
(2) 最高裁昭和六二年一一月一二日判決(金融・商事判例七八七号三頁、金融法務事情一一八一号三七頁、判例時報一二六一号七一頁、判例タイムズ六五五号一〇六頁)。
(3) 安永正昭「本件判批」金融法務事情一四二八号五一頁、山野目章夫「本件解説」ジュリスト臨時増刊平成六年度重要判例解説八〇頁、道垣内弘人「本件解説」法学教室一六七号一一九頁。
(4) 安永・前掲同所。
(5) 松岡・前掲九四七頁。
(6) 道垣内・前掲一一九頁。
(7) 最高裁昭和五八年三月三一日判決(民集三七巻二号一五二頁、金融・商事判例六七三号三頁)。
(8) 鈴木禄弥「留置権の内容とその効力」担保法大系第二巻八二九頁。
(9) 松岡・前掲九四八頁注(23)、拙稿「不動産の譲渡担保」法律時報六五巻九号三〇頁。なお、秦光昭「不動産の譲渡担保をめぐる諸問題」金融法務事情一三八七号二一頁(注4)。
(10) 大審院昭和一〇年五月一三日判決(民集一四巻一〇号八七六頁)。
(11) 清水元「留置権」叢書民法総合判例研究一四九頁。判例の詳細は、同書一三九頁以下を参照されたい。

(12) たとえば、最高裁昭和三五年九月二〇日判決（民集一四巻一一号二二二七頁）。
(13) 生田治郎「留置権の実行をめぐる諸問題」担保法大系第二巻八四四頁、八五五頁。
(14) 最高裁昭和四七年一一月一六日判決（民集二六巻九号一六一九頁、金融・商事判例三五七号九頁）。
(15) 大西武士「本件批判」ＮＢＬ五七三号五二頁。
(16) 大阪地裁昭和五六年八月三日判決（金融・商事判例六四〇号三一頁、判例タイムズ四六五号一五五頁参照）。
(17) 本件は、平成元年に受け付けられ、判決が平成六年であるから、比較的長期にわたって検討されたものであることを窺わせるが、それにもかかわらず、本文で述べたように疑問が生ずる。

なお、研究会の席上塚原裁判官に御教示を頂いた。記して御礼を申し上げる。

〈金融・商事判例九九四号（一九九六）〉

あとがき

本書を出版するに際して、私には躊躇があった。このような書物を世に送ってどれだけの意義があるのであろうか、昔流にいえば、「果たして江湖に裨益するところあらんや」という思いである。ただ、親しい方から、貴方の書かれたものを参照しようとすると、あちこちに掲載されているので探すのが大変だという意味のことをいわれたことがある。この言葉が励みになって、もし私のようなものが書いた論稿でも参考にしてくださる方があるのなら、一書に纏めておくのが便宜であろうと考えるようになったのが、いわば縁由である。

本書に収めたものは、私が大学に奉職してからの三十有余年という歳月と民法学界という、二つの軸の織りなす次元の中で、折々に打ち捨てられた落ち穂のようなものであり、それを拾い集めたという趣旨で「民法拾遺」と名付けることとした。

ここで暫く個人的な一面を語ることをお許しいただきたい。

私は一九三五（昭和一〇）年に東京市牛込区に生まれた。市電市バスが走り銭が使えた時代である。生家の勝手口から内玄関にいたるまでに小さな庭があって、出入りの魚屋が「婦系図」の「めの惣」よろしく盤台に俎板をわたして鮮やかな手つきで魚をおろしているのを、幼い私が側にしゃがみ込んで熱心に見つめていた情景を思い出す（ちなみに私は、泉鏡花を類稀な名文家と信じている）。その魚屋のお兄さんも何時の間にか来なくなった。兵隊にとられたのである。空襲が激しくなって、西伊豆に疎開した私は、その片田舎の漁村で米軍の艦載機から銃撃をうけるという経験をした。いかに敵国人といえ非戦闘員のしかも子供を面白半分に撃つというのは、正気の沙汰ではない。戦争は人を狂気に陥れるのである。戦後は、新学制のもとで、中学、高校へ進み、文芸美術に興味を抱いたが、どう間違ったか大学では法学部に籍を置いてしまった。就職が嫌さに大学院に行き、数年も過ごしてしまうともはやどこかの大学に拾ってもらうしかない仕儀となる。成り行くままに民法の研究者の末席に身を置いて、今日に至っているのである。

このように、生来ノンシャランな私は、研究一途に過ごして来たとはいい難く、与えられたテーマやトピックなどを深く考えもせずに書いてきたに過ぎない。恥ずかしいけれども、これまで歩んで来た途の一つの区切りとして、あえて出版することとする。内容的には、明らかに誤りと思われる箇所を匡したほかは、初出のままにしてある。誤謬もあろうけれども当時の思考のままにお示しすべきだと考えたからである。

第一巻には、私が報告を担当した「座談会」が収めてある。このような形での再録を御快諾いただいた、椿寿夫、伊藤進、岩城謙二、近江幸治の各先生および残念ながら故人となられた菅野孝久先生に御礼を申し上げる。

信山社の袖山貴さんには、右の座談会の時からお世話になっている。渡辺左近さんには、本書を成すに当たって大変に肩入れしていただき御苦労をお掛けした。同氏のお力添えなくしては本書はとうてい日の目を見なかったであろう。あらためて心から御礼を申し上げたい。立教大学講師太矢一彦君には貴重な研究時間を割いて校正をしてくださった。記して感謝申し上げる。

おもえば、私が今日あるのは、直接間接に教えをうけた諸先生方のお力によるのであって、学問の世界では、つくづくと「我以外皆師」であるとの思いを深くする。おわりに、好きな語を掲げさせていただきたい。

君看雙眼色　不語似無愁

平成十二年　沙羅の瑞枝に花咲く頃　　　成城の寓居にて　著者識す

〈著者略歴〉

平 井 一 雄（ひらい・かずお）

1935年　東京都に生まれる

1957年　中央大学法学部卒業

現　在　獨協大学法学部教授

民法拾遺 第1巻

2000年（平成12年）6月20日　初版第1刷発行

著　者　平 井 一 雄

発行者　今 井 　貴
　　　　渡 辺 左 近

発行所　信山社出版株式会社

〔〒113-0033〕東京都文京区本郷6-2-9-102

電　話　03(3818)1019

FAX　03(3818)0344

Printed in Japan.

印刷・製本／勝美印刷・大三製本

ISBN4-7972-2163-1 C3332